बिहार संयुक्त प्रवेश प्रतियोगिता परीक्षा बोर्ड द्वारा संचालित

बिहार पॉलिटेक्निक

संयुक्त प्रवेश प्रतियोगिता परीक्षा

BCECE

10 प्रैक्टिस सेट्स

राजेश मिश्रा

प्रभात एग्जाम
www.prabhatexam.com

प्रकाशक

प्रभात एग्जाम

प्रभात प्रकाशन प्रा. लि. का उपक्रम

4/19 आसफ अली रोड, नई दिल्ली-110002

फोन : 23289555 • 23289666 • 23289777 • हेल्पलाइन/ 7827007777

इ-मेल : prabhatbooks@gmail.com ❖ वेब ठिकाना : www.prabhatexam.com

मूल्य

चार सौ पचानवे रुपए

अ.मा.पु.स. 978-93-5488-212-8

मुद्रक

संजय प्रिंटर, साहिबाबाद

———— ★ ————

BIHAR POLYTECHNIC
SANYUKAT PRAVESH PRATIYOGITA PARIKSHA
BCECE
10 PRACTICE SETS
Rajesh Mishra

ISBN 978-93-5488-212-8

₹ 495.00

विषय-सूची

बिहार पॉलिटेक्निक संयुक्त प्रवेश परीक्षा,

सॉल्व्ड पेपर-2021 (स्मृति पर आधारित)

भौतिक विज्ञान

1. यदि एक प्रत्यावर्ती धारा जनित्र के आर्मेचर के घूर्णन की कोणीय चाल दुगुनी कर दी जाती हैं, तब विद्युत वाहक बल हो जाएगा-

(a) आधा (b) चार गुना

(c) कोई परिवर्तन नहीं (d) दोगुना

2. एक दिष्ट धारा मोटर के आर्मेचर का प्रतिरोध 20Ω है। जब इसे 220 Ω दिष्ट धारा स्त्रोत से चलाते हैं, तब यह 1.5A धारा खीचता हैं। इसमें प्रेरित विद्युत वाहक बल का मान होगा-

(a) 200V (b) 170 V

(c) 190 V (d) 150 V

3. एक प्रत्यावर्ती धारा स्त्रोत की वोल्टता का समय के साथ परिवर्तन $V = 120 \sin 100 \pi t \cdot \cos 100\pi t$ द्वारा दिया जाता हैं। तब, स्त्रोत की आवृति है-

(a) 200 Hz (b) 100 Hz

(c) 150 Hz (d) 50 Hz

4. सूर्य से आने वाली नुकसानदायक पराबैंगनी विकिरण को .... का आवरण आने नहीं देता है-

(a) O (b) NO_2

(c) CO_2 (d) O_3

5. निम्नलिखित में से कौन-सा बेहतर नाभिकीय ईंधन है ?

(a) प्लूटोनियम-239 (b) यूरेनियम-235

(c) नेपज्युनियम-239 (d) थोरियम-236

6. सूर्य में ऊर्जा का मुख्य स्त्रोत है-

(a) दहन (b) नाभिकीय संलयन

(c) गुरुत्व संकुचन (d) नाभिकीय विखंडन

7. संलयन अभिक्रिया इसकी सहायता से प्रारंभ होती है-

(a) उच्च तापमान (b) न्यूट्रॉन

(c) न्यून तापमान (d) कोई भी प्राथमिक कण

8. वह पदार्थ जिसमें सबसे खराब वायु प्रदूषण होता है-

(a) कार्बन मोनोऑक्साइड (b) सल्फर डाइऑक्साइड

(c) कार्बन डाइऑक्साइड (d) धुँआ

9. एक परितंत्र में ऊर्जा का स्त्रोत है-

(a) पत्तियों द्वारा प्राप्त सूर्य की रोशनी

(b) पत्तियों द्वारा प्राप्त परिवर्तित ऊष्मा

(c) चीनी की दहन

(d) मृदा से ऊष्मा

10. एक परितंत्र में, शाकभक्षी प्रदर्शित करते हैं-

(a) अपघटक (b) प्राथमिक उपभोक्ता

(c) उत्पादक (d) द्वितीय उपभोक्ता

11. नाभिकीय संयंत्र से निकला रेडियो सक्रीय अपशिष्ट आदमी को प्रभावित करता है यह करके-

(a) स्नायु सम्बंधित रोग (b) दैहिक दोष

(c) जननिक दोष (d) बाक्षपन

12. निर्वात में गतिशील आवृति 5×10^{14} Hz की एक एकवर्गीय प्रकाश अपवर्तक 1.5 के माध्यम में प्रवेश करती हैं। माध्यम में इसकी तरंगदैर्ध्य है-

(a) 600 mm (b) 400 nm

(c) 550 nm (d) 500 nm

13. एक शिकारी एक मछली को मारना चाहता है जिसका प्रतिबिम्ब साफ पानी के द्वारा दिखाई देता है। उसको लक्षित करना चाहिए-

(a) किसी भी दिशा में (b) मछली के प्रतिबिम्ब के नीचे

(c) सीधे प्रतिबिम्ब की ओर (d) मछली के प्रतिबिम्ब से ऊपर

14. उत्तल लेंस के लिए, वस्तु की दूरी x-अक्ष पर ली जाती है और प्रतिबिम्ब की दूरी y-अक्ष पर ली जाती है। इस प्रकार प्राप्त ग्राफ का प्रकार है-

(a) सरल रेखा (b) वृत्त

(c) परवलय (d) अतिपरवलय

15. यदि एक आँख का दूरस्त बिंदु 4 मीटर पर है, तब आँख को .... है।

(a) निकटदर्शी और 0.25D लेंस की आवश्कता

(b) दूरदर्शी और +0.25D लेंस की आवश्कता

(c) निकटदर्शी और +0.25D लेंस की आवश्कता

(d) दूरदर्शी और -1.25 D लेंस की आवश्कता

16. गोले की त्रिज्या के मापन में त्रुटि 1% है, तो इसके आयतन की गणना में त्रुटि होगी–
(a) 3% (b) 1%
(c) 5% (d) 7%

17. 1 किलोवाट-घण्टा का मान है–
(a) 3600 जूल (b) 1.0 HP
(c) इनमें से कोई नहीं (d) 3.6×10^6 जूल

18. दो स्वरित्र A तथा B वायु में कम्पन कर रहे हैं। A की आवृत्ति 116 हर्ट्ज एवं उसके द्वारा उत्पन्न तरंगों की तरंगदैर्ध्य 200 सेमी है। B की आवृत्ति 83 हर्ट्ज है। B द्वारा उत्पादित तरंगों की तरंगदैर्ध्य होगी-
(a) 379.5 सेमी (b) 279.5 सेमी
(c) 479.5 सेमी (d) 179.5 सेमी

19. यदि दो समतल दर्पणों के बीच का कोण 60° है, तो उनके बीच रखी वस्तु के प्रतिबिम्बों की संख्या होगी–
(a) 9 (b) 7
(c) 5 (d) इनमें से कोई नहीं

20. तालाब में तैरती नाव में बहुत बड़ा पत्थर रखा है। यदि पत्थर को नाव में से उठाकर तालाब में गिरा दिया जाए, तो तालाब के जल का तल–
(a) ऊपर उठ जायेगा (b) इनमें से कोई नहीं
(c) नीचे गिर जायेगा (d) वही रहेगा

21. 0°C ताप पर बैरोमीटर द्वारा मापा गया दाब 760 मि.मी. है। 100°C ताप पर दाब का मान होगा–
(a) 730 मि.मी (b) 760 मि.मी.
(c) 780 मि.मी. (d) इनमें से कोई नहीं

22. एस.आई. पद्धति में न्यूटन-सेकण्ड इकाई है–
(a) संवेग
(b) बल का आवेग
(c) संवेग एवं बल का आवेग
(d) इनमें से कोई नहीं

23. एक सूक्ष्मदर्शी की मुख्य मापनी को 0.5 मिमी के भागों में विभक्त किया गया है। वर्नियर मापनी के 50 भाग मुख्य मापनी के 49 भागों के साथ मिलते हैं। मापनी की अल्पतमांक है–
(a) 0.002 सेमी. (b) 0.001 सेमी.
(c) 0.005 सेमी. (d) 0.05 सेमी.

24. एक सेकण्ड लोलक को ऐसे ग्रह पर ले जाया गया जहाँ गुरुत्वीय त्वरण का मान पृथ्वी की अपेक्षा $\frac{1}{9}$ है। वहाँ दोलन का आवर्तकाल है–
(a) $\frac{1}{9}$ सेकण्ड (b) $\frac{1}{3}$ सेकण्ड
(c) 9 सेकण्ड (d) 6 सेकण्ड

25. यदि बल को चार गुना तथा तल के क्षेत्रफल को आधा कर दिया जाए, तो परिणामी दाब व प्रारम्भिक दाब का अनुपात होगा–
(a) 2 : 1 (b) 8 : 1
(c) 1 : 2 (d) 1 : 8

26. एक गतिमान पिण्ड समय के वर्ग के अनुक्रमानुपाती में दूरियाँ तय कर रहा है, तो पिण्ड का त्वरण है–
(a) घट रहा है (b) शून्य
(c) नियत है (d) बढ़ रहा है

27. दो वस्तुओं के संवेग समान हैं। यदि इनके द्रव्यमान m_1, m_2 हों तथा गतिज ऊर्जाएँ क्रमशः k_1, k_2 हों, तो अनुपात $\frac{k_2}{k_1}$ होगा–
(a) $\frac{2m_1}{m_2}$ (b) $\frac{2m_2}{m_1}$
(c) $\frac{m_2}{m_1}$ (d) $\frac{m_1}{m_2}$

28. एक बिजली की मोटर एक वजन उठाने में केबिल में 4500 न्यूटन का तनाव उत्पन्न करती है और इसे 2 मी./से की दर से लपेटती है। मोटर की शक्ति है–
(a) 9 किलोवाट (b) 15 किलोवाट
(c) 9000 किलोवाट (d) 225 किलोवाट

29. द्रव्यमान m की वेग u से चलती हुई वस्तु को F बल के द्वारा S दूरी में रोक सकते हैं तो दोगुने द्रव्यमान की आधे वेग से चलती हुई वस्तु को उतनी ही दूरी में रोकने के लिए आवश्यक बल है–
(a) $\frac{F}{2}$ (b) $\sqrt{2}F$
(c) 2F (d) F

30. एक पिण्ड विरामावस्था से चलना आरम्भ करता है। यदि त्वरण 10 मी/से² हो, तो 10वें सेकण्ड में पिण्ड द्वारा चली गई दूरी है–
(a) 250 मी. (b) 5000 मी.
(c) 95 मी. (d) 4050 मी.

रसायन विज्ञान

31. $CuSO_4$ विलियन में एक लोहे की कील डालने पर विलयन का रंग समय कुछ समय पश्चात् हरा हो जाता है। इसका कारण है-
(a) विस्थापन प्रतिक्रिया
(b) Fe का अपचयन
(c) उदासीनीकरण प्रतिक्रिया
(d) Fe का ऑक्सीकरण

32. Pb_3O_4 में Pb की ऑक्सीकरण अवस्थाएँ हैं-
(a) $+\frac{2}{3}$ और $-\frac{2}{3}$
(b) +4 और –4
(c) –2 और +4
(d) +2 और –2

33. कौन एक Zn के वर्ग में आता है ?

(a) Cu (b) Hg

(c) Al (d) Ag

34. किसकी आयनिक त्रिज्या न्यूनतम होती है ?

(a) Si^{4+} (b) Mg^{2+}

(c) Al^{3+} (d) Na^{+}

35. कौन-सी धातु हाइड्रोजन की अपेक्षा कम क्रियाशील है ?

(a) Zn (b) Pb

(c) Ag (d) Al

36. कौन एक हाइड्रोजन के साथ हाइड्राइड नहीं बनाता है ?

(a) Zn (b) Ca

(c) Mg (d) Na

37. कौन सर्वोत्तम विद्युत चालक है ?

(a) Al (b) Au

(c) Cu (d) Ag

38. धोवन सोडा में जल अणुओं की संख्या होती है-

(a) 6 (b) 10

(c) 5 (d) 4

39. इसको गरम करने पर प्लास्टर ऑफ पेरिस बनता है-

(a) CaO

(b) $CaSO_4.2H_2O$

(c) $Ca(OH)_2$

(d) $CaSO_4$

40. क्लोरोफोर्म में क्लोरिन परमाणु की संख्या होती है-

(a) 4 (b) 2

(c) 3 (d) 1

41. न्यूनतम परमाणु संख्या वाली संक्रमण धातु है-

(a) Sc (b) Co

(c) Ti (d) Cu

42. कौन एक उपधातु है ?

(a) Pb (b) Si

(c) Ge (d) C

43. नाइट्राईड आयन में कितने इलेक्ट्रोन होते हैं ?

(a) 10 (b) 8

(c) 9 (d) 7

44. सिडराइट है-

(a) Fe_3O_4 (b) $FeSO_4$

(c) $FeCO_3$ (d) Fe_2O_3

45. Cu का वह अयस्क, जो एक ऑक्साइड है-

(a) मैलाफाइट (b) कॉपर ग्लास

(c) अजुराइट (d) क्यूप्राइट

46. किसी गैस के विसरण की दर निर्भर करती है-

(a) परमाणुकता पर (b) संयोजकता पर

(c) विशिष्ट ऊष्मा पर (d) अणुभार पर

47. किसी पदार्थ के संतृप्त विलयन के 2.72 ग्राम के वाष्पन से 0.72 ग्राम अवक्षेप प्राप्त होता है। पदार्थ की विलेयता है-

(a) 18 (b) 9

(c) 36 (d) 5

48. Mn (25) का इलेक्ट्रॉनिक विन्यास है-

(a) 2, 8, 8, 7 (b) 2, 8, 13, 2

(c) 2, 8, 14, 1 (d) 2, 8, 10, 5

49. सल्फ्यूरिक एसिड H_2SO_4 में सल्फर की ऑक्सीकरण संख्या है-

(a) 6 (b) 7

(c) 4 (d) 5

50. गैस का अधिकतम प्रायिकता वेग प्रदर्शित किया जाता है-

(a) $\sqrt{\frac{RT}{M}}$ (b) $\sqrt{\frac{2RT}{M}}$

(c) $\sqrt{\frac{3RT}{M}}$ (d) इनमें से कोई नहीं

51. B.H.C. का पूरा नाम है-

(a) बेंजीन हाइड्रोजन कार्बोनेट

(b) बेंजीन हाइड्रोक्लोराइड

(c) बेंजीन हेक्साक्लोराइड

(d) बेंजीन हाइड्रॉक्सी कार्बोनेट

52. पोटैशियम फेरोसायनाइड $[K_4Fe(CN)_6]$ किस प्रकार का लक्षण है?

(a) अम्लीय लवण (b) द्विक लवण

(c) सामान्य लवण (d) संकर लवण

53. पृथ्वी पर पायी जाने वाली धातुओं में किसकी प्रतिशतता भार के अनुसार अधिकतम होती है?

(a) Si (b) Fe

(c) O (d) Al

54. कार्बन का परमाणु क्रमांक 6 है, तो आवर्त सारणी में इसका समूह है-

(a) II (b) III

(c) VI (d) IV

55. किस यौगिक में सहसंयोजक बन्ध उपस्थित है?

(a) मैग्नीशियम क्लोराइड ($MgCl_2$)

(b) सोडियम क्लोराइड (NaCl)

(c) कैल्सियम ऑक्साइड (CaO)

(d) एथेन (C_2H_6)

56. 0.01 ग्राम तुल्यांक Ag^+ आयनों को निक्षेपित करने के लिए कितनी विद्युत की आवश्यकता होगी?

(a) 0.1 F (b) 0.01 F

(c) 10 F (d) 1.0 F

57. विशिष्ट दशाओं में निम्नलिखित अभिक्रिया होती है। इस अभिक्रिया में अपचायक पदार्थ है–

$S(l) + Cl_2(g) \rightarrow SCl_2\ (l)$

(a) S (b) Cl_2

(c) इनमें से कोई नहीं (d) S एवं Cl_2 दोनों

58. वह ताप जिसके ऊपर किसी गैस को द्रवित नहीं किया जा सकता, कहलाता है–

(a) द्रवीकरण ताप (b) क्वथनांक

(c) हिमांक (d) क्रान्तिक ताप

59. जिस ताप पर द्रव का वाष्पदाब वायुमण्डलीय दाब के बराबर हो जाता है, उस ताप को कहते हैं–

(a) क्रान्तिक ताप (b) गलनांक

(c) क्वथनांक (d) हिमांक

60. यदि किसी तत्व X का इलेक्ट्रॉनिक विन्यास 2, 8, 3 है तथा Y का इलेक्ट्रॉनिक विन्यास 2, 6 है। इन तत्वों के संयोग से बने यौगिक का सूत्र है–

(a) X_2Y_3 (b) XY

(c) X (d) XY_3

गणित

61. शीर्ष A (1, 2), B (–3, –4) एवं C (–2, 3) से बने त्रिभुज ABC का क्षेत्रफल है-

(a) 13 वर्ग इकाई (b) 11 वर्ग इकाई

(c) $\sqrt{13}$ इकाई (d) $\sqrt{11}$ वर्ग इकाई

62. एक समचतुर्भुज का परिणाम 146 सेमी हैं और इसका एक विकर्ण 55 सेमी है। समचतुर्भुज का क्षेत्रफल है-

(a) 660 सेमी (b) 1980 सेमी

(c) 1320 सेमी (d) 2640 सेमी

63. एक वृत्तीय पहिये की त्रिज्या 1.75 मी. हैं। 22 किमी. चलने में इसके कितने चक्कर लगेंगे?

(a) 8000 (b) 2000

(c) 4000 (d) 1000

64. एक शंकु को उसकी अक्ष के मध्य बिंदु से गुजरने वाले समतल से दो भागों में बांटा जाता है, तब शंकु की 2 भागों के आयतन का अनुपात हैं-

(a) 1 : 8 (b) 1 : 4

(c) 1 : 7 (d) 1 : 2

65. डेटा की माध्यिका है-13, 12, 23, 18, 26, 19, 14

(a) 19 (b) 18

(c) 13 (d) 14

66. 1 से 100 तक की अंकित 100 कार्ड के 1 पैकेट में से एक कार्ड खींचा जाता है तो संख्या जोकि पूर्ण वर्ग है, खींचे जाने की प्रायिकता क्या होगी-

(a) $\frac{11}{100}$ (b) $\frac{9}{100}$

(c) $\frac{1}{100}$ (d) $\frac{1}{10}$

67. यदि $\tan\theta + \sin\theta = m$ तथा $\tan\theta - \sin\theta = n$ हो, तो $m^2 - n^2$ का मान बराबर है-

(a) $4\sqrt{mn}$ (b) 4 mn

(c) $2\sqrt{mn}$ (d) $\sqrt{mn}$

68. $(\sin^2\alpha - \cos^2\alpha)/1 - \cos^2\alpha$ का मान है-

(a) 2 (b) –1

(c) 1 (d) 0

69. दीवार में स्थित एक ध्वजदण्ड के सिरे एवं जड़ का 40 मी. चौड़ी सड़क के दूसरी ओर खड़े एक व्यक्ति द्वारा बनाए गये उन्नयन कोण क्रमशः 60° एवं 45° हैं। ध्वजदण्ड की ऊँचाई (लम्बाई) है-

(a) 30 m (b) $40\left(\sqrt{3}+1\right)$m

(c) $40\left(\sqrt{3}-1\right)$m (d) इनमें से कोई नहीं

70. sin (A + B) . sin (A – B) का मान बराबर है-

(a) $\sin^2 A + \cos^2 B$ (b) $\sin^2 A - \sin^2 B$

(c) $\sin^2 A + \cos^2 A$ (d) इनमें से कोई नहीं

71. 5 वर्ष पूर्व राम की आयु श्याम की आयु की 3 गुनी थी तथा 10 वर्ष बाद राम की आयु श्याम की आयु की 2 गुनी होगी। राम एवं श्याम की वर्तमान आयु है-

(a) 30 वर्ष, 10 वर्ष (b) 35 वर्ष, 15 वर्ष

(c) 50 वर्ष, 20 वर्ष (d) इनमें से कोई नहीं

72. एक बक्से की लम्बाई 10 मी., चौड़ाई 6 मी. एवं ऊँचाई 4 मी. है। बक्से में 15 घन मीटर आयतन वाले कितने घन रखे जा सकते हैं?

(a) 16 (b) 12

(c) 14 (d) 10

73. 240 विद्यार्थियों के समूह में 200 इतिहास लेते हैं तथा 90 भूगोल लेते हैं। यदि 20 विद्यार्थी दोनों में से कोई विषय नहीं लेते, तो कितने विद्यार्थी दोनों विषय लेते हैं?

(a) 170 (b) 70

(c) 40 (d) इनमें से कोई नहीं

74. यदि आंकड़ों 59, 62, 65, x, $x + 2$, 72, 85 एवं 94 की माध्यिका 69 हो, तो x का मान है-

(a) 68 (b) 69

(c) 67 (d) इनमें से कोई नहीं

75. यदि $x = 2^{\frac{1}{3}} + 2^{\frac{2}{3}} + 2$ तब $x^3 - 6x^2 + 6x$ का मान है-

(a) 0 (b) 2
(c) 1 (d) इनमें से कोई नहीं

76. दो समरूप त्रिभुजों के क्षेत्रफल क्रमशः 9 मी² तथा 36 मी² हैं। यदि एक त्रिभुज की ऊँचाई 24 मी. हो तो दूसरे त्रिभुज की ऊँचाई है-

(a) 48 मी. (b) 58 मी.
(c) 38 मी. (d) इनमें से कोई नहीं

77. एक फैक्ट्री में 80% पुरुष कर्मचारी हैं जिनमें से 20% मैट्रिक व शेष ग्रेजुएट हैं। यदि महिला कर्मचारी 25% मैट्रिक व शेष ग्रेजुएट तथा महिला कर्मचारियों की संख्या 600 हो, तो फैक्ट्री में कुल कितने ग्रेजुएट हैं?

(a) 2730 (b) 2430
(c) 2370 (d) इनमें से कोई नहीं

78. किन्हीं सात क्रमिक समसंख्याओं का औसत 62 है, तो पहली और छठी संख्या के योगफल के दोगुने का चौथाई भाग है-

(a) 62 (b) 60
(c) 61 (d) इनमें से कोई नहीं

79. एक वृत्त पर चार बिन्दु A, B, C, D इस प्रकार हैं कि वे एक वर्ग ABCD बनाते हैं। वृत्त का क्षेत्रफल 3850 वर्ग मी. है, तो वर्ग का क्षेत्रफल है-

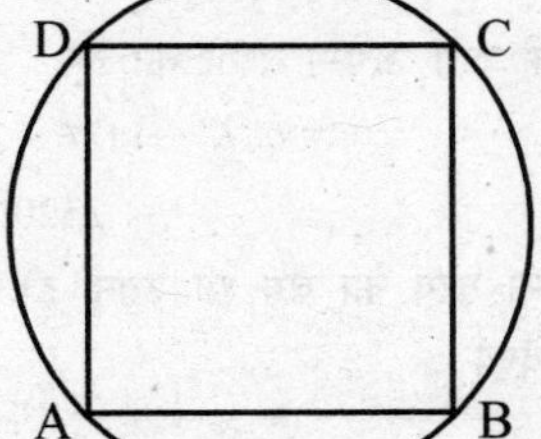

(a) 2540 वर्ग मी.
(b) 4250 वर्ग मी.
(c) 2450 वर्ग मी.
(d) इनमें से कोई नहीं

80. एक वृत्त की त्रिज्या $\sqrt{2}$ सेमी. है। वृत्त 2 सेमी लम्बी एक जीवा द्वारा दो खण्डों में विभाजित है, तो दीर्घखण्ड के कोण का मान है-

(a) 15° (b) 30°
(c) 45° (d) इनमें से कोई नहीं

81. $\dfrac{\sin 75^\circ - \sin 15^\circ}{\cos 75^\circ + \cos 15^\circ}$ का मान है-

(a) $\sqrt{3}$ (b) $\dfrac{1}{\sqrt{3}}$
(c) $\dfrac{2}{\sqrt{3}}$ (d) इनमें से कोई नहीं

82. यदि $\operatorname{cosec}\theta + \cot\theta = m$, तब $\cos\theta$ का मान है-

(a) $\dfrac{m^2-1}{m^2+1}$ (b) $\dfrac{m^3-1}{m^3+1}$
(c) $\dfrac{m^2+1}{m^2-1}$ (d) इनमें से कोई नहीं

83. एक लम्ब-वृत्ताकार शंकु A का आयतन लम्ब वृत्ताकार शंकु B के आयतन का तीन गुना है। शंकु B की ऊँचाई A की अपेक्षा तीन गुनी है। A की त्रिज्या का B की त्रिज्या से अनुपात है-

(a) 2 : 1 (b) 3 : 2
(c) 2 : 3 (d) 3 : 1

84. बिन्दुओं (0, 5), (5, 0) एवं (2, 2) से बना त्रिभुज है-

(a) समबाहु (b) समद्विबाहु
(c) समकोण (d) इनमें से कोई नहीं

85. $x^3 - \dfrac{1}{x^3} - 5x - \dfrac{5}{x}$ के गुणनखण्ड हैं-

(a) $\left(x+\frac{1}{x}\right)\left(x-\frac{1}{x}+2\right)\left(x+\frac{1}{x}-2\right)$

(b) $\left(x+\frac{1}{x}\right)\left(x-\frac{1}{x}+2\right)\left(x-\frac{1}{x}-2\right)$

(c) $\left(x-\frac{1}{x}\right)\left(x-\frac{1}{x}+2\right)\left(x-\frac{1}{2}-2\right)$

(d) $\left(x+\frac{1}{x}\right)\left(x+\frac{1}{x}-2\right)\left(x-\frac{1}{x}-2\right)$

86. यदि बिन्दु (1, 2), (x, –1) एवं (4, 5) सरेखीय तो x का मान है-

(a) –1 (b) 1
(c) –2 (d) 2

87. एक ठोस गोले को पिघलाकर 10 मि.मी व्यास का तार खींचा गया है। गोले की त्रिज्या 9 सेमी हो, तो तार की लम्बाई होगी-

(a) 77.76 सेमी. (b) 38.88 मी.
(c) 38.88 सेमी. (d) 77. 76 मी.

88. k के किस मान के लिए $(m - 2)$ व्यंजक $m^2 - 5m + k$ का गुणनफल है?

(a) 6 (b) 8
(c) 11 (d) 9

89. P (3, 1) और R (– 7, 5) एक सम चतुर्भुज PQRS के शिरोबिन्दु हैं। विकर्ण QS के समीकरण का पता लगाएं?

(a) $5x - 2y = 16$ (b) $5x - 2y = -16$
(c) $5x + 2y = -16$ (d) $5x + 2y = 16$

90. बहुपद P(x) एवं Q (x) के ल.स. एवं म.स. क्रमशः $56(x^2 - x)$ एवं $4(x^2 - x - 1)$ है। यदि $P(x) = 28(x^3 + 1)$ हो, तो Q (x) = ?

(a) $8x(x^2 - x - 1)$ (b) $6x(x^2 + x - 1)$
(c) $4x(x^2 + x - 1)$ (d) इनमें से कोई नहीं

उत्तर (हल/संकेत)

1. (d) $\bar{F} = \frac{B^2l^2v}{R}$ $v = R\omega$

$\bar{F} = \frac{B^2l^2R\omega}{R}$

$\bar{F}_1 = B^2l^2\omega$

प्रश्नानुसार,

$\bar{F}_2 = B^2l^2(2\omega)$

$\bar{F}_2 = 2\bar{F}_1$

2. (c) $\frac{E-e}{R} \Rightarrow \frac{220-e}{20} = 1.5 \Rightarrow e = 190$ v

3. (d) 50 Hz

$V = 100 \sin 100\,\pi t \cos 100\,\pi t$

$V = V_0 \sin \omega t$ ...(i)

$V = \frac{1}{2} \times 100 \sin 100\,\pi t \cos 100\,\pi t$

$V = 50 \times 2 \sin 100\,\pi t \cos 100\,\pi t$

$\sin 2\theta = 2 \sin\theta \cos\theta$

$V = 50 \sin 200\,\pi t$

$V_0 = 50$ V

$\omega = 200\,\pi$

$2\pi f = 200\,\pi$

$f = 100$ Hz

4. (d) सूर्य से आने वाली नुकसानदायक पराबैंगनी विकिरण को ओजोन (जिसका रासायनिक सूत्र O_3 है) का आवरण आने नहीं देता है। अधिकांश ओजोन परत समताप मंडल (स्ट्रेटोस्फीयर) में पाया जाता है।

5. (a) नाभिकीय ईंधन या परमाणु ईंधन उस सामग्री को कहते हैं जिसे विखण्डन या नाभिकीय संलयन की प्रक्रियाओं द्वारा नाभिकीय ऊर्जा बनाने के लिए प्रयोग किया जाता है। यूरेनियम-234 और प्लूटोनियम-239 सबसे अधिक इस्तेमाल होने वाले नाभिकीय ईंधन है।

6. (b) सूर्य में ऊर्जा का मुख्य स्रोत नाभिकीय संलयन है। इसके अंतर्गत जब दो हल्के नाभिक परस्पर संयुक्त होकर एक भारी तत्व के नाभिक की रचना करते हैं, तो इस प्रक्रिया को नाभिकीय संलयन कहते हैं।

7. (a) संलयन अभिक्रिया उच्च तापमान की सहायता से प्रारम्भ होती है। संलयन अभिक्रिया में अत्यधिक तापक्रम ($\approx 10^7$ K) की आवश्यकता होती है। हाइड्रोजन बम का निर्माण इसी सिद्धांत पर किया जाता है।

8. (a) वह पदार्थ जिसमें सबसे खराब वायु प्रदूषण होता है। कार्बन मोनोऑक्साइड कहलाता है। यह एक अधजला कार्बन है जो कि पेट्रोल, डीजल, ईंधन और लकड़ी के जलने से उत्पन्न होता है। यह सिगरेट से भी उत्पन्न होता है। इसके कारण ऑक्सीजन में कमी होती है।

9. (a) एक परितंत्र में ऊर्जा का मुख्य स्रोत पत्तियों द्वारा प्राप्त सूर्य की रोशनी है। जिसके द्वारा प्रकाश संश्लेषण प्रक्रिया द्वारा ऑक्सीजन का उत्पादन करते हैं। पौधे न केवल सभी प्रकार के जैविक पदार्थों का उत्पादन करते हैं, बल्कि जैविक पदार्थों एवं पोषण तत्वों के चक्रण एवं पुनर्चक्रमण में भी मदद करते हैं।

10. (b) प्राथमिक उपभोक्ता

11. (c) जननिक दोष

12. (a) 600 mm

13. (b) मछली के प्रतिबिम्ब के नीचे

14. (b) वृत्त

15. (c) निकटदर्शी और +0.25D लेंस की आवश्कता

16. (a) आयतन में प्रतिशत कमी

$$= \left(\frac{100-1}{100} \times \frac{100-1}{100} \times \frac{100-1}{100} - 1\right) \times 100$$

$$= \left(\frac{99 \times 99 \times 99}{1000000} - 1\right) \times 100$$

$$= \left(\frac{-29701}{1000000}\right) \times 100$$

$$= \frac{-29701}{10000} = -2.9 = -3$$

अतः गोले के आयतन में 3% की कमी होगी।

17. (d) 1 किलोवाट घंटा $= 3{\cdot}6 \times 10^6$ जूल

18. (b) स्वरित्र A के द्वारा उत्पन्न तरंगों का वेग

$v = n_1\,\lambda_1 = 116 \times 200$

$= 23200$ सेमी/से

स्वरित्र B द्वारा उत्पन्न तरंग का वेग भी उतना ही होगा अतः स्वरित्र B उत्पादित तरंगों की तरंगदैर्ध्य

$$\lambda_2 = \frac{v}{n_2}$$

$= 279.5$ सेमी

19. (c) प्रतिबिम्बों की संख्या $= \left(\frac{360^\circ}{x} - 1\right)$

$$= \left(\frac{360^\circ}{60^\circ} - 1\right)$$

$= 6 - 1 = 5$

20. (a)

21. (d) $\frac{P_1}{T_1} = \frac{P_2}{T_2} \Rightarrow \frac{P_1}{P_2} = \frac{T_1}{T_2} = \frac{0+273}{100+273} = \frac{273}{373} = 0{\cdot}73$

$$\frac{P_1}{P_2} = 0{\cdot}73$$

$$P_2 = \frac{760}{0{\cdot}73}$$

22. (c)

23. (d) 0.55 मिमी. = 0.05 सेमी.

24. (d) $$T = 2\pi\sqrt{\frac{L}{g}}$$

$$= 2\pi\sqrt{\frac{1}{\frac{1}{9}}} = 2\pi\sqrt{9} = 2\pi \times 3 = 6\pi \text{ sec}$$

25. (d) **26.** (a)

27. (d) $$K = \frac{1}{2}mv^2 = \frac{1}{2}m\left(\frac{p}{m}\right)^2 = \frac{p^2}{2m}$$

$$\frac{K_1}{K_2} = \frac{\frac{p^2}{2m_1}}{\frac{p^2}{2m_2}} = \frac{2m_2}{2m_1} \Rightarrow \frac{K_1}{K_2} = \frac{m_2}{m_1}$$

$$= \frac{K_2}{K_1} = \frac{m_1}{m_2}$$

28. (d) मोटर की शक्ति = $\frac{\text{जूल}}{\text{सेकेण्ड}}$

= 4500 न्यूटन = 450000 जूल/सेमी

= 450 जूल/मी

$\therefore$ P = $\frac{450}{2}$ = 225 किलोवाट

29. (c) $F = ma$

$$S = ut + \frac{1}{2}gt^2$$

$$F = \frac{m}{2} \times a$$

$$ma = 2F$$

30. (b) $$S = ut + \frac{1}{2}at^2$$

$$= 0 \times 10 + \frac{1}{2} + 10 \times 10 \times 10$$

$$= \frac{1}{2} \times 10000 = 5000 \text{ मी.}$$

31. (a) विस्थापन प्रतिक्रिया

32. (c) –2 और +4

33. (b) Hg

34. (a)

35. (c) Ag

36. (c) C

37. (d) Ag

38. (b) 10

39. (b) $CaSO_4.2H_2O$

40. (c) 3

41. (a) Sc

42. (a) Pb

43. (a) 10

44. (c) $FeCO_3$

45. (d)

46. (d) किसी गैस की विसरण दर उसके अणुभार पर निर्भर करती है।

अत: $$\frac{r_1}{r_2} = \sqrt{\frac{m_2}{m_1}}$$

47. (c) विलयन में विलेय (अवक्षेप) की मात्रा = 0.72 ग्राम

विलयन में विलायक की मात्रा = विलयन की मात्रा – विलेय की मात्रा = 2.72 ग्राम – 0.72 ग्राम

= 2 ग्राम

$\therefore$ विलेयता = $\frac{\text{विलेय की मात्रा}}{\text{विलायक की मात्रा}} \times 100$

$$= \left(\frac{0.72}{2} \times 100\right) = 36$$

48. (a) Mn_{25} का इलेक्ट्रॉनिक विन्यास

K	L	M	N
2	8	8	7

49. (a) H_2SO_4 में माना S की ऑक्सीकरण संख्या = x

तब, $2 \times 1 + x + 4 \times (-2) = 0$

$2 + x - 8 = 0$

$x - 6 = 0$

$x = 6$

50. (b) गैस का अधिकतम प्रायिकता वेग $C_m = \sqrt{\frac{2RT}{M}}$

51. (c) B.H.C. का पूरा नाम बेंजीन हेक्साक्लोराइड है।

इसका रासायनिक सूत्र $C_6H_6Cl_6$ होता है। इसे गैमिक्सीन पाउडर भी कहते हैं।

52. (b) पोटैशियम फेरोसाइनाइड $[K_4Fe(CN)_6]$ एक द्विक लवण है।

53. (c) पृथ्वी में पायी जाने वाली धातुओं में ऑक्सीजन (O) की प्रतिशतता भार के अनुसार 46.1% सबसे अधिक है।

54. (d) $C_6 = \begin{matrix} K & L \\ 2 & 4 \end{matrix}$

अत: आवर्त सारणी में इसको IV समूह में रखा जायेगा।

55. (d) जब दो समान अथवा भिन्न परमाणु एक-एक या एक से अधिक इलेक्ट्रॉनों का साझा करके स्थायी विन्यास प्राप्त करते हैं, तो बनने वाला बन्ध सहसंयोजक बन्ध कहलाता है।

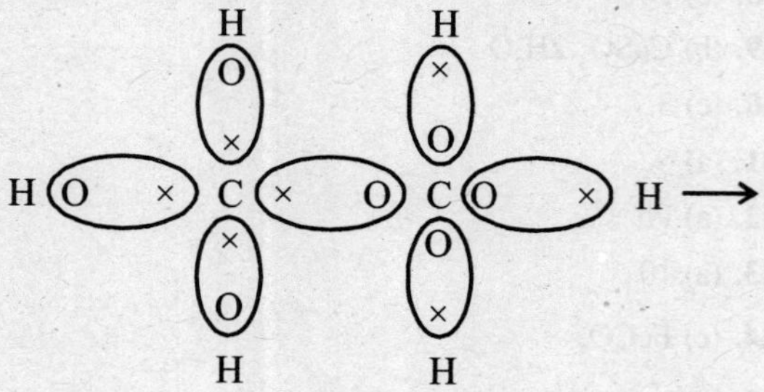

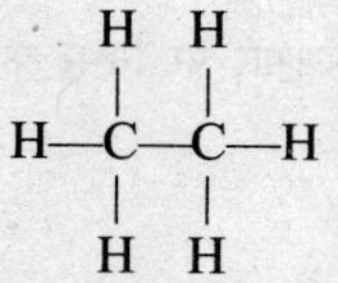

अतः C_2H_6 के मध्य सहसंयोजक बंध बनते हैं।

56. (b)

57. (a) $\overset{0}{S}(l) + Cl_2(g) \rightarrow \overset{+2}{S}Cl_2(l)$ ($+2e^-$)

अतः S(सल्फर) अपचायक पदार्थ है।

58. (d) वह ताप जिसके ऊपर किसी गैस को द्रवित नहीं किया जा सकता है, 'क्रान्तिक ताप' कहलाता है।

59. (c) वह ताप जिसपर द्रव का वाष्प दाब वायुमण्डलीय दाब के बराबर हो जाता है, उसे उस द्रव का 'क्वथनांक' कहते हैं।

60. (a) $X(13) \quad + \quad Y(8) \rightarrow X_2Y_3$

2, 8, 3   2, 6

उदाहरण– $2Al + 3O \rightarrow Al_2O_3$

61. (b) **62.** (c) **63.** (b) **64.** (c)

65. (b) **66.** (d) **67.** (a) **68.** (c)

69. (c) माना ध्वज दण्ड की लम्बाई = h मी.

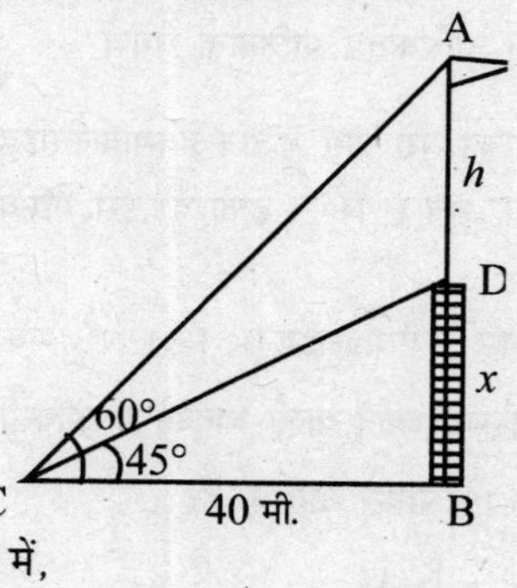

तब, ΔABC में,

$$\tan 60° = \frac{AB}{BC}$$

$$\sqrt{3} = \frac{h+x}{40}$$

$$\Rightarrow \quad h + x = 40\sqrt{3} \qquad ...(i)$$

पुनः ΔBDC में,

$$\tan 45° = \frac{BO}{BC}$$

$$1 = \frac{x}{40} \Rightarrow x = 40$$

समीकरण (i) में x का मान रखने पर

$$h + 40 = 40\sqrt{3} \Rightarrow h = 40(\sqrt{3}-1) \text{ मी.}$$

70. (b) $\sin(A+B) . \sin(A-B) = \sin^2 A - \sin^2 B$

71. (c) माना 5 वर्ष पूर्व श्याम की आयु = x वर्ष

$\therefore$ 5 वर्ष पूर्व राम की आयु = $3x$ वर्ष

$\therefore$ वर्तमान में श्याम की आयु $(x+5)$ वर्ष तथा राम की आयु $(3x+5)$ वर्ष होगी।

प्रश्नानुसार,

$$2(x+5+10) = (3x+5+10)$$

$$\Rightarrow \quad 2x + 30 = 3x + 15$$

$$\Rightarrow \quad x = 15 \text{ वर्ष}$$

$\therefore$ राम व श्याम की वर्तमान आयु क्रमशः 50 वर्ष व 20 वर्ष है।

72. (a) घनाभाकार बक्से का आयतन = लम्बाई × चौड़ाई × ऊँचाई

$= (10 \times 6 \times 4)$ मी.^{3}

$= 240$ मी.^{3}

अतः 240 मी.$^3 \div 15 = 16$

73. (b) ऐसे विद्यार्थी जो इतिहास पसंद नहीं करते हैं

$= (240 - 200) - 20$

$= (40 - 20) = 20$

ऐसे विद्यार्थी जो भूगोल पसंद नहीं करते हैं

$= (240 - 90) - 20$

$= (150 - 20) = 130$

$\therefore$ विद्यार्थियों की वह संख्या जो इतिहास व भूगोल दोनों पसंद करते हैं

$= 240 - (20 + 130 + 20)$

$= (240 - 170) = 70$

74. (a) यहाँ पदों की संख्या 8 (सम) हैं।

$$\therefore \text{माध्यिका} = \frac{\frac{n}{2} \text{ वें पद का मान} + \frac{n}{2}+1 \text{ वें पद का मान}}{2}$$

$$\Rightarrow \quad 69 = \frac{\frac{8}{2} \text{ वाँ पद} + \left(\frac{8}{2}+1\right) \text{वें पद का मान}}{2}$$

$$\Rightarrow \quad 69 = \frac{4 \text{ वाँ पद} + 5 \text{ वाँ पद}}{2}$$

$$\Rightarrow \quad 69 = \frac{x + (x+2)}{2}$$

$\Rightarrow \quad 2x + 2 = 138$

$\Rightarrow \quad 2x = 136$

$\Rightarrow \quad x = 68$

75. (b) $x = 2^{\frac{1}{3}} + 3^{\frac{2}{3}} + 2$

$= 2^{\frac{1}{3}} + (2^{\frac{2}{3}} + 2^{\frac{1}{3}}) + 2$

$= 2^{\frac{1}{3}} + (1 + 2^{\frac{1}{3}}) + 2$

माना $2^{1/3} = y$

तब, $x = y(1 + y) + 2$

$x = 2 + y^2 + y$

$x - 2 = y^2 + y$ ...(i)

दोनों ओर घन करने पर

$(x-2)^3 = (y^2 + y)^3$

$x^3 - 8 - 6x^2 + 12x = y^6 + y^3 + 3y^2 . y(y^2 + y)$

समीकरण (i) से $(y^2 + y)$ का मान रखने पर

$x^3 - 8 - 6x^2 + 12x = y^6 + y^3 + 3y^2 (x - 2)$

$y^3 = 2$, तब $y^6 = (2)^2 = 4$ रखने पर

$x^3 - 8 - 6x^2 + 12x = 4 + 2 + 3 \times 2 (x - 2)$

$x^3 - 6x^2 + 12x = 8 + 6 + 6x - 12$

$x^3 - 6x^2 + 12x = 6x + 2$

$\Rightarrow x^3 - 6x^2 + 6x = 2$

76. (a) माना ΔABC एवं ΔDEF दो समरूप त्रिभुज हैं–

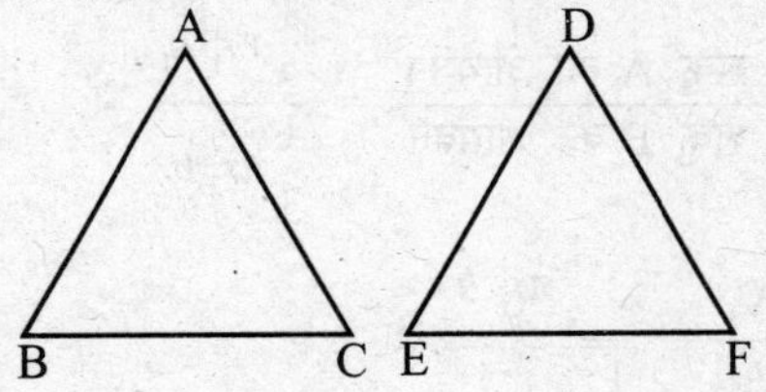

तब,

Δ ABC का क्षेत्रफल = 9 मी²

Δ DEF का क्षेत्रफल = 36 मी²

हम जानते हैं, कि दो समरूप त्रिभुजों के क्षेत्रफल का अनुपात उनकी ऊँचाई के वर्ग के अनुपात के बराबर होता है।

अत: $\frac{\Delta \text{ ABC का क्षेत्रफल}}{\Delta \text{ DEF का क्षेत्रफल}} = \frac{(24)^2}{(\text{दूसरे त्रिभुज की ऊँचाई})^2}$

$\Rightarrow \quad \frac{9}{36} = \frac{(24)^2}{(\text{दूसरे त्रिभुज की ऊँचाई})^2}$

$\therefore (\text{दूसरे त्रिभुज की ऊँचाई})^2 = \frac{(24)^2}{9} \times 36 = 2304$

$\therefore$ दूसरे त्रिभुज की ऊँचाई $= \sqrt{2304} = 48$ मी.

77. (c) फैक्ट्री में पुरुष कर्मचारियों की संख्या = 80%

महिला कर्मचारियों की संख्या = (100 – 80) = 20%

प्रश्नानुसार,

20% महिला कर्मचारियों की संख्या = 600

$\therefore$ कुल कर्मचारियों की संख्या $= \frac{600 \times 100}{20} = 3,000$

$\therefore$ पुरुष कर्मचारियों की संख्या = (3000 – 600) = 2400

मैट्रिक पुरुष कर्मचारियों की संख्या $= \left(2400 \times \frac{20}{100}\right) = 480$

$\therefore$ ग्रेजुएट पुरुष कर्मचारियों की संख्या = (2400 – 480) = 1920

$\therefore$ मैट्रिक महिला कर्मचारियों की संख्या $= \left(600 \times \frac{25}{100}\right) = 150$

$\therefore$ ग्रेजुएट महिला कर्मचारियों की संख्या = (600 – 150) = 450

$\therefore$ फैक्ट्री में कुल ग्रेजुएट कर्मचारियों की संख्या = (1920 + 450)

= 2370

78. (c) माना सात समसंख्याएँ क्रमश: $(x + 2), (x + 4), (x + 6), (x + 8), (x + 10), (x + 12)$ व $(x + 14)$ है।

तब,

$(x + 2) + (x + 4) + (x + 6) + (x + 8) + (x + 10) + (x + 12) + (x + 14) = 62 \times 7$

$\Rightarrow \quad 7x + 56 = 62 \times 7$

$\Rightarrow \quad 7x = 62 \times 7 - 56$

$\Rightarrow \quad 7x = 7(62 - 8)$

$\Rightarrow \quad x = (62 - 8) = 54$

$\therefore$ पहली व छठी संख्या का योगफल

$= (x + 2) + (x + 12)$

$= 2x + 14$

$= (2 \times 54 + 14)$

$\therefore$ योगफल के दो गुने का चौथाई $= \frac{2 \times (2 \times 54 + 14)}{4}$

$= \frac{122}{2} = 61$

79. (c) माना वृत्त की त्रिज्या OA = r मी.

$\because$ वृत्त का क्षेत्रफल $= \pi r^2$

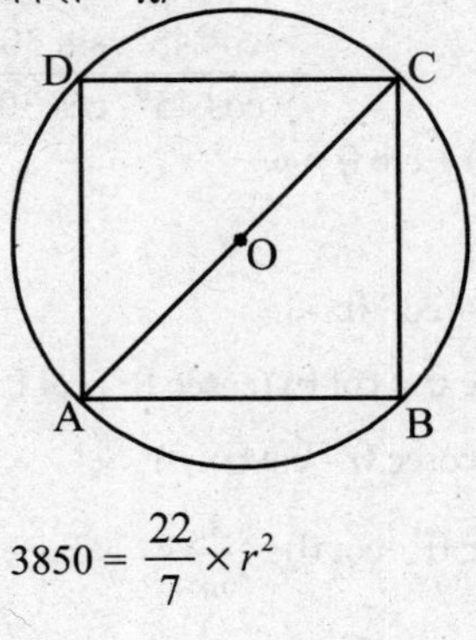

$3850 = \frac{22}{7} \times r^2$

$\Rightarrow \quad r^2 = \dfrac{3850 \times 7}{22} = 1225$

$\Rightarrow \quad r = 35$ मी.

$\therefore$ वृत्त का व्यास = वर्ग का विकर्ण (चित्र से)

$\Rightarrow$ वर्ग का विकर्ण = (2×35) मी. = 70 मी.

$\Rightarrow$ वर्ग का विकर्ण = भुजा $\sqrt{2}$

70 = भुजा $\times \sqrt{2}$

$\Rightarrow$ वर्ग की भुजा = $\dfrac{70}{\sqrt{2}} = 35\sqrt{2}$ मी.

$\therefore$ वर्ग का क्षेत्रफल = (भुजा)^2 = $(35\sqrt{2})^2$ मी. = 2450 मी.

80. (c) Δ AOC में,

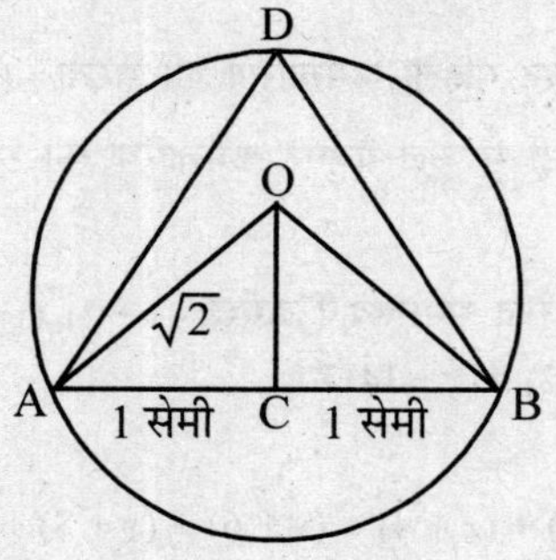

$OC^2 = AO^2 - AC^2$

$= (\sqrt{2})^2 - (1)^2$

$= (2-1) = 1$ सेमी.

$\therefore \quad OC = 1$ सेमी.

अत: $\quad OC = AC = BC$

$\therefore \quad \angle AOC = \angle BOC = \dfrac{90}{2} = 45°$

अत: $\angle ADB = 45°$

81. (b) $\dfrac{\sin 75 - \sin 15}{\cos 75 + \cos 15} = \dfrac{2\cos\left(\dfrac{75+15}{2}\right).\sin\left(\dfrac{75-15}{2}\right)}{2\cos\dfrac{(75+15)}{2}.\cos\dfrac{(75-15)}{2}}$

$= \dfrac{2\cos\dfrac{90}{2}.\sin\dfrac{60}{2}}{2\cos\dfrac{90}{2}.\cos\dfrac{60}{2}}$

$= \dfrac{\cos 45°.\sin 30°}{\cos 45°.\cos 30°} = \tan 30° = \dfrac{1}{\sqrt{3}}$

82. (a) $\text{cosec}\,\theta + \cot\theta = m$ ...(i)

हम जानते हैं,

$\text{cosec}^2\theta - \cot^2\theta = 1$

$\Rightarrow (\text{cosec}\,\theta + \cot\theta)(\text{cosec}\,\theta - \cot\theta) = 1$

$\Rightarrow m \times (\text{cosec}\,\theta - \cot\theta) = 1$

$\Rightarrow (\text{cosec}\,\theta - \cot\theta) = \dfrac{1}{m}$ ...(ii)

समी. (i) व (ii) को जोड़ने पर

$2\text{cosec}\,\theta = \left(m + \dfrac{1}{m}\right)$

$\Rightarrow \quad \text{cosec}\,\theta = \dfrac{(m^2+1)}{2m}$

$\Rightarrow \quad \sin\theta = \dfrac{2m}{(m^2+1)}$

$\therefore \quad \cos\theta = \sqrt{1-\sin^2\theta}$

$= \sqrt{1-\left(\dfrac{2m}{m^2+1}\right)^2} = \sqrt{\dfrac{(m^2+1)^2-(2m)^2}{(m^2+1)^2}}$

$= \sqrt{\dfrac{m^4+1+2m^2-4m^2}{(m^2+1)^2}}$

$= \sqrt{\dfrac{m^4+1-2m^2}{(m^2+1)^2}}$

$= \sqrt{\dfrac{(m^2-1)^2}{(m^2+1)^2}} = \dfrac{(m^2-1)}{(m^2+1)}$

83. (d) माना लम्ब-वृत्ताकार शंकु A का आयतन V_1 तथा B का आयतन V_2 है।

तब, $\quad V_1 = 3V_2$

तथा B की ऊँचाई $h_2 = 3h_1$

$\therefore \dfrac{\text{शंकु A का आयतन}}{\text{शंकु B का आयतन}} = \dfrac{\frac{1}{3}\pi r_1^2 h_1}{\frac{1}{3}\pi r_2^2 h_2}$

$\Rightarrow \quad \dfrac{3V_1}{V_2} = \dfrac{\frac{1}{3}\pi r_1^2 h_1}{\frac{1}{3}\pi r_2^2 \times 3h_1}$

$\Rightarrow \quad \dfrac{3}{1} = \dfrac{1}{3}\times\dfrac{r_1^2}{r_2^2}$

$\Rightarrow \quad \left(\dfrac{r_1}{r_2}\right)^2 = \dfrac{9}{1}$

$\Rightarrow r_1 : r_2 = 3:1$

84. (b) माना त्रिभुज की तीन भुजाएँ A, B व C हैं।

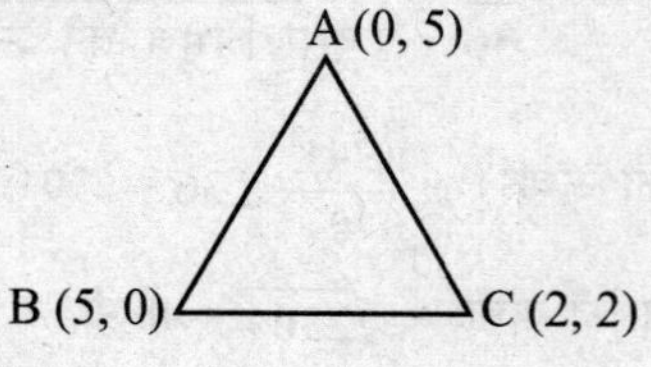

तब, $AB = \sqrt{(5-0)^2 + (0-5)^2} = \sqrt{25+25} = \sqrt{50}$

$= 5\sqrt{2}$

$BC = \sqrt{(2-5)^2 + (2-0)^2} = \sqrt{9+4} = \sqrt{13}$

$AC = \sqrt{(0-2)^2 + (5-1)^2} = \sqrt{4+9} = \sqrt{13}$

$\because \quad BC = AC$

अत: समद्विबाहु त्रिभुज होगा।

85. (b) व्यंजक $= x^3 + \frac{1}{x^3} - 5x - \frac{5}{x}$

$= x^3 + \frac{1}{x^3} - 5\left(x + \frac{1}{x}\right)$

$= \left(x+\frac{1}{x}\right)\left(x^2+\frac{1}{x^2}-1\right) - 5\left(x+\frac{1}{x}\right)$

$= \left(x+\frac{1}{x}\right)\left[x^2+\frac{1}{x^2}-6\right]$

$= \left(x+\frac{1}{x}\right)\left[x^2+\frac{1}{x^2}-2-4\right]$

$= \left(x+\frac{1}{x}\right)\left[\left(x-\frac{1}{x}\right)^2-(2)^2\right]$

$= \left(x+\frac{1}{x}\right)\left(x-\frac{1}{x}+2\right)\left(x-\frac{1}{x}-2\right)$

86. (c) तीनों बिन्दुओं के सरेख होने पर

$x_1(y_2 - y_3) + x_2(y_3 - y_1) + x_3(y_1 - y_2) = c$

$\Rightarrow \quad 1(-1-5) + x(5-2) + 4(2-(-1)) = 0$

$\Rightarrow \quad -6 + 3x + 4 \times 3 = 0$

$\Rightarrow \quad -6 + 3x + 12 = 0$

$\Rightarrow \quad 3x + 6 = 0$

$\Rightarrow \quad x = -6$

$\therefore \quad x = \frac{-6}{3} = -2$

87. (b) $\because$ हम जानते हैं, कि तार एक बेलन होता है।

$\therefore$ खींचे गए तार की त्रिज्या $= \frac{10}{2}$ मिमी. = 5 मिमी.

$= \frac{5}{10} = \frac{1}{2}$ सेमी.

प्रश्नानुसार, $\frac{4}{3}\pi r^3 = \pi r^2 h$

$\frac{4}{3}\times(9)^3 = h \times \left(\frac{1}{2}\right)^2$

$h = \frac{4}{3} \times (9)^3 \times 4 = 3888$ सेमी. = 38.88 मी.

88. (a) $\because$ $(m-2)$, व्यंजक $m^2 - 5m + k$ का एक गुणनखण्ड है।

$\therefore (m-2) = 0 \Rightarrow m = 2$

$\therefore$ व्यंजक $= (2)^2 - 5 \times 2 + k$

$\therefore \quad 4 - 10 + k = 0$

$\Rightarrow \quad -6 + k = 0$

$\Rightarrow \quad k = 6$

89. (b) बिन्दु P(3, 1) और R (– 7, 5) से जाने वाली रेखा का समीकरण

$y_1 - y_1 = \frac{y_2 - y_1}{x_2 - x_1}(x - x_1)$

$y - 1 = \frac{5-1}{-7-3}(x-3)$

$y - 1 = \frac{4}{-10}(x-3)$

$y - 1 = \frac{-2}{5}(x-3)$

$5y - 5 = -2x - 6$

$5y - 5 = -2x + 6$

$-2x + 6 - 5y + 5 = 0$

$-2x - 5y + 11 = 0$

$2x + 5y - 11 = 0$

$2x + 5y = 11$

$\therefore$ विकर्ण QS का समीकरण

$5x - 2y = -16$

90. (d) पहली संख्या × दूसरी संख्या = ल.स. × म.स.

$P(x) \times Q(x) = 56(x^4 + x) \times 4(x^2 - x + 1)$

$28(x^3 + 1) \times Q(x) = 56x(x^3 + 1) \times 4(x^2 - x + 1)$

$Q(x) = \frac{56x(x^3+1) \times 4(x^2 - x + 1)}{28(x^3+1)}$

$Q(x) = 8x(x^2 - x + 1)$

□□□

बिहार पॉलिटेक्निक संयुक्त प्रवेश परीक्षा,

सॉल्वड पेपर-2020 (स्मृति पर आधारित)

भौतिक विज्ञान

1. द्वितीयक ईंधन का एक उदाहरण है–
(A) प्राकृतिक गैस (B) जल गैस
(C) कोयला (D) पेट्रोलियम

2. निम्नलिखित यौगिकों में से किसका न्यूनतम ऊष्मीय मान है?
(A) लकड़ी (B) बायोगैस
(C) एल्कोहल (D) कोयला

3. प्रत्येक गर्म वस्तु उत्सर्जित करती है–
(A) दृश्य किरणें (B) अवरक्त किरणें
(C) पराबैंगनी किरणें (D) X-किरणें

4. निम्नलिखित ईंधनों में से कौन-सा दूसरों में भिन्न है?
(A) कोक (B) लिग्नाइट
(C) चारकोल (D) एल्कोहल

5. निम्नलिखित में कौन-सा ईंधन जलाये जाने पर न्यूनतम प्रदूषण का कारण बनता है?
(A) कोयला (B) डीजल
(C) पेट्रोल (D) प्राकृतिक गैस

6. निम्नलिखित में से कौन-सा एक बेहतर नाभिक ईंधन है?
(A) नेपटूनियम-239 (B) यूरेनियम-235
(C) थोरियम-236 (D) प्लूटोनियम-239

7. प्रति इकाई द्रव्यमान उत्सर्जित ऊर्जा है–
(A) संलयन एवं विखण्डन दोनों में समान
(B) संलयन की अपेक्षा विखण्डन में अधिक
(C) विखण्डन की अपेक्षा संलयन में अधिक
(D) समय-समय पर परिवर्तित

8. पृथ्वी के द्रव्यमान 1 की अपेक्षा बृहस्पति का द्रव्यमान है–
(A) 95 (B) 195
(C) 318 (D) 0.8

9. निम्नलिखित ग्रहों में से किसके उपग्रहों की संख्या न्यूनतम है?
(A) मंगल (B) अरूण
(C) नेपच्यून (D) पृथ्वी

10. निम्नलिखित में से कौन-सी दूरी की सबसे न्यूनतम इकाई है?
(A) खगोलीय इकाई (B) पारसेक
(C) प्रकाश वर्ष (D) किलोमीटर

11. एक समतल दर्पण पर 35° के कोण पर एक प्रकाश की किरण आपतित है। कोण θ का मान है–

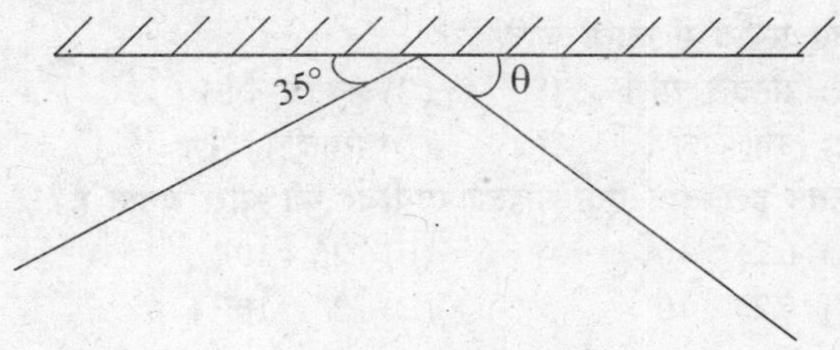

(A) 35° (B) 45°
(C) 55° (D) 90°

12. निम्नलिखित में से कौन-सा दर्पण एक दिये हुए बिन्दु पर प्रकाश को केन्द्रित करने में प्रयोग में लाया जाता है?
(A) समतल दर्पण (B) उत्तल दर्पण
(C) अवतल दर्पण (D) बेलनाकार दर्पण

13. एक लड़का एक समतल दर्पण से 3m दूरी पर दर्पण के सामने खड़ा है, यदि लड़का 1m पीछे की ओर गति करे तब लड़के और उसके प्रतिबिम्ब के बीच दूरी होगी-
(A) 8m (B) 4m
(C) 2m (D) 6m

14. रेटिना पर प्रतिबिम्ब कितने समय तक रहता है?
(A) $\frac{1}{10}s$ (B) 10s
(C) 20s (D) $\frac{1}{20}s$

15. अपवर्तनांक की इकाई है–
(A) डायप्टर (B) डिग्री
(C) मीटर (D) इसकी कोई इकाई नहीं

16. हमारा नेत्र इसके गुण का प्रयोग करत॰ है–
(A) बेलनाकार लेन्स ... स
(अवतल लेन्स ... दर्पण

17. एक ...मान्य मानव न ... ज है–
(A) अनन्त से 25 m ... m से 25 cm तक
(C) 100 cm से 25 ... (D) अनन्त से 2 cm तक

18. जब एक एक वर्णीय प्रकाश एक प्रिज्म से गुजरता है, तब निम्नलिखित चित्रों में से कौन-सा सही है?

(A) 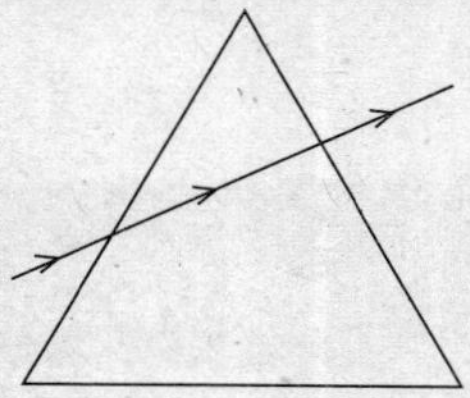

(B) 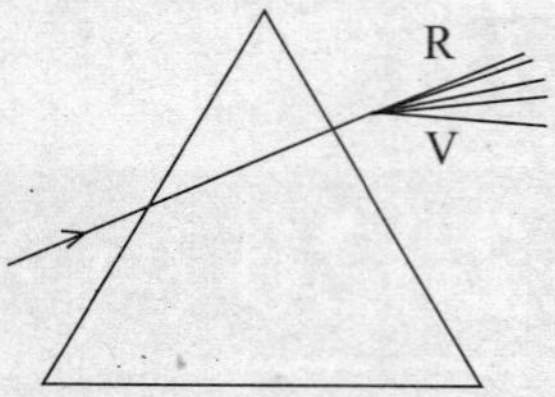

(C) 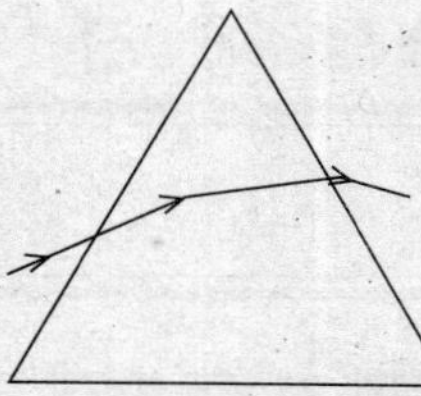

(D) 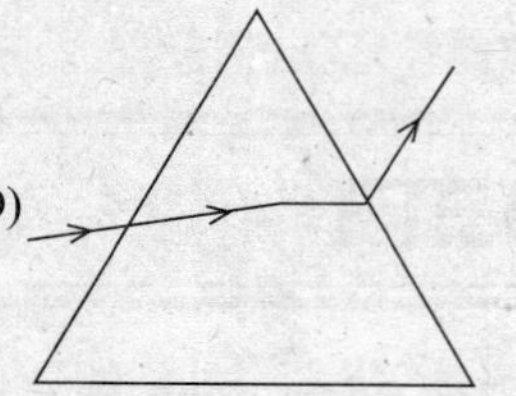

19. निम्नलिखित में से कौन-सा दर्पण एक कार की हेड लाइट के लिए प्रयोग में लाया जाता है?

(A) समतल दर्पण
(B) अवतल दर्पण
(C) उत्तल दर्पण
(D) परवलीय दर्पण

20. कितने इलेक्ट्रॉन एक माइक्रो एम्पीयर की धारा बनाते हैं?

(A) 6.25×10^9
(B) 6.25×10^{12}
(C) 6.25×10^6
(D) 6.25×10^{15}

21. एक व्यक्ति चार $\frac{1}{4}\Omega$ वाले सैल को श्रेणी क्रम में जोड़ता है परंतु एक सैल का टर्मिनल उल्टा जुड़ जाता है। बाह्य प्रतिरोधक 1 Ω है। यदि प्रत्येक सैल का विद्युत वाहक बल 1.5 V है, तब प्रवाहित धारा है–

(A) $\frac{3}{4}$A
(B) $\frac{3}{2}$A
(C) $\frac{4}{3}$A
(D) शून्य

22. यदि 1 Ω प्रतिरोध वाले एक तार को तानित कर इसकी लम्बाई को दोगुना कर दिया जाता है, तब इसका प्रतिरोध हो जायेगा–

(A) $\frac{1}{4}\Omega$
(B) 2 Ω
(C) $\frac{M}{5}$
(D) 4 Ω

23. विद्युत विभव है–

(A) ना तो अदिश ना ही सदिश राशि
(B) एक सदिश राशि
(C) एक अदिश राशि
(D) कभी अदिश और कभी सदिश राशि

24. एक बिजली के हीटर को गर्म करने वाली कुण्डली जिस पदार्थ की बनी होती है, उसकी विशेषता है–

(A) निम्न विशिष्ट प्रतिरोधकता और उच्च गलनांक
(B) उच्च विशिष्ट प्रतिरोधकता और निम्न गलनांक
(C) उच्च विशिष्ट प्रतिरोधकता और उच्च गलनांक
(D) निम्न विशिष्ट प्रतिरोधकता और निम्न गलनांक

25. एक गैल्वेनोमापी को एक वोल्टमापी बनाने के लिए निम्नलिखित में से किसकी आवश्यकता होगी?

(A) समान्तर क्रम में एक निम्न प्रतिरोध जोड़ने की
(B) श्रेणी क्रम में एक उच्च प्रतिरोध जोड़ने की
(C) श्रेणीक्रम में एक निम्न प्रतिरोध जोड़ने की
(D) समान्तर क्रम में एक उच्च प्रतिरोध जोड़ने की

26. एक 220V, 100W के बल्ब को 110V के स्रोत से जोड़ा जाता है। बल्ब द्वारा खपत शक्ति होगी–

(A) 25W
(B) 20W
(C) 10W
(D) 50W

27. 12 Ω के तीन प्रतिरोधक एक समद्विबाहु त्रिभुज बनाते हैं। किन्हीं दो शीर्षों के बीच प्रतिरोध होगा–

(A) 24 Ω
(B) 4 Ω
(C) 12 Ω
(D) 8 Ω

28. एक आदर्श सैल के आंतरिक प्रतिरोध का मान है–

(A) शून्य
(B) 1.0 Ω
(C) 0.5 Ω
(D) अनन्त

29. विद्युत संश्लेषण के नियम इन्होंने दिये–

(A) लेन्ज
(B) मैक्सवेल
(C) फैराडे
(D) बोर

30. फ्लेमिंग के बाँये हाथ के नियम में, मध्य उँगली इसकी ओर इंगित करती है–.

(A) क्षेत्र की दिशा
(B) धारा की दिशा
(C) गति की दिशा
(D) संवेग की दिशा

रसायन विज्ञान

31. $KMnO_4$ का क्षारीय माध्यम में तुल्यांकी भार होता है (जबकि परमाणु भार दिया है–Mn = 5 K = 39 व O = 16)

(A) 52.66
(B) 79
(C) 158
(D) 316

32. निम्न अणुओं में से किसमें सहसंयोजक बंध है?

(A) $MgCl_2$
(B) NaCl
(C) CH_4
(D) CaO

33. 91^{Th234} से B-कण उत्सर्जित होने पर प्राप्त पदार्थ है–

(A) 93^{Pa230}
(B) 91^{Pa234}
(C) 90^{Pa234}
(D) 90^{Pa231}

34. B कण है–

(A) $+1^{e0}$
(B) -1^{e0}
(C) O^{n1}
(D) 1^{p1}

35. CH_3COCH_3 का आई. यू. पी. ए. सी. नाम है–
(A) इथॉक्सी ईथर (B) मीथेनोई ईथर
(C) मिथॉक्सी मीथेन (D) मिथेनॉल

36. 800 मिमी दाब पर किसी गैस का आयतन 200 मिली है। किस दाब पर इसका आयतन 400 मिली हो जाएगा यदि ताप स्थिर है?
(A) 350 मिमी (B) 200 मिमी
(C) 200 मिमी (D) इनमें से कोई नहीं

37. इस धातु ऑक्साइड का C के साथ अपचयन नहीं होता?
(A) pbO (B) Al_2O_3
(C) Fe_2O_3 (D) ZnO

38. कौन-से निम्न युग्म के पदार्थ H_2O से अभिक्रिया कर समान गैसे उत्पन्न करते हैं?
(A) Na, Na_2O_3 (B) K, KO_2
(C) Ca, CaH_2 (D) Ba, BaO_2

39. कौन-सी धातु शीतल तनु HNO_3 के साथ क्रिया द्वारा H_2 उत्पन्न करती है?
(A) Fe (B) Al
(C) Mg (D) Cu

40 O_2 इसके साथ प्रत्यक्ष रूप से अभिक्रिया नहीं करती?
(A) Na (B) Cl
(C) P (D) 5

41. ओजोन तथा मेथेन की अभिक्रिया स्वरूप प्राप्त होता है–
(A) CO_2 (B) CH_3OH
(C) H_2 (D) HCHO

42. आयोडीन जातियों का आकार अनुसरण करता है–
(A) $I^+ < I < I^-$ (B) $I^+ < I^- < I$
(C) $I^- < I^+ < I$ (D) $I < I^- < I^+$

43. प्लास्टर ऑफ पेरिस होता है–
(A) $CaSO_4$ (B) $(CaSO_4)_2.2H_2$
(C) $(CaSO_4)_2.H_2O$ (D) $CaSO_4.2H_2O$

44. मेण्डलीफ की मूल सारणी में कितने वर्ग थे?
(A) 7 (B) 9
(C) 11 (D) 15

45. बढ़ती हुई इलेक्ट्रोनिगेटिविटी (विद्युत ऋणात्मकता) का यह क्रम सही हैं–
(A) Si, P, C, N (B) N, Si, C, P
(C) C, N, Si, P (D) P, Si, N, C

46. निम्न सब इलेक्ट्रानी आयनों में किसका आकार सर्वाधिक है?
(A) F (B) O^2
(C) N^1 (D) Na^+

47. HNO_3 में नाइट्रोजन की ऑक्सीकरण संख्या है–
(A) –3 (B) +3
(C) +5 (D) 0

48. चाँदी का प्रतीक क्या है?
(A) Au (B) Ag
(C) C (D) Ca

49. कौन-सी गैस उच्च दाब, उच्च ताप और एक उत्प्रेरक की उपस्थिति में CH_4OH को CH_4COOH में बदल देती है?
(A) N_2 (B) CO_2
(C) CO (D) O_3

50. एक यौगिक में नाइट्रोजन और ऑक्सीजन 28 ग्रा. : 80 ग्रा. के अनुपात में है। इस यौगिक का सूत्र है–
(A) N_2O_5 (B) N_2O_3
(C) NO (D) N_2O_4

51. 27 ग्राम Al ऑक्सीजन के कितने ग्रा. के साथ संपूर्ण रूप में अभिक्रिया करेंगे? (Al का परमाणु भार = 27)
(A) 32 (B) 16
(C) 8 (D) 24

52. HCHO में C की ऑक्सीकरण संख्या है–
(A) 0 (B) +2
(C) –2 (D) +4

53. यदि $KMnO_4$ का आण्विक भार M है तो इसका तुल्यांकी भार जब यह K_2MnO_6 में परिवर्तित होगा–
(A) $\frac{M}{5}$ (B) $\frac{M}{3}$
(C) M (D) $\frac{M}{7}$

54. वेग-समय ग्राफ का क्षेत्रफल बताता है–
(A) प्रारंभिक वेग (B) त्वरण
(C) अंतिम वेग (D) कोणीय त्वरण का

55. एसीटिलीन अणु में उपस्थित है–
(A) 50 बंध (B) $40 + 1\pi$ बंध
(C) $30 + 2\pi$ बंध (D) $20 + 2\pi$ बंध

56. प्रयोगशाला में प्रथम संश्लेषित कार्बनिक यौगिक था–
(A) यूरिया (B) C_2H_2OH
(C) CH_2OH (D) CH_2COOH

57. हकल नियम के अनुसार एक चक्रीय युग्मक यौगिक एरोमेटिक होगा यदि इसमें इस संख्या के इलेक्ट्रॉन हो–
(A) 4n (B) (4n + 2n)
(C) (4n + 2n) (D) (4n +2)n

58. 0.12 ग्राम H_2O में जल के अणुओं की संख्या होगी–
(A) 2×10^{21} (B) 4×10^{21}
(C) 4×10^{23} (D) 6×10^{23}

59. एक प्रबल क्षार इससे α-H को अपसांद्रत कर सकता है–
(A) एमीन (B) कीटोन
(C) एल्कीन (D) एल्केन

60. 88^{Ra226} में न्यूट्रॉनों की संख्या है–
(A) 138 (B) 148
(C) 158 (D) 168

गणित

61. 8 मी. लम्बे, 6 मी. चौड़े तथा 3 मी. ऊँचे कमरे में रखी जा सकने वाली छड़ की अधिकतम ल. होगी–
(A) 10.44 मी. (B) 10 मी.
(C) 12 मी. (D) इनमें से कोई नहीं

62. यदि $\log_{102} = 0.3010$ तो $\log_{108}$ का मान है–
(A) 1.2040 (B) 0.9030
(C) $(0.3010)^3$ (D) इनमें से कोई नहीं

63. 30 लड़कियों की आयु का औसत 14 वर्ष है। औसत आयु 15 वर्ष की 5 लड़कियाँ कक्षा छोड़कर चली जाती हैं। शेष लड़कियों की आयु का औसत होगा–
(A) 13.8 वर्ष (B) 12.8 वर्ष
(C) 9 वर्ष (D) 14 वर्ष

64. श्रेणी 37.5, 35, 38, 38, 5, 31, 27, 39, 34, 30.5 की माध्यिका है–
(A) 31 (B) 35
(C) 34 (D) 37.5

65. आयतचित्र ग्राफ से इसके मान निकालने में महत्वपूर्ण होता है–
(A) मोड (B) माध्यिका
(C) समान्तर माध्य (D) गुणोत्तर माध्य

66. यदि एक संख्याओं के सेट के माध्य और माध्यिका क्रमश: 8.3 एवं 9 है, तब इसका मोड होगा–
(A) 9.2 (B) 8.2
(C) 7.2 (D) 10.2

67. श्रेणी 2, 3, 1, 2, 5, 3, 2, 2, 3, 5 का मोड़ है–
(A) 3 (B) 2
(C) 1 (D) 5

68. एक वर्ग एवं एक समत्रिबाहु त्रिभुज के एक समान परिमाप हैं। यदि वर्ग का कर्ण $6\sqrt{2}$ cm, है तब त्रिभुज का क्षेत्रफल होगा–
(A) $12\sqrt{2}$ cm^2 (B) $16\sqrt{3}$ cm^2
(C) $16\sqrt{2}$ cm^2 (D) $12\sqrt{3}$ cm^2

69. यदि एक वृत्त की परिधि एवं त्रिज्या का अंतर 37 cm है, तब वृत्त का क्षेत्रफल है–
(A) 259 cm^2 (B) 148 cm^2
(C) 111 cm^2 (D) 154 cm^2

70. एक धातु के पाइप का बाह्य व्यास 4 cm एवं आन्तरिक व्यास 3 cm है और 20 cm लम्बाई है। तब प्रयोग में आई धातु का आयतन है–
(A) 220 cm^3 (B) 110 cm^3
(C) 22 cm^3 (D) 440 cm^3

71. एक आयत का विकर्ण इसकी छोटी भुजा का तीन गुना है। भुजाओं का अनुपात है–
(A) $\sqrt{3:1}$ (B) 3 : 2
(C) $2\sqrt{2:1}$ (D) $\sqrt{2:1}$

72. 1.21 और 0.09 का माध्य अनुपात क्या है?
(A) 0.33 (B) 3.03
(C) 3.3 (D) 0.033

73. एक फैक्टरी में प्रति 9 में से एक महिला कामगार है। यदि महिला कामगारों की संख्या 125 है, तो कामगारों की कुल संख्या क्या होगी?
(A) 1250 (B) 1125
(C) 1025 (D) 1000

74. निम्नलिखित का मान ज्ञात कीजिए-
$\sqrt{156.25} + \sqrt{0.0081} - \sqrt{0.0361}$
(A) 13.4 (B) 15.4
(C) 12.4 (D) 17.4

75. (400 + 16 ÷ 0.2 ÷ 0.05) का ?: = 1700 में प्रश्नचिन्ह का मान है–
(A) 90 (B) 70
(C) 95 (D) 85

76. एक वस्तु को ₹ 21,000 में बेचकर एक आदमी को 5% लाभ होता है। 15% लाभ पाने के लिए वह उसे कितने में बेचेगा?
(A) ₹ 23,000 (B) ₹ 25,000
(C) ₹ 19,000 (D) ₹ 20,700

77. यदि X : 16 :: 63 : 36 तो x का मान क्या होगा?
(A) 20 (B) 24
(C) 28 (D) 30

78. 2 के योग प्रतिलोम एवं गुणनफल प्रतिलोम का योग है–
(A) $\frac{1}{2}$ (B) $\frac{3}{2}$
(C) $\frac{3}{2}$ (D) $\frac{1}{2}$

79. यदि $(3x^2 + 14x + 16)$ एवं $(6x^2 + 1x^2 - 4x - 4)$ का HCF $(x - K)$ है, तब K का मान है–
(A) $\frac{2}{3}$ (B) 2
(C) -2 (D) $-\frac{1}{2}$

80. $-3+\frac{5}{x-2}$ का प्रतिलोम है–

(A) $\frac{x-2}{11-3x}$ (B) $-3+\frac{x-2}{5}$

(C) $-\frac{1}{3}+\frac{x-2}{5}$ (D) $\frac{5}{x-2}$

81. निम्नलिखित विकल्पों में कौन-सा एक x के सभी मानों के लिये $2x-3>7-x$ को संतुष्ट करता है?

(A) $x=\frac{10}{3}$ (B) $x<\frac{10}{3}$

(C) $x>4$ (D) $x>\frac{10}{3}$

82. यदि 84 को 5 : 9 के अनुपात में विभाजित किया जाता है, तो दोनों भागों में से कौन-सा भाग बड़ा होगा-

(A) 54 (B) 63

(C) 57 (D) 48

83. यदि $3x+2y=12$ तथा $xy=6$, तो $9x^2+4y^2$ का मान बताइए–

(A) 76 (B) 80

(C) 72 (D) 74

84. एक बहुभुज के आंतरिक कोणों का माध्य समांतर श्रेणी में है। यदि निम्नतम कोण 100° है और अधिकतम कोण 140° है, तो बहुभुज की भुजाओं की संख्या है–

(A) 6 (B) 10

(C) 11 (D) 5

85. एक समांतर चतुर्भुज के मध्य बिन्दुओं को क्रमागत जोड़ने पर चित्र बनता है एक-

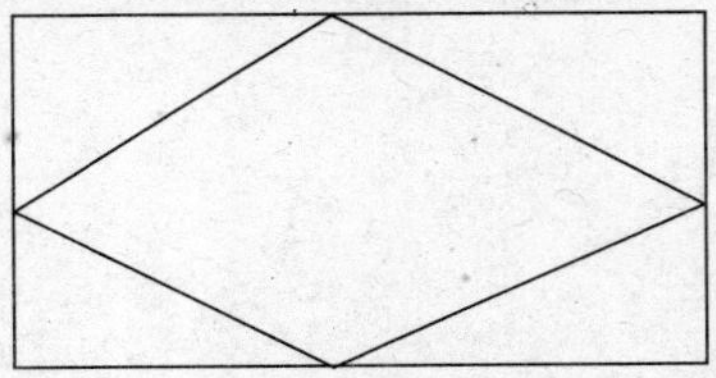

(A) आयत

(B) समचतुर्भज

(C) वर्ग

(D) समांतर चतुर्भुज

86. A(–2, 3) और B(6, 7) को मिलाने वाली रेखा को P(4, 6) इस अनुपात में बाँटता है–

(A) $\frac{2}{3}$ (B) $\frac{1}{3}$

(C) $\frac{3}{1}$ (D) $\frac{3}{2}$

87. यदि $\sqrt{289}\div\sqrt{x}=\frac{1}{5}$ हो तो, x का मान होगा–

(A) 7225 (B) $\frac{17}{25}$

(C) $\frac{25}{17}$ (D) 425

88. एक त्रिभुज के कोण $(x+5)°$, $(2x-3)°$ और $(3x+4)°$ है। x का मान है–

(A) 30 (B) 31

(C) 29 (D) 28

89. कोई व्यापारी सामान बेचते समय अंकित मूल्य पर 40% छूट देता है और उसे 30% की हानि होती है। यदि सामान अंकित मूल्य पर बेचा जाए, तो लाभ प्रतिशत होगा–

(A) 10% (B) 20%

(C) $16\frac{2}{3}\%$ (D) $16\frac{1}{3}\%$

90. यदि बिन्दु I, $\triangle ABC$ का अंत: केन्द्र हो और $\angle B=70°$, $\angle C=50°$, हो तो $\angle BAC$ का परिमाण है–

(A) 130° (B) 60°

(C) 120° (D) 105°

उत्तरमाला

1. (B)	**2.** (C)	**3.** (B)	**4.** (B)	**5.** (D)	**6.** (D)	**7.** (D)	**8.** (C)	**9.** (D)	**10.** (D)
11. (C)	**12.** (D)	**13.** (C)	**14.** (C)	**15.** (D)	**16.** (D)	**17.** (B)	**18.** (D)	**19.** (D)	**20.** (B)
21. (D)	**22.** (D)	**23.** (D)	**24.** (D)	**25.** (D)	**26.** (C)	**27.** (D)	**28.** (C)	**29.** (C)	**30.** (D)
31. (A)	**32.** (C)	**33.** (B)	**34.** (B)	**35.** (C)	**36.** (B)	**37.** (D)	**38.** (C)	**39.** (C)	**40.** (D)
41. (D)	**42.** (A)	**43.** (C)	**44.** (B)	**45.** (D)	**46.** (D)	**47.** (C)	**48.** (B)	**49.** (B)	**50.** (D)
51. (C)	**52.** (C)	**53.** (C)	**54.** (D)	**55.** (C)	**56.** (C)	**57.** (C)	**58.** (B)	**59.** (D)	**60.** (A)
61. (A)	**62.** (B)	**63.** (D)	**64.** (D)	**65.** (D)	**66.** (A)	**67.** (B)	**68.** (D)	**69.** (D)	**70.** (D)
71. (C)	**72.** (A)	**73.** (B)	**74.** (C)	**75.** (D)	**76.** (A)	**77.** (C)	**78.** (B)	**79.** (C)	**80.** (C)
81. (D)	**82.** (A)	**83.** (C)	**84.** (D)	**85.** (D)	**86.** (C)	**87.** (A)	**88.** (C)	**89.** (C)	**90.** (C)

❑❑❑

बिहार पॉलिटेक्निक संयुक्त प्रवेश परीक्षा,

सॉल्व्ड पेपर-2019 (स्मृति पर आधारित)

भौतिक विज्ञान

1. चन्द्रमा के धरातल से देखने पर आकाश का रंग कैसा दिखायी देता है ?
(A) लाल (B) नीला
(C) श्वेत (D) काला

2. 15 सेमी. फोकस दूरी वाले अवतल दर्पण से 20 सेमी. की दूरी पर 5 सेमी. की लम्बाई वाली एक वस्तु रखी है, प्रतिबिम्ब की प्रकृति क्या है ?
(A) वास्तविक, उल्टा, बड़ा
(B) वास्तविक, सीधा, छोटा
(C) आभासी, उल्टा, छोटा
(D) आभासी, सीधा, छोटा

3. ओम के नियम के अनुसार V = IR, तब-
(A) $V \propto R$ (B) $I \propto R$
(C) $V \propto \frac{1}{R}$ (D) $V \propto I$

4. दो लेन्स हैं, एक 20 सेमी. की फोकस दूरी का उत्तल है और दूसरा 25 सेमी. की फोकस दूरी का अवतल है। इस संयोजन की फोकस दूरी कितनी होगी ?
(A) 0.01 सेमी. (B) 100 सेमी.
(C) 10 सेमी. (D) 1 सेमी.

5. एक विद्युत परिपथ में विद्युत धारा को नियन्त्रित करने के लिए प्रयोग किया जाने वाला यन्त्र है-
(A) प्रेषित्र (B) वोल्टमीटर
(C) धारा नियन्त्रक (D) गैल्वेनोमीटर

6. एक व्यक्ति समाचार-पत्र को सहजता से पढ़ने के लिए आँखों से दूर रखकर पढ़ता है, तो उसे ______ है।
(A) मोतियाबिन्द (B) जरादूर दृष्टिदोष
(C) दूर दृष्टिदोष (D) निकट दृष्टिदोष

7. 200 V की लाइन से जुड़े 5 ऐम्पियर विद्युत धारा को वहन करने के लिए 400 Ω के कितने प्रतिरोधक की आवश्यकता होगी ?
(A) 20 (B) 5
(C) 1 (D) 10

8. एक विद्युत हीटर को 1 kW दर्शाया गया है। प्रति घण्टा उत्पादित ऊष्मा होगी-
(A) 1000 जूल (B) 3600 जूल
(C) 3600×10^3 जूल (D) 60 जूल

9. एक अवतल द्वारा एक वस्तु का आभासी प्रतिबिम्ब प्राप्त करने के लिए वस्तु ______ रखी होनी चाहिए।
(A) वक्रता केन्द्र पर
(B) वक्रता केन्द्र और मुख्य फोकस के बीच
(C) मुख्य फोकस पर
(D) मुख्य फोकस और ध्रुव के बीच

10. मानव नेत्र में प्रवेश करने वाली प्रकाश की मात्रा ______ द्वारा नियन्त्रित होती है।
(A) परितारिका (B) श्वेत पटल
(C) दृष्टि पटल (D) आँख की पुतली

11. भली-भाँति कार्य करने के लिए, पवन-विद्युत जनित्र न्यूनतम लगभग ______ की पवन गति का प्रयोग करते हैं।
(A) 1.5 किमी/घण्टा (B) 15 किमी/घण्टा
(C) 150 किमी/घण्टा (D) 1500 किमी/घण्टा

12. एक चालक में, 5 मिनट में 1500 कूलॉम के आवेश प्रवेश करते हैं और 1500 कूलॉम के आवेश निकलते हैं, तो विद्युत धारा है-
(A) 300 ऐम्पियर (B) 5 ऐम्पियर
(C) शून्य (D) 1 ऐम्पियर

13. यदि आवर्धन $m = +1.5$ है, तो-
(A) प्रतिबिम्ब का आकार = वस्तु का आकार, वास्तविक प्रतिबिम्ब
(B) प्रतिबिम्ब का आकार > वस्तु का आकार, वास्तविक प्रतिबिम्ब
(C) वस्तु का आकार > प्रतिबिम्ब का आकार, आभासी प्रतिबिम्ब
(D) वस्तु का आकार, प्रतिबिम्ब के आकार का दोगुना, आभासी प्रतिबिम्ब

14. यदि वायु से जल का अपवर्तनांक $\frac{4}{3}$ है, तो जल से वायु का अपवर्तनांक है-
(A) 4×3 (B) $\frac{3}{4}$
(C) $\sqrt{\frac{4}{3}}$ (D) $\sqrt{\frac{3}{4}}$

15. नेत्र विशेषज्ञ द्वारा लेन्स की शक्ति + 2.5 D बताई गई है, तो-

(A) $f = 2.5$ सेमी., उत्तल लेन्स

(B) $f = 40$ सेमी., अवतल लेन्स

(C) $f = 40$ सेमी., उत्तल लेन्स

(D) $f = 2.5$ सेमी., अवतल लेन्स

16. दिए गए परिपथ आरेख में, वोल्टमीटर द्वारा दर्शाई गई संख्या है-

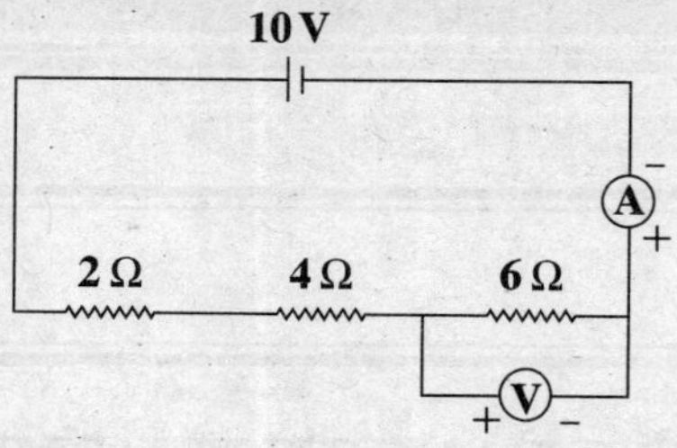

(A) 12 V (B) 10 V

(C) 5 V (D) 0.833 V

17. एक विद्युत फ्यूज आधारित है-

(A) विद्युत धारा के रासायनिक प्रभाव पर

(B) विद्युत धारा के चुम्बकीय प्रभाव पर

(C) विद्युत धारा के ऊष्मीय प्रभाव पर

(D) उपरोक्त में से कोई नहीं

18. समान पदार्थ के दो तार, जिनकी लम्बाई और त्रिज्या का अनुपात क्रमशः 3 : 4 और 3 : 2 है और वे 6V की एक बैटरी से समान्तर में जुड़े हैं, विद्युत धाराओं का अनुपात है-

(A) 1 : 3 (C) 1 : 2

(B) 3 : 1 (D) 2 : 1

19. प्रकाश की शक्तिशाली समान्तर किरण पुंज प्राप्त करने के लिए वाहनों की हेडलाइट में _______ होता है।

(A) अवतल लेन्स (B) अवतल दर्पण

(C) उत्तल दर्पण (D) समतल दर्पण

20. सदैव आभासी और सीधा प्रतिबिम्ब प्राप्त करने के लिए _______ दर्पण प्रयोग में लाया जाता है?

(A) समतल दर्पण (B) उत्तल दर्पण

(C) अवतल दर्पण (D) (A) और (B) दोनों

21. एक चुम्बकीय क्षेत्र में रखे गए विद्युत वाहक तार पर बल की दिशा निर्भर करती है-

(A) विद्युत धारा की दिशा पर लेकिन क्षेत्र की दिशा पर नहीं

(B) क्षेत्र की दिशा पर लेकिन विद्युत धारा की दिशा पर नहीं

(C) विद्युत धारा की दिशा के साथ-साथ क्षेत्र की दिशा पर

(D) न तो विद्युत धारा की दिशा पर और न ही क्षेत्र की दिशा पर

22. कांच के प्रिज्म के माध्यम से श्वेत प्रकाश के विक्षेपण में यह पाया जाता है, कि बैंगनी रंग अधिक मुड़ता है और लाल रंग कम मुड़ता है, तो-

(A) सभी रंगों की तरंगदैर्ध्य समान है

(B) $\lambda_{\text{बैंगनी}} > \lambda_{\text{लाल}}$

(C) $\lambda_{\text{लाल}} > \lambda_{\text{बैंगनी}}$

(D) मुड़ना तरंगदैर्ध्य पर निर्भर नहीं करता

23. जल में आंशिक रूप से डूबी एक पेंसिल वायु और जल के अन्तरापृष्ठ पर प्रतिस्थापित प्रतीत होती है, यह किसके कारण है?

(A) टिण्डल प्रभाव के कारण (B) प्रकीर्णन के कारण

(C) विक्षेपण के कारण (D) अपवर्तन के कारण

24. निम्नलिखित को उनके पूर्ण अपवर्तनांक के बढ़ते क्रम में व्यवस्थित कीजिए।

(A) जल, केरोसीन, काँच, हीरा (B) केरोसीन, जल, काँच, हीरा

(C) काँच, केरोसीन, जल, हीरा (D) जल, काँच, केरोसीन, हीरा

25. लेन्स की शक्ति, लेन्स की फोकस दूरी से किस प्रकार सम्बन्धित है?

(A) f से प्रत्यक्ष समानुपाती

(B) $\frac{1}{f}$ से प्रत्यक्ष समानुपाती

(C) $\sqrt{f}$ से प्रत्यक्ष समानुपाती

(D) $\frac{1}{f^2}$ से प्रत्यक्ष समानुपाती

26. यदि लम्बाई व बल से प्रत्येक के मात्रक को दोगुना कर दिया जाए, तो शक्ति के मात्रक में कितने गुना वृद्धि होगी?

(A) दोगुना

(B) चार गुना

(C) छः गुना

(D) कोई परिवर्तन नहीं

27. एक आकाशगंगा की दूरी का कोटिमान 1025 मी. है। यदि यह दूरी प्रकाश की चाल से तय की जाए, तो लिए गए समय का कोटिमान होगा (प्रकाश की चाल = 3x 108 मी/से)-

(A) 1010 सेकण्ड

(B) 1014 सेकण्ड

(C) 1015 सेकण्ड

(D) 1017 सेकण्ड

28. मीटर पैमाने द्वारा दो छड़ों की लम्बाइयाँ क्रमशः 50.0 सेमी. तथा 10.0 सेमी. नापी गई। मीटर पैमाने की अल्पतमांक 1 मिमी है। दोनों नापों में किसको अधिक परिशुद्ध माना जाएगा?

(A) पहली नाप को

(B) दूसरी नाप को

(C) दोनों नाप समान रूप से परिशुद्ध हैं

(D) प्रश्न अधूरा है

29. समान परिमाण के दो सदिशों का परिणामी, इनमें से एक के बराबर है, तो सदिशों के मध्य कोण होगा-

(A) 30° (B) 60°

(C) 90° (D) 120°

30. चुम्बकीय क्षेत्र रेखाओं के गुणधर्मों के सम्बन्ध में निम्नलिखित में से कौन-सा कथन सत्य नहीं है?

(A) वे उत्तरी ध्रुव से निकलती हैं और दक्षिणी ध्रुव में जाती हैं

(B) वे बन्द परिपथ बनाती हैं।

(C) जब दो चुम्बक रखी जाती हैं, तो वे प्रतिच्छेद करती हैं

(D) वे शक्तिशाली चुम्बकीय क्षेत्र में बहुत पास-पास रखी होती हैं

रसायन विज्ञान

31. कुरकुरे के पैकेट में रिक्त स्थान पर एक अक्रिय गैस भरी जाती है, यह उसे ______ से रोकने के लिए किया जाता है।
(A) अपचयन (B) उपचयन
(C) उपचयन-अपचयन (D) अवक्षेपण

32. ऐलुमिनियम वायुमण्डल की O_2 के सम्पर्क में आने के बाद Al_2O_3 बनाता है। यह क्रिया है-
(A) संक्षारण (B) जंग लगना
(C) वियोजन (D) वासित होना

33. अम्लीय माध्यम में फीनॉल्फ्थैलीन का रंग होता है-
(A) गुलाबी (B) पीला
(C) रंगहीन (D) नारंगी

34. आवर्त सारणी का द्वितीय उच्चतम विद्युतऋणात्मक तत्व है-
(A) फ्लुओरीन (B) क्लोरीन
(C) ऑक्सीजन (D) नाइट्रोजन

35. प्रभावी नाभिकीय आवेश का क्रम है-
(A) $Li < Na < K < Rb$ (B) $Li > Na > K > Rb$
(C) $Li < K < Na < Rb$ (D) $Li < Rb < K < Na$

36. ऐल्कली की उपस्थिति में, एक एस्टर का जलीय-अपघटन कहलाता है-
(A) एस्टरीकरण (B) साबुनीकरण
(C) प्रतिस्थापन (D) संयोजन

37. कठोर जल साबुन के साथ पृष्ठ-मल बनाता है, यह किसकी उपस्थिति के कारण है ?
(A) CH_3COOH (B) $NaOH$
(C) $Ca(OH)_2$ (D) $CaCl_2$

38. वे यौगिक, जो सजातीय श्रृंखला में नहीं आते हैं, है-
(A) CH_4O (B) $C_4H_{12}O$
(C) C_2H_6O (D) C_3H_8O

39. आगरा में ताजमहल का रंग ______ के कारण परिवर्तित हो गया है।
(A) धूप (B) अम्ल वर्षा
(C) चूना (D) संक्षारण

40. प्रतिअम्ल ______ को कम के लिए प्रयुक्त होते हैं।
(A) शरीर में दर्द (B) अम्लीयता
(C) क्षारियता (D) सिरदर्द

41. पाचन में मदद करने वाला अम्ल है-
(A) ऐमीनो अम्ल (B) हाइड्रोक्लोरिक अम्ल
(C) ऐसीटिक अम्ल (D) सिट्रिक अम्ल

42. कार्बन का अपररूप, जिसका उच्च गलनांक है-
(A) ग्रेफाइट (B) फ्लुओरीन
(C) कोक (D) हीरा

43. वह यौगिक, जो जलने पर एक धूमिल ज्वाला देता है-
(A) CH_4 (B) C_3H_8
(C) C_2H_6 (D) C_2H_4

44. वह धातु, जो अत्यन्त अभिक्रियाशील है-
(A) Hg (B) Zn
(C) Pb (D) Al

45. धातुओं का निष्कर्षण ______ से आसानी से किया जा सकता है।
(A) खनिज (B) धात्विक यौगिक
(C) अयस्क (D) चट्टान

46. $CH_3COOH + C_2H_5OH \xrightarrow{X} CH_3COOC_2H_5 + H_2O$; X है-
(A) H_2SO_4 (B) NaOH
(C) $KMnO_4$ (D) Ni

47. आधुनिक आवर्त नियम ______ पर आधारित है।
(A) परमाणु भार (B) भार संख्या
(C) परमाणु संख्या (D) इलेक्ट्रॉनिक विन्यास

48. वह तत्व, जिसकी प्रकृति विद्युत धनात्मक है-
(A) सल्फर (B) सिलिकॉन
(C) बोरॉन (D) ताँबा

49. मैग्नीशियम को हवा में जलाना है-
(A) भौतिक परिवर्तन (B) रासायनिक परिवर्तन
(C) उर्ध्वपातन (D) उपचयन-अपचयन

50. संगमरमर की वायुमण्डलीय आर्द्रता और CO_2 के साथ अभिक्रिया करके चूना बनाना उदाहरण है-
(A) वियोजन अभिक्रिया का (B) विस्थापन अभिक्रिया का
(C) योगात्मक अभिक्रिया का (D) अपचयोपचय अभिक्रिया का

51. बेरियम किस तत्व को उसके सल्फेट से विस्थापित कर सकता है ?
(A) सोडियम (B) कैल्सियम
(C) ऐलुमीनियम (D) हाइड्रोजन

52. ग्लूकोस का विघटन है-
(A) ऊष्माशोषी अभिक्रिया (B) ऊष्माक्षेपी अभिक्रिया
(C) अपचयोपचय अभिक्रिया (D) विस्थापन अभिक्रिया

53. प्लास्टर ऑफ पेरिस है-
(A) $CaSO_4 \cdot 2H_2O$ (B) $CaSO_4 \cdot \frac{1}{2} H_2O$
(C) $CasO_4 \cdot 5H_2O$ (D) $CaSO_4 \cdot H_2O$

54. ऐसीटिक अम्ल NaOH के साथ अभिक्रिया करके एक लवण बनाता है, जिसका pH है-
(A) 7 से कम (B) 7 के बराबर
(C) 7 से अधिक (D) 14 के बराबर

55. वह धातु, जो अपनी मूल अवस्था में नहीं पायी जाती है, है-
(A) Pt (B) Cu
(C) Fe (D) Ag

56. एक परमाणु की N कक्षा में 7 इलेक्ट्रॉन हैं। उसके नाभिक में 18 न्यूट्रॉन हैं, द्रव्यमान संख्या क्या होगी ?

(A) 25 (B) 27
(C) 35 (D) 43

57. स्कैण्डियम (Sc = 21) के बाह्य इलेक्ट्रॉन के लिए क्वाण्टम संख्याओं के मान होंगे-
(A) $n = 2, l = 2$
(B) $n = 3, l = 3$
(C) $n = 3, l = 2$
(D) $n = 2, l = 3$

58. निम्न में से कौन-सा यौगिक अष्टक नियम का अनुपालन नहीं करता है ?
(A) PH_3 (B) H_2O
(C) PCl_3 (D) PCl_5

59. धातु के फॉस्फेट का सूत्र MPO_4 है, तो इसके नाइट्रेट का सूत्र होगा-
(A) MNO_3 (B) $M_2(NO_3)_2$
(C) $M(NO_3)_2$ (D) $M(NO_3)_3$

60. एक रेडियोधर्मी पदार्थ की अर्द्ध-आयु ($T_{1/2}$) 60 मिनट है। 3 घण्टे बाद, इस पदार्थ का कितने प्रतिशत शेष रह जाएगा ?
(A) 50% (B) 75%
(C) 25% (D) 12.5%

गणित

61. वह लघुत्तम संख्या ज्ञात कीजिए, जिसे 12, 18.36 और 45 से विभाजित किए जाने पर क्रमशः 8, 14, 32 और 41 शेष रहे।
(A) 176 (B) 180
(C) 178 (D) 186

62. P एक कार्य को 9 दिन में कर सकता है। Q, P से 50% अधिक सक्षम है। को उसी कार्य को करने में कितने दिन लगेंगे ?
(A) $13\frac{1}{2}$ (B) $4\frac{1}{2}$
(C) 6 (D) 3

63. 7 सेमी. आधार त्रिज्या वाले 24 सेमी. ऊँचे शंकु को तैयार करने के लिए कितने क्षेत्रफल की लौह चादर की आवश्यकता है? ($\pi = \frac{22}{7}$ लीजिए)
(A) 708 सेमी.^{2} (B) 804 सेमी.^{2}
(C) 704 सेमी.^{2} (D) 408 सेमी.^{2}

64. एक आयताकार टिन शीट 12 सेमी. लम्बी और 5 सेमी. चौड़ी है। इसे लम्बाई में इस प्रकार रोल्ड (वेल्लित) किया जाता है कि आमने-सामने के सिरों को एक-दूसरे से स्पर्श करते हुए बेलन बनाया जा सके, तो बेलन का आयतन क्या है ?
(A) $\frac{180}{\pi}$ सेमी.^{3} (B) $\frac{120}{\pi}$ सेमी.^{3}
(C) $\frac{100}{\pi}$ सेमी.^{3} (D) $\frac{60}{\pi}$ सेमी.^{3}

65. एक व्यापारी अपने स्टोर से खरीदी जाने वाली वस्तुओं पर 10% की छूट का विज्ञापन देता है। ₹ 650 मूल्य का एक कुकर, ₹ 500 मूल्य का एक हीटर और ₹ 65 मूल्य का एक बैग खरीदने वाले ग्राहक को कुल कितनी छूट मिली ?
(A) ₹ 120.50 (B) ₹ 123.50
(C) ₹ 128.50 (D) ₹ 121.50

66. आयु में 8 वर्ष का अन्तर होने पर दो भाइयों की आयु का योगफल 10 वर्ष बाद दोगुना हो जाएगा। छोटे भाई और बड़े भाई की आयु का अनुपात क्या है ?
(A) 7 : 11 (B) 3 : 7
(C) 8 : 9 (D) 10 : 13

67. एक स्कूल के 30 शिक्षकों में से 60 वर्ष की आयु का सेवानिवृत्त हो गया। उसके स्थान पर 30 वर्ष की आयु के एक अन्य को नियुक्त किया गया। परिणामस्वरूप, शिक्षकों की माध्य आयु-
(A) 6 माह घट जाएगी (B) 1 वर्ष घट जाएगी
(C) उतनी ही रहेगी (D) 2 वर्ष घट जाएगी

68. गीता से 1.34 किमी की दूरी पर एक बन्दूक से गोली चलाई जाती है। वह सेकण्ड बाद आवाज सुनती है। आवाज की यात्रा करने की गति क्या है ?
(A) 335 मी/से (B) 330 मी/से
(C) 300 मी/से (D) 325 मी/से

69. एक निश्चित अवधि के लिए 10% प्रति वर्ष की दर पर ₹ 1800 पर चक्रवृद्धि ब्याज ₹ 378 है। वर्षों में समय ज्ञात कीजिए।
(A) 2.8 (B) 3.0
(C) 2.5 (D) 2.0

70. $\left\{\left(\sqrt[n]{x^2}\right)^{\frac{n}{2}}\right\}^2$ का मान क्या है ?
(A) x (B) $x^{\frac{n}{2}}$
(C) x^2 (D) $\frac{1}{x^2}$

71. $\left(\sqrt{3}\right)^5 \times 9^2 = 3^n \times 3\sqrt{3}$ में n का मान है-
(A) 4 (B) 5
(C) 6 (D) 3

72. यदि $x^4 + \frac{1}{x^4} = 119$ हो, तो $x^3 - \frac{1}{x^3}$ का मान क्या है ?
(A) 36 (B) −36
(C) ± 36 (D) ± 33

73. यदि $999x + 888y = 1332$ और $888x + 999y = 565$ हो, तो $x^2 - y^2$ किसके बराबर है ?
(A) 5 (B) 7
(C) 8 (D) 9

74. दो समान ΔABC और ΔMNP में, यदि AB = 2.25 सेमी., MP = 45 सेमी. और PN = 7.5 सेमी. और $m\angle ACB = m\angle MNP$ और

$m\angle ABC = m\angle MPN$ है, तो भुजा BC की लम्बाई (सेमी. में) कितनी है ?

(A) 3.75 (B) 4.75
(C) 3.5 (D) 4.5

75. एक दिए गए समबाहु ΔABC में D, E, F क्रमशः AB, BC और AC के मध्य-बिन्दु हैं, तो चतुर्भुज BEFD पूर्णतः क्या है ?

(A) वर्ग (B) आयत
(C) समलम्ब (D) समचतुर्भुज

76. AC ऐसे वृत्त की जीवा है जिसका केन्द्र O है। यदि B चाप AC पर कोई बिन्दु है और $\angle OCA = 20°$ है, तो $\angle ABC$ का परिमाण क्या होगा ?

(A) 100° (B) 40°
(C) 140° (D) 110°

77. एक समकोण त्रिभुज के शीर्षों के निर्देशांक P (3, 4), Q (7, 4) और R (3, 8) हैं, समकोण P पर है। ΔPQR के लम्ब केन्द्र के निर्देशांक क्या हैं ?

(A) (3, 4) (B) (7, 4)
(C) (3, 8) (D) (5, 6)

78. जब $\theta = 45°$ है, तो $(\sec\theta + \text{cosec}\,\theta)$ का मान क्या है ?

(A) $3\sqrt{2}$ (B) $4\sqrt{2}$
(C) $2\sqrt{2}$ (D) $5\sqrt{2}$

79. $\sin^6\theta + \cos^6\theta$ किसके बराबर है ?

(A) $1 - 3\sin^2\theta\cos^2\theta$ (B) $1 - 3\sin\theta\cos\theta$
(C) $1 + 3\sin^2\theta\cos^2\theta$ (D) 1

80. व्यंजक $1+\dfrac{\cot^2 A}{1+\text{cosec}\,A}$ किसके बराबर है ?

(A) sin A (B) cos A
(C) tan A (D) cosec A

81. जिस समय सूर्य की ऊँचाई 60° होती है, उस समय की तुलना में जिस समय सूर्य की ऊँचाई 30° होती है, उस समय समतल जमीन पर खड़ी मीनार की छाया 40 मी. अधिक लम्बी होती है। मीनार की लम्बाई ज्ञात कीजिए।

(A) 10 मी. (B) $10\sqrt{3}$ मी.
(C) 20 मी. (D) $20\sqrt{3}$ मी.

82. डाटा का निम्नलिखित में से कौन-सा आलेखी निरूपण संचयी बारम्बारता को दर्शाता है ?

(A) आयत चित्र (B) बारम्बारता बहुभुज
(C) तोरण (ओजाइव) (D) पाई-चार्ट

83. दो समान समकोण ΔLMN तथा ΔOPQ की ऊँचाइयाँ 48 सेमी. तथा 36 सेमी. हैं। यदि OP = 12 सेमी. है, तो LM होगा-

(A) 16 सेमी. (B) 20 सेमी.
(C) 12 सेमी. (D) $\dfrac{10\sqrt{6}}{3}$ सेमी.

84. दी गई आकृति में, O केन्द्र है, तो x किसके बराबर है ?

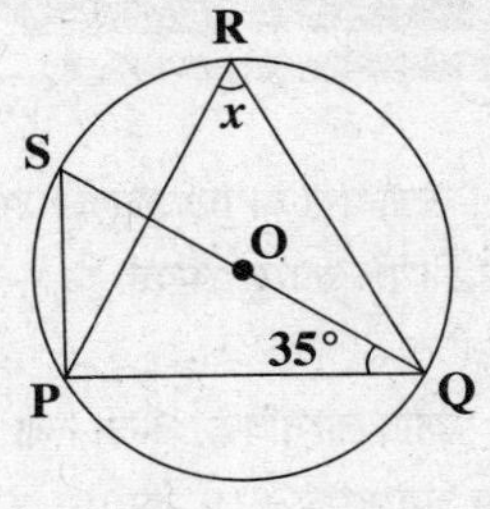

(A) 45° (B) 55°
(C) 65° (D) 60°

85. दी गई आकृति में, POQ व्यास है और PQRS एक चक्रीय चतुर्भुज है। यदि $\angle PSR = 130°$ है, तो $\angle RPQ$ का मान क्या है ?

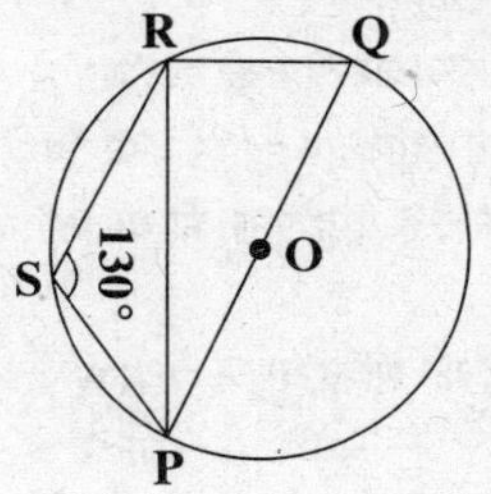

(A) 40° (B) 45°
(C) 35° (D) 30°

86. $8x^2 - 18x + 9$ का गुणनखण्ड होगा-

(A) $(4x - 3)(2x + 3)$ (B) $(8x - 1)(x - 9)$
(C) $(8x - 3)(x - 3)$ (D) $(2x - 3)(4x - 3)$

87. समीकरण $x^2 - 19x + 10 = 0$ के दोनों मूलो का योगफल क्या होगा ?

(A) $\dfrac{10}{19}$ (B) $\dfrac{19}{10}$
(C) 19 (D) –19

88. यदि इस समीकरण $x^2 - 6Kx + 5 = 0$ का एक मूल 5 है, तो K का मान है-

(A) 2 (B) 1
(C) –1 (D) $-\dfrac{1}{2}$

89. यदि $a^x = b^y = c^z$ तथा $b^2 = ac$ हो, तो y का मान है-

(A) $\dfrac{xy}{x+z}$ (B) $\dfrac{xz}{2(x-z)}$
(C) $\dfrac{xz}{2(z-x)}$ (D) $\dfrac{2xz}{x+z}$

90. यदि $(x + 3)$, $x^2 + kx + 12$ का एक गुणनखण्ड हो, तो k का मान होगा-

(A) 8 (B) 7
(C) 6 (D) 5

उत्तर (हल/संकेत)

1. (D) चंद्रमा पर धूल कणों तथा वायुमण्डल की अनुपस्थिति के कारण प्रकाश का प्रकीर्णन नहीं होता है। जिसके कारण चन्द्रमा के धरातल से देखने पर आकाश का रंग काला दिखाई देता है।

2. (A) प्रतिबिम्ब की प्रकृति वास्तविक, उल्टी तथा बड़ी होगी।

3. (D) ओम के नियम अनुसार $V = IR$ तब $V \propto I$ ओम के नियम के अनुसार चालक के सिरों पर उत्पन्न विभवान्तर उसमें प्रवाहित धारा के समानुपाती होता है।

4. (B)

5. (C) एक विद्युत परिपथ में विद्युत धारा को नियंत्रित करने के लिए प्रयोग किया जाने वाला यंत्र धारा नियंत्रक है।

6. (C) एक व्यक्ति समाचार-पत्र को सहजता से पढ़ने के लिए आँखों से दूर रखकर पढ़ता है, तो उसे दूर दृष्टिदोष है। दूर दृष्टिदोष में व्यक्ति दूर की वस्तुओं को तो स्पष्ट रूप से देख सकता है परंतु पास की वस्तुओं को स्पष्ट नहीं देख सकता।

7. (D)

8. (C) विद्युत हीटर की शक्ति, $P = 1$ KW

$= 10^3$ W

प्रति घण्टे उत्पन्न होने वाली ऊष्मा (H)

= शक्ति × समय

$= 10^3 \times 1 \times 60 \times 60$

$= 3600 \times 10^3$ J

9. (D) एक अवतल द्वारा एक वस्तु का आभासी प्रतिबिम्ब प्राप्त करने के लिए वस्तु मुख्य फोकस और ध्रुव के बीच रखी होनी चाहिए।

10. (A) मानव नेत्र में प्रवेश करने वाली प्रकाश की मात्रा परितारिका द्वारा नियंत्रित होती है। परितारिका, आँख की पुतली के क्षेत्रफल को 2 से 8 मिलीमीटर के व्यास में परिवर्तित कर सकती है जिससे प्रकाश की उचित मात्रा को आँख में प्रविष्ट कराया जा सकता है।

11. (B) पवन विद्युत जनित्र न्यूनतम लगभग 15 किमी./घण्टा की पवन गति का प्रयोग करते हैं। इस गति से कम पवन स्थितियाँ कमजोर होती है। इसलिए पवन-विद्युत जनित्र द्वारा शक्ति उत्पन्न नहीं होगी।

12. (B) विद्युत धारा 5 ऐम्पियर होगी।

13. (B)

14. (B) यदि वायु से जल का अपवर्तनांक $\frac{4}{3}$ है, तो जल से वायु का अपवर्तनांक $\frac{3}{4}$ होगा।

15. (C) लेन्स की शक्ति है- $P = +2.5$ D

∴ फोकस दूरी होगी- $F = \frac{1}{P}$ मीटर

$= \frac{1 \times 100}{2.5}$ सेमी.

$= 40$ सेमी.

∴ अतः लेन्स की शक्ति धनात्मक है। अतः यह उत्तल लेन्स है।

16. (C)

17. (C) एक विद्युत फ्यूज विद्युत धारा के ऊष्मीय प्रभाव पर आधारित होता है। इसके गलनांक बिंदु का मान कम होता है। विद्युत फ्यूज विद्युत युक्तियों को क्षतिग्रस्त होने से बचाता है।

18. (B)

19. (B) प्रकाश की शक्तिशाली समान्तर किरण पुंज प्राप्त करने के लिए वाहनों की हेडलाइट में अवतल दर्पण होता है।

20. (D) सदैव आभासी और सीधा प्रतिबिम्ब प्राप्त करने के लिए समतल दर्पण और उत्तल दर्पण दोनों का प्रयोग किया जाता है।

21. (C) एक चुम्बकीय क्षेत्र में रखे गए विद्युत वाहक तार पर बल की दिशा विद्युत धारा की दिशा के साथ-साथ क्षेत्र की दिशा पर भी निर्भर करती है। फ्लेमिंग के बाएँ हाथ के नियमानुसार चालक तार में प्रवाहित धारा की दिशा के साथ-साथ क्षेत्र की दिशा के लम्बवत् होती है।

22. (C)

23. (A) अपवर्तन के कारण जल में आंशिक रूप से डूबी पैंसिल वायु और जल के अन्तरापृष्ठ पर प्रतिस्थापित प्रतीत होती है।

24. (A)

25. (B) लेन्स की शक्ति $= \frac{1}{\text{फोकस दूरी}}$ अर्थात् $P \propto \frac{1}{f}$

26. (B) यदि लम्बाई व बल से प्रत्येक के मात्रक को दोगुना कर दिया जाए, तो शक्ति के मात्रक में चार गुना वृद्धि हो जाएगी।

27. (D) **28.** (A)

29. (D) $R = \Delta\sqrt{A^2B^2 + 2AB\cos\theta}$

$$A = \sqrt{(A^2 + A^2 + 2A^2\cos\theta)}$$

$$= \sqrt{2A^2(1+\cos\theta)}$$

∴ $A^2 = 2A^2(1 + \cos\theta)$

या $\cos\theta = -\frac{1}{2} \Rightarrow \cos^{-1}\left(-\frac{1}{2}\right)$

∴ $\theta = 120°$

30. (C) जब दो चुम्बक रखी जाती है, तो वे प्रतिच्छेद नहीं करती हैं।

31. (B) कुरकुरे के पैकेट में रिक्त स्थान पर एक अक्रिय गैस भरी जाती है, यह उसे अपचयन से रोकने के लिए किया जाता है। अक्रिय गैसें खाद्य पदार्थ को दुर्गंध और स्वादहीन होने से बचाती है।

32. (A) ऐल्युमिनियम वायुमण्डल की O_2 के सम्पर्क में आने के बाद Al_2O_3 बनाता है। यह क्रिया संक्षारण कहलाती है।

33. (C) अम्लीय माध्यम में फीनॉल्फ्थैलीन का रंग रंगहीन हो जाता है। फीनॉलफ्थैलीन एक संश्लेषित सूचक है। क्षारीय माध्यम में यह गुलाबी रंग प्रदान करता है।

34. (C) आवर्त सारणी का द्वितीय उच्चतम विद्युत ऋणात्मक तत्व ऑक्सीजन है। आवर्त सारणी में फ्लुओरीन उच्चतम विद्युत ऋणात्मक वाला तत्व है।

35. (B)

36. (B) ऐल्कली की उपस्थिति में एक एस्टर का जलीय-अपघटन साबुनीकरण कहलाता है। इस अभिक्रिया में, एस्टर के वसीय जल अपघटित होते हैं तथा कोलॉइडी के रूप में साबुन प्राप्त होता है।

37. (D) कठोर जल साबुन के साथ पृष्ठ-मल बनाता है, यह $CaCl_2$ (कैल्सियम क्लोराइड) की उपस्थिति के कारण होता है। कठोर जल में मैग्नीशियम तथा कैल्सियम के लवण घुले रहते हैं।

38. (B)

39. (B) आगरा में ताजमहल का रंग अम्ल वर्षा के कारण परिवर्तित हो गया है।

40. (B) प्रति अम्ल अम्लीयता को कम करने के लिए प्रयुक्त होते हैं। पेट में उच्च मात्रा में अम्लों के निर्माण के कारण उच्च अम्लीयता की समस्या उत्पन्न होती है, इस समस्या के समाधान के लिए प्रति अम्ल का प्रयोग किया जाता है।

41. (B) पाचन में मदद करने वाला अम्ल हाइड्रोक्लोरिक अम्ल है। पेट में इसकी मात्रा बढ़ने से पेट में जलन, दर्द तथा अपच जैसी समस्याएँ उत्पन्न होती है।

42. (D) कार्बन के अपररूपों में सबसे उच्च गलनांक हीरे का होता है।

43. (C)

44. (C) Al (ऐलुमिनियम) धातु अत्यंत अभिक्रियाशील है।

45. (C) धातुओं का निष्कर्षण अयस्क से आसानी से किया जा सकता है। सभी अयस्क खनिज होते हैं परंतु सभी खनिज अयस्क नहीं होते हैं।

46. (A)

47. (C) आधुनिक आवर्त नियम परमाणु संख्या पर आधारित होते हैं।

48. (C) बोरॉन की प्रकृति विद्युत धनात्मक है। किसी सहसंयोजनक बंध में किसी परमाणु की संयुग्मित युग्म को अपनी ओर आकर्षित करने की क्षमता उस परमाणु की विद्युत ऋणात्मकता कहलाती है।

49. (B) मैग्नीशियम को हवा में जलाना रासायनिक परिवर्तन है। रासायनिक परिवर्तन में किसी नए पदार्थ का निर्माण होता है।

50. (C) संगमरमर की वायुमण्डलीय आर्द्रता और CO_2 के साथ अभिक्रिया करके चूना बनाना योगात्मक अभिक्रिया का उदाहरण है।

51. (A) बेरियम सोडियम को उसके सल्फेट से विस्थापित कर सकता है।

52. (C) **53.** (B) **54.** (B) **55.** (C)

56. (D) **57.** (C) **58.** (D) **59.** (C)

60. (D)

61. (A) यहाँ, Q = 12 – 8 = 18 – 14
= 36 – 32
45 – 41 = 4

अत: अभीष्ट संख्या होगी = 12, 18, 36, 45 का ल.स.- 4 (अन्तर)
ल.स. = 2 × 2 × 3 × 3 × 5 = 180
∴ अभीष्ट संख्या = 180 – 4 = 176

62. (C) **63.** (C) **64.** (A)

65. (D) तीनों सामानों का कुल अंकित मूल्य
= 650 + 500 + 65 = ₹ 1215

66. (B) **67.** (B) **68.** (A) **69.** (D)

70. (C) $\left\{\left(\sqrt[n]{x^2}\right)^{\frac{n}{2}}\right\}^2 = \left[(x)^{\frac{2}{n}\times\frac{n}{2}}\right]^2 = x^2$

71. (B) **72.** (C) **73.** (B) **74.** (A)

75. (D) **76.** (D) **77.** (A)

78. (C) $\theta = 45°$

∴ $\sec\theta + \cos\theta$
$= \sec 45° + \text{cosec } 45°$
$= \sqrt{2} + \sqrt{2} = 2\sqrt{2}$

79. (A)

80. (D) $1 + \frac{\cot^2 A}{1 + \text{cosec } A}$

$= 1 + \frac{\text{cosec}^2 A - 1}{1 + \text{cosec } A}$

$= \frac{1 + \text{cosec } A + \text{cosec}^2 A - 1}{1 + \text{cosec } A}$

$= \frac{\text{cosec } A\,(1 + \text{cosec } A)}{(1 + \text{cosec } A)}$

$= \text{cosec } A$

81. (D)

82. (C) तोरण वक्र संचयी बारम्बारता को प्रदर्शित करेगा।

83. (A) **84.** (B) **85.** (A)

86. (D) $8x^2 - 18x + 9$
$= 8x^2 - (12 + 6)x + 9$
$= 8x^2 - 12x - 6x + 9$
$= 4x(2x - 3) - 3(2x - 3)$
$= (2x - 3)(4x - 3)$

87. (C) **88.** (B) **89.** (D) **90.** (B)

❑❑❑

बिहार पॉलिटेक्निक संयुक्त प्रवेश परीक्षा,

सॉल्व्ड पेपर-2018 (स्मृति पर आधारित)

भौतिक विज्ञान

1. न्यूटन का गति का प्रथम नियम दर्शाता है-
   (A) ऊर्जा को (B) कार्य को
   (C) जड़त्व को (D) जड़त्व आघूर्ण को

2. रॉकेट किस सिद्धान्त पर कार्य करता है ?
   (A) ऊर्जा संरक्षण (B) द्रव्यमान संरक्षण
   (C) रेखीय संवेग संरक्षण (D) कोणीय संवेग संरक्षण

3. परम शून्य ताप होता है-
   (A) 0°C (B) 0K
   (C) 0°F (D) 273°C

4. एक लिफ्ट का द्रव्यमान 500 किग्रा है। लिफ्ट के केबल में तनाव क्या होगा, जब यह 2 मी/से^{2} के त्वरण से ऊपर की ओर जा रही है ? ($g = 9.8$ मी/से^{2})
   (A) 5000 न्यूटन (B) 5600 न्यूटन
   (C) 5900 न्यूटन (D) 6200 न्यूटन

5. एक पिण्ड का आवेश-80 माइक्रोकूलॉम है। इसमें अतिरिक्त इलेक्ट्रॉनों की संख्या होगी-
   (A) 8×10^5 (B) 80×10^{15}
   (C) 5×10^{14} (D) 1.28×10^{-17}

6. एक प्रकाश किरण की आवृत्ति 6×10^{14} हर्ट्ज है। जब यह 1.5 अपवर्तनांक के माध्यम में संचरण करती है, तब इसकी आवृत्ति होगी-
   (A) 6×10^{14} हर्ट्ज (B) 4×10^{14} हर्ट्ज
   (C) 9×10^{14} हर्ट्ज (D) 1.67×10^{14} हर्ट्ज

7. एक 60 वाट के बल्ब में 0.5 ऐम्पियर की धारा बहती है। 1 घण्टे में इससे गुजरने वाला कुल आवेश है-
   (A) 3600 कूलॉम (B) 3000 कूलॉम
   (C) 2400 कूलॉम (D) 1800 कूलॉम

8. जब एक दण्ड चुम्बक का उत्तरी ध्रुव, दक्षिण की ओर निर्देशित होता है तथा दक्षिणी ध्रुव, उत्तर की ओर निर्देशित होता है, तब उदासीन बिन्दु होंगे-
   (A) चुम्बकीय अक्ष पर
   (B) चुम्बकीय केन्द्र पर
   (C) चुम्बकीय अक्ष के लम्बवत् विभाजक पर
   (D) उत्तरी तथा दक्षिणी ध्रुव पर

9. यदि वायु के सापेक्ष काँच का अपवर्तनांक 1.5 है, तो काँच के सापेक्ष वायु का अपवर्तनांक होगा-
   (A) – (B) $\frac{2}{3}$
   (C) $\frac{1}{2}$ (D) 2.5

10. वायु में प्रकाश की चाल 3×10^8 मी/से है। 1.5 अपवर्तनांक वाले माध्यम में प्रकाश की चाल होगी-
   (A) 1.5×10^8 मी/से (B) 2×10^8 मी/से
   (C) 1×10^8 मी/से (D) 2.5×10^8 मी/से

11. वेग-परिवर्तन की दर को कहते हैं-
   (A) आवेग (B) संवेग
   (C) विस्थापन (D) त्वरण

12. किस रंग का प्रकीर्णन सबसे अधिक होता है ?
   (A) बैंगनी (B) नीला
   (C) पीला (D) लाल

13. +4D क्षमता वाले लेन्स की फोकस दूरी होगी-
   (A) + 0.50 मी. (B) - 0.25 मी.
   (C) + 0.25 मी. (D) - 0.50 मी.

14. अवतल लेन्स से बने प्रतिबिम्ब का आवर्धन सदैव होता है-
   (A) 1 से कम (B) 1 से अधिक
   (C) 1 (D) इनमें से कोई नहीं

15. बल का SI मात्रक है-
   (A) किग्रा–मी से$^{-2}$ (B) किग्रा–मी से$^{-1}$
   (C) किग्रा–मी^{2} से$^{-2}$ (D) किग्रा–मी^{3} से$^{-1}$

16. किसी वस्तु का जड़त्व निर्भर करता है-
   (A) वस्तु के गुरुत्व केन्द्र पर (B) वस्तु के द्रव्यमान पर
   (C) गुरुत्वीय त्वरण पर (D) वस्तु के आकार पर

17. यदि गति करने के लिए स्वतन्त्र 1 किग्रा द्रव्यमान की किसी वस्तु पर 1 न्यूटन बल लगाया जाए, तो वह गति करेगी-
   (A) 1 मी. से$^{-1}$ की चाल से (B) 1 किमी. से$^{-1}$ की चाल से
   (C) 1 मी. से$^{-2}$ के त्वरण से (D) एकसमान वेग से

18. g का अर्थ है-
(A) पृथ्वी का आकर्षण बल
(B) गुरुत्व
(C) गुरुत्वाकर्षण बल
(D) स्वतन्त्र रूप से गिरती वस्तु का त्वरण

19. चन्द्रमा का द्रव्यमान, पृथ्वी के द्रव्यमान का लगभग 1/81 है। यदि चन्द्रमा पर पृथ्वी का गुरुत्वाकर्षण बल F हो, तो पृथ्वी पर चन्द्रमा का गुरुत्वाकर्षण बल होगा-
(A) F/81 (B) F
(C) 9F (D) 81F

20. किसी वस्तु की प्रतिरोधकता परिवर्तित नहीं होती है, यदि-
(A) पदार्थ बदल जाता है
(B) ताप बदल जाता है
(C) प्रतिरोधक का आकार बदल जाता है
(D) दोनों पदार्थ तथा ताप बदल जाते हैं

21. किसी पिण्ड का द्रव्यमान दोगुना तथा वेग आधा करने पर उसकी गतिज ऊर्जा हो जाएगी-
(A) आधी (B) एक-चौथाई
(C) दोगुनी (D) अपरिवर्तित

22. विद्युत सेल स्रोत है-
(A) विद्युत धारा का (B) विद्युत आवेश का
(C) इलेक्ट्रॉन का (D) विद्युत ऊर्जा का

23. फ्यूज तार का गलनांक है-
(A) उच्च (B) निम्न
(C) परिवर्तनशील (D) इनमें से कोई नहीं

24. एक विद्युत बल्ब पर 12 वोल्ट, 60 वाट अंकित है, तो इसमें धारा होगी-
(A) 0.4A (B) 12A
(C) 2.5A (D) 5A

25. रेखीय प्रसार गुणांक का मात्रक है-
(A) °C (B) $m°C^{-1}$
(C) $°C^{-1}$ (D) m°C

26. निम्नलिखित में से प्रकाश की कौन-सी परिघटनाएँ इन्द्रधनुष के बनने में सम्मिलित हैं ?
(A) परावर्तन, अपवर्तन तथा विक्षेपण
(B) अपवर्तन, विक्षेपण तथा पूर्ण आन्तरिक परावर्तन
(C) अपवर्तन, विक्षेपण तथा आन्तरिक परावर्तन
(D) विक्षेपण, प्रकीर्णन तथा पूर्ण आन्तरिक परावर्तन

27. एक अवतल दर्पण की वक्रता त्रिज्या 15 सेमी. है। इसकी फोकस दूरी होगी-
(A) – 15 सेमी. (B) – 7.5 सेमी.
(C) + 30 सेमी. (D) + 7.5 सेमी.

28. 1Å का मान होता है-
(A) 10^{-10} मी. (B) 10^{-6} मी.
(C) 10^{-4} मी. (D) 10^{-2} मी.

29. किसी गोलीय दर्पण की फोकस दूरी तथा उसकी वक्रता त्रिज्या में सम्बन्ध होता है-
(A) $f = \frac{R}{2}$ (B) $R = \frac{f}{2}$
(C) f = 2R (D) f = R

30. सौर सेल, सौर ऊर्जा को किस ऊर्जा में रूपान्तरित करता है ?
(A) विद्युत ऊर्जा में (B) गतिज ऊर्जा में
(C) यान्त्रिक ऊर्जा में (D) तापीय ऊर्जा में

रसायन विज्ञान

31. _____ को छोड़कर न्यूट्रॉन सभी तत्वों के परमाणु में पाया जाता है।
(A) क्लोरीन (B) ऑक्सीजन
(C) ऑर्गन (D) हाइड्रोजन

32. परमाणु के एक नाभिक कण (प्रोटॉन) की खोज किसने की थी ?
(A) चैडविक (B) जे.जे. थॉमसन
(C) रदरफोर्ड (D) न्यूटन

33. धातु M के फॉस्फेट का सूत्र MPO_4 है। इसके नाइट्रेट का सूत्र होगा-
(A) MNO_3 (B) $M(NO_3)_2$
(C) $M(NO_3)_3$ (D) $M_2(NO_3)_3$

34. दो परमाणुओं के बीच सहसंयोजक बन्ध निम्न में से किसके द्वारा बनता है ?
(A) इलेक्ट्रॉन नाभिकीय आकर्षण द्वारा
(B) इलेक्ट्रॉन की साझेदारी द्वारा
(C) इलेक्ट्रॉन के स्थानान्तरण द्वारा
(D) स्थिर विद्युत आकर्षण द्वारा

35. संकरण में होता है-
(A) इलेक्ट्रॉन युग्म का योग (B) परमाणु कक्षकों का योग
(C) इलेक्ट्रॉन युग्म का निष्कासन (D) कक्षकों को विघटन

36. निम्नलिखित में से किस यौगिक की द्रवित अवस्था में हाइड्रोजन बन्ध नहीं बनता है ?
(A) H_2O (B) HF
(C) NH_3 (D) C_6H_6

37. दूध है-
(A) जल में परिक्षिप्त वसा (B) वसा में परिक्षिप्त जल
(C) तेल में परिक्षिप्त जल (D) जल में परिक्षिप्त तेल

38. हैलाइड अयस्क का उदाहरण है-
(A) गैलेना (B) बॉक्साइट
(C) सिनेबार (D) क्रायोलाइट

39. परमाणु संख्या 55 वाला तत्व, आवर्त सारणी के किस ब्लॉक में स्थित है ?

(A) s–ब्लॉक (B) p–ब्लॉक
(C) d–ब्लॉक (D) f–ब्लॉक

40. परमाणु भार बढ़ने के साथ क्षार धातुओं का गलनांक-
(A) बढ़ता है
(B) घटता है
(C) स्थिर रहता है
(D) कोई निश्चित क्रम प्रदर्शित नहीं करता

41. विरंजक चूर्ण का विरंजक गुण किसके मुक्त होने के कारण होता है ?
(A) क्लोरीन (B) आण्विक ऑक्सीजन
(C) नवजात ऑक्सीजन (D) कैल्शियम कार्बोनेट

42. मार्श गैस में मुख्यत: होती है-
(A) C_2H_2 (B) CH_4
(C) H_2S (D) CO

43. ऐल्कोहॉल तथा अम्ल के बीच अभिक्रिया कहलाती है-
(A) एस्ट्रीकरण (B) साबुनीकरण
(C) जल-अपघटन (D) हाइड्रोजनीकरण

44. सिरके मे उपस्थित अम्ल है-
(A) CH_3COOH (B) H_2SO_4
(C) HCl (D) HNO_3

45. पीतल निम्न की मिश्र धातु है-
(A) सोना और ताँबा (B) सिल्वर और जिंक
(C) ताँबा और जिंक (D) ताँबा और ऐलुमीनियम

46. अम्ल तथा क्षार की परस्पर अभिक्रिया को कहते हैं-
(A) जल-अपघटन (B) निर्जलीकरण
(C) उदासीनीकरण (D) आयनन

47. निम्नलिखित में से कौन-सा तत्व एक धातु है ?
(A) N (B) O
(C) S (D) Na

48. सल्फर डाइऑक्साइड, क्लोरीन से अभिक्रिया करके बनाती है-
(A) $SOCl_2$ (B) SO_2Cl_2
(C) $SOCl_3$ (D) SO_2Cl

49. अमोनिया को शुष्क करने के लिए प्रयुक्त करते हैं-
(A) सान्द्र H_2SO_4 (B) $Ca(OH)_2$
(C) CaO (D) P_4O_{10}

50. कॉपर पायराइट का सूत्र है-
(A) $CuFeS_2$ (B) Cu_2S
(C) Cu_2O (D) $CuCO_3 . Cu(OH)_2$

51. $Fe_2O_3 + 2Al \rightarrow Al_2O_3 + 2Fe$ ऊपर दी गई अभिक्रिया किस प्रकार की है ?
(A) संयोजन अभिक्रिया (B) द्विविस्थापन अभिक्रिया
(C) दहन अभिक्रिया (D) विस्थापन अभिक्रिया

52. निम्नांकित में से प्रारूपिक तत्व है-
(A) Na (B) K
(C) Sc (D) He

53. आवर्त II A के तत्व कहलाते हैं-
(A) दुर्लभ मृदा (B) क्षार धातुएँ
(C) क्षारीय मृदा धातुएँ (D) दुर्लभ धातुएँ

54. कार्बनिक यौगिकों का मुख्य स्रोत है-
(A) कोलतार (B) पेट्रोलियम
(C) (A) तथा (B) (D) इनमें से कोई नहीं

55. निम्न में से कौन-सा भौतिक परिवर्तन नहीं है ?
(A) जल के उबलने से जलवाष्प का निर्माण
(B) बर्फ के पिघलने से जल प्राप्त होना
(C) जल में नमक का घुलना
(D) द्रवित पैट्रोलियम गैस (LPG) का दहन

56. फिटकरी का अणुसूत्र है-
(A) $Al_2(SO_4)_3 . 24H_2O$
(B) $Al_2(SO_4)_3 . 5H_2O$
(C) $K_2SO_4 . Al_2(SO_4)_3 . 24H_2O$
(D) $K_2SO_4 . Al_2(SO_4)_3 . 7H_2O$

57. एक विलयन में हाइड्रॉक्साइड आयन की सान्द्रता 1×10^{-12} मोल/लीटर है। इस विलयन का pH मान होगा-
(A) 2 (B) 4
(C) –2 (D) –4

58. निम्न में प्रबलतम क्षार है-
(A) $Ca(OH)_2$ (B) NaOH
(C) $Mg(OH)_2$ (D) NH_4OH

59. किसी अम्ल के जलीय विलयन में होते हैं-
(A) H^+ (B) H_3O^+
(C) H_2O^+ (D) (A) और (B)

60. A, B, C तथा D विलयनों के pH मान क्रमश: 11, 9.5, 3.5 तथा 6.5 हैं। इनमें से सर्वाधिक क्षारीय विलयन है-
(A) A (B) C
(C) D (D) B

गणित

61. यदि $A = 4^5 \times 7^3$ तथा $B = 7^2 \times 4^6$ है, तो $A \times B$ का मान क्या है ?
(A) $4^{11} \times 7^5$ (B) $4^{10} \times 7^{18}$
(C) $4^{30} \times 7^6$ (D) $4^7 \times 7^9$

62. 21 + 24 + 27 ..... + 51 का मान क्या है ?
(A) 324 (B) 396
(C) 416 (D) 288

63. एक संख्या M, 25 से विभाज्य है। यदि (M + 5) (M + 1) को 25 से विभाजित किया जाता है, तो शेषफल क्या होगा ?
(A) 5 (B) 6
(C) 1 (D) 3

64. $\dfrac{(x+5)(x^2+7x+10)}{(x+3)(x^2+10x+25)}$ **कान्यनतम पट होगा-**

(A) $\frac{x+2}{x+3}$ (B) $\frac{x-2}{x-3}$

(C) $\frac{x+5}{x+3}$ (D) $\frac{x+3}{x+5}$

65. यदि दो व्यंजकों का म.स. $(x + 1)$ तथा ल.स. $(x^4 - 1)$ है। यदि एक व्यंजक $(x^2 - 1)$ हो, तो दूसरा व्यंजक होगा-

(A) $x^3 - 1$ (B) $(x - 1)(x^2 + 1)$

(C) $x^2 + 1$ (D) $(x + 1)(x^2 + 1)$

66. यदि दो अंकों की एक संख्या अंकों के योग की चार गुना तथा अंकों के गुणनफल की तीन गुना हो, तो संख्या है-

(A) 42 (B) 24

(C) 12 (D) 21

67. एक समकोण ΔABC की दो आसन्न भुजाएँ 11 सेमी. व 60 सेमी. हैं। उसके परिवृत्त की परिधि का मान होगा

(A) 71π सेमी. (B) 61π सेमी.

(C) 22π सेमी. (D) 60π सेमी.

68. यदि समीकरण $x^2 - 4x + 1 = 0$ के मूल α व β हैं, तब $\alpha^3 + \beta^3$ का मान है-

(A) 76 (B) 52

(C) –52 (D) –76

69. $(4.6 + 3.1)^2 - (4.6 - 3.1)^2$ का मान क्या है?

(A) 54.68 (B) 58.86

(C) 53.32 (D) 57.04

70. वृत्त $x^2 + y^2 + 4x - 4y + 4 = 0$ पर खींची गई स्पर्श रेखा जो धनात्मक निर्देशांक अक्षों पर बराबर अन्तःखण्ड बनाती है, का समीकरण है-

(A) $x + y = 2$ (B) $x + y = 2\sqrt{2}$

(C) $x + y = 4$ (D) $x + y = 8$

71. निम्नलिखित प्रश्न में से कौन-सी संख्या एक विषम तथा अभाज्य संख्या है?

(A) 61 (B) 87

(C) 81 (D) 69

72. $1 - \log^2 + \frac{(\log 2)^2}{2!} - \frac{(\log 2)^3}{3!} + \ldots$ का मान है-

(A) 2 (B) $\frac{1}{2}$

(C) log 3 (D) इनमें से कोई नहीं

73. M एक कार्य को अकेला 50 दिनों में पूरा करता है। M, N से 10% कम कार्यकुशल है। N अकेला उस कार्य को कितने दिनों में पूरा करेगा?

(A) 60 दिन (B) 45 दिन

(C) 40 दिन (D) 43 दिन

74. तीन नल R,S तथा T एक टंकी को क्रमशः 90, 100 तथा 180 मिनटों में भर सकते हैं। यदि सभी नलों को एकसाथ खोल दिया जाए, तो टंकी कितने मिनट में भर जाएगी?

(A) 120 मिनट (B) 37.5 मिनट

(C) 45 मिनट (D) 90 मिनट

75. एक समचतुर्भुज, जिसकी भुजा 20 सेमी. है तथा एक विकर्ण 24 सेमी. है, का क्षेत्रफल (सेमी.^{2} में) क्या है?

(A) 768 (B) 384

(C) 480 (D) 240

76. एक दुकानदार क्रय मूल्य से 60% अधिक अंकित मूल्य वाली कमीजों पर 35% की छूट देता है। अजय ने ₹ 728 में कमीज खरीदी। उस कमीज का क्रय मूल्य (₹ में) क्या था?

(A) ₹ 520 (B) ₹ 700

(C) ₹ 480 (D) ₹ 680

77. यदि cos (A – B) = 3/5 तथा tan A tan B = 2, तब-

(A) cos A cos B = 1/5 (B) cos A cos B = –1/5

(C) sin A sin B = –2/5 (D) sin A sin B = –1/5

78. किसी वस्तु का क्रय मूल्य उसके अंकित मूल्य का 90% है। अंकित मूल्य पर 1% की छूट देने के पश्चात् लाभ प्रतिशत क्या है?

(A) 12.5% (B) 20%

(C) 10% (D) 8.33%

79. tan (–945°) का मान है-

(A) –1 (B) –2

(C) –3 (D) –4

80. यदि $\tan\theta = -\frac{4}{3}$, तब $\sin\theta$ है-

(A) $-\frac{4}{5}$ परन्तु – नहीं (B) $-\frac{4}{5}$ या $\frac{4}{5}$

(C) $\frac{4}{5}$ परन्तु $-\frac{4}{5}$ नहीं (D) इनमें से कोई नहीं

81. ΔABC में, $2ca \cdot \sin \frac{A - B + C}{2}$ बराबर है-

(A) $a^2 + b^2 - c^2$ (B) $c^2 + a^2 - b^2$

(C) $b^2 - c^2 - a^2$ (D) $c^2 - a^2 - b^2$

82. एक टॉवर के पाद से 70 मी. की दूरी पर स्थित बिन्दु का टॉवर के शीर्ष से अवनमन कोण 45° है, टॉवर की ऊँचाई है-

(A) 70 मी. (B) $70\sqrt{2}$ मी.

(C) $\frac{70}{\sqrt{2}}$ मी. (D) 35 मी.

83. रेखाएँ $a_1x + b_1y + c_1 = 0$ तथा $a_2x + b_2y + c_2 = 0$ परस्पर लम्बवत् हैं, यदि-

(A) $a_1b_2 - b_1a_2 = 0$ (B) $a_1a_2 + b_1b_2 = 0$

(C) $a_1^2b_2 + b_1^2a_2 = 0$ (D) $a_1b_1 + a_2b_2 = 0$

84. एक व्यक्ति 280 कुर्सियों को बेचकर 35 कुर्सियों के विक्रय मूल्य के बराबर लाभ कमाता है। उसका लाभ प्रतिशत क्या है?

(A) 20% (B) 14.28%

(C) 15% (D) 16.67%

85. 12 संख्याओं का औसत 15 है। यदि एक संख्या 41 को भी शामिल कर लिया जाए, तो इन 13 संख्याओं का औसत क्या होगा?

(A) 16 (B) 18

(C) 19 (D) 17

86. ₹ 1050 को M, N तथा P में क्रमशः 3 : 5 : 7 के अनुपात में बाँटा जाता है। M तथा N के हिस्से में क्या अन्तर (₹ में) है ?

(A) 140 (B) 210
(C) 155 (D) 315

87. एक व्यक्ति किस अनुपात में ₹ 11.10 प्रति किग्रा वाली दाल को ₹ 15.20 प्रति किग्रा वाली दाल के साथ मिलाए, ताकि मिश्रण की कीमत ₹ 13.20 प्रति किग्रा हो जाए ?

(A) 4 : 3 (B) 16 : 27
(C) 4 : 7 (D) 20 : 21

88. एक व्यक्ति अपनी आय का 65% खर्च कर देता है तथा बाकी बचाता है। यदि उसकी आय 25% से बढ़ती है तथा खर्च भी 20% से बढ़ जाता है, तो उसकी बचत में कितना प्रतिशत परिवर्तन हुआ है ?

(A) 31.67% की वृद्धि (B) 34.28% की वृद्धि
(C) 41.66% की कमी (D) 29.87% की कमी

89. एक 100 मी. लम्बी रेलगाड़ी, एक 800 मी. लम्बे पुल को पार करती है। यदि रेलगाड़ी की गति 30 किमी/घण्टा है, तो पुल को पार करने में कितना समय (सेकण्ड में) लगता है ?

(A) 105 (B) 108
(C) 118 (D) 120

90. वह धनराशि (₹ में) क्या है, जो दो वर्षों में 16% की वार्षिक ब्याज दर से चक्रवृद्धि ब्याज पर ₹ 201840 हो जाएगी ?

(A) 160000
(B) 150000
(C) 180000
(D) 200000

उत्तर (हल/संकेत)

1. (C) न्यूटन का गति का प्रथम नियम जड़त्व को दर्शाता है। इस नियम के अनुसार यदि कोई पिण्ड विरामावस्था में है तो वह तब तक विरामावस्था में ही बना रहेगा जब तक उस पर कोई बाहरी बल कार्य न करें। इसे जड़त्व का नियम भी कहते हैं।

2. (C) रॉकेट रेखीय संवेग संरक्षण के सिद्धांत पर कार्य करता है।

3. (B) OK परम शून्य ताप होता है। –273.15°C ताप को परम शून्य ताप कहते हैं।

4. (C) **5.** (C) **6.** (A)

7. (D) $l = 0.5$ ऐम्पियर

$t = 1$ घंटा $= 3600$ सेकंड

∴ बल्ब से प्रवाहित आवेश होगा

$9 = lt = 0.5 \times 3600$

$= 1800$ कूलॉम

8. (A) जब एक दण्ड चुम्बक का उत्तरी ध्रुव, दक्षिण की ओर निर्देशित होता है तथा दक्षिणी ध्रुव, उत्तर की ओर निर्देशित होता है, तब उदासीन बिंदु चुम्बकीय अक्ष पर होंगे।

9. (B) काँच के सापेक्ष वायु का अपवर्तनांक $\frac{2}{3}$ होगा।

10. (B)

11. (D) वेग-परिवर्तन की दर को त्वरण कहते हैं इसका सूत्र है- $a = \frac{v}{t}$

12. (A) बैंगनी रंग का प्रकीर्णन सबसे अधिक होता है जबकि लाल रंग का प्रकीर्णन सबसे कम होता है।

13. (C)

14. (A) अवतल लेन्स से बने प्रतिबिम्ब का आवर्धन सदैव 1 से कम होता है।

15. (A) बल का SI मात्रक किग्रा. मी.से$^{-2}$ होता है।

16. (B) किसी वस्तु का जड़त्व वस्तु के द्रव्यमान पर निर्भर करता है।

17. (C) बल = द्रव्यमान × त्वरण

या $\text{त्वरण} = \frac{\text{बल}}{\text{द्रव्यमान}} = \frac{1}{1} = 1$ मी से$^{-2}$

18. (D) g का अर्थ स्वतंत्र रूप से गिरती वस्तु का त्वरण है।

19. (A)

20. (C) किसी वस्तु की प्रतिरोधकता का आकार बदलने पर परिवर्तित नहीं होता है। आकार बदलने से प्रतिरोधकता नहीं बदलती है।

21. (A) किसी पिण्ड का द्रव्यमान दोगुना तथा वेग आधा करने पर उसकी गतिज ऊर्जा आधी हो जाएगी।

22. (A) विद्युत सेल विद्युत धारा का स्रोत है।

23. (B) फ्यूज तार का गलनांक निम्न होता है।

24. (D) शक्ति, P = Vi

$60 = 12 \times i \Rightarrow i = \frac{60}{12}$

∴ $i = 5A$

25. (C) रेखीय प्रसार गुणांक का मात्रक °C^{-1} होता है।

26. (C) इन्द्रधनुष के बनने में अपवर्तन, विक्षेपण तथा आंतरिक परावर्तन परिघटनाएँ सम्मिलित है। इन्द्रधनुष सदैव सूर्य की विपरीत दिशा में बनता है।

27. (B) **28.** (A) **29.** (A)

30. (A) सौर सेल, सौर ऊर्जा को विद्युत ऊर्जा में रूपान्तरित करता है।

31. (D) हाइड्रोजन को छोड़कर न्यूट्रॉन सभी तत्वों के परमाणु में पाया जाता है। हाइड्रोजन में परमाणु संख्या तथा परमाणु भार लगभग समान होते हैं।

32. (C) प्रोटॉन की खोज रदरफोर्ड ने की थी। चेडविक ने न्यूट्रॉन की खोज की। थॉमसन ने इलेक्ट्रॉन की खोज की तथा न्यूटन ने गति के नियमों की खोज की।

33. (C) नाइट्रेट का सूत्र $M(NO_3)_3$ है।

34. (B) दो परमाणुओं के बीच सहसंयोजक बंध इलेक्ट्रॉन की साझेदारी द्वारा बनता है।

35. (B) संकरण में परमाणु कक्षकों का योग होता है।

36. (D) **37.** (A) **38.** (D) **39.** (A)

40. (B) परमाणु भार बढ़ने के साथ क्षार धातुओं का गलनांक घटता है।

41. (C) नवजात ऑक्सीजन के कारण।

42. (B) मीथेन मार्श गैस में मुख्य रूप से पाई जाती है। मार्श गैस में थोड़ी मात्रा में कार्बन डाई-ऑक्साइड (CO_2) भी होती है।

43. (A) ऐल्कोहॉल तथा अम्ल के बीच अभिक्रिया एस्टरीकरण कहलाती है। इस अभिक्रिया में ऐल्कोहॉल अम्ल तथा कार्बोक्सिलिक अम्ल क्षार की भाँति व्यवहार करते हैं।

44. (A) सिरके में उपस्थित अम्ल CH_3COOH है, जो ऐसीटिक अम्ल है।

45. (C) पीतल ताँबा और जिंक की मिश्र धातु है। पीतल में 70% ताँबा तथा 30% जिंक होता है।

46. (C) अम्ल तथा क्षार की परस्पर अभिक्रिया को उदासीनीकरण कहते हैं।

47. (D) Na (सोडियम) तत्व एक धातु है।

48. (B) **49.** (C)

50. (A) $CuFeS_2$ कॉपर पाइराइट का सूत्र है।

51. (D)

52. (A) Na (सोडियम) एक प्रारूपिक तत्व है। तृतीय आवर्त के तत्व प्रारूपिक तत्व कहलाते हैं।

53. (C) आवर्त II A के तत्व क्षारीय मृदा धातुएँ कहलाती है।

54. (C) कोलतार और पेट्रोलियम, दोनों ही कार्बनिक यौगिकों के मुख्य स्रोत हैं।

55. (D) द्रवित पेट्रोलियम गैस (LPG) का दहन भौतिक परिवर्तन नहीं है बल्कि एक रासायनिक परिवर्तन है क्योंकि इसमें नया पदार्थ बनता है।

56. (C) **57.** (A) **58.** (B) **59.** (B)

60. (A)

61. (A) दिया है, $A = 4^5 \times 7^3$

तथा $B = 7^2 \times 4^6$

$\therefore \quad A \times B = 4^5 \times 7^3 \times 7^2 \times 4^6$

$= 4^{5+6} \times 7^{3+2}$

$= 4^{11} \times 7^5$

62. (B) **63.** (A) **64.** (A) **65.** (D)

66. (B) **67.** (D)

68. (B) यदि समीकरण $x^2 - 4x + 1 = 0$ के मूल a व b हैं,

तो $\alpha + \beta = 4$ तथा $\alpha\beta = 1$

$\Rightarrow \quad \alpha^3 + \beta^3 = (\alpha + \beta)^3 - 3\alpha\beta(\alpha + \beta)$

$= 4^3 - 3.1.4$

$= 64 - 12 = 52$

69. (D) $(4.6 + 3.1)^2 - (4.6 - 3.1)^2$

$= (7.7)^2 - (1.5)^2$

$= (7.7 + 1.5)(7.7 - 1.5)$

$= 9.2 \times 6.2 = 57.04$

70. (B)

71. (A) 61 विषम तथा अभाज्य संख्या है।

72. (B) $1 - \log 2 + \frac{(\log 2)^2}{2!} - \frac{(\log 2)3}{3!} + \ldots.$

$= e^{-\log 2} = 2^{-1} = \frac{1}{2}$

73. (B) **74.** (B) **75.** (B) **76.** (B)

77. (A) **78.** (C)

79. (A) $\tan(-945°) = -\tan 945°$

$= -\tan(3 \times 360° - 135°)$

$= \tan 135° = \tan(90° + 45°)$

$= -\text{cat } 45° = -1$

80. (B) $\tan\theta = -\frac{4}{3}$

$\Rightarrow$ θ द्वितीय या चतुर्थ चतुर्थांश में स्थित है।

$\therefore \quad \sin\theta = \pm\frac{4}{\sqrt{3^2 + 4^2}} = \pm\frac{4}{5}$

81. (B) $2ca \sin\frac{A - B + C}{2}$

$= 2ca \sin\frac{\pi - B - B}{2}$

$= 2ca \sin\left(\frac{\pi}{2} - B\right)$

$= 2ca \cos B = 2ca.\frac{a^2 + c^2 - b^2}{2ac}$

$= a^2 + c^2 - b^2$

82. (A) **83.** (B)

84. (B) लाभ प्रतेशतता है

$= \frac{35}{(280 - 35)} \times 100$

$= \frac{35 \times 100}{245} = 14.28\%$

85. (D) **86.** (A)

87. (D) प्रश्न के अनुसार

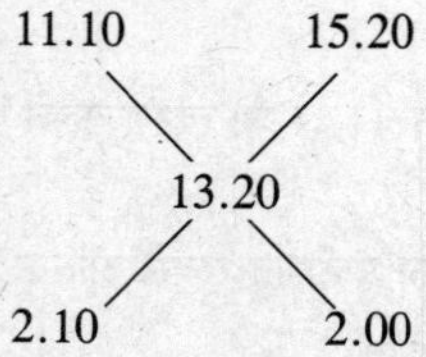

$\therefore$ अत: अभीष्ट अनुपात है = 2.00 : 2.10

= 20 : 21

88. (B) **89.** (B) **90.** (B)

❑❑❑

बिहार पॉलिटेक्निक संयुक्त प्रवेश परीक्षा,

हल प्रश्न-पत्र-2017 (स्मृति पर आधारित)

भौतिक विज्ञान

1. द्वितीयक ईंधन का उदाहरण है–
(A) पेट्रोलियम (B) कोयला
(C) जल गैस (D) प्राकृतिक गैस

2. निम्नलिखित यौगिकों मे से किसका न्यूनतम तापीय मान है?
(A) कोयला (B) अल्कोहल
(C) बायोगैस (D) लकड़ी

3. नंगी आंखों से कितने ग्रह देखे जा सकते हैं?
(A) 5 (B) 3
(C) 4 (D) इनमें से कोई नहीं

4. निम्नलिखित में से कौन-सा ग्रह सूर्य से सर्वाधिक दूर है?
(A) वरुण (B) शनि
(C) यूरेनस (D) प्लूटो

5. सौरमण्डल का सर्वाधिक विशाल ग्रह है–
(A) प्लूटो (B) बृहस्पति
(C) शनि (D) मंगल

6. प्रकाश वर्ष निम्नलिखित को मापने की इकाई है–
(A) प्रकाश यात्रा समय (B) समय
(C) दूरी (D) प्रकाश की तीव्रता

7. एक किलोवाट इसके लगभग बराबर है–
(A) 1.83 hp (B) 1.30 hp
(C) 1.56 hp (D) 1.50hp

8. एक अंधेरे कमरे में एक हरी पत्ती को लाल प्रकाश से प्रकाशित किया जाता है। पत्ती प्रतीत होगी–
(A) काली (B) हरी
(C) लाल (D) पीली

9. चुम्बकीय क्षेत्र निम्न के साथ अन्योन्क्रिया नहीं करता-
(A) गतिमान स्थायी चुम्बक (B) स्थिर विद्युत आवेश
(C) गतिमान विद्युत् आवेश (D) स्थिर स्थायी चुम्बक

10. तीन 2Ω प्रतिरोधकों के एक नेटवर्क का तुल्य प्रतिरोध नहीं हो सकता है–
(A) 6Ω (B) 0.67Ω
(C) 1.5Ω (D) 3Ω

11. एक 10Ω प्रतिरोधक तथा एक 30Ω प्रतिरोधक के श्रेणी संयोजन में एक विभवान्तर अनुप्रयुक्त किया जाता है, 10Ω प्रतिरोध में प्रवाहित धारा है–
(A) 2A (B) 0.5A
(C) 0.67 A (D) 1A

12. सूर्य की सतह पर तापमान होता है, लगभग–
(A) 5800 °C (B) 1000 °C
(C) 2000 °C (D) 4000 °C

13. नियमित आकाश गंगाओं की सामान्यतः आकृति होती है–
(A) अतिपरवलयिक (B) गोलीय
(C) दीर्घवृत्ताकार (D) परवलयज

14. यदि एक पिंड का संवेग दोगुना होता है, तब गतिज ऊर्जा होगी–
(A) चार गुनी (B) आधी
(C) अपरिवर्तित (D) दोगुनी

15. एक व्यक्ति स्थिर जल में एक नाव पर खड़ा है, यदि वह किनारे की तरफ चलता है, तब नाव–
(A) डूब जाएगी (B) किनारे की तरफ चलेगी
(C) किनारे से दूर जाएगी (D) स्थिर रहेगी

16. यदि एक दोलक का द्रव्यमान दोगुना कर दिया जाता है, उसका दोलन काल–
(A) चार गुना हो जाएगा (B) दोगुना हो जाएगा
(C) आधा हो जाएगा (D) अपरिवर्तित रहेगा

17. एक अपसारी लेन्स द्वारा निर्मित एक वास्तविक वस्तु का प्रतिबिम्ब कभी नहीं होता–
(A) वास्तविक (B) आभासी
(C) सीधा (D) वस्तु की तुलना में छोटा

18. 233K इसके बराबर है–
(A) –40°F (B) 172°F
(C) –172°F (D) 40°F

19. निम्नलिखित पदार्थों में किसकी अधिकतम विशिष्ट ऊष्मा है?

(A) पारा (B) लोहा
(C) जल (D) ताँबा

20. एक तरंग 0.8 सेकण्ड में 24 चक्कर पूरा करती है। तरंग की आवृत्ति है–

(A) 19.2 हर्ट्ज (B) 30 हर्ट्ज
(C) 8 हर्ट्ज (D) 24 हर्ट्ज

21. यदि किसी उदासीन बाल से 10,000 इलेक्ट्रॉन निकाल लिए जाते हैं, तो सम्प्रति इसका आवेश है–

(A) -1.6×10^{-23} C (B) 1.6×10^{-15} C
(C) 1.6×10^{-23} C (D) -1.6×10^{-15} C

22. एक बैटरी को एक बाह्य परिपथ के साथ संयोजित किया जाता है। बैटरी में विभव पथ निम्न के अनुपातिक है–

(A) परिपथ में प्रवाहित धारा (B) बैटरी का विद्युत् वाहक बल
(C) परिपथ में समतुल्य प्रतिरोध (D) परिपथ में क्षयित शक्ति

23. जब फोकस दूरी *f* वाले एक अभिसारी लेन्स का प्रयोग आवर्धन कांच के रूप में किया जाता है, तब वस्तु की दूरी अनिवार्यतः होनी चाहिए–

(A) 2*f* से अधिक (B) *f* से कम
(C) *f* और 2*f* के बीच (D) *f* के समान

24. आंख का लेन्स दृष्टिपटल पर जिस प्रतिबिम्ब का निर्माण करता है, वह होता है–

(A) आभासी और प्रतिलोमित (B) वास्तविक और सीधा
(C) वास्तविक और प्रतिलोमित (D) आभासी और सीधा

25. बर्फ पर चलने में मुश्किल होने का कारण है–

(A) अधिक घर्षण (B) घर्षण की अनुपस्थिति
(C) जड़त्व की अनुपस्थिति (D) अधिक जड़त्व

26. निम्नलिखित में से कौन-सा एक मंदिर गति के लिए दूरी (*s*) –समय (*t*) में ग्राफ दर्शाता है?

(A)
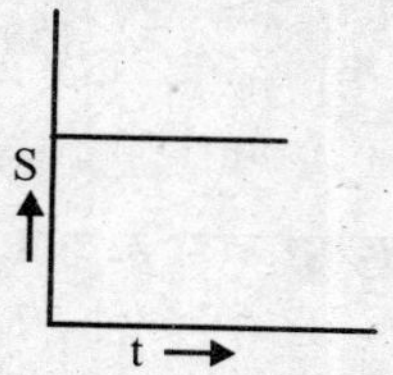

(B)
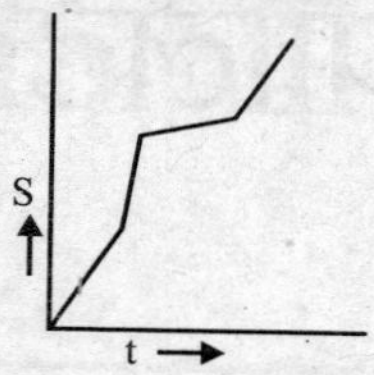

(C)
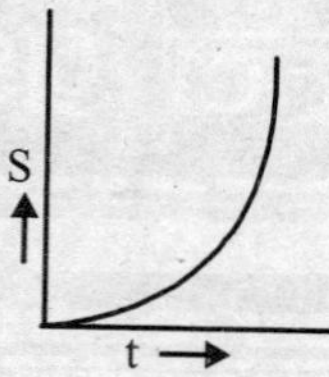

(D)
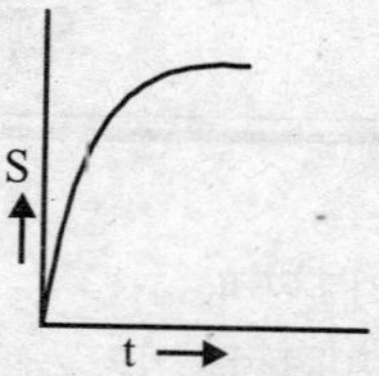

27. 20 सेमी. जल स्तम्भ के समान दाब लगाने वाले पारे की ऊंचाई है–

(A) 0.148 सेमी (B) 14.8 सेमी
(C) 1.48 सेमी (D) 148 सेमी

28. जब एक दिए गए कार्य को पूरा करने में लिए गए समय में वृद्धि होती है, तब–

(A) ऊर्जा में ह्रास होता है (B) शक्ति में वृद्धि होती है
(C) शक्ति में ह्रास होता है (D) ऊर्जा में वृद्धि होती है।

29. निर्वात में, सभी स्वतन्त्र रूप से गिर रही वस्तुओं में होता है, एकसमान–

(A) त्वरण (B) चाल
(C) वेग (D) बल

30. W भार का एक व्यक्ति लिफ्ट में खड़ा है, जोकि 'α' त्वरण से ऊपर की ओर गतिशील है। व्यक्ति का आभासी भार है–

(A) $W\left(1+\frac{\alpha^2}{g^2}\right)$ (B) $W\left(1+\frac{\alpha}{g}\right)$

(C) W (D) $W\left(1-\frac{\alpha}{g}\right)$

रसायन विज्ञान

31. ज्यामितीय समावयवता इसके द्वारा दर्शाई जाती है–

(A)
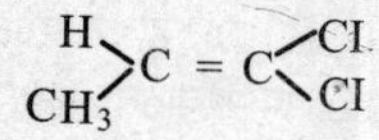

(B)
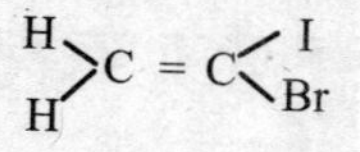

(C)
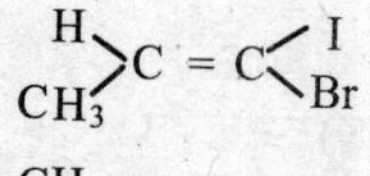

(D)
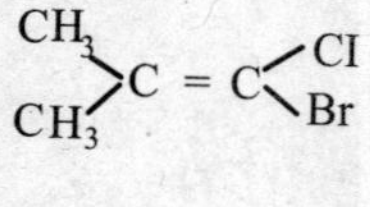

32. निम्नलिखित में से कौन अभिक्रिया करने पर 2, 2 डाइब्रोमोप्रोपेन देंगे?

(A) $CH_3CH = CHBr + HBr$
(B) $CH \equiv CH + 2HBr$
(C) $CH_3CH = CH_2 + HBr$
(D) $CH_3C \equiv CH + 2HBr$

33. जहां $CH \equiv CH$ को $HgSO_4$ की उपस्थिति में तनु H_2SO_4 में प्रवाहित किया जाता है, तब उत्पाद होता है–

(A) एसीटिक अम्ल (B) ईथर
(C) ऐसीटैल्डिहाइड (D) कीटोन

34. निम्नलिखित में से कौन $AgNO_3$ विलयन के साथ श्वेत अवक्षेप नहीं देता है?

(A) 1–पेन्टाइन (B) प्रोपाइन

(C) 1–ब्यूटाइन (D) 2–ब्यूटाइन

35. क्रान्तिक ताप पर किसी द्रव का पृष्ठ तनाव होता है–

(A) 10 डाइन/सेमी (B) 0

(C) ∞ (D) 100 डाइन/सेमी

36. तत्व $_8O^{17}$ के न्यूट्रॉनों की संख्या है–

(A) 10 (B) 17

(C) 8 (D) 9

37. सेल अभिक्रिया $Zn + Zn^{2+} \rightarrow Cu^{2+} + Cu$ सबसे अच्छी तरह प्रदर्शित की जा सकती है–

(A) $Zn | Zn^{2+} || Cu^{2+} | Cu$ (B) $Cu | Cu^{2+} || Zn^{2+} | Zn$

(C) $Pt | Zn^{2+} || Cu^{2+} | Cu$ (D) $Zn | Cu^{2+} || Zn^{2+} | Cu$

38. Si का यह यौगिक अपघर्षक की तरह प्रयोग किया जाता है–

(A) SiC (B) SiO_2

(C) Mg_2Si (D) SiF_4

39. इस धातु के निष्कर्षण में बेसेमरीकरण शामिल है–

(A) Cu (B) Al

(C) Ag (D) Au

40. निम्नलिखित में से किसमें न तो द्वितीयक और न ही तृतीयक हाइड्रोजन है?

(A) आइसोपेन्टेन (B) निओपेन्टेन

(C) आइसोब्यूटेन (D) पेन्टेन

41. जल गैस से H_2 के उत्पादन में एक सह-उत्पाद है–

(A) H_2O_2 (B) Cr_2O_3

(C) CO (D) H_2CO_3

42. अभिक्रिया $Li + N_2 \rightarrow$ का उत्पाद है–

(A) LiN_2 (B) Li_3N

(C) Li_3N_2 (D) NO

43. निम्नलिखित में से किसे उर्वरक की तरह प्रयोग किया जाता है?

(A) पोटाश फिटकरी (B) सेल्यूलोस नाइट्रेट

(C) सोडियम नाइट्रेट (D) कैल्सियम अमोनियम नाइट्रेट

44. एक तत्व का बाह्य इलेक्ट्रॉनिक विन्यास $3d^{10}4s^1$ है, यह तत्व है–

(A) एकादश समूह में (B) चतुर्थ समूह में

(C) दशम समूह में (D) तृतीय आवर्त में

45 यह यौगिक लुइस अम्ल नहीं है–

(A) SiF_4 (B) $MgCl_2$

(C) BF_3 (D) BCl_3

46. एक त्रिप्रोटॉनिक अम्ल के लिए–

(A) $K_1 > K_2 = K_3$ (B) $K_1 < K_2 < K_3$

(C) $K_1 \approx K_2 \approx K_3$ (D) $K_1 > K_2 > K_3$

47. H_2O (ठोस) → H_2O (द्रव) के लिए 273°K पर–

(A) $G_{बर्फ} < G_{जल}$ (B) $G_{बर्फ} = G_{जल} = 0$

(C) $G_{बर्फ} = G_{जल} \neq 0$ (D) $G_{बर्फ} > G_{जल}$

48. सही सम्बन्ध है–

(A) $H = E + P + V$ (B) $E = H + PV$

(C) $H = E + PV$ (D) $PV = H - E$

49. H_2SO_4 के एक 0.005 M जलीय विलयन का pH है–

(A) 0.01 (B) 1

(C) 0.005 (D) 2

50. अभिक्रिया $A + B \rightarrow C$ के लिए यह पाया गया कि A और B के सापेक्ष अभिक्रिया की कोटि क्रमशः 2 और 3 है। जब A और B की सांद्रताएं दोगुनी कर दी जाती है, तो अभिक्रिया की दर इतने गुना बढ़ जाएगी?

(A) 4 (B) 32

(C) 16 (D) 10

51. निम्नलिखित के कारण जल की अस्थायी कठोरता उत्पन्न होती है–

(A) $MgSO_4$ (B) $MgCl_2$

(C) $Ca(HCO_3)_2$ (D) $CaSO_4$

52. $Ba(NO_3)_2$ के एक विलयन में BaF_2 की विलेयता इसके द्वारा प्रदर्शित की जाएगी–

(A) $2[NO_3^-]$ (B) $[Ba^{2+}]$

(C) $[F^-]$ (D) $\frac{1}{2}[F^-]$

53. निम्नलिखित में से किस यौगिक में क्लोरीन की ऑक्सीकरण संख्या +5 हैं?

(A) HClO (B) $HClO_4$

(C) $HClO_3$ (D) $HClO_2$

54. मेथेन के 10^{23} अणुओं का द्रव्यमान इसके निकटवर्ती होगा (आवोगाद्रो संख्या = 6×10^{23})

(A) 10 ग्राम (B) 3 ग्राम

(C) 6 ग्राम (D) 1 ग्राम

55. एक मोलल विलयन में 1 मोल विलेय होता है–

(A) विलायक के 22.4 लीटर में (B) विलयन के 1000 ग्राम में

(C) विलायक के 1000 ग्राम में (D) विलयन के 1 लीटर में

56. वान्डर वाल नियतांक '*b*' के लिए कौन-सा एक सही है?

(A) $b = 4v$ (B) $b = \frac{pv^2}{n^2}$

(C) $b = a$ (D) $b = v$

57. निम्नलिखित में से किसमें $sp-sp^3$ संकर कक्षकों द्वारा बना एक बंध है?

(A) $CH \equiv CH$ (B) $CH3-C \equiv CH$
(C) $CH_3-CH=CH-CH_3$ (D) $CH_2=CH-CHCH_2$

58. निम्नलिखित में से किसमें एक वैद्युत संयोजी बन्ध है?

(A) BF_3 (B) $SiCl_4$
(C) CH_4 (D) $MgCl_2$

59. एक तत्व की वर्णक्रम रेखाओं में से एक $\lambda = 456$ nm पर है। इस रेखा की आवृत्ति है (प्रकाश का वेग $= 3 \times 10^8$ मीटर/सेकण्ड)–

(A) 456 प्रति सेकण्ड (B) 3×10^8 प्रति सेकण्ड
(C) 6.58×10^{14} प्रति सेकण्ड (D) 1368×10^8 प्रति सेकण्ड

60. $n=3$ और $l=2$ वाला कक्षक है–

(A) 3*d* (B) 4*s*
(C) 3*p* (D) 2*p*

गणित

61. यादृच्छिक रूप से ली गई चार पूर्णांक संख्याओं को गुणा किया जाता है, तब गुणनफल का आखिरी अंक 1, 3, 7 या 9 होने की प्रायिकता है–

(A) $\frac{16}{676}$ (B) $\frac{17}{676}$
(C) $\frac{16}{625}$ (D) $\frac{17}{625}$

62. रेखाखण्ड AB, रेखाखण्ड CD के समानान्तर है। AD, BC को बिन्दु E पर काटती है। यदि AE, BC और ED की लम्बाई क्रमशः 12 सेमी.,12 सेमी और 18 सेमी हैं, तो EC की लम्बाई क्या है?

(A) 4.8 सेमी (B) 9.3 सेमी.
(C) 8.1 सेमी (D) 7.2 सेमी

63. एक त्रिभुज में उस कोण के विपरीत वाली भुजा की लम्बाई 15 सेमी है, जिसके कोण माप 60° है। उस कोण के विपरीत वाली भुजा की लम्बाई क्या है, जिसके कोण का माप 90° है ?

(A) 15 सेमी (B) $(15\sqrt{3})/2$ सेमी
(C) $10\sqrt{3}$ सेमी (D) 10 सेमी

64. 5 वर्षों में 7% वार्षिक दर से एक राशि पर ₹ 320 का साधारण ब्याज बन जाता है। यह राशि कितनी है?

(A) ₹ 18240 (B) ₹ 12160
(C) ₹ 15200 (D) ₹ 9120

65. किसी बेलनाकार वस्तु के वक्र सतह का क्षेत्रफल 660 वर्ग सेमी. है। यदि इसके आधार की परिधि 44 सेमी. है, तो उस वस्तु की आयतन ज्ञात करें-

(A) 4620 घन सेमी. (B) 2310 घन सेमी.
(C) 6930 घन सेमी. (D) 1155 घन सेमी.

66. $\cos 11\pi/6$ का मान क्या है?

(A) $-1/\sqrt{2}$ (B) $-\sqrt{3}/2$
(C) $2/\sqrt{3}$ (D) $\sqrt{3}/2$

67. 3 cos A किसके बराबर है?

(A) $4\cos^3 A + \cos 3A$ (B) $4\cos^3 A - \cos 3A$
(C) $3\cos^3 A - \cos 3A$ (D) $3\cos^3 A + \cos 3A$

68. हेम की आयु उसके पुत्र की आयु से तीन गुनी है। पांच वर्षों के बाद हेम की आयु अपने पुत्र की आयु से अढ़ाई गुना हो जाएगी। हेम की आयु है–

(A) 60 वर्ष (B) 30 वर्ष
(C) 45 वर्ष (D) 48 वर्ष

69. यदि एक सवारी रेलगाड़ी की गति, उसकी सामान्य गति से 5 किमी/घण्टा बढ़ा दी जाती है, तो उसे 300 किमी की दूरी पूरी करने में दो घण्टे कम लगते हैं। उसकी सामान्य गति है–

(A) 20 किमी/घण्टा (B) 25 किमी/घण्टा
(C) 30 किमी/घण्टा (D) 15 किमी/घण्टा

70. 1, 7, 6 और 9 अंकों से बिना दोहराए बनने वाली चार अंकों की संख्याएं हैं–

(A) 90 (B) 24
(C) 46 (D) 64

71. यदि समीकरण $ax^2+bx+c=0$ के मूल α और β हैं, तब $\alpha^3 + \beta^3$ का मान है–

(A) $\frac{a^2b^2c^2-3b^3}{a^3}$ (B) $\frac{3abc-a^3}{b^3}$
(C) $\frac{3abc-b^3}{a^3}$ (D) $\frac{abc-3a^3}{3b^3}$

72. एक त्रिभुज, जिसकी भुजाएं क्रमशः 3, 4 और 5 सेमी हैं, का क्षेत्रफल है–

(A) 6 सेमी^{2} (B) 60 सेमी^{2}
(C) 30 सेमी^{2} (D) 10 सेमी^{2}

73. 24 सेमी ऊंचाई के एक शंकु का वक्र पृष्ठ क्षेत्रफल 550 सेमी^{2} है। इसका आयतन होगा–

(A) 616 CC (B) 13200 CC
(C) 4400 CC (D) 1232 CC

74. एक धन का साधारण ब्याज उसके मूलधन का $\frac{9}{25}$% है और प्रतिशत दर वर्षों की संख्या के बराबर है, प्रतिशत दर है–
(A) 6% (B) 3%
(C) 4% (D) 5%

75. यदि तीन संख्याएं 15 : 10 : 25 के अनुपात में हैं और वे इस प्रकार हैं, कि उनके वर्ग का योग 1862 है। बीच वाली संख्या है–
(A) 14 (B) 11
(C) 12 (D) 13

76. यदि एक सम बहुभुज का प्रत्येक अन्तःकोण बाह्यकोण का दोगुना हो, तब भुजाओं की संख्या है–
(A) 10 (B) 4
(C) 6 (D) 8

77. 6 सेमी, 8 सेमी तथा 10 सेमी त्रिज्या के तीन गोलों को पिघलाकर इस त्रिज्या का एक गोला बनाया जाता है–
(A) 24 सेमी (B) 11 सेमी
(C) 12 सेमी (D) 13 सेमी

78. ABCD एक चक्रीय चतुर्भुज है। यदि AB, CD के समान्तर है, AD = 5सेमी, तब BC की लम्बाई है–
(A) 8 सेमी (B) 5 सेमी
(C) 6 सेमी (D) 7 सेमी

79. एक अर्द्धवृत्त में कोण होता है–
(A) $\frac{\pi}{2}$ (B) $\frac{\pi}{6}$
(C) $\frac{\pi}{4}$ (D) $\frac{\pi}{3}$

80. यदि एक समकोणीय त्रिभुज की भुजाएं *a, b* और कर्ण *c* हैं और शीर्ष बिन्दु से कर्ण पर खींची गई ऊंचाई *h* है, तब–
(A) $h = a + b$ (B) $h^2 = ab$
(C) $\frac{1}{h^2} + \frac{1}{a^2} + \frac{1}{b^2}$ (D) $h^2 = a^2 + b^2$

81. 8 सेमी भुजा के एक घन से 2 सेमी भुजा के घनों के काटे जाने की संख्या है–
(A) 256 (B) 4
(C) 16 (D) 64

82. $\frac{\cos^2\theta}{\cot^2\theta - \cos^2\theta} = 3$ हल होगा, यदि θ =
(A) $\frac{\pi}{2}$ (B) $\frac{\pi}{6}$
(C) $\frac{\pi}{4}$ (D) $\frac{\pi}{3}$

83. एक वृत्त की त्रिज्या में π सेमी की वृद्धि हो जाती है, तब नई परिधि का नए व्यास से अनुपात है–
(A) $\left(\pi - \frac{1}{2}\right)$ (B) $(\pi + 2)$
(C) $(\pi + 1)$ (D) π

84. एक वर्ग और एक समद्विबाहु त्रिभुज के एकसमान परिमाप हैं। यदि वर्ग का विकर्ण $6\sqrt{2}$ सेमी है, तब त्रिभुज का क्षेत्रफल है–
(A) $12\sqrt{6}$ सेमी^{2} (B) $16\sqrt{2}$ सेमी^{2}
(C) $16\sqrt{3}$ सेमी^{2} (D) $12\sqrt{2}$ सेमी^{2}

85. एक कक्षा में, एक परीक्षा में लड़कियों के औसत प्राप्तांक 73 और लड़कों के औसत प्राप्तांक 71 हैं। सारी कक्षा के औसत प्राप्तांक 71.8 हैं। कक्षा में लड़कियों का प्रतिशत है–
(A) 40% (B) 73%
(C) 71% (D) 60%

86. एक चर के मान हैं–
30, 5, 21, 42, 13, 10, 27, 33, 17, 8
माध्यिका है–
(A) 11.5 (B) 17
(C) 19 (D) 21

87. श्रेणी 2, 3, 1, 2, 5, 3, 2, 2, 3, 5 का बहुलक है–
(A) 3 (B) 2
(C) 1 (D) 5

88. यदि $x^2 - 14x + k = 0$ का एक मूल 16 है, तब *k* का मान है–
(A) −2 (B) 32
(C) 2 (D) −32

89. *c* के निम्न मान के लिए समीकरण–
$8x + cy = c$
$cx + 2y = c - 2$
के अनन्त हल हैं–
(A) 4 (B) शून्य
(C) 1 (D) 2

90. फलन $f(x) = 5 - |x - 3|$ द्वारा माना गया अधिकतम मान है–
(A) 5 (B) 3
(C) 8 (D) 6

उत्तर (हल / संकेत)

1. (C) **2.** (D)
3. (B) बुध, शुक्र, मंगल (Merecury, Venus, Mars)
4. (D) **5.** (B) **6.** (C)
7. (B) 1 H.P. = 746 वाट

$\therefore$ 1 किलोवाट $= \frac{1000}{746} = 1.30$ H.P.

8. (A) **9.** (B)
10. (C) सभी श्रेणीक्रम में,

$$R = 2 + 2 + 2 = 6\Omega$$

सभी समान्तरक्रम में,

$$\frac{1}{R} = \frac{1}{2} + \frac{1}{2} + \frac{1}{2} = \frac{3}{2}$$

$$\therefore \quad \frac{1}{R} = \frac{2}{3} = 0.67\Omega$$

2 श्रेणीक्रम में, 1 समान्तरक्रम में,

$$R = \frac{1}{4} + \frac{1}{2} = \frac{1+2}{4} = \frac{3}{4}$$

$$R = \frac{3}{4} = 1.33\Omega$$

2 समान्तरक्रम में, 1 श्रेणीक्रम में

$$R = \frac{r_1 r_2}{r_1 + r_2} = \frac{2 \times 2}{4} = 1$$

$$\therefore \quad R = 1 + 2 = 3\Omega$$

अतः परिपथ का प्रतिरोध 1.5 Ω नहीं हो सकता।

11. (B) $I = \frac{V}{R} = \frac{20}{10+30} = \frac{20}{40}$

$= 0.5A$

श्रेणीक्रम में सभी प्रतिरोधों में समान धारा प्रवाहित होती है।

12. (A) **13.** (C) **14.** (A) **15.** (C) **16.** (D)

17. (A)

18. (A) $T = t + 273$

$t = T - 273 = 233 - 273 = -40°C = -40°F$

19. (C)

20. (B) तरंग द्वारा 1 सेकण्ड में चली दूरी वेग के बराबर होती है।

$$\therefore \quad V = \frac{24\lambda}{0.8} = 30\lambda$$

परन्तु $V = n\lambda$

$\Rightarrow \quad n = 30Hz$

21. (B) $1.6 \times 10^{-19} \times 10^4 = 1.6 \times 10^{-15}$ C

22. (A) **23.** (B) **24.** (C) **25.** (B) **26.** (D)

27. (C) $hdg = h'd'g$

$\Rightarrow \quad h \times 13.6 = 20 \times 1$

$$h = \frac{20}{13.6} = 1.48 \text{ सेमी}$$

28. (C) **29.** (A)

30. (B) $W\left(1+\frac{\alpha}{g}\right)$

$F = mg - R$

$-m\alpha = mg - R$

$R = m(g + \alpha)$

$$= mg\left(1+\frac{\alpha}{g}\right) = W\left(1+\frac{\alpha}{g}\right)$$

31. (C)

32. (D) $CH_3C \equiv CH \xrightarrow{HBr} (CH_3)(Br)C = CH_2$

प्रोपाइन 2–ब्रोमोप्रोपीन

$\xrightarrow{HBr} (CH_3)_2CBr_2$

2, 2-डाइब्रोमोपेन

33. (C) $CH \equiv CH + H-OH \xrightarrow[H_2SO_4]{H_2SO_4} CH_3-\overset{H}{\overset{|}{C}}=O$

ऐसीटिलीन ऐसीटैल्डिहाइड

34. (D) एथाइन तथा केवल टर्मिनल ऐल्काइन धातु आयन के क्रिया करते हैं। टर्मिनल ऐल्काइन का अर्थ है, वे ऐल्काइन जिनके शृंखला के अन्त में त्रिबन्ध होता है।

35. (B) किसी द्रव का पृष्ठ तनाव ताप बढ़ाने से घटता है तथा क्रान्तिक ताप पर शून्य हो जाता है।

36. (D) न्यूट्रॉन की संख्या = द्रव्यमान संख्या – परमाणु संख्या=17-8=9

37. (A) **38.** (A) **39.** (A) **40.** (D) **41.** (C)

42. (C) **43.** (D)

44. (A) $1s^2 2s^2 p^6 3s^2 3p^6 3d^{10} 4s^1$ यह d-ब्लॉक, समूह 11 तथा आवर्त 4 का तत्त्व कॉपर है।

45. (B) लूइस अम्ल इलेक्ट्रॉनग्राही होते हैं, वे यौगिक जिनके केन्द्रीय परमाणु का अष्टक पूर्ण नहीं होता व सामान्यतः लुइस अम्ल रूप में व्यवहार करते हैं।

46. (D)

47. (B) 273 K पर साम्य अवस्था रहती है।

48. (C)

49. (D) $0.005MH_2SO_4 = 0.01\text{ M }[H^+]$

$= 10^{-2}\text{ M}[H^+]$

अतः $pH = 2$

50. (B) दर $= k[A]^2[B]^3$

नई दर $= k[2A]^2[2B]^3$

$= k4[A]^2\, 8[B] = 32k[A]^2[B]^3$

51. (C) **52.** (D)

53. (C) $HClO_3 = 1 + x + 3(-2) = +5$

54. (B) $6.023 \times 10^{23} = 16$ ग्राम

$10^{23} = 3$ ग्राम

55. (C) **56.** (A) **57.** (B) **58.** (D)

59. (C) $V = \frac{C}{\lambda}$

$n = 3$

60. (A)

61. (C) किसी पूर्णांक का अन्तिम अंक 1, 3, 7 या 9 होने की

प्रायिकता $= \frac{4}{10} = \frac{2}{5}$

$\therefore$ 4 पूर्णांक संख्याओं के गुणनफल का अन्तिम अंक 1, 3, 7 अथवा 9 होने की अभीष्ट प्रायिकता

$= \left(\frac{2}{5}\right)^4 = \frac{2^4}{5^4} = \frac{16}{625}$

62. (D) माना BE = x सेमी

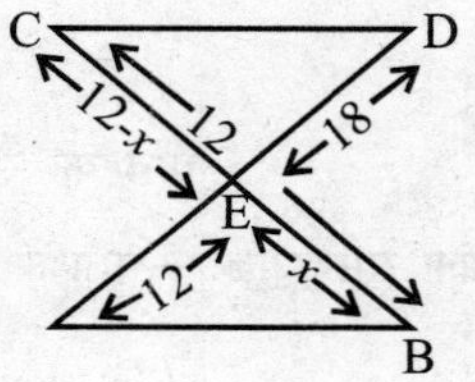

EC = $(12 - x)$ सेमी

$\therefore$ प्रश्नानुसार

$\frac{AE}{ED} = \frac{BE}{EC}$

$\frac{12}{18} = \frac{x}{12 - x}$

$144 - 12x = 18x$

$x = 4.8$

$\therefore$ भुजा EC की लम्बाई $= 12 - x = 12 - 4.8 = 7.2$ सेमी

63. (C) माना विपरीत भुजा की लम्बाई

$= x$ सेमी

$\therefore \frac{\sin 90^\circ}{x} = \frac{\sin 60^\circ}{AC} \Rightarrow \frac{1}{x} = \frac{\frac{\sqrt{3}}{2}}{15}$

$x = \sqrt{3}/30 \Rightarrow x = \frac{30}{\sqrt{3}} \Rightarrow \frac{30\sqrt{3}}{3}$

$\Rightarrow 10\sqrt{3}$ सेमी.

64. (C) माना राशि = ₹ x

$\therefore$ साधारण ब्याज $= \frac{\text{मूलधन} \times \text{दर} \times \text{समय}}{100}$

$5320 = \frac{x \times 7 \times 5}{100}$

$35x = 5320 \times 100$

$x = \frac{5320 \times 100}{35}$ = ₹ 15200

65. (B) बेलन का वक्रपृष्ठ $= 2\pi rh$

$660 = 2\pi rh$ ...(i)

बेलन का आधार वृत्ताकार होता है।

$\therefore$ बेलन की परिधि = वृत्त की परिधि

$44 = 2\pi r$

$44 = 2 \times \frac{22}{7} r$

$\therefore r = 7$ सेमी.

समीकरण (i) से,

$2\pi \times 7 \times h = 660$

$2 \times \frac{22}{7} \times 7 \times h = 660$

$h = \frac{660 \times 7}{2 \times 22 \times 7} = 15$ सेमी.

$\therefore$ बेलन का आयतन $= \pi r^2 h$

$= \frac{22}{7} \times (7)^2 \times 15 = \frac{22}{7} \times 7 \times 7 \times 15 = 2310$ घन सेमी

66. (D) $\cos\left(\frac{11\pi}{6}\right) = \cos(330^\circ)$

$= \cos(360^\circ - 30^\circ) = \cos 30^\circ = \frac{\sqrt{3}}{2}$

67. (B) $\cos 3A = 4\cos^3 A - 3\cos A$

$\therefore 3\cos A = 4\cos^3 A - \cos 3A$

68. (C) माना हेम की आयु = x वर्ष

$\Rightarrow$ उसके पुत्र की आयु $= \frac{x}{3}$ वर्ष

$\because \quad x + 5 = \frac{5}{2}\left(\frac{x}{3} + 5\right)$

$\Rightarrow \quad 2x + 10 = \frac{5x}{3} + 25$

$\Rightarrow \quad 2x + \frac{5x}{3} = 25 - 10$

$\Rightarrow \quad \frac{x}{3} = 15$

$\therefore \quad x = 45$ वर्ष

69. (B) माना रेलगाड़ी की सामान्य गति = x किमी/घण्टा

$\because \quad \frac{300}{x} - \frac{300}{(x+5)} = 2$

$$\Rightarrow \quad \frac{300 \times 5}{x(x+5)} = 2$$

$$\Rightarrow \quad (x^2 + 5x) \times 2 = 1500$$

$$\Rightarrow \quad x^2 + 5x - 750 = 0$$

$$\Rightarrow \quad (x+30)(x-25) = 0$$

$\therefore \quad x = 25$ किमी/घण्टा

70. (B) अभीष्ट संख्याएं $= {}^4P_4$

$= 24$

71. (C) $\because \quad \alpha + \beta = \frac{-b}{a}$

और $\quad \alpha\beta = \frac{c}{a}$

व्यंजक $= \alpha^3 + \beta^3 = (\alpha + \beta)^3 - 3\alpha\beta(\alpha + \beta)$

$$= \left(\frac{-b}{a}\right)^3 - \frac{3c}{a}\left(\frac{-b}{c}\right)$$

$$= \frac{-b^3}{a^3} + \frac{3bc}{a^2} = \frac{+3abc - b^3}{a^3}$$

72. (A) भुजाओं 3, 4 व 5 सेमी से बना Δ समकोणीय होगा

$\because \quad 3^2 + 4^2 = 5^2$

$\therefore$ समकोण Δ का क्षेत्रफल $= \frac{1}{2} \times 3 \times 4 = 6$ सेमी^{2}

73. (D) $\quad \pi rl = 550$

तथा $\quad r^2 + (24)^2 = l^2$

$\therefore \quad l = \sqrt{r^2 + 576}$

$\because \quad \frac{22}{7} \times r \times \sqrt{r^2 + 576} = 550$

$$\Rightarrow \quad r\sqrt{r^2 + 576} = \frac{550 \times 7}{22} = 175$$

$$\Rightarrow \quad r^2(x^2 + 576) = 30625$$

$$\Rightarrow r^4 + 576\,r^2 - 30625 = 0$$

$$\Rightarrow (r^2 - 49)(r^2 + 625) = 0$$

$$\Rightarrow \quad r^2 = 49, -625$$

$$\therefore \quad r = 7, 25i$$

$\therefore$ शंकु का आयतन $= \frac{1}{3}\pi r^2.h$

$$= \frac{1}{3} \times \frac{22}{7} \times 49 \times 24 = 1232 \text{ सेमी}^3$$

74. (A) यदि दर r % प्रतिवर्ष है $= 6\sqrt{2}$ सेमी

तो $\quad = \frac{9}{25}p = \frac{p \times r \times r}{100}$

$$\Rightarrow \quad r^2 = \frac{9 \times 100}{25} = 36$$

$$\therefore \quad r = 6\,\%$$

75. (A) माना अभीष्ट संख्याएं $15x$, $10x$ तथा $25x$ हैं

$$\because \quad (15x)^2 + (10x)^2 + (25x)^2 = 1862$$

$$\Rightarrow \quad 225x^2 + 100x^2 + 625x^2 = 1862$$

$$\Rightarrow \quad 950x^2 = 1862$$

$$\Rightarrow \quad x^2 = \frac{1862}{950}$$

$$= 1.96$$

$$\therefore \quad x = 1.4$$

$\therefore$ बीच की संख्या $= 10 \times 1.4 = 14$

76. (C) माना समबहुभुज में भुजाओं की संख्या $= n$

$$\therefore \quad \frac{(2n-4) \times 90^\circ}{n} = 2 \times \frac{360^\circ}{n}$$

$$\Rightarrow \quad 2n - 4 = \frac{720^\circ}{n} \times \frac{n}{90^\circ}$$

$$n = 8$$

$$\therefore \quad n = \frac{8+4}{2} = 6$$

77. (C) $\because \quad \frac{4}{3}\pi R^3 = \frac{4}{3}\pi(6^3 + 8^3 + 10^3)$

$$\Rightarrow \quad R^3 = 216 + 512 + 1000$$

$$= 1728 = (12)^3$$

$\therefore \quad R = 12$सेमी

78. (B) $\because$ A B C D एक चक्रीय चतुर्भुज है

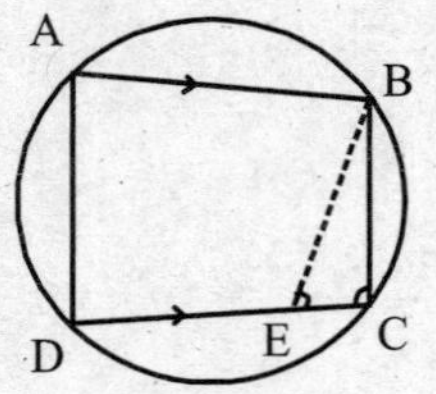

$$\Rightarrow \quad \angle A + \angle C = 180^\circ$$

तथा $\quad \angle A + \angle C = 180^\circ$

$\therefore$ $\angle C = \angle D$ ...(1)

यदि AD के समान्तर रेखा BE खीचें, तो

तो $\angle D = \angle E$ ...(2)

$\because$ ABED एक समान्तर चतुर्भुज है

$\Rightarrow$ BE = AD = 5 सेमी

$\therefore$ समद्विबाहु Δ BEC में

BC = BE = 5 सेमी

79. (A) $\because$ किसी वृत्त के किसी चाप द्वारा परिधि पर बना कोण, उसी चाप द्वारा केन्द्र पर बने कोण का आधा होता है।

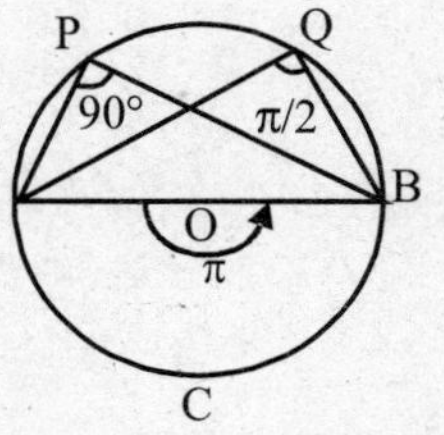

$\therefore$ अर्धवृत्त में बना कोण = $\angle$ APB

= चाप ACB द्वारा परिधि पर बना कोण

= $\frac{1}{2}$ (चाप ACB द्वारा केन्द्र O पर बना कोण)

= $\frac{1}{2}(\angle AOB)$

= $\frac{1}{2}$ (180° या π) = 90° या $\frac{\pi}{2}$

80. (C)

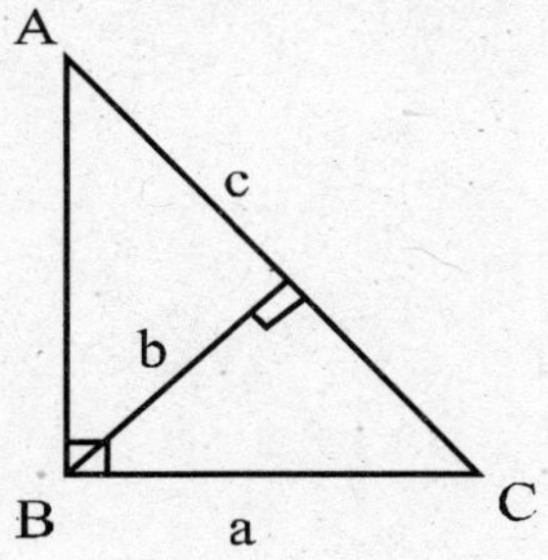

$\because$ Δ का क्षेत्रफल $\frac{a \times b}{2} = \frac{h \times c}{2}$

$\Rightarrow$ $ab = hc$

तथा $c^2 = a^2 + b^2$

$\because$ $ab = h\sqrt{a^2+b^2}$

$\Rightarrow$ $a^2b^2 = h^2(a^2+b^2)$

$\Rightarrow$ $\frac{1}{h^2} = \frac{a^2+b^2}{a^2b^2}$

$\therefore$ $\frac{1}{h^2} = \frac{1}{a^2}+\frac{1}{b^2}$

81. (D) अभीष्ट संख्या = $\frac{8\times 8\times 8}{2\times 2\times 2} = 64$

82. (D) $\because$ $\frac{\cos^2\theta}{\cot^2\theta-\cos^2\theta} = 3$

$\Rightarrow$ $\frac{\cos^2\theta}{\frac{\cot^2\theta}{\sin^2\theta}-\cos^2\theta} = 3$

$\Rightarrow$ $\frac{\cos^2\theta\times\sin^2\theta}{\cos^2\theta(1-\sin^2\theta)} = 3$

$\Rightarrow$ $\frac{\sin^2\theta}{\cos^2\theta} = 3$

$\Rightarrow$ $\tan^2\theta = 3$

$\Rightarrow$ $\tan\theta = \sqrt{3}$

$\therefore$ $\theta = \tan^{-1}(\sqrt{3}) = \frac{\pi}{3}$

83. (D) $\because$ बढ़ी हुई त्रिज्या = $(r+\pi)$ सेमी

$\therefore$ अभीष्ट अनुपात = $\frac{2\pi(r+\pi)}{2(r+\pi)} = \pi$

84. (C) $\because$ वर्ग का विकर्ण = $6\sqrt{2}$ सेमी

$\Rightarrow$ वर्ग की एक भुजा = 6 सेमी

$\Rightarrow$ वर्ग का परिमाप = 6 × 4 सेमी = 24 सेमी

$\Rightarrow$ समद्विबाहु Δ का परिमाप = 24 सेमी

$\therefore$ समद्विबाहु Δ की एक भुजा = 8 सेमी

$\therefore$ समत्रिबाहु Δ का क्षेत्रफल = $\frac{\sqrt{3}}{4}\times 8\times 8 = 16\sqrt{3}$ सेमी^{2}

85. (A) माना कक्षा में लड़कियों का प्रतिशत = x %

$\therefore$ लड़कों का प्रतिशत =$(100-x)$%

$\therefore$ $x\times 73 + (100-x)\times 71 = 100\times 71.8$

$\Rightarrow$ $73x + 7100 - 71x = 7180$

$\Rightarrow$ $73x - 71x = 7180 - 700$

$\therefore$ $x = \frac{80}{2} = 40\%$

86. (C) संख्याओं को बढ़ते क्रम में लिखने पर 5, 8, 10, 13, 17, 21, 30, 33, 42

N = (सम संख्या)

∴ माध्यिका $= \frac{1}{2}\left[\frac{10}{2}\text{ वें पद } + \left(\frac{10}{2}+1\right)\text{ वें पद के मान}\right]$

$= \frac{1}{2}$[5वां + 6वां पद] $= \frac{1}{2}(17+21) = 19$

87. (B)

x	f
1	1
2	4
3	3
5	2

∴ श्रेणी का बहुलक अधिकतम आवृत्ति का अंक = 2

88. (D) ∵ समीकरण x^2, $14x + k = 0$, का एक मूल 16 है

⇒ $256 - 14 \times 16 + k = 0$

∴ $k = -256 + 224 = -32$

89. (A) ∵ हल अनन्त है

⇒ $\frac{a^1}{a^2} = \frac{b^1}{b^2} = \frac{c^1}{c^2}$

⇒ $\frac{8}{c} = \frac{c}{2} = \frac{c}{c-2}$

⇒ $c^2 = 16$ ...(1)

⇒ $c = 4$

या, $\frac{c}{2} = \frac{c}{c-2}$

⇒ $2 = c - 2$ ...(2)

$c = 4$

90. (A) $f(x) = 5 - |x-3|$

∵ $[x - 3 |$ का न्यूनतम मान = 0

∴ $f(x)$ का अधिकतम मान = 5 – 0 = 5

बिहार पॉलिटेक्निक संयुक्त प्रवेश परीक्षा,

हल प्रश्न-पत्र-2016 (स्मृति पर आधारित)

भौतिक विज्ञान

1. जब एक वस्तु उत्तल लेंस की ओर गति करती है, तब प्रतिबिम्ब का आकार–

(A) घटता है

(B) बढ़ता है

(C) पहले घटता है और फिर बढ़ता है

(D) अपरिवर्तित रहता है

2. मानव आंख को दिखने वाली प्रकाश तरंगदैर्ध्य है–

(A) 100 nm (B) 300 nm

(C) 600 nm (D) 800 nm

3. एक अंधेरे कमरे में एक हरी पत्ती को लाल प्रकाश से प्रकाशित किया जाता है। पत्ती प्रतीत होगी–

(A) हरी (B) लाल

(C) पीली (D) काली

4. प्रतिध्वनि सुनाई देगी यदि एक दीवार से मूल ध्वनि परावर्तित होकर इतने समय पश्चात् हमारे कानो तक पहुंचेगी–

(A) 10 सेकण्ड (B) 5 सेकण्ड

(C) 1 सेकण्ड (D) 0.1 सेकण्ड

5. ध्वनि का वेग इसमें अधिकतम है–

(A) लोहा (B) पारा

(C) जल (D) वायु

6. 0° C पर ग्राम बर्फ और 45 °C पर 20 ग्राम पानी को मिलाया जाता है। मिश्रण का तापमान है–

(A) 10 °C (B) 20 °C

(C) 30 °C (D) 40 °C

7. 15 °C का तापान्तर फॉरेनहाइट स्केल पर है–

(A) 27° F (B) 59° F

(C) –27° F (D) – 59° F

8. जब जल को 0 °C से गर्म किया जाता है, तब इसका आयतन–

(A) बढ़ता है

(B) 4°C तक घटता है

(C) अपरिवर्तित रहता है

(D) पहले बढ़ता है और फिर घटता है।

9. जब 100 °C पर 1 ग्राम जल को उसी तापमान पर भाप में परिवर्तित किया जाता है, तब उसके आयतन में परिवर्तन लगभग है–

(A) 1 c.c. (B) 100 c.c.

(C) 1000 c.c. (D) 1670 c.c.

10. एक 50 किग्रा द्रव्यमान को उठाने में कुल 4900 जूल कार्य प्रयोग में लाया गया। द्रव्यमान को इस ऊंचाई तक उठाया गया–

(A) 98 मीटर (B) 960 मीटर

(C) 245 मीटर (D) 10 मीटर

11. एक 1 किग्रा द्रव्यमान की गतिज ऊर्जा 1 जूल होगी, जब उसकी चाल है–

(A) 0.45 मीटर/सेकण्ड (B) 1.4 मीटर/सेकण्ड

(C) 1 मीटर/सेकण्ड (D) 4.4 मीटर/सेकण्ड

12. निर्वात में, सभी स्वतन्त्र रूप से गिर रही वस्तुओं में होता है एकसमान–

(A) त्वरण (B) चाल

(C) वेग (D) बल

13. दाब इसमें नहीं मापा जा सकता है–

(A) न्यूटन/मी^{2} (B) बार

(C) पास्कल (D) किग्रा-भार

14. M द्रव्यमान का एक पिण्ड V वेग से एक दीवार से टकराता है और उसी चाल से वापस आता है। पिण्ड के संवेग में परिवर्तन है–

(A) शून्य (B) MV

(C) 2MV (D) –MV

15. 780 किग्रा/मी^{3} घनत्व एवं 0.3 मी^{3} आयतन का एक लकड़ी का ब्लाक 900 किग्रा/मी^{3} घनत्व वाले तेल में तैर रहा है। लकड़ी का कितना आयतन तेल के अन्दर है?

(A) 0.14 मी^{3} (B) 0.22 मी^{3}

(C) 0.26 मी^{3} (D) 0.32 मी^{3}

16. यदि एक आवर्धन कांच की फोकस दूरी 2.5 सेमी है, तब यह एक वस्तु को आवर्धित कर सकता है–

(A) 10 गुना (B) 11 गुना

(C) 2.5 गुना (D) 5 गुना

17. एक प्रिज्म से गुजरने पर जो प्रकाश सबसे अधिक अपवर्तित होता है, वह है–
(A) लाल (B) बैंगनी
(C) हरा (D) पीला

18. जब एक अवतल दर्पण के फोकस पर एक वस्तु रखी जाती है, तब प्रतिबिम्ब यहां बनता है–
(A) फोकस (B) वक्रता केन्द्र
(C) फोकस के अन्दर (D) अनन्त

19. दो समतल दर्पण एक दूसरे से 36° के कोण पर आनत हैं। इनके बीच एक वस्तु को रखने पर उसके कितने प्रतिबिम्ब बनेंगे?
(A) 3 (B) 6
(C) 9 (D) 10

20. जल और कांच का अपवर्तनांक क्रमशः 1.33 और 1.5 है। जल और कांच में प्रकाश की चाल का अनुपात क्या है?
(A) 1: 1 (B) 8: 9
(C) 9: 8 (D) 7 : 6

21. इलेक्ट्रॉन वोल्ट इसकी इकाई है–
(A) विभवान्तर (B) ऊर्जा
(C) आवेश (D) धारा

22. परिपथ में, वोल्टमापी का पठन होगा–

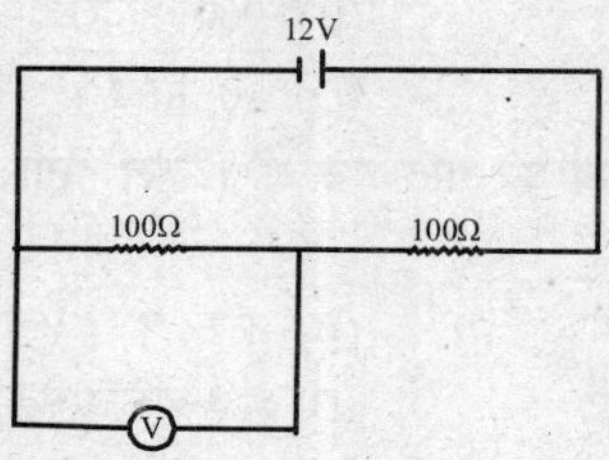

(A) 2V (B) 3V
(C) 4V (D) 6V

23. यदि एक छड़ चुम्बक को लम्बाई में 3 भागों में काटा जाए तब, ध्रुवों की कुल संख्या होगी–
(A) 2 (B) 3
(C) 4 (D) 6

24. निम्नलिखित में से कौन-सा फ्लेमिंग के बाएं हाथ के नियम से सम्बन्धित नहीं हैं?
(A) प्रतिरोध (B) चुम्बकीय क्षेत्र
(C) बल (D) धारा

25. हवा द्वारा ग्रहित ऊर्जा है–
(A) गतिज ऊर्जा (B) स्थितिज ऊर्जा
(C) ऊष्मीय ऊर्जा (D) ध्वनि ऊर्जा

26. सभी तारे इस प्रकार गतिशील प्रतीत होते हैं–
(A) पश्चिम से पूर्व (B) पूर्व से पश्चिम
(C) उत्तर से दक्षिण (D) दक्षिण से उत्तर

27. पृथ्वी और सूर्य के बीच माध्य दूरी निर्धारित की गई है, एक–
(A) प्रकाश वर्ष (B) फर्मी
(C) खगोलीय इकाई (D) एंगस्ट्राम

28. निम्नलिखित में से कौन हमारे ग्रह का प्राकृतिक उपग्रह है?
(A) चन्द्रमा (B) सूर्य
(C) बृहस्पति (D) शनि

29. सूर्य से अधिकतम दूरी पर ग्रह है–
(A) बुध (B) शुक्र
(C) प्लूटो (D) पृथ्वी

30. सूर्य के तल का तापमान है, लगभग–
(A) 4000 K (B) 6000 K
(C) 10^4K (D) 10^6K

रसायन विज्ञान

31. निम्नलिखित में से कौन-सा एक सहसंयोजी यौगिक नहीं है?
(A) NH_3 (B) CS_2
(C) CH_4 (D) Al_2O_3

32. निम्नलिखित में से कौन-सा तत्त्व इसके परमाणु क्रमांक नीचे दिए गए हैं, 3 इकाई धनावेश वाला आयन बनाएगा?
(A) 9 (B) 13
(C) 18 (D) 12

33. किसका परमाणु आकार सबसे बड़ा है?
(A) B (B) C
(C) Li (D) O

34. निम्नलिखित में से कौन-सा उसी समूह में है जिसमें C है?
(A) Si (B) Na
(C) F (D) B

35. लकड़ी के एक नमूने, जिसमें C – 14 रेडियोएक्टिवता का स्तर एक जीवित नमूने की रेडियोएक्टिवता का है, की आयु $\frac{1}{8}$ है (C – 14 की अर्धआयु = 5800 वर्ष)–
(A) 5800 वर्ष (B) 2900 वर्ष
(C) 17400 वर्ष (D) 11600 वर्ष

36. निम्नलिखित में से कौन-से युग्म समस्थानिक हैं?

(A) $^{79}_{35}X$ और $^{80}_{70}X$ (B) $^{58}_{26}A$ और $^{58}_{28}B$

(C) $^{28}_{40}Y$ और $^{17}_{37}Y$ (D) $^{231}_{90}Z$ और $^{233}_{90}Z$

37. परमाणु क्रमांक 17 वाले तत्त्व के लिए संयोजी इलेक्ट्रॉन हैं–

(A) 7 (B) 10

(C) 2 (D) 8

38. वह परमाणु जिसका परमाणु भार 12 है, उसमें होंगे–

(A) 12 प्रोटॉन + 12 न्यूट्रॉन (B) 6 प्रोटॉन + 6 न्यूट्रॉन

(C) 3 प्रोटॉन + 3 न्यूट्रॉन (D) 6 प्रोटॉन + 0 न्यूट्रॉन

39. निम्नलिखित में से कौन-सा वायुदाब विसर्जन नलिका में कैथोड किरणों के उत्पादन के लिए उपयुक्त है?

(A) 1 सेमी (B) 1 मिमी

(C) 0.001 सेमी (D) 0.001मिमी

40. ग्लूकोस का सूत्र $C_6H_{12}O_6$ है (परमाणु द्रव्यमान C = 12, H = 1, O = 16), इसका अणुभार होगा–

(A) 29 (B) 18

(C) 180 (D) 24

41. वह अणु चुनिए जिसमें केवल त्रिक-बन्ध है–

(A) CI_2 (B) NH_3

(C) N_2 (D) C_2H_4

42. वह अणु चुनिए जिसकी आकृति त्रिकोणीय पिरामिडी है–

(A) CO_2 (B) C_2H_4

(C) CCl_4 (D) CH_3

43. Cr_2O_7 ऋणायन की संयोजकता है–

(A) 2^- (B) 2^+

(C) 1^+ (D) 7^+

44. अभिक्रिया $CuSO_4$ (aq) + Zn(s) → $ZnSO_4$ (aq) + Cu(s) निम्नलिखित प्रकार है–

(A) संयोजन (B) विस्थापन

(C) समावयवीकरण (D) विघटन

45. निम्नलिखित में से किसमें परमाणुओं की संख्या सबसे अधिक है? (परमाणु भार : Al = 27, Fe = 56, N = 14, Ca = 40)

(A) 50 ग्राम Al (B) 50 ग्राम Fe

(C) 42 ग्राम N (D) 5 ग्राम Ca

46. निम्नलिखित में से कौन-सी एक प्रकाश रासायनिक अभिक्रिया नहीं है?

(A) $2AgBr \rightarrow 2Ag + Br_2$ (B) $2NO^2 \rightarrow NO + O_2$

(C) $C + O_2 \rightarrow CO_2$ (D) $Cl_2 \rightarrow CI + CI$

47. सीसा संचायक सेल में प्रयुक्त अम्ल है–

(A) H_2SO_4 (B) HNO_3

(C) HCI (D) H_3PO_4

48. बायोगैस का प्रमुख अवयव है–

(A) CO_2 (B) CH_4

(C) $CH \equiv CH$ (D) $CO + H_2$

49. दी हुई धातुओं में से अभिक्रिया श्रेणी में जो सबसे ऊपर है–

(A) Zn (B) Fe

(C) Mg (D) Na

50. इस धातु को थर्माइट प्रक्रम से प्राप्त करते हैं–

(A) Na (B) Mn

(C) Al (D) Hg

51. निओप्रीन का एकलक है–

(A) $CH_2 = C(Cl) - CH = CH_2$ (B) $CI - CH_2 - CH_2 - CI$

(C) $CH_2 = C(CH_3) - CH = CH_2$ (D) $HO - CH_2 - CH_2 - OH$

52. $X \xrightarrow{K_2Cr_2O_7 + H_2SO_4} HCOOH + H_2O$ अभिक्रिया में 'X' है–

(A) CH_4 (B) CH_3OH

(C) CH_3CI (D) CO_2

53. अभिक्रिया 3 'A' $\xrightarrow[\text{HCI अम्ल में}]{Cu_2Cl_2 + NH_4Cl}$ $CH_2 = CH - C \equiv C - CH_2$ में 'A' है–

(A) CH_4 (B) $CH \equiv CH$

(C) CH_3CH_3 (D) $CH_2 = CH_2$

54. अभिक्रिया

$$CH_3COONa + NaOH \xrightarrow{\text{ऊष्मा}} ?$$

(A) C_2H_2 (B) C_2H_4

(C) C_2H_6 (D) CH_4

55. एक कार्बनिक यौगिक का अणुसूत्र $C_{18}H_{36}$ है। यह हो सकता है–

(A) एल्केन (B) एल्कीन

(C) एल्काइन (D) एल्कोहॉल

56. $C_{10}H_{22}$ के सम्भावित समावयवियों की संख्या होगी–

(A) 3 (B) 7

(C) 5 (D) 75

57. आइसोब्यूटेन का आई.यू.पी.ए.सी. नाम है–

(A) 2-मेथिल प्रोपेन (B) पेन्टेन
(C) 3-मेथिल ब्यूटेन (D) 3-मेथिल प्रोपेन

58. सुपरफॉस्फेट उर्वरक है–

(A) $CaSIO_3$ (B) $Ca_3(PO_4)_2$
(C) $Ca(H_2PO_4)_2$ (D) $CaSO_4$

59. भूपर्पटी में सबसे अधिक पाई जाने वाली अधातु है–

(A) Si (B) S
(C) P (D) O

60. निम्नलिखित धातु आसवन द्वारा परिशोधित की जाती है–

(A) Cu (B) Al
(C) Hg (D) Fe

गणित

61. एक त्रिभुज के परिवृत्त खींचने के लिए, हमें वह बिन्दु अवश्य जानना चाहिए जोकि समान दूरी पर हैं–

(A) त्रिभुज की भुजाओं से
(B) त्रिभुज के किन्हीं दो शीर्षों से
(C) त्रिभुज के सभी शीर्षों से
(D) त्रिभुज की किन्हीं दो भुजाओं से

62. यदि एक समकोणीय त्रिभुज की भुजाएं *a*,*b* हैं और कर्ण *c* है और शीर्ष बिन्दु से कर्ण पर खींची गई ऊंचाई है, *h* है तब–

(A) $h^2 = ab$ (B) $h^2 = a^2 + b^2$
(C) $\frac{1}{h^2} = \frac{1}{a^2} + \frac{1}{b^2}$ (D) $h = a + b$

63. एक त्रिभुज ABC के ∠B और ∠C से बाह्य द्विभाजक O पर मिलते हैं। यदि ∠A का मान 50° है, तब ∠BOC का परिमाण है–

(A) 60° (B) 65°
(C) 105° (D) 140°

64. यदि एक सम बहुभुज का प्रत्येक बाह्य कोण अन्तः कोण का दोगुना हो, तब भुजाओं की संख्या है–

(A) 4 (B) 6
(C) 3 (D) 10

65. चित्र में, AB और CD समान्तर हैं। तब ∠EFD का मान है–

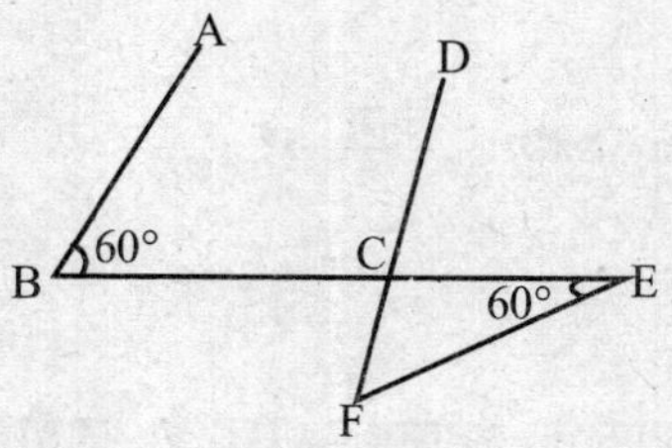

(A) 20° (B) 25°
(C) 30° (D) 35°

66. यदि तीन संख्याएं 3 : 2 : 5 के अनुपात में है और वे इस प्रकार है कि उनके वर्ग का योग 1862 हैं बीच वाली संख्या है–

(A) 10 (B) 12
(C) 14 (D) 16

67. समीकरण निकाय $3x - 4y = 12$ और $6x - 8y = 24$ के हल की संख्या है–

(A) 0 (B) 1
(C) 2 (D) अनन्त

68. यदि $x^2 - 4x + k = 0$ का एक मूल 6 है, तब *k* का मान है–

(A) 12 (B) −12
(C) 2 (D) −2

69. फलन $f(x) = 5 - |x - 3|$ द्वारा माना गया अधिकतम मान है–

(A) 8 (B) 6
(C) 5 (D) 3

70. यदि $a^m . a^n = a^{mn}$ तब $m(n - 2) + n(m - 2)$ का मान है–

(A) 0 (B) −1
(C) +1 (D) $\frac{1}{2}$

71. इस चित्र में PQRS एक समान्तर चतुर्भुज है। तब ∠PQR के मान हैं–

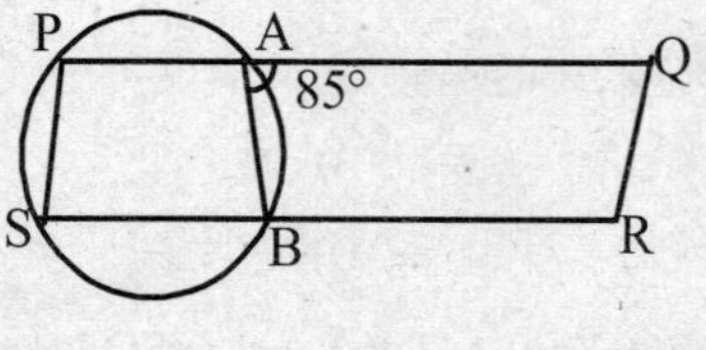

(A) 80° (B) 85°
(C) 90° (D) 95°

72. एक वर्ग के क्षेत्रफल और वर्ग के विकर्ण पर बने वर्ग के क्षेत्रफल का अनुपात है–

(A) 1 : 1 (B) 1 : 2
(C) 1 : 3 (D) 1 : 4

73. एक वृत्त की त्रिज्या में 1 सेमी की वृद्धि की जाती है, तब नई परिधि का नए व्यास से अनुपात है–

(A) $(\pi + 2)$ (B) $(\pi + 1)$
(C) π (D) $\left(\pi + \frac{1}{2}\right)$

74. एक वर्ग और एक समत्रिबाहु त्रिभुज के एक समान परिमाप हैं। यदि वर्ग का विकर्ण $6\sqrt{2}$ सेमी है, तब त्रिभुज का क्षेत्रफल है–

(A) $16\sqrt{2}$ सेमी^{2} (B) $16\sqrt{3}$ सेमी^{2}

(C) $12\sqrt{2}$ सेमी^{2} (D) $12\sqrt{3}$ सेमी^{2}

75. एक समत्रिबाहु त्रिभुज के अन्दर एक अन्तःवृत्त का क्षेत्रफल 48 π वर्ग इकाई है। तब त्रिभुज का परिमाप है (इकाई में)–

(A) $72\sqrt{3}$ (B) 72

(C) $48\sqrt{3}$ (D) 36

76. एक धातु के पाइप का बाह्य व्यास 4 सेमी और अन्तः व्यास 3 सेमी है और लम्बाई 20 सेमी है, तब प्रयोग में लाया गया धातु का आयतन है–

(A) 440 सेमी^{3} (B) 220 सेमी^{3}

(C) 110 सेमी^{3} (D) 22 सेमी^{3}

77. 6 सेमी, 8 सेमी तथा 10 सेमी त्रिज्या के तीन गोलों को पिघलाकर इस त्रिज्या का एक गोला बनाया जाता है–

(A) 11 सेमी (B) 12 सेमी

(C) 13 सेमी (D) 14 सेमी

78. एक ऊर्ध्व वृत्तीय शंकु के आधार का क्षेत्रफल 51 मीटर^2 और आयतन 68 मीटर^3 है, तब इसकी ऊर्ध्वाधर ऊंचाई है–

(A) 3.5 मीटर (B) 4 मीटर

(C) 4.5 मीटर (D) 5 मीटर

79. यदि $\sec\beta = x + \frac{1}{4x}$, तब $\sec\beta + \tan\beta$ का मान है–

(A) $2x$ (B) $\frac{x}{2}$

(C) $3x$ (D) $\frac{x}{3}$

80. $(\sin\alpha \cos\alpha)$ का महत्तम मान है–

(A) 2 (B) 1

(C) $\frac{1}{2}$ (D) $\frac{1}{4}$

81. $\tan 5° \tan 10° \tan 15° \tan 20° \tan 70° \tan 75° \tan 80° \tan 85°$ का मान है–

(A) 0 (B) 1

(C) 2 (D) उपर्युक्त में से कोई नहीं

82. $\cos^4 B - \sin^4 B$ का मान है–

(A) $\sin 2B$ (B) $-\sin 2B$

(C) $-\cos 2B$ (D) $\cos 2B$

83. $|\sin\theta| + |\cos\theta|$ का न्यूनतम मान है–

(A) 0 (B) $\frac{1}{4}$

(C) $\frac{1}{2}$ (D) 1

84. एक त्रिभुज में $c = 2, b = 2, \sin B = \frac{1}{\sqrt{2}}$ तब कोण A का मान है–

(A) 90° (B) 60°

(C) 45° (D) 30°

85. यदि x तथा $\frac{1}{x}$ का माध्य M है, तब x^3 तथा $\frac{1}{x^3}$ का माध्य है–

(A) $\frac{M(M^2-3)}{2}$ (B) $M(4M^2-3)$

(C) M^3 (D) $M^3 + 3$

86. प्रथम n प्राकृतिक संख्याओं के वर्ग का माध्य है–

(A) (n^2+1) (B) $\frac{(n^2+1)}{n}$

(C) $\frac{(n+1)(2n+1)}{6}$ (D) $\frac{n(n+1)(2n+1)}{3}$

87. 37.5, 35, 38, 38.5, 31, 27, 39 34 और 30.5 की माध्यिका है–

(A) 37.5 (B) 35

(C) 34 (D) 31

88. एक संख्याओं के सेट का माध्य और मध्यका क्रमशः 8.9 और 9 है, तब बहुलक होगा–

(A) 7.2 (B) 8.2

(C) 9.2 (D) 10.2

89. दो संख्याओं a और b का गुणोत्तर माध्य 8 है और उनका हरात्मक माध्य 6.4 है, संख्याएं हैं–

(A) 2, 8 (B) 4, 8

(C) 2, 16 (D) 4, 16

90. यदि $5x - 1 < 3x + 2$ और $5x + 5 > 6 - 2x$; फिर x निम्न में से किस मान को ले सकता है?

(A) 0 (B) 1

(C) –1 (D) 2

उत्तर (हल / संकेत)

1. (C) **2.** (C) **3.** (D) **4.** (D) **5.** (A)

6. (B) मान लीजिए कि मिश्रण का माप θ° है, तब

$$20 \times 1 \times (45 - \theta) = 5 \times 80 + 5 \times 1 \times (\theta - 0)$$

$$900 - 20\theta = 400 + 5\theta$$

$$\Rightarrow 900 - 20\theta = 400 + 5\theta$$

$$\Rightarrow 25\theta = 500$$

$\therefore \quad \theta = 20°C$

7. (A) $\frac{C}{5} = \frac{F-32}{9}$

$\frac{\Delta C}{5} = \frac{\Delta F}{9}$

$\Delta F = \frac{9}{5}\Delta C = \frac{9}{5} \times 15 = 27° F$

8. (B) **9.** (D)

10. (D) $E = mgh$

$4900 = 50 \times 9.8 \times h$

$\Rightarrow h = \frac{4900}{50 \times 9.8} = 10$ मीटर

11. (B) $E = \frac{1}{2}mv^2$

$1 = \frac{1}{2} \times 1 \times v^2$

$\Rightarrow v^2 = 2$

$\therefore v = 1.4$ मीटर/सेकण्ड

12. (A) **13.** (D)

14. (C) संवेग में परिवर्तन = $MV - (-MV) = 2MV$

15. (C) प्लवन के सिद्धान्त से,

$V \times 780 \times g = (V - v) \times 900 \times g$

$\Rightarrow 900\,v = (900 - 780)V = 120\,V$

$\therefore v = \frac{120}{900} \times 0.3$ घन मीटर $= 0.04$ घन मीटर

$\therefore V - v = 0.3 - 0.04 = 0.26$ घन मीटर

16. (B) $m = 1 + \frac{D}{f}$

$= 1 + \frac{25}{2.5} = 11$

17. (B) **18.** (D)

19. (C) प्रतिबिम्बों की संख्या $n = \frac{360°}{\theta} - 1$

$= \frac{360°}{36°} - 1 = 9$

20. (C) ${}_a\mu_g = \frac{V_a}{V_g}, {}_a\mu_\omega = \frac{V_a}{V_\omega}$

$\Rightarrow \frac{V_\omega}{V_g} = \frac{{}_a\mu_g}{{}_a\mu_\omega} = \frac{1.5}{1.33} \approx \frac{9}{8}$

21. (B)

22. (C) $I = \frac{V}{R} = \frac{12}{100+200} = \frac{12}{300} = \frac{1}{25}$ ऐम्पियर,

$V = I \times R = \frac{1}{25} \times 100 = 4$ वोल्ट

$\therefore$ अतः वोल्टमीटर का पठन 4 वोल्ट होगा।

23. (D) **24.** (A) **25.** (A) **26.** (B) **27.** (C)

28. (A) **29.** (C) **30.** (B) **31.** (D)

32. (B) 3 इकाई धन आवेश वाला तत्त्व समूह 13 का होगा।

33. (C) किसी आवर्त में क्षार धातुओं का आकार सबसे बड़ा होता है।

34. (A) Si तथा C दोनों समूह 14 के तत्त्व हैं।

35. (C) $\frac{1}{8} = \frac{1}{(2)^3}$

$\therefore n = 3$

So, $t = 3 \times 5800 = 17400$ वर्ष

36. (D) वे तत्त्व जिनके परमाणु क्रमांक समान होते हैं तथा द्रव्यमान संख्याएं भिन्न-भिन्न होती हैं, उन्हें समस्थानिक कहते हैं।

37. (A) परमाणु क्रमांक 17 = 2, 8, 7

अत: संयोजी इलेक्ट्रॉन = 7

38. (B) परमाणु भार = प्रोटॉन की संख्या + न्यूट्रॉन की संख्या

39. (D)

40. (C) $C_6H_{12}O_6$ का मोलर द्रव्यमान $= 6 \times 12 + 1 \times 12 + 96 = 180$

41. (C) Cl–Cl; 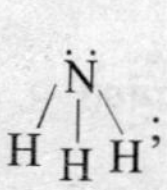; N≡ N; 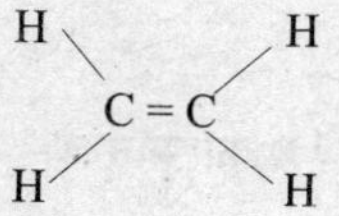

42. (D) **43.** (A) **44.** (B)

45. (C) परमाणु भार $= 6.02 \times 10^{23} \times$ परमाणु

$\frac{6.02 \times 10^{23} \times 50}{27}; \frac{6.02 \times 10^{23} \times 56}{50}$

$\frac{6.02 \times 10^{23} \times 42}{14}; \frac{6.02 \times 10^{23} \times 5}{40}$

46. (C) **47.** (A) **48.** (B) **49.** (D)

50. (B) थर्माइट प्रक्रम में धातु ऑक्साइड का अपचयन ऐलुमिनियम पाउडर द्वारा किया जाता है–

$$8A1 + 3\ Mn_3O_4 \rightarrow 4AJ_2O_3 + 9\ Mn$$

51. (A) 2-क्लोरो-1,3-ब्यूटाडाइन

52. (B)

53. (B) ऐसिटिलीन का अम्लीय हाइड्रोजन अमोनीकल क्यूप्रस क्लोराइड द्वारा विस्थापित किया जा सकता है।

54. (D) विकार्बोक्सिलीकरण

$$CH_3COONa + NaOH \rightarrow CH_4 + Na_2CO_3$$

55. (B) ऐल्कीनों का सामान्य सूत्र = C_nH_{2n}

56. (D)

57. (A) आइसोब्यूटेन; $CH_3-\underset{\underset{CH_3}{|}}{CH}-CH_3$

2–मेथिल प्रोपेन

58. (C) **59.** (D)

60. (C) वाष्पशील धातुओं का परिशोधन आसवन द्वारा किया जाता है।

61. (C)

62. (C)

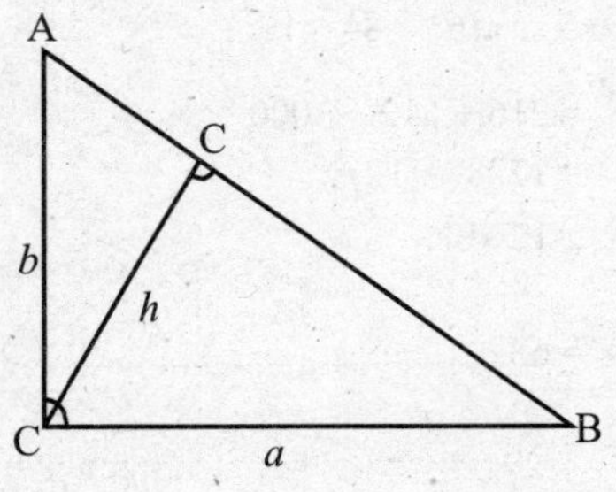

$\because \quad \Delta = \frac{1}{2} = a \times b = \frac{1}{2} h \times c$

तथा $\quad c^2 = a^2 + b^2$

$\Rightarrow \quad a^2b^2 = h^2(a^2 + b^2)$

$\therefore \quad \frac{1}{h^2} = \frac{a^2 + b^2}{a^2b^2} = \frac{1}{a^2} + \frac{1}{b^2}$

63. (B)

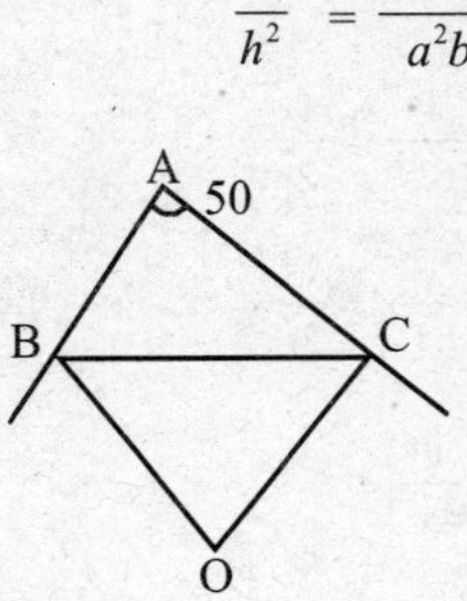

$\Rightarrow \angle BOC = 90° - A/2$

$= 90° - 25° = 65°$

64. (C) माना बहुभुज की भुजाओं की संख्या n हैं

$\because \quad \frac{(2n-4)\times 90° \times 2}{n} = \frac{360}{n}$

$\therefore \quad 2n - 4 = \frac{360}{n} \times \frac{n}{180} = 2$

$\therefore \quad n = \frac{2+4}{2} = 3$

65. (C) $\because$ AB $\parallel$ CD

$\therefore \quad \angle ABC = \angle DCE = 60°$

परन्तु $\quad \angle EFD = \angle DCE - \angle CEF$

$= 60° - 30° = 30°$

66. (C) माना संख्याएं $3x$, $2x$ और $5x$ हैं

$\because \quad (3x)^2 + (2x)^2 + (5x)^2 = 1862$

$\Rightarrow \quad 9x^2 + 4x^2 + 25x^2 = 1862$

$\Rightarrow \quad 38x^2 = 1862$

$\Rightarrow \quad x^2 = \frac{1862}{38} = 49$

$\therefore \quad x = 7$

$\therefore$ बीच की संख्या = $2 \times 7 = 14$

67. (D) $\quad 3x - 4y = 12$

और $\quad 6x - 8y = 24$

$$\frac{3}{6} = \frac{-4}{-8} = \frac{12}{24}$$

अर्थात $\quad \frac{a_1}{a_2} = \frac{b_1}{b_2} = \frac{c_1}{c_2}$

$\therefore$ हलों की संख्या अनन्त है।

68. (B) दी गई द्विघात समीकरण $x^2 - 4x + k = 0$ का एक मूल 6 है

$\Rightarrow \quad 36 - 24 + k = 0$

$\therefore \quad k = -12$

69. (C) $\because$ $|x - 3|$ का न्यूनतम मान = 0

$\therefore$ $f(x)$ का अधिकतम मान = $5 - |x - 3| = 5$

70. (A) $\because \quad a^m . a^n = a^{mn}$

$\Rightarrow \quad m + n = mn$

$\Rightarrow \quad m - mn = -n$

$\Rightarrow \quad m(1-n) = -n$

$\therefore \quad m = \dfrac{-n}{1-n}$

$\therefore$ व्यंजक $= m(n-2) + n(m-2)$

$$= \frac{-n}{1-n}(n-2) + n\left(\frac{-n}{1-n} - 2\right)$$

$$= \frac{-n(n-2)}{(1-n)} + n\left(\frac{-n-2+2n}{1-n}\right)$$

$$= \frac{-n(n-2)}{1-n} + \frac{n(n-2)}{1-n} = 0$$

71. (B) $\angle PSB = \angle QAB = 85°$

$\because \quad \angle PSB = \angle PQR$

$\therefore \quad \angle PQR = 85°$

72. (B) यदि वर्ग की एक भुजा a सेमी है।

तो वर्ग के विकर्ण की माप $= a\sqrt{2}$ सेमी

$\therefore$ अभीष्ट अनुपात $= \dfrac{a^2}{\left(a\sqrt{2}\right)^2} = 1:2$

73. (C) $\therefore$ बढ़ी हुई त्रिज्या $= (r+1)$ सेमी

$\therefore$ अभीष्ट अनुपात $= \dfrac{2\pi(r+1)}{2(r+1)} = \pi : 1$

74. (B) $\because$ वर्ग का विकर्ण $= 6\sqrt{2}$ सेमी

$\Rightarrow$ वर्ग की एक भुजा $= 6$ सेमी

$\Rightarrow$ वर्ग का परिमाप $= 6 \times 4 = 24$ सेमी

$\Rightarrow$ समत्रिबाहु Δ की परिमाप $= 24$ सेमी

$\Rightarrow$ समत्रिबाहु Δ की एक भुजा $= 8$ सेमी

$\therefore$ समत्रिबाहु Δ का क्षेत्रफल $= \dfrac{\sqrt{3}}{4} \times 8 \times 8 = 16\sqrt{3}$ सेमी^{2}

75. (B) $\therefore$ अन्त: वृत्त का क्षेत्रफल $= 48\pi$

$\Rightarrow$ (अन्त वृत्त की त्रिज्या)$^2 = \dfrac{48\pi}{\pi} = 48$

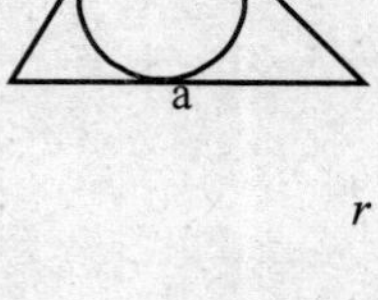

$\therefore \quad r = \sqrt{48} = 4\sqrt{3}$

परन्तु, $\quad r = \dfrac{\Delta}{s}t$

$$\Rightarrow \quad 4\sqrt{3} \times \frac{3}{2} = \frac{\frac{\sqrt{3}}{2}a^2}{\frac{3a}{2}}$$

जहाँ a समत्रिबाहु Δ की एक भुजा है

$$\Rightarrow \quad 4\sqrt{3} \times \frac{3}{2} = \frac{\sqrt{3}}{4}a$$

$$\therefore \quad a = \frac{4\sqrt{3} \times 3}{2} \times \frac{4}{\sqrt{3}} = 24$$

$\therefore$ समत्रिबाहु Δ की परिमाप $= 24 \times 3 = 72$

76. (C) अभीष्ट आयतन $= \pi(R^2 - r^2)h$

$\left[R = 2\text{सेमी}\ r = \dfrac{3}{2}\text{सेमी और } h = 20 \text{ सेमी}\right]$

$$= \frac{22}{7}\left(4 - \frac{9}{4}\right) \times 20$$

$$= \frac{22}{7} \times \frac{7}{4} \times 20 = 110 \text{ सेमी}^3$$

77. (B) $\because \quad \dfrac{4}{3}\pi R^3 = \dfrac{4}{3}\pi(6^3 + 8^3 + 10^3)$

$\Rightarrow \quad R^3 = 216 + 512 + 1000$

$= 1728 = (12)^3$

$\therefore \quad R = 12$सेमी

78. (B) $\because \quad \dfrac{1}{3}\pi r^2 h = 68$..(i)

तथा $\quad \pi r^2 = 51$..(ii)

$\therefore \quad h = \dfrac{68}{51} \times 3 = 4$ मीटर

79. (A) $\because \quad \sec\beta = x + \dfrac{1}{4x}$

$\Rightarrow \quad \sec^2\beta = \left(x + \dfrac{1}{4x}\right)^2$

$\Rightarrow \quad 1 + \tan^2\beta = x^2 + \dfrac{1}{16x^2} + \dfrac{1}{2}$

$\Rightarrow \quad 1 + \tan^2\beta = x^2 + \dfrac{1}{16x^2} - \dfrac{1}{2}$

$$= \left(x + \frac{1}{4x}\right)^2$$

$\therefore$ $\tan\beta = x - \frac{1}{4x}$

$\therefore$ $\sec\beta + \tan\beta = x - \frac{1}{4x} + x - \frac{1}{4x} = 2x$

80. (C) $\sin\alpha\cos\alpha = \frac{1}{2}\sin 2\alpha$

$\because$ $\sin 2\alpha$ का महत्तम मान = 1

$\because$ $\sin\alpha\cos\alpha$ का महत्तम मान = $\frac{1}{2}$

81. (B) व्यंजक $\tan 5° \tan 10° \tan 15° \tan 20° \tan 70°$
$\tan 75° \tan 80° \tan 85°$

$= \tan 5° \tan 10° \tan 15°\ 20 \tan(90° - 20°) \tan(90° - 15°) \tan(90 - 10°) \tan(90 - 5°)$

$= \tan 5° \tan 10° \tan 15° \tan 20° \cot 20°\ 15° \cot 10° \cot 5°$

$= \tan 5° \tan 10° \tan 15° \tan 20°$

$\frac{1}{\tan 20} \times \frac{1}{\tan 15°} \times \frac{1}{\tan 10°} \times \frac{1}{\tan 5}$

$= 1$

82. (D) व्यंजक $\cos^4 B - \sin^4 B = (\cos 2B - \sin 2B)$

$= \cos 2B \times 1 = \cos 2B$

83. (A) $|\sin\theta| + |\cos\theta|$ का न्यूनतम मान = $0 + 0 = 0$

84. (A) $\because$ $\frac{\sin B}{b} = \frac{\sin C}{c}$

$\Rightarrow$ $\frac{\frac{1}{\sqrt{2}}}{2} = \frac{\sin C}{2}$

$\Rightarrow$ $\sin C = \frac{1}{\sqrt{2}} = \sin 45°$

$\therefore$ $\angle C = 45°$

$\Rightarrow$ $\sin B = \frac{1}{\sqrt{2}} = \sin 45°$

$\therefore$ $\angle B = 45°$

$\therefore$ $\angle A = 180 - (45° + 45°) = 90°$

85. (B) $\because$ $x + \frac{1}{x} = 2M$

$\Rightarrow$ $= \left(x + \frac{1}{x}\right)^3 = (2M)^3$

$\Rightarrow x^3 + \frac{1}{x^3} + 3\left(x + \frac{1}{x}\right) = 8M^3$

$\Rightarrow x^3 + \frac{1}{x^3} + 3 \times 2M = 8M^3$

$\therefore$ $x^3 + \frac{1}{x^3} = 8M^3 - 6M$

$\therefore x^3$ और $\frac{1}{x^3}$ का मान $= \frac{1}{2}\left(x^3 + \frac{1}{x^3}\right) = 4M^3 - 3M$

$= M(4M^2 - 3)$

86. (C) $\because$ $1^2 + 2^2 + 3^2 + ... + n^2$

$= \frac{n(n+1)(2n+1)}{6}$

87. (B) दिए गए पदों को बढ़ते क्रम मे लिखने पर 27, 30, 31, 34, 35 37, 38, 38, 5, 39

$N = 9$

$\therefore$ माध्यिका = $\left(\frac{9+1}{2}\right)$वें पद का मान

= 5वें पद का मान = 35

88. (C) $\because$ बहुलक = 3 × माध्यिका − 2 × माध्य

$= 3 \times 9 - 2 \times 8.9 = 27 - 17.8 = 9.2$

89. (D) $\because$ गु. मा. $\sqrt{ab} = 8$

$\Rightarrow$ $ab = 64$ ...(1)

तथा ह.मा. $= \frac{2ab}{a+b}$

$\Rightarrow$ $6.4 = \frac{2 \times 64}{a+b}$

$\therefore$ $a + b = \frac{128}{6.4} = 20$ ...(2)

$\therefore$ $a = 16$

a का मान समी. (1) में रखने पर

$16b = 64$

$b = 4$

और $b = 4$

90. (B) $5x - 1 < 3x + 2$ और $5x + 5 > 6 - 2x$

$5x - 3x < 2 + 1$	$5x + 2x > 6 - 5$
$2x < 3$	$7x > 1$
$x < \frac{3}{2}$	$x > \frac{1}{7}$

$\therefore x$ का निम्न मान 1 होगा।

बिहार पॉलिटेक्निक संयुक्त प्रवेश परीक्षा,

हल प्रश्न-पत्र-2015

भौतिक विज्ञान

1. एक सरल दोलक का आवर्तकाल पृथ्वी के पृष्ठ पर 2 सेकण्ड है। इसे पृथ्वी के पृष्ठ से R ऊंचाई पर ले जाया जाता है, जहाँ R पृथ्वी की त्रिज्या है। अब, आवर्तकाल होगा–

(A) 2 सेकण्ड (B) 2.5 सेकण्ड

(C) 4 सेकण्ड (D) 1.6 सेकण्ड

2. एक ध्वनि तरंग की आवृत्ति 1000 Hz है और तरंगदैर्घ्य 34 सेमी है। इसे 1 किमी यात्रा करने में कितना समय लगेगा?

(A) 5.94 सेकण्ड (B) 3.2 सेकण्ड

(C) 3.1 सेकण्ड (D) 2.94 सेकण्ड

3. यदि एक लेन्स को वस्तु की ओर 20 सेमी की दूरी से 15 सेमी की दूरी पर लाया जाता है, तब प्रतिबिम्ब का आवर्धन अपरिवर्तित रहता है। लेन्स की फोकस लम्बाई है–

(A) 18.2 सेमी (B) 17.5 सेमी

(C) 16.8 सेमी (D) 15.5 सेमी

4. एक वस्तु का भार पृथ्वी के पृष्ठ पर 63 N है। पृथ्वी की त्रिज्या की आधी ऊंचाई पर भार क्या है?

(A) 58 N (B) 39 N

(C) 43 N (D) 28 N

5. भुजा 8 सेमी के एक घन के एक पृष्ठ पर 16 N का बल एकसमान रुप से वितरित है। इस पृष्ठ पर दाब है–

(A) 2500 Pa (B) 1600 Pa

(C) 800 Pa (D) 400 Pa

6. एक घड़ी के मिनट की सूई की कोणीय चाल है–

(A) $\frac{\pi}{180}$ rad/d (B) $\frac{\pi}{1800}$ rad/s

(C) $\frac{\pi}{60}$ rad/s (D) $\frac{\pi}{360}$ rad/s

7. यदि स्वतन्त्रतापूर्वक गिर रही एक वस्तु अपने अन्तिम सेकण्ड में वह दूरी तय करती है, जोकि उसने प्रथम तीन सेकण्ड में तय की थी, तब इसकी यात्रा का समय है–

(A) 3 सेकण्ड (B) 4 सेकण्ड

(C) 5 सेकण्ड (D) 6 सेकण्ड

8. ध्वनि का वेग इसमें अधिकतम है–

(A) वायु (B) स्टील

(C) अमोनिया (D) पानी

9. 10 N का एकल बल एक वस्तु को 20 सेमी से विस्थापित करता है और इस प्रक्रिया में 1 जूल कार्य किया जाता है। बल एवं विस्थापन के बीच कोण है–

(A) 60° (B) 45°

(C) 30° (D) 90°

10. परमाण्वीय बाइल में ईंधन है–

(A) थोरियम (B) सोडियम

(C) पेट्रोलियम (D) यूरेनियम

11. ग्रीन हाउस प्रभाव के कारण पृथ्वी के तापमान में वृद्धि के लिए मुख्यत: जिम्मेदार निम्नलिखित गैसों में से कौन-सी है?

(A) SO_2 (B) CO_2

(C) NO_2 (D) इनमें से कोई नहीं

12. यदि द्रव्यमान 'x' एवं 'y' के नाभिक संलयित होकर एक द्रव्यमान 'm' का नाभिक बनाते हैं, जिसमें कुछ ऊर्जा बाहर निकलती है, तब–

(A) $x+y>m$ (B) $x+y<m$

(C) $x+y=m$ (D) $x-y=m$

13. गाड़ियों में प्रयोग किए जाने वाली प्राकृतिक गैस में मुख्यत: होता है–

(A) मेथेन (B) ऐथेन

(C) प्रोपेन (D) ब्यूटेन

14. निम्नलिखित कथनों को पढ़िए और सही उत्तर चुनिए–

(i) नाभिकीय बल वर्ग व्युत्क्रमानुपाती नियम का पालन करते हैं।

(ii) इलेक्ट्रॉन का एण्टी कण पॉजिट्रॉन है।

(A) (i) सही है, (ii) गलत है

(B) (i) गलत है, (ii) सही है

(C) दोनों (i) एवं (ii) गलत हैं

(D) दोनों (i) एवं (ii) सही हैं

15. वेग 2 मी/से से गतिशील 6 किग्रा का द्रव्यमान 'A' वेग 1.5 मी/से से गतिशील 4 किग्रा के द्रव्यमान 'B' से संघट्ट करता है। संघट्ट सरल रेखा पर विपरीत दिशा में है। यदि दोनों द्रव्यमान एक-दूसरे से चिपक जाते हैं, तब संयोजन का वेग है–

(A) 0.4 मी/से (B) 0.2 मी/से

(C) 1.8 मी/से (D) 0.6 मी/से

16. गति का जड़त्व इस पर निर्भर करता है–

(A) द्रव्यमान (B) वेग

(C) त्वरण (D) विस्थापन

17. एक दूर दृष्टि व्यक्ति की स्पष्ट दृष्टि की न्यूनतम दूरी 50 सेमी है। वह इसे घटाकर 25 सेमी करना चाहता है। उसे प्रयोग करना चाहिए–

(A) फोकस दूरी 25 सेमी का अवतल लेन्स

(B) फोकस दूरी 50 सेमी का अवतल लेन्स

(C) फोकस दूरी 50 सेमी का उत्तल लेन्स

(D) फोकस दूरी 25 सेमी का उत्तल लेन्स

18. एक समतल दपर्ण से बनने वाले प्रतिबिम्ब के बारे में निम्नलिखित में से कौन-सा सही नहीं है?

(A) यह सीधा है

(B) यह आभासी है

(C) यह आकार में कम है

(D) यह उसी दूरी पर है, जोकि दर्पण से वस्तु की दूरी है

19. प्रकाश का पूर्ण आन्तरिक परावर्तन तभी सम्भव है, जब प्रकाश गुजरता है–

(A) पानी से वायु में (B) वायु से पानी में

(C) निर्वात से वायु में (D) वायु से काँच में

20. निम्नलिखित में से किस रंग के लिए सूक्ष्मदर्शी की आवर्धन क्षमता अधिकतम है?

(A) पीला (B) बैंगनी

(C) लाल (D) हरा

21. यदि एक माध्यम से निर्वात के लिए पूर्ण आन्तरिक परावर्तन में क्रान्तिक कोण 30° है, तब माध्यम में प्रकाश का वेग है–

(A) $\sqrt{3} \times 10^8$ मी/से (B) 3×10^8 मी/से

(C) 2×10^8 मी/से (D) 1.5×10^8 मी/से

22. आन्तरिक प्रतिरोध 0.1 Ω एवं विद्युत् वाहक बल 2 V वाले एक सेल को 3.9 Ω प्रतिरोधक से जोड़ा जाता है। सेल द्वारा 5 मिनट में दी गई ऊर्जा कितनी है?

(A) 200 J (B) 300 J

(C) 400 J (D) 500 J

23. एक विद्युत फ्यूज के लिए क्या महत्वहीन है?

(A) विशिष्ट प्रतिरोध (B) त्रिज्या

(C) लम्बाई (D) इसमें प्रवाहित धारा

24. 20°C पर 2 मीटर लम्बाई वाले एक धातु के तार का प्रतिरोध 40 Ω है। यदि तार का व्यास 1 मिलीमीटर है, तब इस तापमान पर धातु की प्रतिरोधकता लगभग होगी–

(A) 1.28×10^{-8} Ω-m (B) 1.57×10^{-5} Ω-m

(C) 1.75×10^{-5} Ω-m (D) 1.57×10^{-8} Ω-m

25. एक धारा प्रवाहित सॉलीनॉयड के अन्दर निहित चुम्बकीय क्षेत्र रेखाएं हैं–

(A) सॉलीनॉयड के अन्दर सिरों पर वृत्तीय

(B) वृत्तीय, परंतु वे एक-दूसरे को काटती नहीं हैं

(C) अक्ष के साथ और एक-दूसरे के समान्तर

(D) उपर्युक्त सभी

26. 60 W एवं 40 W बल्बों को समान्तर में जोड़े जाने पर प्रभावी वोल्टेज है–

(A) 24 W (B) 100 W

(C) 80 W (D) 20 W

27. पृथ्वी से जुड़े एक अनावेशित चालक 'A' को एक दूसरे आवेशित चालक 'B' के स्पर्श में लाया जाता है, तब–

(A) आवेश वही रहेगा, परंतु विभव घट जाएगा

(B) आवेश वही रहेगा, परंतु विभव बढ़ जाएगा

(C) B का आवेश एवं विभव अपरिवर्तित रहेगा

(D) B का आवेश एवं विभव शून्य हो जाएगा

28. दिए गए परिपथ में बिन्दुओं A एवं B के बीच प्रभावी प्रतिरोध है–

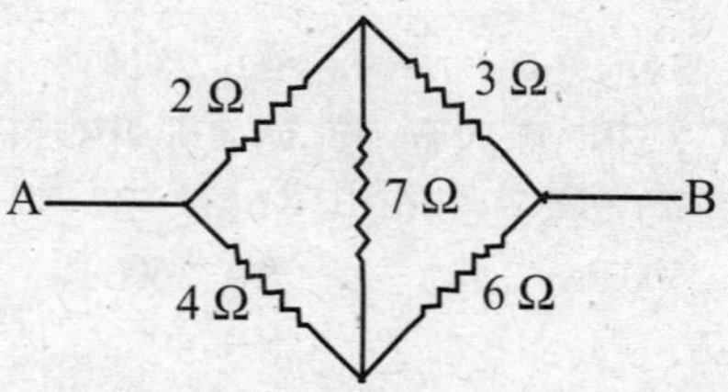

(A) $\frac{10}{3}$ Ω (B) $\frac{20}{3}$ Ω

(C) 6 Ω (D) 7 Ω

29. तीन 2 Ω के प्रतिरोध एक त्रिभुज पर व्यवस्थित किए गए हैं। किन्हीं दो शीर्षों के बीच प्रतिरोध है–

(A) 3 Ω (B) $\frac{3}{4}$ Ω

(C) 4 Ω (D) $\frac{4}{3}$ Ω

30. एक विद्युत पंखा 50 W चिन्हित प्रतिदिन 20 घण्टे प्रचालित होता है। इसको 30 दिन तक प्रचालित करने में खपत हुई ऊर्जा की कीमत ₹ 2 प्रति kWh की दर से क्या है?

(A) ₹ 60 (B) ₹ 80
(C) ₹ 100 (D) ₹ 50

रसायन विज्ञान

31. $CH_3—CH_3 \xrightarrow[Cr_2O_3+A_2O_3]{500°C}$ का ताप अपघटन पर एक उत्पाद होगा–

(A) H_2 (B) CO_2
(C) CO (D) H_2O

32. एसीटिलीन $AgNO_3$ + NH_4OH विलयनों के साथ उत्पाद देगी–

(A) काला अवक्षेप (B) श्वेत अवक्षेप
(C) बैंगनी विलयन (D) नीला विलयन

33. प्राकृतिक रबर एक बहुलक है, जिसका एकलक है–

(A) एसीटिलीन (B) आइसोप्रीन
(C) आइसोब्यूटेन (D) प्रोपिलीन

34. सूर्य के प्रकाश में मेथेन से Cl_2 की क्रिया द्वारा इसका उत्पादन नहीं होता–

(A) $CHCl_3$ (B) CH_3Cl
(C) CH_3CH_3 (D) $CH_3CH_2CH_3$

35. निम्न में से कौन-सा C परमाणु के समइलेक्ट्रॉनी है?

(A) Na^+ (B) Al^{3+}
(C) O^{2-} (D) N^+

36. 4% NaOH विलयन की नार्मलता होगी (NaOH का अणुभार = 40)–

(A) 0.1 N (B) 0.2 N
(C) 0.4 N (D) 1 N

37. भौतिक कण प्रोटोन होता है–

(A) हीलियम का नाभिक (B) हाइड्रोजन का नाभिक
(C) एक ऋणात्मक कण (D) एक उदासीन कण

38. यह तत्व सबसे कम प्रतिक्रियाशील है–

(A) Mg (B) Ni
(C) Pb (D) Cu

39. एसीटिलीन अणु में उपस्थित है–

(A) 5σ बंध (B) $4\sigma + 1\pi$ बंध
(C) $3\sigma + 2\pi$ बंध (D) $2\sigma + 2\pi$ बंध

40. वातावरण में N का % लगभग है–

(A) 20 (B) 0.03
(C) 78 (D) 90

41. NH_4OH + HCl की उदासीनीकरण ऊष्मा का मान है–

(A) 13.7 kcal/g equivalent
(B) 13.7 kcal/g
(C) > 13.7 kcal/g equivalent
(D) < 13.7 kcal/g equivalent

42. एक β–कण के उत्सर्जन से–

(A) परमाणु क्रमांक में कोई परिवर्तन नहीं होता
(B) परमाणु क्रमांक एक यूनिट से बढ़ता है
(C) परमाणु भार एक यूनिट से घटता है
(D) उसी तत्व का समस्थानिक प्राप्त होता है

43. 0.12 ग्राम H_2O में जल के अणुओं की संख्या होगी–

(A) 2×10^{21} (B) 4×10^{21}
(C) 4×10^{23} (D) 6×10^{23}

44. किस परमाणु में O^{2-} या Al^{3+} के बराबर इलेक्ट्रॉन हैं?

(A) Ne (B) N
(C) Ar (D) C1

45. कक्ष तापमान पर Pd का एक आयतन H_2 के निम्न गुणित आयतनों का अधिशोषण करता है–

(A) 0 (B) 10
(C) 87 (D) 1000

46. बेयर अभिकर्मक है–

(A) $KMnO_4$ का तनुअम्लीय विलयन
(B) $KMnO_4$ का तनु क्षारीय विलयन
(C) $K_2Cr_2O_7$ विलयन एक सान्द्र क्षार में
(D) उदासीन $KMnO_4$ विलयन

47. सिरका इसका तनु विलयन है–

(A) फार्मिक अम्ल (B) एसिटिक अम्ल
(C) ब्यूटिरिक अम्ल (D) मेथिल मिथेनोएट

48. यह केले का स्वाद देने के लिए प्रयुक्त होता है–

(A) CH_3COOH (B) CH_3OH
(C) एमिल एसिटेट (D) सोडियम पामिटेट

49. जल की स्थायी कठोरता इसके कारण से होती है–

(A) $MgCl_2$ (B) $Mg(HCO_3)_2$

(C) $NaNO_3$ (D) K_2CO_3

50. किस अयस्क को निष्कर्षण के लिए झाग प्लवन प्रक्रम द्वारा प्रयोग किया जा सकता है?

(A) SnO_2 (B) $PbCO_3$

(C) PbS (D) Al_2O_3

51. यह ऑक्साइड तनु अम्लों के साथ अभिक्रिया कर H_2O_2 देता है–

(A) PbO_2 (B) Na_2O_2

(C) MnO_2 (D) TiO_2

52. यह सोडा एश कहलाता है–

(A) $Na_2CO_3.10H_2O$ (B) $NaAlO_2$

(C) Na_2CO_3 (D) K_2CO_3

53. सॉल्वे प्रक्रम इसके निर्माण में प्रयोग किया जाता है–

(A) Na_2CO_3 (B) $NaNO_3$

(C) $CaCl_2$ (D) NaOH

54. स्टेनलेस स्टील में होता है, लगभग–

(A) 50% Cr (B) 10% Cr

(C) 20% Ni (D) 15% Mn

55. वात्या भट्टी के ऊपर वाले हिस्से में, Fe के Fe_2O_3 से निष्कर्षण के दौरान यह अभिक्रिया होती है–

(A) CO द्वारा अपचयन (B) C द्वारा अपचयन

(C) CO का उत्पादन (D) O_2 द्वारा ऑक्सीकरण

56. लिमोनाइट इसका अयस्क है–

(A) Ca (B) Fe

(C) Al (D) Ag

57. इसको क्विक सिल्वर कहते हैं–

(A) शुष्क बर्फ (B) पारा (Hg)

(C) सिल्वर की एक मिश्रधातु (D) स्टील

58. लेपिस लाजुली इसका एक खनिज है–

(A) Al (B) Au

(C) Cu (D) Ag

59. $FeCl_2$ का विलयन NaOH विलयन के साथ इस रंग का अवक्षेप देता है–

(A) नीला (B) गुलाबी

(C) भूरा (D) हरा

60. यह ऑक्साइड HCl और NaOH दोनों के साथ अलग से अभिक्रिया कर सकता है–

(A) CO_2 (B) CaO

(C) N_2H_5 (D) ZnO

गणित

61. व्यंजकों $(2x^3 + ax^2 + 3x - 5)$ एवं $(x^3 + x^2 - 4x - a)$ को $(x - 1)$ से विभाजित करने पर समान शेष बचता है। 'a' का मान है–

(A) 1 (B) 2

(C) −1 (D) −2

62. $(a^2 - b^2)(c^2 - d^2) - 4abcd$ का एक गुणक है–

(A) $ac + bd + bc + ad$ (B) $ac - bd + bc + ad$

(C) $ac - bd + bc - ad$ (D) $ac + bd - bc - ad$

63. यदि $\frac{4}{7}, \frac{1}{3}, \frac{2}{5}, \frac{5}{9}$ को वृद्धितर क्रम में व्यवस्थित किया जाए, तब मध्य की दो संख्याओं का औसत है–

(A) $\frac{86}{90}$ (B) $\frac{86}{45}$

(C) $\frac{43}{45}$ (D) $\frac{43}{90}$

64. $|3 - 5x| > 2$ के हल के सेट हैं–

(A) $x < \frac{1}{5}$ या $x > 1$ (B) $x < 1$ या $x > \frac{1}{5}$

(C) $x < 1$ या $x > -\frac{1}{5}$ (D) $x < -\frac{1}{5}$ या $x > 1$

65. रेखा $(x + 1) = 0$ है–

(A) x- अक्ष के समान्तर (B) y- अक्ष के समान्तर

(C) मूल बिन्दु से गुजरती हुई (D) x-अक्ष से 45° के कोण पर

66. एक पार्टी में महिलाओं और मर्दों की संख्याओं का अनुपात 1 : 2 था, परंतु जब 2 महिलाएं एवं 2 मर्द पार्टी छोड़ कर चले गए, तब अनुपात 1 : 3 हो गया। पार्टी में प्रारम्भ में कुल कितने व्यक्ति थे?

(A) 24 (B) 12

(C) 16 (D) 32

67. 40 लिटर दूध एवं पानी के मिश्रण में 10% पानी है। कितना पानी और मिलाया जाए कि नए मिश्रण में पानी 20% हो जाए?

(A) 10 लिटर (B) 8 लिटर

(C) 12 लिटर (D) 5 लिटर

68. एक बेईमान दुकानदार एक किग्रा के स्थान पर 900 ग्राम भार का प्रयोग करता है, परंतु अपने सामान को खरीद दाम पर बेचता है। उसका लब्धि प्रतिशत है–

(A) 10% (B) $\frac{80}{9}\%$

(C) $\frac{100}{9}\%$ (D) $\frac{110}{9}\%$

69. दो पाइप A और B एक टैंक को क्रमशः 3 एवं 6 मिनट में भरते हैं, जबकि एक खाली पाइप C टैंक को 4 मिनट में खाली कर सकता है। सभी तीनों पाइप एक साथ खोले जाते हैं और 2 मिनट के पश्चात् C को बन्द कर दिया जाता है। टैंक भर जाएगा, जब A एवं B इतने समय तक खुले रहेंगे–

(A) 3 मिनट (B) 3.6 मिनट

(C) 4.0 मिनट (D) 4.8 मिनट

70. 4% नमक वाले समुद्री पानी के 6 लिटर से 1 लिटर पानी वाष्पित हो जाता है। शेष बचे समुद्री पानी में नमक की प्रतिशतता है–

(A) 4% (B) $4\frac{1}{2}\%$

(C) $4\frac{1}{3}\%$ (D) $4\frac{4}{5}\%$

71. एक त्रिभुज की भुजाएं 11 सेमी, 15 सेमी एवं 16 सेमी हैं। सबसे बड़ी भुजा पर ऊंचाई का मान है–

(A) $30\sqrt{7}$ सेमी (B) $\frac{15\sqrt{7}}{2}$ सेमी

(C) $\frac{15\sqrt{7}}{4}$ सेमी (D) 30 सेमी

72. एक समकोणीय त्रिभुज में, विकर्ण का वर्ग शेष दोनों भुजाओं के गुणनफल के दो गुने के बराबर है। त्रिभुज का एक न्यून कोण है–

(A) 30° (B) 45°

(C) 60° (D) 75°

73. एक समान्तर चतुर्भुज ABCD में, यदि AB = $2x$ + 5, CD = y + 1, AD = y + 5 और BC = $3x$ – 4, तब AB : BC का अनुपात है–

(A) 71 : 21 (B) 12 : 11

(C) 31 : 35 (D) 4 : 7

74. बिन्दु A से एक वृत्त पर खींची गई स्पर्श रेखा की लम्बाई l वृत्त की त्रिज्या r की $\frac{4}{3}$ है। A से वृत्त की न्यूनतम दूरी है–

(A) $\frac{1}{2}r$ (B) r

(C) $\frac{1}{2}l$ (D) $\frac{2}{3}l$

75. एक वृत्त की त्रिज्या 2.5 सेमी है। AB और CD दो समान्तर जीवाएं एक-दूसरे से 2.7 सेमी दूरी पर हैं। यदि AB = 4.8 सेमी, तब CD का मान है–

(A) 3 सेमी (B) 4 सेमी

(C) 4.8 सेमी (D) 5.6 सेमी

76. 9, 10, 6, 9, 6, 7, 9, 9, 10, 8, 10 का मोड (बहुलक) है–

(A) 8 (B) 9

(C) 9.5 (D) 10

77. ऊंचाई 6.5 सेमी वाले एक बेलन का सम्पूर्ण पृष्ठ क्षेत्रफल 220 सेमी^{2} है, तब इसका आयतन है–

(A) 25.025 सेमी^{3} (B) 250.25 सेमी^{3}

(C) 715.0 सेमी^{3} (D) 357.5 सेमी^{3}

78. आन्तरिक एवं बाह्य व्यास क्रमशः 4 सेमी एवं 8 सेमी वाले एक खोखले गोले को पिघलाकर 8 सेमी आधार व्यास के एक शंकु में ढाला जाता है। शंकु की ऊंचाई है–

(A) 10 सेमी (B) 11 सेमी

(C) 12 सेमी (D) 14 सेमी

79. प्रत्येक 16 सेमी ऊंचाई एवं आधार त्रिज्या 4 सेमी वाले तीन बेलन एक समतल पर इस प्रकार रखे गए हैं कि प्रत्येक बेलन शेष दो बेलनों को स्पर्श करता है। तब इन तीन बेलनों के बीच घेरे गए क्षेत्र का आयतन (सेमी^{3} में) है–

(A) $98(4\sqrt{3}-\pi)$ (B) $98(2\sqrt{3}-\pi)$

(C) $128(2\sqrt{3}-\pi)$ (D) $128(4\sqrt{3}-\pi)$

80. मंगलवार, बुधवार एवं बृहस्पतिवार का औसत तापमान 42°C था। बुधवार, बृहस्पतिवार और शुक्रवार का औसत तापमान 47°C था। यदि मंगलवार का तापमान 33°C हो, तब शुक्रवार का तापमान था–

(A) 48°C (B) 46°C

(C) 43°C (D) 40°C

81. एक साइकिल के पहिए की त्रिज्या 14 सेमी है। 50 पूर्ण चक्कर करने पर पहिए ने कितनी दूरी तय की है?

(A) 88 सेमी (B) 440 सेमी

(C) 2200 सेमी (D) 4400 सेमी

82. यदि $x = r\sin\alpha\cos\beta$, $y = r\sin\alpha\sin\beta$ और $z = r\cos\alpha$, तब $(x^2 + y^2)$ का मान है–

(A) $r^2 - z^2$ (B) $r^2 + z^2$

(C) r^2z^2 (D) rz

83. यदि $\tan A = n\tan B$ और $\sin A = m\sin B$, तब $\frac{m^2-1}{n^2-1}$ का मान है–

(A) $\cot^2 A$ (B) $\cot^2 B$

(C) $\sin^2 B$ (D) $\cos^2 A$

84. $\left(\dfrac{\tan 50^o + \sec 50^o}{\cot 40^o + \operatorname{cosec} 40^o} + \cos 40^o \operatorname{cosec} 50^o\right)$ **का मान है–**

(A) 0 (B) 1

(C) 2 (D) –1

85. एक कार्य को A एवं B 30 दिन में पूरा कर सकते हैं, B एवं C 40 दिन में पूरा कर सकते हैं, जबकि C एवं A 60 दिन में पूरा कर सकते हैं। एक साथ तीनों कार्य को पूरा करने में कितना समय लेंगे?

(A) 25 दिन (B) $26\frac{2}{3}$ दिन

(C) 28 दिन (D) 24 दिन

86. एक समान्तर श्रेणी के पदों की संख्या सम है। इसके सम एवं विषम संख्याओं वाले पदों का योग क्रमशः 24 एवं 30 है। यदि अन्तिम पद प्रथम पद से 10.5 अधिक है, तब समान्तर श्रेणी में पदों की संख्या है–

(A) 12 (B) 10

(C) 8 (D) 16

87. एक आयताकार कमरे का परिमाप 34 मीटर है और एक विकर्ण की लम्बाई 13 मीटर है। कमरे के आकार की विमा है–

(A) 15 मीटर और 2 मीटर (B) 14 मीटर और 3 मीटर

(C) 13 मीटर और 4 मीटर (D) 12 मीटर और 5 मीटर

88. एक ही समय पर दो पांसे फेंके जाते हैं। पांसे पर दिख रही संख्याओं का अन्तर 1 होने की प्रायिकता है–

(A) $\frac{5}{18}$ (B) $\frac{1}{36}$

(C) $\frac{1}{6}$ (D) $\frac{1}{9}$

89. 3 बच्चों के एक परिवार में कम-से-कम एक लड़का होने की प्रायिकता है–

(A) $\frac{7}{8}$ (B) $\frac{1}{8}$

(C) $\frac{4}{8}$ (D) $\frac{6}{8}$

90. A(–2, 3) और B(6, 7) को जोड़ने वाली रेखा को P(4, 6) इस अनुपात में विभाजित करता है–

(A) $\frac{4}{3}$ (B) $\frac{3}{1}$

(C) $\frac{2}{3}$ (D) $\frac{3}{2}$

उत्तर (हल / संकेत)

1. (C) सूत्र : $2\pi\sqrt{\frac{l}{g}} = T$

प्रश्नानुसार, $2\pi\sqrt{\frac{l}{g}} = 2$

$\Rightarrow \quad \pi\sqrt{\frac{l}{g}} = 1 \quad$ ...(i)

धरातल से h ऊंचाई पर गुरुत्वीय त्वरण (g') का मान,

$g' = \frac{gR^2}{(R+h)^2}$

$= \frac{gR^2}{(R+R)^2}$ (प्रश्नानुसार)

$= \frac{gR^2}{4 \times R^2}$

$= \frac{g}{4}$

R ऊंचाई पर आवर्तकाल (T′) :

$T' = 2\pi\sqrt{\frac{l}{g'}}$

$= 2\pi\sqrt{\frac{l}{\frac{g}{4}}}$

$= 2\pi\sqrt{4 \times \frac{l}{g}}$

$= 2 \times 2 \times \pi\sqrt{\frac{l}{g}}$

$= 2 \times 2 \times 1$ सेकण्ड [समीकरण (i) से]

$= 4$ सेकण्ड

2. (D) दिया है, $n = 1000$ Hz, $\lambda = 0.34$ मीटर

सूत्र : $v = n\lambda$

$= 1000 \times 0.34$ मी/से

$= 340$ मी/से

दूरी = 1 किमी = 1000 मीटर

समय $= \frac{\text{दूरी}}{\text{चाल}}$

$= \frac{1000}{340}$ सेकण्ड

$= 2.94$ सेकण्ड

3. (*) प्रश्न अधूरा है। इसे हल करना सम्भव नहीं है।

4. (D) पृथ्वी पर वस्तु का भार

$mg = 63$ N

$\Rightarrow m \times 10 = 63$ N

$\Rightarrow m = 6.3$ kg

पृथ्वी से ऊपर गुरुत्वीय त्वरण (g') का मान

$$g' = \frac{gR^2}{(R+h)^2}$$

$$g' = \frac{gR^2}{\left(R+\frac{R}{2}\right)^2} \quad \text{(प्रश्नानुसार } h = \frac{R}{2}\text{)}$$

$$= \frac{gR^2}{\frac{9R^2}{4}} = \frac{4g}{9}$$

$$= \frac{4 \times 10}{9} \text{ मी/से}^2$$

$$= \frac{40}{9} \text{ मी/से}^2$$

$\therefore mg' = 6.3 \times \frac{40}{9}$ N

$= 28$ N

5. (A) 8 सेमी = 0.08 मीटर

घन के एक पृष्ठ का क्षेत्रफल

$= 0.08 \times 0.08$ मीटर^2

$= 0.0064$ मीटर^2

$$\text{दाब} = \frac{\text{बल}}{\text{क्षेत्रफल}} = \frac{16}{0.0064} \text{ पास्कल}$$

$= 2500$ पास्कल

6. (B) घड़ी के मिनट की सुई की कोणीय चाल

$$= \frac{2\pi}{60 \times 60} \text{ रेडियन/सेकण्ड}$$

$$= \frac{\pi}{1800} \text{ रेडियन/सेकण्ड}$$

7. (C) $s = ut + \frac{1}{2}gt^2$ प्रथम 3 सेकण्ड में तय की गई दूरी,

$s_1 = 0 \times 3 + \frac{1}{2} \times 10 \times 3^2 \quad (\because g = 10$ मी/से$^2)$

$= 45$

माना अन्तिम सेकण्ड nवां सेकण्ड है।

$$s_2 = u + \frac{1}{2}g(2t-1)$$

$$= 0 + \frac{1}{2} \times 10 \times (2n-1)$$

$$= 5(2n-1)$$

प्रश्नानुसार,

$s_1 = s_2$

$5(2n-1) = 45$

$\Rightarrow 2n - 1 = 9$

$\Rightarrow 2n = 10$

$\Rightarrow n = 5$ सेकण्ड

8. (B) ध्वनि का वेग स्टील में सबसे अधिक होगा।

9. (A) 20 सेमी = 0.2 मीटर

सूत्रः W = F.s.cos θ

$\Rightarrow 1 = 10 \times 0.2 \times \cos\theta$

$\Rightarrow 1 = 2\cos\theta$

$\Rightarrow \cos\theta = \frac{1}{2}$

$\Rightarrow \theta = 60^\circ$

10. (D) **11.** (B) **12.** (A)

13. (A) प्राकृतिक गैस में मेथेन की मात्रा 95% होती है।

14. (B) वर्ग व्युत्क्रमानुपाती नियम केवल उन्हीं बलों के लिए लागू होते हैं, जो सभी दिशाओं में समान रूप से फैलते हैं और उनके प्रभावी होने का परास असीमित होता है। नाभिकीय बल की अधिकतम परास-सीमा 10^{-13} सेमी है। इसके आगे नाभिकीय बल शून्य हो जाता है।

15. (C) सूत्रः $m_1u_1 + m_2u_2 = (m_1 + m_2)v$

$\Rightarrow 6 \times 2 + 4 \times 1.5 = (6+4) \times v$

$\Rightarrow 18 = 10v$

$\Rightarrow v = 1.8$ मी/से

16. (A)

17. (C) दूर दृष्टि-दोष से पीड़ित इस व्यक्ति द्वारा चश्मे में प्रयुक्त लेन्स ऐसा होना चाहिए, जिससे 25 सेमी की दूरी पर रखी वस्तु का आभासी प्रतिबिम्ब उस व्यक्ति की स्पष्ट दृष्टि की न्यूनतम दूरी 50 सेमी पर बने।

$\therefore$ लेन्स से वस्तु की दूरी $u = -25$ सेमी

लेन्स से प्रतिबिम्ब की दूरी $v = -50$ सेमी

सूत्रः $\frac{1}{f} = \frac{1}{v} - \frac{1}{u}$

$\Rightarrow \frac{1}{f} = \frac{1}{-50} - \frac{1}{-25}$

$\Rightarrow \quad \frac{1}{f} = \frac{1-2}{-50} = \frac{1}{50}$

$\Rightarrow \quad f = 50$ सेमी

फोकस दूरी का चिन्ह धनात्मक है। अत: उत्तल लेन्स होगा।

18. (C)

19. (A) जब प्रकाश पानी से वायु में गुजरता है, तो उसका पूर्ण परावर्तन हो जाता है।

20. (B) बैंगनी रंग के लिए सूक्ष्मदर्शी की आवर्धन क्षमता सबसे अधिक होती है।

21. (D) $\mu = \frac{1}{\sin C}$

$\Rightarrow \quad \mu = \frac{1}{\sin 30^o}$

$\Rightarrow \quad \mu = \frac{1}{\frac{1}{2}}$

$\Rightarrow \quad \mu = 2$

निर्वात में प्रकाश का वेग $= 3 \times 10^8$ मी/से

माना माध्यम में प्रकाश का वेग 'v' मी/से है

पुनः, $\mu = \frac{\text{निर्वात में प्रकाश का वेग}}{\text{माध्यम में प्रकाश का वेग}}$

$\Rightarrow \quad 2 = \frac{3 \times 10^8}{v}$

$\Rightarrow \quad v = \frac{3 \times 10^8}{2}$ मी/से $= 1.5 \times 10^8$ मी/से

22. (B) सूत्र : $i = \frac{E}{R + r}$

$\Rightarrow \quad i = \frac{2}{3.9 + 0.1}$

$\Rightarrow \quad i = \frac{2}{4} = \frac{1}{2}$ एम्पियर

पुनः, $W = v.i.t.$

$= 2 \times \frac{1}{2} \times 5 \times 60$ जूल $= 300$ जूल

23. (D) फ्यूज के तार की त्रिज्या और लम्बाई, तार के माप हैं! विशिष्ट प्रतिरोध फ्यूज (तार) का गुण है। धारा, तार से बाहर की चीज है।

24. (B) तार का व्यास = 1 मिमी

$\therefore$ त्रिज्या $(r) = \frac{1}{2}$ मिमी

$\Rightarrow \quad r = 0.5$ मिमी

$\Rightarrow \quad r = 5 \times 10^{-4}$ मीटर

तार के अनुप्रस्थ-काट का क्षेत्रफल A

$\Rightarrow \quad A = \pi r^2$

$\Rightarrow \quad A = \frac{22}{7} \times (5 \times 10^{-4})^2$ मी^{2}

$\Rightarrow \quad A = 78.575 \times 10^{-8}$ मी^{2}

प्रतिरोधकता, $\rho = \frac{RA}{l}$

$= \frac{40 \times 78.575 \times 10^{-8}}{2} \Omega\text{-}m$

$= 1.57 \times 10^{-5} \Omega\text{-}m$

[विशिष्ट प्रतिरोध (ρ) को ही 'प्रतिरोधकता' कहा जाता है]

25. (D)

26. (A) माना प्रभावी वोल्टेज P है।

अत: $\frac{1}{P} = \frac{1}{60} + \frac{1}{40}$

$\Rightarrow \quad \frac{1}{P} = \frac{2+3}{120}$

$\Rightarrow \quad \frac{1}{P} = \frac{5}{120} = \frac{1}{24}$

$\Rightarrow \quad P = 24$ W

27. (D)

28. (A) यह ह्वीटस्टोन सेतु है, अत: CD में धारा नहीं बहेगी।

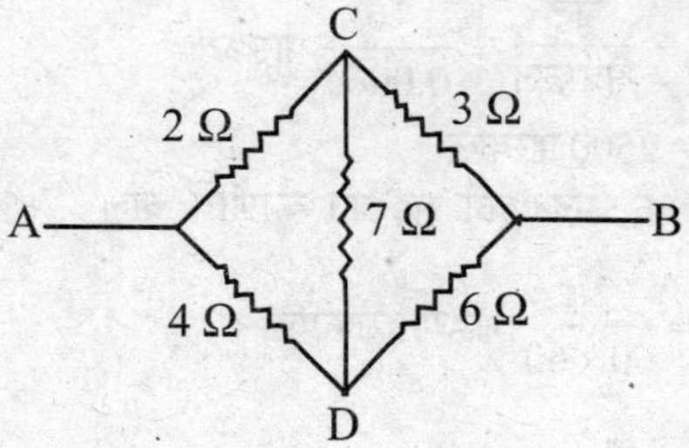

अत: A और B के बीच प्रभावी प्रतिरोध

$= \frac{(2+3) \times (4+6)}{2+3+4+6} \Omega$

$= \frac{50}{15} \Omega = \frac{10}{3} \Omega$

29. (D) माना A और C के बीच का प्रतिरोध निकालना है।

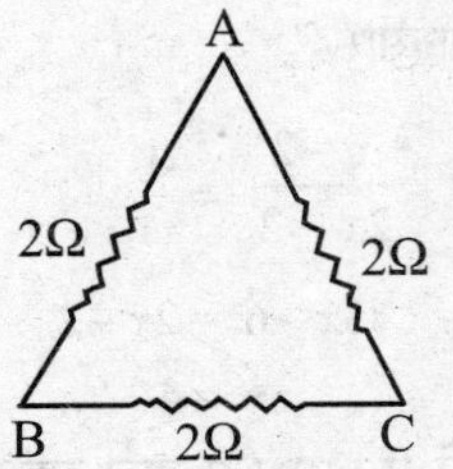

$$R_{AC} = \frac{(2\Omega + 2\Omega) \times 2}{2\Omega + 2\Omega + 2\Omega}$$

$$= \frac{8}{6}\Omega = \frac{4}{3}\Omega$$

30. (A) पंखे की सामर्थ्य = 50 वाट = $\frac{1}{20}$ किलोवाट

व्यय हुई विद्युत ऊर्जा = सामर्थ्य × समय

$= \frac{1}{20} \times 20 \times 30$

= 30 किलोवाट-घण्टा

व्यय ऊर्जा का मूल्य = 30 × 2

= ₹ 60

31. (A) $CH_3—CH_3 \xrightarrow[Cr_2O_3 + Al_2O_3]{500^\circ C} CH_2 = CH_2 + H_2\uparrow$

ऐथेन ऐथिलीन

32. (B) $CH + 2AgNO_3 + 2NH_3 + 2NH_4OH$

|||

CH

एसीटिलीन

$\rightarrow C_2Ag_2\downarrow + 2H_2O + 2NH_4NO_3$

सिल्वर एसीटिलाइड (सफेद अवक्षेप)

33. (B) प्राकृतिक रबर आइसोप्रीन का बहुलक होती है।

34. (C,D) $CH_4 \xrightarrow[-HCl]{Cl_2} CH_3Cl \xrightarrow[-HCl]{Cl_2}$

$CH_2Cl_2 \xrightarrow[-HCl]{Cl_2} CH_3Cl \xrightarrow[-HCl]{Cl_2} CCl_4$

35. (D) N^+ इलेक्ट्रॉनों की संख्या = 6) C परमाणु का समइलेक्ट्रॉनिक है।

36. (A) 4% NaOH

= 100 मिलि (0.1 लिटर) में 4 ग्राम NaOH में घुला है

NaOH के ग्राम तुल्यांकों की संख्या

$= \frac{4}{40} = 0.1$

NaOH विलयन की नॉर्मलता

$= \frac{\text{ग्राम तुल्यांकों की संख्या}}{\text{आयतन लिटर में}} = \frac{0.1}{1\text{लिटर}} = 0.1N$

37. (A) मूल कण प्रोटोन हाइड्रोजन का नाभिक होता है।

38. (C) लैड (Pb) सबसे कम क्रियाशील है।

39. (C) H—C≡C—H

π आबन्धों की संख्या = 2

σ आबन्धों की संख्या = 3

40. (C) वायुमण्डल में नाइट्रोजन की प्रतिशतता लगभग 78% है।

41. (B) $NH_4OH + HCl \rightarrow NH_4Cl + H_2O + 13.7$ किलो-कैलोरी/ग्राम

42. (B) एक β-कण के उत्सर्जन से परमाणु क्रमांक इकाई बढ़ जाता है।

43. (B) H_2O का आण्विक द्रव्यमान

= 2 × 1 + 16 = 18

∵ 18 ग्राम $H_2O = 6.023 \times 10^{23}$ अणु

∴ 0.12 ग्राम $H_2O = \frac{6.023 \times 10^{23} \times 0.12}{18}$ अणु

$= 4 \times 10^{21}$ अणु

44. (A) O^{2-} में इलेक्ट्रॉनों की संख्या = 10

Al^{3+} में इलेक्ट्रॉनों की संख्या = 10

अतएव Ne(10) में इलेक्ट्रॉनों की समान संख्या 10 होगी।

45. (D)

46. (B) बेयर अभिकर्मक $KMnO_4$ का 1% तनु क्षारीय विलयन होता है।

47. (B) सिरका ऐसीटिक अम्ल का तनु विलयन होता है।

48. (C) ऐमिल ऐसीटेट केले का स्वाद देने के लिए प्रयुक्त होता है।

49. (A) जल की स्थायी कठोरता कैल्शियम तथा मैग्नीशियम के सल्फेट एवं क्लोराइडों की उपस्थिति के कारण होती है।

50. (C) PbS का सान्द्रण झाग प्लवन विधि द्वारा किया जाता है।

51. (B) $Na_2O_2 + H_2SO_4 \rightarrow H_2O_2 + Na_2SO_4$

52. (C) सोडा ऐश Na_2CO_3 होता है।

53. (A) सॉल्वे प्रक्रम का प्रयोग सोडियम कार्बोनेट के उत्पादन में किया जाता है।

54. (B) स्टेनलेस स्टील, स्टील की मिश्रधातु है, जिसमें द्रव्यमानानुसार न्यूनतम 10.5% क्रोमियम पाया जाता है।

55. (A) वात्या भट्‌टी के ऊपरी भाग में Fe_2O_3, CO द्वारा Fe में अपचयित होता है।

$Fe_2O3 + CO \rightarrow 2FeO + CO_2$

$FeO + CO \rightarrow Fe + CO_2$

56. (B) लिमोनाइट (जलयोजित फेरिक ऑक्साइड, $Fe_2O_3 . 3H_2O$ या $Fe(OH)_3$ आयरन (Fe) का अयस्क है।

57. (B) पारा या मरकरी (Hg) को क्विक सिल्वर (Quick silver) कहते हैं।

58. (A)

59. (C) $FeCl_2$ विलयन NaOH विलयन के साथ फेरिक हाइड्रॉक्साइड का भूरा अवक्षेप (Brown precipitate) देता है।

60. (D) ZnO, HC1 तथा NaOH दोनों से अभिक्रिया करता है।

61. (C) $x = 1$ रखने पर

$$\text{शेषफल}_1 = 2(1)^3 + a(1)^2 + 3 \times 1 - 5 = 2 + a + 3 - 5 = a$$

$$\text{और शेषफल}_2 = 1^3 + 1^2 - 4 \times 1 - a = 1 + 1 - 4 - a = -2 - a$$

अतः प्रश्नानुसार,

$$a = -2 - a$$

$$\Rightarrow 2a = -2 \quad \Rightarrow a = -1$$

62. (B) $(a^2 - b^2)(c^2 - d^2) - 4abcd$

$$= a^2c^2 - a^2d^2 - b^2c^2 + b^2d^2 - 4abcd$$

$$= (a^2c^2 + b^2c^2 - 2abcd) - (a^2d^2 + b^2c^2 + 2abcd)$$

$$= (ac - bd - ad - bc)(ac - bd + ad + bc)$$

63. (D) वृद्धितर क्रम में–

$$\frac{1}{3}, \frac{2}{5}, \frac{5}{9}, \frac{4}{7}$$

$$\text{अतः अभीष्ट औसत} = \frac{\left(\frac{2}{5} + \frac{5}{9}\right)}{2} = \frac{43}{45 \times 2} = \frac{43}{90}$$

64. (A)

$$|3 - 5x| > 2$$

$$3 - 5x > 2$$

या $-(3 - 5x) > 2$

$$5x < 3 - 2$$

या $5x > 2 + 3$

$$5x < 1$$

या $5x > 5$

$$x < \frac{1}{5}$$

या $x > 1$

65. (B)

$$x + 1 = 0$$

$$x = -1$$

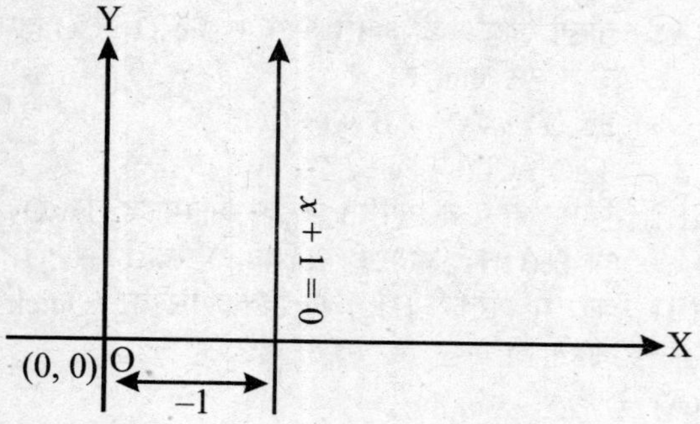

अतः रेखा $x + 1 = 0$, y अक्ष के समान्तर है।

66. (B) माना पार्टी में महिलाओं की संख्या $= x$ और मर्दों की संख्या $= 2x$.

तब प्रश्नानुसार

$$\frac{x - 2}{2x - 2} = \frac{1}{3}$$

$$3x - 6 = 2x - 2$$

$$\Rightarrow x = 4$$

अतः पार्टी में प्रारम्भ में कुल व्यक्तियों की संख्या $= x + 2x$

$$= 3x = 3 \times 4 = 12$$

67. (D) 40 लीटर में पानी की मात्रा $= \frac{40 \times 10}{100} = 4$ लीटर

माना x लीटर पानी और मिलाया जाएगा, तब

$$4 + x = (40 + x) \times \frac{20}{100}$$

$$\Rightarrow 20 + 5x = 40 + x$$

$$\Rightarrow 4x = 20 \Rightarrow x = 5 \text{ लीटर}$$

68. (C) $$\text{लाभ प्रतिशत} = \frac{(1000 - 900)}{900} \times 100 = \frac{100}{9}\%$$

69. (A) माना टैंक भर जाएगा, जब A एवं B x मिनट तक खुले रहेंगे,

तब, $$\frac{x}{3} + \frac{x}{6} - \frac{2}{4} = 1$$

$$\frac{3x}{6} = \frac{3}{2}$$

$$x = \frac{3 \times 6}{2 \times 3} = 3 \text{ मिनट}$$

70. (D) 6 लीटर में नमक की मात्रा $= \frac{6 \times 4}{100} = 0.24$ किग्रा

यदि 6 लीटर से 1 लीटर पानी वाष्पित हो जाता है, तब शेष बचे समुद्री पानी (5 लीटर) में नमक की प्रतिशतता

$$= \frac{0.24 \times 100}{5} = 4\frac{4}{5}\%$$

71. (C) त्रिभुज की अर्ध परिमाप $s = \frac{11 + 15 + 16}{2}$

$$= \frac{42}{2} = 21 \text{ सेमी.}$$

$$\text{त्रिभुज का क्षेत्रफल} = \sqrt{21 \times 10 \times 6 \times 5} = 30\sqrt{7} \text{ सेमी}^2$$

माना सबसे बड़ी भुजा पर ऊंचाई का मान h सेमी है।

तब,

$$\frac{1}{2} \times x \times 16 = 30\sqrt{7}$$

$$x = \frac{30\sqrt{7}}{8} \Rightarrow \frac{15\sqrt{7}}{4} \text{ सेमी.}$$

72. (B) ΔABC में,

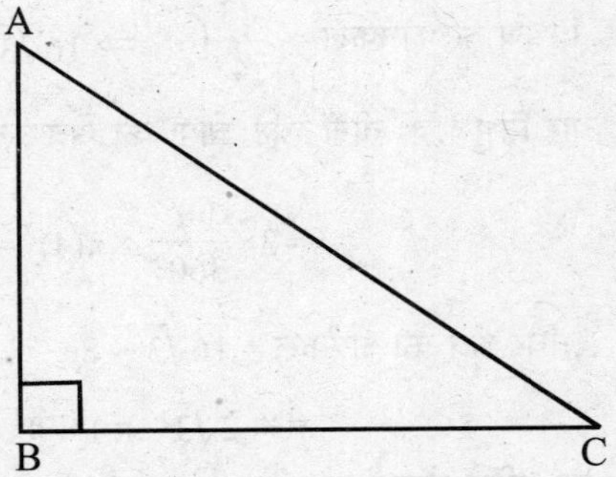

$$AC^2 = AB^2 + BC^2 \quad ....(1)$$

और दिया है,

$$AC^2 = 2 \times AB \times BC \quad ....(2)$$

समीकरण (1) व (2) से,

$$2AB \times BC = AB^2 + BC^2$$

$$AB^2 + BC^2 - 2AB \times BC = 0$$

$$(AB - BC)^2 = 0$$

$$AB - BC = 0$$

$$AB = BC$$

अत: त्रिभुज का एक न्यूनकोण $\frac{90^\circ}{2}$ अर्थात् 45° है।

73. (C)

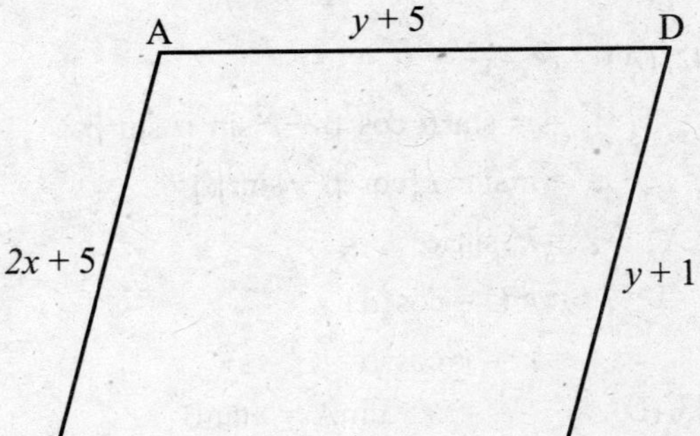

समान्तर चतुर्भुज ABCD में,

$$2x + 5 = y + 1$$

$$2x - y + 4 = 0 \quad ....(1)$$

और $$3x - 4 = y + 5$$

$$3x - y - 9 = 0 \quad ....(2)$$

समीकरण (1) व (2) को हल करने पर,

$$x = 13, y = 30$$

$$AB = 2x + 5 = 2 \times 13 + 5 = 31$$

$$BC = 3x - 4 = 3 \times 13 - 4 = 35$$

अत: अभीष्ट अनुपात $= \frac{31}{35}$

74. (C)

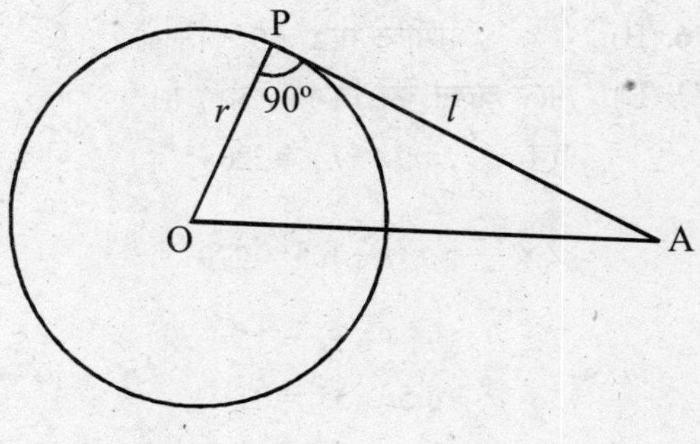

$$l = \frac{4}{3} r$$

ΔOAP में, $$OA^2 = OP^2 + PA^2$$

$$= r^2 + l^2$$

$$= r^2 + \frac{16r^2}{9} \Rightarrow \frac{25r^2}{9}$$

$$OA = \frac{5r}{3}$$

अत: A से वृत्त की न्यूनतम दूरी

$$= \frac{5r}{3} - r = \frac{2}{3} r$$

$$= \frac{2}{3} \times \frac{3}{4} l \Rightarrow = \frac{1}{2} l$$

75. (A)

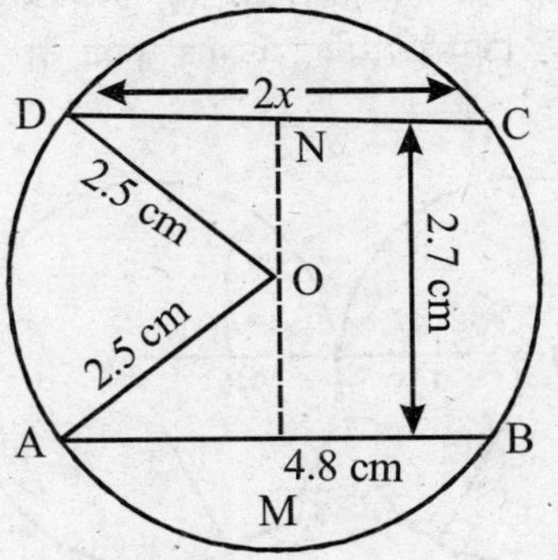

माना CD = $2x$ सेमी

तब Δ AOM में,

$$OM^2 = OA^2 - AM^2$$

$$= (2.5)^2 - (2.4)^2 = 0.49$$

$$OM = 0.7 \text{ सेमी}$$

और ΔDON में,

$$DN^2 = (2.5)^2 - (2.7 - 0.7)^2$$
$$x^2 = (2.5)^2 - (2)^2 = 2.25$$
$$x = 1.5 \text{ सेमी}$$

अत: $CD = 2 \times 1.5 \Rightarrow 3$ सेमी

76. (B) अभीष्ट मोड = 9.

77. (B) माना बेलन की त्रिज्या r सेमी है।

तब, $2\pi r(r+h) = 220$

$$2 \times \frac{22}{7} \times r(r+6.5) = 220$$
$$r^2 + 6.5r = 35$$
$$r^2 + 6.5r - 35 = 0$$
$$r = 3.5, -10$$

ऋणात्मक मान को छोड़ने पर,

$$r = 3.5 \text{ सेमी}$$

अत: बेलन का आयतन $= \pi r^2 h$

$$= \frac{22}{7} \times (3.5)^2 \times 6.5$$
$$= 250.25 \text{ सेमी}^3$$

78. (D) माना शंकु की ऊंचाई h सेमी है।

तब, $\frac{1}{3}\pi(4)^2 \times h = \frac{4\pi}{3}(4^3 - 2^3)$

$$h = \frac{64-8}{4}$$
$$h = \frac{56}{4} \Rightarrow h = 14 \text{ सेमी.}$$

79. (C) तीन बेलन इस प्रकार रखे गए हैं कि आधार पर तीन वृत्त बनते हैं, जिससे समबाहु त्रिभुज बनता है।

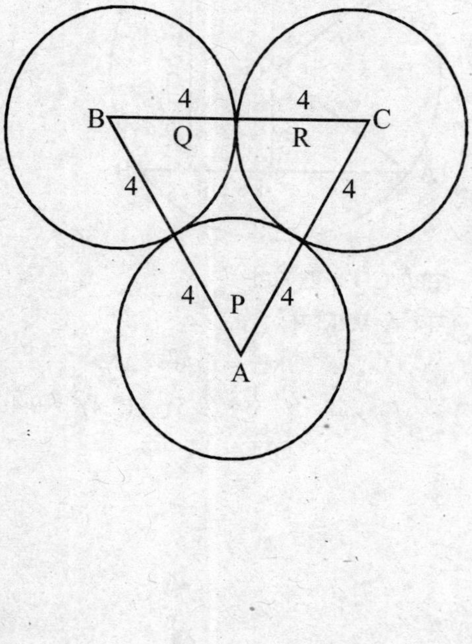

समबाहु त्रिभुज की भुजा

$$(a) = 2r$$
$$a = 2 \times 4 = 8 \text{ सेमी}$$

त्रिभुज का क्षेत्रफल $= \frac{\sqrt{3}}{4}(8)^2 \Rightarrow 16\sqrt{3}$ सेमी^{2}

और त्रिभुज के तीनों छोटे चापों का क्षेत्रफल

$$= 3 \times \frac{60°}{360°} \times \pi(4)^2 = 8\pi \text{ सेमी}^2$$

$\therefore$ घिरे क्षेत्र का क्षेत्रफल $= 16\sqrt{3} - 8\pi$

$$= 8(2\sqrt{3} - \pi) \text{ सेमी}^2$$

अत: तीनों बेलनों के बीच घेरे गए क्षेत्र का आयतन

= घिरे क्षेत्र का क्षेत्रफल $\times$ ऊंचाई

$$= 8(2\sqrt{3} - x) \times 16$$
$$= 128(2\sqrt{3} - x) \text{ सेमी}^3$$

80. (A) मंगलवार + बुधवार + बृहस्पतिवार $= 42 \times 3 = 126°C$

बुधवार + बृहस्पतिवार + शुक्रवार $= 47 \times 2 = 141°C$

तब, मंगलवार – शुक्रवार $= -15$

33 – शुक्रवार $= -15$

शुक्रवार $= 48°C$

अत: शुक्रवार का तापमान $48°C$ था।

81. (D) अभीष्ट दूरी $= 50 \times 2 \times \frac{22}{7} \times 14 \Rightarrow 4400$ सेमी

82. (A) $x^2 + y^2$

$$= r^2 \sin^2\alpha \cos^2\beta + r^2 \sin^2\alpha \sin^2\beta$$
$$= r^2 \sin^2\alpha [\cos^2\beta + \sin^2\beta]$$
$$= r^2 \sin^2\alpha$$
$$= r^2(1 - \cos^2\alpha)$$
$$= r^2 - r^2\cos^2\alpha = r^2 - z^2$$

83. (D) $\tan A = n \tan B$

$$n = \frac{\tan A}{\tan B}$$

और $$m = \frac{\sin A}{\sin B}$$

अत:, $$\frac{m^2 - 1}{n^2 - 1} = \frac{\frac{\sin^2 A}{\sin^2 B} - 1}{\frac{\tan^2 A}{\tan^2 B} - 1}$$

$$= \frac{\dfrac{(\sin^2 A - \sin^2 B)}{\sin^2 B}}{\dfrac{(\tan^2 A - \tan^2 B)}{\tan^2 B}}$$

$$= \frac{(\sin^2 A - \sin^2 B) \times \sin^2 B}{(\tan^2 A - \tan^2 B) \times \sin^2 B \times \cos^2 B}$$

$$= \frac{\sin^2 A - \sin^2 (90° - A)}{\left[\tan^2 A - \tan^2 (90° - A)\right] \times \cos^2 (90° - A)}$$

$$= \frac{(\sin^2 A - \cos^2 A)}{(\tan^2 A - \cot^2 A)\sin^2 A}$$

$$= \frac{(\sin^2 A - \cos^2 A)}{\left(\dfrac{\sin^2 A}{\cos^2 A} - \dfrac{\cos^2 A}{\sin^2 A}\right)\sin^2 A}$$

$$= \frac{(\sin^2 A - \cos^2 A) \times \cos^2 A}{(\sin^4 A - \cos^4 A)}$$

$$= \frac{(\sin^2 A - \cos^2 A) \times \cos^2 A}{(\sin^2 A - \cos^2 A)(\sin^2 A + \cos^2 A)}$$

$$= \frac{\cos^2 A}{1} \Rightarrow \cos^2 A$$

84. (C) $\dfrac{\tan 50^o + \sec 50^o}{\cot 40^o + \operatorname{cosec} 40^o} + \cos 40^o \operatorname{cosec} 50^o$

$$= \frac{\cot 40^o + \operatorname{cosec} 40^o}{\cot 40^o + \operatorname{cosec} 40^o} + \cos 40^o \sec 40^o$$

$$= 1 + \cos 40^o \times \frac{1}{\cos 40^o} = 1 + 1 \Rightarrow 2$$

85. (B) अभीष्ट समय $= \dfrac{2 \times 30 \times 40 \times 60}{1200 + 2400 + 1800}$

$$= \frac{2 \times 30 \times 40 \times 60}{5400} = 26\frac{2}{3} \text{ दिन}$$

86. (C) माना श्रेणी का प्रथम पद $= a$ सर्वान्तर $= d$ और अन्तिम पद $= l$ है।

तब, $l = a + 10.5$ ....(i)

श्रेणी का योगफल

$= a + (a+d) + (a+2d) + (a+3d) + ... + (a + (n-1)d)$

$$\frac{n}{2}[a + l] = [a + (a+2d) + ...] + [(a+d) + (a+3d) + ...]$$

$\therefore \quad \dfrac{n}{2}[2a + 10.5] = 24 + 30 = 54$ ....(ii)

विकल्प $n = 8$ के लिए,

$$a = \frac{3}{2}, l = 12 \text{ और } d = \frac{3}{2}$$

अतः समान्तर श्रेणी में पदों की संख्या 8 है।

87. (D) माना कमरे के आकार की विमाएं l और b हैं।

तब, $2(l + b) = 34$

$l + b = 17$ ...(i)

और $l^2 + b^2 = (13)^2$

$l^2 + b^2 = 169$ ...(ii)

समीकरण (i) व (ii) को हल करने पर,

$l = 12$ मी और $b = 5$ मी

88. (A) अभीष्ट प्रायिकता $= \dfrac{10}{36} = \dfrac{5}{18}$

89. (A) अभीष्ट प्रायिकता $= \dfrac{7}{8}$

90. (B) $AP = \sqrt{(-2-4)^2 + (3-6)^2}$

$$= \sqrt{6^2 + 3^2} = \sqrt{36 + 9} = \sqrt{45}$$

$$BP = \sqrt{(6-4)^2 + (7-6)^2}$$

$$= \sqrt{2^2 + 1^2} = \sqrt{4 + 1} = \sqrt{5}$$

अतः अभीष्ट अनुपात $= \dfrac{\sqrt{45}}{\sqrt{5}} = \sqrt{\dfrac{9}{1}} = \dfrac{3}{1}$

बिहार पॉलिटेक्निक संयुक्त प्रवेश परीक्षा,

हल प्रश्न-पत्र-2014

भौतिक विज्ञान

1. संवेग तथा बल में सम्बन्ध है-

(A) $F = m \times a$ (B) $F \times t = m \times a$

(C) $F = mv - mu$ (D) $F \times t = mv - mu$

2. 250 वोल्ट, 100 वाट के 5 बल्ब प्रतिदिन 8 घण्टे जलते हैं। 30 दिनों में विद्युत व्यय होगी-

(A) 200 यूनिट (B) 250 यूनिट

(C) 120 यूनिट (D) 240 यूनिट

3. वायु के सापेक्ष जल तथा कांच के अपवर्तनांक क्रमशः $\frac{4}{3}$ तथा $\frac{3}{2}$ हैं। कांच का जल के सापेक्ष अपवर्तनांक होगा-

(A) 2 (B) $\frac{17}{8}$

(C) $\frac{9}{8}$ (D) $\frac{6}{9}$

4. यान्त्रिक लाभ 1 से कम होता है-

(A) द्वितीय वर्ग के उत्तोलक में

(B) प्रथम वर्ग के उत्तोलक में

(C) तृतीय वर्ग के उत्तोलक में

(D) उपरोक्त में से कोई नहीं

5. एक यात्री 15 किग्रा भारी अटैची को सिर पर उठाए क्षैतिज सड़क पर 10 मी चलाता है। यात्री द्वारा अटैची पर किया गया कार्य है-

(A) शून्य (B) 150 जूल

(C) 980 जूल (D) 1500 जूल

6. मुख्य पैमाने के एक भाग की लम्बाई 0.1 सेमी है तथा वर्नियर पैमाने के एक भाग की लम्बाई 0.9 मिमी है। वर्नियर स्थिरांक का मान है-

(A) 0.1 सेमी (B) 0.01 मिमी

(C) 0.01 सेमी (D) 0.05 सेमी

7. किसी नाव पर अधिकतम 1000 किग्रा का भार रखा जा सकता है। खाली नाव का $\frac{1}{5}$ भाग पानी में डूबता है। नाव का भार है-

(A) 150 किग्रा (B) 250 किग्रा

(C) 500 किग्रा (D) 100 किग्रा

8. वर्णक्रम स्पैक्ट्रम के मूल रंग हैं-

(A) लाल, पीला, नीला (B) लाल, हरा, नीला

(C) लाल, हरा, बैंगनी (D) लाल, पीला, हरा

9. एक पम्प 2 सेकण्ड में 180 किग्रा जल 4 मी की ऊंचाई तक उठाता है। पम्प की सामर्थ्य है (g = 10 मी/से^{2})

(A) 1800 वाट (B) 7200 वाट

(C) 4500 वाट (D) 3600 वाट

10. एक वस्तु तथा अपसारी लेन्स के बीच की दूरी लेन्स की फोकस दूरी की m गुनी है। लेन्स द्वारा रेखीय आवर्द्धन होगा-

(A) $1 + m^2$ (B) $\frac{1}{1+m^2}$

(C) $m + 1$ (D) $\frac{1}{1+m}$

11. एक प्रिज्म का कोण 60° तथा अल्पतम विचलन कोण 38° है। प्रिज्म के पदार्थ का अपवर्तनांक है-

(sin 49° = 0.74)

(A) 1.48 (B) 2.40

(C) 1.50 (D) 2.50

12. 12 मेगाहर्ट्ज की रेडियो तरंगें सुनी जा सकती हैं जबकि तरंग की चाल 3.0×10^8 मी/से है-

(A) 25 मी बैण्ड पर (B) 31 मी बैण्ड पर

(C) 41 मी बैण्ड पर (D) 300 मी बैण्ड पर

13. 10 ग्राम भार की गेंद एक कठोर सतह पर ऊर्ध्वाधर रूप से 3 मी/से के वेग से टकराती है तथा उसी गति से वापिस लौट जाती है। यदि गेंद सतह के सम्पर्क में $\frac{1}{100}$ सेकण्ड तक रहती है, तब गेंद द्वारा लगाया गया औसत बल है-

(A) 1 न्यूटन (B) 0.1 न्यूटन

(C) 100 न्यूटन (D) 10 न्यूटन

14. एक सीधे विद्युत धारावाही तार में विद्युत धारा के प्रवाह से उत्पन्न होने वाली चुम्बकीय बल रेखाएं होंगी-

(A) तार के वृत्तीय ओर (B) तार के लम्ब

(C) तार के समान्तर (D) इनमें से कोई नहीं

15. वोल्टमीटर को श्रेणीक्रम में जोड़ने पर धारा का मान हो जाएगा-

(A) अधिक (B) कम

(C) शून्य (D) उतना ही रहेगा

16. 4 वोल्ट की बैटरी से 1 ओम तथा 3 ओम के प्रतिरोध श्रेणीक्रम में जुड़े हैं। बैटरी से होकर प्रवाहित धारा होगी-

(A) 1 ऐम्पियर (B) 3 ऐम्पियर

(C) 4 ऐम्पियर (D) 4.75 ऐम्पियर

17. दो समतल दर्पणों के बीच रखे फूल के कुल 11 प्रतिबिम्ब बनते हैं। दर्पणों के बीच कोण है-

(A) 30° (B) 60°

(C) 72° (D) 36°

18. जल को 20°C से 0°C तक ठण्डा किया जाता है। इसका आयतन-

(A) पहले कम होता है फिर बढ़ता है

(B) पहले बढ़ता है फिर कम होता है

(C) लगातार बढ़ता है

(D) लगातार कम होता है

19. एक ही माध्यम में दो तरंगों द्वारा संचारित ऊर्जाओं का अनुपात 9 : 16 है। इन तरंगों के आयामों में अनुपात होगा-

(A) 81 : 256 (B) 3 : 4

(C) 9 : 16 (D) इनमें से कोई नहीं

20. 4 ग्राम तथा 16 ग्राम द्रव्यमान के दो पिण्ड समान गतिज ऊर्जा से गति कर रहे हैं। उनके रेखीय संवेगों में अनुपात है

(A) 2 : 1 (B) 1 : 2

(C) 3 : 4 (D) 4 : 3

21. पृथ्वी पर एक सरल लोलक का आवर्तकाल 2 सेकण्ड है। यदि इस सरल लोलक को चन्द्रमा पर ले जाएं, तो आवर्तकाल का मान होगा (चन्द्रमा पर गुरुत्वीय त्वरण पृथ्वी की अपेक्षा $\frac{1}{6}$ गुना है)-

(A) 3 सेकण्ड (B) 4.9 सेकण्ड

(C) 3.5 सेकण्ड (D) 8 सेकण्ड

22. यदि समतल दर्पण को 10° घुमा दिया जाए, तो परावर्तित किरण घूमेगी-

(A) 20° (B) 15°

(C) 10° (D) 30°

23. निम्न में से किस तरंग की तरंगदैर्घ्य सबसे कम है?

(A) पराश्रव्य तरंगें (B) रेडियो तरंगें

(C) X- किरणें (D) प्रकाश तरंगें

24. किसी मनुष्य के चश्मे की शक्ति + 3 डायोप्टर है। उसकी दृष्टि में दोष है

(A) निकट दृष्टिदोष (B) दूर दृष्टिदोष

(C) जरा दोष (D) दृष्टि वैषम्य दोष

25. दो वस्तुएं h_1 व h_2 ऊंचाइयों से एकसाथ छोड़ी जाती हैं। उनके पृथ्वी पर पहुंचने में लिए गए समयों में अनुपात होगा-

(A) h_1/h_2 (B) $\sqrt{h_1 / h_2}$

(C) h_2/h_1 (D) $\sqrt{h_2 / h_1}$

26. यदि दो प्रोटॉनों, दो न्यूट्रॉनों तथा एक प्रोटॉन व न्यूट्रॉन के बीच नाभिकीय बल को F_{pp}, F_{nn}, F_{pn} से प्रदर्शित करते हैं, तो-

(A) $F_{pp} = F_{pn} = F_{nn}$ (B) $F_{pp} = F_{pn} \neq F_{nn}$

(C) $F_{pp} = F_{nn} \neq F_{pn}$ (D) $F_{pp} \neq F_{pn} \neq F_{nn}$

27. एक छोटी लोहे की गेंद क्षैतिज विद्युत चुम्बकीय ध्रुवों के मध्य रखकर छोड़ दी जाती है। निम्नलिखित में कौन-सा कथन सत्य है?

(A) यह नीचे गिर जाएगी

(B) यह किसी एक ध्रुव की ओर आकर्षित हो जाएगी

(C) यह केंद्र पर रहेगी

(D) यह दोनों ध्रुवों के मध्य दोलन करने लगेगी

28. कोई बच्चा किसी शक्तिशाली पटाखे के फटने के 4 सेकण्ड बाद किसी खड़ी चट्टान के कारण प्रतिध्वनि सुनता है। बच्चे से चट्टान की दूरी होगी-

(A) 688 मी (B) 788 मी

(C) 988 मी (D) 588 मी

29. त्रुटिपूर्ण तराजू के एक पलड़े में वस्तु का भार w_1 आता है तथा दूसरे पलड़े में भार w_2 आता है। वस्तु का सही भार है-

(A) $w_1 + w_2$ (B) $\frac{w_1 + w_2}{2}$

(C) $\sqrt{w_1 \times w_2}$ (D) $w_1 \times w_2$

30. एक मशीन किसी पिण्ड को t समय तक स्थिर शक्ति से चलाती है। पिण्ड द्वारा चली गई दूरी समानुपाती है-

(A) $t^{3/2}$ (B) t^2

(C) $t^{1/2}$ (D) t

रसायन विज्ञान

31. वायु के सम्पर्क में रखने पर ब्लीचिंग पाउडर बेकार हो जाता है क्योंकि-

(A) यह वायु में O_2 से प्रभावित होता है

(B) यह CO_2 अवशोषित करता है एवं $CaCO_3$ बनाता है

(C) यह अपघटन द्वारा Cl_2 उत्पन्न करता है

(D) उपरोक्त में से कोई नहीं

32. एल्युमिना से एल्युमीनियम प्राप्त किया जाता है-

(A) कार्बन से अपचयन द्वारा

(B) हाइड्रोजन से अपचयन द्वारा

(C) पिघले लवण के विद्युत अपघटन से

(D) सामान्य भस्मीकरण से

33. समीकरण $4FeS_2 + 11O_2 \rightarrow 2Fe2O_3 + 8SO_2$ से बताइए कि 0.6 किग्रा आयतन पाइराइटीज का पूर्णतः ऑक्सीकरण करने पर NTP पर SO_2 का कितना आयतन प्राप्त होगा?

(A) 112 लीटर (B) 224 लीटर

(C) 22400 लीटर (D) 11200 लीटर

34. यूरेनियम $_{92}U^{235}$ से प्रति नाभिक विखण्डन ऊर्जा उत्पन्न होती है-

(A) 10 MeV (B) 100 MeV

(C) 200 MeV (D) 300 MeV

35. जब सोडियम एसिटेट सोडालाइम के साथ अभिक्रिया करता है, तो बनाता है-

(A) मेथेनॉल (B) एथेन

(C) एथाइन (D) मेथेन

36. C_2H_2 की सजातीय श्रेणी एवं आई यू पी ए सी नाम क्रमशः है-

(A) एल्काइन एवं एथेन (B) एल्काइन एवं एथाइन

(C) एल्कीन एवं एथीन (D) एल्कीन एवं एथाइन

37. एक गैस का वाष्पघनत्व 8 है। NTP पर इस गैस के 8 ग्राम का आयतन होगा-

(A) 8.0 लीटर (B) 22.4 लीटर

(C) 11.2 लीटर (D) 16.0 लीटर

38. एथिलीन जब पोटैशियम परमैंगनेट के तनु क्षारीय विलयन के साथ क्रिया करती है, तो बनाती है-

(A) एसिटिक एसिड (B) ग्लिसरॉल

(C) एथिलीन ग्लाइकोल (D) ऑक्जेलिक एसिड

39. निम्नलिखित यौगिकों में से किसमें विद्युत संयोजी बन्ध है?

(A) CH_3Cl (B) CH_2

(C) NaCl (D) Cl_2

40. 0.1 मोल इलेक्ट्रॉनों पर विद्युत आवेश होता है-

(A) 960 कूलॉम (B) 4825 कूलॉम

(C) 8240 कूलॉम (D) 9650 कूलॉम

41. यदि Cl_2 का वाष्पघनत्व 36 हो और किसी बर्तन में से H_2 के 25 घन सेमी विसरित होने में 40 सेकण्ड लगते हैं, तो उसी अवस्था में क्लोरीन के 30 घन सेमी के विसरण में समय लगेगा-

(A) 40 सेकण्ड (B) 184 सेकण्ड

(C) 288 सेकण्ड (D) 320 सेकण्ड

42. आवर्त तालिका में जिस तत्व का परमाणु क्रमांक 6 है, वह होगा-

(A) IV समूह (B) IV आवर्त में

(C) VI आवर्त में (D) VI समूह में

43. एक तत्व का परमाणु क्रमांक 19 है। उसका इलेक्ट्रॉनिक विन्यास है-

(A) 2, 8, 8, 1 (B) 2, 8, 9, 0

(C) 2, 8, 7, 2 (D) 2, 8, 6, 3

44. 4 ग्राम धातु ऑक्साइड $M_x O_y$ को H_2 द्वारा अपचयित किया जाता है और 2.4 ग्राम धातु प्राप्त होती है। यदि धातु का परमाणु भार 32 हो, तो ऑक्साइड का सूत्र है-

(A) M_2O (B) M_3O_4

(C) M_2O_3 (D) MO

45. कठोर जल को मृदु जल में परिवर्तित करने के लिए प्रयोग होने वाले कालगन का सूत्र है-

(A) $Na_6 P_6 O_{16}$ (B) $C_{17}H_{15}COONa$

(C) $Na_2AlSi_2 O_3$ (D) इनमें से कोई नहीं

46. एक ही तत्व के समस्थानिक में समान होगी-

(A) इलेक्ट्रॉनों की संख्या (B) प्रोटॉनों की संख्या

(C) (A) तथा (B) (D) न्यूट्रॉनों की संख्या

47. तरल पेट्रोलियम गैस मिश्रण है-

(A) मेथेन, ऑक्सीजन तथा एथेन का

(B) मेथेन, एथेन तथा हाइड्रोजन का

(C) एथेन, हाइड्रोजन तथा प्रोपेन का

(D) एथेन, प्रोपेन तथा ब्यूटेन का

48. निम्नलिखित में से कौन-सी गैस सबसे अधिक सक्रिय वायु प्रदूषक है?

(A) SO_2 (B) CO_2

(C) CO (D) H_2S

49. 15 मोल ऑक्सीजन प्राप्त करने के लिए कितने मोल $KClO_3$ की आवश्यकता होगी?

(A) 20 (B) 10

(C) 15 (D) इनमें से कोई नहीं

50. क्लोरीन का प्रयोग किया जाता है-

(A) एण्टीबायोटिक के रूप में

(B) संक्रमण रोगी की दवा के रूप में

(C) ज्वरनाशक के रूप में

(D) प्रतिरोधी के रूप में

51. 0.45 ग्राम वाष्पशील पदार्थ 112 सेमी^{3} वायु को विस्थापित करता है, गैस का अणुभार है-

(A) 42 (B) 45

(C) 90 (D) 44

52. 2.2 ग्राम CO_2 प्राप्त करने के लिए $CaCO_3$ के कितने भार की आवश्यकता होगी?

(A) 5 ग्राम (B) 10 ग्राम

(C) 15 ग्राम (D) 50 ग्राम

53. CaC_2 से ऐसीटिलीन प्राप्त की जा सकती है-

(A) इसको 1200°C तक गर्म करके उसके ऊपर H_2 प्रवाहित करके

(B) इसकी ठण्डे जल से क्रिया कराकर

(C) इसके ऊपर 160°C पर वाष्प प्रवाहित करके

(D) इसको H_2SO_4 की उपस्थिति में 140°C तक कर्म करके

54. निम्नलिखित में से एल्काइन है-

(A) C_2H_6 (B) C_2H_4

(C) C_2H_2 (D) C_6H_6

55. तेलों के हाइड्रोजनीकरण में प्रयुक्त होने वाला उत्प्रेरक है-

(A) Cu (B) Ni

(C) FeO_3 (D) Pt

56. नाइट्रोजन के एक ऑक्साइड का अणुभार 30 है। यौगिक के एक अणु में कुल इलेक्ट्रॉन हैं-

(A) 30 (B) 15

(C) 14 (D) 11

57. निम्नलिखित में से कौन-सी धातु अम्ल के साथ क्रिया करके हाइड्रोजन गैस निकालेगी?

(A) Mg (B) Cu

(C) Ag (D) Au

58. $Na_2S_4O_6$ में S की ऑक्सीकरण संख्या है-

(A) 2 (B) 2.5

(C) 3 (D) इनमें से कोई नहीं

59. नीले थोथे को 100°C ताप तक गर्म करने प्र प्राप्त होता है-

(A) $Cu + SO_2 + O_2$ (B) $Cu_2S + O_2$

(C) $CuSO_4 + H_2O$ (D) $CuSO_4 + H_2O + 4H_2O$

60. किसी परमाणु के M कोश में अधिकतम उपकोश हो सकते हैं-

(A) *s, p* तथा *d* (B) *s, p, d* तथा *f*

(C) केवल *s* (D) *s* तथा *p*

गणित

61. यदि $a+b=\sqrt{3}$ तथा $a-b=\sqrt{2}$ तो $4ab\,(a^2+b^2)$ का मान है-

(A) $\frac{\sqrt{3}}{\sqrt{2}}$ (B) $\frac{\sqrt{2}}{\sqrt{3}}$

(C) $\frac{3}{2}$ (D) $\frac{5}{2}$

62. यदि 8 पुरुष या 12 महिलाएं किसी कार्य को 10 दिन में कर सकती हैं, तो पुरुषों के साथ कितनी महिलाएं लगाई जाएं कि कार्य 5 दिन में पूरा हो जाए?

(A) 24 (B) 20

(C) 18 (D) 16

63. समलम्ब चतुर्भुज PQRS में भुजाएं PQ तथा RS समानान्तर हैं और PQ = 2RS। यदि उसके विकर्ण बिन्दु O पर मिलते है, तो ΔOPQ तथा ΔORS के क्षेत्रफलों में अनुपात है-

(A) 2 : 1 (B) 4 : 1

(C) 1 : 2 (D) 1 : 4

64. यदि रेखाओं $9x - 10y = 12$ तथा $8x - 3 = 0$ के बीच का कोण ϕ है, तब $\tan\phi$ का मान है-

(A) $\frac{9}{10}$ (B) $\frac{10}{9}$

(C) $-\frac{9}{10}$ (D) $-\frac{10}{9}$

65. जब $\sqrt{3}\sin x + \cos x$ का मान महत्तम होगा, तो x का मान होगा-

(A) 30° (B) 90°

(C) 60° (D) 45°

66. एक घन के तथा उसी के अन्दर बने एक गोले के आयतनों का अनुपात, यदि गोला घन की सभी भुजाओं को छूता है, होगा-
(A) 12π (B) 6 : π
(C) 4 : π (D) 3 : 4π

67. एक प्रिज्म का आयतन $1920\sqrt{3}$ घन सेमी है। उसका आधार 16 सेमी भुजा का एक समबाहु त्रिभुज है, तो प्रिज्म की ऊंचाई होगी-
(A) 19 सेमी (B) 20 सेमी
(C) 35 सेमी (D) 30 सेमी

68. $\sin^6\theta + \cos^6\theta + 3\sin^2\theta\cos^2\theta$ का मान होगा-
(A) 0 (B) 1
(C) 2 (D) 3

69. यदि P और Q का हरात्मक माध्य H हो, तो $\frac{H}{P}+\frac{H}{Q}$ का मान होगा-
(A) 2 (B) $\frac{PQ}{P+Q}$
(C) $\frac{P+Q}{PQ}$ (D) इनमें से कोई नहीं

70. एक रेलगाड़ी 99 मी लम्बे प्लेटफॉर्म को $13\frac{1}{2}$ सेकण्ड में पार करती है और एक खम्भे को 9 सेकण्ड में पार करती है। गाड़ी की लम्बाई है-
(A) 190 मी (B) 198 मी
(C) 200 मी (D) 210 मी

71. रेखा $x\cos\alpha + y\sin\alpha = p$ द्वारा अक्षों के बीच कटे अन्त: खण्ड के मध्य बिन्दु का बिन्दुपथ होगा, जहां p कोई नियतांक है-
(A) $x^2 + y^2 = 4p^2$ (B) $\frac{1}{x^2}+\frac{1}{y^2}=\frac{4}{p^2}$
(C) $x^2+y^2=\frac{4}{p^2}$ (D) $\frac{1}{x^2}+\frac{1}{y^2}=\frac{2}{p^2}$

72. $2\sin^2 x + \sqrt{3}\cos x + 1 = 0$, तब $\cos x$ का मान है-
(A) $-\frac{\sqrt{3}}{2}$ (B) $\frac{\sqrt{3}}{2}$
(C) $\frac{\sqrt{3}}{4}$ (D) $-\frac{\sqrt{3}}{4}$

73. $\sqrt{\frac{1+\cos\theta}{1-\cos\theta}}$ का मान है-
(A) $\tan\frac{\theta}{2}$ (B) $\cot\frac{\theta}{2}$
(C) $\sin\frac{\theta}{2}$ (D) $\cos\frac{\theta}{2}$

74. $(2x - 3y)^3 + (3y - 4z)^3 + (4z - 2x)^3$ का गुणन होगा-
(A) $(2x + 3y + 4z)(2x - 3y - 4z)$
(B) $(2x + 3y - 4z)(2x - 3y - 4z)$
(C) $(2x - 3y)(4z - 2x)(3y - 4z)$
(D) $(6x - 9y)(4z - 2x)(3y - 4z)$

75. यदि $2^x = 3^y = 12^z$ हो, तो निम्न में से कौन-सा सत्य होगा?
(A) $\frac{1}{z}=\frac{1}{y}+\frac{2}{x}$ (B) $\frac{1}{x}+\frac{2}{y}+\frac{1}{z}=0$
(C) $x+y+z=0$ (D) $\frac{1}{x}+\frac{1}{y}+\frac{1}{z}=0$

76. यदि A = {1, 2, 3}, B = {2, 3, 4} तथा समष्टीय समुच्चय U = {1, 2, 3, 4...9}, तब $(A \cap B)$, का मान है-
(A) {2, 3, 4, 5, 6, 7} (B) {2, 3}
(C) {1, 5, 6, 7, 8, 9} (D) {1, 4, 5, 6, 7, 8, 9}

77. समीकरण $7x - 2y = 3$ तथा $11x - ky + 8 - 0$ असंगत हैं। यदि k का मान है-
(A) $\frac{22}{7}$ (B) $\frac{16}{3}$
(C) $\frac{3}{8}$ (D) 2

78. एक व्यक्ति किसी बिन्दु पर 600 मी ऊंची पहाड़ी का उन्नयन कोण 30° पाता है। 10 मिनट तक पहाड़ी की ओर चलने पर उन्नयन कोण 60° हो जाता है। व्यक्ति की चाल (मी/घण्टा में) है-
(A) $600\sqrt{3}$ (B) $1200\sqrt{3}$
(C) $2400\sqrt{3}$ (D) $40\sqrt{3}$

79. अक्षों तथा रेखा $x\sin\alpha + y\cos\alpha = \sin 2\alpha$ से बने त्रिभुज का क्षेत्रफल है-
(A) $\sin\alpha$ (B) $\cos\alpha$
(C) $\sin 2\alpha$ (D) $\cos 2\alpha$

80. यदि समीकरण $2x - y = 12$ तथा $3ax + 2by = 18$ एक ही रेखा को निरूपित करती है, तब a तथा b के मान होंगे-
(A) $1, -\frac{3}{4}$ (B) $\frac{3}{7}, 1$
(C) $-1, \frac{3}{4}$ (D) $-1, -\frac{3}{4}$

81. $4x^2 + 3x + 7 = 0$ के मूलों के व्युत्क्रम का योगफल है-
(A) $-\frac{3}{7}$ (B) $\frac{3}{7}$
(C) $\frac{7}{4}$ (D) $-\frac{7}{4}$

82. एक धनराशि साधारण ब्याज पर $\frac{5}{2}$ वर्ष में ₹ 1062.50 एवं 4 वर्ष में ₹ 1100 हो जाती है। ब्याज दर है-

(A) 5% (B) 4%

(C) $\frac{5}{2}$% (D) इनमें से कोई नहीं

83. एक वृत्त की दो जीवाएं एक-दूसरे को समकोण पर काटती हैं। उनमें से एक जीवा के खण्ड 6 तथा 5 हैं जबकि दूसरी जीवा के खण्ड 10 तथा 3 हैं। वृत्त का व्यास है-

(A) $85\sqrt{2}$ (B) $\sqrt{72}$

(C) $\sqrt{170}$ (D) इनमें से कोई नहीं

84. यदि समीकरण $x^2 - 8x + (a^2 - 6a) = 0$ के मूल वास्तविक हैं, तब-

(A) $-2 \le a \le 8$ (B) $-2 < a < 8$

(C) $2 < a < 8$ (D) $2 \le a \le 8$

85. A तथा B समुच्चय बराबर होंगे, यदि-

(A) $A \subset B$ (B) $B \subset A$

(C) $A \subset B \cup B \subset A$ (D) $A \subset B \cap B \subset A$

86. दो वृत्तों की त्रिज्याएं 12 सेमी तथा 3 सेमी हैं। उनके केंद्रों के बीच की दूरी 15 सेमी है। उभयनिष्ठ अनुस्पर्शी की लम्बाई होगी-

(A) 12 सेमी (B) 9 सेमी

(C) 13 सेमी (D) 8 सेमी

87. निम्न में से कौन-सा कथन सत्य नहीं है?

(A) $\sin\theta = \frac{3}{5}$ (B) $\tan\theta = 2001$

(C) $\sec\theta = \frac{1}{2}$ (D) $\cos\theta = \frac{1-p}{1+p}, p \neq -1$

88. यदि $\log_y \times x \log_z y \times \log_p z = 1$, तब p का मान है-

(A) x (B) y

(C) z (D) 1

89. $\frac{3+\sqrt{6}}{5\sqrt{3} - 2\sqrt{12} - \sqrt{32} + \sqrt{50}}$ का सरलतम मान होगा-

(A) 1 (B) $\sqrt{2}$

(C) $\sqrt{3}$ (D) $2\sqrt{2}$

90. श्रेणी

x	1	2	3	4	5	6	7
f	3	7	10	10	11	5	5

की माध्यिका है

(A) 2 (B) 3

(C) 4 (D) 5

उत्तर (हल/संकेत)

1. (D) बल = संवेग परिवर्तन की दर

$$F = \frac{mv - mu}{t} \Rightarrow Ft = mv - mv$$

2. (C) यूनिटों की संख्या $= \frac{\text{वाट} \times \text{घण्टे}}{1000}$

$$= \frac{100 \times 5 \times (8 \times 30)}{1000} = 120 \text{ यूनिट}$$

3. (C) ${}_an_w = \frac{4}{3}, {}_an_g = \frac{3}{2}$

$${}_wn_g = {}_wn_a \times {}_an_g = \frac{{}_an_g}{{}_an_w} = \frac{3/2}{4/3} = \frac{9}{8}$$

4. (C) तृतीय वर्ग के उत्तोलकों में यान्त्रिक लाभ 1 से कम होता है।

5. (A) चूंकि अटैची का भार ऊर्ध्वाधर नीचे की ओर कार्य करता और इस दिशा में अटैची में कोई विस्थापन नहीं हुआ अत: अटैची पर किया गया कार्य शून्य है।

6. (C) वर्नियर पैमाने का एक भाग का मान =0.9 मिमी = 0.09 से

वर्नियर स्थिरांक = मुख्य पैमाने के 1 भाग का मान

− वर्नियर पैमाने के 1 भाग का मान

$= 0.1 - 0.09 = 0.01$ सेमी

7. (B) माना नाव का भार w किग्रा है।

$$\therefore w = \frac{1}{5}Vpg \quad ...(i)$$

उस पर 1000 किग्रा भार रखने पर वह पूर्ण रूप से डूब जल में डूब जाती है। अत:

$$w + 1000 = Vpg \quad ...(ii)$$

समी (ii) को समी (i) से भाग देने पर,

$$\frac{w+1000}{w} = \frac{Vpg}{\frac{1}{5}Vpg} \Rightarrow 5w = w + 1000$$

$$\therefore w = \frac{1000}{4} = 250 \text{ किग्रा}$$

8. (B) स्पैक्ट्रम के मूल (प्राथमिक) रंग लाल, हरा, नीला हैं।

9. (D) सामर्थ्य (P) $= \frac{w}{t} = \frac{mgh}{t} = \frac{180 \times 10 \times 4}{2} = 3600$ वाट

10. (D) सूत्र $\frac{1}{f} = \frac{1}{v} - \frac{1}{u}$ से,

$\because \quad \frac{u}{f} = \frac{u}{v} - \frac{1}{1}$

$\frac{u}{f} = \frac{1}{M} - 1 \qquad \left(\because M = \frac{v}{u}\right)$

$\therefore u = \left(\frac{1-M}{M}\right) f$

प्रश्नानुसार, $u = mf$

$\therefore \; mf = \left(\frac{1-M}{M}\right) f \Rightarrow m M = 1 - m$

$\Rightarrow M = \frac{1}{m+1}$

11. (A) $\mu = \frac{\sin\left[(A + \delta_m)/2\right]}{\sin(A/2)}$

जहां, $A = 60^o, \delta_m = 38^o$

$= \frac{\sin\left[(60^o + 38^o)/2\right]}{\sin(60^o/2)} = \frac{\sin 49^o}{\sin 30^o} = \frac{0.74}{0.5} = 1.48$

12. (A) यहां, $v = 3 \times 10^8$ मी/से, $n = 12 \times 10^6$ हर्ट्ज

सूत्र, $v = n\lambda$

$\Rightarrow \quad 3 \times 10^8 = 12 \times 10^6 \times \lambda \Rightarrow \lambda \; \frac{100}{4}$

$\therefore \quad \lambda = 25$ मी

13. (D) यहां, $u = 5$ मी/से, $v = -5$ मी/से

$m = 10$ ग्राम $= 0.01$ किग्रा, $t = \frac{1}{100}$ सेकण्ड

$\therefore$ गेंद द्वारा आरोपित बल

$(F) = \frac{m(v-u)}{t} = \frac{\frac{1}{100}\left[5-(-5)\right]}{0.01} = 10$ न्यूटन

14. (A) एक सीधे विद्युत धारावाही तार में विद्युत धारा के प्रवाह से उत्पन्न होने वाली चुम्बकीय बल रेखाएं तार के चारों ओर वृत्ताकार होती हैं।

15. (C) वोल्टमीटर का प्रतिरोध अत्यधिक उच्च होता है। अतः वोल्टमीटर को श्रेणीक्रम में जोड़ने पर धारा शून्य हो जाएगी।

16. (A) $R = R_1 + R_2 = 1 + 3 = 4$ ओम, $V = 4$ वोल्ट

बैटरी से प्रवाहित धारा (i) $= \frac{V}{R} = \frac{4}{4} = 1$ ऐम्पियर

17. (A) $\because \; n = \frac{360^o}{\theta} - 1 \quad \therefore \; 11 = \frac{360^o}{\theta} - 1$

$\Rightarrow 12 = \frac{360^o}{\theta} \Rightarrow \theta = \frac{360^o}{12} = 30^o$

18. (A) 20^oC से 4^oC तक ठण्डा करने पर जल का आयतन कम होगा और 4^oC से 0^oC तक ठण्डा करने पर आयतन बढ़ेगा।

19. (B) $E \propto a^2 \Rightarrow \frac{E_1}{E_2} = \frac{a_1^2}{a_2^2} \Rightarrow \frac{a_1^2}{a_2^2} = \frac{9}{16} \Rightarrow \frac{a_1}{a_2} = \frac{3}{4}$

20. (B) $KE_1 = KE_2 \Rightarrow \frac{1}{2} m_1 v_1^2 = \frac{1}{2} m_2 v_2^2$

$\therefore \; \frac{1}{2} \times 4 \times v_1^2 = \frac{1}{2} \times 16 \times v_2^2 \Rightarrow v_1 = 2v_2$

रेखीय संवेगों में अनुपात $= \frac{m_1 v_1}{m_2 v_2} = \frac{4 \times 2v_2}{16 v_2} = \frac{1}{2}$

21. (B) $\frac{T_m}{T_e} = \sqrt{\frac{g_e}{\frac{g_e}{6}}} = T_m = \sqrt{6} \times T = 2\sqrt{6} = 4.9$ सेकण्ड

22. (A) यदि दर्पण को θ कोण से घुमाया जाए, तो परावर्तित किरण 2θ कोण से घूम जाती है।

23. (A) पराश्रव्य तरंगों की आवृत्ति 20000 हर्ट्ज से अधिक है। अतः इनकी तरंगदैर्घ्य सबसे कम है।

24. (B) चूंकि शक्ति धनात्मक है। अतः प्रयुक्त लेन्स उत्तल है। अतः व्यक्ति की आंख में दूर दृष्टिदोष है।

25. (B) $u = 0, a = +g$

$\therefore \quad h = \frac{1}{2} g t^2$

$\Rightarrow \quad t = \sqrt{\frac{2h}{g}} \Rightarrow \frac{t_1}{t_2} = \sqrt{\frac{h_1}{h_2}}$

26. (A) **27.** (D)

28. (A) ध्वनि द्वारा चली गई दूरी $= 344 \times 4 = 1376$ मी

पुनः ध्वनि द्वारा चली गई दूरी

$= 2 \times$ बालक से चट्टान की दूरी

$1376 = 2 \times$ बालक से चट्टान की दूरी

बालक से चट्टान की दूरी $= \frac{1376}{2} = 688$ मी

29. (C) पिण्ड का त्रुटि रहित भार $= \sqrt{w_1 \times w_2}$

30. (A) शक्ति (P) $= \frac{W}{t}$ (इकाई का समय में किया गया कार्य)

$\therefore \quad W = P \times t$

$\Rightarrow \quad F \times s = P \times t \Rightarrow ma \times s = P \times t$

$\Rightarrow \; m \times \frac{2s}{t^2} \times s = P \times t \quad \left(\because s = 0 + \frac{1}{2} a t^2\right)$

$\Rightarrow \quad s^2 = \frac{Pt^2}{2m} \Rightarrow s^2 \propto t^3 \Rightarrow s \propto t^{3/2}$

31. (C) वायु के सम्पर्क में ब्लीचिंग पाउडर बेकार हो जाता है, यह अपघटन द्वारा Cl_2 उत्पन्न करता है।

32. (C) एल्युमिना से पिघले लवण में विद्युत अपघटन एल्युमीनियम प्राप्त किया जाता है।

33. (B) $4\,FeS_2 + 11O_2 \rightarrow 2\,Fe_2O_3 + 8\,SO_2$

$4(56+64) = 480$ ग्राम

FeS_2 से प्राप्त $SO_2 = 8 \times 22.4$ लीटर

$\therefore$ 600 ग्राम (0.6 किग्रा) FeS_2 से प्राप्त SO_2

$= \frac{8 \times 22.4 \times 600}{480} = 224$ लीटर

34. (C) $_{92}U^{235}$ यूरेनियम के प्रति नाभिक विखण्डन से 200 Mev ऊर्जा प्राप्त होती है।

35. (D) निर्जल सोडियम एसिटेट तथा सोडालाइम के मिश्रण को करने पर, मेथेन गैस बनती है।

सोडालाइम = CaO + NaOH

$CH_3COONa + NaOH \xrightarrow{CaO} \underset{\text{मेथेन}}{CH_4} + Na_2CO_2$

36. (B) C_2H_2 की सजातीय श्रेणी एल्काइन है तथा इसका आई. यू. पी. ए. सी. नाम एथाइन है जबकि साधारण नाम एसीटिलीन है।

37. (C) गैस का अणुभार = 2 × वाष्पघनत्व = 2 × 8 = 16

$\therefore$ 16 ग्राम गैस का NTP पर आयतन = 22.4 लीटर

$\therefore$ 8 ग्राम गैस का NTP पर आयतन = 11.2 लीटर

38. (C) एथिलीन जब $KMnO_4$ के तनु क्षारीय विलयन के साथ क्रिया करती है, तो ऑक्सीकृत हो जाती है, $KMnO_4$ को रंगहीन कर देती है तथा ग्लाइकोल बनाती है।

39. (C) दो परमाणुओं के मध्य इलेक्ट्रॉनों के स्थानान्तरण से बना बन्ध विद्युत संयोजी बन्ध होता है। NaCl विद्युत संयोजी बनाता है। चूंकि Na एक इलेक्ट्रॉन देकर तथा Cl एक इलेक्ट्रॉन लेकर स्थायी संरचना प्राप्त कर लेते हैं।

$Na^{\circ}1 + :\ddot{C}l: = Na:\ddot{C}l:$

(2, 8, 1) (2, 8, 7) (2, 8) (2, 8, 8)

40. (D) 1 मोल इलेक्ट्रॉन = 6.023×10^{23} इलेक्ट्रॉन

0. 1 मोल इलेक्ट्रॉन = 6.023×10^{22} इलेक्ट्रॉन

1 इलेक्ट्रॉन पर आवेश = 1.6×10^{-19} कूलॉम

$\therefore 6.023 \times 10^{22}$ इलेक्ट्रॉन पर आवेश

$= 1.6 \times 10^{-19} \times 6.023 \times 10^{22} = 9636.8 \simeq 9650$ कूलॉम

41. (C) MCl = 2 × वाष्पघनत्व = 2 × 36 = 72

ग्राह्म के विसरण नियम से,

Cl = 2 × वाष्पघनत्व = 2 × 36 = 72

$\frac{V_{Cl}}{V_{\mu}} \times \frac{t_H}{t_{cl}} = \sqrt{\frac{M_H}{M_{Cl}}} \Rightarrow \frac{30}{25} \times \frac{40}{t_{cl}} = \sqrt{\frac{2}{72}} = \frac{1}{6}$

$\Rightarrow t_{cl} = \frac{30 \times 40 \times 6}{25} = 288$ सेकण्ड

42. (A) 6 परमाणु क्रमांक का तत्व C है, जिसका इलेक्ट्रॉनिक विन्यास 2, 4 है। सबसे बाह्य कोश में 4 इलेक्ट्रॉन हैं। अत: यह IV समूह में होगा।

43. (A) 19 परमाणु क्रमांक वाला तत्व K (पोटैशियम) है, जिसका इलेक्ट्रॉनिक विन्यास 2, 8, 8, 1 है।

44. (C) धातु का तुल्यांकी भार = $\frac{\text{धातु का भार}}{\text{प्रयुक्त } O_2 \text{ का भार}} \times 8$

$\Rightarrow \quad E = \frac{2.4}{1.6} \times 8 = 12$

$\because$ परमाणु भार = तुल्यांकी भार × संयोजकता

$\Rightarrow 32 = 12 \times V \Rightarrow V = \frac{32}{12} = 3$ (पूर्ण संख्या)

सूत्र $= M_xO_y = (M^{3+})_2(O^{2-})_3 = M_2O_3$

45. (A) कठोर जल को मृदु जल बनाने के कैलगन विधि में सोडियम मैटाफॉस्फेट $Na_2[Na_4(PO_3)_6]$ अर्थात् $Na_6P_6O_{18}$ का प्रयोग किया जाता है।

46. (C) एक ही तत्व के वे परमाणु जिनका परमाणु क्रमांक तो समान हो, लेकिन परमाणु भार भिन्न-भिन्न है, समस्थानिक (आइसोटोप) कहलाते हैं। परमाणु क्रमांकों के समान होने का अर्थ है इलेक्ट्रॉनों की संख्या का समान होना। अत: आइसोटोप में इलेक्ट्रॉनों की संख्या समान होती है। लेकिन परमाणु में इलेक्ट्रॉनों तथा प्रोटॉनों की संख्या समान होती है। अत: विकल्प (A) तथा (B) दोनों सही हैं।

47. (D) तरल पेट्रोलियम गैस एथेन, प्रोपेन तथा ब्यूटेन का मिश्रण होती है।

48. (C) कार्बन मोनोऑक्साइड (CO) गैस वायु को सबसे अधिक प्रदूषित करती है।

49. (B) $2KClO_3 \rightarrow 2KCl + 3O_2$

3 मोल O_2 के लिए $KClO_2$ = 2मोल

15 मोल O_2 के लिए $KClO_3 = \frac{2 \times 15}{3} = 10$ मोल

50. (D) क्लोरीन का प्रयोग प्रतिरोधी (antiseptic) के रूप में धोने में किया जाता है।

51. (C) 112 सेमी^{2} वायु विस्थापित होती है = 0.45 ग्राम पदार्थ 22400 सेमी^{3} वायु विस्थापित होगी

$= \frac{0.45 \times 22400}{112} = 90$ ग्राम

अत: पदार्थ का अणुभार 90 है।

52. (A) $CaCO \rightarrow CaCl + CO_2$

$40+12+48 \quad 12+32$
$= 100$ ग्राम $\quad = 44$ ग्राम
44 ग्राम CO_2 के लिए आवश्यक $CaCO_3 = 100$ ग्राम
2.2 ग्राम CO_2 के लिए आवश्यक $CaCO_3$

$$= \frac{100 \times 2.2}{44} = 5 \text{ ग्राम}$$

53. (B) CaC_2 की ठण्डे पानी से क्रिया कराकर ऐसीटिलीन प्राप्त की जाती है

$$CaC_2 + 2H_2O \longrightarrow C_2H_2 + Ca(OH)_2$$

54. (C) C_2H_2 त्रिबन्ध युक्त हाइड्रोकार्बन है जोकि एल्काइन है।
$HC \equiv CH$ (एसीटिलीन)

55. (B) तेलों के हाहड्रोजनीकरण में Ni उत्प्रेरक का कार्य करता है।

56. (B) चूंकि नाइट्रोजन के ऑक्साइड का अणुभार 30 है। अत: स्पष्ट है कि इसका सूत्र (NO (14 + 16) है। अब N का परमाणु क्रमांक 7 तथा O का क्रमांक 8 है अत: इलेक्ट्रॉनों की संख्या $7+8=15$ है।

57. (A) Mg, अम्ल के साथ क्रिया करके H_2 गैस बनाता है।

$$Mg + H_2SO_4 \longrightarrow MgSO_4 + H_2 \uparrow$$

58. (B) माना S की ऑक्सीकरण संख्या x है। $Na_2S_4O_6$

$$2 \times 1 + 4x + 6 \times (-2) = 0 \Rightarrow x = 2.5$$

$\therefore$ S की ऑक्सीकरण संख्या $= 2.5$

59. (D) नीले थोथे को 100°C तक गर्म करने पर उसमें से 4 पानी के अणु निकल जाते हैं।

$$CuSO_4 \cdot 5H_2O \xrightarrow{100°C} CuSO_4 \cdot H_2O + 4H_2O$$

60. (A) K कोश में केवल एक उपकोश, L कोश में अधिक-से-अधिक 2 उपकोश, M कोश में अधिक-से-अधिक 3 उपकोश तथा N कोश में अधिक-से-अधिक 4 उपकोश होते हैं।
$\therefore$ M कोश में अधिक-से-अधिक तीन उपकोश s, p तथा d हो सकते हैं।

61. (A) माना $2^x = 3^y = 12^z = k$
$\Rightarrow 2 = k^{1/x}, 3 = k^{1/y}, 12 = k^{1/z}$
अब, $\quad 12 = 2 \times 2 \times 3$

$$\Rightarrow k^{\frac{1}{z}} = k^{\frac{2}{x}} \times k^{\frac{1}{y}} \Rightarrow k^{1/z}$$

$$= k^{2/x+1/y} \therefore \frac{1}{z} = \frac{2}{x} + \frac{1}{y}$$

62. (D) यहां, $(2x-3y)+(3y-4z)+(4z-2x)=0$
$\therefore (2x-3y)^3+(3y-4z)^3+(4z-2x)^3$
$= 3(2x-3y)(3y-4z)(4z-2x)$
[$\because$ यदि $a+b+c=0$, तब $a^3+b^3+c^3=3abc$]
$= (6x-9y)(4z-2x)(3y-4z)$

63. (A) $\sqrt{\dfrac{1+\cos\theta}{1-\cos\theta}} = \sqrt{\dfrac{2\cos^2\theta/2}{2\sin^2\theta/2}}$

$$= \sqrt{\frac{\cos^2\theta/2}{\sin^2\theta/2}} = \frac{\cos\theta/2}{\sin\theta/2}$$

$$= \tan\theta/2$$

64. (A) $2\sin^2 x + \sqrt{3}\cos x + 1 = 0$

$$\Rightarrow 2(1-\cos^2 x) + \sqrt{3}\cos x + 1 = 0$$

$$\Rightarrow 2\cos^2 x - \sqrt{3}\cos x - 3 = 0$$

$$\Rightarrow 2\cos^2 x - 2\sqrt{3}\cos x - \sqrt{3}\cos x - 3 = 0$$

$$\Rightarrow 2\cos x(\cos - \sqrt{3}) + \sqrt{3}(\cos x - \sqrt{3}) = 0$$

$$\Rightarrow (\cos - \sqrt{3})(2\cos x + \sqrt{3}) = 0$$

$$\Rightarrow \cos x = \sqrt{3} \text{ या } \cos x = -\frac{\sqrt{3}}{2}$$

$$\therefore \cos x = -\frac{\sqrt{3}}{2} \qquad [\because \cos x \neq \sqrt{3}]$$

65. (B) दी गई रेखा का समीकरण $x\cos\alpha + y\sin\alpha = p$ है। माना मध्य बिन्दु C के निर्देशांक (h, k) हैं।

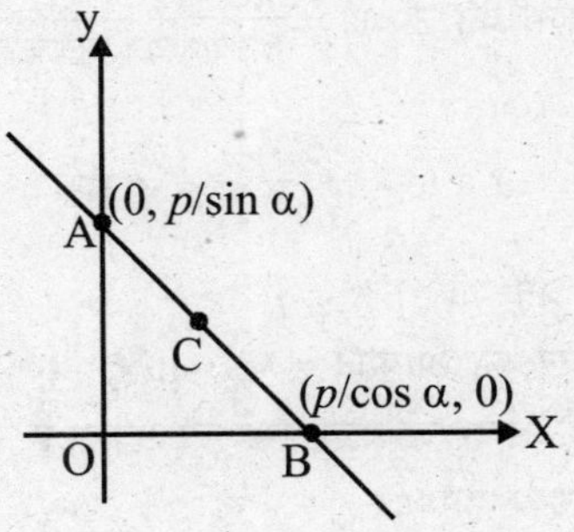

$x\cos\alpha + y\sin\alpha = p$

$$\therefore h = \frac{p}{2\cos\alpha}, k = \frac{p}{2\sin\alpha} \Rightarrow \frac{1}{h} = \frac{2\cos\alpha}{p}, \frac{1}{k}$$

$$= \frac{2\sin\alpha}{p^2}$$

$$\text{अब, } \frac{1}{h^2} + \frac{1}{k^2} = \frac{4\cos^2\alpha}{p^2} + \frac{4\sin^2\alpha}{p^2} = \frac{4}{p^2}$$

अत: अभीष्ट बिन्दुपथ $\dfrac{1}{x^2} + \dfrac{1}{y^2} = \dfrac{4}{p^2}$ है।

66. (B) माना गाड़ी की लम्बाई l मी तथा चाल v मी/से है।
प्लेटफॉर्म को पार करने में लगा समय,

$$t = \frac{l_1 + l_2}{v} \Rightarrow \frac{27}{2} = \frac{99 + l}{v} \quad ....(i)$$

खम्भे को पार करने में लगा समय,

$$t = \frac{l}{v} \Rightarrow 9 = \frac{l}{v} \quad ....(ii)$$

समी (i) को (ii) से विभाजित करने पर,

$$\frac{27}{2 \times 9} = \frac{99 + l}{l} \Rightarrow \frac{3}{2} = \frac{99 + l}{l}$$

$\Rightarrow 3l = 198 + 2l \Rightarrow l = 198$ मी

67. (A) $\because$ H, P और Q के मध्य हरात्मक माध्य है।

$$\therefore \text{H} = \frac{2\text{PQ}}{\text{P} + \text{Q}} \Rightarrow \frac{\text{H(P+Q)}}{\text{QP}} = 2 \Rightarrow \frac{\text{H}}{\text{Q}} + \frac{\text{H}}{\text{P}} = 2$$

68. (B) $\sin^6\theta + \cos^6\theta + 3\sin^2\theta\cos^2\theta$
$= (\sin^2\theta)^3 + (\cos^2\theta)^3 + 3\sin^2\theta\cos^2\theta$
$(\sin^2\theta + \cos^2\theta)$
$= (\sin^2\theta + \cos^2\theta)^3 = 1$

69. (D) प्रिज्म का आयतन $= 1920\sqrt{3}$ घन सेमी

आधार का क्षेत्रफल $= \frac{\sqrt{3}}{4} \times (16)^2 = 64\sqrt{3}$ घन सेमी

$\therefore$ प्रिज्म की ऊँचाई $= \frac{\text{आयतन}}{\text{आधार का क्षेत्रफल}}$

$$= \frac{1920\sqrt{3}}{64\sqrt{3}} = 30 \text{ सेमी}$$

70. (B) माना घन की भुजा $= a$
तब घन का आयतन $= \text{V}_1 = a^3$
घन के अन्दर जो गोला रखा जा सकता है, उसका व्यास भुजा के बराबर होगा।

$\therefore$ गोले की त्रिज्या (R) $= \frac{a}{2}$

गोले का आयतन $(\text{V}_2) = \frac{4}{3}\pi\text{R}^3 = \frac{4\pi}{3} \times \frac{a^3}{8} = \frac{\pi a^3}{6}$

$$\therefore \frac{\text{V}_1}{\text{V}_2} = \frac{a^3}{\pi a^3/6} = \frac{6}{\pi}$$

$\Rightarrow \text{V}_1 : \text{V}_2 = 6 : \pi$

71. (C) माना $y = \sqrt{3}\sin x + \cos x, \frac{dy}{dx} = \sqrt{3}\cos x - \sin x$

$\sqrt{3}\cos x - \sin x = 0$ रखने पर,

$\Rightarrow \tan x = \sqrt{3} \Rightarrow x = 60°$

अब, $\frac{d^2y}{dx^2} = -\sqrt{3}\sin x - \cos x$

$\Rightarrow \frac{d^2y}{dx^2} < 0$

$\therefore$ y, 60° पर अधिकतम मान रखता है।

72. (B) $8x - 3 = 0 \Rightarrow x = 3/8$ रेखा y-अक्ष के समानान्तर है।
रेखा $9x - 10y = 12$ को चित्र में AB द्वारा दिखाया गया है,
जहाँ $\text{A}\left(0, -\frac{6}{5}\right)$ तथा $\text{B}\left(\frac{4}{3}, 0\right)$ हैं।

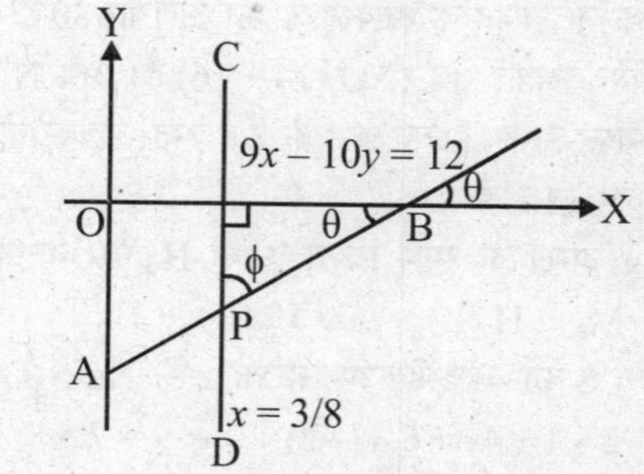

दोनों रेखाएं एक-दूसरे को p पर काटती हैं। माना इनके बीच का $\angle\text{CPB} = \phi$ है।

रेखा $9x - 10y = 12$ की प्रवणता, $m = -\frac{x \text{ का गुणांक}}{y \text{ का गुणांक}}$

$$= -\left(\frac{9}{-10}\right) = \frac{9}{10} \Rightarrow \tan\theta = \frac{9}{10}$$

$\therefore \tan\phi = \tan(90° - \theta) = \cot\theta = \frac{10}{9}$

73. (B) $\because$ PQ || RS

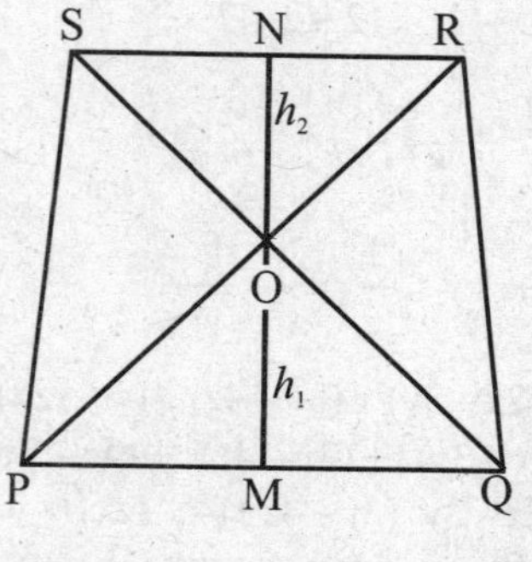

$\therefore$ ΔPOQ तथा D ROS समरूप हैं।
$\because$ PQ = 2 RS (दिया)

$\Rightarrow \quad \frac{PQ}{RS} = \frac{2}{1}$

$\therefore \quad \frac{h_1}{h_2} = \frac{PQ}{RS} = \frac{2}{1}$

$$\frac{\Delta \text{ POQ का क्षेत्रफल}}{\Delta \text{ ROS का क्षेत्रफल}} = \frac{\frac{1}{2} \times PQ \times h_1}{\frac{1}{2} \times RS \times h_2} = \frac{PQ}{RS} \times \frac{h_1}{h_2}$$

$$= \frac{2}{1} \times \frac{2}{1} = \frac{4}{1} = 4:1$$

74. (C) 8 पुरूष = 12 महिलाएँ $\Rightarrow$ 4 पुरुष = 6 महिलाएँ

$\because$ 10 दिन में 1 कार्य करती हैं = 12 महिलाएँ

$\because$ 5 दिन में 1 कार्य करेंगी $= \frac{12 \times 10}{5} = 24$ महिलाएँ

$\therefore$ 4 पुरुष + × महिलाएँ = 24 महिलाएँ

6 महिलाएँ + × महिलाएँ = 24 महिलाएँ

$\Rightarrow$ × = 24 – 6 = 18 महिलाएँ

75. (D) $\because \quad a + b = \sqrt{3}$

तथा $\quad a - b = \sqrt{2}$

$\therefore \quad (a+b)^2 = (a+b)^2 + 4\,ab$

$\Rightarrow \quad (\sqrt{3})^2 = (\sqrt{2})^2 + ab \Rightarrow 4\,ab = 3 - 2 = 1$

$\Rightarrow \quad ab = 1/4$ तथा $(a+b)2 = a^2 + b^2 + 2ab$

$\Rightarrow \quad (\sqrt{3}) = a^2 + b^2 + 2 \times 1/4$

$\Rightarrow \quad a^2 + b^2 = 3 - \frac{1}{2} = \frac{5}{2}$

$\therefore \quad 4\,ab(a^2 + b^2) = 4 \times \frac{1}{4} \times \frac{5}{2} = \frac{5}{2}$

76. (D) $\because$ A = {1, 2, 3}, B = {2, 3, 4), U = {1, 2, 3, 4, ...,9}

$\therefore$ A ∩ B = {2, 3} ⇒ (A ∩ B)' = U – (A ∩ B)

= {1, 4, 5, 6, 7, 8, 9}

77. (A) दिया है, $\quad 7x - 2y - 3 = 0$ ...(i)

तथा $\quad 11x - ky + 8 = 0$ ...(ii)

दोनों समीकरण असंगत हैं, यदि $\frac{a_1}{a_2} = \frac{b_1}{b_2} \neq \frac{c_1}{c_2}$

$$\Rightarrow \frac{7}{11} = \frac{-2}{-k} \neq \frac{-3}{8} \Rightarrow \frac{7}{11} = \frac{2}{k} \Rightarrow k = \frac{22}{7}$$

78. (C) PQ = h = 600 मी

A पर उन्नयन कोण = 30° तथा B पर उन्नयन कोण = 60°

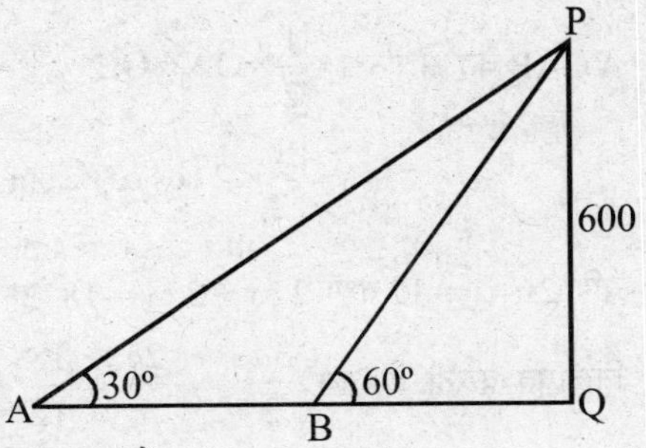

Δ APQ में,

$$\frac{PQ}{AQ} = \tan 30^\circ \Rightarrow \frac{600}{AQ} = \frac{1}{\sqrt{3}}$$

$\Rightarrow \quad AQ = 600\sqrt{3}$ ....(i)

Δ BPQ में,

$$\frac{PQ}{BQ} = \tan 60^\circ \Rightarrow \frac{600}{BQ} = \sqrt{3}$$

$\Rightarrow \quad BQ = \frac{600}{\sqrt{3}} = 200\sqrt{3}$ ....(ii)

$\therefore \quad AB = AQ - BQ = 600\sqrt{3} - 200\sqrt{3}$

$= 400\sqrt{3}$ मी

अतः $\quad$ चाल $= \frac{\text{दूरी}}{\text{समय}} = \frac{400\sqrt{3}}{10} = 40\sqrt{3}$ मी/मिनट

$= 40\sqrt{3} \times 60$

$= 2400\sqrt{3}$ मी/घण्टा

79. (C) माना रेखा अक्षों को A तथा B पर मिलती है।

$\because$ A पर, $\quad y = 0$

$\therefore \quad x\sin\alpha + 0 = \sin 2\alpha$

$\Rightarrow \quad x = \frac{2\sin\alpha\cos\alpha}{\sin\alpha} = 2\cos\alpha \Rightarrow OA = 2\cos\alpha$

तथा B पर, $x = 0$

$\therefore \quad 0 + y\cos\alpha = \sin 2\alpha$

$\Rightarrow \quad y = \frac{2\sin\alpha\cos\alpha}{\cos\alpha} = 2\sin\alpha$

$\Rightarrow \quad OB = 2\sin\alpha$

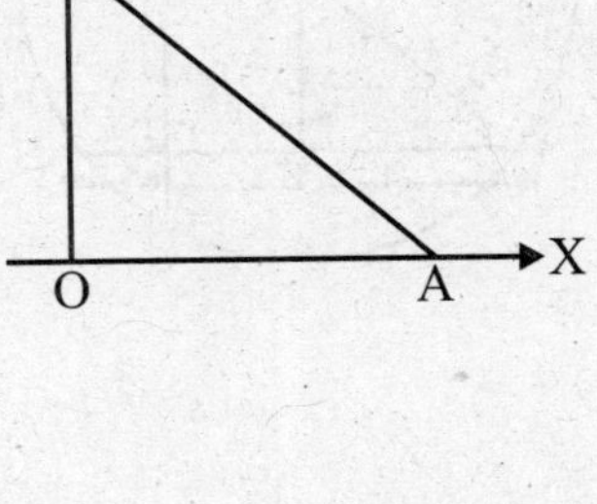

Δ OAB का क्षेत्रफल$= \frac{1}{2} \times OA \times OB$

$= \frac{1}{2} \times 2\cos\alpha \times 2\sin\alpha$

$= 2\sin\alpha\cos\alpha = \sin 2\alpha$

80. (A) यदि $2x - y = 12$ तथा $2ax + 2by = 18$ एक ही रेखा को निरूपित करती हैं, तब $\frac{3a}{2} = -\frac{2b}{1} = \frac{18}{12}$

$\Rightarrow \quad \frac{3a}{2} = \frac{3}{2} \Rightarrow a = 1$

तथा $\quad -\frac{2b}{1} = \frac{3}{2} \Rightarrow b = -\frac{3}{4}$

81. (A) माना समीकरण $4x^2 + 3x + 7 = 0$ मूल α और β हैं।

$\therefore$ मूलों का योगफल $\alpha + \beta = -\frac{3}{4}$

और मूलों का गुणनफल, $\alpha\beta = \frac{7}{4}$

$\therefore \quad \frac{1}{\alpha} + \frac{1}{\beta} = \frac{\alpha+\beta}{\alpha\beta} = \frac{\frac{-3}{4}}{\frac{7}{4}} = -\frac{3}{7}$

82. (C) $\because I = \frac{P \times R \times T}{100}$

$1062.5 - P = \frac{P \times R \times 5}{100 \times 2}$ ...(i)

तथा $\quad 1100 - P = \frac{P \times R \times 4}{100}$ ...(ii)

समी (i) व (ii) से,

$\frac{1062.5 - P}{1100 - P} = \frac{5}{8}$

$\Rightarrow \quad 8500.0 - 8P = 5500 - 5P$

$\Rightarrow \quad 3P = 3000 \Rightarrow P = ₹\ 1000$

समी (ii) से,

$1100 - 1000 = \frac{1000 \times R \times 4}{100} \Rightarrow 100 = 40R$

$\Rightarrow \quad R = \frac{5}{2}\%$

83. (C) $AE = 6, BE = 5, DE = 10, CE = 3$

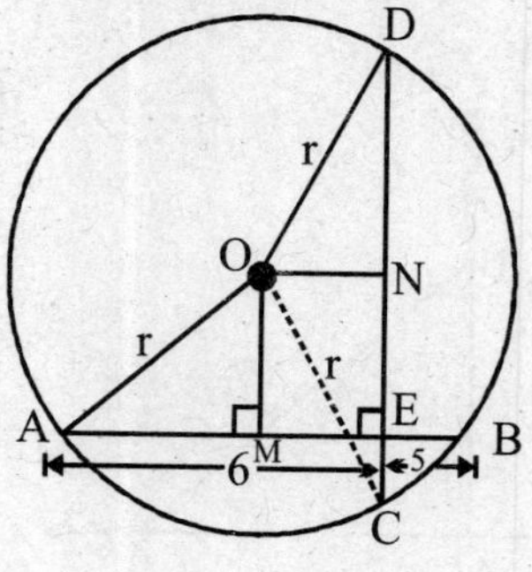

$BM = \frac{AB}{2} = \frac{6+5}{2} = \frac{11}{2}$

$ON = ME = BM - BE = \frac{11}{2} - 5 = \frac{1}{2}$

तथा $CN = \frac{CD}{2} = \frac{10+3}{2} = \frac{13}{2}$

Δ CON से,

$r^2 = CN^2 + ON^2 = \left(\frac{13}{2}\right)^2 + \left(\frac{1}{2}\right)^2$

$= \frac{170}{4}$

$\therefore \quad r = \sqrt{\frac{170}{4}} = \sqrt{\frac{170}{2}}$

$\therefore$ वृत्त का व्यास $= 2r = 2 \times \sqrt{\frac{170}{2}} = \sqrt{170}$

84. (A) $\because$ दी गई समीकरण के मूल वास्तविक हैं।

$\therefore \quad b^2 - 4ac \geq 0$

$\Rightarrow \quad (-8)^2 - 4 \times 1 \times (a^2 - 6a) \geq 0$

$\Rightarrow \quad 64 \geq 4(a^2 - 6a)$

$\Rightarrow \quad a^2 - 6a - 16 \leq 0$

$\Rightarrow \quad (a-8)(a+2) \leq 0$

$\Rightarrow \quad a \geq -2$ तथा $a \leq 8$

$\Rightarrow \quad -2 \leq a \leq 8$

85. (D) $A \subset B$ तथा $B \subset A$ अर्थ क्रमशः है कि समुच्चय A सभी अवयव समुच्चय B में हैं तथा समुच्चय B के सभी अवयव समुच्चय A में हैं। अतः A तथा B बराबर समुच्चय हैं।

86. (A) CD उभयनिष्ठ अनुस्पर्शी है।

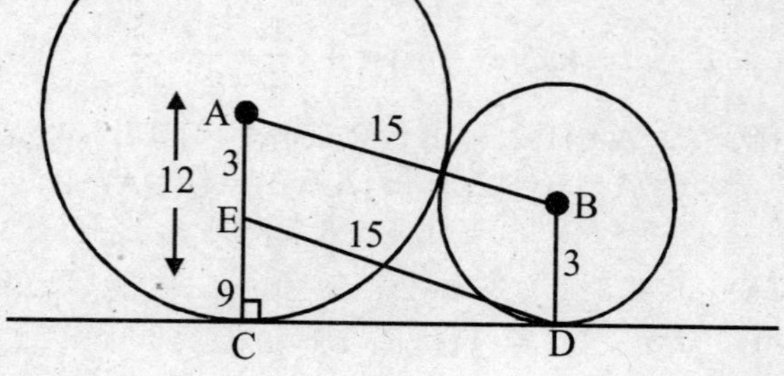

$AB = 12 + 3 = 15, CE = 12 - 3 = 9$

Δ ECD में, $CD^2 = DE^2 - CE^2 = 15^2 - 9^2$

$= 225 - 81 = 144 = 12^2$

$\therefore$ CD = 12 सेमी

87. (C) $\sec\theta$ का मान हमेशा 1 अधिक अथवा -1 से कम होता है।

अतः $\sec\theta \neq \frac{1}{2}$

88. (A) $\log_y x \times \log_z y \times z \log_p z = 1$

$$\Rightarrow \frac{\log x}{\log y} \times \frac{\log y}{\log z} \times \frac{\log z}{\log p} = 1 \Rightarrow \frac{\log x}{\log p} = 1$$

$$\Rightarrow \log x = \log p \Rightarrow x = p \Rightarrow p = x$$

89. (C) $$\frac{3+\sqrt{6}}{5\sqrt{3} - 2\sqrt{12} - \sqrt{32} + \sqrt{50}}$$

$$= \frac{3+\sqrt{6}}{5\sqrt{3} - 4\sqrt{3} - 4\sqrt{2} + 5\sqrt{2}}$$

$$= \frac{3+\sqrt{6}}{\sqrt{3}+\sqrt{2}} \times \frac{\sqrt{3}-\sqrt{2}}{\sqrt{3}-\sqrt{2}}$$

$$= \frac{3\sqrt{3} - 3\sqrt{2} + \sqrt{18} - \sqrt{12}}{3-2}$$

$$= 3\sqrt{3} - 3\sqrt{2} + 3\sqrt{2} - 2\sqrt{3} = \sqrt{3}$$

90. (C)

x	1	2	3	4	5	6	7
बारम्बारता	3	7	10	10	11	5	4
संचयी बारम्बारता	3	10	20	30	41	46	50

माध्यिका $= \left(\frac{50}{2} + 1\right)$ वें पद का मान

$= 26$ वें पद का मान $= 4$

बिहार पॉलिटेक्निक संयुक्त प्रवेश परीक्षा,

हल प्रश्न-पत्र-2013

भौतिक विज्ञान

1. किस विद्युत् चुम्बकीय विकिरण का तरंगदैर्घ्य 4×10^{-7} मीटर से $7{\cdot}5 \times 10^{-7}$ मीटर के बीच होता है?

(A) पराबैंगनी किरणें (B) दृश्य प्रकाश

(C) रेडियो तरंगें (D) अवरक्त तरंगें

2. प्लांक नियतांक का मान बताएं–

(A) $6{\cdot}63 \times 10^{34}$ जूल-सेकण्ड

(B) $6{\cdot}63 \times 1^{-34}$ जूल-सेकण्ड

(C) $6{\cdot}36 \times 10^{-34}$ जूल-सेकण्ड

(D) $6{\cdot}63 \times 10^{-34}$ जूल-सेकण्ड

3. किस विकिरण का वेग प्रकाश से कम होता है?

(A) अल्फा किरणें (B) गामा किरणें

(C) पराबैंगनी किरणें (D) एक्स किरणें

4. 300 मीटर तरंगदैर्घ्य वाले विद्युत चुम्बकीय विकिरण की आवृत्ति होती है–

(A) 10^6 हर्ट्ज (B) 10^8 हर्ट्ज

(C) 10^9 हर्ट्ज (D) 10^5 हर्ट्ज

5. एक व्यक्ति रत्नों के ढेर से वास्तविक और कृत्रिम रत्नों को अलग करना चाहता है, तो उसे किस विकिरण का उपयोग करना चाहिए?

(A) पराबैंगनी किरणें (B) अवरक्त किरणें

(C) एक्स किरणें (D) लेजर प्रकाश

6. एक व्यक्ति ने मशीन के हिस्से में टूट का पता लगाने के लिए गलती से अवरक्त किरणों का उपयोग किया इसके लिए उसे किस विकिरण का उपयोग करना चाहिए था?

(A) एक्स किरणें (B) पैराबैंगनी किरणें

(C) सूक्ष्म तरंगें (D) दृश्य प्रकाश

7. निम्नलिखित में से कौन-सी विद्युत चुम्बकीय तरंगों की विशेषता नहीं है?

(A) अनुप्रस्थ तरंगें

(B) केवल निर्वात ही प्रसार का उपयुक्त पारदर्शी माध्यम है

(C) गमन के लिए वस्तु माध्यम की आवश्यकता होती है

(D) विभिन्न आवृत्तियों का विकिरण धातु के साथ अलग व्यवहार करता है

8. गैस लेजर में किन गैसों के मिश्रण का उपयोग किया जाता है?

(A) क्लोरीन और ऑक्सीजन (B) हाइड्रोजन और हीलियम

(C) हीलियम और नाइट्रोजन (D) हीलियम और नियॉन

9. आइन्स्टाइन का प्रकाश विद्युत् प्रभाव का समीकरण है–

(A) $\frac{1}{2}mv^2 = hv + W$ (B) $\frac{1}{2}mv^2 = hv - W$

(C) $\frac{1}{2}mv^2 = hW - v$ (D) $\frac{1}{2}v^2 = hv - W$

10. LASER का विस्तारित रूप हैं–

(A) Light Amplification by Stimulated Emission of Radiation

(B) Light Amplification by Spontaneous Emission of Radiation

(C) Light Absorption by Stimulated Emission of Radiation

(D) Light Absorption by Spontaneous Emission of Radiation

11. विद्युत् चुम्बकीय तरंगें हैं–

(A) देशांतर तरंगें (B) लम्बवत् तरंगें

(C) समानान्तर तरंगें (D) अनुप्रस्थ तरंगें

12. विद्युत् चुम्बकीय विकिरण जिसका उपयोग एक प्रभावशाली निर्जनक के रूप से होता है, वह है–

(A) अवरक्त (B) पराबैंगनी

(C) गामा किरणें (D) सूक्ष्म तरंगें

13. किस विद्युत् चुम्बकीय विकिरण का उपयोग रक्त संचार को उद्दीप्त करने के लिए किया जाता है?

(A) अवरक्त तरंगें (B) पराबैंगनी तरंगें

(C) सूक्ष्म तरंगें (D) रेडियो तरंगें

14. निम्नलिखित में से कौन-सी विद्युत् चुम्बकीय तरंग नहीं है?

(A) रेडियो तरंगें (B) अवरक्त तरंगें

(C) ध्वनि तरंगें (D) पराबैंगनी तरंगें

15. किसी विद्यालय के पास स्वसंचालित यातायात सिगनल को लगाया जाना है, यह सिगनल किस सिद्धांत पर आधारित है?

(A) लेजर (B) होलोग्राफी

(C) रेडियोग्राफी (D) प्रकाश विद्युत् प्रभाव

16. प्रकाश विद्युत् प्रभाव के कारण उत्सर्जित कण है–

(A) फोटॉन (B) इलेक्ट्रॉन

(C) न्यूट्रॉन (D) प्रोटॉन

17. उस बल का नाम बताइए, जो आभासी है, जिसका वास्तविक अस्तित्व नहीं होता है और जिसे उत्पन्न नहीं किया जा सकता है–

(A) यांत्रिक (B) विद्युत्

(C) केन्द्रापसारी (D) केन्द्राभिसारी

18. उस ग्रह का नाम बताइए जिसकी खोज यूरेनस के कक्ष में होने वाले विचलन के निरीक्षण द्वारा की गई है–

(A) वरुण (B) प्लूटो

(C) शनि (D) बृहस्पति

19. उस प्रथम भारतीय कृत्रिम उपग्रह का नाम बताएं, जिसे 1975 में प्रक्षेपित किया गया था–

(A) भास्कर (B) आर्यभट्ट

(C) आई आर एस.1 ए (D) इन्सैट

20. कौन-सा समीकरण गुरुत्वाकर्षण के कारण त्वरण का मान दर्शाता है?

(A) $F = Gm_1 m_2/d^2$ (B) $F = GMm/R^2$

(C) $g = GM/R^2$ (D) $F = GMm/(R+h)^2$

21. कौन-सा यंत्र प्रकाश विद्युत् प्रभाव पर कार्य करता है?

(A) रडार (B) लेजर

(C) सोनार (D) फोटो सेल

22. किसी आकाशगंगा के वर्णक्रम में लाल विचलन उसके..........पर निर्भर करता है।

(A) चाल (B) द्रव्यमान

(C) आकृति (D) आकार

23. प्रकाश मण्डल में बनने वाले छोटी आकृतियों को कहते हैं–

(A) कणिका (B) कण्टिका

(C) सौर धब्बा (D) सौर उत्कर्ष

24. स्पेक्ट्रोस्कोप में प्रिज्म के पहले और बाद में लेन्स रखने पर–

(A) एकवर्गीय प्रकाश प्राप्त होता है

(B) अतिव्याप्तता कम होती है

(C) किरणें समान्तर होती हैं

(D) रंगों का पुनर्युग्मन होता है

25. निम्नलिखित में से कौन-सी परिस्थिति में हम एक चालक में ई.एम.एफ. प्रवाहित करते हैं? जब चालक–

(A) हवा में घूमते हैं

(B) सेल से जोड़ा जाता है

(C) डायनेमो से जोड़ा जाता है

(D) चुम्बकीय क्षेत्र द्वारा अलग किया जाता है

26. प्रेरित ई.एम.एफ. को प्रभावित करने वाले कारक हैं–

I. क्वाइल में चक्करों की संख्या

II. क्वाइल के पदार्थ की प्रतिरोधकता

III. क्वाइल से जुड़े चुम्बकीय क्षेत्र की दर में परिवर्तन

IV. चुम्बक की दिशा

(A) I और II (B) I और III

(C) II और IV (D) II और III

27. फ्लेमिंग के दाएं हाथ के नियम में मध्यमा..................की दिशा दर्शाती है।

(A) विद्युत् धारा (B) चुम्बकीय क्षेत्र

(C) प्रेरित धारा (D) यांत्रिक बल

28. डायनेमो–

(A) ऊर्जा का स्रोत है

(B) ऊर्जा का परिवर्तक है

(C) ऊर्जा संचित करने का यंत्र है

(D) विद्युत चुम्बक है

29. निम्नलिखित में से कौन एक रेखीय उत्सर्जन वर्णक्रम उत्पन्न करता है?

(A) सूर्य का प्रकाश (B) उद्दीप्त लैंप

(C) मोमबत्ती (D) गैस

30. आकाशगंगा का पता सबसे पहले किसने लगाया?

(A) न्यूटन (B) केप्लर

(C) गैलीलियो (D) कॉपरनिकस

रसायन विज्ञान

31. परमाणु संयंत्रों को बन्द किया जाना है। इस क्रिया को बन्द करने में उपयोग में लाई जाने वाली छड़ें बनी होती हैं–

(A) कैडमियम (B) यूरेनियम

(C) स्टील (D) तरल सोडियम

32. यदि 1 मिलीग्राम द्रव्य को पूर्ण रूप से ऊर्जा में परिवर्तित किया जाता है, तब उत्पन्न ऊर्जा होती है–

(A) 9×10^{11} जूल (B) 9×10^{10} जूल

(C) 6×10^{10} जूल (D) $8{\cdot}5 \times 10^{10}$ जूल

33. नाभिकीय संयंत्र के ताप स्थानान्तरक में क्वाईल के आकार में एक पाइप अन्दर पानी ले जाता है, क्योंकि–

(A) पाइप की लम्बाई बढ़ाने के लिए

(B) पाइप को आधार देने के लिए

(C) ऊर्जा के अवशोषण क्षेत्र को बढ़ाने के लिए

(D) एक्सचेन्जर के अन्दर अधिक क्षेत्र पाने के लिए

34. प्रोटॉन और न्यूट्रॉन मिलकर कहलाते हैं–

(A) न्यूक्लियांस (B) न्यूक्लिक्स

(C) न्यूक्लियोलस (D) न्यूक्लिआई

35. क्रिया जिसमें एक उच्च नाभिक दो मध्य आकार के नाभिकों में टूटता है और असंख्य मात्रा में ऊर्जा उत्पन्न करता है–

(A) नाभिकीय संलयन (B) नाभिकीय विखण्डन

(C) रासायनिक क्रिया (D) शृंखला अभिक्रिया

36. कार्य की SI इकाई होती है–

(A) वाट (B) कैलोरी

(C) जूल (D) ऐम्पियर

37. $E = mc^2$ में c है–

(A) प्रकाश की तीव्रता

(B) निर्वात में प्रकाश की तीव्रता

(C) ध्वनि की तीव्रता

(D) हवा में ध्वनि की तीव्रता

38. द्रव्यमान में कमी मापने के लिए उपयोग किया जाने वाला यंत्र है–

(A) स्पेक्ट्रोग्राफ (B) द्रव्यमान स्पेक्ट्रोग्राफ

(C) स्पेक्ट्रोस्कोप (D) ओसिलोग्राफी

39. एक अणु में नाभिक से न्यूक्लियान्स को अलग करने में लगने वाली ऊर्जा को क्या कहते हैं?

(A) नाभिकीय ऊर्जा (B) बंधन ऊर्जा

(C) न्यूक्लियॉन ऊर्जा (D) समायोजी ऊर्जा

40. आइंस्टीन के ऊर्जा-द्रव्यमान का सम्बन्ध है–

(A) $E = hv$ (B) $E = mc^2$

(C) $E = m^2c$ (D) $E = Mc^2$

41. $_ZX^A$ में Z दर्शाता है–

(A) परमाणु द्रव्यमान (B) द्रव्यमान संख्या

(C) न्यूक्लियॉन संख्या (D) परमाणु क्रमांक

42. रेडियो सक्रिय तत्व होते हैं–

(A) स्थिर (B) अस्थिर

(C) विरल (D) अत्यधिक क्रियाशील

43. एक नाभिकीय क्रिया के दौरान मुक्त ऊर्जा होती है–

(A) यांत्रिक ऊर्जा (B) नाभिकीय ऊर्जा

(C) बंधन ऊर्जा (D) रासायनिक ऊर्जा

44. $_{88}Ra^{226}$ में न्यूट्रॉनों की संख्या है–

(A) 138 (B) 148

(C) 158 (D) 168

45. रेडियोसक्रियता की खोज की–

(A) बेकुरल (B) क्यूरी

(C) रदरफोर्ड (D) जॉलीओट

46. प्रथम रेडियो सक्रिय तत्व, जिसकी खोज की गई–

(A) $_{88}Ra^{226}$ (B) $_{92}U^{235}$

(C) $_{84}Po^{204}$ (D) $_{82}Pb^{208}$

47. एक कृत्रिम तत्व जिसका उपयोग नाभिकीय ईंधन के रूप में होता है–

(A) U^{235} (B) U^{238}

(C) Pu^{239} (D) Pu^{238}

48. ट्राइटियम और ड्यूटीरियम के सम्मिश्रण से उत्पन्न एक अक्रिय गैसीय तत्व है–

(A) नियॉन (B) हीलियम

(C) क्रिप्टॉन (D) न्यूट्रॉन

49. भारी जल का रासायनिक नाम है–

(A) ड्यूटीरियम मोनोक्साइड (B) ड्यूटीरियम ऑक्साइड

(C) ड्यूटीरियम डाइऑक्साइड (D) ट्राइटियम ऑक्साइड

50. नए परमाणु संयंत्र का निर्माण सलाह योग्य नहीं है, क्योंकि–

(A) इससे ऊर्जा संकट कम होता है

(B) इसमें अधिक धन व्यय होता है

(C) परमाणु संयंत्र से निकलने वाले परमाणु कचरे का सुरक्षित निष्पादन लगभग असंभव है

(D) नाभिकीय ईंधन को प्राप्त करना बहुत मुश्किल है

51. U^{235} के विखण्डन से पैदा होने वाले तत्वों को बताइए–

(A) बेरियम और जीनॉन (B) जीनॉन और ब्रोमीन

(C) बेरियम और ब्रोमीन (D) बेरियम और क्रिप्टॉन

52. नाभिकीय अभिक्रिया जिसमें दो या दो से अधिक हल्के नाभिक जुड़कर भारी नाभिक बनाते हैं जो पर्याप्त मात्रा में ऊर्जा उत्सर्जित करते हैं, इस क्रिया को कहते हैं–

(A) नाभिकीय संलयन (B) नाभिकीय विखण्डन

(C) क्रांतिक द्रव्यमान (D) शृंखला अभिक्रिया

53. प्रोटॉनों और न्यूट्रॉनों के द्रव्यमानों का अनुपात होता है–

(A) >1 (B) <1

(C) $=1$ (D) $>\sqrt{1}$

54. सूर्य में होने वाली क्रिया है–

(A) रासायनिक अभिक्रिया

(B) नाभिकीय विखण्डन

(C) अनियंत्रित शृंखला अभिक्रियाएं

(D) तापीय नाभिकीय संलयन

55. क्रांतिक आकार है–

(A) विखण्डनीय पदार्थ का वह छोटे से छोटा आकार जो विखण्डन शृंखला अभिक्रिया को जारी रखने के लिए आवश्यक है

(B) विखण्डनीय पदार्थ का वह बड़े से बड़ा आकार जो विखण्डन शृंखला अभिक्रिया को जारी रखने के लिए आवश्यक है

(C) विखण्डनीय पदार्थ का वह छोटे से छोटा आकार जो विखण्डन की सीमित शृंखला अभिक्रिया को जारी रखने के लिए आवश्यक है

(D) विखण्डनीय पदार्थ का वह बड़े से बड़ा आकार जो विखण्ड की सीमित शृंखला अभिक्रिया को जारी रखने के लिए आवश्यक है

56. जब स्थायी एल्युमिनियम पर उच्च ऊर्जा अल्फा कणों की बौछार की जाती है, तो यह किस अणु भार वाले समस्थानिक में परिवर्तित हो जाता है?

(A) 15 (B) 24

(C) 29 (D) 30

57. नाभिक में न्यूक्लियांस परस्पर बंधे होते हैं–

(A) स्थिर वैद्युत बल (B) नाभिकीय बल

(C) चुम्बकीय बल (D) विद्युत् बल

58. ऊर्जा की SI इकाई है–

(A) जूल (B) अर्ग

(C) कैलोरी (D) ऐम्पियर

59. सामान्य परमाणु संख्या वाले तत्वों में यदि समान प्रोटॉन हों किंतु न्यूट्रॉनों की संख्या भिन्न हो, तो कहलाते हैं–

(A) समावयव (B) समस्थानिक

(C) समभारिक (D) समाकृतिक

60. $_{+i}e^{0}$............का प्रतिनिधित्व होता है।

(A) इलेक्ट्रॉन (B) प्रोटॉन

(C) फोटोन (D) पॉजिट्रॉन

गणित

61. यदि 3, x, 7 हरात्मक श्रेणी में है, तो x का मूल्य होगा–

(A) 21/5 (B) 5

(C) $\sqrt{21}$ (D) 5/21

62. $^{n}C_0 - {}^{n}C_n$ का मूल्य............के बराबर होगा है।

(A) N (B) $\lfloor n$

(C) –1 (D) 0

63. षट्कोण के प्रत्येक फलक का आकार होता है–

(A) समत्रिभुज (B) नियमित त्रिभुज

(C) वर्गाकार (D) आयताकार

64. दो समान त्रिभुजों का क्षेत्रफल क्रमशः 120 वर्ग किमी और 480 वर्ग सेमी है, तो समवर्ती भुजाओं के युग्म का अनुपात होगा–

(A) 1 : 4 (B) 1 : 2

(C) 4 : 1 (D) 2 : 3

65. $a\sqrt{b+c}$ का परिमेय फैक्टर होगा–

(A) $a\sqrt{b+c}$ (B) $a\sqrt{b-c}$

(C) $a\sqrt{b}$ (D) $\sqrt{b}$

66. $^{5}P_2 - {}^{4}P_0 + {}^{3}P_1$ का मूल्य होगा–

(A) 22 (B) 13

(C) 9 (D) 4

67. परवलय एक ऐसा वक्र है जो............से बनता है।

(A) रैखिक समीकरण (B) घन समीकरण

(C) द्विघात समीकरण (D) युगपत समीकरण

68. यदि G.P. में $S_\infty = 3$ और $r = 1/3$ है, तो प्रथम पद है–

(A) 2 (B) 3

(C) 2/3 (D) 3/2

69. यदि x, y और z दो अलग संख्याओं के A.M., G.M. और H.M.हैं, तो निम्न में से कौन-सा तत्व है?

(A) $x < y < z$ (B) $x \geq y \geq z$
(C) $x = y = z$ (D) $x \leq y \leq z$

70. एक 16 सेमी लम्बाई की स्पर्शरेखा एक वृत्त के केन्द्र से 20 सेमी की दूरी पर खींची जाती है, तो वृत्त की त्रिज्या होगी–
(A) 12 सेमी (B) 16 सेमी
(C) 20 सेमी (D) 8 सेमी

71. किसी त्रिभुज की भुजाओं की क्रमशः लम्बाइयां 2 सेमी, 3 सेमी और 4 सेमी हैं, तो निम्न में से संख्याओं का कौन-सा सेट उपर्युक्त त्रिभुज के समान होगा?
(A) 4, 5, 6 (B) 5, 6, 7
(C) 12, 13, 14 (D) 6, 9, 12

72. एक मैट्रिक्स में A = A' हो, तो मैट्रिक्स होगा–
(A) स्केलर मैट्रिक्स (B) विषम सममितिक मैट्रिक्स
(C) इकाई मैट्रिक्स (D) सममितिक मैट्रिक्स

73. एक बेलन के आधार की परिमित 44 सेमी है और उसकी ऊंचाई 10 सेमी है, तो वक्र सतह का क्षेत्रफल होगा–
(A) 4·4 सेमी^{2} (B) 440 सेमी^{2}
(C) 440 मी^{2} (D) 34 सेमी^{2}

74. एक ज्यामितीय प्रोग्रेशन में $T_n = 2 \times 3^{n-1}$ है, तब T_5 होगा–
(A) 486 (B) 243
(C) 162 (D) 81

75. एक व्यक्ति लगातार 3 गोलियां पहले बक्से में, 5 दूसरे और 7 तीसरे बक्से में डालता है, तो 16 वें बक्से में डाली गई गोलियों की संख्या होगी–
(A) 66 (B) 33
(C) 31 (D) 35

76. एक वर्ग की परिमिति 20 सेमी है। विकर्ण की लम्बाई होगी–
(A) $10\sqrt{2}$ सेमी (B) 10 सेमी
(C) $5\sqrt{2}$ सेमी (D) 5 सेमी

77. एक सिक्वेंस में, $T_n = 2n^2 - 1$ में प्रथम दो टर्म का जोड़ा होगा–
(A) 3, 7 (B) 1, 3
(C) 1, 7 (D) 1, 15

78. सांख्यिकीय तथ्यों में 10 प्राप्तांकों के विचलनों के वर्गों का योग 130 है, उसका विचरण है–
(A) 1300 (B) 140
(C) 13 (D) 130

79. सांख्यिकीय तथ्यों का विचरण 16 है। उसका मानक विचलन है–
(A) 4 (B) 4.5
(C) 32 (D) 250

80. कौन-सा बहुभुज हमेशा समान होता है?
(A) समद्विबाहु त्रिभुज (B) समकोण त्रिभुज
(C) समचतुर्भुज (D) वर्ग

81. $(2x - 7)(3x - 5) = 0$ समीकरण का एक धनात्मक मूल है–
(A) 7/2 (B) 2/7
(C) 3/5 (D) 5/7

82. एक द्विघाती समीकरण के मूलों का योग –5 है और गुणनफल 4 है, तब समीकरण होगा–
(A) $x^2 + 5x + 4 = 0$ (B) $x^2 - 5x + 4 = 0$
(C) $x^2 + x - 20 = 0$ (D) $x^2 - x - 20 = 0$

83. दो ठोस गोलों की त्रिज्याओं के मध्य अनुपात 2 : 3 हो, तो उनके आयतनों के मध्य अनुपात होगा–
(A) 8 : 27 (B) 4 : 9
(C) 2 : 3 (D) 3 : 2

84. एक ठोस शंकु का आयतन 60 घन सेमी और उसके आधार का क्षेत्रफल 20 वर्ग सेमी हो, तो उसकी ऊंचाई होगी–
(A) 6 सेमी (B) 9 सेमी
(C) 12 सेमी (D) 18 सेमी

85. यदि 10 प्राप्तांकों का मानक विचलन 0 है, तो प्राप्तांक होंगे–
(A) एक-दूसरे के बराबर, किंतु चिह्नों में विपरीत
(B) एक-दूसरे के बराबर
(C) एक-दूसरे के बराबर नहीं
(D) एक से बढ़कर

86. एक समान्तर श्रेणी में यदि $S_5 = 35$ और $S_4 = 22$, तब 5 वां पद होगा–
(A) 35 (B) 10
(C) 13 (D) 22

87. यदि समीकरण $x^2 + 3x + q = 0$ के मूल का गुणनफल शून्य है, तो q होगा–
(A) 1 (B) 2
(C) 3 (D) 0

88. $x^2 - 56x = 9$, समीकरण में वर्गमूलों का योग है–
(A) 5 (B) –5
(C) 9/5 (D) – 9/5

89. $x^2 - 6x + 9 = 0$ समीकरण के मूल की प्रवृत्ति है–
(A) वास्तविक और परिमेय (B) वास्तविक और अपरिमेय
(C) बराबर (D) कॉम्पलेक्स

90. यदि $a + 2b + 3c = 0$ है, तब $a^3 + 8b^3 + 27c^3$ के बराबर होगा–
(A) $-3abc$ (B) $3abc$
(C) $18abc$ (D) $12abc$

उत्तर (हल / संकेत)

1. (B) दृश्य प्रकाश के तरंगदैर्घ्य का परिसर 4×10^{-7} मीटर से $7{\cdot}5 \times 10^{-7}$ मीटर के बीच है।

2. (D) प्लांक नियतांक $\hbar = 6{\cdot}63 \times 10^{-34}$ जूल-सेकण्ड

3. (A) अल्फा किरणों की चाल, प्रकाश की चाल का $\frac{1}{10}$ वां भाग है।

4. (A) $v = 3 \times 10^8$ मी/से = निर्वात में विद्युत् चुम्बकीय विकिरण की चाल

$\lambda = 300$ मी. $n = ?$

सूत्र : $v = n\lambda$

$\Rightarrow 3 \times 10^8 = n \times 300$

$\Rightarrow n = 10^6$ हर्ट्ज

5. (C)

6. (A) किसी मशीन के पुर्जे (जैसे–रेलगाड़ी का पहिया) के आंतरिक भाग में टूट-फूट या हवा के बुलबुले की उपस्थिति का पता लगाने के लिए एक्स-किरणों का उपयोग किया जाता है।

7. (C) विद्युत् चुम्बकीय तरंगें निर्वात में भी गमन करती हैं और पारदर्शी माध्यम में भी। इन तरंगों के गमन के लिए भौतिक माध्यम अनिवार्य नहीं है।

8. (D) गैस लेजर की प्राप्ति के लिए हीलियम एवं नियॉन गैसों के मिश्रण का उपयोग होता है। ये दोनों ही अक्रिय गैसें हैं। साथ ही, अन्य गैसों के मिश्रणों का उपयोग भी लेजर की प्राप्ति के लिए किया जाता है।

9. (B) यहां W कार्य फलन है।

10. (A) **11.** (D)

12. (B) पराबैंगनी विद्युत चुम्बकीय विकिरण का प्रयोग प्रभावशाली निर्जनक के रूप में होता है।

13. (A) चिकित्सा जगत् में अवरक्त किरणों का व्यापक रूप से उपयोग होता है। इन किरणों का उपयोग रक्त संचार को उद्दीप्त करने में भी किया जाता है। ये किरणें रक्त के संचार में मदद करती हैं।

14. (C) ध्वनि तरंगें विद्युत चुम्बकीय तरंगें नहीं हैं।

15. (D) स्वसंचालित यातायात सिगनल की कार्य-प्रणाली, प्रकाश विद्युत् प्रभाव के सिद्धांत पर आधारित है। प्रकाश विद्युत् प्रभाव की क्रिया में, जब विद्युत् चुम्बकीय विकिरण किसी धात्विक तल पर आपतित होता है, तो उसमें से इलेक्ट्रॉन उत्सर्जित होते हैं।

16. (B) **17.** (D)

18. (A) यूरेनस ग्रह की कक्षा में होने वाले विचलन की गणितीय गणना से स्पष्ट हो गया था कि आस-पास में कोई अनजान ग्रह है। इसके बाद ही नेप्च्यून की खोज हो गई।

19. (B)

20. (C) समीकरण $g = \frac{GM}{R^2}$ यहां G गुरुत्वाकर्षण स्थिरांक M द्रव्यमान तथा R त्रिज्या है।

21. (D) फोटो सेल प्रकाश वैद्युत प्रभाव पर काम करता है।

22. (A) आकाशगंगा के प्रकाश के स्पेक्ट्रम में रेड शिफ्ट से स्पष्ट हो गया था कि आकाशगंगा पृथ्वी से दूर जा रही है। ब्लू शिफ्ट से पता लगता है कि पिण्ड दर्शक की ओर जा रहा है।

23. (C) सूर्य की सतह का ताप गिरने से फोटोस्फेयर में सौर धब्बा बन जाता है।

24. (C)

25. (C)

26. (D)

27. (B)

28. (A) **29.** (B) **30.** (D)

31. (A) परमाणु संयन्त्र को बन्द करने में कैडमियम (Cd) को छड़ों का प्रयोग किया जाता है।

32. (B) amu $= 1{\cdot}66 \times^{-24}$

$= 1{\cdot}66 \times 10^{-21}$ mg

$= 1{\cdot}66 \times 10^{-21}$ mg $= 1$ amu

$\therefore$ 1 mg $= \frac{1}{1{\cdot}66 \times 10^{-21}}$ amu

$= 6{\cdot}0 \times 10^{20}$ amu

1 amu $= 931{\cdot}5 \times 10$ MeV

$\therefore$ $6{\cdot}0 \times 10^{20}$ amu $= 931{\cdot}5 \times 10^6 \times 6{\cdot}0 \times 10^{20}$ *eV*

$= 5{\cdot}589 \times 10^{29}$ eV

$\therefore$ 1 eV $= 1{\cdot}622 \times 10^{-19}$J

$\therefore$ $5{\cdot}589 \times 10^{29}$ eV $= 5{\cdot}589 \times 10^{29} \times 1{\cdot}622 \times 10^{-19}$ J

$= 9{\cdot}0 \times 10^{10}$ J

33. (C)

34. (A) प्रोटॉन तथा न्यूट्रॉन मिलकर न्यूक्लियान्स (nucleons) कहलाते हैं।

35. (B) (B) यह अभिक्रिया नाभिकीय विखण्डन (Nuclear fission) कहलाती है।

36. (C) कार्य का SI मात्रक जूल है।

37. (A) $E = mc^2$ में *c*, प्रकाश के वेग (3×10^{10} सेमी/सेकण्ड) को निरूपित करता है।

38. (B) द्रव्यमान क्षति के मापन के लिए द्रव्यमान स्पेक्ट्रोग्राफ (Mass Spectrograph) का प्रयोग किया जाता है।

39. (B) किसी परमाणु के नाभिक से न्यूक्लियान्स को पृथक करने के लिए आवश्यक ऊर्जा बन्धन ऊर्जा (Binding Energy) कहलाती है।

40. (A) $E = mc^2$ में c, प्रकाश के वेग (3×10^{10} सेमी/सेकण्ड) को निरूपित करता है।

41. (D) ${}_ZX^A$ में Z परमाणु क्रमांक (atomic number) को निरूपित करता है।

42. (B) रेडियोतत्व अस्थायी होते हैं।

43. (B) नाभिकीय अभिक्रिया में मुक्त ऊर्जा नाभिकीय ऊर्जा (Nuclear Energy) होती है।

44. (A) न्यूट्रॉनों की संख्या

= द्रव्यमान संख्या – परमाणु क्रमांक

$= 226 - 88 = 138$

45. (A) रेडियोसक्रियता की खोज बेकुरल ने 1896 में की थी।

46. (B) पोटैशियम यूरेनिल सल्फेट, $KUO_2(SO_4)_2$ के रूप में यूरेनियम प्रथम खोजा गया रेडियोसक्रिय तत्व था।

47. (C) Pu^{239} का प्रयोग नाभिकीय ईंधन के रूप में किया जाता है।

48. (B)

49. (A) भारी जल (D_2O) ड्यूटीरियम मोनोक्सॉइड होता है।

50. (C) नए परमाणु संयंत्र का निर्माण सलाह योग्य नहीं है, क्योंकि परमाणु संयन्त्र से निकलने वाले परमाणु कचरे का सुरक्षित निष्पादन लगभग असंभव है।

51. (D) ${}_{92}U^{235} + {}_0n^1 \longrightarrow {}_{56}Ba^{141} + {}_3Kr^{92} + 3{}_0n^1$

यूरेनियम बेरियम क्रिप्टॉन

$+ 200$ MeV

52. (B) **53.** (A)

54. (D) सूर्य में ताप नाभिकीय संलयन अभिक्रिया (Thermo nuclear fusion reaction) होती है।

55. (C)

56. (D) ${}_{13}Al^{22} + {}_2He^4 \rightarrow {}_{15}P^{30} + {}_0n^1$

57. (B) नाभिक में प्रोटॉन तथा न्यूट्रॉन (न्यूक्लियॉन) नाभिकीय बलों से बन्धित रहते हैं।

58. (A) ऊर्जा का SI मात्रक जूल होता है।

59. (B)

60. (A) ${}_{+1}e^0$ पॉजिट्रॉन को निरूपित करता है।

61. (A) H.P में

$$\frac{2}{x} = \frac{1}{3} + \frac{1}{7}$$

$$\frac{2}{x} = \frac{10}{21} \quad x = \frac{21}{5}$$

62. (D) $${}^nC_0 - {}^nC_n = \frac{n!}{0!(n-0)!} - \frac{n!}{n!(0-n)!}$$

$$= \frac{n!}{0!\,n!} - \frac{n!}{n!0!} = 0$$

63. (A) षट्कोण के प्रत्येक फलक का आकार समत्रिभुज होता है।

64. (B) समवर्ती भुजाओं के युग्म का अनुपात

$$= \sqrt{\frac{120}{480}} = \sqrt{\frac{1}{4}} = 1:2$$

65. (A) $a\sqrt{b+c}$ का परिमेय फैक्टर $a\sqrt{b+c}$ होगा।

66. (A) $${}^5P_2 - {}^4P_0 + {}^3P_1 = \frac{5!}{(5-2)!} - \frac{4!}{(4-0)!} + \frac{3!}{(3-1)!}$$

$$= \frac{5!}{3!} - \frac{4!}{4!} + \frac{3!}{2!} = 5 \times 4 - 1 + 3 = 22$$

67. (C) परवलय एक ऐसा वक्र है जो द्विघात समीकरण से बनता है।

68. (A) G. P. में

मात्रा प्रथम पद $= a$

तब, $S_\infty = \dfrac{a}{1-r}$

$$3 = \frac{a}{1-\frac{1}{3}}$$

$$3 = \frac{a}{2/3} \quad a = 3 \times \frac{2}{3}$$

$$a = 2$$

69. (B) माना दो संख्याएं 4 तथा 9 हैं।

तब, $AM = x$

$$= \frac{4+9}{2} = 6{\cdot}5$$

$$GM = y = \sqrt{4 \times 9} = 6$$

$$HM = z = \frac{1}{4} + \frac{1}{9} = \frac{13}{36}$$

अत: $x \geq y \geq z$

70. (A) माना वृत्त की त्रिज्या

$OQ = r$ सेमी

स्पर्श रेखा $PQ = 16$ सेमी

तथा $OP = 20$ सेमी

ΔOPQ में, $r^2 = 20^2 - 16^2$

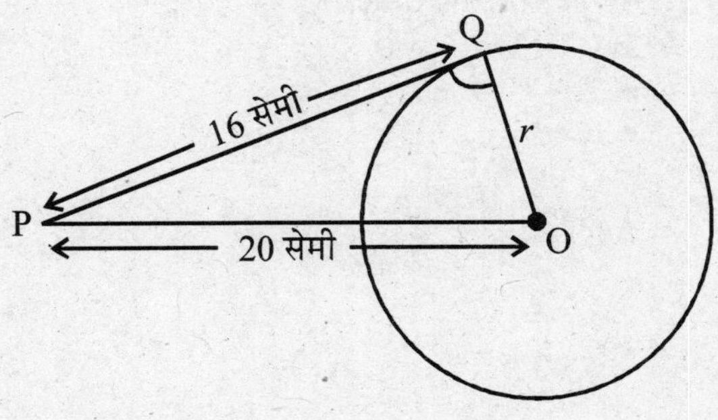

$r^2 = 144$

$r = 12$ सेमी

71. (D) यदि दो त्रिभुज समान होंगे, तो उनकी भुजाओं का अनुपात भी समान होगा। अतः सही विकल्प (D) है।

72. (D) एक मैट्रिक्स में $A = A'$ हो, तो मैट्रिक्स सममितिक मैट्रिक्स होगी।

73. (B) वक्र सतह का क्षेत्रफल = आधार की परिमित × ऊंचाई
$= 44 \times 10 = 440$ सेमी^{2}

74. (C) $T_n = 2 \times 3^{n-1}$
$n = 5$ रखने पर
$T_5 = 2 \times 3^{5-1}$
$= 2 \times 3^4 = 2 \times 81$
$T_5 = 162$

75. (B) श्रेणी A.P. बनेगी–
3, 5, 7..........
अब, $a = 3$
$d = 2$
तब, $T_{16} = a + (16 + 1)\,d$
$= 3 + 15 \times 2 = 33$
अतः 16 वें बक्से में डाली गई गोलियों की संख्या = 33

76. (C) माना वर्ग की भुजा $= n$
तब, परिमित = 20 सेमी
$4a = 20$
$a = 5$ सेमी

अतः विकर्ण की लमबाई $= a\sqrt{2} = 5\sqrt{2}$ सेमी

77. (C) $T_n = 2n^2 - 1$
$n = 1$ रखने पर
$T_1 = 2 \times 1^2 - 1 = 1$
$n = 2$ रखने पर
$T_2 = 2 \times 2^2 - 1$
$= 8 - 1 = 7$
अतः प्रथम दो टर्म का जोड़ा 1, 7 होगा।

78. (C) $$\text{विचरण} = \frac{\text{विचलनों के वर्गों का योग}}{\text{प्राप्तांकों की संख्या}} = \frac{130}{10} = 13$$

79. (A) मानक विचलन $= \sqrt{\text{विचरण}}$ $\sqrt{16} = 4$

80. (D) 'वर्ग' हमेशा समान होता है।

81. (A) $(2x - 7)(3x - 5) = 0$
$\Rightarrow 2x - 7 = 0$
$\Rightarrow 3x - 5 = 0$

$$\Rightarrow x = \frac{7}{2}$$

$$\Rightarrow x = \frac{5}{3}$$

समीकरण के मूल $\frac{7}{2}$ और $\frac{5}{3}$ हैं।

अतः विकल्प में $\frac{7}{2}$ दिया हुआ है।

82. (A) द्विघाती समीकरण–
$x^2 -$ (मूलों का योग) $x +$ मूलों का योग $= 0$
$x^2 - (-5)\,x + 4 = 0$
$x^2 + 5x + 4 = 0$

83. (A) माना गोलों की त्रिज्याएं r_1 तथा r_2 हैं, तब

$$\frac{r_1}{r_2} = \frac{2}{3}$$

$$\text{अतः आयतनों के मध्य अनुपात} = \frac{\frac{4}{3}\pi r_1^3}{\frac{4}{3}\pi r_2^3}$$

$$= \left(\frac{r_1}{r_2}\right)^3 = \left(\frac{2}{3}\right)^3 = \frac{8}{27}$$

84. (B) माना ठोस शंकु की ऊंचाई $= h$ सेमी

$$\text{शंकु का आयतन} = \frac{1}{3} \times \text{आधार का क्षेत्रफल} \times \text{ऊंचाई}$$

$$60 = \frac{1}{3} \times 20 \times h$$
$\Rightarrow h = 9$ सेमी

85. (A) यदि प्राप्तांकों का मानक विचलन 0 है, तो प्राप्तांक एक-दूसरे के बराबर किंतु चिह्नों में विपरीत होंगे।

86. (C) A.P. में, यदि $S_5 = 35$,
और $S_4 = 22$
तब, 5वां पद $= S_5 - S_4$
$= 35 - 22 = 13$

87. (D) $x^2 + 3x + q = 0$
मूलों का गुणनफल $= q/1$
$0 = q/1$
$q = 0$

88. (*) $x^2 - 56x = 9$
$x^2 - 56x - 9 = 0$

$$\text{मूलों का योग} = -\frac{b}{a} = -\frac{(-56)}{1}$$
$= 56$

89. (C) यहां $a = 1$, $b = -6$ तथा $C = 9$
∴ $b^2 - 4ac = (-6)^2 - 4 \times 1 \times 9 = 0$
$= 36 - 36 = 0$

90. (C) यदि $a + 2b + 3c = 0$ है, तब
$a^3 + 8b^3 + 27c^3 = a^3 + (2b)^3 + (3c)^3$
$= 3 \times a \times 2b \times 3c = 18abc$

प्रैक्टिस सेट्स

बिहार पॉलिटेक्निक संयुक्त प्रवेश परीक्षा,

प्रैक्टिस सेट – 1

खण्ड-I (A): भौतिक विज्ञान

1. एक प्रकाश की किरण वायु से जब द्रव में जाती है तो, परावर्तन के पश्चात् कोण पर विचलित हो जाती है। यदि आपतित कोण 60º हो, तो द्रव का अपवर्तनांक है–

(A) $\sqrt{\frac{3}{2}}$ (B) $\sqrt{\frac{2}{3}}$

(C) $\frac{\sqrt{3}}{2}$ (D) $\frac{\sin 60^\circ}{\sin 45^\circ}$

2. एक तार में 2 मिली. सेकण्ड में 400 माइक्रोकूलॉम का आवेश गुजरता है। धारा का औसत मान होगा–

(A) 2 ऐम्पियर (B) 0.2 ऐम्पियर

(C) 4 ऐम्पियर (D) 20 ऐम्पियर

3. 4 वोल्ट की बैट्री से 1 ओम तथा 3 ओम के प्रतिरोध श्रेणीक्रम में जुड़े हैं। बैट्री से होकर प्रवाहित धारा होगी–

(A) 1 ऐम्पियर (B) 3 ऐम्पियर

(C) 4 ऐम्पियर (D) 4.75 ऐम्पियर

4. एक मशीन किसी पिण्ड को t समय तक स्थिर शक्ति से चलाती है। पिण्ड द्वारा चली गयी दूरी समानुपाती है–

(A) $t^{3/2}$ (B) t^2

(C) $t^{1/2}$ (D) t

5. जल में तैरते एक बर्फ के टुकड़े का 195 सेमी^{3} आयतन जल से बाहर है। यदि बर्फ का आ.घ. 0.9 तथा जल का आ. घ. 1.03 हो, तो बर्फ के टुकड़े का कुल आयतन होगा–

(A) 1000 सेमी^{3} (B) 1200 सेमी^{3}

(C) 1440 सेमी^{3} (D) 1545 सेमी^{3}

6. एक कमरे की कांच की खिड़कियों का कुल क्षेत्रफल 15 मी^{2} है तथा कांच की मोटाई 2 मिमी है। यदि कमरे के अन्दर का ताप 20ºC तथा बाहर का ताप 60ºC हो, तो ऊष्मा किस दर से कमरे में प्रवेश कर रही है? (कांच के लिए K = 2 × 10^{24} एम. के. एस. मात्रक)–

(A) 30 कैलोरी/से. (B) 60 कैलोरी/से.

(C) 25 कैलोरी/से. (D) 45 कैलोरी/से.

7. एक प्रिज्म का कोण 60º तथा अल्पतम विचलन कोण 38º है। प्रिज्म के पदार्थ का अपवर्तनांक है–(sin49º = 0.74)

(A) 1.48 (B) 2.40

(C) 1.50 (D) 2.50

8. दो सीधे लम्बे समान्तर तार एक-दूसरे से $2r$ की दूरी पर हैं। प्रत्येक तार में से धारा i एक ही दिशा में बह रही है। दोनों तारों के बीच एक बिन्दु पर जो प्रत्येक तार से r दूरी पर है चुम्बकीय क्षेत्र की तीव्रता होगी–

(A) $\frac{i}{r}$ (B) $2\frac{i}{r}$

(C) $\frac{4i}{r}$ (D) 0

9. वह तापमान जिस पर ध्वनि का वेग, 0º C पर ध्वनि के वेग से दोगुना होता है–

(A) 819ºC (B) 553.3ºC

(C) 100ºC (D) इनमें से कोई नहीं

10. दो एक आकार के बराबर लम्बाई के समान तारों के व्यास का अनुपात 1 : 2 है तथा वह श्रेणीक्रम में जुड़े हैं। यदि उनमें से एक समान धारा प्रवाहित की जाए, तो तारों में उत्पन्न ऊष्मा का क्रमशः अनुपात होगा–

(A) 4 : 1 (B) 1 : 4

(C) 2 : 1 (D) 1 : 2

11. किसी पुरुष के स्वर की आवृत्ति 600 कम्पन/सेकण्ड है तथा उत्पन्न ध्वनि तरंगों की लम्बाई $\frac{2}{3}$ मी है। यदि किसी महिला के स्वर के तरंगों की लम्बाई 100 सेमी हो, तो उसकी आवृत्ति होगी–

(A) 400 कम्पन्न/से. (B) 500 कम्पन/से.
(C) 600 कम्पन/से. (D) 800 कम्पन/से.

12. किसी बिन्दु पर किसी वस्तु से आने वाले ऊष्मीय विकिरण की तीव्रता वस्तु से बिन्दु की–

(A) दूरी के समानुपाती होती है
(B) दूरी के व्युत्क्रमानुपाती होती है
(C) दूरी के वर्ग के व्युत्क्रमानुपाती है
(D) दूरी के वर्ग के व्युत्क्रमानुपाती है

13. किसी कृष्णिका का माप 100°C से बढ़कर 473°C हो जाए तो उसकी ऊर्जा हो जाएगी–

(A) दो गुनी (B) 16 गुनी
(C) 8 गुनी (D) 81 गुनी

14. दो डम्बल के जोड़े को जब एक-दूसरे से टकराते हैं, तो उत्पन्न ध्वनि होती है–

(A) गोलीय (B) वृत्तीय
(C) बेलनाकार (D) समतल

15. 0.00542 का कोटिमान है–

(A) 10^{-5} (B) 10^{-4}
(C) 10^{-3} (D) 10^{-2}

16. एक वर्नियर कैलिपर्स का अल्पतमांक 0.1 मिमी है तथा इसकी शून्यांक त्रुटि –0.4 मिमी है। यदि छड़ की लम्बाई नापते समय मुख्य स्केल का पाठ्यांक 3.6 सेमी है तथा वर्नियर का चौथा मुख्य स्केल के एक अंकन के समरेखीय है, तो छड़ की लम्बाई है–

(A) 3.6 सेमी (B) 3.68 सेमी
(C) 3.64 सेमी (D) इनमें से कोई नहीं

17. एक मोमबत्ती की ज्वाला का प्रतिबिम्ब अवतल दर्पण के सामने उससे 24 सेमी की दूरी पर बनता है। यदि ज्वाला की लम्बाई 12 सेमी तथा प्रतिबिम्ब की लम्बाई 8 सेमी है, तब दर्पण की फोकस दूरी है–

(A) 14 सेमी (B) 15 सेमी
(C) 20.4 सेमी (D) 14.4 सेमी

18. 2.0 तथा 2.5 डायोप्टर क्षमता के दो उत्तल लेन्सों को सम्पर्क में रखने पर संयोजन की क्षमता डायोप्टर में तथा फोकस दूरी सेन्टीमीटर में है–

(A) 0.5, 20 (B) 4.5, 25
(C) 4.5, 22.2 (D) 0.5, 200

19. एक बादल भूमि के सापेक्ष 20×10^4 वोल्ट विभव पर है तथा भूमि से उसकी दूरी 60 मीटर है। जब भूमि पर बिजली गिरती है, तो भूमि पर 65 कूलॉम का आवेश स्थानान्तरित होता है। किया गया कार्य है–

(A) 78×10^7 जूल (B) 3.007×10^6 जूल
(C) 22×10^4 जूल (D) 1.30×10^6 जूल

20. तालाब के किनारे खड़ा व्यक्ति तालाब की तली पर मछली को देखता है। मछली को शूट करने के लिए निशाना लगाना होगा–

(A) मछली के कुछ ऊपर
(B) मछली के कुछ नीचे
(C) मछली के कुछ दांयीं ओर
(D) मछली के कुछ बांयी ओर

21. यदि कोई वस्तु अवतल दर्पण के फोकस से 15 सेमी की दूरी पर रखी है और उसका प्रतिबिम्ब फोकस से 60 सेमी दूरी पर बनता है, तो दर्पण की फोकस दूरी है–

(A) 20 सेमी (B) 30 सेमी
(C) 50 सेमी (D) 33.3 सेमी

22. एक झरने की ऊंचाई 45 मीटर है। यदि पृथ्वी पर गिरने वाले पानी की गतिज ऊर्जा का एक तिहाई ऊष्मीय ऊर्जा में परिवर्तित हो जाए तो पानी के ताप में वृद्धि हो जाएगी–

(A) 0.15°C (B) 0.35°C
(C) 0.015°C (D) 0.035°C

23. अधिकतम आवेश दिया जा सकता है–

(A) 5 सेमी त्रिज्या के खोखले गोले को
(B) 5 सेमी त्रिज्या के ठोस गोले को
(C) उपरोक्त दोनों में आवेश बराबर रहेगा
(D) उपरोक्त में से कोई नहीं

24. 10 वोल्ट विभवान्तर के दो बिन्दुओं के बीच एक इलेक्ट्रॉन को ले जाने में कार्य करना पड़ेगा–

(A) 1.6×10^{-19} जूल (B) 1.6×10^{-18} जूल
(C) 0.16×10^{-19} जूल (D) 16×10^{-18} जूल

25. 8 किग्रा का एक गोला पृथ्वी की सतह से v वेग से ऊर्ध्वाधर ऊपर की ओर फेंका गया। उच्चतम बिन्दु पर पहुंचकर उसकी स्थितिज ऊर्जा 64 जूल हो गई, तो गतिज ऊर्जा थी–

(A) 80 जूल (B) 256 जूल
(C) 576 जूल (D) इनमें से कोई नहीं

26. बल और विस्थापन के बीच किस कोण से अधिकतम कार्य होगा?

(A) 0° (B) 30°

(C) 60° (D) 90°

27. एक सरल दोलक का आवर्तकाल 1.2 सेकण्ड है। यदि दोलक की लम्बाई दोगुनी कर दी जाए, तब नया आवर्तकाल होगा–

(A) 1.0 सेकण्ड (B) 1.4 सेकण्ड

(C) 1.7 सेकण्ड (D) 2.4 सेकण्ड

28. एक दोनों सिरों पर खुले पाइप की मूल आवृत्ति n है। यदि इसका एक सिरा बन्द कर दिया जाए, आवृत्ति इसमें परिवर्तित हो जाएगी–

(A) $\frac{n}{3}$ (B) $\frac{n}{4}$

(C) $\frac{n}{2}$ (D) $2n$

29. 40 मी ऊंचे भवन से एक बालक एक पत्थर विरामावस्था से छोड़ता है। यदि $g = 9.8$ मी/से^{2} हो, तो पत्थर की चाल जमीन से टकराने के समय होगी–

(A) 28 मी/से (B) 30 मी/से

(C) 32 मी/से (D) 34 मी/से

30. फारेनहाइट स्केल पर परम शून्य (एब्सोल्यूट जीरो) का मान होगा–

(A) 273°F (B) –459.4°F

(C) 100°F (D) –182.7°F

खण्ड-I (B) : रसायन विज्ञान

31. एक लीटर पात्र में अभिक्रिया $2H_2S(g) \rightleftharpoons 2H_2(g) + S_2(g)$ का साम्य मिश्रण 0.5 मोल H_2S, 0.10 मोल H_2 तथा 0.4 मोल S_2 मोल था। तब साम्य स्थिरांक K_c का मान मोल/ली$^{-1}$ में होगा–

(A) 0.008 (B) 0.004

(C) 0.160 (D) 0.016

32. अभिक्रिया $CaCO_3(s) \rightleftharpoons CaO(s) + CO_2(g)$, चूने की भट्टी में पूर्णता की ओर अग्रसर होती है, इसका कारण है–

(A) CaCO3 की अपेक्षा CaO अधिक स्थायी है

(B) इसका उच्च ताप

(C) CaO विघटित नहीं होता है

(D) CO_2 लगातार निकलती रहती है

33. अनुचुम्बकत्व (paramagnetism) निम्न में से उन अणुओं में प्रदर्शित किया जाता है, जो–

(A) चुम्बकीय क्षेत्र में आकर्षित नहीं होते

(B) केवल इलेक्ट्रॉन युग्म रखते हैं

(C) धनावेशित होते हैं

(D) अयुग्मित इलेक्ट्रॉन रखते हैं।

34. NH_3 व BF_3 के मध्य होता है–

(A) वैद्युतसंयोजक बन्ध (B) सहसंयोजक बंध

(C) उपसहसंयोजक बन्ध (D) हाइड्रोजन बंध

35. किसी इलेक्ट्रॉनिक संक्रमण के लिए स्पेक्ट्रम रेखा की तरंगदैर्ध्य (λ) निम्न के व्युत्क्रमानुपाती होती है–

(A) संक्रमित इलेक्ट्रॉनों की संख्या

(B) परमाणु का नाभिकीय आवेश

(C) संक्रमण में प्रयुक्त ऊर्जा-स्तरों में अन्तर

(D) संक्रमित इलेक्ट्रॉनों का वेग

36. निम्न में से किस यौगिक में ऑक्सीजन की ऑक्सीजन संख्या न्यूनतम है?

(A) $FeSO_4.(NH_4)SO_4.6H_2O$

(B) $K_4Fe(CN)_6$

(C) $Fe(CO)_5$

(D) $Fe_{0.94}O$

37. $C_{17}H_{35}COONa$ एक–

(A) साबुन है (B) अपमार्जक है

(C) रेयान है (D) रबड़ है

38. एल्केन का सामान्य सूत्र है–

(A) C_nH_{2n+2}

(B) C_nH_{2n}

(C) C_nH_{2n-2}

(D) C_nH_n

39. वर्षा के पानी का pH मान है–

(A) 0 (B) 7

(C) >7 (D) <7

40. निम्न में से ऑक्सेलिक अम्ल का सूत्र है–

(A) C_6H_5COOH (B) $C_2H_2O_4$

(C) MH_3COOH (D) C_2HO_4

41. वायु के सम्पर्क में रखने पर ब्लीचिंग पाउडर बेकार हो जाता है क्योंकि–
(A) यह वायु में O_2 से प्रभावित होता है
(B) यह CO_2 अवशोषित करता है एवं $CaCO_3$ बनाता है
(C) यह अपघटन द्वारा Cl_2 उत्पन्न करता है
(D) उपरोक्त में से कोई नहीं

42. कठोर जल को मृदु जल में परिवर्तित करने के लिए प्रयोग होने वाले कालगन का सूत्र है–
(A) $Na_6P_6O_{18}$
(B) $C_{17}H_{15}COONa$
(C) $Na_2AlSi_2O_3$
(D) उपरोक्त में से कोई नहीं

43. एक धातु के ऑक्साइड में 40 प्रतिशत ऑक्सीजन है। धातु की संयोजकता 3 है। धातु का परमाणु भार है–
(A) 36 (B) 72
(C) 24 (D) इनमें से कोई नहीं

44. यौगिक जिसका अणुसूत्र C_4H_6 है, में होता है–
(A) एक त्रिबन्ध या दो द्विबन्ध
(B) एक द्विबन्ध
(C) एक त्रिबन्ध एवं एक द्विबन्ध
(D) सभी एकल बन्ध

45. तत्वों के गुण होते हैं–
(A) उसी क्षैतिज आवर्त में समान
(B) उनकी परमाणु संख्या में आवर्त फलन
(C) नाभिक में न्यूट्रॉनों तथा प्रोटॉनों की संख्या द्वारा ज्ञात
(D) उनके अणु द्रव्यमान के आवर्त फलन

46. रेडियोएक्टिव विघटन में, नाभिक एक बार में उत्सर्जित करता है–
(A) केवल 'α' या 'β' कण
(B) 'α' तथा 'β' कण दोनों
(C) 'α' या 'β' कण तथा ('γ' गामा फोटॉन)
(D) 'α' किरण, 'β' किरण तथा 'γ' उत्सर्जन

47. γ विकिरण की चाल का प्रकाश की चाल से तुलना के सम्बन्ध में कौन-सा सही विकल्प है?
(A) γ विकिरण की चाल > प्रकाश की चाल से
(B) γ विकिरण की चाल = प्रकाश की चाल से
(C) γ विकिरण की चाल < प्रकाश की चाल से
(D) γ विकिरण की चाल, प्रकाश की चाल से कम, अधिक या बड़ी हो सकती है विशिष्ट दशाओं में

48. प्रोटॉन है–
(A) भारी हाइड्रोजन का नाभिक
(B) एक मूलभूत कण
(C) धनावेशित कण
(D) ये सभी

49. 16 मिली हाइड्रोजन का विसरण 100 सेकण्ड में होता है। उसी समय में SO_2 के विसरण का आयतन होगा (S = 32, O = 16, H = 1)
(A) 90.4 मिली (B) 0.25 मिली
(C) 2.8 मिली (D) इनमें से कोई नहीं

50. अभिक्रिया $Fe + CuSO_4 \rightarrow Cu + FeSO_4$ में Cu होता है–
(A) अपचयित (B) न उपचयित न अपचयित
(C) उपचयित (D) इनमें से कोई नहीं

51. C_2H_2 बनाने की प्रयोगशाला विधि में NH_3, H_2S, AsH_3 और PH_3 जैसी अशुद्धियों को दूर करने के लिए इसे प्रवाहित करते हैं–
(A) कास्टिक सोडा विलयन में से
(B) H_2O में से
(C) $CuSO_4$ के अम्लीय विलयन में से
(D) इनमें से कोई नहीं

52. समस्थानिक के परमाणु द्रव्यमानों में अन्तर का कारण होता है–
(A) प्रोटॉन की संख्या में अन्तर
(B) इलेक्ट्रॉनों की संख्या में अन्तर
(C) परमाणु संख्या में अन्तर
(D) नाभिक में विद्यमान न्यूट्रॉनों की भिन्न संख्या

53. तीन भिन्न द्रवों *a*, *b* और *c* के समान द्रव्यमान का तापमान 15°C, 25°C और 35°C है। *a* और *b* को मिलाने पर मिश्रण 22°C तापमान प्राप्त करता है, *b* तथा *c* को मिलाने पर मिश्रण 31°C तापमान प्राप्त करता है। यदि *a* तथा *c* को मिलाया जाए, तो मिश्रण का तापमान होगा (बर्तन का जल तुल्यांक नगण्य मानिए)
(A) 33°C (B) 30.56°C
(C) 26.5°C (D) इनमें से कोई नहीं

54. 0.01 मोल HCl का pH है–
(A) 1 (B) 2
(C) 0 (D) 7

55. निम्न रासायनिक अभिक्रिया के साम्यावस्था स्थिरांक लिखिए–
$mA + nB \rightarrow pC + qD$
(A) $Kc = \frac{[A]^m \times [B]^n}{[C]^p \times [D]^q}$ (B) $Kc = \frac{[A\,B]^{m+n}}{[C\,D]^{p+q}}$
(C) $Kc = \frac{[C]^p \times [D]^q}{[A]^m \times [B]^n}$ (D) $Kc = \frac{[C]^{\frac{1}{m}} \times [D]^{\frac{1}{n}}}{[A]^{\frac{1}{p}} \times [B]^{\frac{1}{q}}}$

56. किसे हास्य गैस कहते हैं?
(A) N_2O (B) NO
(C) N_2O_3 (D) NO_2

57. निम्न में से कौन-सा फॉस्फोरस अम्ल कहलाता है?
(A) H_3PO_4 (B) H_3PO_2

(C) H_3PO_3 (D) HPO_3

58. $CuSO_4 . 5H_2O$ + सान्द्र H_2SO_4 का उत्पाद क्या होगा?

(A) $CuSO_4$ (B) SO_2

(C) SO_3 (D) H_2S

59. सर्पेक-प्रक्रम प्रयोग करते हैं, जब अयस्क होता है–

(A) श्वेत बॉक्साइड (B) लाल बॉक्साइड

(C) Na_3AIF_6 (D) माइका

60. मिश्रधातु 'सोल्डर' निम्न दो धातुओं से बनती है–

(A) Pu, Cu (B) Pb, Sn

(C) Sn, Cu (D) Pb, Bi

खण्ड-II: गणित

61. (7 – 4x) का वर्ग क्या है?

(A) $16x^2 - 28x + 49$ (B) $49 - 28x - 16x^2$

(C) $49 - 56x - 16x^2$ (D) $16x^2 - 56x + 49$

62. किसी मूलधन पर यदि दो वर्षों का साधारण ब्याज ₹ 3000 और चक्रवृद्धि ब्याज ₹ 3225 है, तो ब्याज दर कितनी है?

(A) 7.5 प्रतिशत (B) 30 प्रतिशत

(C) 15 प्रतिशत (D) 22.5 प्रतिशत

63. 10% की छूट देने पर एक टोस्टर की बिक्री कीमत ₹ 18000 है, यदि छूट 37.5% दी जाती है, तो उसका बिक्री मूल्य क्या होगा?

(A) ₹ 7812.5 (B) ₹ 12500

(C) ₹ 8593.75 (D) ₹ 15468.75

64. एक इंजीनियरिंग छात्र को उत्तीर्ण होने के लिए 24% अंक हासिल करने होते हैं। उसे 61 अंक मिलते हैं, और वह 29 अंकों से अनुत्तीर्ण हो जाता है। उस परीक्षा के अधिकतम अंक कितने होंगे?

(A) 375 अंक (B) 400 अंक

(C) 425 अंक (D) 450 अंक

65. द्विघात समीकरण $x^2 - 25x + 156 = 0$ के मूल क्या होंगे?

(A) 12, 13 (B) 25, 1

(C) 9, 16 (D) 31, 6

66. यदि 3.5 सेमी. की त्रिज्या और 9.6 सेमी. की ऊंचाई वाले एक शंकु को पिघलाया गया, और उसी त्रिज्या वाले एक बेलन में निर्माण किया गया, तो इस बेलन की ऊंचाई क्या होगी? (प्रयोग करें $\pi = 22/7$)

(A) 3.2 सेमी. (B) 6.4 सेमी.

(C) 1.6 सेमी. (D) 4.8 सेमी.

67. एक दुकानदार को 9 रोलेक्स घड़ियां बेच कर 4 रोलेक्स घड़ियों की बिक्री कीमत के बराबर लाभ होता है। उसका लाभ प्रतिशत कितना होगा?

(A) 44.4 प्रतिशत (B) 88.8 प्रतिशत

(C) 80 प्रतिशत (D) 8.8 प्रतिशत

68. एक वर्ग में एक वृत्त उत्कीर्ण है। यदि उस वर्ग के विकर्ण की लम्बाई 14√2 सेमी है, तो उस वृत्त का क्षेत्रफल (वर्ग सेमी. में) क्या है?

(A) 308 (B) 462

(C) 154 (D) 616

69. Δ PQR में, S और T क्रमशः PQ और PR भुजाओं पर स्थित बिंदु हैं। ST, QR के समानांतर है। यदि SP और SQ में 4 : 1 के अनुपात में विभाजित करता है और QR की लंबाई 15 सेमी. है, तो ST की लंबाई क्या होगी?

(A) 3 सेमी. (B) 5 सेमी.

(C) 12 सेमी. (D) 10 सेमी.

70. यदि $1/(1 + \cos A) + 1/(1 - \cos A) = x$, तो x का क्या मान है?

(A) $2\sec^2 A$ (B) 2cosecA

(C) $2\text{cosec}^2 A$ (D) 2secA

71. 3 संख्याओं का औसत 64 है, उनमें से पहली संख्या अन्य 2 संख्याओं के योग का 1/3 गुना है। पहली संख्या कौन-सी है?

(A) 72 (B) 32

(C) 96 (D) 48

72. अजीत बद्रीनाथ से दो गुना अधिक अच्छा कर्मचारी है और इस कारण वह एक काम उससे 30 दिन कम में पूरा कर सकता है। दोनों साथ मिलकर वह काम कितने दिन में पूरा करेंगे?

(A) 10 दिन (B) 30 दिन

(C) 15 दिन (D) 20 दिन

73. यदि $\cot(A/2) = x$ तो x किसके बराबर है?

(A) tanA/(1 + secA)

(B) 1/(secA + cotA)

(C) tanA/(1 + cosesA)

(D) (cosecA + cotA)

74. एक वर्ग के विकर्ण की लंबाई 10 सेमी. है। इस वर्ग का क्षेत्रफल क्या है?

(A) 50 वर्ग सेमी. (B) 100 वर्ग सेमी.

(C) 200 वर्ग सेमी. (D) 25 वर्ग सेमी.

75. रेखा $3x - 6y = 4$ की समानांतर रहने वाली रेखा की ढलान क्या है?

(A) –1/2 (B) 1/2

(C) 2 (D) –2

76. 612 किमी. की यात्रा करने के लिए, एक एक्सप्रेस ट्रेन राजधानी से 9 घंटे अधिक समय लेती है। यदि एक्सप्रेस ट्रेन की गति दुगनी कर दी जाती है, तो वह राजधानी की तुलना में 3 घंटे कम समय लेती है। राजधानी की गति (किमी./घंटा में) क्या है?

(A) 40.8 (B) 51
(C) 30.6 (D) 61.2

77. 2 क्रमागत प्राकृत संख्याओं का मान क्या होगा, जिनके वर्गों का योग 145 है?

(A) 8, 9 (B) 6, 7
(C) 13, 14 (D) 9, 10

78. यदि एक दो अंक की संख्या में, इकाई के स्थान पर अंक z है और दहाई के स्थान पर अंक 8 है, तो वह संख्या क्या है?

(A) $80z + z$ (B) $80 + z$
(C) $8z + 8$ (D) $80z + 8$

79. दसवीं कक्षा के डिविजन-A में 30 छात्रों द्वारा प्राप्त किए गए अंकों का औसत 67 है, डिविजन-B के 55 छात्रों के अंकों का औसत 63 है और डिविजन-C के 40 छात्रों के अंकों का औसत 61 है। दसवीं कक्षा के तीनों डिविजन के छात्रों के अंकों का औसत क्या है?

(A) 63.32 (B) 62.62
(C) 61.92 (D) 64.72

80. ABCD एक समान्तर चतुर्भुज है। A, B और C के निर्देशांक क्रमश: (5, 0), (–2, 3) और (–1, 4) हैं। रेखा AD का समीकरण क्या होगा?

(A) $y = 2x - 5$ (B) $y = x + 5$
(C) $y = 2x + 5$ (D) $y = x - 5$

81. ₹ 50000 की राशि प्रति वर्ष चक्रवृद्धि ब्याज की किस दर से 2 वर्षों में ₹ 73205 हो जाएगी?

(A) 21 प्रतिशत (B) 19 प्रतिशत
(C) 17 प्रतिशत (D) 15 प्रतिशत

82. एक बैग में 6 : 3 : 2 के अनुपात में ₹ 1, 50 पैसे और 10 पैसे के रूप में ₹ 30.8 हैं। 50 पैसे के सिक्कों की संख्या क्या है?

(A) 8 (B) 24
(C) 12 (D) 4

83. दो छात्र एक परीक्षा में बैठें। उनमें से एक ने दूसरे की तुलना में 13 अंक अधिक हासिल किए और उसके अंक उन दोनों के अंकों के योग का 76% था। उन दोनों ने कितने अंक प्राप्त किए?

(A) 19 और 6 (B) 34 और 21
(C) 102 और 89 (D) 92 और 79

84. ऐसी कौन-सी न्यूनतम संख्या है, जिसे 1039 में जोड़े जाने के बाद प्राप्त योग 29 से पूरी तरह से विभाज्य हो जाए?

(A) 4 (B) 5
(C) 8 (D) 6

85. यदि एक व्यापारी सूची मूल्य 4% की छूट प्रदान करती है, तो उसे 10% का नुकसान होता है। अगर वह सूची मूल्य पर 20% की छूट पर माल बेचती, है तो उसे कितने % लाभ या कितने % हानि होगी?

(A) 25 प्रतिशत हानि (B) 4 प्रतिशत हानि
(C) 50 प्रतिशत लाभ (D) 26 प्रतिशत लाभ

86. एक कोण उसके अनुपूरक कोण की तुलना में 30° से कम है। कोण की माप क्या होगी?

(A) 75° (B) 105°
(C) 60° (D) 30°

87. एक वृत्त में एक वर्ग उत्कीर्ण है। यदि वर्ग की भुजा 14 सेमी है, तो उस वृत्त का क्षेत्रफल (वर्ग सेमी में) क्या होगा?

(A) 49π (B) 77π
(C) 121π (D) 98π

88. निम्न सारणी का माध्य विचलन होगा–

प्राप्तांक	40 – 44	35 – 39	30 – 34	25 – 29
आवृत्ति	2	3	4	5

(A) 7.24 (B) 4.48
(C) 6.44 (D) 34.8

89. यदि एक वृत्ताकार शंकु के आधार का व्यास 6 सेमी तथा तिर्यक ऊंचाई 8 सेमी है, तो अक्षीय काट का क्षेत्रफल (वर्ग सेमी) में है–

(A) 144 (B) $3\sqrt{55}$
(C) 10 (D) इनमें से कोई नहीं

90. एक व्यक्ति ₹ 1820, 20% चक्रवृद्धि ब्याज पर उधार लेता है। ऋण के तीन वर्ष में चुकाने के लिए समान वार्षिक किश्त, जो उसे चुकानी पड़ेगी, है-

(A) ₹ 864 (B) ₹ 971
(C) ₹ 1048 (D) इनमें से कोई नहीं

उत्तर (हल/संकेत)

1. (A) यहां $i = 60^\circ, r = 60^\circ - 15^\circ = 45^\circ$

$$_a n_g = \frac{\sin i}{\sin r} = \frac{\sin 60^\circ}{\sin 45^\circ} = \frac{\sqrt{3}/2}{1/\sqrt{2}}$$

$$\frac{\sqrt{3}}{\sqrt{2}} = \sqrt{\frac{3}{2}}$$

2. (B) यहां $q = 400$ माइक्रोकूलॉम $= 400 \times 10^{-6}$ कूलाम

$t = 2$ मिली सेकण्ड

$$= \frac{2}{1000} = 2 \times 10^{-3} \text{ सेकण्ड}$$

धारा $i = \frac{q}{t}$

$$\therefore \quad i = \frac{400 \times 10^{-6}}{2 \times 10^{-3}} = 200 \times 10^{-3}$$

$= 0.2$ ऐम्पियर

3. (A) $R = R_1 + R_2 = 1 + 3 = 4$ ओम; $V = 4$ वोल्ट

बैट्री से प्रवाहित धारा

$$i = \frac{V}{R} = \frac{4}{4} = 1 \text{ ऐम्पियर}$$

4. (A) शक्ति $P = \frac{W}{t}$ (इकाई समय में किया गया कार्य)

$$W = P \times t$$

$$F \times s = P \times t$$

$$\Rightarrow \quad ma \times s = P \times t$$

$$\Rightarrow \quad m \times \frac{2s}{t^2} \times s = P \times t \qquad (\because s = 0 + \frac{1}{2}at^2)$$

$$\Rightarrow \quad s^2 = \frac{Pr^3}{2m}$$

$$\Rightarrow \quad s^2 \ \alpha \ t^3$$

$$\Rightarrow \quad s \ \alpha \ t^{3/2}$$

5. (D) $\frac{\text{बर्फ के डूबे भाग का आयतन}}{\text{बर्फ के टुकड़े का कुल आयतन}}$

$$= \frac{\text{बर्फ का आ. घ.}}{\text{जल का आ. घ.}}$$

$$\therefore \quad \frac{V - 195}{V} = \frac{0.9}{1.03}$$

$\Rightarrow 1.03\ V - 195 \times 1.03 = 0.9V$

$\Rightarrow 0.13\ V = 195 \times 1.03$

$$\therefore \quad \frac{195 \times 1.03}{.013} = 1545 \text{ सेमी}^3$$

6. (B) ऊष्मा हानि की दर

$$\frac{Q}{t} = \frac{KA(?_1 - ?_2)}{d}$$

यहां $A = 15$ मी^{2}, $d = 2$ मिमी

$$= \frac{2}{1000} = 0.002 \text{ मी}$$

$\theta_1 = 60^\circ C, \theta_2 = 20^\circ C, K = 2 \times 10^{-4}$ (एम. के. एस. मात्रक)

$$\therefore \quad \frac{Q}{t} = \frac{2 \times 10^{-4} \times 15 \times 40}{0.002} = 60 \text{ कैलोरी/से.}$$

7. (A) यहां $A = 60^\circ, \delta_m = 38^\circ$

$$= \frac{\sin\left[(A + d_m)/2\right]}{\sin(A/2)}$$

$$\therefore \quad = \frac{\sin\left[(60^\circ + 38^\circ)/2\right]}{\sin(60^\circ/2)}$$

$$= \frac{\sin 49^\circ}{\sin 30^\circ} = \frac{0.74}{0.5} = 1.48$$

8. (D) दोनों तारों द्वारा मध्य बिन्दु पर समान व विपरीत चुम्बकीय क्षेत्र उत्पन्न होता है। अत: दिए गए बिन्दु पर चुम्बकीय क्षेत्र की तीव्रता शून्य है।

9. (B) $0^\circ C$ पर ध्वनि का वेग $= 332$ मी./से.

चूंकि $1^\circ C$ ताप बढ़ाने पर, ध्वनि का वेग 0.6 मी./से. बढ़ जाता है।

अत: 0.6 मी./से. से वेग बढ़ता है $= 1^\circ C$ ताप वृद्धि पर

$$\therefore \quad 332 \text{ मी./से. वेग बढ़ेगा} = \frac{1 \times 332}{0.6} = 553.33^\circ C$$

10. (A) $R = \frac{\rho L}{\pi r^2}$ तथा $H = \frac{i^2 R}{4.2}$ कैलोरी/से.

$\therefore H = \frac{i^2 \rho L}{4.2 \times \pi r^2}$

$\therefore H \propto \frac{1}{r^2}$ या $\frac{H_1}{H_2} = \frac{r_2^2}{r_1^2} \left(\frac{2}{1}\right)^2 = \frac{4}{1}$

$\because H_1 : H_2 = 4 : 1$

11. (A) $n = 600$ कम्पन्न/से, $\lambda = 1$ मी.

$v = n_1 \lambda_1 = n_2 \lambda_2$

$600 \times \frac{2}{3} = n_2 \times 1 \Rightarrow n_2 = 400$ कम्पन/से.

12. (D)

13. (B) $E \propto R^4 \Rightarrow \frac{E_1}{E_2} = \frac{T_1^4}{T_2^4}$

$\Rightarrow \frac{E_1}{E_2} = \left(\frac{100 + 273}{473 + 273}\right)^4 = \left(\frac{373}{746}\right)^4$

$\Rightarrow \frac{E_1}{E_2} = \left(\frac{1}{2}\right)^4 = \frac{1}{16} \Rightarrow E_2 = 16\, E_1$

14. (A) दो डम्बल के जोड़े को आपस में टकराने पर ध्वनि गोलीय होती है।

15. (D) $0.00542 = 5.42 \times 10^{-3}$

चूंकि $5.42 > \sqrt{10} = 3.16$

अत: कोटिमान $= 10^{-3+1} = 10^{-2}$

16. (B) अल्पतमांक = 0.1 मिमी = 0.01 सेमी

छड़ की लम्बाई = मुख्य पैमाने का पाठ्यांक + वर्नियर का मिलने वाला भाग × अल्पतमांक ± शून्यांक त्रुटि

$= 3.6 + 4 \times 0.01 + 0.04$

$= 3.6 + 0.04 + 0.04 = 3.68$ सेमी

17. (D) $\frac{I}{O} = -\frac{v}{u} \Rightarrow -\frac{8}{12} = -\left(\frac{-24}{u}\right)$

$\Rightarrow u = -36$ सेमी

सूत्र $\frac{1}{v} + \frac{1}{u} = \frac{1}{f}$ से,

$\therefore \frac{1}{-24} + \frac{1}{-36} = \frac{1}{f}$

$\Rightarrow \frac{1}{f} = \frac{-3-2}{72} = \frac{-5}{72}$

$\Rightarrow f = \frac{-72}{5} = 14.4$ सेमी

18. (C) यहां $P_1 = +2.0$ डायोप्टर, $P_2 = +2$

संयोग का क्षमता

$P = P_1 + P_2 = 2 + 2.5 = 4.5$

$\frac{1}{F} = \frac{1}{f_1} + \frac{1}{f_2} = P_1 + P_2 = 2 + 2$

$\Rightarrow F = \frac{1}{4.5}$ मी $= \frac{100}{4.5}$ सेमी

$\Rightarrow = \frac{200}{9} = 22.2$ सेमी

19. (D) $W = V \times q$. $V = 2 \times 10^4$ वोल्ट, q

$\therefore W = 2 \times 10^4 \times 65$

$= 130 \times 10^4 = 1.30 \times 10^6$ जूल

20. (B) हम जानते हैं कि पानी में वस्तु अपनी गहराई से कम गहराई पर दिखाई देती है। मछली को शूट करने के लिए निशाने को कुछ नीचे लगाना होगा।

21. (B) वस्तु की फोकस दूरी, $x = 15$ सेमी प्रतिबिम्ब की फोकस दूरी, $y = 60°$

$\therefore f = \sqrt{xy} = \sqrt{15 \times 60} = \sqrt{900} = 30$ सेमी.

22. (D) 45 मी गिरने पर KE = PE = mgh

चूंकि स्थितिज ऊर्जा का $\frac{1}{3}$ ऊर्जा ऊष्मीय ऊर्जा में बदल जाती है, अत:

$\frac{1}{3} \times mgh = m \times s \times t \times 4.2$ जूल

$\frac{1}{3} \times 9.8 \times 45 = 10^3 \times t \times 4.2$

$\therefore t = \frac{9.8 \times 45}{3 \times 1000 \times 4.2} = 0.035°C$

23. (C) धातु के गोले में चाहे वह ठोस हो या खोखला आवेश बाहरी पृष्ठ पर रहता है।

24. (B) $W = V \times q = 10 \times 1.6 \times 10^{-19}$
$= 1.6 \times 10^{-18}$ जूल

25. (D) अपने पथ के उच्चतम बिन्दु पर पिण्ड की गतिज ऊर्जा शून्य होगी।

26. (A) हम जानते हैं, $W = Fs\cos\theta$
अधिकतम कार्य के लिए, $\theta = 0^\circ$ रखने पर
$\therefore W = Fs\cos 0^\circ$
$\Rightarrow W = Fs$

27. (C) इस प्रकार $T = 2\pi\sqrt{\frac{l}{g}} \Rightarrow T \propto \sqrt{l}$

अब $\frac{T_1}{T_2} = \sqrt{\frac{l_1}{l_2}}$

इसलिए, $\frac{1.2}{T_2} = \sqrt{\frac{l}{2l}}$

$\Rightarrow \frac{1.2}{T_2} = \frac{1}{\sqrt{2}} \Rightarrow T_2 = 1.2\sqrt{2} = 1.7$ सेकण्ड

28. (C) बन्द पाइप की मूल आवृत्ति $= \frac{n}{2}$

29. (A) $h = 40$ मी; $u = 0, g = 9.8$ मी/से^{2}
$v^2 = u^2 + 2gh$ से,
$v = \sqrt{784} = 28$ मी/से

30. (B) $F = \frac{9}{5}C + 32;$ परम शून्य $= -273°C$

$\therefore F = \frac{9}{5}(-273) + 32 = \frac{-2457}{5} + 32$

$= -491.4 + 32 = -459.4°F$

31. (D) $K = \frac{[H_2]^2[S_2]}{[H_2S]^2} = \frac{(0.10)^2(0.4)}{(0.5)^2} = 0.016$

32. (D) चूना भट्टी में CO_2 लगातार निकलती रहती है, इसलिए अभिक्रिया अग्र दिशा की ओर चलती रहती है।

33. (D) ऐसे अणु जिनमें अयुग्मित इलेक्ट्रॉन होते हैं, अनुचुम्बकत्व प्रदर्शित करते हैं।

34. (C) NH_3 में नाइट्रोजन के पास एक एकांकी इलेक्ट्रॉन युग्म होता है, जबकि BF_3 एक इलेक्ट्रॉन न्यून यौगिक है अत: ये दोनों अणु उपसहसंयोजक बन्ध बनाते हैं।

35. (C) $\frac{1}{\lambda} = R_H\left[\frac{1}{n_1^2} - \frac{1}{n_2^2}\right]$

जहां, n = ऊर्जा स्तर,

λ = तरंग दैर्ध्य।

36. (C)

37. (A) $C_{17}H_{35}COONa$ एक साबुन है।

38. (A) एल्केन का सामान्य सूत्र C_nH_{2n+2} है।

39. (D) वर्षा के पानी का pH मान <7 है।

40. (B) आक्सेलिक अम्ल का सूत्र है $C_2H_2O_4$

41. (C) वायु के सम्पर्क में ब्लीचिंग पाउडर बेकार हो जाता है, चूंकि यह अपघटन द्वारा Cl_2 उत्पन्न करता है।

42. (A) कठोर जल को मृदु जल बनाने की कैलगन विधि में सोडियम मैटाफॉस्फेट $Na_2[Na_4(PO_3)_6]$ अर्थात् $Na_6P_6O_{18}$ का प्रयोग किया जाता है।

43. (A)

44. (A) C_4H_6 में एक त्रिबन्ध या दो द्विबन्ध होते हैं।
$CH_2 = CH — CH = CH_2$
या $CH_3 — C \equiv C — CH_3$
2-ब्यूटाइन

45. (B) तत्वों के गुण उनकी परमाणु संख्या (atomic numbers) के आवर्त फलन (periodic function) होते हैं।

46. (A) रेडियोएक्टिव विघटन में नाभिक एक बार में या तो α कण उत्सर्जित करता है या β कण।

47. (B) γ विकिरण का वेग, प्रकाश के वेग के समान होता है।

48. (C) प्रोटॉन एक परमाण्विक कण है। इसका प्रतीक p या p^+ है। यह एक धनावेशित कण है। यह मूल कण नहीं है (यद्यपि प्रारम्भ में इसे मूल कण माना जाता था)। यह हाइड्रोजन नाभिक के समान होता है, परंतु भारी हाइड्रोजन के नाभिक से भिन्न होता है।

49. (C) $\frac{r_1}{r_2} = \frac{V_1}{t_1} \times \frac{t_2}{V_2} = \sqrt{\frac{M_2}{M_1}}$ ..... (i)

$V_1 = H_2$ का आयतन = 16 मिली
$V_2 = SO_2$ का आयतन = ?
$t_1 = t_2 = 100$ से,
$M_1 = H_2$ का अणुभार = 2

$M_2 = SO_2$ का अणुभार
$= 32 + 2 \times 16 = 64$
ये मान समी. (i) में रखने पर,

$$\frac{16}{100} \times \frac{100}{V_2} = \sqrt{\frac{64}{2}} \text{ या } \frac{16}{V_2} = 4\sqrt{2}$$

$$\text{या } V_2 = \frac{16}{4\sqrt{2}} = 2\sqrt{2} = 2.8 \text{ मिली}$$

50. (A)

51. (C) CaC_2 तथा H_2O की क्रिया द्वारा ऐसीटिलीन गैस C_2H_2 बनती है। $CaC_2 + 2H_2O \rightarrow C_2H_2 + Ca(OH)_2$
ऐसीटिलीन में उपस्थित AsH_3, NH_3, PH_3 और H_2S आदि की अशुद्धियां दूर करने के लिए गैस को $CuSO_4$ के अम्लीय घोल में से प्रवाहित करते हैं।

52. (D) जिन तत्वों के परमाणु क्रमांक एक समान होते हैं, परंतु परमाणु भार भिन्न-भिन्न होते हैं, उन्हें समस्थानिक कहते हैं। ऐसे तत्वों में इलेक्ट्रॉनों तथा प्रोटॉनों की संख्या तो समान होती है, परंतु न्यूट्रॉनों की संख्या भिन्न-भिन्न होती है और इसी भिन्नता के कारण परमाणु भार भिन्न-भिन्न होते हैं।

53. (B) माना द्रवों a, b और c की विशिष्ट ऊष्माएं क्रमशः s_a, s_b और s_c हैं।
b द्वारा दी गई ऊष्मा $= a$ द्वारा ली गई ऊष्मा
$m \times s_b \times (25 - 22) = m \times s_a \times (22 - 15)$
या $3s_b = 7s_a$
या $s_b = \frac{7s_a}{3}$
द्रवों b तथा c की समान मात्राएं मिलाने पर c द्वारा दी गई ऊष्मा $= b$ द्वारा ली गई ऊष्मा
$m \times s_b \times (35 - 31) = m \times s_b \times (31 - 25)$
या $4s_c = 6s_b = 6 \times \frac{7s_a}{3} = 14s_a$
या $sc = \frac{7}{2}s_a$
द्रवों a तथा c की समान मात्राएं मिलाने पर, c द्वारा दी गई ऊष्मा $= a$ द्वारा ली गई ऊष्मा
$m \times s_c \times (35 - T) = m \times s_a \times (T - 15)$
या $\frac{7}{2}s_a (35 - T) = s_a(T - 15)$
या $7(35 - T) = 2(T - 15)$
या $245 - 7T = 2T - 30$
या $9T = 275 \therefore T = 30.56°C$

54. (B) **55.** (C)

56. (A) प्रीस्टल ने वर्ष 1772 में सर्वप्रथम इस गैस को बनाया इस गैस को सूँघने से हंसी आ जाती है। इस कारण इसे हँसाने वाली गैस (laughing gas) कहते हैं। ठण्डे और तनु HNO_3 को जब Zn के साथ क्रिया कराते हैं, तो N_2O प्राप्त होती है।

57. (C) H_3PO_3 फॉस्फोरस अम्ल है।
जब पोटैशियम फॉस्फाइट (जलीय) को HCl की अधिकता में क्रिया कराते हैं, तब फॉस्फोरस अम्ल प्राप्त होता है।
$K_2HPO_3 + 2HCl \longrightarrow 2KCl + H_3PO_3$

58. (A) $CuSO_4.\ 5H_2O + H_2SO \longrightarrow CuSO_4 + 5H_2O$
उपरोक्त अभिक्रिया में सल्फ्यूरिक अम्ल एक निर्जलीकारक के रूप में कार्य करता है। $CuSO_4.\ 5H_2O$ को 'नीला थोथा' भी कहते है।।

59. (A) जब अयस्क श्वेत बॉक्साइड होता है, तब सर्पेक प्रक्रम प्रयोग करते है। श्वेत बॉक्साइड (Al_2O_3, $2H_2O$) में जब SiO_2 की अशुद्धियों अधिक मात्र में होती है, तब विधि का प्रयोग करते हैं।

60. (B) 'सोल्डर' मिश्रधातु का उपयोग इलेक्ट्रॉनिक उपकरणों में टांका लगाने के लिए किया जाता है। यह मुख्यतः Pb तथा Sn धातु की बनी होती है।

61. (D) $(7 - 4x)$ का वर्ग
$= (7 - 4x)^2$
$= 49 + 16x^2 - 56x$
$= 16x^2 - 56x + 49$

62.(C) माना मूलधन = ₹. x
तथा ब्याज की दर R%

तो, चक्रवृद्धि ब्याज $= x\left[\left(1 + \frac{\text{दर}}{100}\right)^2 - 1\right]$

$$3225 = x\left[\left(1 + \frac{R}{100}\right)^2 - 1\right] \ldots \text{(i)}$$

$$\text{साधारण ब्याज} = \frac{x \times R \times T}{100}$$

$$3000 = \frac{x \times R \times 2}{100} \quad \ldots \text{(ii)}$$

समीकरण (ii) से समीकरण (i) का भाग देने पर,

$$\frac{3000}{3225} = \frac{2 \times R}{x(100+R)^2 - (100)^2} \times 100$$

$$\frac{3000}{3225} = \frac{2 \times R}{x[(100)^2 + R^2 + 200R - (100)^2]} \times 100$$

$$\frac{3000}{3225} = \frac{2R}{R^2 + 200R} \times 100$$

$$\frac{40}{43} = \frac{2R}{R^2 + 200R} \times 100$$

$$\frac{1}{43} = \frac{5}{R + 200}$$

$R = 215 - 200 = 15\%$

63. (B) माना टोस्टर का अंकित मूल्य = ₹100

∴ 10% छूट के बाद

टोस्टर का अंकित मूल्य = $\frac{100 \times 90}{100}$ = ₹ 90

माना बिक्री मूल्य = ₹ x

$$x \times \frac{90}{100} = 18000$$

$x = 20,000$

37.5 छूट देने के बाद बिक्री मूल्य

$$= \frac{62.5 \times 20000}{100} = ₹\ 12500$$

64. (A) कुल अंक = 61 + 29 = 90

माना अधिकतम अंक = x

x का 24% = 90

$$x \times \frac{24}{100} = 90$$

$$x = \frac{90 \times 100}{24} = 375$$

65. (A) द्विघात समीकरण

$x^2 - 25x + 156 = 0$

$x^2 - (12 + 13)x + 156 = 0$

$x^2 - 12x - 13x + 156 = 0$

$x(x - 12) - 13(x - 12) = 0$

$(x - 12)(x - 13) = 0$

$x - 12 = 0, \quad x - 13 = 0$

$x = 12 \quad x = 13$

इसलिए समीकरण के मूल 12, 13 होंगे।

66. (A) 3.5 सेमी. त्रिज्या वाले शंकु का आयतन = बेलन का आयतन

$\frac{1}{3}\pi r^2 n_1 = \pi r^2 h_2$ [जहां, h_1 व h_2, बेलन व शंकु की ऊंचाइयां है।]

$$\frac{1}{3} \times \frac{22}{7} \times 3.5 \times 3.5 \times 9.6 = \frac{22}{7} \times 3.5 \times 3.5 \times h_2$$

$$\frac{9.6}{3} = h_2$$

$h_2 = 3.2$ सेमी.

67. (C) लाभ = 9 − 5

= 4 घड़ियों की कीमत

लाभ प्रतिशत = $\frac{4 \times 100}{5} = 80\%$

68. (C) वर्ग के विकर्ण की लम्बाई = $14\sqrt{2}$ सेमी.

∴ वृत्त की त्रिज्या = 7 सेमी.

∴ वृत्त का क्षेत्रफल = πr^2

$= \frac{22}{7} \times 7 \times 7 = 154$ वर्ग सेमी.

69. (C) Δ PQR में

S और T क्रमशः PQ और PR भुजाओं पर स्थित बिन्दु हैं।

ST, QR के समानांतर है।

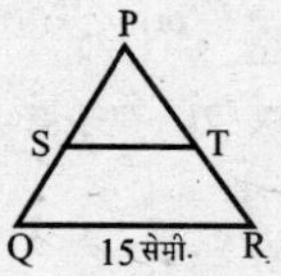

∵ बिन्दु S, PQ भुजा को 4 : 1 में विभाजित करता है।

$$\frac{PS}{QR} = \frac{ST}{QR} \Rightarrow \frac{PS}{PS + SQ} = \frac{ST}{QR}$$

$$\Rightarrow \frac{4}{5} = \frac{ST}{15}$$

∴ ST की लम्बाई = $\frac{4 \times 15}{5}$ = 12 सेमी.

70. (C) $\frac{1}{1 + \cos A} + \frac{1}{1 - \cos A} = x$

$$= \frac{1 - \cos A + 1 + \cos A}{(1 + \cos A)(1 - \cos A)}$$

$$= \frac{2}{1 - \cos^2 A}$$

$= \frac{2}{\sin^2 A} = 2\ \text{cosec}^2 A$

71. (D) 3 संख्याओं का कुल योग $= 3 \times 64 = 192$

माना दूसरी संख्या $= x$

तीसरी संख्या $= y$

$\therefore$ पहली संख्या $= \frac{x+y}{3}$

$\therefore$ प्रश्नानुसार, $\frac{\frac{x+y}{3} + x + y}{3} = 64$

$$\frac{4(x+y)}{9} = 64$$

$$4(x+y) = 64 \times 9$$

$$x + y = \frac{64 \times 9}{4}$$

$\therefore$ $(x+y) = 144$

$\therefore$ पहली संख्या $= \frac{144}{3} = 48$

72. (D) दोनों के द्वारा किया गया काम $= \frac{1}{30} + \frac{1}{2 \times 30}$

$= \frac{1}{30} + \frac{1}{60} = \frac{2+1}{60} = \frac{3}{60} = \frac{1}{20}$

दोनों मिलकर 20 दिन में काम पूरा करेंगे।

73. (D) $x = \cot\frac{A}{2}$

$$= \frac{\cos\frac{A}{2}}{\sin\frac{A}{2}} = \frac{\sqrt{\frac{1+\cos A}{2}}}{\sqrt{\frac{1-\cos A}{2}}} = \frac{\sqrt{1+\cos A}}{\sqrt{1-\cos A}}$$

$$= \frac{\sqrt{(1+\cos A)(1+\cos A)}}{\sqrt{(1-\cos A)(1-\cos A)}}$$

$$= \frac{\sqrt{(1+\cos A)^2}}{\sqrt{\sin^2 A}} = \frac{1+\cos A}{\sin A} = \frac{1}{\sin A} + \frac{\cos A}{\sin A}$$

$= \text{cosec}\ A + \cot A$

74. (A) वर्ग के विकर्ण की लम्बाई = 10 सेमी. $= 5\sqrt{2}$

$\therefore$ वर्ग का क्षेत्रफल = भुजा$^2 = (5\sqrt{2})^2$

$= 25 \times 2 = 50$ वर्ग सेमी.

75. (B) रेखा का समीकरण

$3x - 6y = 4$ .....(i)

$$y = \frac{-3x}{-6} + \frac{2}{6}$$

$$y = \frac{1}{2}x + \frac{2}{3}$$

रेखा की ढलान $m_1 = \frac{1}{2}$

समान्तर रेखाओं की प्रवणताएं समान होती हैं।

$\therefore$ $m_1 = m_2$

$m_2 = \frac{1}{2}$

76. (A) माना राजधानी ट्रेन द्वारा लिया गया समय $= t$ घण्टा

$\therefore$ प्रश्नानुसार— $\frac{612}{t+9} = \frac{612}{2(t-3)}$

$$t + 9 = 2(t-3)$$
$$t + 9 = 2t - 6$$
$$2t - t = 9 + 6$$
$t = 15$ घण्टा

$\therefore$ राजधानी की गति $= \frac{\text{कुल दूरी}}{\text{कुल समय}} = \frac{612}{15}$

= 40.8 किमी/घण्टा

77. (A) माना दो प्राकृत संख्याएं x और $x + 1$ है।

$\therefore$ प्रश्नानुसार, $(x)^2 + (x+1)^2 = 145$

$$x^2 + x^2 + 1 + 2x = 145$$
$$2x^2 + 2x = 145 - 1$$
$$2x^2 + 2x - 144 = 0$$
$$x^2 + x - 72 = 0$$
$$x^2 + 9x - 8x - 72 = 0$$
$$x(x+9) - 8(x+9) = 0$$
$$(x+9)(x-8) = 0$$
$$x \neq -9$$
$$x = 8$$

$\therefore$ प्राकृत संख्या = 8 और 8 + 1 = 9 होगी।

78. (B) इकाई का अंक $= z$

दहाई का अंक = 8

$\therefore$ संख्या $= 10 \times 8 + z = 80 + z$

79. (A) डिवीजन A के 30 छात्रों के कुल अंक = 30 × 67

= 2010

डिवीजन B के 55 छात्रों के अंकों के कुल अंक = 55 × 63

= 3465

डिवीजन C के 40 छात्रों के अंकों के कुल अंक = 40 × 61

= 2440

∴ कुल छात्रों के अंकों का योग = 2010 + 3465 + 2440

= 7915

10 वीं कक्षा के तीनों डिवीजन के छात्रों के अंकों का औसत

$$= \frac{\text{कुल छात्रों के अंकों का औसत}}{\text{कुल छात्र}}$$

$$= \frac{2010 + 3465 + 2440}{30 + 55\ 40}$$

$$= \frac{7915}{125} = 63.32$$

80. (D) बिन्दु A (5, 0) और बिन्दु D(0, 0) से जाने वाली रेखा AD का समीकरण

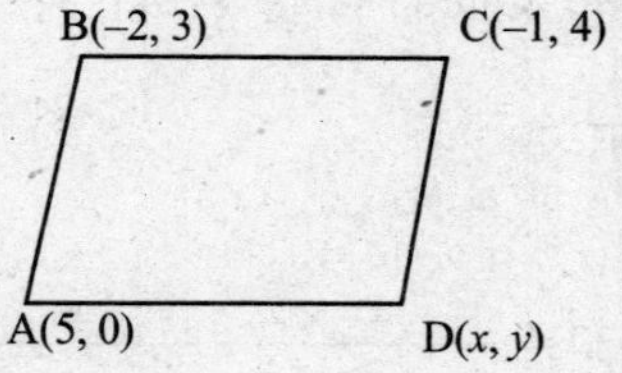

BC रेखा की प्रवणता $m_1 = \frac{4-3}{-1+2} = \frac{1}{1} = 1$

AD रेखा की प्रवणता $m_2 = \frac{y-0}{x-5} = \frac{y}{x-5}$

∵ समान्तर रेखाओं $m_1 = m_2$ के लिए

$$1 = \frac{y}{x-5}$$

∴ $y = x - 5$

यही रेखा AD का समीकरण होगा।

81. (A) ∴ $P\left(1+\frac{R}{100}\right)^2$

$$\frac{73205}{50000} = \left(1+\frac{R}{100}\right)^2 \Rightarrow \frac{14541}{10000} = \left(1+\frac{R}{100}\right)^2$$

$$\Rightarrow \left(\frac{121}{10}\right)^2 = \left(1+\frac{R}{100}\right)^2$$

$$\Rightarrow \frac{121}{100} = \left(1+\frac{R}{100}\right) \Rightarrow \frac{R}{100} = \frac{121-100}{100} = \frac{21}{100}$$

$\Rightarrow R = 21\%$

∴ अभीष्ट दर 21% होगी।

82. (C) बैग में रुपए, 50 पैसे और 10 पैसे के सिक्कों की संख्या में अनुपात = 6 : 3: 2

माना रुपयों की संख्या = $6x$

50 पैसे की संख्या = $3x$

10 पैसे की संख्या = $2x$

∴ प्रश्नानुसार,

$$6x \times \frac{100}{100} + 3x \times \frac{50}{100} + 2x \times \frac{10}{100} = 30.8$$

$$6x + \frac{3}{2}x + \frac{x}{5} = 30.8$$

$$60x + 15x + 2x = 308$$

$$77x = 308$$

$$x = 4$$

∴ 50 पैसों के सिक्कों की संख्या = 3 × 4 = 12

83. (A) माना पहले छात्र के अंक = x

तथा दूसरे छात्र के अंक = $x - 13$

∴ प्रश्नानुसार,

$$(x + x - 13) \times \frac{76}{100} = x$$

$$(2x - 13) \times \frac{76}{100} = x$$

$$152x - 988 = 100x$$

$$152x - 100x = 988$$

$$52x = 988$$

$$x = \frac{988}{52} = 19$$

∴ पहले छात्र के अंक = 19

दूसरे छात्र के अंक = 19 – 13 = 6

84. (B)

```
29)1039(35
   87
   169
   145
    24
```

∴ अभीष्ट संख्या = 29 – 24 = 5

अत: 1039 में 5 जोड़ने पर प्राप्त संख्या 29 से पूर्णत: विभाजित होगी।

85. (A) माना अंकित मूल्य = ₹ x

$\because$ 4% छूट पर 10% का नुकसान होता है।

$\therefore$ प्रश्नानुसार, $\frac{96}{100}x = \frac{90}{100}$

$$x = \frac{90}{96}$$

20% छूट पर विक्रय मूल्य $= \frac{90 \times 80}{96} =$ ₹ 75

$\therefore$ लाभ न होकर हानि हो रही है।

$\therefore$ हानि = 100 − 75

$\therefore$ हानि $= \frac{25 \times 100}{100} =$ ₹ 25%

86. (A) माना कोण की माप $= x°$

$\therefore$ प्रश्नानुसार,

$$x° + x° + 30° = 180°$$
$$2x° + 30° = 180°$$
$$2x° = 180° - 30°$$
$$2x° = 150°$$
$$x° = \frac{150°}{2} = 75°$$

$\therefore$ पहला कोण = 75°

दूसरा कोण = 75° + 30° = 105°

87. (D) वर्ग की भुजा = 14 सेमी

वृत्त का क्षेत्रफल $= \pi r^2$

$$= \pi \times \frac{1}{2} \times 14 \times 14$$

$$= \pi \times \frac{196}{2} = 98\pi \text{ वर्ग सेमी}$$

88. (B)

वर्ग अन्तराल	f	x	fx	$\lvert x-\overline{x}\rvert$	$f\lvert x-\overline{x}\rvert$
25-29	5	27	135	5.7	28.5
30-34	4	32	128	0.7	2.8
35-39	3	37	111	4.3	12.9
40-44	2	42	84	9.3	18.6
	$\Sigma f = 14$		$\Sigma fx = 458$		$\Sigma f\lvert x-\overline{x}\rvert = 62.8$

$$\overline{x} = \frac{\Sigma fx}{\Sigma f} = \frac{458}{14} = 32.7$$

$$\text{माध्य विचलन} = \frac{\Sigma f\,|x-\overline{x}|}{\Sigma f} = \frac{62.8}{14} = 4.48$$

89. (B) शंकु की अक्षीय काट का त्रिभुज की आकृति होगी, जैसा चित्र में प्रदर्शित है।

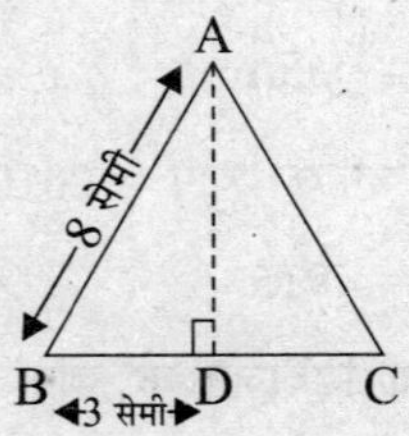

Δ ADB में, $AD^2 = AB^2 - BD^2$

$= (8)^2 - (3)^2 = 64 - 9 = 55 \Rightarrow AD = \sqrt{55}$ सेमी

अत: अक्षीय काट का क्षेत्रफल $= \Delta ABC$ का क्षेत्रफल

$$= \frac{1}{2} \times 6 \times \sqrt{55} \text{ सेमी}^2$$

$$= 3\sqrt{55} \text{ सेमी}^2$$

90. (A) माना प्रत्येक वार्षिक किश्त ₹x की है।

प्रश्नानुसार,

$$1820 = \frac{x}{\left(1+\frac{20}{100}\right)^3} + \frac{x}{\left(1+\frac{20}{100}\right)^2} + \frac{x}{\left(1+\frac{20}{100}\right)}$$

$$\Rightarrow 1820 = \left(\frac{5}{6}\right)^3 x + \left(\frac{5}{6}\right)^2 x + \left(\frac{5}{6}\right)x$$

$$\Rightarrow 1820 = \frac{5}{6} \times \left(\frac{25}{36} + \frac{5}{6} + 1\right)$$

$$\Rightarrow 2184 = x\left(\frac{25+30+36}{36}\right) \therefore x = \frac{2184 \times 36}{91}$$

$$= ₹\ 864$$

बिहार पॉलिटेक्निक संयुक्त प्रवेश परीक्षा, प्रैक्टिस सेट – 2

खण्ड-I (A): भौतिक विज्ञान

1. किसी नाव पर अधिकतम 1000 किग्रा का भार रख सकता है। खाली नाव का $\frac{1}{5}$ भाग पानी में डूबता है। का भार है–

(A) 150 किग्रा (B) 250 किग्रा

(C) 500 किग्रा (D) 100 किग्रा

2. एक पत्थर 80 मीटर गहरे कुएं में गिराया जाता है। पानी टकराने पर उत्पन्न ध्वनि 4.24 सेकण्ड बाद सुनी ध्वनि का वेग है– (g = 10 मी/से2)

(A) 310.33 मी/से (B) 320 मी/से

(C) 330 मी/से (D) 333.33 मी/से

3. दो समतल दर्पणों के बीच रखे फूल के कुल 11 प्रतिबिम्ब बनते हैं। दर्पणों के बीच कोण है–

(A) 30° (B) 60°

(C) 72° (D) 36°

4. एक ही आकार के दो गोले एक ही धातु के बने हैं। एक खोखला है और दूसरा ठोस। उनको एक ही ताप तक गर्म किया जाता है–

(A) दोनों गोले बराबर फैलेंगे

(B) खोखला गोला ठोस गोले से अधिक फैलेगा

(C) ठोस गोला खोखले गोले से अधिक फैलेगा

(D) दोनों गोले एक ही स्थिति में रहेंगे और फैलेंगे नहीं

5. वह उपकरण, जो ध्वनि तरंगों की पहचान तथा ऋजुरेखन के लिए प्रयुक्त होता है, क्या कहलाता है?

(A) राडार (B) सोनार

(C) पुकर (D) इनमें से कोई नहीं

6. एक लेन्स की शक्ति, जिसको 40 सेमी फोकस दूरी के अभिसारी लेन्स से संयोजन पर 6 डायोप्टर शक्ति का संयोजन बने, है–

(A) 16.66 डायोप्टर (B) 34 डायोप्टर

(C) 2.5 डायोप्टर (D) 3.5 डायोप्टर

7. कार चालक की ओर का दर्पण, जो कि पीछे से आ रहे यातायात पर नजर रखने के लिए होता है, होता है–

(A) समतल-उत्तल (B) अवतल

(C) उत्तल (D) समतल

8. एक टेलीफोन का विशिष्ट प्रतिरोध 4.2 माइक्रो ओम सेमी है। यदि तार का व्यास 1 सेमी है, तो 3.3 किमी तार का प्रतिरोध ओम में होगा–

(A) 1.764 ओम (B) 1.386 ओम

(C) 168.46 ओम (D) इनमें से कोई नहीं

9. 3 किग्रा तांबे का तापमान 0^oC से 10^oC तक बढ़ाने में उतनी कैलोरी ऊष्मा की आवश्यकता होती है। जितनी कि 1 किग्रा सीसे का तापमान 10^oC से बढ़कर 100^oC तक करने की आवश्यकता होती है। यदि तांबे की विशिष्ट ऊष्मा 0.09 कैलोरी/किग्रा 0^oC है, तो सीसे की विशिष्ट ऊष्मा होगी–

(A) 0.27 कैलोरी/किग्रा^oC (B) 0.01 कैलोरी/किग्रा^oC

(C) 0.03 कैलोरी/किग्रा^oC (D) उपरोक्त में से कोई नहीं

10. सूर्य की कोर गैसों से बनी है जिनका औसत परमाणु भार 2 है। उसका घनत्व एवं दाब क्रमशः 1.4 ग्राम/सेमी^{3} तथा 1.12×109 वायुमण्डल है। सूर्य का तापमान है–

(A) 67.6×10^7 K (B) 28672 K

(C) 1.95×10^7 K (D) उपरोक्त में से कोई नहीं

11. आकाशीय बिजली की चमक देखने और उसकी आवाज सुनने में 2.5 सेकण्ड का अन्तर है। यदि ध्वनि की गति तथा प्रकाश की गति क्रमशः 332 मी/से तथा 30000 किमी/से है, तो बिजली के चमक के स्थान की दूरी लगभग है–

(A) 1660 मी (B) 830 मी

(C) 74170 मी (D) 415 मी

12. +6D तथा –1D क्षमता वाले दो लेन्सों को एक-दूसरे के साथ

जोड़कर रखा जाता है। इस प्रकार बने लेन्स युग्म की फोकस दूरी होगी–

(A) 20 सेमी (B) 5 सेमी
(C) 10 सेमी (D) 4 सेमी

13. एक दिष्टधारा जनित्र के आर्मचर से प्रेरित विद्युत वाहक बल होगा–

(A) AC (B) उच्चवचन DC
(C) AC तथा DC दोनों (D) DC

14. विद्युत चुम्बकीय प्रेरण में विद्युत वाहक बल समानुपाती होता है–

(A) चुम्बकीय फ्लक्स से
(B) परिपथ के प्रतिरोध से
(C) चुम्बकीय फ्लक्स परिवर्तन से
(D) चुम्बकीय फ्लक्स की परिवर्तन दर से

15. एक छड़ AB, 2 मीटर लम्बी है तथा सिरे A से 120 सेमी की दूरी पर सन्तुलित होती है। उसी सिरे A पर 100 ग्राम का भार लगाए जाने पर यह केन्द्र पर स्थित एक बिन्दु पर सन्तुलित होती है। छड़ का भार है–

(A) 150 ग्राम
(B) $\frac{500}{3}$ ग्राम
(C) 500 ग्राम
(D) इनमें से कोई नहीं

16. एक संयुक्त सूक्ष्मदर्शी के अभिदृष्य के द्वारा I_o प्रतिबिम्ब बनता है और नेत्रिका द्वारा I_e प्रतिबिम्ब बनता है, तो–

(A) I_o काल्पनिक है और I_e वास्तविक
(B) I_o वास्तविक है और I_e काल्पनिक
(C) I_o और I_e दोनों वास्तविक हैं
(D) I_o और I_e दोनों काल्पनिक हैं

17. 100 किग्रा का एक व्यक्ति लिफ्ट में खड़ा है। यदि लिफ्ट 8 मी/से^{2} के त्वरण से नीचे की ओर जा रही है, तो व्यक्ति पर लगने वाला बल होगा–

(A) 20 न्यूटन (B) 40 न्यूटन
(C) 60 न्यूटन (D) उपरोक्त में से कोई नहीं

18. यदि 125 मी गहरे कुएं में एक पत्थर गिराने पर उसके पानी में छपाक की ध्वनि, गिराने के समय के 5.4 सेकण्ड के बाद सुनाई पड़ती है तो वायु में ध्वनि की गति होगी–
($g = 10$ मी/से^{2})

(A) 312.5 मी/से (B) 320 मी/से
(C) 330 मी/से (D) 340 मी/से

19. 2.2 ग्राम CO_2 प्राप्त करने के लिए $CaCO_3$ के कितने भार की आवश्यकता होगी?

(A) 5 ग्राम (B) 10 ग्राम
(C) 15 ग्राम (D) 50 ग्राम

20. मानव नेत्र में वस्तु का प्रतिबिम्ब बनता है–

(A) कॉर्निया पर (B) पुतली पर
(C) आइरिस पर (D) रेटिना पर

21. एक मनुष्य की स्वस्थ आंख के लिए 'निकट बिन्दु' है–

(A) 25 मी (B) 17 मी
(C) 1 मी (D) 25 सेमी

22. संयुक्त सूक्ष्मदर्शी की आवर्धन शक्ति होती है–

(A) $m_o \times m_e$ (B) $\frac{m_0}{m_e}$
(C) $\frac{m_e}{m_o}$ (D) $\frac{1}{m_o \times m_e}$

23. 1 किलोवाट/घण्टा के बराबर है–

(A) 36×10^5 जूल (B) 36×10^3 जूल
(C) 10^3 जूल (D) 10^5 जूल

24. ध्वनि ऊर्जा को विद्युत ऊर्जा में बदलता है–

(A) लाउडस्पीकर (B) माइक्रोफोन
(C) ट्रांसफार्मर (D) विद्युत मोटर

25. विद्युत चुम्बक प्रेरण संबंधित है–

(A) किसी वस्तु को धन आवेशित करने से
(B) चुम्बक तथा कुण्डली की परस्पर गति द्वारा करंट पैदा करने से
(C) विद्युत मोटर की कुण्डली को घुमाने से
(D) करंटयुक्त सालीनाईड में चुम्बकीय क्षेत्र पैदा होने से

26. नीचे दिए हुए विद्युत परिपथ में सेलों के विद्युत वाइक बल और आन्तरिक प्रतिरोध प्रदर्शित हैं। P, Q बिन्दुओं के बीच विद्युत विभवान्तर है–

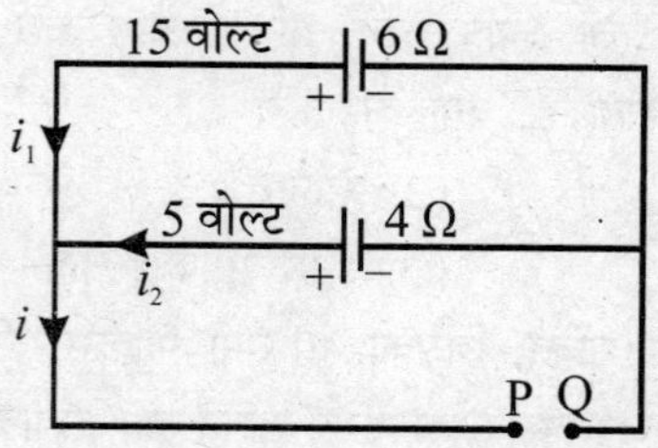

(A) 8 वोल्ट (B) 9 वोल्ट
(C) 10 वोल्ट (D) 11 वोल्ट

27. एक एंगस्ट्रॉग का मान माइक्रॉन में होता है–

(A) $10^{-4}\mu$ (B) $10^{4}\mu$

(C) $10^{-6}\mu$ (D) $10^{6}\mu$

28. एक वर्ग ABCD के चारों बिन्दुओं पर क्रमश: –5 कूलॉम, + 3 कूलॉम, + 5 कूलॉम तथा -3 कूलॉम आवेश के कण हैं, तो वर्ग के केंद्र पर स्थित एक कूलॉम आवेश पर लगने वाला बल होगा–

(A) शून्य (B) +2

(C) –2 (D) –3

29. वायुमण्डीलय दाब 1.02×10^{-4} मेगा पास्कल है। वायुमण्डल द्वारा एक मनुष्य के शरीर पर लगने वाला बल है (मनुष्य के शरीर का क्षेत्रफल 1.6 मी^{2} है।)

(A) 3×10^3 न्यूटन (B) 16.32 न्यूटन

(C) 3×10^4 न्यूटन (D) 1.632×10^5 न्यूटन

30. एक मनुष्य को समतल दर्पण में अपना प्रतिबिम्ब 10 सेमी/मिनट की चाल से पीछे हटता हुआ प्रतीत होता है। दर्पण के पीछे हटने की चाल होगी–

(A) 4 सेमी/मिनट (B) 5 सेमी/मिनट

(C) 6 सेमी/मिनट (D) 7 सेमी/मिनट

खण्ड-I (B) : रसायन विज्ञान

31. $KMnO_4$ का क्षारीय माध्यम में तुल्यांकी भार होता है (जबकि परमाणु भार दिया है। Mn = 5, K = 39 व O = 16)

(A) 52.66 (B) 79

(C) 158 (D) 316

32. C_2H_2 की सजातीय श्रेणी एवं IUPAC नाम है–

(A) एल्काइन एवं एथेन (B) एल्काइन एवं एथाइन

(C) एल्कीन एवं एथेन (D) एल्कीन एवं एथाइन

33. निर्जल सोडियम एसीटेट व सोडालाइम के मिश्रण को गर्म करने से बनती है–

(A) CH_4 (B) C_2H_6

(C) C_2H_2 (D) C_2H_4

34. निम्न अभिक्रियाओं में से, उपचयन-अपचयन अभिक्रिया का उदाहरण है–

(A) $2KOH + H_2SO_4 \rightarrow K_2SO_4 + 2H_2O$

(B) $NaCl + AgNO_3 \rightarrow NaNO_3 + AgCl$

(C) $NaOH + HCl \rightarrow NaCl + H_2O$

(D) $SnCl_2 + 2HgCl_2 \rightarrow SnCl_4 + Hg_2Cl_2$

35. तत्वों के निम्न जोड़े में कौन-से जोड़े के दोनों तत्व संक्रमण तत्व हैं?

(A) H, C (B) Pt, C

(C) Fe, Pt (D) Ni, Ca

36. $Na_2S_4O_6$ में S की ऑक्सीकरण संख्या है–

(A) 2 (B) 2.5

(C) 3 (D) उपरोक्त में से कोई नहीं

37. $2H_2S + SO_2 \rightarrow 2H_2O + 3S$ में अपचायक है–

(A) S (B) SO_2

(C) H_2O (D) H_2S

38. नाइट्रोजन के एक ऑक्साइड का अणुभार 30 है। यौगिक के एक अणु में कुल इलेक्ट्रॉन हैं–

(A) 30 (B) 15

(C) 14 (D) 11

39. यूरेनियम $_{92}U^{235}$ से प्रति नाभिक विखण्डन ऊर्जा उत्पन्न होती है–

(A) 10 MeV (B) 100 MeV

(C) 200 MeV (D) 300 MeV

40. Mg वायु में जलकर एक पाउडर बनाता है। यह पाउडर, जल से क्रिया करके एक गैस देता है जो गीले लिटमस पत्र को नीला कर देती है तथा सान्द्र HCl के साथ सफेद धुआं देती है। यह गैस है–

(A) O_2 (B) N_2

(C) NH_3 (D) CO_2

41. CaC_2 से ऐसीटिलीन प्राप्त की जा सकती है–

(A) इसको 1200°C तक गर्म करके उसके ऊपर H_2 प्रवाहित करने पर

(B) इसके साथ ठण्डे पानी की क्रिया कराकर

(C) इसके ऊपर 160°C पर भाप प्रवाहित करके

(D) H_2SO_4 की उपस्थिति इसे 140°C तक गर्म करके

42. क्लोरीन का प्रयोग किया जाता है–

(A) एन्टीबायोटिक के रूप में

(B) संक्रमण रोगी की दवा के रूप में

(C) ज्वरनाशक के रूप में

(D) प्रतिरोधी के रूप में

43. बॉक्साइट अयस्क से NaOH की क्रिया से बनता है–

(A) $Al(OH)_3$ (B) Al_2O_3

(C) $NaAlO_2$ (D) Na_2AlO_2

44. नाइट्रोजन आवर्त्त सारणी में है–

(A) I वर्ग में (B) IV वर्ग में

(C) III वर्ग में (D) V वर्ग में

45. जब सोडियम ऐसीटेट सोडालाइम के साथ अभिक्रिया करता है, तो बनता है–
(A) मेथेनॉल (B) ऐथेन
(C) ऐथाइन (D) मेथेन

46. नाभिकीय रिएक्टर को नियंत्रित करने के लिए किसकी छड़ों का प्रयोग किया जाता है?
(A) कैडमियम (B) बोरान
(C) कार्बन (D) क्रोमियम

47. कच्चे फलों को पकाने में प्रयोग की जाती है–
(A) C_3H_8 (B) $CHCl_3$
(C) C_2H_4 (D) CH_4

48. ऐल्काइन का सामान्य सूत्र है–
(A) C_nH_{2n+2} (B) C_nH_{2n}
(C) C_nH_{2n-2} (D) C_nH_{2n-1}

49. कृत्रिम रेशम तैयार किया जाता है–
(A) गेलेक्टोस से (B) लेक्टोस से
(C) माल्टोस से (D) सेल्यूलोस से

50. HNO_3 में नाइट्रोजन की ऑक्सीकरण संख्या होती है–
(A) –3 (B) +3
(C) +5 (D) शून्य

51. C_2H_2 की सजातीय श्रेणी एवं आई.यू.पी.ए.सी. नाम क्रमशः हैं–
(A) ऐल्काइन एवं ऐथेन
(B) ऐल्काइन एवं ऐथाइन
(C) ऐल्कीन एवं मेथेन
(D) ऐल्कीन एवं ऐथाइन

52. 100 लीटर H_2 से संयोग करने के लिए O_2 लेना होगा–
(A) 100 ली. (B) 200 ली
(C) 50 ली. (D) 10 ली.

53. बेकिंग सोडा का रासायनिक सूत्र है–
(A) Na_2CO_3 (B) $Na_2CO_3.2H_2O$
(C) $Na_2CO_3.10H_2O$ (D) $NaHCO_3$

54. मिश्र धातु सोल्डर (टांका) के अवयव हैं–
(A) लैड (75%) एवं टिन (25%)
(B) लैड (50%) एवं टिन (50%)
(C) लैड (25%) एवं टिन (75%)
(D) इनमें से कोई नहीं

55. एल्डिहाइड समूह है–
(A) >CO (B) –OH
(C) –COOH (D) –CHO

56. निम्न में से कौन-सा एक उभयधर्मी ऑक्साइड है?
(A) N_2O_5 (B) Na_2O
(C) Al_2O_3 (D) NO

57. निम्न यौगिक के ओजोन द्वारा ऑक्सीकरण में O_2 मुक्त नहीं होती–
(A) SO_2 (B) HCl
(C) CuS (D) KNO_2

58. 0.005N NaOH विलयन में $[H_3O^+]$ है $[K_w = 10^{-14}]$
(A) 5×10^{-3} M (B) 2×10^{-2} M
(C) 5×10^{-13} M (D) 2×10^{-12} M

59. निम्न में से कौन-सा आयस्क मैग्नेटाइट कहलाता है?
(A) FeO (B) Fe_2O_3
(C) Fe_3O_4 (D) FeS

60. HCOOH + सान्द्र H_2SO_4 का 373 K पर क्या उत्पाद होगा ?
(A) CO_2 (B) HCHO
(C) CO (D) CH_4

खण्ड-II: गणित

61. एक निश्चित राशि पर 2 वर्षों के लिए 16% वार्षिक दर से वार्षिक रूप से संयोजित होने वाले साधारण ब्याज और चक्रवृद्धि ब्याज में अन्तर ₹ 320 है। दी गई राशि का मान (₹ में) क्या है?
(A) 25000 (B) 50000
(C) 37500 (D) 12500

62. 5 संख्याओं का औसत 76 है, उनमें से पहली संख्या अन्य 4 संख्याओं के योग का 3/7 गुना है। वह पहली संख्या क्या है?
(A) 171 (B) 114
(C) 76 (D) 228

63. उस रेखा का समीकरण क्या होगा, जो बिन्दु (2, – 3) से होकर गुजरती हो और धनात्मक x-अक्ष के साथ – 45° का कोण बनाती हो–
(A) $x - y = -5$ (B) $x - y = -1$
(C) $x + y = -5$ (D) $x + y = -1$

64. यदि $(36 - 16x) - (4x - 8) = 4$ है, तो x का क्या मान है?
(A) 4 (B) 2
(C) 6 (D) 3

65. एक वस्तु की चिन्हित कीमत ₹ 400 है। 1 वस्तु की खरीद पर

6% छूट मिलती है और 4 वस्तुओं की खरीद पर 24% छूट मिलती है। रचिता 5 वस्तुएं खरीदती है, तो उसे कितनी प्रभावी छूट मिलेगी?

(A) 34 प्रतिशत (B) 20.4 प्रतिशत

(C) 12.8 प्रतिशत (D) 23.25 प्रतिशत

66. एक त्रिभुज में उस कोण के विपरीत पक्ष की $6\sqrt{3}$ लम्बाई सेमी है, जिसकी माप 60° है। उस कोण के विपरीत भुजा की लम्बाई क्या होगी, जिसकी माप 90° है?

(A) $12\sqrt{3}$ सेमी (B) 6 सेमी

(C) 12 सेमी (D) $3\sqrt{3}$ सेमी

67. cot 210° का मान क्या है?

(A) $1/\sqrt{3}$ (B) $-/\sqrt{3}$

(C) $\sqrt{3}$ (D) $-\sqrt{3}$

68. 199994 × 200006 = ?

(A) 39999799964 (B) 3999999864

(C) 3999999954 (D) 39999999964

69. एक मिसाइल 1260 किमी/घंटा की गति से चलती है। एक सेकण्ड में वह कितने मीटर की दूरी तय करती है?

(A) 322 मीटर (B) 369 मीटर

(C) 384 मीटर (D) 350 मीटर

70. यदि $\cot A + \cot B = x$, तो x का मान क्या है?

(A) $(\cot A \cot B + 1) / (\cot B - \cot A)$

(B) $(\cot A \cot B + 1) / (\cot B + \cot A)$

(C) $(\cot A \cot B - 1) / (\cot B + \cot A)$

(D) $(\cot A \cot B - 1) / (\cot B - \cot A)$

71. एक दुकानदार ₹ 1250 प्रति किलोग्राम की दर से बादाम बेचता है और 7% हानि वहन करता है। अब यदि उसने ₹ 1375 प्रति किलोग्राम से बेचने का फैसला किया है, तो इसका क्या परिणाम होगा?

(A) 4.6 प्रतिशत लाभ (B) 2.3 प्रतिशत हानि

(C) 2.3 प्रतिशत लाभ (D) 4.6 प्रतिशत हानि

72. यदि एक सिलेण्डर का आयतन 3850 घन सेमी है और ऊंचाई 25 सेमी है, तो इसकी त्रिज्या क्या है? ($\pi = 22/7$ लीजिए)–

(A) 7 सेमी (B) 14 सेमी

(C) 3.5 सेमी (D) 10.5 सेमी

73. दो शहरों के बीच का बस का भाड़ा 11 : 18 के अनुपात में बढ़ाया गया है। यदि मूल भाड़ा ₹ 550 है, तो भाड़े में कितनी वृद्धि हुई?

(A) ₹ 350 (B) ₹ 900

(C) ₹ 180 (D) ₹ 360

74. एक बारहभुज (Dodecahedron) के 30 किनारें हैं। उसके कितने शिरोबिन्दु हैं?

(A) 12 (B) 16

(C) 20 (D) 10

75. निम्नलिखित समीकरणों में से किसके मूल बराबर हैं?

(A) $x^2 + 22 = 0$

(B) $x^2 - 7x + 10 = 0$

(C) $x^2 - 2x + 26 = 0$

(D) $4x^2 + 8x + 4 = 0$

76. बिन्दु $(x, 0)$ और बिन्दु $(0, y)$ को जोड़ने वाले खण्ड को बिन्दु P(5, – 2), 2.5 के अनुपात में विभाजित करता है। x और y का मान क्या है?

(A) $x = -7; y = 7$ (B) $x = 3; y = -3$

(C) $x = 7; y = -7$ (D) $x = -3; y = 3$

77. दो छात्र एक परीक्षा में बैठे। उनमें से एक ने दूसरे की तुलना में 20 अंक अधिक हासिल किए और उसके अंकों उन दोनों के अंकों के योग का 55% थे। उन दोनों ने कितने अंक प्राप्त किए?

(A) 92 और 72 (B) 83 और 63

(C) 110 और 90 (D) 64 और 44

78. राज एक मशीन ₹ 51 लाख में घाटे पर बेचता है। यदि उसने उसे ₹ 60 लाख में बेचा होता, तो उसका लाभ उसके पूर्व घाटे का 8 गुना होता। मशीन का क्रय मूल्य क्या है?

(A) ₹ 59 लाख (B) ₹ 52 लाख

(C) ₹ 66.375 लाख (D) ₹ 45 लाख

79. A एक काम का 75%, 50 दिन में पूरा करता है, फिर वो B को बुलाता है और वे दोनों मिलकर बचा हुआ काम 10 दिन में पूरा करते हैं। पूरा काम अकेले करने में B को कितना समय लगेगा?

(A) 200 दिन (B) 50 दिन

(C) 100 दिन (D) 125 दिन

80. एक निश्चित राशि पर 2 वर्षों के लिए 12% वार्षिक दर से वार्षिक रूप से संयोजित होने वाले साधारण ब्याज और चक्रवृद्धि ब्याज में अंतर ₹ 72 है। दी गयी राशि का मान (₹ में) क्या है?

(A) 10000 (B) 20000

(C) 5000 (D) 15000

81. शिवशंकर, गोपेश और रीना का औसत वजन 97 किलोग्राम है। यदि शिवशंकर और गोपेश का औसत वजन 93 किग्रा है और गोपेश और रीना का औसत वजन 82 किग्रा है, तो गोपेश का वजन कितना है?

(A) 72 (B) 56

(C) 59 (D) 63

82. एक वृत्त की जीवा PQ और RS बाहर की ओर विस्तृत करने पर बिन्दु T पर एक दूसरे को काटते हैं। यदि QT, RT और ST की लंबाई क्रमशः 9 से.मी., 18 से.मी. और 6 से.मी. है, तो खंड PT की लंबाई क्या है?

(A) 18 cm (B) 16 cm

(C) 9 cm (D) 12 cm

83. यदि $a + b = 11$ और $a^2 + b^2 = 61$ है, तो ab का मान क्या है?

(A) 12 (B) 96

(C) 24 (D) 30

84. राकेश अपनी मोटर साइकिल पर की गई एक यात्रा में 368 कि.मी. की दूरी तय करता है। यदि वह 49 कि.मी. प्रति घंटा से 5 घंटे तक मोटर साइकिल चलाता है, तो वह शेष 3 घंटे की यात्रा किस गति से तय करता है?

(A) 58 कि.मी./घंटा (B) 41 कि.मी./घंटा

(C) 54 कि.मी./घंटा (D) 46 कि.मी./घंटा

85. बिन्दु (4, 7) और बिन्दु (–1, – 5) के बीच की दूरी कितनी है?

(A) 10 यूनिट (B) 13 यूनिट

(C) 5 यूनिट (D) 11 यूनिट

86. 22% की छूट देने पर एक रेफ्रीजरेटर की बिक्री कीमत ₹ 26000 है। यदि छूट 40% दी जाती है, तो उसका बिक्री मूल्य क्या होगा?

(A) ₹ 12000 (B) ₹ 14640

(C) ₹ 21840 (D) ₹ 20000

87. 20 को दो भागों में इस तरह से विभाजित करें कि भागों के वर्ग का योग 232 हो। दो भागों का मान क्या होगा?

(A) 6, 14 (B) 8, 12

(C) 4, 16 (D) 10, 10

88. एक व्यक्ति के बचत खाते में 31 दिसम्बर को अवशेष राशि ₹ 650 थी। खाते में 1 जनवरी को वेतन के ₹ 3450 और 12 जनवरी को नकद ₹ 450 जमा किए गए। जबकि 8 जनवरी को व्यक्ति ने ₹ 3000 निकाले और 28 जनवरी को उसके द्वारा दी गई चैक का भुगतान ₹ 650 बैंक द्वारा किया गया। ज्ञात कीजिए कि व्यक्ति को जनवरी माह के लिए कितनी धनराशि पर ब्याज मिलेगा?

(A) ₹ 1100 (B) ₹ 1550

(C) ₹ 900 (D) ₹ 4100

89. यदि $U = I^+$, $A = \{2, 4, 6, 8,...\}$ तो A' का मान होगा–

(A) {1, 3, 5, 7,.....} (B) {1, 2, 3, 4,...}

(C) {2, 3, 4, 5,...} (D) इनमें से कोई नहीं

90. एक शंक्वाकार पर्वत की तिर्यक ऊंचाई 2.5 किमी है और उसके आधार का क्षेत्रफल 1.54 किमी2 है। पर्वत की ऊंचाई है–

(A) 2.2 किमी (B) 2.4 किमी

(C) 3 किमी (D) 3.11 किमी

उत्तर (हल/संकेत)

1. (B) माना नाव का भार w किग्रा है।

$$\therefore \quad w = \frac{1}{5} V\rho g \quad ......(i)$$

उस पर 1000 किग्रा भार रखने पर वह पूर्ण रूप से जल में डूब जाती है। अतः

$$w + 1000 = V\rho g \quad ....(ii)$$

समीकरण (ii) को समीकरण (i) से भाग देने पर,

$$\frac{w+1000}{w} = \frac{VPg}{\frac{1}{5}VPg}$$

$$\Rightarrow \quad 5w = w + 1000$$

$$\Rightarrow \quad x = \frac{1000}{4} = 250 \text{ किग्रा}$$

2. (D) माना पत्थर पानी से t समय पश्चात् टकराता है।

सूत्र $h = ut + \frac{1}{2}gt^2$ से

$$\therefore \quad 80 = 0 + \frac{1}{2} \times 10 \times t^2$$

$$\Rightarrow \quad t = 4 \text{ से}$$

ध्वनि सुनाई देने में लगा समय

$$= 4.24 - 4.0 = 0.24 \text{ से}$$

$$\text{ध्वनि का वेग} = \frac{80}{0.24} = 333.33 \text{ मी/से}$$

3. (A) $n = \frac{360^\circ}{?} - 1$

$\therefore \quad 11 = \frac{360^\circ}{\theta} - 1$

$\Rightarrow \quad 12 = \frac{360^\circ}{\theta} \Rightarrow \theta = \frac{360^\circ}{12} = 30^\circ$

4. (A)

5. (B) सोनार द्वारा समुद्र में डूबी हुई वस्तुओं पर लगाया जाता है। इसके लिए पराश्रव्य प्रयोग किया जाता है।

6. (D) लेन्स की संयोजन शक्ति

$$\frac{1}{F} = \frac{1}{f_1} + \frac{1}{f_2}$$

या $P = P_1 + P_2$

$$6 = \frac{100}{40} + P_2$$

$$6 = 2.5 + P_2$$

$P_2 = 3.5$ डायोप्टर

7. (C) उत्तल दर्पण का उपयोग गाड़ी में चालकों के पास पीछे के दृश्य को देखने में किया जाता है।

8. (A) चालक तार का प्रतिरोध, $R = \rho \frac{l}{A}$

$$R = 4.2 \times 10^{-6} \times \frac{3.3 \times 10^5}{\pi r^2}$$

[$\because$ 1 कैलोरी 4.2×10^{-6} जूल]

$$R = 4.2 \times \frac{3.3 \times 10^{-1}}{3.14 \times (0.5)^2}$$

$R = 1.764$ ओम

9. (C) प्रश्नानुसार, सीसे के लिये आवश्यक उष्मा = तांबे के लिये आवश्यक ऊष्मा

अर्थात् $m_1 s_1 t_1 = m_2 s_2 t_2$

$\therefore \quad 3 \times 0.09 \times (10 - 0) = 1 \times s_2 \times (100 - 10)$

$\Rightarrow \quad 2.7 = s_2 \times 90$

या $\quad s_2 = \frac{2.7}{90} = 0.03$

10. (C) यहां $P_1 = 1$ वायुमण्डल

$P_2 = 1.12 \times 10^9$ वायुमण्डल

$T_1 = 273$ K, $V_1 = 22400$ सेमी^{3}

$V_2 = \frac{m}{d} = \frac{2}{1.4}$ सेमी^{3}

सूत्र $\frac{P_1 V_1}{T_1} = \frac{P_2 V_2}{T_2}$ से

$\therefore \quad \frac{10 \times 22400}{273} = \frac{1.12 \times 10^9 \times 2}{T_2 \times 1.4}$

$$T_2 = \frac{373 \times 1.12 \times 10^9 \times 2}{22400 \times 1.4} = 1.95 \times 10^7 \text{ K}$$

11. (B) माना बिजली के चमक के स्थान की दूरी x है।ध्वनि सुनाई देने में लगा समय - चमक दिखाई देने में लगा समय = 2.5 सेकण्ड

$$\therefore \frac{x}{332} - \frac{x}{3 \times 10^7} = 2.5$$

परन्तु चमक दिखाई देने में लगा समय चूंकि प्रकाश की चाल 3×10^7 मी/से

$\therefore \quad \frac{x}{332} = 2.5$

या $\quad x = 332 \times 2.5 = 830$ मीटर

12. (A) लेन्स युग्म की क्षमता = 6 – 1 = 5 डायोप्टर

यदि फोकक दूरी f सेमी है, तब,

$$P = \frac{100}{f}$$

$\therefore \quad 5 = \frac{100}{f}$ या $f = \frac{100}{5} = 20$ सेमी.

13. (A) एक दिष्टधारा जनित्र के आर्मेचर से प्रति विद्युत वाहक बल AC होता है।

14. (D) फैराडे के नियम के अनुसार, ''जब किसी परिपथ से गुजरने वाले चुम्बकीय फ्लक्स में परिवर्तन होता है, तो परिपथ में एक प्रेरित विद्युत वाहक बल उत्पन्न हो जाता है जिसका परिमाण चुम्बकीय फ्लक्स के परिवर्तन की ऋणात्मक दर के बराबर होता है।''

अत: विद्युत वाहक बल, $e = -\frac{\Delta\phi}{\Delta t}$

जहां $\Delta\phi_1 = \phi_2 - \phi_1$ (फ्लक्स परिवर्तन)

15. (C)

16. (B) संयुक्त सूक्ष्मदर्शी में अभिदृश्यक लेन्स द्वारा बना प्रतिबिम्ब वास्तविक होता है तथा नेत्रिका द्वारा बना प्रतिबिम्ब काल्पनिक होता है। अत: I_o वास्तविक तथा I_e काल्पनिक है।

17. (D) चित्रानुसार,

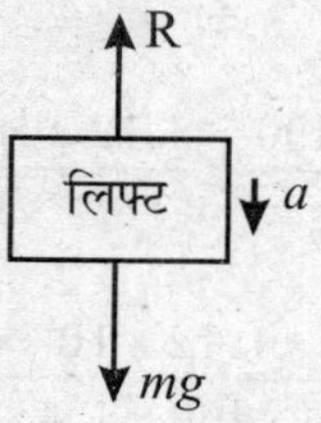

$mg - R = ma$

R = व्यक्ति पर आरोपित बल

$= (mg - ma)$

$= m(g - a)$

यहां m = 100 किग्रा, g = 10 मी/से^{2}

a = 8 मी/से^{2}

$\therefore$ R = 100 (10 − 8) = 100 × 2 = 200 न्यूटन

18. (A) माना पत्थर पानी से t समय पश्चात् टकराता है।

$$h = ut + \frac{1}{2} gt^2$$

$$\therefore \quad 125 = 0 + \frac{1}{2} \times 10 \times t^2$$

$$t^2 = \frac{125 \times 2}{10} = 25 \Rightarrow t = 5 \text{ सेकण्ड}$$

उत्पन्न ध्वनि को सुनाई देने में लगा समय

= 5.4 − 5 = 0.4 सेकण्ड

$\therefore$ ध्वनि का वेग $= \frac{\text{दूरी}}{\text{समय}} = \frac{125}{0.4} = 312.5$ मी/से

19. (A) $CaCO_3 \rightarrow CaO + CO_2$

40 + 12 + 48 = 100 ग्राम   12 + 32 = 44 ग्राम

44 ग्राम CO_2 के लिए आवश्यक $CaCO_3$ = 100 ग्राम

2.2 ग्राम CO_2 के लिए आवश्यक $CaCO_3$

$$= \frac{100 \times 2.2}{44} = 5 \text{ ग्राम}$$

20. (D)

21. (D) एक मनुष्य की स्वस्थ आंख के लिए निकट बिन्दु 25 सेमी होती है।

22. (A)

23. (A) 1 किलोवाट/घण्टा = $60 \times 60 \times 10^3$

$= 36 \times 10^5$ जूल

24. (B)

25. (B)

26. (B) दोनों आन्तरिक प्रतिरोध समान्तर क्रम में हैं, उनका तुल्य प्रतिरोध

$$\frac{1}{R} = \frac{1}{6} + \frac{1}{4} = \frac{2+3}{12} = \frac{5}{12}$$

$$\therefore \quad R = \frac{12}{5} = 2.4\,\Omega$$

धारा, $i_1 = \frac{V_1}{r_1} = \frac{15}{6}$ = 2.5 एम्पियर,

धारा, $i_1 = \frac{V_2}{r_2} = \frac{15}{4}$ = 1.25 एम्पियर

कुल धारा, $i = i_1 + i_2 = 2.5 + 1.25 = 3.75$ एम्पियर P और Q के बीच विद्युत विभान्तर

V = iR = 3.75 × 2.4 = 9 वोल्ट

27. (A) 1 एंग्स्ट्रॉम = 10^{-10} मी = $10^{-4} \times 10^{-6}$ मी

$\therefore$ 1 एंग्स्ट्रॉम = 10^{-4} माइक्रॉन = $10^{-4}\,\mu$

28. (C) चूंकि F_C तथा F_A बराबर तथा विपरीत बल हैं। अत: इनका परिणामी शून्य होगा।

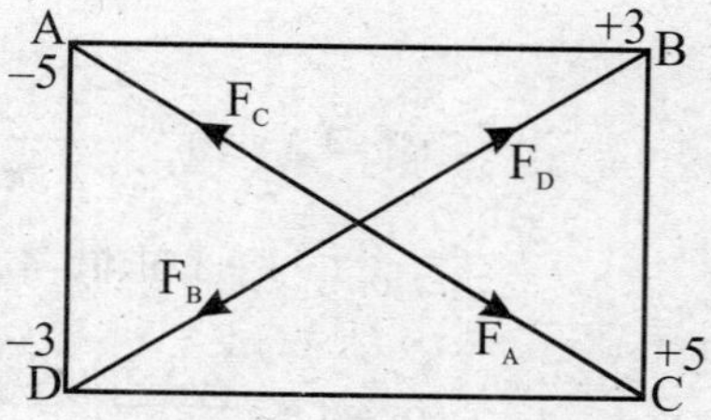

इसी प्रकार, F_D और F_B बराबर तथा विपरीत बल हैं। अत: इनका भी परिणामी शून्य होगा।

29. (C) F = P × A, जहां, P = 1.02 × 10^{-1} मेगा पास्कल; A = 1.6 मी^{2}

A = 1.6 मी^{2}

30. (C) मनुष्य को अपना प्रतिबिम्ब 10 सेमी/मिनट की चाल से पीछे हटता हुआ प्रतीत हो रहा है।

अत: दर्पण की चाल $= \frac{10}{2} = 5$ सेमी/मिनट

31. (A) $2KMnO_4 + H_2O \rightarrow 2MnO_2 + 2KOH + 3(O)$

2(39 + 55 + 64) = 316, 3 × 16 = 48

$\because$ 48 भार भाग O_2 विस्थापित होती है

= 316 भार भाग $KMnO_4$ से

$\therefore$ 8 भार भाग O_2 विस्थापित होती है $= \frac{316 \times 8}{48}$

= 52.66

∴ क्षारीय माध्यम में KMnO4 का तुल्यांकी भार
$= 52.66$

32. (B) C_2H_2 की सजातीय श्रेणी एवं IUPAC नाम क्रमशः एल्काइन एवं एथाइन है।

33. (A) निर्जल सोडियम ऐसीटेट और सोडालाइम के मिश्रण को गर्म करने पर मेथेन (CH_4) बनती है।

$$\underset{\text{सोडियम ऐसीटेट}}{CH_3COONa} + \underset{\text{सोडालाइम}}{NaOH + CaO} \rightarrow \underset{\text{मेथेन}}{CH_4} + Na_2CO_3$$

34. (D) $$\overset{+2}{Sn}Cl_2 + 2\overset{+2}{Hg}Cl_2 \rightarrow \overset{+4}{Sn}Cl_4 + \overset{+1}{Hg_2}Cl_2$$

में स्टैनस क्लोराइड $SnCl_2$ का स्टैनिक क्लोराइड $SnCl_4$ में उपचयन (oxidation) हो रहा है जबकि मरक्यूरिक क्लोराइड Hg_2Cl_2 में अपचयन (reduction) हो रहा है।

35. (C) जिन तत्वों के परमाणु या किसी यौगिक में तत्व के *d*-कक्षक आंशिक रुप से भरे होते हैं। संक्रमण तत्व कहलाते हैं। उदाहरण Fe, Zn, Pt, Cu आदि।

36. (B)

37. (D) $$2H_2\overset{-2}{S} + \overset{+4}{S}O_2 \rightarrow 2H_2O + 3\overset{0}{S}$$

H_2S में सल्फर की ऑक्सीकरण संख्या-2 है सल्फर में शून्य हो जाती है। अतः H_2S का ऑक्सीकरण तथा SO_2 का अपचयन हो रहा है। अतः H_2S अपचायक व SO_2 ऑक्सीकारक तरह कार्य कर रहा है।

38. (B) चूंकि नाइट्रोजन के ऑक्साइड का अणुभार 30 है। अतः स्पष्ट है कि इसका सूत्र NO $(14+16)$ है

अब N का परमाणु क्रमांक 7 तथा O का 8 है।

अतः इलेक्ट्रॉनों की संख्या $7+8=15$ है।

39. (C) $_{92}U^{235}$ यूरेनियम के प्रति नाभिक विखण्डन से 200 MeV ऊर्जा प्राप्त होती है।

40. (B) मैग्नीशियम को वायु में जलाने पर मैग्नीशियम नाइट्राइट (Mg_3N_2) बनता है, जो जल से क्रिया करके अमोनिया गैस बनाता है। अमोनिया गैस क्षारीय होने के कारण लाल लिटमस को निला कर देती है और HCl के साथ क्रिया करके NH_4Cl का सफेद धुआं देती है।

$3Mg + N_2$ (वायु में) $\rightarrow Mg_3N_2$

$3MgN_2 + 6H_2O \rightarrow 3Mg(OH)_2 + 2NH_3$

$NH_3 + HCl \rightarrow NH_4Cl$ (सफेद धुआं)

41. (B) CaC_2 पर ठण्डे पानी की क्रिया से ऐसीटिलीन प्राप्त होती है।

$$CaC_2 + 2H_2O \rightarrow \underset{\text{ऐसीटिलीन}}{C_2H_2} + Ca(OH)_2$$

42. (D) क्लोरीन का प्रयोग प्रतिरोधी (Antiseptic) के रुप में किया जाता है।

43. (C) बॉक्साइट को पीसकर जब सोडियम हाइड्रॉक्साइड के साथ 150°C तक गर्म करते हैं, तो सोडियम मेटाऐलुमिनेट का घोल बनता हैं।

$$Al_2O_3.2H_2O + 2NaOH \rightarrow 2NaAlO_2 + 3H_2O$$

44. (D)

45. (D) निर्जल सोडियम ऐसीटेट और सोडालाइम (CaO + NaOH) के मिश्रण को गर्म करने पर मेथेन गैस प्राप्त होती है।

$$CH_3COONa + NaOH \xrightarrow{CaO} CH_4 + Na_2CO_3$$

46. (A) नाभिकीय रिएक्टर को नियन्त्रित करने के लिए कैडमियम की छड़ों का प्रयोग किया जाता है।

47. (C) C_2H_4 (एथिलीन) का कच्चे फलों को पकाने में प्रयोग किया जाता है।

48. (C) ऐल्काइन का सामान्य सूत्र C_nH_{2n-2} है।

49. (D) कृत्रिम रेशम सेल्यूलोस से तैयार किया जाता है।

50. (C) माना कि N की ऑक्सीकरण संख्या x है।

$\because$ $HNO_3 = \overset{+1\,x\,-6}{HNO}$

$\therefore$ $1 + x - 6 = 0 \quad \Rightarrow x = +5$

51. (B) C_2H_2 की सजातीय श्रेणी ऐल्काइन है तथा आई.यू.पी.ए.सी. नाम ऐथाइन है।

52. (C) $2H_2 + O_2 \rightarrow 2H_2O$

2 मोल 1 मोल

2 आयतन 1 आयतन

∴ 2 ली H_2 के लिए आवश्यक O_2 की मात्रा = 1 ली

∴ 100 ली H_2 के लिए आवश्यक O_2 की मात्रा

$= \frac{1}{2} \times 100 = 50$ ली

53. (D) बेकिंग सोडा का रसायनिक सूत्र $NaHCO_3$ है।

54. (B) मिश्र धातु सोल्डर (टांका) के अवयव लैड (50%) एवं टिन (50%) है।

55. (D) एल्डिहाइड समूह –CHO है।

56. (C) एल्युमिनियम ऑक्साइड एक उभयधर्मी (amphoteric) ऑक्साइड है तथा अम्लों तथा क्षारों दोनों से अभिक्रिया कर लेता हैं।

जैसे:

$Al_2O_3 + 6HCl \rightarrow 2AlCl_3 + 3H_2O$

$Al_2O_3 + 2NaOH \rightarrow 2NaAlO_2 + H_2O$

57. (A) SO_2 का ऑक्सीकरण करने पर O_2 मुक्त नहीं होती है।

$3SO_2 + O_3 \rightarrow 3SO_3$

जबकि HCl तथा KNO_2 का ऑक्सीकरण करने पर O_2 मुक्त हो जाती है।

$2HCl_2 + O_3 \rightarrow Cl_2 + O_2 \uparrow + H_2O$

$KNO_2 + O_3 \rightarrow KNO_3 + O_2 \uparrow$

58. (D) $K_W = (H_3O^+)(OH^-)$

$10^{-14} = (H_3O^+)(0.005\ N)$

(दिया है $OH^- = 0.005$ N)

$$[H_3O^+] = \frac{10^{-14}}{0.005}$$

$$[H_3O^+] = 2 \times 10^{-12}\ M$$

59. (C) Fe_3O_4 अयस्क मैग्नेटाइट कहलाता है।

60. (C) सान्द्र H_2SO_4 के साथ गर्म करने पर फॉर्मिक एसिड जल कर कार्बन मोनॉक्साइड देताहै।

$$HCOOH \xrightarrow[-373\ K]{\text{सान्द्र } H_2SO_4} H_2O + CO$$

61. (D) प्रश्नानुसार,

माना राशि = ₹ x

चक्रवृद्धि ब्याज–साधारण ब्याज = ₹ 320

$$\therefore x \times \left[\left(1+\frac{16}{100}\right)^2 - 1\right] - \frac{x \times 16 \times 2}{100}$$

$$x \times \left[\frac{116 \times 116}{100 \times 100} - 1\right] - \frac{32x}{100} = 320$$

$$\frac{3456\,x}{1000} - \frac{32x}{100} = 320$$

$$3456\,x - 3200\,x = 320 \times 10000$$

$$256x = 320 \times 10000$$

$$x = \frac{320 \times 1000}{256} = ₹\ 12500$$

62. (B) माना पांच संख्यायें $x_1, x_2, x_3, x_4,$ और x_5 है।

$\therefore$ प्रश्नानुसार,

$$\frac{x_1 + x_2 + x_3 + x_4 + x_5}{5} = 76 \quad ....(i)$$

$$x_1 = (x_2 + x_3 + x_4 + x_5)$$

$$\therefore x_2 + x_3 + x_4\, x_5 = \quad x_1 \quad ...(ii)$$

समीकरण (i) व समीकरण (ii) से,

$$\frac{x_1 + \frac{7}{3}x_1}{5} = 76$$

$$\frac{10x_1}{3} = 76 \times 5$$

$$x_1 = \frac{76 \times 5 \times 3}{10} = 114$$

अत: पहली संख्या = 114

63. (D) बिन्दु (2, – 3) से होकर जाने वाली रेखा का समीकरण

$$y - y_1 = m(x - x_1)$$

$$y - (-3) = \tan 45° (x - 2)$$

$$y + 3 = 1\,(x - 2)$$

$$y + 3 = x - 2$$

$$x + y = +2 - 3$$

$$x + y = -1$$

64. (B) $(36 - 16x) - (4x - 8) = 4$

$$36 - 16x - 4x + 8 = 4$$

$$-20x + 44 = 4$$

$$-20x = 4 - 44$$

$$20x = 40$$

$$x = 2$$

65. (B) माना प्रभावी छूट = x%

$\therefore$ प्रश्नानुसार,

$$\left(\frac{1 \times 6}{100}\right) + \left(\frac{4 \times 24}{100}\right) = \frac{5 \times x}{100}$$

$$\frac{6}{100} + \frac{96}{100} = \frac{5x}{100}$$

$$\frac{102}{100} = \frac{5x}{100}$$

$$\therefore \quad 5x = 102$$

$$x = \frac{102}{5} = 20.4\%$$

66. (C) माना विपरीत भुजा की लम्बाई = x सेमी

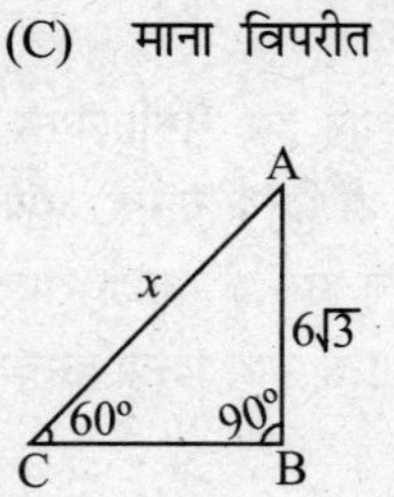

$\therefore \Delta ABC$ में,

$$\frac{\sin 60°}{AB} = \frac{\sin 90°}{AC}$$

$$\frac{\sin 60°}{6\sqrt{3}} = \frac{\sin 90°}{x}$$

$$\frac{\frac{\sqrt{3}}{2}}{6\sqrt{3}} = \frac{1}{x}$$

$$x = \frac{2 \times 6\sqrt{3}}{\sqrt{3}} = 12 \text{ सेमी}$$

67. (C) $\cot 210° = \cot(180° + 30°)$

$= \cot 30° = \sqrt{3}$

68. (D) $199994 \times 200006 = 39999999964$

69. (D) मिसाइल की गति

= 1260 किमी/घंटा

$= \frac{1260 \times 5}{18}$

= 350 मीटर/सेकण्ड

∴ 1 सेकेण्ड में चली गई दूरी = 350 मीटर

70. (C) $\cot A + \cot B = x$

$$\therefore \cot(A + B) = \frac{\cot A \cot B - 1}{\cot B + \cot A}$$

71. (C) 6% हानि पर विक्रय मूल्य = ₹ x

$$\therefore \frac{93x}{100} = 1250$$

$$x = \frac{1250 \times 100}{93} = 1344.08$$

$= 1344$

∴ दुकानदार को लाभ = ₹ 94

∴ दुकानदार का नया विक्रय मूल्य $= \frac{1344 \times 100}{1375}$ = ₹ 97.74

∴ लाभ = 100 − 97.74 = 2.26% = 2.3%

72. (A) बेलनाकार सिलेंडर का आयतन = 3850

$\pi r^2 h = 3850$

$\pi r^2 \times 25 = 3850$

$$r^2 = \frac{3850 \times 7}{25 \times 22}$$

$r^2 = 49$ सेमी

$r = 7$ सेमी

73. (A) दो शहरों के बीच बस के भाड़े का अनुपात = 11 : 18

∴ माना भाड़े में ₹ x की वृद्धि हुई

∴ दो शहरों के बीच बस का भाड़ा

$$= \frac{550 \times 18}{11}$$

∴ $x = 900 - 550 =$ ₹ 350

74. (C) सम बहुभुजों की संख्या = 12

∴ शिरोबिन्दु की संख्या = $2(n - 2)$

$= 2(12 - 2) = 2 \times 10 = 20$

75. (D) $4x^2 + 8x + 4 = 0$

$4x^2 + 4x + 4x + 4 = 0$

$4x(x + 1) + 4(x + 1) = 0$

$(x + 1)(4x + 4) = 0$

$x + 1 = 0$

$4x + 4 = 0$

$x = -1$

$x = -1$

∴ समीकरण के मूल बराबर हैं।

76. (C) $x = \frac{m_1 x_2 + m_2 x_1}{m_1 + m_2}$

$$y = \frac{m_1 y_2 + m_2 y_1}{m_1 + m_2}$$

$$\therefore 5 = \frac{2 \times 0 + 5 \times x}{2 + 5}$$

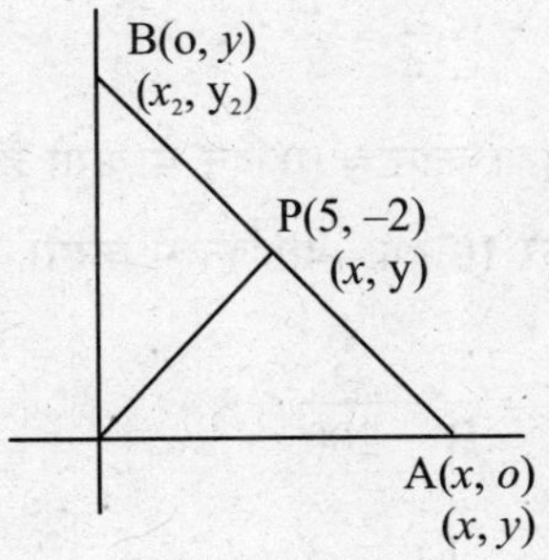

$$-2 = \frac{2 \times y + 5 \times 0}{2 + 5}$$

$5x = 35$

$$x = \frac{35}{5} = 7$$

$2y = -14$

$$y = \frac{-14}{2}$$

$= -7$

$\therefore \quad x = 7$

और $\quad y = -7$ होंगे।

77. (C) माना एक छात्र के अंक $= x$

दूसरे छात्र के अंक $= x - 20$

$\therefore$ प्रश्नानुसार,

$$(x + x - 20) \times \frac{55}{100} = x$$

$$(2x - 20) \times 55 = 100x$$

$$110x - 1100 = 100x$$

$$10x = 1100$$

$$x = 110$$

$\therefore$ पहले छात्र के अंक $= 110$

दूसरे छात्र के अंक $= 110 - 20 = 90$

78. (B) प्रश्नानुसार

मशीन का क्रय मूल्य = ₹ x

$\therefore \quad (60 - 51) \times x = 51 \times 8 + 60$

$$9x = 468$$

x = ₹ 52 लाख

79. (C) A को एक काम करने में लगा समय

$$= \frac{50 \times 100}{75} = \frac{200}{3} \text{ दिन}$$

$$\text{शेष काम} = 1 - \frac{3}{4} = \frac{1}{4}$$

$\therefore$ दोनों मिलकर बचा हुआ काम = 10 दिन में करते हैं।

दोनों 1 काम को मिलकर $10 \times 4 = 40$ दिन में करेंगे।

$$\therefore \quad \frac{1}{40} = \frac{1}{B} + \frac{3}{200}$$

$$\therefore \quad \frac{1}{B} = \frac{1}{40} - \frac{3}{200}$$

$$= \frac{5 - 3}{200} = \frac{2}{200}$$

$\therefore$ B = 100 दिन

80. (C) माना राशि $= x$

$\therefore$ प्रश्नानुसार

$$\Rightarrow x \times \left[x\left(1 + \frac{12}{100}\right)^2 - 1\right] - \frac{x \times 12 \times 2}{100} = 72$$

$$\Rightarrow x \times \left(\frac{112 \times 112}{100 \times 100} - 1\right) - \frac{24x}{100} = 72$$

$$\frac{2544x}{10000} - \frac{24x}{100} = 72$$

$$(2544 - 2400)x = 72 \times 10000$$

$$144x = 72 \times 10000$$

$$x = \frac{72 \times 10000}{144} = ₹\ 5000$$

81. (C) शिवशंकर, गोपेश और रीना का कुल औसत वजन $= 97 \times 3 = 291$ किग्रा

शिवशंकर और गोपेश का कुल औसत वजन $= 93 \times 2 = 186$ किग्रा

गोपेश और रीना का कुल औसत वजन $= 82 \times 2 = 164$ किग्रा

$\therefore$ गोपेश का वजन $= (186 + 164) - 291 = 350 - 291 = 59$ किग्रा

82. (D)

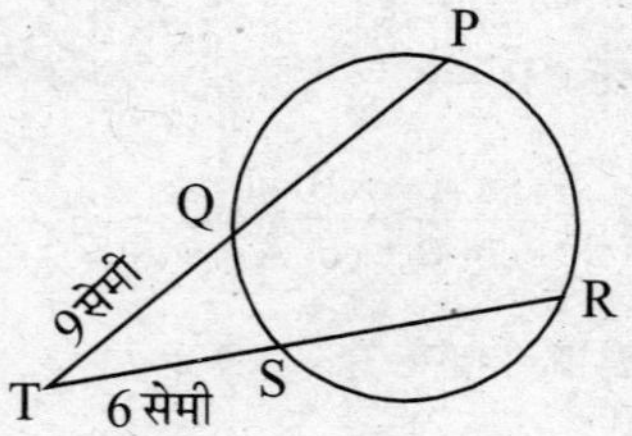

$$PT \times TQ = TR \times TS$$

$$PT \times 9 = 18 \times 6$$

$$PT = \frac{18 \times 6}{9} = 12 \text{ सेमी}$$

$\therefore$ PT की लम्बाई $= \frac{18 \times 6}{9} = 12$ सेमी

83. (D) $a + b = 11$

$$a^2 + b^2 = 61$$

$$\therefore \quad (a + b)^2 = a^2 + b^2 - 2ab$$

$$(11)^2 = 61 - 2ab$$

$$121 = 61 - 2ab$$

$$2ab = 121 - 61$$

$$2ab = 60$$

$$ab = 30$$

84. (B) कुल चली गई दूरी = 368 किमी

मोटरसाइकिल द्वारा यात्रा $= 49 \times 5 = 245$ किमी

$\therefore$ शेष दूरी $= 368 - 245 = 123$ किमी

$\therefore$ यात्रा की गति $= \frac{123}{3} = 41$ किमी/घंटा

85. (B) बिन्दु (x_1, y_1) (4, 7) और बिन्दु (x_2, y_2) (–1, – 5) के बीच की दूरी (x_2, y_2)

$$d = \sqrt{(x_1 - x_2)^2 + (y_1 - y_2)^2}$$

$$= \sqrt{[(4-(-1)]^2 + [7-(-5)]^2}$$

$$= \sqrt{(5)^2 + (12)^2} = 13 \text{ यूनिट}$$

86. (D) 22% छूट पर रेफ्रिजरेटर की बिक्री विक्रय मूल कीमत = ₹ 26000

78% पर कीमत = ₹ 26000

40% छूट पर कीमत = ₹ x

∴ प्रश्नानुसार

$$x = \frac{26000 \times 60}{78} = ₹\, 20000$$

87. (A)

माना दो भाग x और $(20 - x)$ हैं।

∴ प्रशनुसार

$$(x)^2 + (20-x)^2 = 232$$
$$x^2 + x^2 + 400 - 40x = 232$$
$$2x^2 - 40x + 400 - 232 = 0$$
$$2x^2 - 40x + 168 = 0$$
$$x^2 - 20x + 84 = 0$$
$$x^2 - 14x - 6x + 84 = 0$$
$$x(x-14) - 6(x-14) = 0$$
$$(x-14)(x-6) = 0$$
$$x - 14 = 0, x - 6 = 0$$
$$x = 14, x = 6$$

∴ 20 के दो भाग 6 और 14 होंगें।

88. (C) पास बुक की प्रविष्टियां इस प्रकार हैं–

दिनांक	विवरण	निकाली धनराशि ₹ पैसे	जमा धनराशि ₹ पैसे	अवशेष ₹ पैसे
31 दिसम्बर	—	—	—	650.00
1 जनवरी	वेतन से	—	3450.00	4100.00
8 जनवरी	स्वयं	3000.00	—	1100.00
12 जनवरी	नकद	—	450.00	1550.00
28 जनवरी	चैक से	650.00	—	900.00

अत: जनवरी माह के लिए ₹ 900 पर ब्याज मिलेगा।

89. (A) $U = I^+ = \{1, 2, 3, 4, 5, 6, 7, \mathbf{8}...\}$

$A = \{2, 4, 6, \mathbf{8}...\}$

$A' = I^+ - A = \{1, 3, 5, 7, 9,....\}$

90. (B) आधार का क्षेत्रफल = 1.54 किमी^{2}

⇒ $\pi r^2 = 1.54 \Rightarrow r^2 = 0.49$

⇒ $r = 0.7$ किमी

∴ $h = \sqrt{(2.5)^2 - (0.7)^2}$

$= \sqrt{6.25 - 0.49} = \sqrt{5.76}$

$= 2.4$ किमी

बिहार पॉलिटेक्निक संयुक्त प्रवेश परीक्षा, प्रैक्टिस सेट – 3

खण्ड-I (A): भौतिक विज्ञान

1. एक समान बल के अधीन कोई पिण्ड 10 सेकण्ड में 7 मी की दूरी तय करता है। बल व पिण्ड के भार में अनुपात है–

(A) 7 : 50 (B) 50 : 7

(C) 70 : 1 (D) 1 : 70

2. एक स्प्रिंग तुला को ऊर्ध्वाधर रूप से चढ़ते हुये एक गुब्बारे पर ले जाया गया है। यदि स्प्रिंग तुला 15 किग्रा का लटकाया हुआ भार 21 किग्रा दर्शाए तो गुब्बारे में लगभग त्वरण है–(g = 10 मी/से2)

(A) 3 मी/से^{2} (B) 4 मी/से^{2}

(C) 4.5 मी/से^{2} (D) 2.5 मी/से^{2}

3. वायु में 400 मी/से की चाल से चलती हुई ध्वनि तरंग की लम्बाई 80 सेमी है। ध्वनि तरंग की आवृत्ति होगी–

(A) 5 हर्ट्ज (B) 500 हर्ट्ज

(C) 800 हर्ट्ज (D) 8 हर्ट्ज

4. 0ºC पर बादलों की गड़गड़ाहट रोशनी देखने के 5 सेकण्ड बाद सुनी गई। यदि तापमान 20ºC होता, तो ध्वनि सुनाई देती–

(A) 4.8 सेकण्ड बाद (B) 2.5 सेकण्ड बाद

(C) 3.8 सेकण्ड बाद (D) 5.2 सेकण्ड बाद

5. एक चुम्बकीय सुई को असमान चुम्बकीय क्षेत्र में रखा जाता है, तब चुम्बकीय सुई पर कार्यरत् रहता है–

(A) कुछ बल और कुछ बल आघूर्ण

(B) कुछ बल परंतु बल आघूर्ण नहीं

(C) कुछ बल आघूर्ण परंतु बल नहीं

(D) न तो बल और न बल आघूर्ण

6. एक वस्तु को एक अवतल दर्पण से 25 सेमी रखने पर उसका सीधा चार गुना प्रतिबिम्ब बनता है। वस्तु का चार गुना उल्टा प्रतिबिम्ब बनेगा, यदि वस्तु की दर्पण से दूरी है–

(A) पहली दूरी की $\frac{5}{3}$ गुना (B) पहली दूरी की $\frac{3}{5}$ गुना

(C) उतनी ही दूरी पर (D) उपरोक्त में से कोई नहीं

7. एक आयताकार टैंक में 1080 किग्रा/मी3 घनत्व का द्रव 20 सेमी ऊंचाई पर भरा है। टैंक की तली के एकांक क्षेत्रफल पर द्रव के कारण दाब है–

($g = 10$ मी/से^{2})

(A) 108 न्यूटन (B) 1080 न्यूटन

(C) 2160 न्यूटन (D) 540 न्यूटन

8. 1.5 अपवर्तनांक वाले लेन्स की वायु में फोकस दूरी 20 सेमी है। यदि पानी का अपवर्तनांक $\frac{4}{3}$ हो, तो पानी में इसकी फोकस दूरी होगी–

(A) 18 सेमी (B) 80 सेमी

(C) 40 सेमी (D) 10 सेमी

9. एक व्यक्ति की बाईं आंख में निकट दृष्टि दोष है और उसका दूर का बिन्दु 2 मी है। इसकी दाईं आंख में दूर दृष्टि दोष है और उसका निकट बिन्दु 75 सेमी है। उसके लिए आवश्यक लेन्सों की शक्ति क्रमश: होगी–

(A) – 1D, 2.7D (B) – 0.5D, 2.7D

(C) – 2D, 4D (D) – 3D, 5D

10. यदि बर्फ का घनत्व 0.92×10^3 किग्रा/मी^{3} तथा समुद्री जल का घनत्व 1.03×10^3 किग्रा/दूरी^{3} है, तो बर्फ की शिला का कितने प्रतिशत आयतन के बाहर रहेगा?

(A) 11% (B) 33%

(C) 22% (D) 89%

11. दो स्थिर बिन्दुओं पर क्रमश: आवेश q_1 तथा q_2 हैं तथा प्रथम आवेश q_1, दूसरे आवेश q_2 पर कुछ बल लगा रहा है। जिसका परिमाण F है। यदि उनके पास एक तीसरा स्वतन्त्र आवेश q_3 लाकर छोड़ा जाए जोकि साम्य अवस्था पर आकर कहीं स्थिर हो जाए, तो q_3 के कारण F का मान–

(A) यदि q_3 का चिह्न q_1 के समान है, तो बढ़ेगा और विपरीत चिह्न का है, तो घटेगा
(B) स्थिर रहेगा
(C) घटेगा
(D) बढ़ेगा

12. 4 किग्रा द्रव्यमान की एक वस्तु समान गति 10 मी./से. से चल रही है। यह 6 किग्रा की दूसरी वस्तु से टकराती है तथा दोनों एक साथ एक ही दिशा में चलने लगती हैं। इन दोनों वस्तुओं की चाल होगी–
(A) 1.0 मी./से. (B) 6.7 मी./से.
(C) 4 मी./से. (D) 75.0 मी./से.

13. किन भौतिक राशियों के समान विमीय सूत्र नहीं है?
(A) बल एवं दाब (B) कार्य एवं ऊर्जा
(C) आवेग एवं संवेग (D) भार एवं बल

14. 3000 Å तरंगदैर्ध्य की प्रकाश तरंग की आवृत्ति होगी–
(A) 1×10^{15} हर्ट्ज (B) 1×10^{14} हर्ट्ज
(C) 3×10^{15} हर्ट्ज (D) 6×10^{14} हर्ट्ज

15. दो प्रतिरोधों को (a) श्रेणीक्रम में (b) समान्तर क्रम में संयोजित किया जाता हैं। दोनों अवस्थाओं में क्रमशः प्रतिरोध 9 ओम और 2 ओम है, तो प्रतिरोधों का मान होगा–
(A) 2 ओम और 7 ओम (B) 3 ओम और 6 ओम
(C) 3 ओम और 9 ओम (D) 5 ओम और 4 ओम

16. एक प्रोटॉन, एक ड्यूट्रॉन तथा एक α–कण एकसमान गतिज ऊर्जा से एक समान चुम्बकीय क्षेत्र में वृत्तीय पथों पर गति कर रहे हैं। यदि r_p, r_d एवं r_α इनके पथों की त्रिज्याएं हैं, तो–
(A) $r_\alpha = r_p < r_d$ (B) $r_\alpha > r_d < r_p$
(C) $r_\alpha = r_p < r_d$ (D) $r_\alpha = r_p < r_d$

17. एक बैरोमीटर में पारे के स्तम्भ की ऊंचाई 75 सेमी है। यदि पारे (आ.घ. = 13.6) के स्थान पर 0.8 आ.घ. वाला द्रव लिया जाये तो द्रव स्तम्भ की ऊंचाई होगी–
(A) 10.75 मी (B) 12.75 मी
(C) 22.7 मी (D) 14.24 मी

18. अचर वेग v से गतिमान m द्रव्यमान का गोला उसी द्रव्यमान के स्थिर गोले से टकराता है। यदि प्रत्यावस्थान गुणांक e हो, तो टक्कर के पश्चात् दोनों गोलों के वेगों का अनुपात होगा–
(A) $\frac{1-e}{1+e}$ (B) $\frac{1+e}{1-e}$
(C) $\frac{e+1}{e-1}$ (D) $\frac{e-1}{e+1}$

19. एक साईकिल सवार 7.2 किमी/घण्टे की चाल से एक पहाड़ी पर चढ़ रहा है, जिसकी ढलान 1 से 20 है। साईकिल और सवार का कुल द्रव्यमान 100 किग्रा है। साईकिल सवार की शक्ति होगी–
(A) 200 वाट (B) 175 वाट
(C) 125 वाट (D) 98 वाट

20. एक अवतल दर्पण की फोकस दूरी 50 सेमी है। एक वस्तु को कहां रखा जाये कि उसका वास्तविक व उल्टा प्रतिबिम्ब दोगुने आकार का बने ?
(A) 75 सेमी (B) 72 सेमी
(C) 63 सेमी (D) 50 सेमी

21. एक ट्रांसफार्मर का प्रयोग 220 V से 11 V घटाने में किया जाता है। प्राथमिक कुण्डली में 5 A धारा तथा द्वितीयक कुण्डली में 90 A धारा बहती हैं। ट्रांसफॉर्मर की दक्षता है–
(A) 20 % (B) 40 %
(C) 70 % (D) 90 %

22. 100 Hz आवृत्ति वाला एक प्रत्यावर्ती धारा स्रोत श्रेणीक्रम में जुडें एक प्रतिरोध, एक संधारित्र तथा एक कुण्डली के संयोग से जोड़ा जाता है। कुण्डली, प्रतिरोध तथा संधारित्र पर विभवान्तर क्रमशः 46, 8 तथा 40 वोल्ट हैं। प्रत्यावर्ती धारा स्रोत के विद्युत वाहक बल का मान वोल्ट में है–
(A) 94 (B) 14
(C) 10 (D) 76

23. 27°C ताप पर किसी एक-परमाणुक आदर्श गैस के 2 मोल का आयतन V है। यदि गैस को रुद्धोष्मीय रूप में 2V आयतन तक प्रसारित किया जाता है, तो गैस द्वारा किया गया कार्य होगा–($\gamma = 5/3$, R = 8.31 जूल/मोल-K)
(A) – 2767.23 जूल (B) + 2763.23 जूल
(C) 2500 जूल (D) – 2500 जूल

24. जब एक आदर्श गैस ($\gamma = 5/3$) को स्थिर दाब पर गर्म किया जाता है, तो इसकी दो ऊष्मीय ऊर्जा का कितना प्रतिशत बाह्य कार्य करने में प्रयुक्त होगा?
(A) 40 % (B) 30 %
(C) 60 % (D) 20 %

25. 100 किलोग्राम द्रव्यमान वाली एक गाड़ी 5 मी/से के वेग से गतिमान है। इसे $\frac{1}{10}$ सेकण्ड में विरामावस्था में लाने के लिए विपरीत दिशा में बल लगाना पड़ेगा–
(A) 5000 न्यूटन (B) 500 न्यूटन
(C) 50 न्यूटन (D) 1000 न्यूटन

26. निम्न में से सदिश राशि है–
(A) द्रव्यमान (B) दूरी
(C) चाज (D) बल

27. सघन माध्य से परावर्तन कलान्तर होता है–

(A) $\frac{\pi}{4}$ (B) $\frac{\pi}{2}$

(C) π (D) 2π

28. किसी पिण्ड का द्रव्यमान दोगुना तथा वेग आधा करने पर उसकी गतिज ऊर्जा हो जाएगी–

(A) आधी (B) एक-चौथाई

(C) दोगुनी (D) अपरिवर्तित

29. फ्यूज तार का गलनांक है–

(A) उच्च (B) कम

(C) परिवर्तनशील (D) इनमें से कोई नहीं

30. 2 मिनट के लिए प्रतिरोधक तार को 12 वोल्ट के साथ जोड़ने पर 3.5 ऐम्पियर की धारा प्रवाहित होती है। तार में ऊर्जा होगी–

(A) 5041 जूल (B) 5040 जूल

(C) 4050 जूल (D) 4500 जूल

खण्ड-I (B) : रसायन विज्ञान

31. नीले थोथे $CuSO_4 \cdot 5H_2O$ में विद्यालय जल की प्रतिशत मात्रा है–

(Cu = 63.5, S = 32, O = 16, H = 1)

(A) 57.72 % (B) 36.07 %

(C) 45.32 % (D) 40.1 %

32. जब NaCl, $K_2Cr_2O_7$ और सान्द्र गन्धक के अम्ल को गर्म किया जाता है, तो बनता है?

(A) क्रोमोइल क्लोराइड वाष्प (B) क्लोरीन गैस

(C) क्रोमिक गैस (D) क्रोमिक सल्फेट

33. अभिक्रिया $H_2S + H_2O_2 \rightarrow S + 2H_2O$ प्रदर्शित करती है–

(A) H_2O_2 की अम्लीय प्रकृति

(B) H_2O_2 की क्षारीय प्रकृति

(C) H_2O_2 की ऑक्सीकारक प्रकृति

(D) H_2O_2 की अपचायक प्रकृति

34. बोरॉन पर परमाणु भार 10.81 है। इसके दो समस्थानिक $_5B^{10}$ एवं $_5B^{11}$ हैं, तो प्रकृति में अनुपात $_5B^{10} : {}_5B^{11}$ होगा–

(A) 19 : 81 (B) 10 : 11

(C) 15 : 16 (D) 81 : 19

35. यदि किसी तत्व A का इलेक्ट्रॉनिक विन्यास 2, 8, 3 है तथा B का इलेक्ट्रॉनिक विन्यास 2, 6 है। इन तत्वों के संयोग से बने यौगिक का सूत्र है–

(A) AB (B) A_2B_3

(C) A_3B_2 (D) AB_2

36. हाइड्रोजन के 60 घन सेमी के विसरण में 90 सेकण्ड लगते हैं, तो N_2O के 30 घन सेमी के विसरण में लगभग समय लगेगा–

(A) 200 से (B) 211 से

(C) 218 से (D) 248 से

37. 30 मोल O_2 प्राप्त करने के लिए कितने मोल $KClO_3$ की आवश्यकता है?

(A) 40 (B) 30

(C) 20 (D) 10

38. एक तत्व के दो समस्थानिकों का कौन-सा गुण/कौन-से गुण भिन्न हो सकते हैं?

(A) परमाणु संख्या (B) इलेक्ट्रॉन संख्या

(C) द्रव्यमान संख्या (D) ये सभी

39. एक तत्व का परमाणु क्रमांक 19 है। उसका इलेक्ट्रॉनिक विन्यास है–

(A) 2, 8, 8, 1 (B) 2, 8, 9, 0

(C) 2, 8, 7, 2 (D) 2, 8, 6, 3

40. निम्न अणुओं में से किसमें सहसंयोजक बन्ध है?

(A) $MgCl_2$ (B) NaCl

(C) CH_4 (D) CaO

41. हाइड्रोजन गैस होती है–

(A) अम्लीय

(B) क्षारीय

(C) न तो अम्लीय न ही क्षारीय

(D) उपरोक्त में से कोई नहीं

42. तत्व A तथा B जुड़कर तीन भिन्न यौगिक बनाते हैं–A के 0.3 ग्राम + B के 0.4 ग्राम $\rightarrow$ यौगिक x के 0.7 ग्राम A के 18 ग्राम + B के 48 ग्राम $\rightarrow$ यौगिक y के 66 ग्राम A के 40 ग्राम + B के 159.99 ग्राम $\rightarrow$ यौगिक z के 199.99 ग्राम

उपरोक्त आंकड़े उदाहरण हैं–

(A) गुणित अनुपात का नियम

(B) व्युत्क्रम अनुपात का नियम

(C) स्थिर अनुपात का नियम

(D) द्रव्य अविनाशिता का नियम

43. नीले थोथे को 100°C ताप तक गर्म करने पर प्राप्त होते हैं–

(A) $Cu + SO_2 + O_2$ (B) $Cu_2S + O_2$

(C) $CuSO_4 + H_2O$ (D) $CuSO_4 \cdot H_2O + 4H_2O$

44. निम्नलिखित यौगिकों में किसमें वैद्युत संयोजी बन्ध है?

(A) CH_3Cl (B) CH_4

(C) NaCl (D) Cl_2

45. आवर्त तालिका में जिस तत्व का परमाणु क्रमांक 6 है, वह होगा–

(A) IV समूह में (B) IV आवर्त में

(C) VI आवर्त में (D) VI समूह में

46. NH_3 गैस में HCl की छड़ ले जाने पर निकलता है–

(A) भूरा धुआं (B) सफेद धुआं

(C) पीला धुआं (D) काला धुआं

47. CaC_2 से ऐसीटिलीन प्राप्त की जा सकती है–

(A) इसको 1200°C तक गर्म करके उसके ऊपर H_2 प्रवाहित करके

(B) इसकी ठण्डे जल से क्रिया कराकर

(C) इसके ऊपर 160°C पर वाष्प प्रवाहित करके

(D) इसको H_2SO_4 की उपस्थिति में 140°C तक गर्म करके

48. रस्ट (जंग) की रासायनिक संरचना लगभग है–

(A) $Fe.H_2O$ (B) $FeO.H_2O$

(C) $2Fe_2O_3.2H_2O$ (D) $FeZnO_2.H_2$

49. निम्नलिखित में से कौन-सा तत्व एलोट्रोपी (अपररूपता) का घटनाक्रम दिखाता है?

(A) क्लोरीन (B) हाइड्रोजन

(C) कॉपर (D) कार्बन

50. प्लास्टर ऑफ पेरिस होता है–

(A) $CaSO_4$ (B) $(CaSO_4)_2 \cdot 2H_2O$

(C) $(CaSO_4)_2 . H_2O$ (D) $CaSO_4 \cdot 2H_2O$

51. एक कार्बनिक यौगिक का प्रतिशत संघटन निम्न प्रकार है–
C = 92.4%, H = 7.6% उसका मूलानुपाती सूत्र होगा–

(A) C_2H_2 (B) CH

(C) C_3H_3 (D) CH_4

52. एक पदार्थ रेडियोएक्टिवता तभी दर्शाता है, जब उसके परमाणु में होता है–

(A) अस्थायी इलेक्ट्रॉनिक विन्यास

(B) स्थायी इलेक्ट्रॉनिक विन्यास

(C) स्थायी नाभिक

(D) अस्थायी नाभिक

53. $CaCO_3$ के 12 ग्राम से पूरी तरह अभिक्रिया करने के लिए HCl की आवश्यकता है–

(A) 12 ग्राम (B) 8.76 ग्राम

(C) 4.38 ग्राम (D) 6.00 ग्राम

54. H_2SO_4 का तुल्यांकी भार है–

(A) 47 (B) 49

(C) 98 (D) 96

55. गैस का 0.45 ग्राम STP (मानक तापमान दाब) पर 100 सेमी^{3} वाष्प बनाता है। गैस के आण्विक भार की संगणना कीजिए–

(A) 20.5 ग्राम (B) 96.42 ग्राम

(C) 22.4 ग्राम (D) 107.52 ग्राम

56. $CH_3 - \overset{\overset{\displaystyle CH_3}{|}}{\underset{\underset{\displaystyle CH}{|}}{C}} - CH = CH_2$ का आई.यू.पी.ए.सी. नाम क्या है?

(A) 3, 3, 3-ट्राइमेथिल प्रोपीन (B) 1, 1, 1-ट्राइमेथिल 2-पेन्टीन

(C) 3, 3-डाइमेथिल-1-ब्यूटीन (D) 2, 2-डाइमेथिल-3-ब्यूटीन

57. अमोनियामय द्रव इससे बनता है–

(A) कोक (B) कोयला

(C) पेट्रोलियम (D) अमोनियम सल्फेट

58. 'लैम्प ब्लैक' इससे प्राप्त किया जाता है–

(A) कोक (B) काष्ठ

(C) मिट्टी का तेल (D) चीनी

59. $CH \equiv CH \xrightarrow[NH_2]{\text{द्रव Na } NH_2} X \xrightarrow{2\,CH_3I} Y$; Y है–

(A) $CH_3 - C \equiv CH$ (B) $CH_3CH_2 - C \equiv CH$

(C) $CH_3(CH_2)_2C \equiv CH$ (D) $CH_3 - C \equiv C - CH_3$

60. Zn + सान्द्र H_2SO_4 का उत्पाद है–

(A) H_2 (B) SO_3

(C) SO_2 (D) H_2O_2

खण्ड-II: गणित

61. (91 + 92 + 93 + ...+ 140) का मान क्या है?

(A) 5775 (B) 11550

(C) 17325 (D) 23100

62. एक कंपनी का लगातार 9 साल का औसत राजस्व ₹ 80 लाख है। यदि पहले 5 साल का औसत ₹ 75 लाख है और अंतिम वर्षों का औसत ₹ 87 लाख है, तो 5 वें वर्ष का राजस्व ज्ञात कीजिए।

(A) ₹ 90 लाख (B) ₹ 92 लाख
(C) ₹ 88 लाख (D) ₹ 86 लाख

63. यदि coses $(-4\pi/3) = x$, तो x का क्या मान है?

(A) $\sqrt{2}$ (B) $2/\sqrt{3}$
(C) $-\sqrt{2}$ (D) $-1\sqrt{3}$

64. एक आर्मी की भर्ती प्रक्रिया में, चयनित और अचयनित का अनुपात 3 : 1 था। यदि 60 कम ने आवेदन किया होता और 30 कम चयनित होते, तो चयनित और अचयनित का अनुपात 5 : 1 होता। कितने उम्मीदवारों ने प्रक्रिया के लिए आवेदन किया था?

(A) 240 (B) 480
(C) 120 (D) 720

65. मनजीत एक काम 18 घंटे में पूरा कर सकता है। यदि उसकी जया ने सहायता की, जो कि 100 % अधिक कार्यक्षम है, तो कितने समय में दोनों मिलकर वह काम पूरा कर लेंगे?

(A) 6 घंटे (B) 3 घंटे
(C) 12 घंटे (D) 24 घंटे

66. दो कारें क्रमशः 30 और 36 कि.मी./घंटा की गति से शहर A से शहर B तक यात्रा करती हैं। एक कार यात्रा के लिए दूसरी कार की तुलना में 3 घंटा समय कम लेती है, तो शहर A से शहर B के बीच की दूरी कितनी होगी?

(A) 648 कि.मी. (B) 810 कि.मी.
(C) 432 कि.मी. (D) 540 कि.मी.

67. एक छात्र ने एक संख्या का गुणा 13/6 के बजाय 6/13 से कर दिया। इस गणना में प्रतिशत त्रुटि कितनी होगी?

(A) 369.44 प्रतिशत (B) 39.35 प्रतिशत
(C) 184.72 प्रतिशत (D) 78.7 प्रतिशत

68. 14 % वार्षिक दर से 3 वर्षों के लिए एक निश्चित राशि पर साधारण ब्याज 10 % के वार्षिक दर से 2 वर्षों के लिए ₹ 1000 की राशि पर चक्रवृद्धि ब्याज से आधा है। साधारण ब्याज पर दी गई राशि कितनी है?

(A) ₹ 5000 (B) ₹ 1250
(C) ₹ 2000 (D) ₹ 2500

69. यदि एक दुकानदार ₹ 1000 में एक वस्तु बेचता है, जो ₹ 1250 के रूप में अंकित है, तो वह कितने छूट की पेशकश कर रहा है?

(A) 25 प्रतिशत (B) 33·3 प्रतिशत
(C) 250 प्रतिशत (D) 20 प्रतिशत

70. यदि 7 से.मी. की त्रिज्या और 9 से.मी. की ऊंचाई वाले एक बेलनाकार वस्तु को पिघलाकर उसी त्रिज्या के एक शंकु का निर्माण किया जाता है, तो उस शंकु की ऊंचाई कितनी होगी?

(A) 54 से.मी. (B) 9 से.मी.
(C) 27 से.मी. (D) 13.5 से.मी.

71. एक नियमित द्वादशभुज के आन्तरिक कोण का माप क्या है ?

(A) 120° (B) 140°
(C) 150° (D) 144°

72. दो अंकों की एक संख्या के अंकों का योग 17 है। यदि इस संख्या में 9 जोड़ा जाता है, तो प्राप्त नई संख्या पहली संख्या के अंकों का उल्टा क्रम होती है। संख्या ज्ञात करें–

(A) 89 (B) 98
(C) 78 (D) 87

73. यदि tan 45° + cosec 30° = x का मान क्या होगा?

(A) $\sqrt{3}$ (B) $\left(1-2\sqrt{2}\right)/\sqrt{2}$
(C) $\left(\sqrt{3}-4\right)/2\sqrt{3}$ (D) 3

74. एक थोक व्यापारी एक खुदरा व्यापारी को एक घड़ी 20% लाभ के साथ बेच देता है और खुदरा व्यापारी उसे ग्राहक को 10% हानि के साथ बेच देता है। यदि ग्राहक ने ₹ 874.8 का भुगतान करता है, तो थोक व्यापारी की लागत क्या थी?

(A) ₹ 945 (B) ₹ 810
(C) ₹ 994 (D) ₹ 675

75. P और Q क्रमशः 150 और 100 दिनों में एक परियोजना कर सकते हैं। कितने दिनों में वे परियोजना का 60% पूरा कर सकते हैं, यदि वे एक साथ काम करे?

(A) 12 दिन (B) 72 दिन
(C) 42 दिन (D) 36 दिन

76. एक आयत के विकर्ण की लम्बाई 26 सेमी है और एक बाजू की लम्बाई 10 सेमी है। इस आयत का क्षेत्रफल ज्ञात कीजिए?

(A) 260 वर्ग सेमी (B) 120 वर्ग सेमी
(C) 130 वर्ग सेमी (D) 240 वर्ग सेमी

77. 2401 के साथ ऐसी कौन-सी न्यूनतम संख्या को जोड़ा जाना चाहिए ताकि योग 14 से पूरी तरह से विभाज्य हो?

(A) 8 (B) 7
(C) 4 (D) 5

78. यदि एक व्यापारी अंकित मूल्य पर 25% की छूट प्रदान करता है, तो उसे 5% का नुकसान होता है। अगर वह सूची मूल्य पर 10% की छूट पर माल बेचता है, तो उसे कितने % लाभ या हानि होगी?

(A) 12 प्रतिशत हानि (B) 14 प्रतिशत लाभ
(C) 13.5 प्रतिशत लाभ (D) 12.5 प्रतिशत हानि

79. P (3, 1) और R (– 7, 5) एक सम चतुर्भुज PQRS के शिरोबिन्दु हैं। विकर्ण QS के समीकरण का पता लगाएं?

(A) $5x-2y=16$ (B) $5x-2y=-16$

(C) $5x+2y=-16$ (D) $5x+2y=16$

80. यदि 5 A = 13 B = 7 C है; तो A : B : C का मान ज्ञात कीजिए–

(A) 91 : 35 : 65 (B) 65 : 35 : 91

(C) 35 : 91 : 65 (D) 7 : 13 : 5

81. एक समबाहु त्रिभुज का क्षेत्रफल $9\sqrt{3}$ वर्ग सेमी है, तो त्रिभुज की परिधि निकालें?

(A) 18 सेमी (B) 9 सेमी

(C) $9\sqrt{3}$ सेमी (D) $6\sqrt{3}$ सेमी

82. एक कम्पनी का लगातार 13 साल की औसत राजस्व ₹ 82 लाख है। यदि पहले 7 साल को औसत ₹ 77 लाख है और अंतिम 7 वर्षों का औसत ₹ 89 लाख है, तो 7वें वर्ष का राजस्व ज्ञात कीजिए?

(A) ₹ 98 लाख (B) ₹ 94 लाख

(C) ₹ 96 लाख (D) ₹ 92 लाख

83. यदि xy = – 30 और $x^2 + y^2 = 61$ है, तो (x + y) का मान ज्ञात कीजिए–

(A) 2 (B) 3

(C) 1 (D) 4

84. एक संख्या अपने व्युत्क्रम के पांच गुने से 19/2 अधिक है। संख्या ज्ञात कीजिए–

(A) 11 (B) 9

(C) 10 (D) 8

85. एक इंजीनियरिंग छात्र को उत्तीर्ण होने के लिए 36% अंक हासिल करने होते हैं। उसे 53 अंक मिलते हैं और वह 37 अंकों से अनुत्तीर्ण हो जाता है। उस परीक्षा के अधिकतम अंक कितने होंगे?

(A) 275 अंक (B) 250 अंक

(C) 300 अंक (D) 325 अंक

86. $\log_3\left(1+\frac{1}{3}\right)+\log_3\left(1+\frac{1}{4}\right)+\log_3\left(1+\frac{1}{5}\right)+....$ का मान है–

(A) $-1+2\log_3 5$ (B) $2+2\log_3 5$

(C) 3 (D) 4

87. यदि A = {1, 3, 5, 7, 8} और B = {5, 7, 9, 11}, तो $A \cup B$ का मान होगा–

(A) {1, 3, 7, 9} (B) {1, 3, 5, 7, 8, 9, 11}

(C) {5, 7} (D) {1, 3, 8, 11}

88. 10 व्यक्तियों के समूह की मासिक आय का औसत ₹ 1500 है। एक सदस्य, जिसकी मासिक आय ₹ 1350 है, समूह से चला गया एवं एक नया सदस्य जिसकी मासिक आय ₹ 1200 है, समूह में सम्मिलित हो गया। नए समूह की मासिक आय है–

(A) ₹ 1350 (B) ₹ 2700

(C) ₹ 1650 (D) ₹ 1485

89. यदि एक लम्बवृत्तीय शंकु के आधार की त्रिज्या और ऊंचाई 20% बढ़ा दी जाए, तो शंकु के आयतन में प्रतिशत वृद्धि (लगभग) होगी–

(A) 60 (B) 68

(C) 73 (D) 78

90. निम्न श्रेणी से विक्षेपण के गुणांक का मान होगा–

25, 30, 35, 37, 40, 48, 51

(A) 22.57 (B) 24.5

(C) 26.5 (D) 28.5

उत्तर (हल/संकेत)

1. (D) पिण्ड 10 सेकण्ड में 7 मी दूरी तय करता है।

$$s = ut + \frac{1}{2}at^2 \Rightarrow 7 = 0 + \frac{1}{2}\, a \times (10)^2$$

$$\Rightarrow \quad a = \frac{14}{100} = 0.17 \text{ मी/से}^2$$

$$\therefore \quad \frac{F}{w} = \frac{ma}{mg} = \frac{0.14}{9.8} = \frac{14}{980} = \frac{1}{70}$$

2. (B) चित्रानुसार,

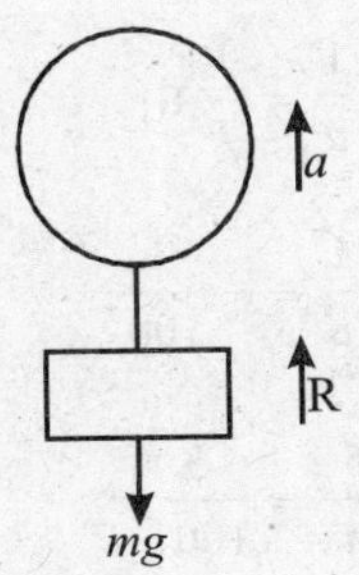

$$R - mg = ma$$
$$21g - 15g = 15a$$

$\therefore \quad a = \frac{6g}{15} = \frac{6 \times 10}{15} = 4$ मी/से^{2}

3. (B) यहां $\lambda = 80$ सेमी; $v = 400 \times 100$

$= 40000$ सेमी/से

$v = n\lambda \Rightarrow 40000 = n \times 80 \Rightarrow n = 500$ हर्ट्ज

4. (A) 0ºC पर ध्वनि का वेग =332 मी/से

5 सेकण्ड में ध्वनि द्वारा चली गई दूरी = vt

$= 332 \times 5 = 1660$ मी

$\Rightarrow$ बादलों की दूरी $= 1660$ मी

20ºC पर ध्वनि का वेग $= 332 + 20 \times 0.6$

$= 344$ मी/से

अत: ध्वनि सुनने में समय लगेगा

$= \frac{s}{v} = \frac{1660}{344} = 4.8$ सेकण्ड

5. (A)

6. (A). $u = -25$ सेमी; $I = 4 \times O$

$\frac{I}{O} = -\frac{v}{u} \Rightarrow \frac{40}{O} = -\frac{v}{-25} \Rightarrow v = 100$ सेमी

सूत्र $\quad \frac{1}{v} + \frac{1}{u} = \frac{1}{f}$ से,

$\therefore \quad \frac{1}{100} + \frac{1}{-25} = \frac{1}{f}$

$\Rightarrow \quad f = \frac{-100}{3}$ सेमी

पुन: $\quad I = -4 \times 0$

$\therefore \quad \frac{-4O}{O} = -\frac{v}{u}$

$\Rightarrow \quad v = 4u$

पुन: सूत्र $\quad \frac{1}{v} + \frac{1}{u} = \frac{1}{f}$ से,

$\therefore \quad \frac{1}{4u} + \frac{1}{u} = -\frac{3}{100}$

$\Rightarrow \quad \frac{5}{4u} = \frac{-3}{100}$

$\Rightarrow \quad u = \frac{-125}{3} = \frac{5}{3} \times$ पहली दूरी

7. (C) $P = hdg = \frac{20}{100} \times 1080 \times 10 = 2160$ न्यूटन

8. (B) $\frac{1/f_a}{1/f_l} = \frac{({}_a\mu_g - 1)}{({}_l\mu_g - 1)}$

$\Rightarrow \quad \frac{f_l}{f_a} = \frac{{}_a\mu_g - 1}{\left(\frac{{}_a\mu_g}{{}_a\mu_l} - 1\right)}$

यहां $f_a = 20$ सेमी, ${}_a\mu_g = 1.5$, ${}_a\mu_l = 4/3$

$\therefore \quad \frac{f_l}{20} = \frac{1.5 - 1}{\frac{1.5}{4/3} - 1}$

$= \frac{0.5 \times 4}{4.5 \times 4} = \frac{0.2}{0.5}$

$\Rightarrow \quad f_l = \frac{20 \times 2}{0.5} = 80$ सेमी

9. (B)

10. (A) $\frac{\text{बर्फ के डूबे भाग का आयतन}}{\text{बर्फ के टुकड़े का कुल आयतन}} = \frac{\text{बर्फ का घनत्व}}{\text{जल का घनत्व}}$

$\therefore \quad \frac{x}{1} = \frac{0.92 \times 10^3}{1.03 \times 10^3} \Rightarrow x = \frac{92}{103}$

अत: बर्फ का जल के बाहर निकला आयतन

$= 1 - \frac{92}{103} = \frac{11}{103}$

बर्फ का जल के बाहर निकला प्रतिशत आयतन

$= \frac{11}{103} \times 100 = 10.68 = 11\%$ (लगभग)

11. (A) माना A तथा B पर सजातीय आवेश q_1 तथा q_2 हैं तथा q_1, q_2 को बल F से प्रतिकर्षित करता है।

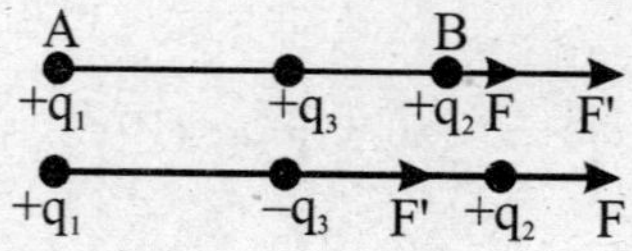

आवेश q_3 को दोनों के मध्य लाने पर यदि q_3 और q_1 सजातीय हैं, तो यह भी q_2 को प्रतिकर्षित करेगा जिससे q_2 पर प्रतिकर्षण बल F का मान बढ़ेगा और यदि q_3 विपरीत चिह्न का है, तो वह q_2 को आकर्षित करेगा जिससे F का मान घटेगा।

12. (C) रेखीय संवेग संरक्षण के सिद्धान्त से,

$$m_1v_1 + m_2v_2 = (m_1 + m_2)v$$
$$4 \times 10 + 6 \times 0 = (4+6)v$$

$\therefore$ $v = \dfrac{40}{10} = 4$ मी/से

13. (A)

14. (A) $n = \dfrac{3 \times 10^8}{3000 \times 10^{-10}} = 1 \times 10^{15}$ हर्ट्ज

15. (B) $R_1 + R_2 = 9$ और $\dfrac{R_1R_2}{R_1 + R_2} = 2$

$\Rightarrow$ $R_1 R_2 = 18$

$\therefore$ $R_1 - R_2 = \sqrt{(R_1+R_2)^2 - 4R_1R_2}$

$= \sqrt{81-72} = 3$

$\therefore$ $R_1 = 6\,\Omega, R_2 = 3\,\Omega$

16. (A) $r = \dfrac{mv}{qB} = \dfrac{\sqrt{2mK}}{qB}$ या $r \propto \dfrac{\sqrt{m}}{q}$

($\because$ K व B कणों के लिए नियत हैं)

$\therefore$ $r_p \propto \dfrac{\sqrt{m_p}}{q_p}, r_d \propto \dfrac{\sqrt{m_d}}{q_d}$

$\Rightarrow$ $r_p \propto \dfrac{\sqrt{2m_p}}{q_p} \Rightarrow r_\alpha \propto \dfrac{\sqrt{m_\alpha}}{q_\alpha}$

अत: $r_\alpha = r_p < r_d$

17. (B) $h_1d_1g = h_2d_2g$

$\therefore$ $0.75 \times 13.6 = h_2 \times 0.8$

$h_2 = \dfrac{0.75 \times 13.6}{0.8} = 12.75$ मी

18. (A) $v_1 - v_2 = -eu$ ...(i)

$v_1 + v_2 = u$ ...(ii)

$\Rightarrow$ $v_1 = \left(\dfrac{1-e}{2}\right)u$ और $v_2 = \left(\dfrac{1+e}{2}\right)u$ ...(iii)

$\Rightarrow$ $\dfrac{v_1}{v_2} = \dfrac{1-e}{1+e}$

19. (D)

20. (A) वास्तविक प्रतिबिम्बों के लिए, आवर्धन

$$m = \frac{f}{u-f}$$

$\therefore$ $\dfrac{2x}{x} = \dfrac{50}{u-50}$

$\Rightarrow$ $u = 75$ सेमी

21. (D) क्षमता $= \dfrac{90 \times 11}{20 \times 5} = \dfrac{990}{1100} \times 100 = 90\%$

22. (C) स्रोत का विद्युत वाहक बल

$$V = \sqrt{(V_R)^2 + (V_L - V_C)^2}$$

$= \sqrt{(8)^2 + (46-40)^2} = 10$ वोल्ट

23. (B) $W = \dfrac{nRT_1}{(\gamma - 1)}\left[1 - \left(\dfrac{V_1}{V_2}\right)^{\gamma-1}\right]$

$= \dfrac{2 \times 8.31 \times 300}{\left(\dfrac{5}{3}-1\right)}\left[1 - \left(\dfrac{1}{2}\right)^{\frac{5}{3}-1}\right] = +2763.23$ जूल

24. (A) $dQ = dU + dW$

$\Rightarrow$ $\dfrac{dW}{dQ} = 1 - \dfrac{dU}{dQ} = 1 - \dfrac{{}_nC_v dT}{{}_nC_p dT}$

$\Rightarrow$ $\dfrac{dW}{dQ} = 1 - \dfrac{C_v}{C_p} = 1 - \dfrac{3}{5} = \dfrac{2}{5} = 0.4 = 40\,\%$

25. (A) प्रारम्भिक संवेग $= 100 \times 5 = 500$ किग्रा-मी/से अन्तिम संवेग $= 0$

वस्तु को विरामावस्था में लाने के लिये लगाया गया बल = संवेग परिवर्तन की दर

$= \dfrac{\Delta p}{\Delta t} = \dfrac{500}{1/10} = 5000$ न्यूटन

26. (D) बल एक सदिश राशि है।

27. (C) सघन माध्यम से परावर्तन पर कलान्तर में परिवर्तन π होता हैं।

28. (A) गतिज ऊर्जा $= \dfrac{1}{2} \times$ द्रव्यमान $\times$ (वेग)$^2 \Rightarrow K = \dfrac{1}{2}mv^2$

$\Rightarrow$ $K' = \dfrac{1}{2} \times \dfrac{mv^2}{2}$

$\therefore$ $K' = \dfrac{K}{2}$

29. (B) फ्यूज तार का गलनांक कम होता है।

30. (B) दिया है, $t = 2$ मिनट $= 2 \times 60 = 120$ सेकण्ड, $V = 12$ वोल्ट

$i = 3.5$ ऐम्पियर

तार में ऊर्जा $= Vit = 12 \times 3.5 \times 120 = 5040$ जूल

31. (B) $CuSO_4 \cdot 5H_2O$ का अणुभार

$= Cu + S + 4O + 5(2H + O)$

$= 63.5 + 32 + 4 \times 16 + 5(2 \times 1 + 16)$

$= 159.5 + 90 = 249.5$

$\because$ 249.5 ग्राम नीले थोथे में पानी = 90 ग्राम

$\therefore$ 100 ग्राम नीले थोथे में पानी $= \dfrac{90 \times 100}{249.5} = 36.07\,\%$

32. (A) जब NaCl, $K_2Cr_2O_7$ तथा सान्द्र H_2SO_4 को गर्म करते हैं तो क्रोमाइल क्लोराइड की संतरे रंग की वाष्प बनती है।

$4\,NaCl + K_2Cr_2O_7 + 3H_2SO_4$ ®

$2\,CrO_2Cl_4 + K_2SO_4 + 2Na_2SO_4 + 3H_2O$

क्रोमिक क्लोराइड

33. (C)

1 यूनिट की कमी (अपचयन)

$\overset{+1-2}{H_2S} + \overset{+1-1}{H_2O_2} \rightarrow \overset{0}{S} + \overset{+1-2}{2H_2O}$

2 यूनिट की वृद्धि (ऑक्सीकरण)

H_2O_2 ऑक्सीकारक का कार्य करता है।

34. (A) माना कि B^{10} परमाणु का प्रतिशत x है, तो औसत परमाणु

भार $= \dfrac{10x + 11(100 - x)}{100} = 1081$

$\therefore = \dfrac{N_B^{10}}{N_B^{11}} = \dfrac{19}{81} = 19:81$

35. (B) तत्व A की संयोजकता = बाहरी कोश में इलेक्ट्रॉनों की संख्या = 3

तत्व B की संयोजकता = 8 – बाहरी कोश में इलेक्ट्रॉनों की संख्या

$= 8 - 6 = 2 \quad (Q\, e > 4)$

अत: यौगिक का सूत्र

$= (A^{3+})_2\,(B^{2-})_3 = A_2B_3$

36. (B) $\dfrac{r_1}{r_2} = \dfrac{V_1}{t_2} \times \dfrac{t_2}{V_2} = \sqrt{\dfrac{M_2}{M_1}}$ (सूत्र) ....(i)

$V_1 = 60$ सेमी^{3}, $t_1 = 90$

$V_2 = 30$ सेमी^{3}

H_2 का अणु भार $2 \times 1 = 2$

$= 2 \times 14 + 16 = 44$

(i) से,

$\dfrac{V_1 t_2}{V_2 t_1} = \sqrt{\dfrac{M_1}{M_2}} \Rightarrow \dfrac{60 + t_2}{30 \times 90} = \sqrt{\dfrac{44}{2}}$

$\Rightarrow \dfrac{t_2}{45} = \sqrt{22} = 4.7$

$\Rightarrow t_2 = 4.7 \times 45 = 211$ से (लगभग)

37. (C) $2KClO_3 \rightarrow 2KCl + 3O_2$

2 मोल   3 मोल

3 मोल O_2 के लिये आवश्यक $KClO_3$ के

= 2 मोल

30 मोल O_2 के लिये आवश्यक $KClO_3$ के मोल

$= \dfrac{2 \times 30}{3} = 20$

38. (C) किसी तत्व के वे परमाणु जिनका परमाणु क्रमांक समान होता है, परंतु द्रव्यमान संख्या भिन्न होती है। समस्थानिक कहलाते gS mnkgj.k ($_1H^1$) (प्रोटियम), ड्यूटीरियम ($_1H^2$) तथा टाइटियम ($_1H^3$) हाइड्रोजन के तीन समस्थानिक हैं।

39. (A) 19 परमाणु क्रमांक वाला तत्व K (पोटैशियम) है, जिसका इलेक्ट्रॉनिक विन्यास 2, 8, 8, 1 है।

40. (C) C के चारों इलेक्ट्रॉन 4H के चारों इलेक्ट्रॉनों से साझेदारी कर के स्थायी संरचना प्राप्त करते हैं और सहसंयोजक बन्ध बनाते हैं।

41. (C) हाइड्रोजन गैस न तो अम्लीय होती है, न ही क्षारीय। यह लिटमस के प्रति उदासीन है।

42. (D) प्रश्न में दिए गए आंकड़ों के अनुसार क्रिया कारकों तथा उनके द्वारा बने उत्पादों के भार समान हैं। अत: इसके द्रव्य के अविनाशिता नियम की पुष्टि होती है।

43. (D) नीले थोथे को 100°C तक गर्म करने पर उसमें से 4 पानी के अणु निकल जाते हैं।

$CuSO_4 \cdot 5H_2O \xrightarrow{100°C} CuSO_4 \cdot H_2O + 4H_2O$

44. (C) दो परमाणुओं के मध्य इलेक्ट्रॉनों के स्थानान्तरण से बना बन्ध वैद्युत संयोजी बंध होता है। NaCl वैद्युत संयोजी बन्ध बनाता हैं। चूंकि Na एक इलेक्ट्रॉन देकर तथा Cl एक इलेक्ट्रॉन लेकर स्थायी संरचना प्राप्त कर लेते है।

$Na^{o} + :\ddot{Cl}: = Na^{+}\ :\ddot{Cl}:^{-}$

(2,8,1)   (2,8,7)   (2,8)   (2,8,8)

45. (A) 6 परमाणु क्रमांक का तत्व C है। जिसका इलेक्ट्रॉनिक विन्यास 2, 4 है। सबसे बाह्य कोश में. 4 इलेक्ट्रॉन हैं अत: यह (IV) समूह में होगा।

46. (B) NH_3 में HCl की छड़ ले जाने पर NH_4Cl का सफेद धुआं निकलता है।

$NH_3 + HCl \rightarrow NH_4Cl$

सफेद धुआं

47. (B) CaC_2 की ठण्डे पानी से क्रिया कराकर ऐसीटिलीन प्राप्त की जाती है।

$CaC_2 + 2H_2O \rightarrow C_2H_2 + Ca(OH)_2$

48. (C) **49.** (D)

50. (C) प्लास्टर ऑफ पेरिस $(CaSO_4)_2.H_2O$ होता है।

51. (B)

तत्व	प्रतिशत मात्रा	परमाणु भार	परमाणुओं की संख्या	सरल अनुपात
C	92.4	12	$\frac{92.4}{12} = 7.7$	$\frac{7.7}{7.6} = 1.01$
H	7.6	1	$\frac{7.6}{1} = 7.6$	$\frac{7.6}{7.6} = 1$

$\therefore$ सरल अनुपात C : H = 1 : 1

मूलानुपाती सूत्र = CH

52. (D) रेडियोएक्टिवता अस्थायी नाभिक के कारण होती है।

53. (B) $CaCO_3 + 2HCl \rightarrow CaCl_2 + CO_2 + H_2O$

$CoCO_3 = Ca + C + 30$

$= 40 + 12 + 48 = 100$

$2HCl = 2(H + Cl) = 2(1 + 35.5) = 73$

100 ग्राम $CaCO_3$ के लिये आवश्यक HCI

= 73 ग्राम

12 ग्राम $CaCO_3$ के लिये आवश्यक HCI

$= \frac{73 \times 12}{100} = 8.76$ ग्राम

54. (B) अम्ल का तुल्यांकी भार

$= \frac{\text{अम्ल का अणुभार}}{\text{अम्ल की क्षारकता}}$

H_2SO_4 का अणुभार

$= 2H + S + 40$

$= 2 \times 1 + 32 + 4 \times 16 = 98$

$\because$ SO_4^{2-} की सयोजक 2 है।

$\therefore$ H_2SO_4 की संयोजक = 2

$\Rightarrow$ H_2SO_4 का तुल्यांकी भार $= \frac{98}{2} = 49$

55. (A)

56. (C) $\overset{4}{C}H_3 - \overset{3}{\underset{CH_3}{\overset{CH_3}{C}}} - \overset{2}{C}H = \overset{1}{C}H_2$

IUPAC नाम = 3, 3 – डाइमेथिल – 1 – ब्यूटीन

57. (A) अमोनियामय द्रव कोक से बनता है।

58. (C) 'लैम्प ब्लैक' को मिट्टी के तेल से प्राप्त किया जाता है।

59. (D) $HC{\equiv}CH \xrightarrow[NH_2]{\text{द्रव } Na\,NH_2} NaC{\equiv}CNa$

डाइ सोडियम एसीटिलाइड

$\xrightarrow{2\,CH_2l} CH_3C{\equiv}CCH_3$

2–ब्यूटाइन

60. (A) जिंक सान्द्र H_2SO_4 से क्रिया करने पर हाइड्रोजन गैस को मुक्त करता है।

$Zn + H_2SO_4 \rightarrow ZnSO_4 + H_2\uparrow$

61. (A) 91 + 92 + 93 + ...+ 140

$= \frac{140(140+1)}{2} - \frac{90(90+1)}{2}$

$= \frac{140 \times 141}{2} - \frac{90 \times 91}{2} = 70 \times 141 - 45 \times 91$

$= 9870 - 4095 = 5775$

62. (A) 9 साल का कुल औसत राजस्व = 9 × 80 = ₹ 720 लाख

पहले 5 साल का कुल औसत राजस्व = 5 × 75 = ₹ 375 लाख

अंतिम 5 साल का कुल औसत राजस्व = 5 × 87 = ₹ 435 लाख

कुल औसत राजस्व = 375 + 435 = ₹ 810 लाख

$\therefore$ 5 वें वर्ष का राजस्व = 810 – 720 = ₹ 90 लाख

63. (B) $x = \text{cosec}\left(-\frac{4\pi}{3}\right)$

$= -\text{cosec}\left(\pi + \frac{\pi}{3}\right) = -\text{cosec}\,\frac{-\pi}{3}$

$= -\left(-\text{cosec}\frac{\pi}{3}\right) = \frac{2}{\sqrt{3}}$

64. (A) प्रश्नानुसार

माना x उम्मीदवारों ने प्रक्रिया में आवेदन किया था

$\therefore \quad \frac{3x + 30}{x - (60 + 30)} = \frac{5}{1}$

$\frac{3x + 30}{x - 90} = \frac{5}{1}$

$$3x+30 = 5x-450$$
$$5x-3x = 450+30$$
$$x = 240$$
$$\frac{4x-60}{3x-30} = \frac{6}{5}$$
$$20x-300 = 18x-180$$
$$x = 60$$

$\therefore$ कुल व्यक्ति जिन्होंने आवेदन किया $= 3x+x = 4x = 4\times 60 = 240$

65. (A) मनजीत द्वारा किया गया काम $= \frac{1}{18}$

जया के साथ किया गया काम $= \frac{2}{18}$

$\therefore$ कुल किया गया कार्य $= \frac{1}{18}+\frac{2}{18}$

$= \frac{3}{18} = \frac{1}{6}$

$\therefore$ दोनों मिलकर उस काम को 6 घंटे में पूरा करेंगे।

66. (D) माना एक कार यात्रा के लिये t घंटे का समय लेती है।

$\therefore$ दूसरी कार $(t-3)$ घंटे का समय लेगी।

$\therefore$ प्रश्नानुसार

$$36(t-3) = 30\times t$$
$$36t-108 = 30t$$
$$36t-30t = 108$$
$$t = 18$$

$\therefore$ शहर A से शहर B के बीच की दूरी $= 30t$

$= 30\times 18 = 540$ कि.मी.

67. (D) % त्रुटि $= \dfrac{\frac{13}{6}-\frac{6}{13}}{\frac{13}{6}}\times 100\%$

$\therefore$ % त्रुटि $= \dfrac{\frac{133}{78}}{\frac{13}{6}}\times 100\% = \dfrac{133\times 6\times 100}{78\times 13}\%$

$= \frac{79800}{1014} = 78.698\,\% = 78.7\,\%$

68. (D) माना साधारण ब्याज पर दी गयी राशि = ₹ P

$\therefore$ प्रश्नानुसार,

$$\frac{1}{2}\times 1000 = \frac{P\times 10\times 2}{100}$$
$$5000 = 2P$$

$\therefore$ P = ₹ 2500

69. (D) लाभ = ₹ (1250 – 1000) = ₹ 250

$\therefore$ लाभ प्रतिशत $= \left(\frac{250}{1250}\times 100\right) = 20\%$

70. (C) प्रश्नानुसार,

बेलन का आयतन = शंकु का आयतन

$$\pi r^2 h = \frac{1}{3}\pi r^2 h$$
$$\pi\times(7)^2\times 9 = \frac{1}{3}\pi(7)^2\times h$$
$$9 = \frac{h}{3}$$

$h = 27$ सेमी.

71. (C) समबहुभुज के प्रत्येक अंत:कोण $= \frac{n-2}{n}\times 180°$

$= \frac{12-2}{12}\times 180° = \frac{10}{12}\times 180°$

$= 10\times 15° = 150°$

72. (A) माना इकाई का अंक $= x$

दहाई का अंक $= y$

$\therefore$ संख्या $= 10y+x$

प्रश्नानुसार, $x+y = 17$ (i)

अंक उलटने पर

$$10y+x+9 = 10x+y$$
$x-y = 1$ (ii)

समीकरण (i) व (ii) से

$$x = 9, y = 8$$

$\therefore$ संख्या $= 10\times 8+9 = 89$

73. (D) $x = \tan 45° + \text{cosec } 30°$

$= 1+2 = 3$

74. (B) माना थोक व्यापारी की लागत $= x$

$\therefore$ थोक व्यापारी का विक्रय मूल्य $= x\times\frac{120}{100} = \frac{6x}{5}$

खुदरा व्यापारी के लिए घड़ी का क्रय मूल्य = ₹ $\frac{6x}{5}$

$\therefore$ विक्रय मूल्य $= \frac{6x}{5}\times\frac{90}{100} = \frac{54x}{50} = \frac{27x}{25}$

यदि ग्राहक ने ₹ 874.8 का भुगतान किया

$$\frac{27x}{25} = 874.8$$

$x = \frac{874.8\times 25}{27}$ = ₹ 810

75. (D) P और Q द्वारा एक साथ किया गया कार्य $= \frac{1}{150} + \frac{1}{100}$

$= \frac{1}{60}$

$\therefore$ P और Q काम को एक साथ 60 दिन में करेंगे

यदि परियोजना का 60% कार्य पूरा करते हैं।

तो दोनों के द्वारा लिया गया समय = 60 × 60%

$= \frac{60 \times 60}{100} = 36$ दिन

76. (D) आयत का विकर्ण $= \sqrt{(\text{लम्बाई})^2 + (\text{चौड़ाई})^2}$

$26 = \sqrt{(10)^2 + (\text{चौड़ाई})^2}$

$676 = 100 + (\text{चौड़ाई})^2$

$(\text{चौड़ाई})^2 = 676 - 100 = 576$

चौड़ाई = 24 सेमी

$\therefore$ आयत का क्षेत्रफल = लम्बाई × चौड़ाई

= 10 × 24 = 240 वर्ग सेमी

77. (B) 2401 में 7 जोड़ने पर संख्या = 2408

2408 में 14 से भाग देने पर संख्या पूर्ण विभाजित हो जाती है।

78. (B) माना अंकित मूल्य = ₹ x

25% छूट पर 5% का नुकसान होता है।

$\therefore$ प्रश्नानुसार, $\frac{75x}{100} = \frac{95}{100}$

$x = \frac{95}{75}$

10% छूट पर विक्रय मूल्य $= \frac{95 \times 90}{75} =$ ₹ 114

$\therefore$ लाभ = (114 − 100) = ₹ 14

$\therefore$ लाभ % $= \frac{14 \times 100}{100} = 14\%$

79. (B) बिन्दु P(3, 1) और R (− 7, 5) से जाने वाली रेखा का समीकरण

$$y_1 - y_1 = \frac{y_2 - y_1}{x_2 - x_1}(x - x_1)$$

$$y - 1 = \frac{5-1}{-7-3}(x-3)$$

$$y - 1 = \frac{4}{-10}(x-3)$$

$$y - 1 = \frac{-2}{5}(x-3)$$

$$5y - 5 = -2x - 6$$

$$5y - 5 = -2x + 6$$

$$-2x + 6 - 5y + 5 = 0$$

$$-2x - 5y + 11 = 0$$

$$2x + 5y - 11 = 0$$

$$2x + 5y = 11$$

$\therefore$ विकर्ण QR का समीकरण

$$5x - 2y = -16$$

80. (A) यदि 5A = 13B = 7C

5A = 13B, 13B = 7C

7C = 5A

$\frac{A}{B} = \frac{13}{5}$

$\frac{B}{C} = \frac{7}{13}$

$\frac{C}{A} = \frac{5}{7}$

$\therefore$ A : B : C = 91 : 35 : 65

81. (A) समबाहु त्रिभुज का क्षेत्रफल $= 9\sqrt{3}$

$\frac{\sqrt{3}}{4} \times (\text{भुजा})^2 = 9\sqrt{3}$

$(\text{भुजा})^2 = \frac{9 \times 4 \times \sqrt{3}}{\sqrt{3}}$

भुजा $= \sqrt{36} = 6$ सेमी

$\therefore$ समबाहु त्रिभुज की परिधि = 3 × भुजा = 3 × 6 = 18 सेमी

82. (C) 13 साल का कुल राजस्व = 13 × 82 = ₹ 1066 लाख

पहले 7 साल का कुल राजस्व = 7 × 77 = ₹ 539 लाख

पहले 7 साल का कुल राजस्व = 7 × 89 = ₹ 623 लाख

$\therefore$ 7वें वर्ष का राजस्व = (539 + 623) − 1066

= 1162 − 1066 = ₹ 96 लाख

83. (C) $xy = -30$

$x^2 + y^2 = 61$

$\therefore (x+y)^2 = x^2 + y^2 + 2xy$

$= 61 + 2x(-30)$

$= 61 - 60$

$(x+y)^2 = 1$

$\therefore x + y = 1$

84. (C) माना वह संख्या $= x$

संख्या का व्युत्क्रम $= \frac{1}{x}$

∴ प्रश्नानुसार, $x = \frac{5}{x} + \frac{19}{2}$

$$x = \frac{10+19x}{2x}$$

$$2x^2 = 10+19x$$

$$2x^2 - 19x - 10 = 0$$

$$2x^2 - 20x + x - 10 = 0$$

$$2x(x-10) + 1(x-10) = 0$$

$$(x-10)(2x+1) = 0$$

$$x - 10 = 0$$

$$2x + 1 = 0$$

$x = 10$ तथा $x = -\frac{1}{2}$

∴ संख्या = 10

85. (B) माना परीक्षा में छात्र को मिले अधिकतम अंक $= x$

∴ प्रश्नानुसार, $x \times \frac{36}{100} = 53 + 37$

$$x \times \frac{36}{100} = 90 \Rightarrow x = \frac{90 \times 100}{36} = 250$$

अत: इंजीनियरिंग छात्र को उत्तीर्ण होने के लिए अधिकतम अंक 250 की आवश्यकता होगी।

86. (A) $\log_3\left(\frac{4}{3}\right) + \log_3\left(\frac{5}{4}\right) + \log_3\left(\frac{6}{5}\right) + ... + \log_3\left(\frac{25}{24}\right)$

$$= \log_3\left(\frac{4}{3} \times \frac{5}{4} \times \frac{6}{5} \times .... \times \frac{25}{24}\right) = \log_3 \frac{25}{3}$$

$$= 2\log_3 5 - 1$$

87. (B) दिया है, A = {1, 3, 5, 7, 8} तथा B = {5, 7, 9, 11}

∴ $A \cup B$ = {1, 3, 5, 7, 8, 9, 11}

88. (D) आय में अन्तर = 1200 – 1350 = – ₹150

∴ नये समूह की औसत आय $= 1500 - \frac{150}{10}$

= 1500 – 15 = ₹1485

89. (C) माना शंकु के आधार की त्रिज्या r तथा ऊंचाई h हैं, तब

आयतन $(V_1) = \frac{1}{3}\pi r^2 h$

यदि त्रिज्या व ऊंचाई 20% बढ़ा दी जाए, तब

त्रिज्या $= \left(1 + \frac{20}{100}\right)r = \frac{120}{100}r = \frac{6}{5}r$

ऊंचाई $= h\left(1 + \frac{20}{100}\right) = \frac{6}{5}h$

∴ आयतन $= \frac{1}{3}\pi\left(\frac{6}{5}r\right)^2 \times \frac{6}{5}h$

$$= \frac{1}{3}\pi r^2 \times h \times \frac{36 \times 6}{125} = \frac{216}{125}V_1$$

आयतन में वृद्धि $= \frac{216}{125}V_1 - V_1 = \frac{(216-125)}{125}V_1$

$$= \frac{91V_1}{125}$$

आयतन में वृद्धि का प्रतिशत $= \frac{91V_1}{125} \times \frac{100}{V_1}$

= 72.8% = 73% (लगभग)

90. (A) 25, 30, 35, 37, 40, 48, 51 के विक्षेपण गुणांक हेतु सर्वप्रथम मानक विचलन एवं समान्तर माध्य ज्ञात करना होगा।

दी गई श्रेणी का मानक विचलन $= \sqrt{\frac{\Sigma(x-\overline{x})^2}{n}}$

x	$(x-\overline{x})$	$(x-\overline{x})^2$
25	25 – 38 = –13	169
30	30 – 38 = – 8	64
35	35 – 38 = – 3	9
37	37 – 38 = –1	1
40	40 – 38 = 2	4
48	48 – 38 = 10	100
51	51 – 38 = 13	169
		$\Sigma(x-\overline{x})^2 = 516$

∴ मानक विचलन $= \sqrt{\frac{\Sigma(x-\overline{x})^2}{\Sigma f}} = \sqrt{\frac{516}{7}} = 8.58$

विक्षेपण गुणांक $= \frac{\text{मानक विचलन}}{\text{समान्तर माध्य}} \times 100$

$$= \frac{8.58 \times 100}{38}$$

विक्षेपण गुणांक = 22.57

बिहार पॉलिटेक्निक संयुक्त प्रवेश परीक्षा,

प्रैक्टिस सेट – 4

खण्ड–I (A): भौतिक विज्ञान

1. एक किलोवाट शक्ति की मोटर को 10 मीटर गहरे कुएं से पानी उठाने के लिए प्रयोग किया जाता है। प्रति मिनट पानी उठाने की मात्रा होगी–($g = 9.8$ मी/से^{2})

(A) 306 किग्रा (B) 10.20 किग्रा
(C) 918. किग्रा (D) 612.24 किग्रा

2. एक गेंद को भवन की छत से गिराने पर गेंद को जमीन पर पहुंचने में 3 सेकण्ड लगते हैं। गेंद का पृथ्वी की ओर त्वरण 10 मी/से^{2} है, तो भवन की ऊंचाई है–

(A) 40 मीटर (B) 20 मीटर
(C) 30 मीटर (D) इनमें से कोई नहीं

3. 30 ग्राम द्रव्यमान की एक गोली 30 मीटर/से. के वेग से राइफल में से निकलती है, जिसके कारण राइफल की 60 सेमी/से. वेग से प्रतिक्षेप करने की प्रवृत्ति होती है। राइफल का द्रव्यमान है–

(A) 1.5 किग्रा (B) 3 किग्रा.
(C) 0.75 किग्रा (D) 2 किग्रा

4. एक गेंद स्वतन्त्र रूप से h ऊंचाई से पृथ्वी तल की ओर गिर रही है। गिरते समय किसी बिन्दु P पर इसका वेग, उसके सर्वाधिक वेग का $\frac{1}{\sqrt{3}}$ है। P बिन्दु पर गेंद की गतिज एवं स्थितिज ऊर्जा का अनुपात होगा–

(A) 1 : 3 (B) 1 : 1
(C) 1 : 2 (D) इनमें से कोई नहीं

5. बल का आघूर्ण कहलाता है–

(A) बल आघूर्ण (B) आवेश
(C) किया गया कार्य (D) इनमें से कोई नहीं

6. 2 मिनट के लिए प्रतिरोधक तार को 12 वोल्ट के साथ जोड़ने पर 3.5 ऐम्पियर की धारा प्रवाहित होती है। तार में ऊर्जा होगी–

(A) 5041 जूल (B) 5040 जूल
(C) 4050 जूल (D) 4500 जूल

7. एक उत्तल लेन्स 30 सेमी फोकस दूरी का 10 सेमी फोकस दूरी वाले अवतल लेन्स के सामने इस प्रकार रखा जाता है, कि दोनों की अक्ष एक ही रहे। एक समानान्तर किरण पुंज उत्तल लेन्स पर पड़ने के बाद यदि अवतल लेन्स से भी समानान्तर निकले तो दोनों लेन्सों के बीच की दूरी होगी–

(A) 40 सेमी (B) 30 सेमी
(C) 20 सेमी (D) 10 सेमी

8. 0.1 मीटर फोकस दूरी वाले कांच के एक समोत्तल लेन्स को मुख्य अक्ष के लम्बरूप तल द्वारा दो बराबर भागों में काट दिया जाता है। इस प्रकार बने नए लेन्सों की फोकस दूरियों का अनुपात है–

(A) 1 : 1 (B) 1 : 2
(C) 2 : 1 (D) $2 : \frac{1}{2}$

9. 100 किग्रा तथा 4.5 आपेक्षिक घनत्व के पिण्ड को एक कुएं के जल के ऊपरी तल से छोड़ा जाता है। कुएं में पानी की गहराई 15 मीटर है पिण्ड को कुएं के तल तक पहुंचने में लगने वाला समय होगा–

(A) $3\frac{6}{7}$ सेकण्ड (B) 4 सेकण्ड
(C) 1.96 सेकण्ड (D) 8 सेकण्ड

10. चन्द्रमा की सतह पर एक तोप चलाई जाती है तो–

(A) सभी ऋतुओं में ध्वनि जमीन की सतह पर सुनी जाएगी
(B) जमीन या चन्द्रमा पर कोई ध्वनि नहीं सुनी जाएगी
(C) वर्षा ऋतु में ध्वनि जमीन की सतह पर सुनी जाएगी
(D) उपरोक्त में से कोई नहीं

11. यदि किसी पिण्ड के संवेग को n गुना कर दिया जाए तो उसकी गतिज ऊर्जा हो जाएगी–

(A) n गुनी (B) $2n$ गुनी
(C) $\sqrt{n}$ गुनी (D) n^2 गुनी

12. एक कण जिस पर इलेक्ट्रॉन से 100 गुना आवेश है, 0.8 मीटर त्रिज्या के एक वृत्तीय पथ में घूर्णन कर रहा है। केन्द्र पर उत्पन्न

चुम्बकीय क्षेत्र होगा (μ_0 = निर्वात् की चुम्बकशीलता है)

(A) $10^{-17}\mu_0$ (B) $\frac{10^{-7}}{\mu_0}$

(C) $10^{-6}\mu_0$ (D) $10^{-7}\mu_0$

13. एक 50 keV गतिज ऊर्जा का ड्यूट्रॉन चुम्बकीय क्षेत्र B के तल के लम्बवत् 0.5 मीटर त्रिज्या की वृत्तीय कक्षा निर्मित करता है, तो उस प्रोटॉन की गतिज ऊर्जा जो इस तल B में 0.5 मीटर त्रिज्या की वृत्तीय कक्षा निर्मित करता है, हैं–

(A) 25 keV (B) 50 keV

(C) 200 keV (D) 100 keV

14. यदि वृत्ताकार गति करते हुए किसी कण का द्रव्यमान, चाल व वृत्ताकार पथ की त्रिज्या सभी में 50% की वृद्धि कर दी जाए तो, कण को वृत्ताकार पथ में रखने के लिये आवश्यक बल में कितने प्रतिशत की वृद्धि करनी होगी?

(A) 225 % (B) 125 %

(C) 150 % (D) 100 %

15. चमगादड़ द्वारा उत्सर्जित की जाने वाली तरंगों की आवृत्ति होती है–

(A) 2000 हर्ट्ज से अधिक, 20000 हर्ट्ज से कम

(B) 20000 हर्ट्ज से अधिक

(C) 20 हर्ट्ज से अधिक, 2000 हर्ट्ज से कम

(D) 20 हर्ट्ज से कम

16. 50ºC पर एक लोहे की छड़ की लम्बाई को 5.002 सेमी से घटाकर 5.00 सेमी करना है। यह घटी हुई लम्बाई किस ताप पर प्राप्त हो सकेगी? (लोहे का रेखीय प्रसार गुणांक = 0.000012/ºC)

(A) 0ºC (B) 16.7ºC

(C) 33.3ºC (D) इनमें से कोई नहीं

17. 0ºC की 1º बर्फ को 100ºC की भाप में परिवर्तित करने के लिए कितनी ऊष्मा लगेगी ? (बर्फ की गुप्त ऊष्मा = 80 कैलोरी/ग्राम और भाप की गुप्त ऊष्मा = 536 कैलोरी/ग्राम)

(A) 80 कैलोरी (B) 536 कैलोरी

(C) 716 कैलोरी (D) इनमें से कोई नहीं

18. दो प्रतिरोध जब श्रेणीक्रम में संयोजित किए जाते हैं, तो 50 मान का प्रतिरोध प्रदान करते हैं तथा जब उन्हें समान्तर क्रम में जोड़ते हैं, तो 8 मान का प्रतिरोध प्रदान करते हैं। इन प्रतिरोध का मान क्या होगा ?

(A) 21 , 29 (B) 10 , 40

(C) 20 , 30 (D) 15 , 35

19. सूर्य प्रकाश के प्रिज्म द्वारा बने वर्ण क्रम के रंगों में सर्वाधिक आवृत्ति वाला रंग होता है–

(A) आसमानी (B) नारंगी

(C) लाल (D) बैंगनी

20. पानी में ध्वनि की चाल, वायु में ध्वनि की चाल की चार गुनी है। जब n आवृत्ति एवं λ तरंगदैर्ध्य की एक ध्वनि तरंग वायु से पानी में प्रवेश करती है, तो इसकी आवृत्ति एवं तरंगदैर्ध्य हो जाएगी–

(A) $4n, \lambda$ (B) $n, 4\lambda$

(C) $2n, \lambda$ (D) इनमें से कोई नहीं

21. यदि समतल दर्पण को 10º घुमा दिया जाए, तो परावर्तित किरण घूमेगी–

(A) 20º (B) 15º

(C) 10º (D) 30º

22. एक जलपोत का द्रव्यमान 3×10^7 किग्रा है। इसमें लगा इंजन, पानी को 5×10^5 न्यूटन बल द्वारा पीछे की ओर धकेलना शुरू करता है, तो स्थिर अवस्था से चलना आरम्भ करके 30 मीटर की दूरी तय करने के पश्चात् जलपोत की चाल होगी–

(A) 5 मी/से (B) 0.1 मी/से

(C) 1 मी/से (D) इनमें से कोई नहीं

23. चोक कुण्डली का होता है–

(A) उच्च प्रेरकत्व और कम प्रतिरोध

(B) निम्न प्रेरकत्व और उच्च प्रतिरोध

(C) उच्च प्रेरकत्व और उच्च प्रतिरोध

(D) निम्न प्रेरकत्व और निम्न प्रतिरोध

24. एक प्रत्यावर्ती धारा परिपथ में $i = 100 \sin 200\, t$ द्वारा दर्शाई जाती है। इस परिपथ में धारा शून्य से बढ़कर उसके शिखर मान तक पहुंचने में लगने वाला समय है–

(A) $\frac{1}{100}$ सेकण्ड (B) $\frac{1}{200}$ सेकण्ड

(C) $\frac{1}{300}$ सेकण्ड (D) $\frac{1}{400}$ सेकण्ड

25. l_1 व l_2 लम्बाईयों की दो छड़ें α_1 व α_2 रेखीय प्रसार गुणांक वाले पदार्थों की बनी हैं। यदि दोनों की लम्बाईयों का अन्तर ताप पर निर्भर नहीं करता तो–

(A) $\frac{l_1}{l_2} = \frac{a_1}{a_2}$ (B) $\frac{l_1}{l_2} = \frac{a_2}{a_1}$

(C) $l_2^2 a_1 = l_1^2 a_2$ (D) $\frac{a_1^2}{l_1} = \frac{a_2^2}{l_2}$

26. पारसेक मात्रक है–

(A) समय का (B) दूरी का

(C) आवृत्ति का (D) कोणीय त्वरण का

27. वेग-समय ग्राफ का क्षेत्रफल बताता है–

(A) प्रारम्भिक वेग (B) त्वरण

(C) अन्तिम वेग (D) कोणीय त्वरण का

28. वायु में प्रकाश की चाल 3 × 108 मी/से है। 1.5 अपवर्तनांक वाले माध्यम में प्रकाश की चाल होगी–

(A) 1.5×10^8 मी/से (B) 2×10^8 मी/से
(C) 1×10^8 मी/से (D) 2.5×10^8 मी/से

29. किस रंग में प्रकीर्णन सबसे अधिक होता है?
(A) बैंगनी (B) नीला
(C) पीला (D) लाल

30. एक व्यक्ति 90 सेमी से कम दूरी की वस्तुओं को नहीं देख पाता है। वस्तुओं को 30 सेमी की दूरी पर देखने के लिए उसे जिस शक्ति एवं प्रकृति का लेन्स प्रयोग करना चाहिए, है
(A) 2.22 डायोप्टर, उत्तल (B) 4.45 डायोप्टर, उत्तल
(C) 2.22 डायोप्टर, अवतल (D) 4.45 डायोप्टर, अवतल

खण्ड-I (B) : रसायन विज्ञान

31. आग बुझाने के तौर पर प्रयोग किया जाने वाला रासायनिक तत्व है–
(A) Na_2CO_3 (B) HCl
(C) NaCl (D) $CaCl_2$

32. बायोगैस का (कैलोरिफिक मान) ऊष्मीय मान 35 किलो जूल/ग्राम है। 0.5 किग्रा बायोगैस जलाने पर कितनी ऊर्जा उत्पन्न होगी?
(A) 17.5×10^6 जूल (B) 17×10^6 जूल
(C) 1.75×10^6 जूल (D) 18.5×10^6 जूल

33. लकड़ी होती है–
(A) हाइड्रोकार्बन (B) हाइड्रोकार्बन का मिश्रण
(C) कार्बोहाइड्रेट का मिश्रण (D) अकार्बनिक तत्वों का मिश्रण

34. शुद्ध जल का पी.एच. मान है–
(A) 7.4 (B) 7
(C) 6.2 (D) 14

35. कठोर जल के नमूने में $MgSO_4$ = 0.012 ग्राम/लीटर तथा $Ca(HCO_3)2$ = 0.081 ग्राम/लीटर है। जल की कठोरता है–
(A) 2º (B) 4º
(C) 6º (D) इनमें से कोई नहीं

36. ब्लू-ब्लैक स्याही बनाने में प्रयुक्त पदार्थ होता है–
(A) ऑक्सैलिक अम्ल
(B) सिट्रिक अम्ल
(C) हाइड्रोक्लोरिक अम्ल
(D) गैलिक अम्ल

37. नाभिकीय रिऐक्टर में नियन्त्रक छड़ बनी होती है–
(A) यूरेनियम की (B) ग्रेफाइट की
(C) कैडमियम की (D) प्लूटोनियम की

38. हाइड्रोजन सल्फाइड गैस की गन्ध होती है–
(A) मछली की (B) जले हुए सल्फर की
(C) सड़े हुए अण्डे की (D) इनमें से कोई नहीं

39. HCl तथा $AgNO_3$ की अभिक्रिया से प्राप्त होने वाले अवक्षेप का रंग होगा–
(A) हरा (B) सफेद
(C) काला (D) नीला

40. ऑक्सीजन गैस है–
(A) अम्लीय
(B) क्षारीय
(C) न ही अम्लीय न ही क्षारीय
(D) उपरोक्त में से कोई नहीं

41. आई.यू.पी.ए.सी. पद्धति में यौगिक का नाम है–

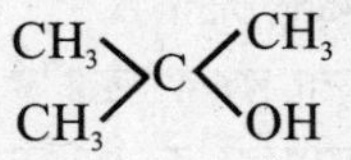

(A) 2-मेथिल प्रोपेनॉल-2
(B) 2-मिथाइल प्रोपेनॉल-2
(C) 1-मिथाइल प्रोपेनॉल-2
(D) मिथाइल प्रापेनॉल-2

42. ड्यूमा विधि प्रयोग की जाती है–
(A) नाइट्रोजन की गुणता की पहचान के लिए
(B) नाइट्रोजन की मात्रा के अनुमान के लिए
(C) हैलोजन की पहचान के लिए
(D) उपरोक्त में से कोई नहीं

43. सल्फर डाइऑक्साइड का जलीय विलयन होता है–
(A) क्षारीय (B) अम्लीय
(C) उदासीन (D) इनमें से कोई नहीं

44. कैलगन व्यावसायिक नाम है–
(A) सोडियम हैक्सामेटाफॉस्फेट का
(B) सोडियम एल्यूमीनियम सिलिकेट का
(C) धावन सोडा आयन विनियम रेजिन का
(D) उपरोक्त में से कोई नहीं

45. संरचनात्मक सूत्र 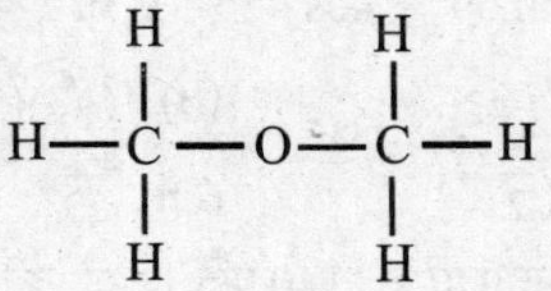 तथा

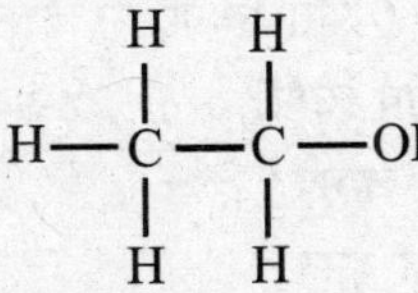 प्रस्तुत करता है–

(A) दो अकार्बनिक यौगिक (B) दो समावयवी यौगिक
(C) दो सजातीय यौगिक (D) इनमें से कोई नहीं

46. H_2 तथा O_2 की विसरण दर का अनुपात है–
(A) 1 : 8 (B) 1 : 16

(C) 2:1 (D) 1:4

47. A तथा B गैसों का अणुभार क्रमशः 2 तथा 32 है। गैस A का 100 सी.सी. आयतन विसरित होने में जितना समय लेता है, उतने ही समय में गैस B का कितना आयतन विसरित होगा?

(A) 25 सी.सी. (B) 2.5 सी.सी.

(C) 27 सी.सी. (D) इनमें से कोई नहीं

48. परमाणु क्रमांक 17 वाले तत्व का आवर्त सारणी में स्थान है–

(A) VII आवर्त, VII वर्ग (B) III आवर्त, VII वर्ग

(C) IV आवर्त, VII वर्ग (D) II आवर्त, VI वर्ग

49. किसी आवर्त में बाएं से दाएं बढ़ने पर तत्वों की–

(A) धन विद्युती प्रकृति बढ़ती है

(B) धात्विकता बढ़ती जाती है

(C) आयनिक त्रिज्या बढ़ती जाती है

(D) तत्वों के ऑक्साइडों की क्षारीय प्रकृति घटती जाती है

50. गर्म करने पर (साल-अमोनिक) नौसादर विघटित हो जाता है–

(A) N_2, HCl (B) N_2,Cl_2

(C) H_2, O_2 (D) NH_3, HCl

51. $Cu(OH)_2.CuCO_3$ कॉपर का एक अयस्क है, इसका नाम है–

(A) ऐजुराइट (B) मैलेकाइट

(C) क्यूप्राइट (D) कैल्कोसाइट

52. निस्तापन है–

(A) वायु की नियन्त्रित अथवा अनुपस्थिति में अयस्क को गर्म करना

(B) वायु की अधिकता में अयस्क को गर्म करना

(C) अयस्क को ठण्डा करना

(D) उपरोक्त में से कोई नहीं

53. कृत्रिम गोल्ड होता है–

(A) फॉस्फोरस ब्रान्ज (B) एल्यूमीनियम ब्रान्ज

(C) जर्मल सिल्वर (D) मॉमल धातु

54. थर्मोसेटिंग प्लास्टिक का उदाहरण है–

(A) पॉलिथीन (B) पी.वी.सी.

(C) बैकेलाइट (D) पॉलिस्टाइरीन

55. निम्नलिखित में से किसका उपयोग शैम्पू बनाने में किया जाता है?

(A) CH_3COONa (B) $C_{17}H_{35}COOK$

(C) $C_{17}H_{33}COOK$ (D) NaOOC. COONa

56. ${}_{90}Th^{234}$ से β-कण उत्सर्जित होने पर प्राप्त पदार्थ है–

(A) ${}_{93}Pa^{230}$ (B) ${}_{91}Pa^{234}$

(C) ${}_{90}Pa^{234}$ (D) ${}_{90}Pa^{231}$

57. 10.6 ग्राम/500 मिली Na_2CO_3 के विलयन की मोलरता है–

(A) 0.2 M (B) 2 M

(C) 20 M (D) 0.02 M

58. चुम्बकीय क्षेत्र में उसकी दिशा के समान्तर एक इलेक्ट्रॉन गति कर रहा है। इलेक्ट्रॉन पर बल–

(A) की दिशा क्षेत्र के लम्बवत् होगी

(B) की दिशा में क्षेत्र की दिशा में होगी

(C) की दिशा क्षेत्र के विपरीत होगी

(D) शून्य होगा

59. किसी कार्बनिक यौगिक का मूलानुपाती सूत्र CH_2O है तथा इसका वाष्प घनत्व 45 हो, तब यौगिक का आण्विक सूत्र होगा–

(A) CH_2O (B) C_2H_5O

(C) C_2H_2O (D) $C_3H_6O_3$

60. निम्न में से कौन-सी घटना टेलीविजन चित्र के लिए उत्तरदायी होती है?

(A) रासायनिक संदीप्त (B) प्रतिदीप्ति

(C) संदीप्ति (D) स्फुरदीप्ति

खण्ड-II: गणित

61. यदि $\sin 60° + \cos 45° = x$, तो x का क्या मान है?

(A) $1/\sqrt{2}$ (B) $(\sqrt{3}+\sqrt{2})/2$

(C) $\sqrt{2-1}$ (D) $\sqrt{3}$

62. एक दुकानदार ₹ 1140 प्रति किग्रा. की दर से पिस्ता बेचता है और 5% हानि वहन करता है। अब उसने ₹ 1260 प्रति किग्रा. से बेचने का फैसला किया है, तो इसका क्या परिणाम होगा?

(A) 10 प्रतिशत लाभ (B) 5 प्रतिशत लाभ

(C) 5 प्रतिशत हानि (D) 10 प्रतिशत हानि

63. मंदार समर्थ से 3 गुना तेज काम करता है। यदि समर्थ अकेले एक काम 28 दिन में पूरा कर सकता है, तब कितने दिन में वे दोनों काम पूरा कर सकते हैं?

(A) 4 दिन (B) 5 दिन

(C) 8 दिन (D) 7 दिन

64. एक चोर को एक पुलिसकर्मी 500 मीटर की दूरी से रोक लेता है। पुलिसकर्मी जब चोर का पीछा करना शुरू करता होता है, तो चोर भी दोड़ना शुरू करता है। यह मानते हुए कि चोर की गति 10 किमी. घंटा है और पुलिसकर्मी की गति 18 किमी/घंटा है, तो पुलिसकर्मी को चोर तक पहुंचने तक चोर कितनी दूरी तय कर लेगा?

(A) 625 मीटर (B) 500 मीटर

(C) 750 मीटर (D) 375 मीटर

65. 2957 के साथ ऐसी कौन-सी न्यूनतम संख्या को जोड़ा जाए, ताकि योग 17 से पूरी तरह से विभाज्य हो?

(A) 9 (B) 2

(C) 3 (D) 1

66. एक मेले की प्रवेश टिकट के मूल्य में 9 : 13 के अनुपात में वृद्धि करने पर, मेले में आने वाले लोगों की संख्या 7 : 4 के अनुपात में कम हो गई है। कुल संकलन में किस अनुपात में वृद्धि या कमी हुई है?

(A) 52 : 63 के अनुपात में वृद्धि हुई है

(B) 36 : 91 के अनुपात में वृद्धि हुई है

(C) 63 : 52 के अनुपात में कमी हुई है

(D) 91 : 36 के अनुपात में कमी हुई है

67. एक छात्र ने एक संख्या का गुणा 7/5 के बजाय 5/7 से कर दिया। इस गणना में प्रतिशत त्रुटि कितनी होगी?

(A) 48.98 प्रतिशत (B) 96 प्रतिशत

(C) 24.49 प्रतिशत (D) 48 प्रतिशत

68. A(7, – 8) और C(1, 4) एक वर्ग ABCD के कोने हैं। विकर्ण BD के समीकरण का पता लगाएं?

(A) $x - 2y = -8$ (B) $x - 2y = 8$

(C) $x + 2y = -8$ (D) $x + 2y = 8$

69. एक वर्ग की परिधि 40 सेमी है, तो उसका क्षेत्रफल निकालें?

(A) 100 वर्ग सेमी (B) 25 वर्ग सेमी

(C) 50 वर्ग सेमी (D) 160 वर्ग सेमी

70. एक बैंक अर्द्ध वार्षिक रूप से 5% चक्रवृद्धि ब्याज की पेशकश करता है। एक ग्राहक एक वर्ष में 1 जनवरी और 1 जुलाई को ₹ 6400 जमा करता है। वर्ष के अंत में ब्याज के माध्यम से उसे कितनी राशि का लाभ होगा?

(A) ₹ 1952 (B) ₹ 488

(C) ₹ 976 (D) ₹ 244

71. यदि $a + b = 10$ और $a^2 + b^2 = 58$, तब ab ज्ञात कीजिए–

(A) 21 (B) 24

(C) 25 (D) 16

72. दो अंकों की एक संख्या का दहाई का अंक इकाई के अंक से 2 अधिक है। यदि हम इस संख्या से 18 घटाते हैं, तो प्राप्त नई संख्या पहली संख्या के अंकों का उल्टा क्रम होती है। संख्या ज्ञात कीजिए–

(A) 75 (B) 64

(C) 53 (D) 86

73. दो कारें क्रमश: 30 और 48 किमी./घंटा की गति से शहर A से शहर B तक यात्रा करती हैं। एक कार के लिए दूसरी कार की तुलना में 3 घंटा कम समय लेती है, तो शहर A से शहर B के बीच की दूरी कितनी होगी?

(A) 288 किमी (B) 240 किमी

(C) 360 किमी (D) 192 किमी

74. 10% वार्षिक दर से 3 वर्षों के लिए एक निश्चित राशि पर साधारण ब्याज 10% वार्षिक दर से 2 वर्षों के लिए ₹ 6000 की राशि पर चक्रवृद्धि ब्याज से आधा है। साधारण ब्याज पर दी गई राशि कितनी है?

(A) ₹ 4200 (B) ₹ 2100

(C) ₹ 1050 (D) ₹ 1680

75. यदि प्रत्येक ₹ 1200 कीमत वाले 6 दुपट्टों की खरीद पर 3 दुपट्टे मुफ्त पाने की पेशकश की जाती है, तो प्रत्येक दुपट्टे पर प्रभावी छूट क्या होगी?

(A) 25 प्रतिशत (B) 20 प्रतिशत

(C) 12.5 प्रतिशत (D) 33.33 प्रतिशत

76. दो संख्याओं का महत्तम समापवर्तक और लघुत्तम समापवर्तक क्रमशः 11 और 825 क्रमशः हैं। एक संख्या 275 है, तो दूसरी संख्या ज्ञात करें–

(A) 53 (B) 45

(C) 33 (D) 43

77. यदि गगनज्योत का वेतन हाफिज के वेतन से 7/6 गुना है और सईद का वेतन हाफिज के वेतन से 8/7 गुना है, तो गगनज्योत और सईद के वेतन का अनुपात क्या होगा?

(A) 49:48 (B) 3:4

(C) 4:3 (D) 48:49

78. एक दुकानदार को 20 टाइमेक्स घड़ियां बेच कर 4 टाइमेक्स घड़ियों की बिक्री कीमत के बराबर लाभ होता है। उसका लाभ प्रतिशत कितना होगा?

(A) 20 प्रतिशत (B) 25 प्रतिशत

(C) 40 प्रतिशत (D) 15 प्रतिशत

79. यदि 10.5 से.मी. की त्रिज्या और 12 से.मी. की ऊंचाई वाले एक शंकु को पिघलाकर उसी त्रिज्या के एक बेलनाकार वस्तु का निर्माण किया जाता है, तो उस वस्तु की ऊंचाई कितनी होगी?

(A) 8 सेमी. (B) 1.33 सेमी.

(C) 2 सेमी. (D) 4 सेमी.

80. 65 छात्रों की एक कक्षा में 39 लड़कियां हैं। इन लड़कियों का औसत वजन 60 किग्रा. हैं और पूर्ण कक्षा का औसत वजन 64 किग्रा. है। कक्षा के लड़कों का औसत वजन क्या है?

(A) 69 (B) 66

(C) 68 (D) 70

81. एक वर्ग के विकर्ण की लम्बाई 14 सेमी. है। इस वर्ग का क्षेत्रफल ज्ञात करें–

(A) 49 वर्ग सेमी. (B) 196 वर्ग सेमी.

(C) 98 वर्ग सेमी. (D) 77 वर्ग सेमी.

82. एक छात्र ने एक संख्या का गुणा 7/4 के बजाय 4/7 से कर दिया। इस गणना में प्रतिशत त्रुटि कितनी होगी?

(A) 206.25 प्रतिशत (B) 67.35 प्रतिशत

(C) 33.67 प्रतिशत (D) 103.13 प्रतिशत

83. रंगकर्मी A, एक घर 40 दिन में रंग सकता है तथा रंगकर्मी B 60 दिन में रंग सकता है। C की सहायता से उन्होंने केवल 20 ही दिन में यह काम कर लिया तो C अकेले यह काम कितने दिन में कर सकता है?

(A) 120 दिन (B) 20 दिन

(C) 225 दिन (D) 15 दिन

84. निम्न में से क्या सही है?

(A) $(6x + y)(x - 6y) = 6x^2 + 35xy - 6y^2$

(B) $(6x + y)(x - 6y) = 6x^2 - 35xy - 6y^2$

(C) $(6x + y)(x - 6y) = 6x^2 - 37xy - 6y^2$

(D) $(6x + y)(x - 6y) = 6x^2 + 37xy - 6y^2$

85. एक अशून्य संख्या और इसके व्युत्क्रम के दस गुने का योग 7 हैं, संख्या ज्ञात करें–

(A) 4 (B) 3

(C) 5 (D) 6

86. कुछ धनराशि उधार ली गई जिसे ₹ 3630 प्रति किश्त के अनुसार दो समान वार्षिक किश्तों में वापिस किया जाना है। यदि संयोजी वार्षिक ब्याज दर 10% हो, तो उधार ली गई धनराशि थी–

(A) ₹ 5905 (B) ₹ 6700

(C) ₹ 5800 (D) ₹ 6300

87. निम्नलिखित में से कौन-सा व्यंजक गलत है?

(A) $\log(1 \times 2 \times 3) = \log 1 + \log 2 + \log 3$

(B) $\log \frac{a^n}{b^n} + \log \frac{b^n}{c^n} + \log \frac{c^n}{a^n} = 1$

(C) $(\log p)^2 - (\log q)^2 = (\log pq) \log (p/q)$

(D) $\log_3 81 + \log_2 64 = 10$

88. यदि A समस्त समबहुभुजों का समुच्चय हो एवं B समस्त चतुर्भुजों का समुच्चय हो, तब $A \cap B$ समुच्चय होगा, समस्त–

(A) वर्गों का (B) आयतों का

(C) समचतुर्भुजों का (D) समान्तर चतुर्भुजों का

89. निम्न आंकड़ों के लिए माध्य, माध्यिका और बहुलक में सम्बन्ध है–

$-3, -2, 0, 2, 3, 5, 5, 5, 7, 8, 9, 10$

(A) माध्य = माध्यिका ≠ बहुलक

(B) माध्य ≠ माध्यिका = बहुलक

(C) माध्य ≠ माध्यिका ≠ बहुलक

(D) माध्य = माध्यिका = बहुलक

90. उस समय सूर्य के उन्नयन कोण का मान क्या होगा जब एक स्तम्भ की छाया उसकी कुल ऊंचाई की $\sqrt{3}$ गुनी लम्बी है?

(A) 15° (B) 40°

(C) 30° (D) इनमें से कोई नहीं

उत्तर (हल/संकेत)

1. (D) शक्ति = $\frac{\text{किया गया कार्य}}{\text{समय}}$

यहां किया गया कार्य स्थितिज ऊर्जा के रूप में संचित हो जाएगा। अत: शक्ति,

$$P = \frac{mgh}{t} \Rightarrow 1 \times 10^3 = \frac{m \times 9.8 \times 10}{60}$$

$$m = \frac{60 \times 10^3}{9.8 \times 10} = 612.24 \text{ किग्रा}$$

2. (D) भवन की ऊंचाई = गेंद द्वारा तय की गई ऊर्ध्वाधर दूरी

$$h = ut + \frac{1}{2}gt^2$$

$$h = 0 + \frac{1}{2} + 10 \times (3)^2 \qquad [\because u = 0]$$

$h = 45$ मी

3. (A) संवेग संरक्षण के नियमानुसार,

राइफल का संवेग = गोली का संवेग

$$m_1 v_1 = m_2 v_2$$

$$m_1 \times \frac{60}{100} = 30 \times 30$$

$$m_1 = \frac{30 \times 30 \times 100}{60} = 1500 \text{ ग्राम}$$

$m = 1.5$ ग्राम

4. (B) माना भूमि (O) पर गेंद का अधिकतम वेग v है,

तब $v^2 = v^2 + 2gh = 0 + 2gh$

$$\Rightarrow \quad v = \sqrt{2gh}$$

माना किसी बिन्दु P पर वेग v' है तथा $OP = x$, तब

$$v'^2 = 0 + 2gh \Rightarrow v' = \sqrt{2gh}$$

$$\Rightarrow \quad v' = \frac{1}{\sqrt{3}}v \quad \Rightarrow \quad v'^2 = \frac{v^2}{3}$$

$$\Rightarrow \quad 2gx = \frac{2gh}{3} \quad \Rightarrow \quad x = \frac{h}{3}$$

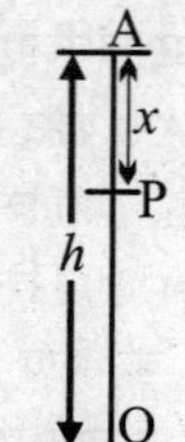

P पर गतिज ऊर्जा $K = \frac{1}{m} mv'^2 = \frac{1}{2} m \times 2gx$

$$= mg \times \frac{h}{3} = \frac{1}{3} mgh$$

P पर गतिज ऊर्जा $U = mgx = mg \times \frac{h}{3}$

$$\because \quad \frac{K}{U} = \frac{\frac{1}{3}mgh}{\frac{1}{3}mgh} = \frac{1}{1}$$

अत: $\frac{K}{U} = 1:1$

5. (C)

6. (B) दिया है, $t = 2$ मिनट $= 2 \times 60 = 120$ सेकण्ड

$V = v$ वोल्ट

$i = 3.5$ ऐम्पियर

तार में ऊर्जा $= Vit = 12 \times 3.5 \times 120 = 5040$ जूल

7. (C) माना लेन्सों के बीच की दूरी x है। प्रश्न के अनुसार चूंकि संयोजन एक कांच की पटिट्का की भांति व्यवहार करता है। अर्थात् संयोजन की फोकस दूरी

$F = \infty$

सूत्र, $\frac{1}{F} = \frac{1}{f_1} + \frac{1}{f_2} - \frac{x}{f_1 f_2}$

$$\Rightarrow \quad \frac{1}{\infty} = \frac{1}{+30} + \frac{1}{-10} - \frac{x}{(+30)(-10)}$$

$\Rightarrow \quad x = 20$ सेमी

8. (A) नए समतल उत्तल लेन्सों की फोकस दूरियों का अनुपात $= 1:1$

9. (C) पिण्ड पानी के अन्दर $= 100 \times 10 = 1000$ न्यूटन के बल से नीचे जाएगा तथा उस पर उत्प्लावन बल $= Vdg$ ऊपर को कार्य करेगा।

V = हटाए गए पानी का आयतन = ठोस का आयतन

$$= \frac{\text{द्रव्यमान}}{\text{आयतन}} = \frac{100}{4.5 \times 10^3}$$

$\therefore$ उत्प्लावन बल $= Vdg$

$$= \frac{100}{4.5 \times 10^3} \times 10^3 \times 10 = \frac{2000}{9} \text{ न्यूटन}$$

पिण्ड को नीचे ले जाने वाला बल $= 1000 - \frac{2000}{9} = \frac{7000}{9}$ न्यूटन

F = ma

$$\frac{7000}{9} = 100 \times a$$

$$\therefore \quad a = \frac{70}{9} \text{ मी/से.}^2$$

$$\therefore \quad h = ut + \frac{1}{2}at^2$$

$$is = 0 + \frac{1}{2} \times \frac{70}{9} t^2$$

$$t^2 = \frac{15 \times 2 \times 9}{70}$$

$$t^2 = 3.857$$

$$\therefore t = \sqrt{3.857} = 1.96 \text{ सेकेंड}$$

10. (B) चूंकि चन्द्रमा पर कोई माध्यम नहीं है। अत: चन्द्रमा की सतह पर तोप चलाने पर पृथ्वी तथा चन्द्रमा पर कोई ध्वनि सुनाई नहीं देगी।

11. (D) $E_K = \frac{p^2}{2m}$ ...(i)

$$\therefore \quad \frac{E_{K_1}}{E_{K_2}} = \frac{p_1^2}{p_2^2} \Rightarrow \frac{E_{K_1}}{E_{K_2}} = \left(\frac{p}{np}\right)^2$$

$$\frac{E_{K_1}}{E_{K_2}} = \frac{1}{n^2} \Rightarrow E_{K_2} = n^2 E_{K_1}$$

12. (A) $i = \frac{q}{t} = 100 \times e$

$$B_{centre} = \frac{\mu_0}{4p} \cdot \frac{2pi}{r} = \frac{\mu_0}{4p} \cdot \frac{2p \times 100e}{r}$$

$$= \frac{\mu_0 \times 200 \times 1.6 \times 10^{-19}}{4 \times 0.8} = 10^{-17}\mu_0$$

13. (D) $r = \frac{\sqrt{2mK}}{qB} \Rightarrow K \propto \frac{q^2}{m}$

$$\Rightarrow \quad \frac{K_p}{K_d} = \left(\frac{q_p}{q_d}\right)^2 \times \frac{m_d}{m_p} = \left(\frac{1}{1}\right)^2 \times \frac{2}{1} = \frac{2}{1}$$

$\Rightarrow \quad K_p = 2 \times 50 = 100$ keV

14. (B) $F = \frac{mv^2}{r}$ $F' = \frac{\left(\frac{3m}{2}\right)\left(\frac{3v}{2}\right)^2}{\left(\frac{3r}{2}\right)} \Rightarrow F' = \frac{9}{4}F$

अत: अभीष्ट प्रतिशत $= \left(\frac{F'-F}{F}\right) \times 100 = \left(\frac{5F}{4F} \times 100\right)\% = 125\%$

15. (B)

16. (B) लम्बाई में कमी $\Delta l = 5.002 - 5.00 = 0.002$ सेमी.

सूत्र $\Delta l = l \times \alpha \times \Delta t$

$\therefore$ $0.002 = 5 \times 0.000012 \times t$

या $t = \dfrac{0.002}{5 \times 0.000012} = 33.3$

अत: आवश्यक ताप $50 - 33.3 = 16.7^{\circ}C$

17. (C) $0^{\circ}C$ की 1 ग्राम बर्फ को $100^{\circ}C$ की भाप में परिवर्तित करने में आवश्यक ऊष्मा

= $0^{\circ}C$ के पानी बनने में आवश्यक ऊष्मा
+ $100^{\circ}C$ का पानी बनने में आवश्यक ऊष्मा
+ $100^{\circ}C$ की भाप बनने में आवश्यक ऊष्मा

$= 1 \times 80 + 1 \times 1 \times 100 + 1 \times 536$

$= 80 + 100 + 536 = 716$ कैलोरी

18. (B) $R_1 + R_2 = 50$ ...(i)

$$\frac{1}{R_1} + \frac{1}{R_2} = \frac{1}{8}$$

$$\frac{R_1 + R_2}{R_1 R_2} = \frac{1}{8} \Rightarrow \frac{50}{R_1 R_2} = \frac{1}{8}$$

$$R_1 R_2 = 400$$

$\therefore$ $(R_1 - R_2)^2 = (R_1 + R_2)^2 - 4R_1R_2$

$= (50)^2 - 4 \times 400 = 900$

$R_1 - R_2 = 30$ ...(ii)

समीकरण (i) तथा (ii) को हल करने पर,

$R_1 = 40\Omega \Rightarrow R_2 = 10\Omega$

19. (D)

20. (B) जब कोई ध्वनि तरंग एक माध्यम से दूसरे माध्यम में प्रवेश करती है, तो उसकी आवृत्ति अपरिवर्तित रहती है, जबकि उसका तरंगदैर्ध्य परिवर्तित हो जाता है।

दिया है, $v_{\omega} = 4v_a$

चूंकि $v_a = n_a \lambda_a$ तथा $v_{\omega} = n_{\omega}\lambda_{\omega}$

$\therefore$ $\dfrac{v_a}{v_?} = \dfrac{n_a ?_a}{n_? ?_?} = \dfrac{?_a}{?_?}$ $(\because n_a = n_{\omega})$

$\therefore$ $\dfrac{v_a}{4 \times v_a} = \dfrac{?_a}{?_?}$ $(\because v_{\omega} = 4 \times v_a)$

या $\lambda_{\omega} = 4\lambda$

21. (A) यदि दर्पण को θ कोण से घुमाया जाए, तो परावर्तित किरण 2θ कोण से घूम जाती है।

अत: समतल दर्पण को 10° से घुमा देने पर परावर्तित किरण 20° से घूम जाएगी।

22. (C) यहां $m = 3 \times 10^7$ किग्रा, $F = 5 \times 10^5$ न्यूटन

$F = m \times a$ से,

$$a = \frac{F}{m} = \frac{5 \times 10^5}{3 \times 10^7} = \frac{1}{60} \text{ मी/से.}$$

गति के तृतीय समीकरण से,

$$v^2 = u^2 + 2as = 0 + 2 \times \frac{1}{60} \times 30 = 1$$

$v = 1$ मी/से.

23. (A) $\cos\phi = \dfrac{R}{Z} = \dfrac{R}{\sqrt{R^2 + X_L^2}}$

चोक कुण्डली को उच्च प्रेरकत्व और कम प्रतिरोध पर रखते हैं, जिससे कि शक्ति गुणक का मान शून्य हो जाए।

24. (D) धारा को शिखर मान तक पहुंचने में $\dfrac{T}{4}$ सेकण्ड लगते हैं।

दिये हुए प्रश्न में

$$\frac{2p}{T} = 200\pi$$

$$T = \frac{1}{100} \text{ सेकण्ड}$$

$\therefore$ शिखर मान तक पहुंचने में लगा समय $= \dfrac{1}{400}$ सेकण्ड

25. (B) $l_1 = l(a + \alpha_1 \Delta t)$

व $l_2 = l(l + \alpha_2 \Delta t)$

$\therefore$ $(l_2 - l_1)$ ताप पर निर्भर नहीं करती।

$\therefore$ लम्बाई में परिवर्तन समान होना चाहिए

$$l_1 \alpha_1 \Delta t = l_2 \alpha_2 \Delta t$$

$$\frac{l_1}{l_2} = \frac{a_2}{a_1}$$

26. (B) खगोल विज्ञान में दूरी का मात्रक पारसेक होता है।

1 पारसेक $= 3.08 \times 10^{16}$ मीटर

$= 3.26$ प्रकाश वर्ष

27. (D) वेग-समय ग्राफ के क्षेत्रफल द्वारा विस्थापन दिया जाता है।

28. (B) माध्यम में प्रकाश की चाल $= \dfrac{\text{प्रकाश की चाल}}{\text{अपवर्तनांक}}$

$$= \frac{3 \times 10^8}{1.5} = 2 \times 10^8 \text{ मी/से}$$

29. (A) बैंगनी रंग का प्रकीर्णन सबसे अधिक होता है।

30. (A) $u = -90$ सेमी, $v = -30$ सेमी

लेन्स के सूत्र से,

$$\frac{1}{f} = \frac{1}{v} - \frac{1}{u} \Rightarrow \frac{1}{f} = \frac{1}{-90} + \frac{1}{30}$$

$$\Rightarrow \frac{1}{f} = \frac{-1+3}{90}$$

$\Rightarrow \quad \frac{1}{f} = \frac{2}{90}$

$\Rightarrow \quad f = 45$ सेमी (उत्तल)

लेन्स की क्षमता, $P = \frac{100}{f} = \frac{100}{45} = 2.22$ डायोप्टर

31. (A) सोडियम कार्बोनेट, तनु अम्लों से क्रिया करके कार्बन डाइ ऑक्साइड गैस नियुक्त (release) करता है। यह गैस, आग को घेरकर, आग की ऑक्सीजन आपूर्ति को बाधित कर देती है। जिस कारण आग बुझ जाती है। अतः सोडियम कार्बोनेट (Na_2CO_3) का प्रयोग आग को बुझाने के लिए किया जाता है।

32. (A) बायो गैस का ऊष्मीय मान = 35 किलो जूल/ग्राम

$\because$ 1 ग्राम बायोगैस द्वारा उत्पन्न ऊष्मा = 35 किलो जूल

$\therefore$ 0.5×10^3 ग्राम बायोगैस द्वारा ऊष्मा उत्पन्न होगी

$= \frac{35 \times 0.5 \times 10^3}{1}$ किलो जूल

$= 1.75 \times 10^4$ किलो जूल

$= 17.5 \times 10^6$ जूल

33. (B) लकड़ी विभिन्न हाइड्रोकार्बनों जैसे सेलुलोस, हेमीसेलुलोस आदि का मिश्रण होती है।

34. (B) शुद्ध जल उदासीन होता है, अतः इसका pH मान 7 है।

35. (C)

36. (D) गैलिक अम्ल की उपस्थिति को नीला-काला रंग देती है।

37. (C) नाभिकीय रिएक्टर में कैडमियम की छड़ों का प्रयोग रिएक्टर को नियन्त्रित करने के लिए किया जाता है। क्योंकि इनमें न्यूट्रॉनों को अवशोषित करने की क्षमता होती है।

38. (C) हाइड्रोजन सल्फाइड गैस की गंध सड़े हुए अण्डों के समान होती है।

39. (B) $HCI + AgNO_3 \rightarrow AgCI(s) + HNO_3$

सिल्वर क्लोराइड
(सफेद अवक्षेप)

40. (C) ऑक्सीजन गैस, लिटमस के प्रति उदासीन होती है। अतः यह न तो अम्लीय होती है न ही क्षारीय।

41. (A) कार्बनिक यौगिक का I.U.P.A.C. में नाम 2-मेथिल प्रोपेनॉल-2 है।

42. (B) ड्यूमा विधि के द्वारा, नाइट्रोजन की प्रतिशतता की गणना की जाती हैं। अतः इस विधि के द्वारा नाइट्रोजन का मात्रात्मक आकलन किया जाता है।

43. (B) सल्फर डाइऑक्साइड गैस जल के साथ अभिक्रिया करके सल्फ्यूरिक अम्ल बनाती है, जो कि एक प्रबल अम्ल है। अतः सल्फर डाइऑक्साइड का जलीय विलयन अम्लीय होता है।

$SO_2 + H_2O \rightarrow H_2SO_3$

सल्फ्यूरिक अम्ल

44. (A) कैलगन का रासायनिक सूत्र $Na_2[Na_4(PO_3)_6]$, होता है। यह जल की कठोरता को दूर करने के लिए प्रयुक्त किया जाता है।

45. (B) यौगिक जिनके अणुसूत्र समान होते हैं, परंतु संरचना सूत्र भिन्न-भिन्न होते हैं, समावयवी यौगिक कहलाते हैं। दिए गए दोनों यौगिकों का अणुसूत्र समान अर्थात् C_2H_6O है, अतः ये समावयवी यौगिक हैं।

46. (D) विसरण के नियम से

$$\frac{r_{H_2}}{r_{O_2}} = \sqrt{\frac{M_{O_2}}{M_{H_2}}}$$

$$= \sqrt{\frac{32}{2}} = \frac{4}{1}$$

$$\frac{r_{O_2}}{r_{H_2}} = 1:4$$

47. (A) विसरण के नियम से,

$$\frac{V_A . t_B}{V_B . t_A} = \sqrt{\frac{M_B}{M_A}}$$

दिया है, $t_A = t_B = t$

$V_A = 100$ सी.सी.

$M_B = 32, M_A = 2$

$\therefore \quad \frac{100 \times t}{t \times V_B} = \sqrt{\frac{32}{2}}$

तथा $\quad \frac{100}{V_B} = 4$

$\therefore \quad V_B = \frac{100}{4} = 25$ सी.सी.

48. (B) परमाणु क्रमांक 17 वाले तत्व का इलेक्ट्रॉनिक विन्यास 2, 8, 7 है, स्पष्ट है यह तत्व VIII A समूह का CI_{17} है।
क्योंकि इसकी बाहरी कक्षा में 7 इलेक्ट्रॉन हैं। हम जानते हैं कि आवर्त सारणी में बाहरी कक्षा में 7 इलेक्ट्रॉन हैलोजन के होते है।

49. (D) किसी आवर्त में बाईं से दाईं ओर चलने पर प्रभावी नाभिकीय आवेश घटने के कारण, तत्वों की आयनिक त्रिज्या घटती है। धातुओं के ऑक्साइड, क्षारकीय (basic) होते हैं। जबकि अधातुओं के ऑक्साइड, अम्लीय होते हैं, अतः किसी आवर्त में, तत्वों के ऑक्साइडों की क्षारीय प्रकृति घटती है।

50. (D) $NH_4CI(s) \xrightarrow{\text{गर्म}} NH_3(g) + HCI(g)$

अमोनिया — हाइड्रोजन क्लोराइड

51. (B)

अयस्क का नाम	सूत्र
ऐजुराइट	$Cu(OH)_2.2CuCO_3$
मैलेकाइट	$Cu(OH)_2.CuCO_3$
क्यूप्राइट	Cu_2O
कैल्कोसाइट या कॉपर ग्लान्स	Cu_2S

52. (A) नोट–निस्तापन को परिवर्ती भट्टी (reverberatory furnace) में किया जाता है।

53. (B)

54. (C) वे बहुलक, जो त्रिविमीय तिर्यक बन्ध युक्त संरचना रखते हैं तथा गर्म करने पर कठोर, अगलनीय पदार्थ में परिवर्तित हो जाते हैं, थर्मोसेटिंग (तापदृढ़) प्लास्टिक कहलाते हैं। जैसे बैकेलाइट।

55. (C) $C_{17}H_{33}COOK$ एक असंतृप्त वसीय अम्ल का लवण है, अतः इसका प्रयोग शैम्पू के निर्माण में किया जाता है।

56. (B) एक β-कण निकलने पर,
परमाणु क्रमांक $= 90 + 1 = 91$
परमाणु भार $= 234$ (अपरिवर्तित)
∴ $_{91}Pa^{234}$ होगा।

57. (A) मोलरता $= \frac{10.6 \times 1000}{106 \times 500}$ मोल/लीटर $= 0.2$ M

58. (D) यदि कोई आवेशित चुम्बकीय कण समानतर गति करता है। तो उस पर कोई बल कार्य नहीं करता है। अतः इलेक्ट्रॉन पर लगने वाला बल शून्य होगा।

59. (D) आण्विक भार $= 2 \times$ वाष्प घनत्व
$= 2 \times 45 = 90$
मूलानुपाती सूत्र भार $= 12 + 2 + 16 = 30$

$$\because \quad n = \frac{\text{आण्विक भार}}{\text{मूलानुपाती सूत्र भार}} = \frac{90}{30} = 3$$

∴ यौगिक का आण्विक सूत्र
$= (CH_2O)_3 = C_3H_6O_3$

60. (B) टेलीविजन चित्र के लिए प्रतिदीप्ति उत्तरदायी है। प्रतिदीप्त अवधारणा के अनुसार पदार्थ के अणुओं पर ऊर्जायुक्त इलेक्ट्रॉनों की बौछार होती है, तो विद्युत चुम्बकीय विकिरण उत्सर्जित होती है।

61. (B) $x = \sin 60° + \cos 45°$

$$= \frac{\sqrt{3}}{2} + \frac{1}{\sqrt{2}} = \frac{\sqrt{3} \times \sqrt{2} + 2}{2\sqrt{2}}$$

$$= \frac{\sqrt{3} \times \sqrt{2} + \sqrt{2} \times \sqrt{2}}{2\sqrt{2}}$$

$$= \frac{\sqrt{2}\left(\sqrt{3} + \sqrt{2}\right)}{2\sqrt{2}} = \frac{\sqrt{3} + \sqrt{2}}{2}$$

62. (B) दुकानदार पिस्ता बेचता है।
5% हानि होने पर

$$\frac{95\,x}{100} = 1140$$

$x = ₹\,12100$
∴ विक्रय मूल्य $= 1260 - 1200$
$= ₹\,60$
उसे 5% हानि के बाद लाभ = ₹60

$$\therefore \quad \text{लाभ} = \frac{60 \times 100}{1200} = 5\%$$

अतः दुकानदार को 5% का लाभ होगा।

63. (D) माना मंदार को कार्य करने में लगा समय $= x$ दिन
∴ समर्थ को कार्य करने में लगा समय $= 3x$ दिन
प्रश्नानुसार,
$x + 3x = 28$
$4x = 28$
$x = 7$ दिन

64. (A) पुलिसकर्मी द्वारा चली गई दूरी $= \frac{500 \times 18}{18 \times 5} = 100$ मीटर

चोर द्वारा चली गई दूरी $= \frac{500 \times 18}{8 \times 5} = 225$ मीटर

दूरी में अन्तर $= 225 - 100 = 125$ मीटर
तो पुलिसकर्मी के चोर तक पहुंचने तक चोर द्वारा चली गई कुल दूरी $= 500 + 125 = 625$ मीटर

65. (D) 2957 में 1 जोड़ने पर संख्या 2958 बन जाती है। जो 14 से विभाज्य होगी।

66. (C) कुल संकलन का अनुपात $= \frac{9 \times 7}{13 \times 4} = \frac{63}{52}$

इस प्रकार संकलन में 63 : 52 के अनुपात में कमी हुई है।

67. (A) संख्या में अन्तर $= \frac{7}{5} - \frac{5}{7} = \frac{24}{35}$

$$\therefore \text{प्रतिशत त्रुटि} = \frac{\frac{24}{35}}{\frac{7}{5}} \times 100 = \frac{120 \times 100}{245}$$

$= 48.979 = 48.98\%$

68. (B) ABCD एक वर्ग है।
AC व BD वर्ग के विकर्ण है।
जो आपस में बराबर है।

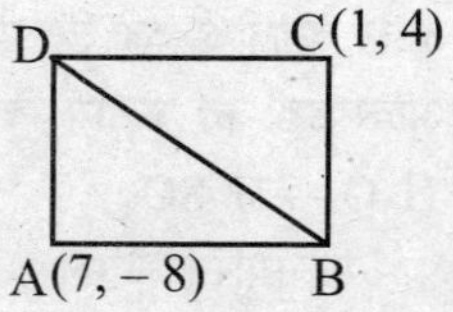

$\therefore$ विकर्ण BD का समीकरण

$$x-2y+k=0$$
$$x-2y-8=0$$
$$x-2y=8$$

यही विकर्ण BD का समीकरण है।

69. (A) वर्ग की परिधि = 40 सेमी

वर्ग की परिमाप = 40

4 × भुजा = 40

भुजा = 10 सेमी

$\therefore$ वर्ग का क्षेत्रफल = भुजा^{2} = $(10)^2$

= 10 × 10 = 100 वर्ग सेमी

70. (C) ब्याज $= \frac{6400 \times 5}{100} =$ ₹ 320

अर्द्धवार्षिक रूप से,

चक्रवृद्धि ब्याज $= 6400 \left(1+\frac{5}{100}\right)^2$

$= 6400 \times \frac{21 \times 21}{20 \times 20} =$ ₹ 7056

$\therefore$ कुल ब्याज = 7056 + 320 = ₹ 7376

$\therefore$ वर्ष के अन्त में ब्याज के माध्यम से लाभ = 7376 − 6400

= ₹ 976

71. (A) $a+b=10$

तथा $a^2+b^2=58$

$\therefore$ $(a+b)^2 = a^2+b^2+2ab$ सूत्र से

$$(10)^2 = 58+2ab$$
$$100 = 58+2ab$$
$$2ab = 100-58$$
$$2ab = 42$$
$$ab = 21$$

72. (D) माना दो अंकों की संख्या $= 10x+y$

प्रश्नानुसार,$(x+y+z10x+y)-18$

$= 10y+x$

$$10x+y-18 = 10y+x$$
$$x-y=2$$
$$y=2+4=6$$

$\therefore$ $x=6+2=8$

$\therefore$ संख्या $= 10x+y$

$= 10 \times 8 + 6 = 86$

73. (B) माना एक कार t घंटे का समय लेती है। दूसरी कार $(t-3)$ घंटे का समय लेती है।

$\therefore$ प्रश्नानुसार,

$$30 \times t = 48(t-3)$$
$$30t = 48t - 144$$
$$48t - 30t = 144$$
$$18t = 144$$

$t = 8$ घंटे

$\therefore$ शहर A से शहर B के बीच की दूरी $= 30 \times t$

$= 30 \times 8 = 240$ किमी.

74. (B) माना निश्चित राशि = ₹ x

प्रश्नानुसार,

$$\frac{x \times 10 \times 3}{100} = \frac{1}{2} \times 6000 \left[\left(1+\frac{10}{100}\right)^2 - 1\right]$$

$$\frac{2 \times 30x}{100} = 6000 \left[\left(\frac{110}{100}\right)^2 - 1\right]$$

$$\frac{60x}{100} = 6000 \left[\frac{110 \times 110}{100 \times 100} - 1\right]$$

$$\frac{6x}{10} = 6000 \left[\frac{121}{100} - 1\right]$$

$$\frac{6x}{10} = 6000 \left[\frac{21}{100}\right]$$

$x = \frac{6000 \times 10 \times 21}{6 \times 100} =$ ₹ 2100

75. (D) $\therefore$ 6 दुपट्टे की कीमत = ₹ 1200

$\therefore$ 9 दुपट्टे की कीमत = ₹ 1200 × 9

छूट = 10800 − 7200 = 3600

प्रभावी छूट $= \frac{3600 \times 100\%}{10800} = \frac{100\%}{3} = 33.33\%$

76. (C) प्रश्नानुसार,

ल.स. × म.स. = पहली संख्या × दूसरी संख्या

825 × 11 = 275 × दूसरी संख्या

$\therefore$ दूसरी संख्या $= \frac{825 \times 11}{275} = 33$

77. (A) $\frac{\text{गगनज्योत का वेतन}}{\text{सईद का वेतन}} = \frac{\frac{7}{6}}{\frac{8}{7}} = \frac{49}{48} = 49 : 48$

78. (B) माना प्रत्येक घड़ी की कीमत $= x$

20 घड़ियों का विक्रय मूल्य $= 20x$

4 घड़ियों का दाम $= 4x$

विक्रय मूल्य = क्रय मूल्य + लाभ

$$20 = CP + 4x$$
$$CP = 16x$$

लाभ% $= \frac{4x \times 100\%}{16x} = 25\%$

79. (D) प्रश्नानुसार,

शंकु का आयतन = बेलन का आयतन

$\frac{1}{3}\pi r_1^2 h_1 = \pi r_2^2 h_2$ [$\because r_1 = r_2$]

$\frac{13}{3} = h^2$

$\therefore$ $h_2 = 4$ सेमी.

80. (D) एक कक्षा में छात्रों का कुल वजन $= 65 \times 64 = 4160$ किग्रा

39 लड़कियों का कुल वजन $= 39 \times 60 = 2340$ किग्रा

$\therefore$ लड़कों का कुल वजन $= 4160 - 2340 = 1820$ किग्रा

$\therefore$ 26 लड़कों का औसत वजन $= \frac{1820}{26} = 70$ किग्रा.

81. (C) वर्ग के विकर्ण की लम्बाई = 14 सेमी.

$\therefore$ वर्ग का क्षेत्रफल $= \frac{14 \times 14}{2} = \frac{196}{2} = 98$ वर्ग सेमी.

82. (B) प्रतिशत त्रुटि $= \frac{\frac{7}{4} - \frac{4}{7}}{\frac{7}{4}} \times 100 = \frac{\frac{33}{28}}{\frac{7}{4}} \times 100$

$= \frac{33 \times 4}{28 \times 7} \times 100 = \frac{132 \times 100}{196}$

$= 67.346 = 67.35\%$

83. (A) A व B द्वारा किया गया कार्य $= \frac{1}{40} + \frac{1}{60} = \frac{5}{120}$

अकेले C द्वारा किया गया कार्य $= \frac{1}{20} - \frac{5}{120} = \frac{1}{120}$

अत: C अकेले कार्य को 120 दिन में पूरा करेगा।

84. (B) $(6x + y)(x - 6y) = 6x^2 - 35xy - 6y^2$

बायां पक्ष $= 6x^2 - 36xy + xy - 6y^2$

$= 6x^2 - 35xy - 6y^2$ = दायां पक्ष

85. (C) माना संख्या $= x$

प्रश्नानुसार,

$x + 10 \times \frac{1}{x} = 7$

$x + \frac{10}{x} = 7$

$\frac{x^2 + 10}{x} = 7$

$x^2 + 10 = 7x$

$x^2 - 7x + 10 = 0$

$x^2 - 5x - 2x + 10 = 0$

$x(x-5) - 2(x-5) = 0$

$(x-5)(x-2) = 0$

$x = 5, 2$

अत: वह अशून्य संख्या 5 होगी।

86. (D) माना उधार ली गई धनराशि = ₹ x

पहले वर्ष के बाद ब्याज $= \frac{x \times 10}{100} = \frac{x}{10}$

कुल राशि $= x + \frac{x}{10} =$ ₹ $\frac{11x}{10}$

इसमें से ₹3630 लौटा दिए जाते हैं।

बची हुई राशि $= \left(\frac{11x}{10} - 3630\right)$

$\left(\frac{11x}{10} - 3630\right)\frac{11}{10} = 3630$

$\Rightarrow \left(\frac{11x}{10} - 3630\right) = 3300$

$\Rightarrow \frac{11x}{10} = 6930$

$\therefore$ $x =$ ₹ 6300

87. (B) विकल्प (A) से,

$\log(1 \times 2 \times 3) = \log 1 + \log 2 + \log 3$

विकल्प (B) से,

$\log\frac{a^n}{b^n} + \log\frac{b^n}{c^n} + \log\frac{c^n}{a^n}$

$= \log\left(\frac{a}{b}\right)^n + \log\left(\frac{b}{c}\right)^n + \log\left(\frac{c}{a}\right)^n$

$= n\left[\log\left(\frac{a}{b}\right) + \log\left(\frac{b}{c}\right) + \log\left(\frac{c}{a}\right)\right]$

$= n[\log a - \log b + \log b - \log c + \log c - \log a]$

$= n \times 1 = n$

अत: विकल्प (B) गलत है।

88. (A) A = {x : x एक समबहुभुज है}, B = {x : x एक चतुर्भुज है}

$\therefore$ समबहुभुज की सभी भुजाएं बराबर तथा सभी कोण भी बराबर होते हैं और वर्ग की चारों भुजाएं बराबर तथा चारों कोण बराबर होते हैं। अत:

$A \cap B$ = वर्गों का समुच्चय है।

89. (B) माध्य $= \frac{\text{पदों का योग}}{\text{पदों की संख्या}} = \frac{49}{12} = 4.08,$

माध्यिका $= \frac{5+5}{2} = 5$

$\therefore$ माध्य $\neq$ माध्यिका = बहुलक

90. (C) माना सूर्य का उन्नयन कोण θ तथा स्तम्भ की ऊंचाई h मी है। इसलिए स्तम्भ की परछाई $\sqrt{3}h$ भी होगी।

$\therefore \tan\theta = \frac{\text{स्तम्भ की ऊंचाई}}{\text{स्तम्भ की परछाई}}$

$\Rightarrow \tan\theta = \frac{h}{\sqrt{3}h} = \frac{1}{\sqrt{3}} = \tan 30^\circ$

$\Rightarrow \theta = 30^\circ$

बिहार पॉलिटेक्निक संयुक्त प्रवेश परीक्षा, प्रैक्टिस सेट– 5

खण्ड-I (A): भौतिक विज्ञान

1. एक पम्प 2 सेकण्ड में 180 किग्रा जल 4 मीटर की ऊंचाई तक उठाता है। पम्प की सामर्थ्य है–

(A) 1800 वाट (B) 7200 वाट

(C) 4500 वाट (D) 3600 वाट

2. यदि किसी स्थान पर वायुमण्डलीय दाब 0.98×10^5 न्यूटन/मी^{2} हो, तो वहां पर वायुदाबमापी में पारे के स्तम्भ की ऊंचाई होगी–

(A) 76 सेमी. (B) 75 सेमी.

(C) 74 सेमी. (D) उपरोक्त में से कोई नहीं

3. एक 50 ग्राम चीनी के टुकड़े पर 0.96 आ.घ. के 6 ग्राम मोम से लेप किया गया। यदि लेपित टुकड़े का जल में भार 16 ग्राम हो, तो चीनी का आ. घ. ग्राम/सेमी^{3} में होगा–

(A) 1.48 (B) 1.24

(C) 1.46 (D) 1.12

4. एक विद्युत उपकरण का निर्धारण 880 वाट, 220 वोल्ट है। जब इसे 110 वोल्ट विद्युत प्रदाय से जोड़ा जाता है, तो यह शक्ति व्यय करता है–

(A) 440 वाट (B) 220 वाट

(C) 880 वाट (D) 110 वाट

5. वायु के सापेक्ष जल तथा कांच के अपवर्तनांक क्रमशः $\frac{4}{3}$ तथा $\frac{3}{2}$ हैं। कांच के सापेक्ष अपवर्तनांक होगा–

(A) 2 (B) $\frac{17}{16}$

(C) $\frac{9}{8}$ (D) $\frac{8}{9}$

6. एक 20 सेमी फोकस दूरी वाले अवतल दर्पण से कितनी दूरी पर कोई वस्तु रखी जाए कि उसका प्रतिबिम्ब 4 गुना बड़ा बने और आभासी हो?

(A) 80 सेमी. (B) 90 सेमी.

(C) 15 सेमी. (D) 110 सेमी.

7. एक विद्युत धारा 5.6 ली हाइड्रोजन को NTP पर विस्थापित करती है। इस धारा से Ag की विस्थापित होने वाली मात्रा है : (Ag का तुल्यांकी भार = 108)

(A) 27 ग्राम (B) 54 ग्राम

(C) 56 ग्राम (D) 110 ग्राम

8. यदि कोई वस्तु अवतल दर्पण के फोकस से x सेमी. दूरी रखी हो और उसका प्रतिबिम्ब y सेमी. की दूरी पर बनता हो, तो सत्य है–

(A) $f = x + y$ (B) $f = x - y$

(C) $f = xy$ (D) $f = \sqrt{xy}$

9. एक इलेक्ट्रॉन पर 1.6×10^{-19} कूलॉम का आवेश होता है। यदि किसी चालक में 2.5 ऐम्पियर की धारा 2 सेकण्ड तक प्रवाहित की जाए तो उस चालक से प्रवाहित इलेक्ट्रॉनों की संख्या होगी–

(A) 6.25×10^{18} (B) 31.25×10^{18}

(C) 3×10^{19} (D) 3.125×10^{20}

10. हमारे पास 18, 12, 6 ओम प्रतिरोध के दो सैट हैं। एक सैट के प्रतिरोध श्रेणी क्रम में जोड़ दिए गए हैं तथा दूसरे सैट के प्रतिरोध समान्तर क्रम में जोड़ दिए गए हैं। अब यदि इन दोनों सैट क्रम को समान्तर क्रम में जोड़ दिया जाए तो तुल्य प्रतिरोध होगा–

(A) 3 ओम (B) $\frac{12}{7}$ ओम

(C) $\frac{11}{12}$ ओम (D) $\frac{12}{11}$ ओम

11. 8 डायोप्टर तथा – 10 डायोप्टर के दो लेन्सों को जोड़कर एक लेन्स बनाया गया है। इस लेन्स की क्षमता तथा फोकस दूरी है–

(A) 5 डायोप्टर, 5 सेमी. (B) – 2 डायोप्टर, 50 सेमी.

(C) 2 डायोप्टर, – 50 सेमी. (D) – 2 डायोप्टर, – 50 सेमी.

12. एक उत्तल लेन्स, जिसकी फोकस दूरी 5 सेमी है, इससे अन्तिम प्रतिबिम्ब 25 सेमी की दूरी पर बनता है। यदि इसे संयुक्त माइक्रोस्कोप में अभिनेत्र लेन्स के रूप में 30 आवर्धन क्षमता वाले अभिदृश्यक लेन्स के साथ प्रयोग किया जाए तो संयुक्त

माइक्रोस्कोप की आवर्धन क्षमता होगी–

(A) 15 (B) 30

(C) 150 (D) 180

13. 4 ग्राम तथा 16 ग्राम द्रव्यमान के दो पिण्ड समान गतिज ऊर्जा से गति कर रहे हैं। उनके रेखीय संवेगों में अनुपात है–

(A) 2 : 1 (B) 1 : 2

(C) 3 : 4 (D) 4 : 3

14. त्रुटिपूर्ण तराजू के एक पलड़े वस्तु का भार w_1 आता है तथा दूसरे पलड़े में भार w_2 आता है। वस्तु का सही भार है–

(A) $w_1 + w_2$ (B) $\frac{w_1 + w_2}{2}$

(C) $\sqrt{w_1 + w_2}$ (D) $w_1 \times w_2$

15. एक संयुक्त सूक्ष्मदर्शी में अभिदृश्यक एवं नेत्रिका की आवर्धन क्षमता क्रमशः m_1 एवं m_2 हैं। सूक्ष्मदर्शी आवर्धन क्षमता है–

(A) $m_1 + m_2$ (B) $m_1 - m_2$

(C) $m_1 \times m_2$ (D) $\frac{m_1}{m_2}$

16. सूर्य के प्रकाश के प्रिज्म द्वारा बने वर्णक्रम के रंगों में सर्वाधिक आवृत्ति वाला रंग होता है–

(A) आसमानी (B) नारंगी

(C) लाल (D) बैंगनी

17. एक स्लाइड प्रक्षेपी का आवर्धन 8 है। यदि 4 सेमी × 5 सेमी. स्लाइड पर्दे पर प्रक्षेपित की जाए तो प्रतिबिम्ब का पर्दे पर क्षेत्रफल होगा–

(A) 160 मी/से (B) 20 सेमी^{2}

(C) 3200 सेमी.^{2} (D) 1280 सेमी^{2}

18. किसी तरंग तरंगदैर्ध्य 40 मी है यदि आवर्तकाल 0.5 सेकण्ड हो, तो तरंग की चाल कितनी होगी?

(A) 85 मी/से. (B) 80 मी/से.

(C) 100 मी/से. (D) 95 मी/से.

19. 120 मीटर लम्बी एक ट्रेन 10 मीटर/से. की चाल से पश्चिम की ओर जा रही है। एक व्यक्ति जो 5 मी/से. की समान चाल से मोटर साइकिल चला रहा है, इस ट्रेन को विपरीत दिशा में पार करता है। इस व्यक्ति को ट्रेन को पार करने में समय लगेगा–

(A) 8 सेकण्ड (B) 10.0 सेकण्ड

(C) 12.0 सेकण्ड (D) इनमें से कोई नहीं

20. किसी पिण्ड पर बल $\vec{F} = 6\hat{i} - 8\hat{j} + 10\hat{k}$ आरोपित करने पर उसमें 1 मी/से^{2} का त्वरण उत्पन्न होता है। पिण्ड का द्रव्यमान होगा–

(A) $10\sqrt{2}$ किग्रा (B) $2\sqrt{10}$ किग्रा

(C) 10 किग्रा (D) 20 किग्रा

21. दो कण, प्रत्येक का द्रव्यमान m तथा आवेश q, 2R लम्बाई की एक दृढ़ छड़ के दोनों सिरों पर रखे जाते हैं। इस छड़ को नियत कोणीय वेग से इसके केन्द्र से जाने वाली लम्बवत् अक्ष के परितः घुमाया जाता है। छड़ के केन्द्र के परितः इस निकाय के चुम्बकीय आघूर्ण और कोणीय आघूर्ण का अनुपात होगा–

(A) $\frac{q}{2m}$ (B) $\frac{q}{m}$

(C) $\frac{2q}{m}$ (D) $\frac{q}{pm}$

22. किसी एक परमाणुक गैस के दो मोलों की द्वि-परमाणुक गैस के तीन मोलों के साथ मिश्रित किया जाता है, नियत आयतन पर मिश्रण की मोलर विशिष्ट ऊष्मा होगी–

(A) 1.625 R (B) 2.1 R

(C) 6.25 R (D) 3.625 R

23. 50 चक्कर वाली एक वृत्ताकार कुण्डली की त्रिज्या 3 सेमी. है, कुण्डली का क्षेत्रफल, चुम्बकीय क्षेत्र के साथ लम्ब दिशा में है, चुम्बकीय क्षेत्र B का मान 0.10 टेसला से 0.35 टेसला 2 मिली सेकण्ड तक बढ़ता है, तो प्रेरित विद्युत वाहक बल का औसत मान कुण्डली में होगा–

(A) 1.77 वोल्ट (B) 17.7 वोल्ट

(C) 177 वोल्ट (D) 0.177 वोल्ट

24. एक संयुक्त सूक्ष्मदर्शी में अभिदृश्यक एवं नेत्रिका की आवर्धन क्षमताएं क्रमशः m_1 एवं m_2 हैं। सूक्ष्मदर्शी की आवर्धन क्षमता होगी–

(A) $m_1 \times m_2$ (B) $m_1 + m_2$

(C) $\frac{m_1}{m_2}$ (D) $\frac{m_2}{m_1}$

25. एक हवा का बुलबुला कांच के एक गुटके में एक ओर से देखने पर 6 सेमी गहराई पर दिखाई देता है तथा विपरीत दिशा से देखने पर 4 सेमी गहराई पर दिखाई देता है। यदि कांच का अपवर्तनांक 1.5 हो, तो कांच की पट्टी की मोटाई होगी–

(A) 10 सेमी (B) 6.67 सेमी

(C) 15 सेमी (D) इनमें से कोई नहीं

26. एक 100 वोल्ट परास का वोल्टमीटर जिसका आन्तरिक प्रतिरोध 20 किलोओम, एक उच्च प्रतिरोध R के श्रेणीक्रम में 110 वोल्ट की स्त्रोत से जुड़ा है। यदि वोल्टमीटर का पाठ्यांक 5 वोल्ट हो, तो R का मान है–

(A) 210 kΩ (B) 315 Ω

(C) 420 kΩ (D) 4440 Ω

27. लेन्ज के नियम द्वारा दिशा निर्धारित की जाती है–

(A) परिपथ में विभवान्तर की

(B) परिपथ में धारा की
(C) परिपथ में प्रेरित धारा की
(D) उपरोक्त में से कोई भी नहीं

28. सही सम्बन्ध है (W = कार्य, F = बल, s = विस्थापन)

(A) $W = \frac{F}{s}$ (B) $W = F - s$
(C) $W = F + s$ (D) $W = F \cdot s$

29. जब एकसमान अनुप्रस्थ-काट a, लम्बाई l तथा प्रतिरोध R के तार को वृत्ताकार आकृति में मोड़ दिया जाता है, तो व्यास के सिरों पर स्थित दो बिन्दुओं के मध्य प्रतिरोध होगा–

(A) $\frac{R}{4}$ (B) $\frac{R}{8}$
(C) 4R (D) $\frac{R}{2}$

30. ओम का नियम है–

(A) $V = \frac{R}{I}$ (B) $I = V \times R$
(C) $R = V^2 \times I$ (D) $V = IR$

खण्ड-I (B) : रसायन विज्ञान

31. निम्न अभिक्रियाओं, में से, उपचयन-अपचयन अभिक्रिया का उदाहरण है–

(A) $2KOH + H_2SO_4 \rightarrow K_2SO4 + 2H_2O$
(B) $NaCl + AgNO_3 \rightarrow NaNO_3 + AgCl$
(C) $NaOH + HCl \rightarrow NaCl + H_2O$
(D) $SnCl_2 + 2HgCl_2 \rightarrow SnCl_4 + HgCl_2$

32. 4.2 ग्राम मैग्नीशियम कार्बोनेट को गर्म करने पर प्राप्त डाइऑक्साइड गैस का सामान्य ताप व दाब पर आयतन होगा–

(A) 22.4 लीटर (B) 11.2 लीटर
(C) 1.12 लीटर (D) 2.24 लीटर

33. गुणित अनुपात का नियम निम्न में से किन दो यौगिकों द्वारा प्रदर्शित होगा?

(A) NaCl व NaBr (B) H_2O व D_2O
(C) NaOH व KOH (D) SO_2 व SO_3

34. एक तत्व XCl_3, X_2O_5 और Ca_3X_2 सूत्र वाले यौगिक बनाता है, लेकिन XCl_5 नहीं बनाता है। निम्नलिखित में से कौन-सा तत्व X हो सकता है?

(A) B (B) Al
(C) N (D) P

35. निम्न में से कौन-सा अध्रुवीय सहसंयोजक बन्ध बनाता है?

(A) Cl_2 (B) HCl
(C) NH_3 (D) H_2S

36. जब 20 मिली ऑक्सीजन व 20 मिली CO को लेकर चिंगारी उत्पन्न की जाती है, जो प्राप्त होने वाले गैसीय मिश्रण का आयतन होगा–

(A) 15 मिली (B) 30 मिली
(C) 40 मिली (D) 45 मिली

37. 15 मोल ऑक्सीजन प्राप्त करने के लिए कितने मोल $KClO_3$ की आवश्यकता होगी?

(A) 20 (B) 10
(C) 15 (D) उपरोक्त में से कोई नहीं

38. शुद्ध बॉक्साइट के विद्युत अपघटन के समय कोक चूर्ण का प्रयोग किया जाता है क्योंकि–

(A) यह उत्प्रेरक के रूप में कार्य करता है
(B) यह ऊष्मा उत्सर्जन रोकता है
(C) यह ऊष्मा प्रदान करने में प्रयोग होता है
(D) यह Al का ऑक्सीकरण रोकता है

39. मेथेन और ऑक्सीजन की समान मात्रा को एक खाली बर्तन में 25°C पर मिलाया गया। कुल दाब में ऑक्सीजन द्वारा लगा आंशिक दाब होगा–

(A) $\frac{1}{3}$ (B) $\frac{2}{3}$
(C) $\frac{1}{2}$ (D) $\frac{1}{2} \times \frac{273}{298}$

40. तत्वों के निम्न जोड़े में से कौन-से जोड़े के दोनों तत्व संक्रमण तत्व हैं ?

(A) H, C (B) Pt, C
(C) Fe, Pt (D) Ni, Ca

41. किसी तत्व की परमाणु संख्या 20 है। उसकी संयोजकता होगी–

(A) 4 (B) 3
(C) 2 (D) 2

42. निम्नलिखित में β कण है–

(A) ${}_{+1}e^0$ (B) ${}_{-1}e^0$
(C) ${}_0n^1$ (D) ${}_1p^1$

43. 30 ग्राम जल तथा 55 ग्राम CO_2 में विद्यमान अणुओं का अनुपात है–

(A) 16 : 9 (B) 4 : 3
(C) 3 : 4 (D) 9 : 16

44. कौन-सा यौगिक पानी में घुलनशील नहीं है?

(A) $MgCl_2$ (B) $MgCO_3$
(C) $MgSO_4$ (D) $Mg(HCO_3)_2$

45. $CuSO_4 + Zn \rightarrow ZnSO_4 + Cu$ यह अभिक्रिया है–

(A) अपघटन (B) वियोजन
(C) उभय-अपघटन (D) प्रतिस्थापन

46. अमोनिया गैस सोडियम के साथ क्रिया करके बनाती है–
(A) सोडियम हाइड्राइड (B) सोडियम नाइट्राइड
(C) सोडामाइड (D) उपरोक्त में से कोई नहीं

47. हाइड्रोजन सल्फाइड गैस अम्लीय पोटैशियम डाइक्रोमेट के विलयन के साथ अभिक्रिया करके विलयन के रंग को–
(A) उड़ा देती है (B) लाल कर देती है
(C) हरा कर देती है (D) कोई अभिक्रिया नहीं होती है

48. एक पदार्थ रेडियोएक्टिवता तभी दर्शाता है जबकि उसके परमाणु में होता है–
(A) अस्थायी इलेक्ट्रॉनिक विन्यास
(B) स्थायी इलेक्ट्रॉनिक विन्यास
(C) स्थायी नाभिक
(D) अस्थायी नाभिक

49. निम्नलिखित में से कौन-सा योगात्मक बहुलक नहीं है?
(A) बैकेलाइट (B) टेफ्लॉन
(C) पॉलीथीन (D) स्टॉयरीन

50. $2KMnO_4 + 5H_2C_2O_4 + 3H_2SO_4$ $2MnSO_4 + 10CO_2 + 8H_2O + K_2SO_4$ में Mn किस प्रकार की अभिक्रिया दर्शाता है ?
(A) योगात्मक (B) विस्थापन
(C) ऑक्सीकारक (D) अपचायक

51. 24.5 ग्राम पोटैशियम क्लोरेट को गर्म करने पर ऑक्सीजन प्राप्त होगी–
(A) 4.48 ली (B) 22.4 ली
(C) 6.72 ली (D) 2.45 ली

52. लवण के विलयन में तीसरे समूह के बाद H_2S गैस प्रवाहित करने पर सफेद अवक्षेप बनता है, तो मूलक है–
(A) Ba^{2+} (B) Mg^{2+}
(C) Zn^{2+} (D) pb^{2+}

53. अमोनियाकृत सिल्वर नाइट्रेट के विलयन में जिस गैस को प्रवाहित करने पर सफेद अवक्षेप प्राप्त होते हैं, वह है–
(A) मेथेन गैस (B) ऐथेन गैस
(C) एसिटिलीन गैस (D) उपरोक्त में से कोई नहीं

54. निम्न में डिटरजेन्ट है–
(A) टेफलॉन (B) बैकेलाइट
(C) ट्राइ नाइट्रो बेन्जीन (D) सोडियम लॉरिल सल्फेट

55. C_4H_6 आण्विक सूत्र वाले यौगिक में है–
(A) सभी एक बंध (B) एक त्रिबंध तथा एक द्विबंध
(C) एक द्विबंध (D) एक त्रिबंध या दो द्विबंध

56. एक गैस का दिया गया द्रव्यमान 400 सेमी3 स्थान घेरता है जब गैस पर दाब 1 वायुमण्डल तथा तापमान 7ºC है। 77ºC तथा 1.25 वायुमण्डल दाब पर गैस का आयतन होगा–
(A) 3520 सेमी^{3} (B) 5500 सेमी^{3}
(C) 400 सेमी^{3} (D) इनमें से कोई नहीं

57. 16 मिली हाइड्रोजन का विसरण 100 सेकण्ड में होता है उसी समय में SO_2 के विसरण का आयतन होगा–
(S = 32, 0 = 16, H = 1)
(A) 90.46 मिली (B) 0.25 मिली
(C) 2.828 मिली (D) इनमें से कोई नहीं

58. पानी में स्थायी कठोरता का कारण होता है–
(A) Ca तथा Mg के बाइकार्बोनेट
(B) NaCl
(C) Ca तथा Mg के क्लोराइड तथा सल्फेट
(D) किसी भी प्रकार के लवण अथवा अशुद्धियां

59. आइन्स्टीन का द्रव्यमान ऊर्जा समीकरण है–
(A) $m = Ec^2$ (B) $E = mc^2$
(C) $m = cE$ (D) $E = mc$

60. 10 ग्राम पानी तथा 5 ग्राम CO_2 में उपस्थित अणुओं का अनुपात हैं–
(A) 2 : 1 (B) 22 : 9
(C) 44 : 9 (D) उपरोक्त में से कोई नहीं

खण्ड–II: गणित

61. लोकल ट्रेन के दैनिक टिकट का मूल्य ₹ 140 है और मासिक पास का मूल्य ₹ 3276 है। यदि मोहन मासिक पास खरीदता है और एक महीने में 30 दिन यात्रा करता है, तो उसकी कितनी बचत होगी?
(A) 18 प्रतिशत (B) 16 प्रतिशत
(C) 15 प्रतिशत (D) 22 प्रतिशत

62. खंड AB और खंड CD समानांतर है। AD, BC को E बिन्दु पर काटती है। यदि AE, BC और ED की लंबाई क्रमशः 10 से.मी., 15 सेमी., और 15 सेमी. है, तो EC की लंबाई क्या है?
(A) 10 से.मी. (B) 6 से.मी.
(C) 5 से.मी. (D) 9 से.मी.

63. एक बैंक अर्द्धवार्षिक रूप से 5% चक्रवृद्धि ब्याज की पेशकश करता है। एक वाहक एक वर्ष में 1 जनवरी और 1 जुलाई को ₹ 8000 जमा करता है। वर्ष के अंत में ब्याज के माध्यम से उसे कितनी राशि का लाभ होगा?
(A) ₹ 2440 (B) ₹ 610
(C) ₹ 1220 (D) ₹ 305

64. चार अंकों की महत्तम संख्या जो 15 और 35 दोनों से विभाज्य हो, क्या है?
(A) 9970 (B) 9965
(C) 9975 (D) 9980

65. निम्नलिखित बिन्दुओं में से कौन रेखा $5x + 4y = 2$ पर स्थित है?
(A) (2,3) (B) (–2, – 3)
(C) (–2, 3) (D) (2, –3)

66. एक अर्द्धगोले की कुल सतह का क्षेत्रफल 1848 वर्ग से.मी. है, तो उसकी त्रिज्या क्या होगी? ($\pi = 22/7$ लीजिए)
(A) 28 से.मी. (B) 7 से.मी.
(C) 21 से.मी. (D) 14 से.मी.

67. बिन्दु P और Q त्रिभुज ABC के क्रमशः भुजा AB और भुजा AC पर इस प्रकार से स्थित है, कि खंड PQ भुजा BC के समानांतर है। यदि त्रिभुज APQ और त्रिभुज ABC के क्षेत्रफलों का अनुपात 9 : 16 है, तो AP : PB का अनुपात क्या होगा?
(A) 3:4 (B) 9:7
(C) 9:16 (D) 3:1

68. x और y ऐसी दो संख्याएं हैं, जिनका माध्य अनुपात 6 है और तृतीय अनुपात 48 है। x और y का मान क्या है?
(A) 3 और 6 (B) 6 और 12
(C) 6 और 6 (D) 3 और 12

69. दसवीं कक्षा के डिवीजन-A में 55 छात्रों द्वारा प्राप्त किये गये अंकों का औसत 55 है, डिवीजन-B के 45 छात्रों के अंकों का औसत 51 है और डिवीजन-C के 40 छात्रों के अंकों का औसत 49 है। दसवीं कक्षा के तीनों डिवीजन के छात्रों के अंकों का औसत क्या है?
(A) 51.3 (B) 50.6
(C) 52 (D) 53.4

70. एक सम चतुर्भुज का एक विकर्ण दूसरे का आधा है। यदि सम चतुर्भुज के भुजा की लंबाई 10 से.मी. है, तो उस सम चतुर्भुज का क्षेत्रफल क्या होगा?
(A) $75\sqrt{3}$ वर्ग से.मी. (B) $25\sqrt{3}$ वर्ग से.मी.
(C) 80 वर्ग से.मी. (D) 160 वर्ग से.मी.

71. एक चावल व्यापारी ₹ 1,280 में 16 क्विंटल चावल खरीदता है। 18% चावल परिवहन में खराब/गुम हो जाता है। उसे 23% लाभ प्राप्त करने के लिए कितनी दर पर चावल बेचना चाहिए?
(A) ₹ 53.33 प्रति क्विंटल (B) ₹ 98.4 प्रति क्विंटल
(C) ₹ 122.5 प्रति क्विंटल (D) ₹ 120 प्रति क्विंटल

72. 780 किमी की यात्रा करने के लिए, एक एक्सप्रेस ट्रेन राजधानी में 8 घंटे अधिक लेती है। यदि एक्सप्रेस ट्रेन की गति दुगनी कर दी जाती है, तो वह राजधानी की तुलना में 6 घंटे कम समय लेती है। राजधानी की गति (कि.मी. घंटा में) क्या है?
(A) 39 किमी/घंटा (B) 55.7 किमी/घंटा
(C) 22.3 किमी/घंटा (D) 72.4 किमी/घंटा

73. x का मान क्या है, जिसके लिए समीकरण $5x+3$ और $7x-3$ बराबर होंगे?
(A) 3 (B) –1
(C) –4 (D) 2

74. .... में सभी भुजाएं सर्वागसम होते हैं।
(A) आयत (B) समान्तर चतुर्भुज
(C) सम चतुर्भुज (D) पतंग

75. P और Q क्रमशः 50 और 20 दिनों में एक कार्य पूरा कर सकते हैं। यदि वे एक साथ काम करें तो कितने दिनों में 70% कार्य पूरा करेंगे?
(A) 20 दिन (B) 30 दिन
(C) 40 दिन (D) 10 दिन

76. एक बेईमान दूधवाला ₹ 24 प्रति लीटर में दूध खरीदता है और उसमें 1/3 पानी डालकर मिश्रण को ₹ 32 प्रति लीटर के हिसाब से बेच देता है। उसका लाभ कितना होगा?
(A) 33.33 प्रतिशत (B) 50 प्रतिशत
(C) 77.78 प्रतिशत (D) 66.67 प्रतिशत

77. एक बैंक अर्द्ध वार्षिक रूप से 15% चक्रवृद्धि ब्याज की पेशकश करता है। एक ग्राहक एक वर्ष में 1 जनवरी और जुलाई को ₹ 7200 जमा करता है। वर्ष के अंत में ब्याज के माध्यम से उसे कितनी राशि का लाभ होगा–
(A) ₹ 6803 (B) ₹ 3402
(C) ₹ 1701 (D) ₹ 850

78. उस केन्द्रीय कोण का माप क्या होगा, जिसका क्षेत्रफल 462 वर्ग से.मी. है और वृत्त की त्रिज्या 21 से.मी. है?
(A) 90° (B) 60°
(C) 30° (D) 120°

79. यदि संख्या 247_6791, 9 से पूर्ण रूप से विभाज्य है, तो खाली स्थान की न्यूनतम पूर्ण संख्या क्या है?
(A) 2 (B) 7
(C) 1 (D) 5

80. यदि $7x + 6y = 5xy$ और $10x - 4y = 4xy$ है, तो x और y का मान क्या है?
(A) 3, 2 (B) 2, 3
(C) 4, 2 (D) 5, 6

81. यदि 9% की छूट मिलने के बाद बिक्री मूल्य ₹ 728 है, तो उसकी चिन्हित कीमत क्या थी?
(A) ₹ 793.52 (B) ₹ 800
(C) ₹ 662.48 (D) ₹ 667

82. एक नहर की अनुप्रस्थ काट एक समदिबाहु समलम्ब के आकार में है, जिसके तल की चौड़ाई 3 मी. और ऊपर के सिरे की चौड़ाई 5 मी. है। यदि उस नहर की गहराई 2 मी. है और लंबाई 110 मी. है, तो इस नहर की अधिकतम धारिता क्या है? ($\pi = 22/7$ लीजिए)
(A) 1760 घन.मी. (B) 1650 घन.मी.
(C) 1056 घन.मी. (D) 880 घन.मी.

83. दो संख्याएं एक तीसरी संख्या की तुलना में 30% और 37% कम है। दूसरी संख्या को पहली संख्या के बराबर करने के लिए उसे कितने प्रतिशत से बढ़ाना होगा?
(A) 10 प्रतिशत (B) 7 प्रतिशत
(C) 11.11 प्रतिशत (D) 18.92 प्रतिशत

84. दो कारे क्रमशः 24 और 32 कि.मी./घण्टा की गति से शहर A से शहर B तक यात्रा करती हैं। एक कार यात्रा के लिए दूसरी कार की तुलना में 2.5 घंटा कम समय लेती है, तो शहर A से

B के बीच की दूरी कितनी होगी?

(A) 288 कि.मी. (B) 360 कि.मी.

(C) 240 कि.मी. (D) 192 कि.मी.

85. रंगना और सैयद की वर्तमान आयु का अनुपात 7: 5 है। 11 वर्षों बाद उनकी आयु का अनुपात 4 : 3 होगा। रंगना की वर्तमान आयु कितनी है?

(A) 55 (B) 77

(C) 70 (D) 96

86. यदि $2\log_8 m = p$, $\log_2 (2m) = q$ और $q - p = 4$ हो, तो m का मान है–

(A) 265 (B) 512

(C) 256 (D) 625

87. यदि A = {3, 4, 7, 8}, B = {1, 5, 6, 4, 3}, C = {4, 5, 9, 3, 8, 6}, तो $A \cup B \cap C$ है–

(A) {1, 3, 4, 5, 6, 7, 8, 9} (B) {3, 4, 5, 6, 8}

(C) {3, 4} (D) इनमें से कोई नहीं

88. एक कक्षा के 15 बालकों के वजन नीचे दी गई सारणी के अनुसार हैं

वजन (किग्रा में)	31	34	35	36	37
बालकों की संख्या	2	3	4	5	1

बालकों के वजन के बंटन की माध्यिका होगी–

(A) 34.5 किग्रा (B) 35 किग्रा

(C) 35.5 किग्रा (D) इनमें से कोई नहीं

89. 10 सेमी भुजा के एक समबाहु त्रिभुज के अपनी एक भुजा के परित: परिक्रमा करने से उत्पादित ठोस का आयतन होगा–

(A) 200π सेमी^{3} (B) $\frac{250}{\sqrt{3}}\pi$ सेमी^{3}

(C) 300π सेमी^{3} (D) 350π सेमी^{3}

90. पृथ्वी से 1500 मी ऊंचाई पर क्षैतिज दिशा में उड़ते हुए एक वायुयान को भूतल के किसी बिन्दु से देखा गया और उन्नयन कोण 45° मिला जोकि 5 सेकण्ड पश्चात् 60° हो गया। वायुयान का वेग (मी/से में) है–

(A) $100(\sqrt{3}+1)$ (B) $100(3+\sqrt{3})$

(C) $100(\sqrt{3}-1)$ (D) $100(3-\sqrt{3})$

उत्तर (हल/संकेत)

1. (D) सामर्थ्य $P = \frac{W}{t} = \frac{mgh}{t}$

$= \frac{180 \times 10 \times 4}{2} = 3600$ वाट

2. (C) यहां $P = 0.98 \times 10^5$ न्यूटन/मी^{2}

h = पारे की ऊंचाई

$d = 13.6 \times 103$ किग्रा/मी^{3}

वायुमण्डलीय दाब,

$P = hdg,$

$\therefore\ 0.98 \times 10^5 = h \times 13.6 \times 103 \times 9.8$

$\therefore\ h = \frac{0.98 \times 10^5}{13.6 \times 10^3 \times 9.8} = 0.74$ मी = 74 सेमी.

3. (A) मोम से लेपित टुकड़े का वायु में भार

= 50 + 6 = 56 ग्राम

लेपित टुकड़े का जल में भार = 16 ग्राम

जल में टुकड़े के भार में कमी = 56 – 16 = 40 ग्राम

मोम लेपित टुकड़े का आयतन

= हटाए गए जल का आयतन

$= \frac{40 \text{ ग्राम}}{10 \text{ ग्राम/सेमी}^3} = 40$ सेमी^{3}

मोम का आयतन $= \frac{m}{d} = \frac{6}{0.96} = 6.25$ सेमी^{3}

चीनी का आयतन = 40 – 6.25 = 33.75 सेमी^{3}

चीनी का आ. घ. $= \frac{50}{33.75}$

$= 1.48$

4. (B) यहां P = 880 वाट, V = 220 वाट

$P = \frac{V^2}{R} = R = \frac{V^2}{P}$

$= \frac{220 \times 220}{880} = 55$ ओम

110 वोल्ट पर जोड़ने पर,

शक्ति व्यय $= \frac{(110)^2}{55} = \frac{110 \times 110}{55} = 220$ वाट

5. (C) ${}_an_w = \frac{4}{3}, {}_an_g = \frac{3}{2}$

${}_wn_g = {}_wn_a \times {}_an_g = \frac{{}_an_g}{{}_an_w} = \frac{3/2}{4/3} = \frac{9}{8}$

6. (C) यहां $f = 20$ सेमी, $I = +4 \times O$

($\because$ प्रतिबिम्ब सीधा है)

$m = \frac{I}{O} = -\frac{v}{u}$

$\Rightarrow \quad \frac{4\times O}{O} = -\frac{v}{u} = v = -4u$

सूत्र $\quad \frac{1}{v}+\frac{1}{u}=\frac{1}{f}$ से,

$\therefore \quad \frac{-1+4}{4u}=\frac{1}{20}$

$\Rightarrow \quad \frac{1}{-4u}+\frac{1}{u}=\frac{1}{20}$

$\Rightarrow \quad 4u = 60$

$\Rightarrow \quad u = 15$ सेमी

7. (B) 22.4 ली H_2 का भार

= 2 ग्राम (H_2 का अणु भार)

$\therefore$ 5.6 ली H_2 का भार = $\frac{2\times 5.6}{22.4} = 0.4$ ग्राम

$$\frac{\text{विस्थापित Ag का भार}}{\text{विस्थापित H का भार}} = \frac{\text{Ag का तुल्यांकी भार}}{\text{H का तुल्यांकी भार}}$$

i.e., $\quad \frac{W_{Ag}}{W_H} = \frac{E_{Ag}}{E_H} = \frac{W_{Ag}}{0.5} = \frac{108}{1}$

$\Rightarrow \quad W_{Ag} = 108 \times 0.5 = 54$ ग्राम

8. (D) वस्तु तथा दर्पण की स्थिति चित्रानुसार है।

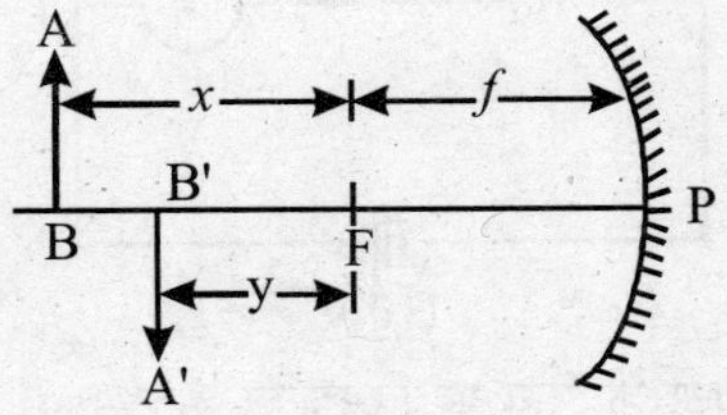

चित्रानुसार, $u = x + f, v = y + f$

सूत्र, $\quad \frac{1}{v}+\frac{1}{u}=\frac{1}{f}$

$\therefore \quad \frac{1}{y+f}+\frac{1}{x+f}=\frac{1}{f}$

$\Rightarrow \quad \frac{x+f+y+f}{(x+f)(y+f)}=\frac{1}{f}$

$\Rightarrow \quad \frac{x+y+2f}{xy+xf+yf+f^2}=\frac{1}{f}$

$\Rightarrow \quad fx+fy+2ff = xy+xf+yf+f^2$

$\Rightarrow \quad f^2 = xy$

$\Rightarrow \quad f = \sqrt{xy}$

9. (B) माना चालक के प्रवाहित इलेक्ट्रॉनों की संख्या n है।

यहां $\quad q = n \times e = n \times 1.6 \times 10^{-19}$ कूलॉम

$i = 2.5$ ऐम्पियर, $t = 2$ सेकण्ड

धारा $i = \frac{q}{t}$

$\because \quad 2.5 = \frac{n\times 1.6\times 10^{-19}}{2}$

$\Rightarrow n = \frac{2.5\times 2}{1.6\times 10^{-19}} = 3.125\times 10^{19} = 31.25\times 10^{18}$

10. (A) 18, 12 तथा 6 ओम के प्रतिरोधों को श्रेणी क्रम में जोड़ने पर तुल्य प्रतिरोध

$R_1 = 18 + 12 + 6 = 36$ ...(i)

समान्तर क्रम में जोड़ने पर तुल्य प्रतिरोध

$\frac{1}{R_2} = \frac{1}{18}+\frac{1}{12}+\frac{1}{6}$

$= \frac{2+3+6}{36} = \frac{11}{36}$

$\Rightarrow \quad R_2 = \frac{11}{36}$ ओम ...(ii)

अब R_1 तथा R_2 को समान्तर क्रम में जोड़ने पर यदि तुल्य प्रतिरोध R है, तब

$\frac{1}{R} = \frac{1}{R_1}+\frac{1}{R_2} = \frac{1}{36}+\frac{11}{36} = \frac{12}{36} = \frac{1}{3}$ ओम

$\Rightarrow \quad R = 3$ ओम

11. (D) $P = P_1 + P_2 = 8 + (-10) = -2$ डायोप्टर

$\therefore \quad F = \frac{-100}{2} = -50$ सेमी

12. (D) यहां $f = 5$ सेमी.,

D = स्पष्ट दृष्टि की न्यूनतम दूरी = 25 सेमी

$M_1 = 1 + \frac{D}{f} = 1 + \frac{25}{5} = 6$ तथा $M_2 = 30$

$\therefore \quad M = M_1 \times M_2 = 6 \times 30 = 180$

13. (B) **14.** (C)

15. (C) सूक्ष्मदर्शी की आवर्धन क्षमता

= अभिदृश्यक की आवर्धन क्षमता

× नेत्रिका की आवर्धन क्षमता

$= m_1 \times m_2$

16. (D) बैंगनी रंग की तरंगदैर्ध्य सबसे कम है। अतः इसकी आवृत्ति सबसे अधिक है।

17. (D) आवर्धन $m = 8$,
प्रतिबिम्ब का क्षेत्रफल
$= (8 \times 4) \times (8 \times 5)$
$= 32 \times 40 = 1280$ सेमी^{2}

18. (B) तरंगदैर्ध्य $(\lambda) = 40$ मी
आवर्तकाल (T) = 0.5 सेकण्ड

$$v = \frac{n}{\lambda}$$

[जहां $n = \frac{1}{T} \Rightarrow \frac{1}{0.5} = n = 2$ प्रति सेकण्ड]

$v = (2 \times 40)$ मी/से. $= 80$ मी./से.

19. (A) ट्रेन की विपरीत दिशा में पार करने में लगा समय

$$= \frac{l_1 + l_2}{v_1 + v_2}$$

यहां $l_1 =$ ट्रेन की लम्बाई $= 120$ मी, $l_2 = 0$
$v_1 =$ ट्रेन का वेग $= 10$ मी/से.
$v_2 =$ मोटर साइकिल का वेग $= 5$ मी/से

$$t = \frac{120 + 0}{10 + 5} = \frac{120}{15} = 8 \text{ सेकण्ड}$$

20. (A)

21. (A) $i = \frac{2q}{2p} = \frac{q}{p}$;

$$M = iA = \frac{q}{p} \times R^2 = a\omega R^2$$

$$L = 2R\,mv = 2R.mR\omega = 2mR^2\omega \qquad (\because v = R\omega)$$

$$\therefore \quad \frac{M}{L} = \frac{q}{2m}$$

22. (B)

$$C_v = \frac{n_1 C_{v_1} + n_2 C_{v_2}}{(n_1 + n_2)}$$

$$= \frac{2 \times \left(\frac{3R}{2}\right) + 3 \times \left(\frac{5R}{2}\right)}{2 + 3}$$

$$C_v = 2.1\,R$$

23. (B) $\Phi = NBA$

$\Phi_1 = 50 \times 0.1 \times 3.14 \times (3 \times 10^{-2})^2$
$= 141.3 \times 10^{-4}$ वेबर
$\Phi_2 = 50 \times 0.35 \times 3.14 \times (3 \times 10^{-2})^2$
$= 494.5 \times 10^{-4}$ वेबर

$$\therefore \quad e = \frac{d\Phi}{dt} = 17.7 \text{ वोल्ट}$$

24. (A) अभिदृश्यक लेन्स के कारण वस्तु के प्रतिबिम्ब में m_1 गुना आवर्धन होगा और नेत्रिका के कारण, अभिदृश्यक से आवर्धन प्रतिबिम्ब में पुन: m_2 गुना आवर्धन होगा। अत: सूक्ष्मदर्शी की आवर्धन क्षमता $= m_1 \times m_2$

25. (C) माना पट्टिका की मोटाई t है एवं वायु के बुलबुले की सिरे से दूरी x है।

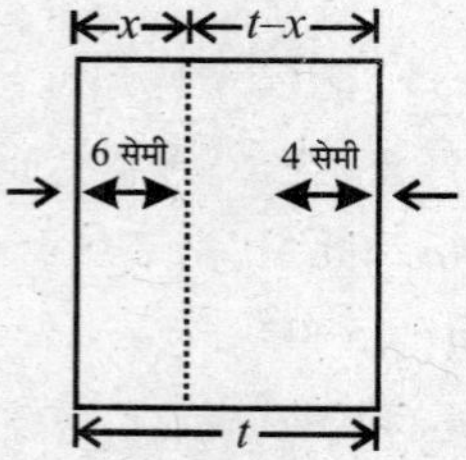

भाग (1) से देखने पर

$$1.5 = \frac{x}{6} \qquad \Rightarrow x = 9 \text{ सेमी}$$

भाग (2) से देखने पर

$$1.5 = \frac{(t - x)}{4} = 1.5 = \frac{(t - 9)}{4}$$

$t = 15$ सेमी

26. (C)

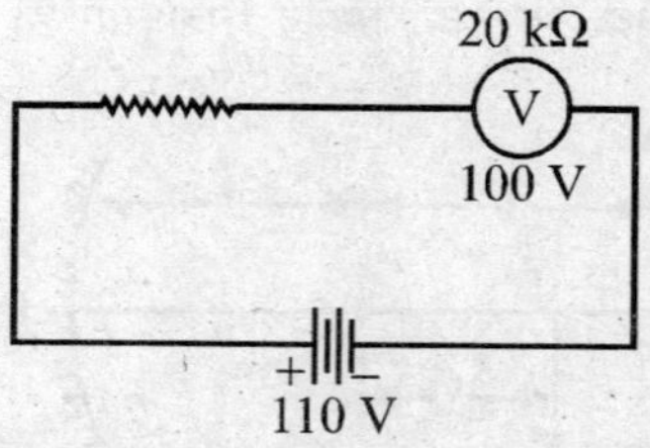

वोल्टमीटर के सिरों पर विभवान्तर = 5V

$$\therefore \text{ परिपथ में धारा, } i = \frac{5}{20 \times 10^3}$$

$$= 0.25 \times 10^{-3} \text{ A}$$

प्रतिरोध R के सिरों पर विभान्तर

$$V_1 = 110 - 5 = 105 \text{ V}$$

$$\text{अत: } R = \frac{V_1}{i} = \frac{105}{0.25 \times 10^{-3}}$$

$$= 420 \times 10^3$$

$$= 420\,\Omega$$

27. (C) किसी बन्द परिपथ में प्रेरित धारा की दिशा का निर्धारण लेन्ज के नियम से किया जाता है।

28. (D) $W = F \cdot s$
कार्य = बल × विस्थापन

29. (A) प्रत्येक अर्द्धवृत्ताकार भाग का प्रतिरोध,

$R' = \pi R = d$
ये दोनों अर्द्धवृत्ताकार भाग समान्तर क्रम में होंगे, अत: तुल्य प्रतिरोध

$$\frac{1}{R_{eq}} = \frac{1}{R'} + \frac{1}{R'} \qquad R_{eq} = \frac{\frac{R}{2} \times \frac{R}{2}}{\frac{R}{2} + \frac{R}{2}} = \frac{R}{4}$$

30. (D) ओम के नियम के अनुसार,
$V \propto I$
$V = IR$

31. (D) $\overset{+2}{S}nCl_2 + 2\overset{+2}{H}gCl_2 \rightarrow \overset{+4}{S}nCl_4 + \overset{+1}{H}gCl_2$
में स्टैनस क्लोराइड $SnCl_2$ का स्टैनिक क्लोराइड $SnCl_4$ में उपचयन (oxidation) हो रहा है, जबकि मरक्यूरिक क्लोराइड $HgCl_2$ का मरक्यूरस क्लोराइड Hg_2Cl_2 से अपचयन (reduction) हो रहा है।

32. (C) $MgCO_3 \; MgO + CO_2$
$MgCO_3$ का भार $= 24 + 12 + 3 \times 16 = 84$
प्राप्त CO_2 का आयतन = 22.4 लीटर (किसी गैस से एक ग्राम अणुभार का आयतन NTP पर 22.4 लीटर होता है)
∵ 84 ग्राम से प्राप्त CO_2 = 22.4 लीटर
∴ 4.2 ग्राम से प्राप्त $CO_2 = \frac{22.4 \times 4.2}{84}$
= 1.12 लीटर

33. (D) SO_2 तथा SO_3 में दो तत्व S तथा O दो भिन्न-भिन्न यौगिक बना रहे हैं, जिनमें S की बराबर मात्रा के साथ संयुक्त O की मात्राओं में 2 : 3 का अनुपात है जो कि सरल अनुपात है। अत: ये दोनों यौगिक गुणित अनुपात के नियम को प्रदर्शित करते हैं।

34. (C) नाइट्रोजन तत्व से NCl_3, N_2O_5, Ca_3N_2 क्रमशः नाइट्रोजन ट्राइक्लोराइड, नाइट्रोजन पेन्टाऑक्साइड तथा कैल्शियम नाइट्राइड बनते हैं, लेकिन NCl_2 नहीं बनता, क्योंकि इसमें d-कक्षक उपस्थित नहीं होता है। अत: यह पंचसंयोजक अवस्था ग्रहण नही कर सकता है। अत: तत्व X नाइट्रोजन है।

35. (A) Cl_2 अध्रुवीय सहसंयोजक बन्ध बनाता है क्योंकि क्लोरीन-क्लोरीन की विद्युत ऋणात्मकता का अन्तर शून्य होता है।

36. (B) $2CO + \quad O_2 \quad \rightarrow 2CO_2$
2 आयतन 1 आयतन 2 आयतन
20 मिली 10 मिली 20 मिली
इस प्रकार, 20 मिली CO, 10 मिली O_2 से क्रिया करके 20 मिली CO_2 बनाएगी और 10 मिली O_2 अप्रयुक्त रहेगी। अत: अभिक्रिया के बाद प्राप्त गैसीय मिश्रण का आयतन
= CO_2 का आयतन + अप्रयुक्त O_2 आयतन
= 20 + 10 = 30 मिली

37. (B) $2KClO_3 \; 2KCl + 3O_2$
3 मोल O_2 के लिए $KClO_3$ = 2 मोल
15 मोल O_2 के लिए $KClO_3 = \frac{2 \times 15}{3}$
= 10 मोल

38. (B) कोक चूर्ण ताप का कुचालक होने के कारण ऊष्मा के उत्सर्जन को रोकता है।

39. (C) चूंकि दोनों गैसों की समान मात्राएं मिलाई गई हैं, अत: दोनों के आंशिक दाब बराबर होंगे। अत: ऑक्सीजन द्वारा लगा आंशिक दाब कुल दाब का आधार $\left(\frac{1}{2}\right)$ होगा।

40. (C) जिन तत्वों के परमाणु या किसी यौगिक में तत्व के d-कक्षक आंशिक रुप से भरे होते हैं, संक्रमण तत्व कहलाते हैं। उदाहरण Fe, Zn, Pt Cu आदि।

41. (D) परमाणु क्रमांक = 20
इलेक्ट्रॉनिक विन्यास = 2, 8, 8, 2
∵ सबसे बाहरी कोश में इलेक्ट्रॉनों की संख्या 2 है अत: तत्व की संयोजकता 2 है।

42. (B) चूंकि β कण पर इकाई ऋण आवेश होता है तथा भार नगण्य है। अत: इसका सूत्र $_{-1}e^0$ है।

43. (B) H_2O का अणुभार
$= 2H + O = 2 \times 1 + 16 = 18$
∵ एक मोल में अणुओं की संख्या 6.023×10^{23} होती है।
∴ 18 ग्राम H_2O में अणु $= 6.023 \times 10^{23}$
⇒ 30 ग्राम H_2O में अणु $= \frac{6.023 \times 10^{23} \times 30}{18}$
CO_2 का अणुभार
$= C + 2O = 12 + 2 \times 16 = 44$
⇒ 44 ग्राम CO_2 में अणु
$= 6.023 \times 10^{23}$
∴ 55 ग्राम CO_2 में अणु $= \frac{6.023 \times 10^{23} \times 55}{44}$
अणुओं में अनुपात
$$= \frac{6.023 \times 10^{23} \times 30 \times 44}{6.023 \times 10^{23} \times 55 \times 18} = \frac{4}{3}$$
अत: अणुओं में अनुपात 4 : 3 है।

44. (B) मैग्नीशियम कार्बोनेट ($MgCO_3$) पानी में घुलनशील नहीं है।

45. (D) $CuSO_4 + Zn \rightarrow ZnSO_4 + Cu$
यह अभिक्रिया प्रतिस्थापन की है, चूंकि Cu तथा Zn एक-दूसरे को प्रतिस्थापित कर रहे हैं।

46. (C) अमोनिया गैस सोडियम के साथ क्रिया करके सोडामाइड बनाती है।

$2Na + 2NH_3 \rightarrow 2NaNH_2 + H_2\uparrow$
सोडामाइड

47. (C) $K_2Cr_2O_7 + 4H_2SO_4 + 3H_2S \rightarrow$
$K_2SO_4 + Cr(SO_4)_3 + 7H_2O + 3S$
हरा

अभिक्रिया में क्रोमियम सल्फेट बनता है, जिसका रंग हरा होता है। अत: विलयन का रंग हरा हो जाता है।

48. (D) रेडियोएक्टिव पदार्थ के परमाणु का नाभिक अस्थायी होता है।

49. (A) जब एकलक इकाई बार-बार जुड़कर एक लम्बी शृंखला बनाती है तथा उप-उत्पाद के रूप में कोई अणु भी नहीं निकलता, तो बना हुआ उत्पाद योगात्मक बहुलक कहलाता है। उदाहरण टेफ्लॉन, पॉलीथीन, स्टॉयरीन, पी.वी.सी. आदि।

$nCH_2 = CH_2 (CH_2 - CH_2)_n$
पॉलीथीन

बैकेलाइट योगात्मक बहुलक नहीं होता।

50. (C) Mn ऑक्सीकारक की अभिक्रिया दर्शाता है।

मात्रा $KMnO_4$ में Mn की ऑक्सीकरण संख्या x है।

$K = +1 \quad \Rightarrow \quad O = -2$

$\therefore \quad 1 + x - 4 \times 2 = 0 \quad \Rightarrow \quad x = 7$

$MnSO_4$ में Mn की ऑक्सीकरण संख्या

$x - 2 = 0 \quad \therefore \quad x = 2$

इस प्रकार $KMnO_4$ बनने पर Mn की ऑक्सीकरण संख्या 7 से घट कर 2 हो जाती है। अत: Mn ऑक्सीकारक का कार्य करता है और स्वयं अपचयित (Reduction) हो जाता है।

51. (C) **52.** (C) **53.** (C)

54. (D) सोडियम लॉरिल सल्फेट ($C_{12}H_{25}OSO_3Na$) डिटरजेंट है।

55. (D) C_4H_6 में एक त्रिबन्ध या दो द्विबन्ध होते हैं।

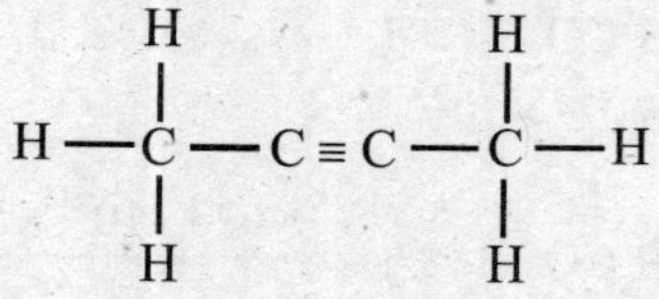

या

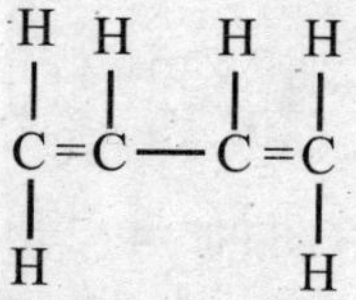

56. (C) $V_1 = 400$ सेमी^{3}, $V_2 = ?$

$P_1 = 1$ वायुमण्डल, $P_2 = 1.25$ वायुमण्डल

$T_1 = 7 + 273 = 280\,K$

$T_2 = 77 + 273 = 350\,K$

गैस समीकरण $\frac{P_1V_1}{T_1} = \frac{P_2V_2}{T_2}$

$$\frac{1 \times 400}{280} = \frac{1.25 \times V_2}{350}$$

$$\Rightarrow V_2 = \frac{400 \times 350}{280 \times 1.25} = 400 \text{ सेमी}^3$$

57. (C) $\frac{r_1}{r_2} = \frac{V_1}{t_1} \times \frac{t_2}{V_2} = \sqrt{\frac{M_2}{M_1}}$

$V_1 = H_2$ का आयतन $= 16$ मिली

$V_2 = SO_2$ आयतन $= ?$

$t_1 = t_2 = 100$

$M_1 = H_2$ का अणुभार $= 2$

$M_2 = SO_2$ का अणुभार $= 32 + 2 \times 16 = 64$

ये मान सभी (i) में रखने पर,

$$\frac{16}{100} \times \frac{100}{V_2} = \sqrt{\frac{64}{2}} \Rightarrow \frac{16}{V_2} = 4\sqrt{2}$$

$$\Rightarrow \quad V_2 = \frac{16}{4\sqrt{2}} = 2\sqrt{2} = 2.828 \text{ मिली}$$

58. (A) जल में स्थायी कठोरता Ca तथा Mg के क्लोराइड व सल्फेट के कारण होती हैं।

जल में अस्थायी कठोरता Ca तथा Mg के बाइकार्बोनेट्स के कारण होती है।

59. (B) आइस्टीन का द्रव्यमान ऊर्जा समीकरण $E = mc^2$

जहां m = द्रव्यमान, c = प्रकाश का वेग

60. (C) H_2O का अणुभार $= (2 + 16) = 18$

$\because$ 18 ग्राम H_2O में, अणुओं की संख्या
$= 6.02 \times 10^{23}$

$\therefore$ 10 ग्राम H_2O में अणुओं की संख्या

$$= \frac{6.02 \times 10^{23} \times 10}{18}$$

CO_2 का अणुभार $= (12 + 32) = 44$

$\therefore$ 44 ग्राम CO_2 में, अणुओं की संख्या
$= 6.02 \times 10^{23}$

$\therefore$ 5 ग्राम CO_2 में, अणुओं की संख्या

$$= \frac{6.02 \times 10^{23} \times 5}{44}$$

$$\text{अणुओं में अनुपात} = \frac{6.02 \times 10^{23} \times 10 \times 44}{18 \times 6.02 \times 10^{23} \times 5}$$

$$= \frac{10 \times 44}{18 \times 5} = \frac{44}{9} = 44:9$$

61. (D) लोकल ट्रेन के दैनिक टिकट का मूल्य = ₹ 140

$\therefore$ 30 दिन में टिकट का मूल्य = 140 × 30 = ₹ 4200

मासिक पास का मूल्य = ₹ 3276

$\therefore$ बचत = 4200 − 3276 = ₹ 924

$\therefore$ बचत प्रतिशत $= \frac{924}{4200} \times 100 = 22\%$

62. (D)

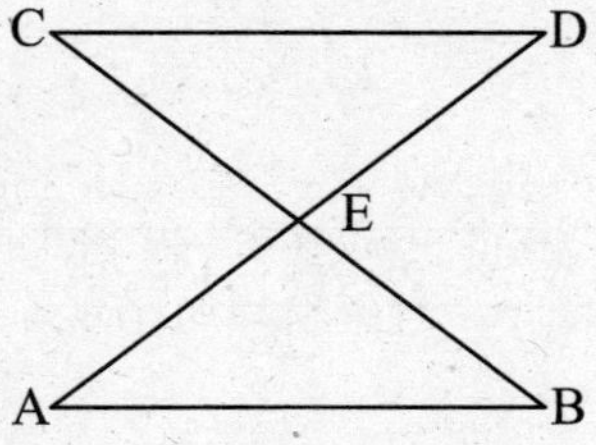

$$\frac{EC}{BC} = \frac{ED}{AD} \Rightarrow \frac{EC}{BC} = \frac{ED}{AE+ED}$$

$$\frac{EC}{15} = \frac{15}{10+15} \Rightarrow \frac{EC}{15} = \frac{15}{25}$$

$EC = \frac{15 \times 15}{25} = 9$ से.मी.

63. (C) वर्ष के अंत में ब्याज के माध्यम से लाभ

$$= 8000\left[\left(1+\frac{5}{100}\right)^2 - 1\right] + 8000\left[\left(1+\frac{5}{100}\right) - 1\right]$$

$$= 8000\left[\frac{105 \times 105}{100 \times 100} - 1\right] + 8000\left[\frac{105}{100} - 1\right]$$

$$= 8000 \times \frac{1025}{10000} + 8000 \times \frac{5}{100}$$

= 820 + 400 = ₹ 1220

64. (C) 15 और 35 को ल.स.प. = 105

चार अंकों की महत्तम संख्या = 9999

संख्या $= \frac{9999}{105} = 105 \times 95 + 24$

15 और 35 से विभाज्य संख्या = 9999 − 24

= 9975

65. (C) रेखा का समीकरण $5x + 4y = 2$

= 9975

बिन्दु (−2,3) रेखा पर स्थित है।

$\therefore$ $x = -2$, $y = 3$ रखने पर

$5x - 2 + 4 \times 3 = 2$

$-10 + 12 = 2$

$2 = 2$

अत: बिन्दु (−2, 3) रेखा $5x + 4y = 2$ पर स्थित है।

66. (D) अर्द्धगोले की कुल सतह का क्षेत्रफल = 1848

$3\pi r^2 = 1848$

$\Rightarrow \quad 3 \times \frac{22}{7} \times r^2 = 1848$

$\Rightarrow \quad r^2 = \frac{1848 \times 7}{2 \times 22}$

$\Rightarrow \quad r^2 = 196$

$\Rightarrow \quad r = 14$ से.मी.

67. (D)

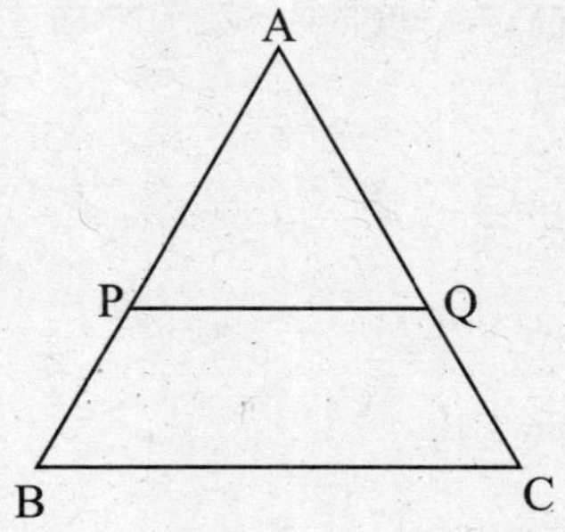

PQ ∥ BC

$$\therefore \frac{\Delta \text{ APQ का क्षेत्रफल}}{\Delta \text{ ABC का क्षेत्रफल}} = \frac{9}{16}$$

$$\frac{PQ^2}{BC^2} = \frac{9}{16} \Rightarrow \frac{PQ}{BC} = \frac{3}{4}$$

$$\frac{AP}{AB} = \frac{AP}{AP+BP} = \frac{3}{4}$$

$$= \frac{1}{1+\frac{PB}{AP}} = \frac{3}{4}$$

$$4 = 3 + 3\frac{PB}{AP} = \frac{1}{3} = \frac{PB}{AP}$$

OR $\quad \frac{AP}{PB} = \frac{3}{1} = 3:1$

68. (D) दो संख्याओं का माध्य अनुपात = 6 × 2 = 12

तृतीय अनुपात = 48

$\therefore \quad x : 12 :: 12 : 48$

$\therefore \quad x = \frac{12 \times 12}{48} = 3$

तथा $\quad y = 3 \times 2 \times 2 = 12$

69. (C) 55 छात्रों द्वारा प्राप्त किये गये अंकों की कुल संख्या = 55 × 55 = 3025

45 छात्रों द्वारा प्राप्त किये गये अंकों की कुल संख्या = 45 × 51 = 2295

40 छात्रों द्वारा प्राप्त किये गये अंकों कुल संख्या = 40 × 49 = 1960

कुल संख्या $= 3025 + 2295 + 1960 = 7280$

$\therefore$ 10वीं कक्षा के तीनों डिवीजन के छात्रों के अंकों का औसत

$$= \frac{\text{कुल प्राप्त अंकों का औसत}}{\text{कुल छात्रों की संख्या}}$$

$$= \frac{3025 + 2295 + 1960}{55 + 45 + 40}$$

$$= \frac{7280}{140} = 52$$

70. (C) समचतुर्भुज का क्षेत्रफल $= \frac{1}{2} \times$ पहला विकर्ण $\times$ दूसरा विकर्ण

समचतुर्भुज की भुजा $= \frac{1}{2} \times \sqrt{(\text{पहला विकर्ण})^2 + (\text{दूसरा विकर्ण})^2}$

प्रश्नानुसार,

$$10 = \frac{1}{2} \times \sqrt{(\text{पहला विकर्ण})^2 + \frac{(\text{दूसरा विकर्ण})^2}{2}}$$

$$20 = \sqrt{(\text{पहला विकर्ण})^2 + \left(\frac{\text{दूसरा विकर्ण}}{2}\right)^2}$$

दोनों ओर वर्ग करने पर

$$(20)^2 = (\text{पहला विकर्ण})^2 + \left(\frac{\text{दूसरा विकर्ण}}{2}\right)^2$$

$$400 = (\text{पहला विकर्ण})^2 + \left(\frac{\text{दूसरा विकर्ण}}{2}\right)^2$$

$\therefore$ (पहला विकर्ण)$^2 = 320$

पहला विकर्ण $= \sqrt{320} = 8\sqrt{5}$ सेमी

तथा दूसरा विकर्ण $= \frac{8\sqrt{5}}{2} = 4\sqrt{5}$ सेमी

$\therefore$ समचतुर्भुज का क्षेत्रफल $= \frac{1}{2} \times$ पहला विकर्ण $\times$ दूसरा विकर्ण

$= \frac{1}{2} \times 8\sqrt{5} \times 4\sqrt{5} = 80$ वर्ग सेमी.

71. (D) चावल की मात्रा = 16 क्विंटल

18% गुम या खराब हो जाने पर चावल की मात्रा $= \frac{16 \times 82}{100}$

= 13.12 प्रति क्विंटल

प्रति क्विंटल चावल का क्रय मूल्य $= \frac{1280 \times 100}{13.12} = \frac{1280 \times 100}{1312}$

= ₹ 97.56

23% लाभ पर चावल का विक्रय मूल्य $= \frac{123 \times 97.56}{100}$

= 119.99 = ₹ 120/ क्विंटल

72. (A) माना ट्रेन द्वारा लिया गया समय = t घंटा

$\therefore$ प्रश्नानुसार,

$t + 8 = 2(t - 6)$

$t + 8 = 2t - 12$

$t = 20$ घंटा

कुल चली गई दूरी = 780 किमी

कुल लिया गया समय = 20 घंटा

$\therefore$ राजधानी की गति $= \frac{780}{20} = 39$ किमी/घंटा

73. (A) प्रश्नानुसार

$5x + 3 = 7x - 3 \Rightarrow 7x - 5x = 3 + 3 \Rightarrow 2x = 6$

$x = 3$

74. (C) समचतुर्भुज में सभी भुजाएं सर्वांगसम होती हैं।

75. (D) P और Q द्वारा एक साथ किया गया काम

$$= \frac{1}{50} + \frac{1}{20} = \frac{7}{100}$$

P व Q को 70% कार्य पूरा करने में लगा समय

$$= \frac{100}{7} \times \frac{70}{100} = 10 \text{ दिन}$$

76. (C) माना दूध की मात्रा $= x$ लीटर

मिश्रण के बाद कुल मात्रा $= x + \frac{x}{3} = \frac{4x}{3}$

दूध का क्रय मूल्य = ₹ 24

$\therefore$ मिश्रण के बाद कुल विक्रय मूल्य $= \frac{4x}{3} \times 32 =$ ₹ $\frac{128x}{3}$

$\therefore$ लाभ $= \frac{128x}{3} - 24x = \frac{56x}{3}$

$\therefore$ लाभ प्रतिशत $= \frac{\frac{56x}{3}}{24x} \times 100$

$$= \frac{56 \times 100}{3 \times 24} = 77.777 = 77.78\%$$

77. (B) वर्ष के अन्त में ब्याज के माध्यम से लाभ

$$= 7200\left[\left(1 + \frac{15}{100}\right)^2 - 1\right] + 7200\left[\left(1 + \frac{15}{100}\right)^2 - 1\right]$$

$$= 7200\left(\frac{115 \times 115}{100 \times 100} - 1\right) + 7200 \times \left(\frac{115}{100} - 1\right)$$

$$= 7200 \times \frac{3225}{10000} + 7200 \times \frac{15}{100}$$

$= 2322 + 1080$

= ₹ 3402

78. (D) केन्द्रीय कोण की माप = 180° – 60° = 120°

79. (C) संख्या 2471679, 9 से पूर्ण विभाज्य है।

∴ 1 संख्या को पूर्ण करेगा।

80. (C)

$$7x + 6y = 5xy \quad \text{... (i)}$$
$$10x - 4y = 4xy \quad \text{... (ii)}$$

समीकरण (i) में 4 का और समीकरण (ii) में 6 का गुणा करके जोड़ने पर

$$28x + 24y = 20xy \quad \text{...(iii)}$$
$$60x - 24y = 24xy \quad \text{...(iv)}$$
$$88x = 44xy$$
$$88 = 44y$$
$$y = \frac{88}{44} = 2$$

y का मान समी (i) में रखने पर

$$7x + 6 \times 2 = 5 \times x \times 2$$
$$7x + 12 = 10x$$
$$10x - 7x = 12$$
$$3x = 12$$
$$x = 4$$

अत: $x = 4, y = 2$

81. (B) 9% छूट के बाद चिन्हित मूल्य = $\frac{728 \times 100}{91}$ = ₹800

82. (D) नहर की अधिकतम धारिता = $\frac{1}{2} \times 2\ (3 + 5) \times 110$

= 880 घनमीटर

83. (C) माना तीसरी संख्या = x

∴ प्रश्नानुसार

पहली संख्या = $\frac{70x}{100}$

दूसरी संख्या = $\frac{63x}{100}$

∴ दूसरी संख्या को पहली संख्या के बराबर करने के लिए प्रतिशत वृद्धि

$$= \frac{\frac{70x}{100}}{\frac{63x}{100}}$$
$$= 111.11\%$$

∴ प्रतिशत वृद्धि = 100% = 111.11 – 100 = 11.11%

84. (C) प्रश्नानुसार,

माना शहर A और B के बीच की दूरी = x किमी

$$\frac{24}{t - 2.5} = \frac{32}{t}$$

t = 10 घंटा

∴ चाल × शहर A व शहर B के बीच लगा समय = कुल चली गई दूरी

कुल चली गयी दूरी = 24 × 10

= 240 किमी

85. (B) माना रंगना की आयु = x वर्ष

सैयद की आयु = y वर्ष

प्रश्नानुसार,

$$\frac{x}{y} = \frac{7}{5} \quad \text{... (i)}$$

तथा 11 वर्ष बाद दोनों की आयुओं का अनुपात

$$\frac{x + 11}{y + 11} = \frac{4}{3}$$
$$3x - 4y = 11 \quad \text{... (ii)}$$

समीकरण (i) व (ii) से

रंगना की आयु (x) = 77 वर्ष

सैयद की आयु (y) = 55 वर्ष

86. (B) $2\log_8 m = p$

$$\frac{\log m}{\log 8} = p/2 \Rightarrow \frac{\log m}{\log(2)^3} = p/2$$

$$\frac{\log m}{\log(2)} = p/2 \Rightarrow \log_2 m = 3p/2 \quad \text{...(i)}$$

$$\log_2(2m) = q \Rightarrow \log_2 2 + \log_2 m = q$$
$$1 + \log_2 m = q \Rightarrow \log_2 m = q - 1 \quad \text{...(ii)}$$

समी. (i) व (ii) से,

$$\frac{3p}{2} = q - 1 \Rightarrow 3p = 2q - 2 \quad \text{....(iii)}$$

दिया है, $q - p = 4$

⇒ $q = p + 4$

समी. (iii) व (iv) से,

$$3p = 2(p + 4) - 2$$
$$3p = 2p + 8 - 2$$
$$p = 6$$

समी. (iv) से, $q = 6 + 4 = 10$

समी. (ii) से, $\log_2 m = 10 - 1 = 9 \Rightarrow m = 2^9 \Rightarrow m = 512$

87. (B) दिया है, A = {3, 4, 7, 8}, B = {1, 5, 6, 4, 3}, C = {4, 5, 9, 3, 8, 6}

A ∪ B = {3, 4, 7, 8} ∩ {1, 5, 6, 4, 3}

= {1, 3, 4, 5, 6, 7, 8}

∴ A ∪ B ∩ C = {1, 3, 4, 5, 6, 7, 8} ∩ {4, 5, 9, 3, 8, 6}

= {3, 4, 5, 6, 8}

88. (B)

वजन	31	34	35	36	37
बारम्बारता	2	3	4	5	1
संचयी बारम्बारता	2	5	9	14	15

$\because$ $n = 15$

$\therefore$ माध्यिका $= \frac{15+1}{2} = 8$वां पद

8वां पद संचयी बारम्बारता 9 में है।

$\therefore$ माध्यिका = 35 किग्रा

89. (B) 10 सेमी भुजा के एक समबाहु ΔABC को अपनी एक भुजा AC के परित: परिक्रमण करने पर दो शंकुओं की आकृति प्राप्त होती है।

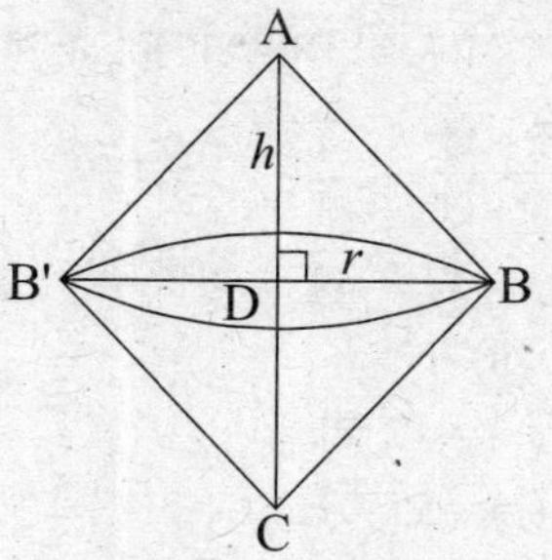

ΔADB में, $AD^2 = AB^2 - BD^2$

$= 10^2 - \left(\frac{10}{2}\right)^2 = 75$

$\Rightarrow$ $AD = 5\sqrt{3}$ सेमी

अत: अभीष्ट आकृति का आयतन

$= 2 \times \frac{1}{3}\pi (BD)^2 \times AD$

$= 2 \times \frac{1}{3}\pi \times 25 \times 5\sqrt{3}$

$= \frac{250}{\sqrt{3}}\pi$ सेमी^{3}

90. (D) ΔBCE में,

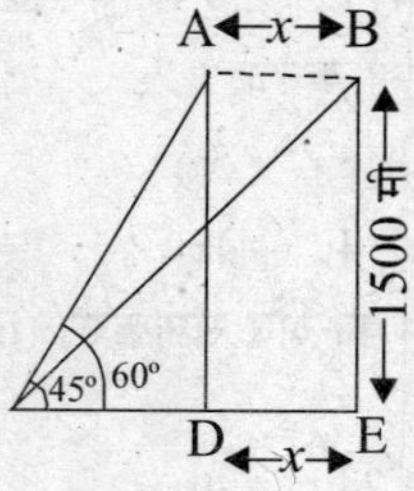

$\tan 45^\circ = \frac{BE}{CE}$

$\Rightarrow$ $1 = \frac{1500}{CD + x}$

$\Rightarrow$ $CD + x = 1500$

$\Rightarrow$ $CD = 1500 - x$ ...(i)

ΔADC में,

$\tan 60^\circ = \frac{AD}{CD}$

$\Rightarrow$ $\sqrt{3} = \frac{1500}{CD}$

$\Rightarrow$ $CD = \frac{1500}{\sqrt{3}}$ ....(ii)

समी. (i) व (ii) से,

$\Rightarrow$ $1500 - x = \frac{1500}{\sqrt{3}} \times \frac{\sqrt{3}}{\sqrt{3}}$

$\Rightarrow$ $x = 1500 - 500\sqrt{3}$

$= 500(3 - \sqrt{3})$ मी

अत: वायुयान की चाल $= \frac{500(3-\sqrt{3})}{5}$ मी/से

$= 100(3 - \sqrt{3})$ मी/से

बिहार पॉलिटेक्निक संयुक्त प्रवेश परीक्षा,

प्रैक्टिस सेट- 6

खण्ड-I (A): भौतिक विज्ञान

1. 300 न्यूटन बल को समान बलों में विघटित किया गया है, जो कि परस्पर 60° पर कार्यरत् हैं, का मान लगभग होगा–

(A) 173.2 न्यूटन (B) 160.5 न्यूटन

(C) 152.0 न्यूटन (D) इनमें से कोई नहीं

2. क्षैतिज रूप से खिंची 60 सेमी. लम्बी एक तार में 1.5 ऐम्पियर की विद्युत धारा चुम्बकीय क्षेत्र में पूर्व पश्चिम की ओर प्रवाहित होती है। चुम्बकीय क्षेत्र की तीव्रता (B) 0.1 न्यूटन/ऐम्पियर-मी ऊर्ध्वाधर रूप से नीचे की ओर निर्देशित है। तार पर चुम्बकीय विक्षेपण बल की मात्रा एवं दिशा होगी–

(A) 0.09 न्यूटन, उत्तर (B) 0.09 न्यूटन, दक्षिण

(C) 0.9 न्यूटन, उत्तर (D) 0.9 न्यूटन, दक्षिण

3. 4 सेमी फोकस दूरी का एक उत्तल लेंस एक साधारण सूक्ष्मदर्शी के रूप में प्रयोग किया गया है। यदि इसे संयुक्त सूक्ष्मदर्शी के अभिनेत्र लेन्स के रूप में, अभिदृश्यक लेन्स के साथ जिसकी आवर्धन क्षमता 40 है, प्रयोग किया जाए, तो संयुक्त सूक्ष्मदर्शी की आवर्धन क्षमता हो जाएगी (माना कि स्पष्ट दृष्टि की न्यूनतम दूरी 25 सेमी है)–

(A) 290 (B) 230

(C) 110 (D) इनमें से कोई नहीं

4. एक छड़ जो 30 सेमी फोकस के उत्तल दर्पण के मुख्य अक्ष पर रखी है तथा जिसका एक सिरा दर्पण से 1.20 मी. तथा दूसरा सिरा दर्पण से 3.30 मी. दूरी पर है, के प्रतिबिम्ब की लम्बाई है–

(A) 4 सेमी (B) 5 सेमी

(C) 3 सेमी (D) इनमें से कोई नहीं

5. एक 10 किलोवाट मोटर द्वारा 10 मी. गहरे कुएं से जल पम्प किया जाता है। जल की मात्रा जो कि लीटर/सेकंड में पम्प की जाती है, होगी–

(A) 10 (B) 1000

(C) 100 (D) इनमें से कोई नहीं

6. एक नदी पश्चिम से पूर्व 3 किमी/घण्टा की चाल से बह रही है। नदी के दक्षिण तट पर एक व्यक्ति, जिसकी ठहरे पानी में 6 किमी/घण्टा की चाल से तैरने की क्षमता है, वह नदी को न्यूनतम समय में पार करना चाहता है, उसके तैरने की दिशा होनी चाहिए–

(A) उत्तर से 30° पूर्व की ओर

(B) उत्तर की ओर

(C) उत्तर से 30° पश्चिम की ओर

(D) उत्तर से 60° पूर्व की ओर

7. एक टन भार की कार को 30 किमी/घण्टा की चाल से समतल सड़क पर चलाया जाता है। अतिरिक्त अश्वशक्ति, जो कि इंजन को विकसित करनी होगी ताकि वही चाल 5 में एक की प्रवणता वाली ढाल के साथ ऊपर की ओर जाते हुए बनाई रखी जा सके, होगी–

(A) 11.11 अश्वशक्ति (B) 33.33 अश्वशक्ति

(C) 22.34 अश्वशक्ति (D) इनमें से कोई नहीं

8. 160 न्यूटन का भार, इसमें बंधे हुए दो रस्सों से दो मनुष्य द्वारा उठाकर ले जाया जाता है। एक रस्सा ऊर्ध्वाधर से 30° पर तथा दूसरा ऊर्ध्वाधर से 60° पर झुका हुआ है। दोनों रस्सों में उत्पन्न होने वाला तनाव होगा–

(A) 80 न्यूटन, 138.56 न्यूटन (B) 130 न्यूटन, 208.84 न्यूटन

(C) 120 न्यूटन, 194.75 न्यूटन (D) इनमें से कोई नहीं

9. 3 ओम तथा 2 ओम के दो तारों को क्रमशः समान्तर क्रम में जोड़ा जाता है। इसके बाद इस संयोजन को 4 ओम प्रतिरोध के तीसरे तार के साथ श्रेणीक्रम में जोड़ा गया है। परिपथ को बैटरी लगाकर पूर्ण करने पर मुख्य धारा 0.5 ऐम्पियर होती है। 2 ओम प्रतिरोध से प्रवाहित होने वाली धारा का मान होगा–

(A) 2 ऐम्पियर (B) 0.20 ऐम्पियर

(C) 0.3 ऐम्पियर (D) इनमें से कोई नहीं

10. एक घन जिसकी प्रत्येक भुजा 0^oC पर 1 मी है, का तापमान बढ़ाकर 100^oC कर दिया गया है। यदि गर्म करने के बाद घन की प्रत्येक भुजा 1.005 मी हो जाती है, तब घन के पदार्थ का रेखीय प्रसार गुणांक कितना होगा?

(A) 5×10^{-6} (B) 15×10^{-5}

(C) 18×10^{-5} (D) इनमें से कोई नहीं

11. एक 1.5 किलोवाट का जलतापक, 600 वाट का एक वायुतापक तथा 5 ऐम्पियर धारा प्रयुक्त करने वाली एक वैद्युत-प्रेस 220 वोल्ट की लाइन पर एक साथ संचालित किए जाते हैं। यदि ऊर्जा लागत ₹4.00/किलोवाट-घण्टा हो, तो उपरोक्त तीनों उपकरणों को 5 घंटे चलाने पर कितना खर्च आएगा?

(A) ₹ 55.20 (B) ₹ 63
(C) ₹ 65.20 (D) इनमें से कोई नहीं

12. किसी बैटरी का वैद्युत् वाहक बल क्या होगा, यदि 1 ऐम्पियर धारा प्रवाहित करने पर टर्मिनल विभवान्तर 28.5 वोल्ट हो तथा 2 ऐम्पियर धारा प्रवाहित करने पर टर्मिनल विभवान्तर 27 वोल्ट हो?

(A) 30 वोल्ट (B) 10 वोल्ट
(C) 28.5 वोल्ट (D) इनमें से कोई नहीं

13. एक 6 मी. लम्बी धरण ABCDE के टेक A तथा D पर हैं। AB, BC, CD तथा DE क्रमशः 1 मी., 2 मी., 2 मी., तथा 1 मी. लम्बी हैं। धरण पर 900 किग्रा, 700 किग्रा तथा W किग्रा के भार नीचे की ओर धरण के बिन्दु B, C तथा E पर कार्यरत हैं। यदि D पर प्रतिक्रिया से 1.5 गुनी है, तो W का मान होगा–

(A) 400 किग्रा-भार (B) 600 किग्रा-भार
(C) 800 किग्रा-भार (D) इनमें से कोई नहीं

14. एक अभिसारी प्रकाश का किरणपुंज 40 सेमी वक्रता त्रिज्या के एक उत्तल दर्पण पर आपतित होता है। यदि आपतित किरणपुंज दर्पण की अनुपस्थिति में दर्पण के 10 सेमी पीछे एक बिन्दु पर अभिसरित हो, तो उस बिन्दु की स्थिति, जिस पर किरणें परावर्तन के बाद अभिसरित होती हैं, होंगी–

(A) 5 सेमी दर्पण के सामने (B) 20 सेमी दर्पण के सामने
(C) 20 सेमी दर्पण के पीछे (D) उपरोक्त में से कोई नहीं

15. बर्फ तथा समुद्री जल के आपेक्षिक घनत्व क्रमशः 0.92 तथा 1.026 है। एक घनाकार बर्फ के ब्लॉक, जिसकी प्रत्येक भुजा 30 मी है, को तैरने के लिए जल की कितनी गहराई की आवश्यकता होगी?

(A) 22 मी. (B) 26.9 मी
(C) 25.9 मी. (D) इनमें से कोई नहीं

16. क्षैतिज दिशा में गतिमान एक गोली लक्ष्य से टकराकर विरामावस्था में आ जाती है। यदि गोली का गलनांक 275°C, प्रारम्भिक ताप 25°C, विशिष्ट ऊष्मा 0.05 तथा इसके द्रवण की गुप्त ऊष्मा 29.5 कैलोरी प्रति ग्राम है, तो वह न्यूनतम वेग, जिस पर गोली लक्ष्य से टकराकर गल जाती है, होगा (दिया है: ऊष्मा का यांत्रिक तुल्यांक J = 4.2 जूल/कैलोरी)–

(A) $420\sqrt{2}$ मी/से. (B) 410 मी/से.
(C) 420 मी/से. (D) इनमें से कोई नहीं

17. एक कैलोरीमीटर में जिसकी ऊष्माधारिता 40 कैलोरी/°C है, 15°C ताप पर 160 ग्राम जल है। इस जल में 4.3 ग्राम का बर्फ का टुकड़ा डाला गया है। बर्फ के पिघलने पर जल का ताप 13°C तक गिर जाता है। बर्फ की गुप्त ऊष्मा होगी–

(A) 80 कैलारी/ग्राम (B) 80 किलो कैलोरी/ग्राम
(C) 80 कैलोरी/किग्रा (D) इनमें से कोई नहीं

18. 8 मी. लम्बे हल्के तार के सिरों से 7 किग्रा तथा 9 किग्रा के पिण्ड लटके हैं। 7 किग्रा द्रव्यमान वाले पिण्ड से द्रव्यमान केन्द्र की दूरी ज्ञात कीजिए–

(A) 4.5 मी. (B) 3.5 मी.
(C) 1.5 मी. (D) 8.0 मी.

19. एक इंजन एक सुरंग, जो कि चट्टान से आच्छादित है, की ओर पहुंचते हुए एक सूक्ष्म सीटी बजाता है। जब इंजन सुरंग से 800 मी दूर होता है, सीटी की प्रतिध्वनि 4.8 सेकण्ड बाद इंजन पर पहुंचती है। यदि ध्वनि का वेग 320 मी/से. है, तो इंजन की गति क्या होगी?

(A) 128 किमी/घण्टा (B) 68 किमी/घण्टा
(C) 1200 किमी/घण्टा (D) इनमें से कोई नहीं

20. एक वृत्तीय लोहे की हाल की आन्तरिक परिधि 25.0°C ताप पर 200.00 सेमी है। हाल को 200.48 सेमी/परिधि के एक लकड़ी के पहिए पर चढ़ाने के लिए कम से कम कितना गर्म करना होगा? (लोहे तथा लकड़ी के रेखीय प्रसार गुणांक क्रमशः 1.20×10^{-5} प्रति°C तथा शून्य हैं।)

(A) 22.50°C (B) 2250°C
(C) 2.250°C (D) 225.0°C

21. दो तारों में समान परिमाण की धारा प्रवाहित होती है, प्रथम तांबे का तार 2 मी. लम्बा है, जिसका व्यास 1 मिमी है तथा दूसरा तारे भी तांबे का ही है और वह भी 2 मी. लम्बा है। प्रथम तार के सिरों के बीच विभवान्तर 5 वोल्ट तथा दूसरे तार के सिरों के बीच विभवान्तर 20 वोल्ट है। दूसरे तार का व्यास क्या होगा?

(A) 5 मिमी (B) 10 मिमी
(C) 6 मिमी (D) इनमें से कोई नहीं

22. 15 ग्राम ईंधन को जलाने पर जो ऊष्मा उत्पन्न होती है वह 6 किलोग्राम जल का ताप 15°C से 45°C तक बढ़ा देती है। इस ईंधन का ऊष्मीय मान, यदि जल की विशिष्ट ऊष्मा 4.2 जूल/ग्राम°C है, होगा–

(A) 25.2 किलोजूल/ग्राम (B) 126 किलोजूल/ग्राम
(C) 53 किलोजूल/ग्राम (D) 50.4 किलोजूल/ग्राम

23. एक गोला दो समान्तर दर्पणों के बीच में रखा गया है। उसके कितने प्रतिबिम्ब बनेंगे?

(A) 5 (B) 7
(C) 3 (D) अनन्त

24. 1 अश्वशक्ति की मोटर से एक विडोलक द्वारा 3.73 लीटर जल का विडोलन किया जाता है। यदि सम्पूर्ण शक्ति ऊष्मा उत्पन्न

करने में प्रयुक्त होती है, तो जल का तापमान 20°C बढ़ाने के लिए आवश्यक समय कितना होगा?
(माना 1 अश्वशक्ति = 746 वाट तथा J = 4.2 जूल/कैलोरी)
(A) 14 मिनट (B) 7 मिनट
(C) 10 मिनट (D) इनमें से कोई नहीं

25. किसी पिण्ड का वायु में भार 320 ग्राम-भार तथा जल में 280 ग्राम-भार है। 1.65 आपेक्षिक घनत्व वाले द्रव में पूर्णतया डुबाने पर उसके भार में कितनी कमी आएगी?
(A) 66 ग्राम-भार (B) 77 ग्राम-भार
(C) 36 ग्राम-भार (D) 12 ग्राम-भार

26. किसी 200 मी ऊंची मीनार की छोटी चोटी से पत्थर को ऊर्ध्वाधर ऊपर की ओर 20 मी/से की चाल से प्रक्षेपित करने पर पृथ्वी से टकराते समय इसकी चाल होगी–
(A) 60 मी/से (B) 85 मी/से
(C) 70 मी/से (D) 76 मी/से

27. 150 किग्रा की एक तोप से 1.5 किग्रा का एक गोला दागा जाता है, जो 60 मी/से के वेग से निकलता है। तोप के पीछे हटने का वेग होगा–
(A) 10.5 मी/से (B) 6 मी/से
(C) 0.6 मी/से (D) इनमें से कोई नहीं

28. निम्न में से कौन-सा नियम प्रेरित विद्युत वाहक बल की दिशा को बताता है?
(A) ऐम्पियर का नियम (B) फ्लेमिंग का राइट-हैण्ड नियम
(C) फ्लेमिंग का लैफ्ट-हैण्ड (D) मैक्सवेल का कॉर्क स्क्रू नियम

29. चित्र में, A और B के बीच तुल्यांकी प्रतिरोध होगा–

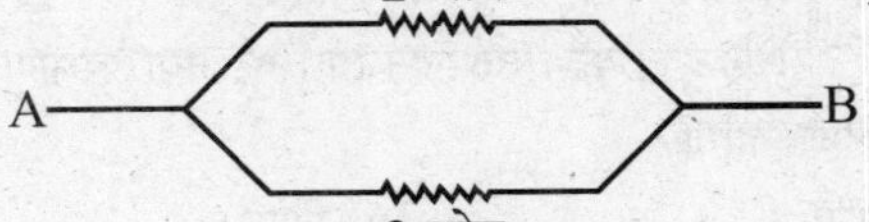

(A) 2 ओम (B) 1 ओम
(C) 1.5 ओम (D) 2.5 ओम

30. एक मनुष्य समतल दर्पण से 3 मी/से की गति से दौड़ रहा है। वह अपने प्रतिबिम्ब से जिस वेग से दूर भाग रहा है, वह है–
(A) 6 मी/से (B) 3 मी/से
(C) 1.5 मी/से (D) 9 मी/से

खण्ड-I (B) : रसायन विज्ञान

31. निम्नलिखित ईंधनों में से किसका कैलोरी मान सर्वाधिक होगा?
(A) लकड़ी (B) एल.पी.जी.
(C) हाइड्रोजन गैस (D) कोयला

32. जब सोडियम एसीटेट, सोडालाइम के साथ अभिक्रिया करता है, तो बनाता है–
(A) मेथेनॉल (B) ऐथेन
(C) एथाइन (D) मीथेन

33. बिटुमिन कोयले में कार्बन की % मात्रा है–
(A) 96 (B) 65
(C) 38 (D) 15

34. मानव को चन्द्रमा तक ले जाने वाले अपोलो रॉकेट में प्रयोग किया ईंधन था–
(A) मिथाईल हाइड्राजीन व डाइ नाइट्रोजन टेट्रा ऑक्साइड
(B) ईथाइल हाइड्राजोन व डाइ नाइट्रोजन टेट्रा ऑक्साइड
(C) मिथाईल हाइड्राजीन व डाइ नाइट्रोजन पेन्टा ऑक्साइड
(D) मिथाईल हाइड्राजोन व ट्राईनाइट्रो पेन्टा ऑक्साइड

35. $K_4Fe(CN)_6$ में पोटैशियम की संयोजकता है–
(A) 1 (B) 2
(C) 3 (D) 4

36. H_2S में बन्ध होगा–
(A) विद्युत संयोजक (B) सह संयोजक
(C) हाइड्रोजन बन्ध (D) एकांकी बन्ध

37. एक कार्बनिक यौगिक के मात्रात्मक आकलन पर निम्न आंकड़े प्राप्त हुए। C = 20%, H = 6.66%, N = 46.67% तथा O = 26.67%, यौगिक का सरलतम सूत्र होगा–
(A) CHNO (B) CH_4N_2O
(C) CH_2N_2O (D) CH_2NO_2

38. CH_3COCH_3 का आई. यू. पी. ए. सी. नाम है–
(A) इथॉक्सी ईथर (B) मीथेनोईक ईथर
(C) मिथॉक्सी मीथेन (D) मिथेनॉल

39. मलेरिया में प्रयोग आने वाली औषधि है–
(A) ऐस्प्रीन (B) प्राईमाक्विन
(C) क्लोरोक्विन (D) टेट्रासाइक्लीन

40. $2KMnO_4 + 5H_2C_2O_4 + 3H_2SO_4 \rightarrow 2MnSO_4 + 10CO_2 + 8H_2O + K_2SO_4$ में Mn किस प्रकार की अभिक्रिया दर्शाता है?
(A) योगात्मक (B) विस्थापन
(C) ऑक्सीकरण (D) अपचयन

41. एक धातु M के क्लोराइड का अणुसूत्र MCl_2 है। इसमें क्लोरीन 52.07% है। इसका परमाणु भार है (Cl = 35.5)
(A) 33.57 (B) 65.35
(C) 32.68 (D) इनमें से कोई नहीं

42. जब एक धातु के 0.45 ग्राम को किसी अम्ल में डाला जाता है। तो 250 घन सेमी हाइड्रोजन NTP पर प्राप्त हुई। धातु का तुल्यांकी भार है–
(A) 40 (B) 20
(C) 10 (D) 5

43. अस्थायी कठोरता दूर करने के लिए कौन-सी विधि प्रयोग में नहीं लाई जा सकती?

(A) चूना डालकर (B) धावन सोडा डालकर

(C) परम्यूटिट विधि (D) उबालकर

44. क्रोमियम का परमाणु क्रमांक 24 है। इसका इलेक्ट्रॉनिक विन्यास होगा–

(A) 2, 8, 13, 1 (B) 2, 8, 14

(C) 2, 8, 12, 2 (D) 2, 8, 10, 4

45. $_{88}Ra^{226}$ से एक α-कण उत्सर्जन होने पर नया परमाणु किस समूह में उपस्थित होगा?

(A) शून्य (B) प्रथम

(C) द्वितीय (D) चतुर्थ

46. समीकरण $C + O_2 \rightarrow CO_2 + 384\ kJ$ की सहायता से कार्बन का कैलोरी मान होगा–

(जबकि C = 12, O = 16)

(A) 64 kJ (B) 32 kJ

(C) 24 kJ (D) 12 kJ

47. कौन-सी गैस कीप उपकरण द्वारा बनायी जाती है?

(A) अमोनिया (NH_3)

(B) हाइड्रोजन क्लोराइड (HCl)

(C) सल्फर डाइऑक्साइड (SO_2)

(D) हाइड्रोजन सल्फाइड (H_2S)

48. परम्यूटिट किसका व्यावसायिक नाम है?

(A) सोडियम तथा ऐल्यूमीनियम के जलयोजित सिलिकेट

(B) कैल्शियम तथा बोरॉन के सिलिकेट

(C) कैल्शियम तथा सोडियम के सिलिकेट

(D) कैल्शियम, सिलिकेट तथा ऐलुमिनेट

49. एक निर्जल पदार्थ का अणुभार 64 है तथा क्रिस्टलीय अवस्था में अणुभार 100 है। क्रिस्टलीय पदार्थ के एक अणु में जल के अणुओं की संख्या होगी–

(A) 4 (B) 5

(C) 2 (D) इनमें से कोई नहीं

50. 800 मिमी दाब पर किसी गैस का आयतन 200 मिली है। किस दाब पर इसका आयतन 400 मिली हो जाएगा यदि ताप स्थिर है?

(A) 350 मिमी (B) 400 मिमी

(C) 200 मिमी (D) इनमें से कोई नहीं

51. जब आवर्त सारणी में हम किसी वर्ग में नीचे की ओर जाते हैं, तो आयतन विभव में कमी का कारण है–

(A) नाभिकीय आवेश का घटना

(B) विद्युत ऋणात्मकता का घटना

(C) परमाणवीय आकार का बढ़ना

(D) उपरोक्त में से कोई नहीं

52. क्रायोलाइट का सूत्र है–

(A) Na_3AlF_6 (B) $Al_2O_3 . 2H_2O$

(C) Al_2O_3 (D) $K_2SO_4 . Al_2(SO_4)_3 . 24H_2O$

53. समान ताप एवं दाब पर H_2 का एक निश्चित आयतन 26 सेकण्ड में विसरित होता है। उतने ही समय में उन्हीं स्थितियों में CO_2 के उतने ही आयतन 122 सेकण्ड में विसरित होते हैं, CO_2 का वाष्प घनत्व होगा–

(A) 26 (B) 22

(C) 122 (D) 44

54. $CH_3CH = CH_2$, HBr से क्रिया करके देता है–

(A) $CH_3CH_2 - CH_2Br$

(B) $CH_3CHBr - CH_3$

(C) $CH_2 = C - CH_2$

(D) $CH_2BrCH = CH_2$

55. एक तनु नाइट्रिक अम्ल में 20% एसिड है, जो 10 ग्राम $CaCO_3$ को घोल देता है। तो एसिड की मात्रा होगी–

(Ca = 40, C = 12, O = 16, N = 14)

(A) 315 ग्राम (B) 63.0 ग्राम

(C) 50 ग्राम (D) 12.6 ग्राम

56. यूरिया (NH_2CONH_2) में नाइट्रोजन की प्रतिशत मात्रा होगी–

(A) 40 % (B) 46.67 %

(C) 60 % (D) 28 %

57. नाइट्रोजन का लिटमस के प्रति व्यवहार है–

(A) अम्लीय (B) क्षारीय

(C) अम्लीय तथा क्षारीय (D) उदासीन

58. समस्थानिक के परमाणु द्रव्यमानों में अन्तर का कारण होता है–

(A) प्रोटॉन की संख्या में अन्तर

(B) इलेक्ट्रॉनों की संख्या में अन्तर

(C) परमाणु संख्या में अन्तर

(D) नाभिक में विद्यमान न्यूट्रॉनों की भिन्न संख्या

59. C_2H_2 बनाने की प्रयोगशाला विधि में NH_3, H_2S, AsH_3, PH_3 जैसी अशुद्धियों को दूर करने के लिए इसे प्रवाहित करते हैं–

(A) कास्टिक सोडा विलयन में से

(B) H_2O में से

(C) $CuSO_4$ के अम्लीय विलयन में से

(D) उपरोक्त में से कोई नहीं

60. अभिक्रिया $Fe + CuSO_4 \rightarrow Cu + FeSO_4$ में Cu होता है–

(A) अपचयित (B) न उपचयित न अपचयित

(C) उपचयित (D) इनमें से कोई नहीं

खण्ड-II: गणित

61. x-अक्ष में बिन्दु (–1, 4) के प्रतिबिंब के निर्देशांक क्या होंगे?

(A) (1, 4) (B) (1, –4)
(C) (–1, 4) (D) (–1, –4)

62. 660 कि.मी. की यात्रा करने के लिए एक एक्सप्रेस ट्रेन राजधानी से 10 घंटे अधिक लेती है। यदि एक्सप्रेस ट्रेन की गति दुगनी कर दी जाती है, तो वह राजधानी की तुलना में 7 घंटे कम समय लेती है। राजधानी की गति क्या है?

(A) 38.8 किमी/घंटा (B) 16.2 किमी/घंटा
(C) 50.1 किमी/घंटा (D) 27.5 किमी/घंटा

63. यदि एक खुदरा व्यापारी अपने माल के अंकित कीमत पर 28% की छूट प्रदान करता है और इस तरह लागत मूल्य पर माल बेचता है, तो % अंकित मूल्य क्या था?

(A) 18.25 प्रतिशत (B) 22 प्रतिशत
(C) 38.88 प्रतिशत (D) 28 प्रतिशत

64. किसी संख्या में जब 38 का योग किया जाए तो वह अपने आप की 119% हो जाती है। यह संख्या क्या है?

(A) 200 (B) 456
(C) 570 (D) 342

65. एक निश्चित राशि पर 2 वर्षों के लिए 8% वार्षिक दर से वार्षिक रूप से संयोजित होने वाले साधारण ब्याज और चक्रवृद्धि ब्याज में अंतर 40 है। राशि कितनी है?

(A) ₹ 12500 (B) ₹ 6250
(C) ₹ 25000 (D) ₹ 18750

66. एक समचतुर्भुज ABCD में, कोण CAB की माप 35° हैं, कोण ABC की माप क्या होगी?

(A) 70° (B) 40°
(C) 50° (D) 110°

67. जब एक लंच बाक्स पर 20% की छूट दी जाती है, तो 42% का लाभ होता है। यदि पूरे 15% हो, तो लाभ कितना होगा?

(A) 57% (B) 50.875 %
(C) 63.125 % (D) 44.75 %

68. $\sqrt{(1-\cos A)}/\sqrt{(1+\cos A)}$ का क्या मान है?

(A) cosecA – cotA (B) cosecA + cotA
(C) secA – cotA (D) secA + cotA

69. 38 से एक संख्या को विभाजित करने पर हमें 70 भागफल के रूप में और 12 शेष के रूप में मिलता है। उस संख्या को ज्ञात करें?

(A) 2648 (B) 2636
(C) 2684 (D) 2672

70. एक मेले की प्रवेश टिकट के मूल्य में 17 : 19 के अनुपात में वृद्धि करके, मेले में आने वाले लोगों की संख्या 11:10 के अनुपात में कम हो गई है। कुल संकलन में किस अनुपात में वृद्धि या कमी हुई है?

(A) 190 : 187 के अनुपात में कमी हुई है
(B) 187 : 190 के अनुपात में वृद्धि हुई है
(C) 170 : 209 के अनुपात में वृद्धि हुई है
(D) 209 : 170 के अनुपात में कमी हुई है

71. 19 लगातार सम पूर्णांकों का औसत 50 है। इन पूर्णांकों की सर्वोच्च संख्या है–

(A) 38 (B) 68
(C) 126 (D) 100

72. एक समान्तर श्रेणी का पहला और आखिरी पद 25 और –52 है। यदि शृंखला में 12 पद हैं, तो योग क्या होगा?

(A) –162 (B) –110
(C) –162 (D) 110

73. लकड़ी के एक कटोरे की आंतरिक त्रिज्या 9 से.मी. के एक खोखले गोलार्द्ध के आकार में बना है। उस कटोरे के सतह के कुल क्षेत्रफल का पता लगाएं?

(A) 1376.58 वर्ग सेमी.
(B) 2064.87 वर्ग सेमी.
(C) 344.15 वर्ग. सेमी.
(D) 1197.42 वर्ग सेमी.

74. पंकज ने 12 दिन में एक काम का 1/2 भाग पूरा कर लिया है। साईनाथ बचा हुआ काम 6 दिन में पूरा करता है। दोनों मिलकर यह काम कितने दिन में पूरा कर सकते हैं?

(A) 4 दिन (B) 12 दिन
(C) 8 दिन (D) 16 दिन

75. 9% छूट पर, एक वाशिंग मशीन का विक्रय मूल्य ₹ 14000 है। यदि छूट 22% हो, तो विक्रय मूल्य क्या होगा?

(A) ₹ 12000 (B) ₹ 10202.4
(C) ₹ 9360 (D) ₹ 13322.4

76. एक चावल विक्रेता 22 कुन्तल चावल ₹ 3,344 में खरीदता है। 24% चावल आवागमन में ह्रास हो जाता है। वह चावल किस दर पर बेचे कि उसे 30% का लाभ हो?

(A) ₹ 88.86 प्रति कुन्तल (B) ₹ 197.6 प्रति कुन्तल
(C) ₹ 269.2 प्रति कुन्तल (D) ₹ 260 प्रति कुन्तल

77. बिन्दु P(a, b) P, का मूल परावर्तन है तथा P_1, y-अक्ष के (5, – 4) पर परावर्तित किया जाता है। तो P बिन्दु के निर्देशांक हैं–

(A) (–5,– 4) (B) (–5, 4)
(C) (5, 4) (D) (5,– 4)

78. एक मिसाइल 1350 किमी/घंटा की चाल से उड़ सकती है। तो यह 1 सेकण्ड में कितने मीटर चलती है?

(A) 369 मीटर (B) 375 मीटर
(C) 356 मीटर (D) 337 मीटर

79. द्विघात समीकरण $21x^2 - 37x - 28 = 0$ के मूल क्या हैं?
(A) –7/3, 4/7 (B) 3/7, –7/4
(C) 7/3, –4/7 (D) –3/7, 7/4

80. एक आयताकार स्वीमिंग पूल की लम्बाई 25 मी तथा चौड़ाई 12 मी है, जोकि समान रूप से ढलानदार है। यदि ढलानों पर इसकी गहराई 2 मीटर हो, तो इसे पूरा करने के लिए कितने पानी की आवश्यकता होगी?
(A) 1500 घन मीटर (B) 2250 घन मीटर
(C) 3000 घन मीटर (D) 750 घन मीटर

81. एक कोण पूरक कोण का दूना है, तो कोण का मान क्या है?
(A) 30° (B) 90°
(C) 60° (D) 120°

82. एक पतंग.............
(A) क्रमागत भुजाओं के दो जोड़े सर्वांगसम हैं।
(B) विकर्ण एक-दूसरे पर लम्बवत हैं।
(C) दोनों विकर्ण दो सर्वांगसम त्रिभुज बनाते हैं।
(D) संलग्न कोणों का मान सम्पूरक कोण है।

83. सोपान, गुरुप्रसाद और रीमा का औसत वजन 65 किग्रा है। यदि सोपान और गुरुप्रसाद का औसत वजन 67 किग्रा हो, तब गुरुप्रसाद और रीमा का वजन क्या होगा तब गुरुप्रसाद का वजन है–
(A) 60 (B) 53
(C) 58 (D) 63

84. एक बैंक 5% चक्रवृद्धि ब्याज प्रतिछमाही लेता है, यदि एक ग्राहकर ₹ 9600 1 जनवरी और 1 जुलाई प्रति वर्ष को जमा करता हो, तो वर्ष के अन्त में, कुल प्राप्त किया गया ब्याज होगा?
(A) ₹ 2928 (B) ₹ 1464
(C) ₹ 732 (D) ₹ 366

85. एक मेले में प्रवेश टिकट का दाम 3 : 5 के अनुपात में बढ़ा दिया जाता है। मेले में लोगों की संख्या 7 : 2 के अनुपात में कम हो जाती है, तब कुल का अनुपात कम हुआ या बढ़ा?
(A) 10 : 21 के अनुपात में बढ़ा
(B) 6 : 35 के अनुपात में बढ़ा
(C) 21 : 10 के अनुपात में कम हुआ
(D) 35 : 6 के अनुपात में कम हुआ

86. $\log x + \log 2y = \log (x + 2y)$ केवल तभी होगा जबकि–
(A) $x = \frac{3y}{3y-1}$ (B) $x = \frac{2y}{2y-1}$
(C) $x = \frac{y}{y-1}$ (D) $x = y = 2$

87. समुच्चयों A तथा B में क्रमश: 5 तथा 10 अवयव हैं। $(A \cup B)$ में अवयवों की न्यूनतम संख्या होगी–
(A) 15 (B) 8
(C) 10 (D) 5

88. आरोही क्रम में रखी संख्याओं 1, 3, 5, 7, 12, $(x + 1)$, $(x + 3)$, 16, 17, $(x + 7)$, 22 और 25 की माध्यिका 14 है, तब x का मान है–
(A) 12 (B) 13
(C) 14 (D) 15

89. h ऊंचाई वाले बेलन के वक्रपृष्ठ तथा समान वृत्ताकार आधार क्षेत्रफल के शंकु जिसकी तिर्यक ऊंचाई $h/2$ है, के वक्रपृष्ठ का अनुपात है–
(A) 5:4 (B) 4:3
(C) 4:1 (D) 1:9

90. 12, 14, 16, 18, 20 का मानक विचलन है–
(A) $2\sqrt{2}$ (B) 16
(C) 2 (D) इनमें से कोई नहीं

उत्तर (हल/संकेत)

1. (A) माना 60° कोण पर कार्यरत दो समान बल F हैं।

$$R = \sqrt{A^2 + B^2 + 2AB\cos\theta}$$

$$300 = \sqrt{F^2 + F^2 + 2F \times F \cos 60^\circ}$$

$$= \sqrt{F^2 + F^2 + 2F^2 \times \frac{1}{2}}$$

$$= \sqrt{3F^2} = F\sqrt{3}$$

$$\therefore \quad F = \frac{300}{\sqrt{3}} = 173.2 \text{ न्यूटन}$$

2. (A) चुम्बकीय विक्षेपण बल $F = iBl\sin\theta$

$$\therefore \quad F = 1.5 \times 0.1 \times 0.6 \times \sin 90^\circ$$
$$= 0.09 \text{ न्यूटन}$$

फ्लेमिंग के बाएं हाथ के नियम के अनुसार, यह बल उत्तर दिशा की ओर होगा।

3. (A) संयुक्त सूक्ष्मदर्शी की आवर्धन क्षमता

$$m = m_0\left(1 + \frac{D}{fe}\right)$$

$$\therefore \quad m = 40\left(1 + \frac{25}{4}\right)$$

$$= 40 \times \left(\frac{4+25}{4}\right) = 290$$

4. (D) प्रतिबिम्ब की लम्बाई

$$I = o \times \frac{v}{u}$$

दर्पण के सूत्र $\frac{1}{f} = \frac{1}{u} + \frac{1}{v}$ से

$$\frac{1}{30} = -\frac{1}{120} + \frac{1}{v}$$

$$\therefore \quad \frac{1}{v} = \frac{1}{30} + \frac{1}{120}$$

$$\Rightarrow \quad v = \frac{120}{5} = 24 \text{ सेमी}$$

यहां, $o = (3.30 - 1.20)$ मी. $= 2.10$ मी.

$= 210$ सेमी

$u = 120$ सेमी

$v = 24$ सेमी

$$\therefore \quad I = \frac{210 \times 24}{120} = 42 \text{ सेमी}$$

5. (C) मोटर की शक्ति

$$P = Mgh$$

$$\Rightarrow \quad P = Vdgh \; [\because M \neq V \times d]$$

$$\Rightarrow \quad V = \frac{P}{dgh}$$

यहां $P = 10$ किलोवाट $= 10 \times 10^3$ वाट

$d = 10^3$ किग्रा/मी^{3}

$g = 10$ मी/से

अतः जल की पम्प की गई मात्रा

$$V = \frac{10 \times 10^3}{10^3 \times 10 \times 10} = \frac{1}{10} \text{ मी}^3\text{/से}$$

या $$V = \frac{1000}{10} \text{ लीटर/सेकण्ड}$$

$= 100$ लीटर/सेकण्ड

6. (B) न्यूनतम समय में नदी को पार करने के लिए व्यक्ति को उत्तर की ओर तैरना चाहिए।

7. (C) अतिरिक्त शक्ति $P = mg \sin\theta \times v$

यहां $v = 30$ किमी/घण्टा $= \left(30 \times \frac{5}{18}\right)$ मी/से.

$= \frac{25}{3}$ मी/से.

$\sin\theta = \frac{1}{5}$

$m = 10^3$ किग्रा

$g = 10$ मी/से.

$$\therefore \quad P = 10^3 \times 10 \times \frac{1}{5} \times \frac{25}{3} \text{ वाट}$$

$$= \frac{10^3 \times 10 \times 25}{5 \times 3 \times 746} \text{ अश्व शक्ति}$$

$\cong 22.34$ अश्व शक्ति

8. (D) रस्से में उत्पन्न तनाव $T = \frac{W}{2\sin\theta}$

यहां $W = 160$ न्यूटन

पहले रस्से के लिए, $\theta = 30^\circ$

$$T_1 = \frac{W}{2\sin\theta} = \frac{160}{2 \times \sin 30^\circ}$$

$$= \frac{160}{2 \times \frac{1}{2}} = 160 \text{ न्यूटन}$$

तथा दूसरे रस्से के लिए, $\theta = 60^\circ$

अतः $$T_2 = \frac{W}{2\sin 60^\circ}$$

$$= \frac{160}{2 \times \frac{\sqrt{3}}{2}} = \frac{160}{1.732}$$

$= 92.37$ न्यूटन

9. (C)

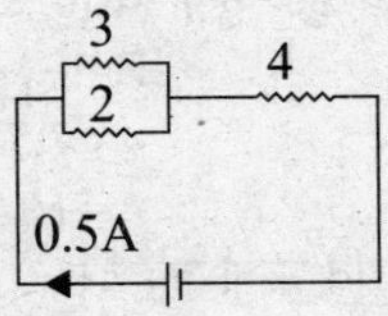

2 व 3 सामान्तर क्रम हैं।

अतः परिपथ का तुल्य प्रतिरोध

$$\frac{1}{R} = \left(\frac{1}{2} + \frac{1}{3}\right) = \frac{5}{6}$$

$$\Rightarrow \quad R = \frac{6}{5}$$

यह प्रतिरोध R, 4 ओम प्रतिरोध के साथ श्रेणीक्रम में जुड़ा है, अतः दोनों में समान धारा 0.5 ऐम्पियर प्रवाहित होगी।

$\frac{6}{5}$ ओम प्रतिरोध के सिरों का विभवान्तर

$$V = \left(0.5 \times \frac{6}{5}\right) \text{ वोल्ट} = 0.6 \text{ वोल्ट}$$

चूंकि 3 ओम तथा 2 ओम के प्रतिरोध समान्तर क्रम में हैं।

अत: प्रत्येक पर विभवान्तर 0.6 वोल्ट होगा।

अत: 2 ओम के प्रतिरोध में धारा,

$$i = \frac{0.6}{2} = 0.3 \text{ ऐम्पियर}$$

10. (D) धातु का रेखीय प्रसार गुणांक

$$\alpha = \frac{L}{L \times t}$$

यहां $L = 1.005 - 1 = 0.005$ मी.

$L = 1$ मी

$L = (100 - 0)^{\circ}C = 100^{\circ}C$

$$\therefore \quad \alpha = \frac{0.005}{1 \times 100} = 5 \times 10^{-5} \text{ प्रति}^{\circ}C$$

11. (C) 1.5 किलोवाट के जलतापक को 5 घण्टे तक चलाने में व्यय हुई ऊष्मा

$E_1 = 1.5 \times 5$

$= 7.5$ किलोवाट घण्टा

660 वाट या 0.66 किलोवाट के वायुतापक को 5 घण्टे तक चलाने में व्यय हुई ऊष्मा

$E_2 = 0.66 \times 5$

$= 3.3$ किलोवाट घण्टा

एक विद्युत प्रेस को 5 घण्टे तक चलाने में व्यय हुई ऊष्मा

$E_3 = VIt$

$= 220 \times 5 \times 5$ वाट घण्टा

$= 5.5$ किलोवाट घण्टा

अत: व्यय हुई कुल विद्युत ऊर्जा

$E = E_1 + E_2 + E_3$

$\Rightarrow \quad = 7.5 + 3.3 + 5.5$

$= 16.3$ किलोवाट घण्टा

चूंकि विद्युत ऊर्जा की दर

= ₹ 4 प्रति किलोवाट घण्टा

अत: कुल खर्च = (16.3×4) = ₹ 65.20

12. (A) सूत्र, $V = E - Ir$ से

प्रथम स्थिति में $V = 28.5$ वोल्ट

$I = 1$ ऐम्पियर

$\therefore \quad 28.5 = E - I \times r$

या $\quad 28.5 = E - r \quad$ .....(i)

द्वितीय स्थिति में,

$V = 27$ वोल्ट $I = 2$ ऐम्पियर

$\therefore \quad 27 = E - 2 \times r$

$\Rightarrow \quad 27 = E - 2r \quad$ ....(ii)

समीकरण (i) व समीकरण (ii) को हल करने पर

$\Rightarrow \quad r = 1.5$ ओम

r का मान समीकरण (i) में रखने पर,

$28.5 = E - 1.5$

$E = 28.5 + 1.5 = 30$ वोल्ट

अत: सेल का विद्युत वाहक बल 30 वोल्ट होगा।

13. (A) बिन्दु A पर प्रतिक्रिया बिन्दु B तथा बिन्दु C पर कार्यरत भारों के औसत भार के कारण होगी।

अत: 900 किग्रा तथा 700 किग्रा का औसत भार

$$W = \frac{900 + 700}{2} = 800 \text{ किग्रा भार}$$

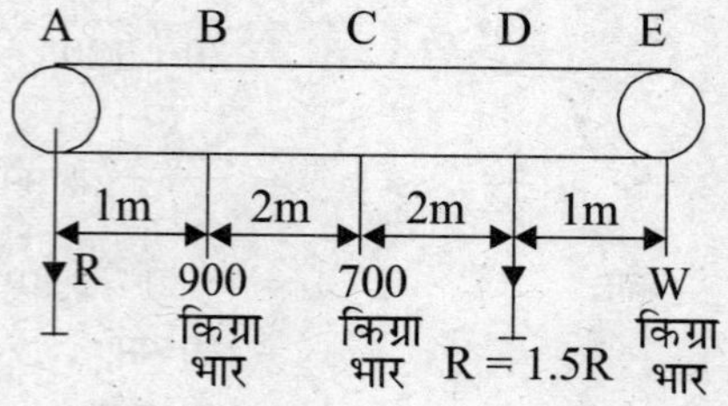

अब बिन्दु A पर प्रतिक्रिया

$R = 800\,g$

अब बिन्दु D पर प्रतिक्रिया 800 किग्रा भार तथा W किग्रा भार के कारण होगी,

अर्थात् $\quad 15.R = 800g + Wg$

$1.5 \times 800g = 800g + Wg$

$W = 1200 - 800$

$= 400$ किग्रा भार

14. (C) **15.** (B)

16. (A) $\quad W = JQ \quad$ ....(i)

$$W = \frac{1}{2}mv^2$$

$\Rightarrow \quad \frac{1}{2}mv^2 = JQ = J(ms\,\theta + mL)$

$\Rightarrow \quad v^2 = 2J\,(s\,\theta + L)$

यहां $\quad \theta = (275 - 25)^{\circ}C = 250^{\circ}C$

$\therefore \quad v^2 = 2 \times 4200\,(0.05 \times 250 + 29.5)$

$= 2 \times 4200 \times (12.5 + 29.5)$

$= 2 \times 4200 \times 42$

$\Rightarrow \quad v = \sqrt{2 \times 4200 \times 42}$

$\Rightarrow \quad v = 420\sqrt{2}$ मी/से.

17. (A) कैलोरी मीटर द्वारा $15^{\circ}C$ से $13^{\circ}C$ तक आने में दी गई ऊष्मा

$= ms \times t$

$= 40 \times (15 - 13)$

$= 80$ कैलोरी

कैलोरीमीटर के जल द्वारा $15^{\circ}C$ से $13^{\circ}C$ तक आने में दी गई ऊष्मा

$= ms \times t$

$= 160 \times 1 \times (15 - 13)$

$= 320$ कैलोरी

$\therefore$ कुल दी गई ऊष्मा = $(80 + 320)$ कैलारी

$= 400$ कैलोरी

बर्फ द्वारा 0°C पर लगने में ली गई ऊष्मा

$= mL = 4.3 \times L$ कैलोरी

बर्फ से बने जल द्वारा 0°C से 13°C तक जाने में ली गई ऊष्मा

$= m \times s \times t$

$= 4.3 \times 1 \times 13 = 55.9$ कैलोरी

$\therefore$ कुल ली गई ऊष्मा = (4.3L = 55.9) कैलोरी,

परन्तु ली गई ऊष्मा = दी गई ऊष्मा

$\therefore$ $L = \dfrac{400 - 55.9}{4.3} = 80$ कैलोरी/ग्राम

18. (A) माना कि द्रव्यमान-केन्द्र 7 किग्रा-भार से d मीटर दूरी पर है। आघूर्णों के नियम से,

$7 \times d = 9 \times (8 - d)$

$\Rightarrow$ $16d = 9 \times 8$

$\Rightarrow$ $d = \dfrac{9 \times 8}{16} = 4.5$ मीटर

19. (C) जब इंजन, सुरंग से 800 मीटर दूर रह जाता है, तब सीटी की प्रतिध्वनि इंजन तक 4.8 सेकण्ड में पहुंचती है। अत: ध्वनि को 1600 मीटर की दूरी तय करनी पड़ती है।

अत: इंजन की गति $= \dfrac{1600}{4.8} = 333.3$ मी/से.

$= \left(333.3 \times \dfrac{18}{5}\right)$ किमी/घण्टा

= 1200किमी/घण्टा

20. (D) लोहे की हाल को लकड़ी के पहिए पर चढ़ाने के लिए हाल की परिधि में आवश्यक वृद्धि (200.48 – 200.00) सेमी = 0.48 सेमी।

माना कि इसके लिए हाल के ताप में t वृद्धि करनी पड़ती है। तब लोहे का रेखीय-प्रसार-गुणांक

$\alpha = \dfrac{\text{परिधि में वृद्धि}}{\text{प्रारम्भिक परिधि} \times \text{तापवृद्धि}}$

$\Rightarrow$ $1.20 \times 10^{-5} = \dfrac{0.48}{200.00 \times t}$

$\Rightarrow$ $t = \dfrac{0.48}{1.20 \times 10^{-5} \times 200.00}$

= 200°C

हाल के ताप में 200°C की वृद्धि करनी होगी।

$\therefore$ हाल का अन्तिम ताप = (200 + 25.0)°C

= 225.0°C

21. (D)

22. (D) ईंधन का ऊष्मीय मान

$Q = ms\,\theta$

यहां $m = 6$ किग्रा, $\theta = (45 - 15)°C = 30°C$

$s = 4.2$ जूल/ग्राम°C

$= 4.2 \times 10^3$ जूल/किग्रा°C

$\therefore$ $Q = 6 \times 4.2 \times 10^3 \times 30$ जूल

= 756 किलो जूल

15 ग्राम ईंधन का उष्मीय मान = 756 किलो जूल

अत: 1 ग्राम ईंधन का ऊष्मीय मान

$= \dfrac{756}{15}$ किलो जूल/ग्राम

= 50.4 किलो जूल/ग्राम

23. (D) $\because$ दर्पण समान्तर है, अत: $\theta = 0$

प्रतिबिम्बों की संख्या

$n = \dfrac{360°}{\theta} = \dfrac{360°}{0}$ = (अनन्त)

24. (B) P = 1 अश्वशक्ति = 746 वाट

चूंकि कुल शक्ति ऊष्मा उत्पन्न करने में खर्च हो रही है, अत:

$W = JQ$

$\Rightarrow$ $Pt = J\,ms\,\Delta\theta$

$\Rightarrow$ $Pt = J\,(vd)s\,\Delta\theta$

$\therefore$ $746 \times t = 4.2 \times (3.73 \times 10^{-3} \times 10^3) \times 10^3 \times (20 - 0)$

$\therefore$ $t = \dfrac{42 \times 373 \times 20}{746}$

$t = 420$ सेकण्ड

$t = \dfrac{420}{60} = 7$ मिनट

25. (A) पिण्ड को जल में डुबाने पर भार में कमी

= (320 – 280) ग्राम-भार

= 40 ग्राम-भार

द्रव का आपेक्षिक घनत्व

$= \dfrac{\text{द्रव में डुबाने पर पिण्ड के भार में कमी}}{\text{जल में उसी पिण्ड के भार में कमी}}$

$\therefore$ द्रव में डुबाने पर पिण्ड के भार में कमी

= (1.65 × 40) ग्राम-भार = 66 ग्राम-भार।

26. (A) पत्थर की ऊर्ध्वाधर ऊपर की ओर चाल 20 मी/से है, इसलिए ऊर्ध्वाधर नीचे की ओर गति के लिए

$u = -20$ मी/से

$v^2 = u^2 - 2gh$

$= (-20)^2 - 2 \times 10 \times 200$

= 60 मी/से

27. (C) संवेग संरक्षण के नियम से,

$150 \times u + 1.5 \times 60 = 0 \Rightarrow 150u + 90 = 0$

$$u = -\frac{90}{150} = -0.6 \text{ मी/से}$$

ऋणात्मक चिह्न यह दर्शाता है कि तोप की दिशा गोले की दिशा के विपरीत होगी।

28. (B) फ्लेमिंग का राइट-हैण्ड नियम प्रेरित विद्युत वाहक बल की दिशा को बताता है।

29. (B)

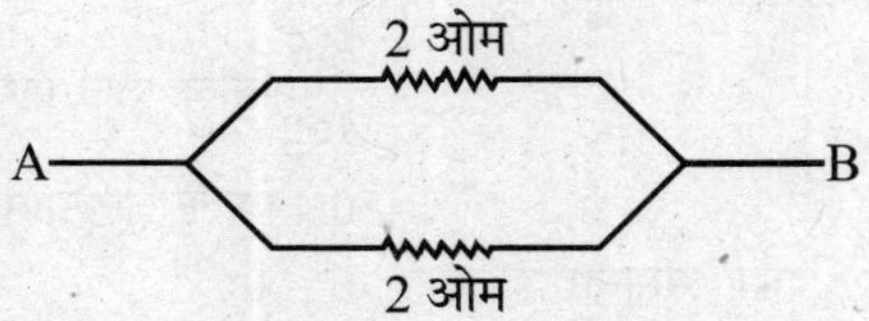

2 ओम व 2 ओम समान्तर क्रम में है।

$\therefore$ तुल्य प्रतिरोध, $\frac{1}{R} = \frac{1}{2} + \frac{1}{2} = 1 \Rightarrow R = 1$ ओम

30. (A) मनुष्य के प्रतिबिम्ब का वेग $= 2v = 2 \times 3 = 6$ मी/से

31. (C) हाइड्रोजन गैस का कैलोरी मान सबसे अधिक लगभग 150 किलो जूल/ग्राम है।

32. (D) $CH_3COONa + NaOH \rightarrow CH_4 + Na_2CO_3$

सोडालाइम मीथेन

33. (B) बिटुमिन कोयले में कार्बन की मात्रा 65% है।

34. (A) **35.** (A)

36. (A) $H \times H \times :\ddot{S}: \rightarrow 2H^{+} + S^{--}$

अर्थात् H

H_2S में विद्युत संयोजक बन्ध है।

37. (B)

तत्व	प्रतिशत मात्रा	परमाणु भार	आपेक्षिक अनुपात	सरल अनुपात
C	20	12	$\frac{20}{12} = 1.66$	$\frac{1.66}{1.66} = 1$
H	6.66	1	$\frac{6.66}{1} = 6.66$	$\frac{6.66}{1.66} = 4$
N	46.67	14	$\frac{46.67}{14} = 3.33$	$\frac{3.33}{1.66} = 2$
O	26.67	16	$\frac{26.67}{16} = 1.66$	$\frac{1.66}{1.66} = 1$

$\therefore$ सरल सूत्र $= CH_4N_2O$

38. (C)

39. (C) क्लोरोक्विन मलेरिया रोग से ग्रस्त रोगियों के उपचार हेतु दी जाती है।

40. (C)

41. (B) क्लोरीन = 52.07%

MCl_2 में धातु की मात्रा $= (100 - 52.07)\%$

$= 47.93\%$

$\therefore$ तुल्यांकी भार $= \frac{47.93}{52.07} \times 35.5 = 32.677$

MCl_2 में धातु की संयोजकता $= 2$

$\therefore$ परमाणु भार $= 2 \times$ संयोजकता

$= 2 \times 32.677$

$= 65.35$

42. (B) 250 घन सेमी H_2 का NTP पर भार $= 250 \times 0.00009$

$= 0.0225$ ग्राम

धातु का तुल्यांकी भार

$$\frac{0.45}{0.0225} \therefore = \frac{4500}{225} = 20$$

43. (D) जल की अस्थायी कठोरता उबालकर दूर नहीं की जा सकती।

44. (A) Cr_{24} K L M N — 2 8 13 1

$Cr = 1s^2, 2s^2\ 2p^6, 3s^2\ 3p^6\ 3d^5, 4s^1$

क्रोमियम का इलेक्ट्रॉनिक विन्यास अपवाद है।

45. (A) $_{88}Ra^{226} \xrightarrow{-\alpha} {}_{86}Rn^{222}$

(शून्य) अक्रिय गैस

46. (B) $\because$ 12 ग्राम कार्बन से प्राप्त ऊष्मीय ऊर्जा = 384 kJ

$\therefore$ 12 ग्राम कार्बन से प्राप्त ऊष्मीय ऊर्जा $= \frac{384}{12} = 32$ kJ

47. (D) हाइड्रोजन सल्फाइड (H_2S) कीप उपकरण द्वारा बनायी जाती है।

48. (A)

49. (C) क्रिस्टलीय पदार्थ में जल का भार

$= (100 - 64) = 36$

अत: क्रिस्टलीय पदार्थ के एक अणु में जल के

अणुओं की संख्या $= \frac{36}{18} = 2$

50. (B) बॉयल के नियमानुसार,

$$P \propto \frac{1}{V}$$

$$P = \frac{K}{V}$$

$$\therefore \quad P_1V_1 = P_2V_2$$

$$P_2 = \frac{P_1\,V_1}{V_2} = \frac{800 \times 200}{400}$$

$= 400$ मिली

51. (C) आवर्त सारणी में नीचे जाने पर परमाणु का आकार बढ़ता है जिससे आयनन विभव में कमी आती है।

52. (B)

53. (B) ग्राह्म के विसरण नियम से,

$$\frac{r_1}{r_2} = \sqrt{\frac{d_2}{d_1}}$$

$$\frac{\frac{V}{26}}{\frac{V}{122}} = \sqrt{\frac{d_2}{1}}$$

$$\frac{122}{26} = \sqrt{\frac{d_2}{1}}$$

$$d_2 = \left(\frac{122}{26}\right)^2 = 22$$

54. (B) मारकोनीकॉफ के नियम के अनुसार

$$CH_3CH = CH_2 + \overset{+}{H}\overset{-}{Br} \rightarrow CH_3CHBr — CH_3$$

55. (B) $CaCO_3 + 2HNO_3 \rightarrow Ca(NO_3)_2 + H_2O + CO_2$

$CaCO_3$ का अणुभार = 100 $2HNO_3$ का अणुभार = 2 × 63 = 126

∵ 100 ग्राम $CaCO_3$ को घोलता है = 126 ग्राम HNO_3

∴ 100 ग्राम $CaCO_3$ को घोलेगा है = $\frac{126}{100} \times 10 = 12.6$ ग्राम

प्रश्नानुसार,

∴ x का 20% = 12.6

$$x = \frac{12.6 \times 100}{20} = 63 \text{ ग्राम}$$

56. (B) यूरिया का अणुभार

NH_2CONH_2

$14 + 1 \times 2 + 12 + 16 + 14 + 1 \times 2$

$14 + 2 + 12 + 16 + 14 + 2 = 60$

N की मात्रा $14 + 14 = 28$

नाइट्रोजन की प्रतिशत मात्रा

$$= \frac{\text{नाइट्रोजन की मात्रा} \times 100}{\text{यौगिक का अणुभार}}$$

$$= \frac{28 \times 100}{60} = 46.67\%$$

57. (D) नाइट्रोजन गैस लिटमस के प्रति उदासीन है।

58. (D) जिन तत्वों के परमाणु क्रमांक एक समान होते हैं परन्तु परमाणु भार भिन्न-भिन्न होते हैं, उन्हें समस्थानिक कहते हैं। ऐसे तत्वों में इलेक्ट्रॉनों तथा प्रोटॉनों की संख्या तो समान होती है परन्तु न्यूट्रॉनों की संख्या भिन्न-भिन्न होती है और इसी भिन्नता के कारण परमाणु भार भिन्न-भिन्न होते हैं।

59. (C) CaC_2 तथा H_2O की क्रिया द्वारा एसीटिलीन गैस C_2H_2 बनती है।

$$CaC_2 + 2H_2O \rightarrow C_2H_2 + Ca(OH)_2$$

एसीटिलीन में उपस्थित AsH_3, NH_3, PH_3, H_2S आदि की अशुद्धियां दूर करने के लिए गैस को CuSO4 के अम्लीय घोल में से प्रवाहित करते हैं।

60. (A) Fe तथा Cu की ऑक्सीकरण संख्या लिखने पर

$$\overset{0}{Fe} + \overset{+2}{Cu}SO_4 \rightarrow \overset{+2}{Fe}SO_4 + \overset{0}{Cu}$$

∴ कॉपर की ऑक्सीकरण संख्या घट रही है

∴ कॉपर का अपचयन हो रहा है।

61. (D) x अक्ष में बिन्दु $(-1, 4)$ के प्रतिबिम्ब के निर्देशांक $(-1, -4)$ होंगे।

62. (D) माना ट्रेन द्वारा लिया गया समय = t घंटा

∴ प्रश्नानुसार

$t + 10 = 2(t - 7)$

$t + 10 = 2t - 14$

$t = 24$ घंटा

कुल चली गई दूरी = 660 किमी

कुल लिया गया समय = 24 घंटा

∴ राजधानी ट्रेन की गति = $\frac{660}{24} = 27.5$ किमी/घंटा

63. (C) 28% छूट पर लागत मूल्य = ₹ 100 – 28 = ₹ 72

प्रातिशत चिन्हित मूल्य = $\frac{100 \times 100}{72}$ = ₹ 138.88

∴ चिन्हित मूल्य = ₹ (138.88 – 100) = ₹ 38.88

64. (A) माना संख्या = x

प्रश्नानुसार

$\Rightarrow \quad x + 38 = \frac{119}{100}x$

$\Rightarrow \quad 100x + 38 \times 100 = 119x$

$\Rightarrow \quad 119x - 100x = 3800$

$\Rightarrow \quad x = \frac{3800}{19} = 200$

65. (B) माना राशि = ₹ x

प्रश्नानुसार

चक्रवृद्धि ब्याज – साधारण ब्याज = 40

$$= x \times \left[\left(1 + \frac{8}{100}\right)^2 - 1\right] - \frac{x \times 2 \times 8}{100} = 40$$

$$= x\left[\frac{108 \times 108}{100 \times 100} - 1\right] - \frac{16x}{100} = 40$$

$$\frac{1664}{10000}x - \frac{16x}{100} = 40$$

$$\frac{1664 - 1600}{10000}x = 40$$

$$64x = 40 \times 10000$$

$$x = \frac{40 \times 10000}{64} = ₹ 6250$$

66. (D) समचतुर्भुज ABCD में

$\angle ABC = 180^\circ - 2\angle CAB$

$= 180^\circ - 2 \times 35^\circ = 180^\circ - 70^\circ = 110^\circ$

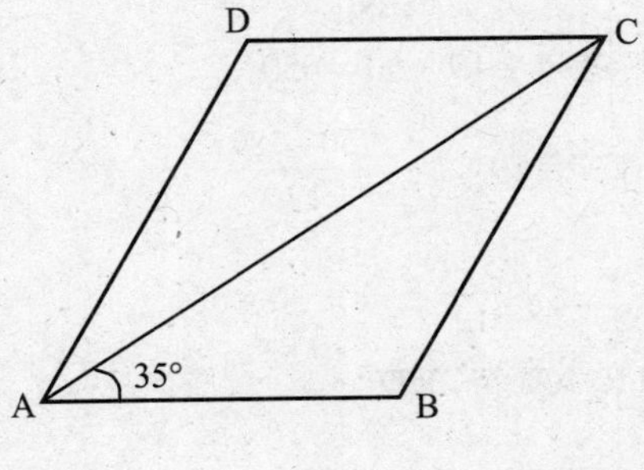

67. (B) 20% छूट पर लाभ 42% होता है।

∴ माना विक्रय मूल्य = ₹ x

$$x \times \frac{80}{100} = 142$$

$$x = \frac{142 \times 100}{80} = ₹ 177.5$$

यदि छूट 15% हो, तब

$$\text{विक्रय मूल्य} = \frac{177.5 \times 85}{100} = ₹ 150.875$$

$$\therefore \quad \text{लाभ} = 150.875 - 100 = ₹ 50.875$$

68. (A) $x = \sqrt{\frac{1-\cos A}{1+\cos A}}$

$$= \sqrt{\frac{1-\cos A(1-\cos A)}{(1+\cos A)(1-\cos A)}}$$

$$= \sqrt{\frac{(1-\cos A)^2}{1-\cos^2 A}} = \frac{1-\cos A}{\sin A}$$

$$= \frac{1}{\sin A} - \frac{\cos A}{\sin A} = \text{cosecA} - \text{cotA}$$

69. (D) भाजक $= \frac{\text{भाज्य - शेषफल}}{\text{भागफल}}$

$$38 = \frac{\text{भाज्य} - 12}{70}$$

$$\text{भाज्य} = 38 \times 70 + 12 = 2660 + 12 = 2672$$

70. (B) प्रवेश टिकट के मूल्य का अनुपात $= \frac{17}{19}$

लोगों की संख्या का अनुपात $= \frac{11}{10}$

कुल संकलन का अनुपात $= \frac{17}{19} \times \frac{11}{10} = \frac{187}{190}$

71. (B) सम पूर्णांक संख्या = 4

सर्वोच्च संख्या $= 19 \times 2 + 30$
$= 38 + 30$
$= 68$

प्रथम 19 सम पूर्णांकों का योग $= 19\,(19+1)$
$= 19 \times 20$
$= 380$

संख्याओं का औसत $= 19 \times 50 = 950$

∴ सर्वोच्च संख्या $= 19 \times 2 + \frac{950-380}{19}$

$$= 38 + \frac{570}{19} = 38 + 30 = 68$$

72. (C) समांतर श्रेणी के लिए

योग $= \frac{n}{2}[a+l]$

$$= \frac{12}{2}[25+(-52)] = 6 \times -27 = -162$$

73. (D) कटोरे के सतह का कुल क्षेत्रफल $= \pi\,[\,3\,(\text{बाहरी त्रिज्या})^2 +$ आतंरिक त्रिज्या$^2]$

$$= \pi\,[3\,(9+1)^2 + (9)^2] = \pi\,[3\,(10)^2 + (9)^2]$$

$$= \frac{22}{7}[3 \times 100 + 81] = \frac{22}{7} \times 381 = 1197.428 \text{ वर्ग सेमी}$$

74. (C) पंकज $\frac{1}{2}$ भाग काम पूरा करता है = 12 दिन में

∴ पंकज 1 काम को पूरा करेगा $= 12 \times 2 = 24$ दिन में

इसी प्रकार साईनाथ बचा हुआ काम $(1 - \frac{1}{2} = \frac{1}{2}$ भाग)

∴ साईनाथ 1 काम पूरा करेगा $= 6 \times 2 = 12$ दिन में

दोनों के द्वारा किया गया 1 दिन में काम $= \frac{1}{24} + \frac{1}{12}$

$$= \frac{3}{24} = \frac{1}{8}$$

दोनों द्वारा लिया गया समय = 8 दिन में

∴ दोनों मिलकर 1 काम को 8 दिन में पूरा करेंगे।

75. (A) माना विक्रय मूल्य = ₹ x

9% छूट पर,

$$\frac{91}{100}x = 14000$$

$$x = \frac{14000 \times 100}{91}$$

22% छूट पर विक्रय मूल्य $= \frac{14000 \times 100}{91} \times \frac{78}{100} = ₹ 12000$

76. (D) चावल विक्रेता 1 कुंतल चावल खरीदता है $= \frac{3344}{22} = 152$

प्रति कुन्तल पर 24% चावल खराब होने पर चावल की मात्रा $= \frac{22 \times 76}{100} = 16.72$ कुंतल

प्रति कुतंल चावल का क्रय मूल्य $= \frac{3344 \times 100}{1672} = ₹ 200$

∴ 30% लाभ पर विक्रय मूल्य $= \frac{130 \times 200}{100} = ₹ 260$ प्रति कुंतल

77. (C) y अक्ष पर बिन्दु $(5, -4)$ स्थित है।

∴ $P\,(a,b)$ के निर्देशांक $(5, 4)$ होंगे।

78. (B) मिसाइल की गति = 1350 किमी/घंटा

$= 1350 \times \frac{5}{18}$ मी./से. = 375 मी./से.

$\therefore$ 1 सेकेण्ड में चली गई दूरी = 375 मीटर

79. (C) $21x^2 - 37x - 28 = 0$

$21x^2 - 49x + 12x - 28 = 0$

$7x(3x-7) + 4(3x-7) = 0$

$(3x-7)(7x+4) = 0$

$3x - 7 = 0 \qquad 7x + 4 = 0$

$3x = 7 \qquad 7x + 4 = 0$

$x = \frac{7}{3} \qquad x = \frac{-4}{7}$

अत: समीकरण के मूल $\frac{7}{3}$ और $\frac{-4}{7}$ होंगे।

80. (C)

81. (C) माना पहला कोण $= x^o$

दूसरा कोण $= 2x^o$

$\therefore$ प्रश्नानुसार

$x^o + 2x^o = 180^o$

$3x^o = 180^o$

$x^o = \frac{180^o}{3} = 60^o$

82. (A) क्रमागत भुजाओं के दो जोड़े सर्वांगसम हैं।

83. (B) सोपान, गुरूप्रसाद और रीमा का औसत वजन = 65 किग्रा

कुल औसत वजन = 65 × 3 = 195 किग्रा

सोपान और गुरूप्रसाद का कुल औसत वजन = 67 × 2

= 134 किग्रा

गुरूप्रसाद और रीमा का कुल औसत वजन = 57 × 2

= 114 किग्रा

प्रश्नानुसार

सोपान + गुरूप्रसाद + रीमा = 195 ... (i)

सोपान + गुरूप्रसाद = 134 ... (ii)

गुरूप्रसाद + रीमा = 114 ...(iii)

समीकरण (i) (ii) व (iii) से

गुरूप्रसाद का वजन = 114 – (195 – 134)

= 114 – 61

= 53 किग्रा

84. (B) वर्ष के अंत में ब्याज के माध्यम से लाभ

$$= 9600 \times \left[\left(1+\frac{5}{100}\right)^2 - 1\right] + 9600\left[\left(1+\frac{5}{100}\right) - 1\right]$$

$$= 9600 \times \left[\frac{105 \times 105}{100 \times 100} - 1\right] + 9600 \times \left(\frac{105}{100} - 1\right)$$

$$9600 \times \frac{1025}{10000} + 9600 \times \frac{5}{100} = 984 + 480 = ₹\ 1464$$

85. (C) बढ़े हुए दाम के साथ मेले के टिकट के मूल्य का अनुपात $= \frac{3}{5}$

मेले में घटती हुई संख्या का अनुपात $= \frac{7}{2}$

$\therefore$ कुल अनुपात में हानि होगी

$$\text{अत: अनुपात} = \frac{\frac{3}{5}}{\frac{2}{7}} = \frac{21}{10} = 21 : 10$$

86. (B) $\log x + \log 2y = \log(x + 2y)$

$\Rightarrow \log 2xy = \log(x + 2y) \Rightarrow x + 2y = 2xy$

$\Rightarrow x - 2xy = -2y \Rightarrow x = \frac{2y}{2y - 1}$

87. (C) यदि $A \subset B$, तो $n(A \cup B) = 10$

यदि $A \not\subset B$, तो $n(A \cup B) \geq 10$

88. (A) कुल पदों की संख्या 12 है।

$\therefore$ माध्यिका = $\frac{\text{छठवां पद + सातवां पद}}{2}$

$\Rightarrow 14 = \frac{(x+1) + (x+3)}{2}$

$\Rightarrow 28 = 2x + 4$

$\Rightarrow x = 12$

89. (C) बेलन का वक्रपृष्ठ = $2\pi rh$

शंकु का वक्रपृष्ठ = $\pi r\left(\frac{h}{2}\right) = \frac{\pi rh}{2}$

$\therefore$ अभीष्ट अनुपात = $\frac{2\pi rh}{\pi rh/2} = \frac{4}{1} = 4 : 1$

90. (A) समान्तर माध्य $= \frac{12 + 14 + 16 + 18 + 20}{5} = \frac{80}{5} = 16$

पद	समान्तर माध्य	विचलन $d = x - \bar{x}$	d^2
12	16	–4	16
14		–2	4
16		0	0
18		2	4
20		4	16
			$\Sigma d^2 = 40$

मानक विचलन $= \sqrt{\frac{\Sigma d^2}{n}} = \sqrt{\frac{40}{5}}$

$= \sqrt{8} = 2\sqrt{2}$

बिहार पॉलिटेक्निक संयुक्त प्रवेश परीक्षा,

प्रैक्टिस सेट– 7

खण्ड-I (A): भौतिक विज्ञान

1. गुरुत्व क्षेत्र में किसी ऊंचाई से एक गेंद विराम अवस्था से मुक्त रूप से गिरना प्रारम्भ करती है और आधी दूरी t सेकण्ड में तय कर लेती है, इसे शेष आधी दूरी तय करने में समय लगेगा–

(A) $t/4$ से (B) $3t/4$ से

(C) $(\sqrt{2}-1)t$ से (D) $(1-\sqrt{2})t$ से

2. एक ट्रक, एक कार और एक मोटरसाइकिल की गतिज ऊर्जाएं समान हैं। यदि समान अवरोधक बल लगाए जाएं और वे क्रमश: x, y और z दूरी पर रुकें तो–

(A) $x>y>z$ (B) $x<y<z$

(C) $x\approx 4\approx 8z$ (D) $x=y=z$

3. 5 मी लम्बी रस्सी के लटके हुए झूले पर 25 किग्रा संहति का एक लड़का बैठा है। एक व्यक्ति रस्सी को इस प्रकार खींचता है, कि रस्सी ऊर्ध्वाधर से 30° का कोण बनाती है। लड़के की गुरुत्व स्थितिज ऊर्जा में सन्निकट वृद्धि होगी–

(A) 164.15 जूल (B) 1225 जूल

(C) 625 जूल (D) कोई वृद्धि नहीं

4. एक 40 ग्राम वजन के चीनी के टुकड़े पर 0.96 आपेक्षिक घनत्व की 5.76 ग्राम मोम से लेप किया गया। यदि लेपित टुकड़े का भार जल में 14.76 ग्राम हो, तो चीनी का आपेक्षिक घनत्व होगा–

(A) 1.83 (B) 1.6

(C) 1.29 (D) 1.08

5. एक 400 किग्रा की लिफ्ट इस्पात की रस्सी से आधारित है, जोकि 800 किग्रा का भार सुरक्षित रूप से वहन कर सकती है। न्यूनतम दूरी जिसमें लिफ्ट को रोका जा सकता है, यदि यह 1 मी/से की गति से नीचे उतर रही है, होगी– (g = 10 मी/से2)

(A) 4 मी (B) 20 मी

(C) $\frac{1}{20}$ मी (D) इनमें से कोई नहीं

6. एक छड़ AB, 2 मी लम्बी है तथा सिरे A से 120 सेमी की दूरी पर सन्तुलित होती है। उसी सिरे A पर 200 ग्राम का भार लगाया जाता है। तो वह केन्द्र पर स्थित एक बिन्दु पर भी सन्तुलित होती है। छड़ का भार है–

(A) 1000/3 ग्राम (B) 1000 ग्राम

(C) 300 ग्राम (D) इनमें से कोई नहीं

7. सूर्य का व्यास 600 सेमी त्रिज्या वक्रता वाले अवतल दर्पण के ध्रुव पर लगभग 32' का कोण बनाता है। इस अवतल गोलीय दर्पण द्वारा बनाए गए सूर्य के प्रतिबिम्ब का व्यास लगभग होगा– (tan 16' = 0.0046)

(A) 1.38 सेमी (B) 2.76 सेमी

(C) 4.14 सेमी (D) इनमें से कोई नहीं

8. एक पीतल की छड़ को जस्ते की मापनी से नापा जाता है जोकि 0^oC पर यथार्थ तथा 1 मी लम्बी है। उसकी देखी गई लम्बाई 10^oC पर होगी–

($\alpha_B = 0.000019/^oC$ तथा $\alpha_{Zn} = 0.000029/^oC$)

(A) 100.001 सेमी (B) 99.9 सेमी

(C) 100.01 सेमी (D) 99.99 सेमी

9. तीन विभिन्न द्रवों a, b, c के समान द्रव्यमान का ताप $15^oC, 25^oC, 35^oC$ है। a तथा b को मिलाने पर मिश्रण 21^oC तापमान प्राप्त करता है। b तथा c मिलाने पर मिश्रण 32^oC तापमान प्राप्त करता है। यदि a और c को मिलाया जाये तो मिश्रण का तापमान होगा– (बर्तन का जल तुल्यांक नगण्य मानिए)

(A) 33.5^oC (B) 32.78^oC

(C) 30.56^oC (D) इनमें से कोई नहीं

10. एक कम्पित वस्तु 1 सेकण्ड में 240 कम्पन करती है। वायु में ध्वनि की चाल 320 मी/से है। कम्पित वस्तु के द्वारा किए गए 15 कम्पनों में वायु में ध्वनि कितनी दूर जाएगी?

(A) 320 मी (B) 10 मी

(C) 40 मी (D) 20 मी

11. एक धारामापी की सुग्राहिता 0.5 माइक्रो ऐम्पियर है। इसमें 2×10^{-5} ऐम्पियर धारा प्रवाहित करने से विक्षेप होगा–

(A) 40 (B) 70

(C) 10 (D) शून्य

12. एक i लम्बाई की परिनालिका में फेरों की संख्या n है। एक अन्य परिनालिका, जिसकी लम्बाई 1/2 है, में भी फेरों की संख्या

n है–परन्तु यह फेरे दो परतों में लपेटे गए है। जब दोनों परिनालिकाओं में समान धारा बह रही हो, तो द्वितीय एवं प्रथम परिनालिका के केन्द्र पर चुम्बकीय क्षेत्रों की तीव्रता का अनुपात होगा–

(A) 2 : 1 (B) 1 : 1
(C) 1 : 2 (D) 1 : 4

13. एक समतल दर्पण क्षैतिज से 30° कोण बना रहा है। यदि एक ऊर्ध्वाधर किरण दर्पण से टकराती है, तो दर्पण एवं परावर्तित किरण के मध्य कोण होगा–

(A) 30° (B) 45°
(C) 60° (D) 90°

14. एक विद्युत हीटर 90 लीटर पानी को 10°C से 80°C तक एक घण्टे में गर्म करने के लिए प्रयोग किया जाता है। यदि उसकी दक्षता 90% हो, तो इसे चलाने की लागत, जबकि ऊर्जा लागत 90 पैसे प्रति किलोवाट-घण्टा है, होगी–

(A) ₹ 1.75 (B) ₹ 1.42
(C) ₹ 1.80 (D) ₹ 7.35

15. एक उच्चायी ट्रांसफार्मर में फेरों का अनुपात 1 : 2 है। एक लैक्लांशी सैल (विद्युत वाहक बल 1.5V) प्राथमिक से जोड़ा हुआ है। द्वितीयक में उत्पन्न वोल्टता होगी–

(A) 3.0V (B) 0.75V
(C) 1.5V (D) शून्य

16. एक इलेक्ट्रॉन 0.2 वेबर/मी2 के चुम्बकीय क्षेत्र में 2×10^{7} मी/से के वेग से क्षेत्र के लम्बवत् गति कर रहा है। इलेक्ट्रॉन पर लगने वाला बल होगा–

(A) 6.4×10^{-11} न्यूटन (B) 64×10^{-14} न्यूटन
(C) 0.64×10^{-12} न्यूटन (D) 4.8×10^{-13} न्यूटन

17. एक तेल की पतली पर्त पानी पर तैर रही है। एक प्रकाश किरण 45° के आपतन कोण पर तेल की सतह पर आपतित होती है, किरण द्वारा पानी के अन्दर बनाए गए अपवर्तन कोण का मान होगा।
(तेल का अपवर्तनांक = 145, पानी का अपवर्तनांक = 1.33)

(A) $\sin^{-1}(0.53)$ (B) $\sin^{-1}(0.49)$
(C) $\sin^{-1}(0.65)$ (D) $\sin^{-1}(0.38)$

18. एक वस्तु 10 सेमी फोकस दूरी वाले अभिसारी लेन्स से 15 सेमी दूर रखी है, तो स्क्रीन पर उसका प्रतिबिम्ब बनता है। अभिसारी लेन्स के सम्पर्क में एक अपसारी लेन्स रखा जाता है और इसके कारण पुनः स्पष्ट प्रतिबिम्ब प्राप्त करने के लिए स्क्रीन को 30 सेमी पीछे हटाना पड़ता है, अपसारी लेन्स की फोकस दूरी है–

(A) 90 सेमी (B) 45 सेमी
(C) 60 सेमी (D) इनमें से कोई नहीं

19. एक दूर दृष्टि दोष वाला व्यक्ति अपनी आंख से 60 सेमी से कम की दूरी की वस्तु स्पष्टतया: नहीं देख पाता। यदि वह एक पुस्तक को आंख से 30 सेमी की दूरी पर पढ़ना चाहे, तो लेन्स के प्रकार एवं फोकस दूरी होगी–

(A) 20 सेमी फोकस दूरी का अवतल लेन्स
(B) 60 सेमी फोकस दूरी का अवतल लेन्स
(C) 20 सेमी फोकस दूरी का उत्तल लेन्स
(D) 60 सेमी फोकस दूरी का उत्तल लेन्स

20. आवेश $+Q_1$, $-Q_1$ एवं $+Q_2$ एक सरल रेखा पर इस प्रकार हैं, कि $+Q_1$ और $-Q_1$ की दूरी $-Q_1$ और $+Q_1$ की दूरी समान है। $+Q_1$ पर कुल बल शून्य करने के लिए Q_2 का परिमाण होगा–

(A) $Q_1/4$ (B) $2Q_1$
(C) Q_1 (D) $4Q_1$

21. 0.6Ω आन्तरिक प्रतिरोध वाली 12 वोल्ट बैटरी 3 प्रतिरोधों 4Ω, 6Ω तथा 1Ω से श्रेणी में इस प्रकार जुड़ी है कि 4Ω तथा 6Ω के प्रतिरोध समान्तर हैं तथा इन समान्तर प्रतिरोधों की श्रेणी में 1Ω का प्रतिरोध लगा हुआ है। 1Ω प्रतिरोध में गुजरने वाली धारा होगी–

(A) 3 ऐम्पियर (B) 2 ऐम्पियर
(C) 1 ऐम्पियर (D) 6.5 ऐम्पियर

22. एक 1.5 किलोवाट का हीटर 25 ली. पानी का तापमान 10°C से 40°C तक बढ़ाता है। पानी गर्म करने में लगभग समय लगा होगा–

(A) 2 मिनट (B) 25 मिनट
(C) 35 मिनट (D) 60 मिनट

23. एक धनावेशित तथा एक ऋणावेशित गोले को तांबे के तार से जोड़ने पर गोलों के उदासीन होने में 1 मिली सेकण्ड का समय लगता है तथा इस समय में तार से होकर 200 माइक्रो कूलॉम आवेश गुजर जाता है। तार में प्रवाहित धारा का मान होगा–

(A) 0.2 ऐम्पियर (B) 0.1 ऐम्पियर
(C) 0.4 ऐम्पियर (D) 0.6 ऐम्पियर

24. अभिक्रिया $CH_2COOH + 2H \xrightarrow[\text{ईथर}]{LiAlH_4}$ देगी–

(A) CH_4OH (B) C_2H_5OH
(C) CH_3OH (D) C_2H_3OH

25. ऐल्कोहॉल श्रेणी का क्रियात्मक समूह है–

(A) – O – (B) – OH
(C) – CHO (D) – COOH

26. 20 किग्रा द्रव्यमान के ब्लॉक पर 2 मीटर की दूरी तक 5 न्यूटन का बल लगाया जाता है, तो ब्लॉक की गतिज ऊर्जा होगी–

(A) 20 जूल (B) 15 जूल
(C) 10 जूल (D) 5 जूल

27. आवेश प्रवाह की दर को कहते हैं–

(A) विभव (B) धारा
(C) विभावन्तर (D) इनमें से कोई नहीं

28. पृथ्वी पर वायुमण्डल होने का कारण है–

(A) गुरुत्व (B) वायु
(C) बादल (D) पृथ्वी का चुम्बकीय क्षेत्र्स

29. कार्य करने की दर को कहते हैं–

(A) ऊर्जा (B) शक्ति
(C) बल (D) इनमें से कोई नहीं

30. यदि वस्तु का द्रव्यमान दोगुना कर दिया जाता है, तो वस्तु की गतिज ऊर्जा होगी–

(A) आधी (B) दोगुनी
(C) एक-चौथाई (D) इनमें से कोई नहीं

खण्ड-I (B) : रसायन विज्ञान

31. NH_3 का 30° सेल्सियस तथा 2 वायुमण्डल दाब पर घनत्व कितना होगा, जबकि (परमाणु भार N = 14, H = 1)?
(A) 1.37 ग्राम/लीटर (B) 1.87 ग्राम/लीटर
(C) 3.77 ग्राम/लीटर (D) इनमें से कोई नहीं

32. 'सल्फापाइरीडिन' औषधि का प्रयोग किया जाता है–
(A) निमोनिया में
(B) घाव धोने में
(C) शरीर का दर्द कम करने में
(D) अतिसार में

33. किस प्रकार के कोयले में कार्बन की प्रतिशतता उच्चतम होती है?
(A) बिटमनयुक्त कोयंला (B) लिग्नाइट
(C) पीट (D) एन्थ्रासाइट

34. एक कार्बनिक यौगिक का प्रतिशत संघटन निम्नलिखित है— C = 40%, H = 6.67%, O = 53.33% यदि इसका वाष्प घनत्व 30 है, तो यौगिक का अणुसूत्र होगा–
(A) CHO_2 (B) CH_2O
(C) $C_2H_4O_2$ (D) इनमें से कोई नहीं

35. ऐलुमिना के वैद्युत-अपघटन में वैद्युत्-अपघट्यों की सतह पर कोक चूर्ण फैलाया जाता है, क्योंकि–
(A) कोक विद्युत् चालकता बढ़ाता है
(B) कोक ऊष्मा प्रदान करता है
(C) कोक ताप कुचालक होने के कारण ऊष्मा का विसर्जन रोकता है।
(D) उपरोक्त में से कोई नहीं

36. डिटर्जेन्ट में पाइन ऑयल मिलाया जाता है–
(A) कठोर जल को मृदु जल में परिवर्तित करने के लिए
(B) डिटर्जेन्ट की क्षारकता बढ़ाने के लिए
(C) डिटर्जेन्ट की दुर्गन्ध दूर करने के लिए
(D) इसे अधिक झाग उत्पन्न करने में समर्थ बनाने के लिए

37. जब क्यूप्रिक ऑक्साइड पर हाइड्रोजन प्रवाहित की जाती है, तब कॉपर तथा पानी बनता है। 0.4 मोल कॉपर बनाने के लिए आवश्यक हाइड्रोजन का भार, ग्राम में होगा–
(A) 0.4 (B) 11
(C) 0.8 (D) इनमें से कोई नहीं

38. 1.89 ग्राम धातु को HNO_3 में घोलने पर धातु का नाइट्रेट प्राप्त होता है। नाइट्रेट को तेजी से गर्म करने पर धातु के ऑक्साइड का अवशेष प्राप्त होता है, जिसका यथार्थ भार 2.37 ग्राम है। धातु का तुल्यांकी भार है–
(A) 64.8 (B) 32.4
(C) 31.5 (D) इनमें से कोई नहीं

39. एक धातु के क्लोराइड में 63.964% Cl_2 है। धातु की विशिष्ट ऊष्मा 0.162 है। धातु का यथार्थ परमाणु भार है?
(A) 40 (B) 24
(C) 30 (D) इनमें से कोई नहीं

40. कौन-सी अभिक्रिया घटित नहीं हो सकती है?
1. $CuSO_4 + Fe \rightarrow FeSO_4 + Cu$
2. $MgSO_4 + Cu \rightarrow CuSO_4 + Mg$
3. $MgSO_4 + Fe \rightarrow FeSO_4 + Mg$
(A) 2 तथा 3 (B) 1 तथा 2
(C) 1 तथा 3 (D) इनमें से कोई नहीं

41. डायजीपाम है एक–
(A) ज्वरनाशक (B) एक पूर्तिरोधी
(C) शामक औषधि (D) इनमें से कोई नहीं

42. दो समान पात्रों में क्रमश: हीलियम और आर्गन गैसें 2.5 और 1.0 वायुमण्डलीय दाब पर भरी हैं। यदि दोनों गैसों को एक ही पात्र में कर दिया जाए, तो मिश्रण का दाब होगा–
(A) 3.5 वायुमण्डल (B) 1.75 वायुमण्डल
(C) 1.5 वायुमण्डल (D) 1.0 वायुमण्डल

43. जल की स्थायी कठोरता दूर करने के लिए प्रयोग किया जाने वाला यौगिक सोडियम जियोलाइड (Na_2Z) अधिक समय तक प्रयुक्त करने के बाद अप्रभावी हो जाता है। इस यौगिक को पुनर्युवनित किया जाता है–
(A) इसे सान्द्र H_2SO_4 में से गुजारकर
(B) इसमें NaCl का 10% विलयन गुजारकर
(C) इसमें से वाष्प प्रवाहित करके
(D) इसमें से कास्टिक सोडा प्रवाहित करके

44. एक महिला के द्वारा बना केक कठोर एवं छोटे आकार का बनता है। महिला ने कौन-सा संघटक केक में नहीं डाला है?
(A) NaOH (B) Na_2CO_3
(C) $NaHCO_3$ (D) इनमें से कोई नहीं

45. न्यूक्लियर रिएक्टर कौन-सा कार्य करता है?
(A) अनियंत्रित ढंग से न्यूक्लियर ऊर्जा का उत्पादन
(B) नियंत्रित ढंग से न्यूक्लियर ऊर्जा का उत्पादन
(C) परमाणु बम विस्फोट में सहायता
(D) उपरोक्त में से कोई नहीं

46. ओजोन तथा मेथेन की अभिक्रिया स्वरूप प्राप्त होता है–
(A) CO_2 (B) CH_3OH
(C) H_2 (D) HCHO

47. कठोर जल के एक नमूने में $Mg(HCO_3)_2$ = 0.0292 ग्राम/ली

तथा $CaSO_4$ = 0.0136 ग्राम/ली हैं। जल की कठोरता होगी(दिया है : S का परमाणु भार = 32, Ca = 40, C = 12, O = 16, Mg = 24, H = 1) —

(A) 30º (B) 4º

(C) 3º (D) इनमें से कोई नहीं

48. निम्न में त्रिबन्ध वाला यौगिक कौन-सा है?

(A) C_3H_4 (B) C_3H_8

(C) C_3H_6 (D) C_2H_4

49. जल गैस प्राप्त की जा सकती है–

(A) श्वेत तप्त कोक पर वाष्प प्रवाहित करने पर

(B) लगभग 600ºC पर कोक पर ठण्डा जल प्रवाहित करने पर

(C) 150ºC पर कोक पर ठण्डा जल प्रवाहित करने पर

(D) H_2 की CO_2 पर अभिक्रिया करने पर

50. साबुन बनाने में ग्लिसरीन या जैतून का तेल डाला जाता है, ताकि–

(A) साबुन में कीटाणुनाशक गुण आ जाएं

(B) साबुन अधिक समय तक चिकना और मुलायम रहे

(C) यह अधिक झाग उत्पन्न करे

(D) साबुन चमकदार हो जाए

51. निम्नलिखित गैसों में से किस का ऊष्मीय मान सबसे अधिक है?

(A) मेथेन (B) हाइड्रोजन

(C) बायोगैस (D) तरलीकृत पेट्रोलियम गैस

52. C_3H_7OH का आई.यू.पी.ए.सी. नाम है–

(A) प्रोपेन (B) प्रोपेनॉल

(C) प्रोपेनॉइक अम्ल (D) इनमें से कोई नहीं

53. आवर्त सारणी के काल के साथ निम्नलिखित गुणों में से कौन-सा गुण नियमित रूप से बढ़ता है?

(A) गलनांक (B) ऑक्साइडों की क्षारकता

(C) परमाणु त्रिज्या (D) ऋण-विद्युतता

54. 224 घन सेमी गैस का भार सामान्य ताप एवं दाब पर 0.24 ग्राम पाया गया है, इसका अणुभार कितना होगा?

(A) 24 (B) 36

(C) 60 (D) इनमें से कोई नहीं

55. वायु की सीमित मात्रा की उपस्थिति में 350º सेल्सियस से 500º सेल्सियस तक के तापमान पर किसके अपूर्ण दहन से ऐसीटेल्डिहाइड बनता है?

(A) ऐथेन से (B) एथिलीन से

(C) एसिटिलीन से (D) मेथेन से

56. मेथिल आयोडाइड सो सोडियम धातु के साथ गर्म करने पर जो गैस प्राप्त होती है, वह है–

(A) मेथेन (B) एथेन

(C) एसीटिलीन (D) एथीलीन

57. C_4H_6 आणविक सूत्र वाले यौगिक में है–

(A) सभी एक बन्ध

(B) एक त्रिबन्ध तथा एक द्विबन्ध

(C) एक द्विबन्ध

(D) एक त्रिबन्ध या दो द्विबन्ध

58. नाभिकीय अभिक्रिया ${}_{90}Th^{228} \rightarrow {}_{83}Bi^{212}$ में उत्सर्जित α तथा β कणों की संख्याएं हैं–

(A) $3\alpha, 7\beta$ (B) $4\alpha, 1\beta$

(C) $8\alpha, 1\beta$ (D) $4\alpha, 7\beta$

59. निम्न में डिटर्जेण्ट है–

(A) टेफलॉन (B) बैकेलाइट

(C) ट्राइनाइट्रो (D) सोडियम लॉरिल सल्फेट

60. NH_3 गैस में HCl की छड़ ले जाने पर निकलता है–

(A) भूरा धुआं (B) सफेद धुआं

(C) पीला धुआं (D) काला धुआं

खण्ड-II: गणित

61. रंगकर्मी 'A' एक घर 50 दिन में रंग सकता है तथा 'B' 25 दिन में कर सकता है। 'C' की सहायता से उन्होंने केवल 10 ही दिन में यह काम कर लिया। तब 'C' अकेले यह काम कितने दिन में कर सकता है?

(A) 8 दिन (B) 16 दिन

(C) 25 दिन (D) 15 दिन

62. द्विघात समीकरण $4x^2 + 6x - 18 = 0$ के मूल क्या है?

(A) 3,–3 (B) 3,6

(C) 3/2, –3 (D) 3,3

63. एक वस्तु की कीमत में 21% की छूट दी जाती है। पुराना मूल्य वापस लाने के लिए कितने प्रतिशत वृद्धि करनी चाहिए?

(A) 21 प्रतिशत (B) 26.58 प्रतिशत

(C) 17.36 प्रतिशत (D) 26.25 प्रतिशत

64. यदि गफूर का वेतन हाशिम के वेतन से 4/3 गुना है और सतीश का वेतन हाशिम के वेतन से 5/4 गुना है, तो गफूर और सतीश के वेतन का अनुपात क्या होगा?

(A) 16 : 15 (B) 3 : 5

(C) 5 : 3 (D) 15 : 16

65. 3 संख्याओं का औसत 77 है, उनमें से पहली संख्या अन्य 2 संख्याओं के योग का 3/4 गुना है। वह पहली संख्या क्या है?

(A) 148 (B) 66

(C) 99 (D) 198

66. आयत ABCD की DA वाली भुजा का झुकाव –3/4 है। AB वाली भुजा का झुकाव क्या है?
(A) – 4/3 (B) 3/4
(C) – 3/4 (D) 4/3

67. एक आयत के विकर्ण की लंबाई 10 सेमी. है और एक भुजा की लंबाई 8 सेमी. है। इस आयत का क्षेत्रफल क्या है?
(A) 80 वर्ग सेमी. (B) 48 वर्ग सेमी.
(C) 60 वर्ग सेमी. (D) 32 वर्ग सेमी.

68. दो संख्याएं 55 और 99 हैं, जिनका महत्तम समापवर्तक 11 है। उनका लघुत्तम समापवर्तक क्या होगा?
(A) 486 (B) 479
(C) 476 (D) 495

69. एक बेईमान दूधवाला ₹ 25 लीटर में दूध खरीदता है और उसमें 1/5 पानी डालकर मिश्रण को ₹ 29 प्रति लीटर के हिसाब से बेच देता है। उसका लाभ कितना होगा?
(A) 16 प्रतिशत (B) 39.2 प्रतिशत
(C) 24 प्रतिशत (D) 32 प्रतिशत

70. 25 सेमी की ऊंचाई और 21 सेमी के व्यास वाले एक शंकु को उसी व्यास के एक अर्द्धगोले पर लगाया जाता है। इस प्रकार से गठन किए गए ठोस का आयतन ज्ञात करें। ($\pi = 22/7$ लीजिए)
(A) 3155 घन सेमी. (B) 1533 घन सेमी.
(C) 3315 घन सेमी. (D) 5313 घन सेमी.

71. एक वृत्त का व्यास एक वर्ग के भुजा के बराबर है। उस वर्ग का क्षेत्रफल क्या होगा, अगर उस वृत्त का क्षेत्रफल 36π वर्ग सेमी. है?
(A) 72 वर्ग सेमी. (B) 144 वर्ग सेमी.
(C) 36 वर्ग सेमी. (D) 18 वर्ग सेमी.

72. ₹ 936000 के लाभ को 2 : 3 : 5 अनुपात में अनिरूध, बलबंत और चारूदत्ता में बांटा जाना है। चारूदत्ता को कितने ₹ मिलेंगे?
(A) 280800 (B) 187200
(C) 468000 (D) 234000

73. एक वस्तु की कीमत में 36% की छूट दी जाती है। पुराना मूल्य वापस लाने के लिए वर्तमान मूल्य में कितने प्रतिशत की वृद्धि करनी चाहिए?
(A) 56.25 प्रतिशत (B) 36 प्रतिशत
(C) 26.47 प्रतिशत (D) 45 प्रतिशत

74. दसवीं कक्षा के डिवीजन A में 50 छात्रों द्वारा प्राप्त किये गये अंकों का औसत 61 है, डिवीजन B के 25 छात्रों के अंकों का औसत 57 है और डिवीजन C के 50 छात्रों के अंकों का औसत 55 है। दसवीं कक्षा के तीनों डिवीजन के छात्रों के अंकों का औसत क्या होगा?
(A) 57.1 (B) 56.4
(C) 59.2 (D) 57.8

75. जब एक क्रुज ट्रिप पर 25% की छूट दी जाती है, तो 41% का लाभ होता है। यदि छूट 26% हो, तो लाभ कितना होगा?
(A) 39.12 प्रतिशत (B) 67 प्रतिशत
(C) 94.88 प्रतिशत (D) 11.24 प्रतिशत

76. A एक काम का 30%, 30 दिन में करता है फिर वह B को बुलाता है तथा वे दोनों मिलकर बचा हुआ काम 20 दिन में पूरा करते हैं। पूरा काम अकेले करने में अकेले B को कितना समय लगेगा?
(A) 40 दिन (B) 80 दिन
(C) 120 दिन (D) 20 दिन

77. एक सम चतुर्भुज ABCD में, कोण CAB की माप 25° है, कोण ABC की माप क्या है?
(A) 65° (B) 50°
(C) 40° (D) 130°

78. एक वृत्त की परिधि एक समभुज त्रिभुज की परिधि के बराबर है। यदि उस वृत्त की त्रिज्या **7** सेमी. है, तो उस समभुज त्रिभुज के भुजा की लंबाई क्या होगी?
(A) 22/3 सेमी. (B) 44/3 सेमी.
(C) 44 सेमी. (D) 22 सेमी.

79. वर्तमान में पिता और पुत्र की उम्र का योग 33 है। 2 साल पहले उनकी उम्र का गुणनफल 28 था। उन पिता और पुत्र की उम्र क्या है?
(A) 26, 7 (B) 30, 3
(C) 29, 4 (D) 32, 1

80. रामेश्वर अपनी मोटर साइकिल से 405 किमी. यात्रा करता है। यदि वह 45 कि.मी./घंटा की गति से 6 घंटे तक मोटर साइकिल चलाता है, तो वह शेष 3 घंटे की यात्रा किस गति से तय करता है?
(A) 55 किमी/घंटा (B) 52 किमी/घंटा
(C) 45 किमी/घंटा (D) 40 किमी/घंटा

81. एक राशि में 8 वर्षों में साधारण ब्याज पर 40% की वृद्धि होती है। उसी दर पर 3 वर्षों में ₹ 10,000 का चक्रवृद्धि ब्याज कितना होगा?
(A) ₹ 1576.25 (B) ₹ 6305
(C) ₹ 7881.25 (D) ₹ 4728.75

82. यदि $\tan \pi/3 + \text{cose}\ \pi/6 = x$, तो x का क्या मान है?
(A) $(1-\sqrt{2})\sqrt{2}$ (B) $(\sqrt{3}+4)2\sqrt{3}$
(C) $\sqrt{3}+2$ (D) $(2\sqrt{2}-1)2$

83. यदि $4x - 7y = 3$ और $2x - y = 9$ तो $x - y$ का मान क्या होगा?
(A) 3 (B) 4
(C) 5 (D) 6

84. यदि एक समभुज त्रिकोण के बाजू की लंबाई 6 सेमी. है, तो उसका क्षेत्रफल क्या है?
(A) $18\sqrt{3}$ वर्ग सेमी. (B) $36\sqrt{3}$ वर्ग सेमी.
(C) $27\sqrt{3}$ वर्ग सेमी. (D) $9\sqrt{3}$ वर्ग सेमी.

85. यदि $a^x c^{-2x} = b^{3x+1}$ हो, तो x का मान होगा–
(A) $\dfrac{\log a}{\log a - 2\log c - 3\log b}$
(B) $\dfrac{\log a}{\log a - 2\log c + 3\log b}$

(C) $\dfrac{\log b}{\log a - 2\log c - 3\log b}$

(D) $\dfrac{\log b}{\log a - 2\log c + 3\log b}$

86. यदि $A = \{x : x^2 + 6x - 7 = 0\}$ तथा $B = \{x : x^2 + 9x + 14 = 0\}$, तो (A – B) बराबर है–

(A) {1, –7} (B) {1}
(C) {–7} (D) {–2}

87. किसी व्यक्ति पर एक इन्जैक्शन की प्रतिक्रिया का समय क्रमश: 0.53, 0.45, 0.50, 0.49, 0.52, 0.54, 0.42 तथा 0.55 सेकण्ड पाया गया। व्यक्ति पर इन्जैक्शन की प्रतिक्रिया की माध्यिका एवं समान्तर माध्य का अन्तर होगा–

(A) 0.10 (B) 0.005
(C) 0.02 (D) 0.01

88. एक सम पिरामिड का आधार 10 सेमी भुजा वाला वर्ग है तथा इसकी ऊंचाई 12 सेमी है, तो इसका तिर्यक पृष्ठ होगा–

(A) 520 सेमी^{2} (B) 260 सेमी^{2}
(C) $40\sqrt{61}$ सेमी^{2} (D) $80\sqrt{61}$ सेमी^{2}

89. एक ऊर्ध्वाधर मीनार क्षैतिज समतल पर खड़ी है तथा एक 7 मी ऊंचे ध्वज दण्ड द्वारा आच्छादित है। समतल के एक बिन्दु पर, ध्वज दण्ड की तली 30° का उन्नयन कोण बनाती है तथा ध्वज दण्ड का शीर्ष 45° का कोण बनाता है। मीनार की ऊंचाई है, लगभग–

(A) 9.56 मी (B) 10.56 मी
(C) 11.56 मी (D) 12.56 मी

90. निम्नलिखित आंकड़ों के लिए माध्य विचलन है–

अंक	0–10	10–20	20–30	30–40	40–50
बारम्बारता	2	8	10	4	1

(A) 7.68 (B) 10
(C) 3.4 (D) इनमें से कोई नहीं

उत्तर (हल/संकेत)

1. (C) न्यूटन के गति के द्वितीय नियम से,

$$h = ut + \frac{1}{2}gt^2$$

∵ पिण्ड विरामावस्था में था

$\therefore u = 0$

प्रश्नानुसार,

$$\frac{h}{2} = \frac{1}{2}gt^2$$

$$\therefore \quad h = gt^2 \quad \text{....(i)}$$

यदि सम्पूर्ण ऊंचाई तय करने में लगा समय t_1 हो तो

$$h = \frac{1}{2}gt_1^2 \quad \text{.....(ii)}$$

समीकरण (i) से,

$$gt_1^2 = \frac{1}{2}gt_1^2$$

$$t_1 = t\sqrt{2}$$

अत: बची हुई आधी दूरी तय करने में लगा अभीष्ट समय

$$(t_1 - t) = t\sqrt{2} - t = t(\sqrt{2} - 1)$$

2. (D) कार्य = ऊर्जा = अवरोधक बल × दूरी

$$\therefore \quad \text{दूरी} = \frac{\text{ऊर्जा}}{\text{अवरोधक बल}}$$

चूंकि सभी के लिए ऊर्जा तथा अवरोधक बल समान हैं, अत: ये समान दूरियां तय करेंगी। अर्थात्

$$x = y = z$$

3. (A) ∵ झूले को बिन्दु A से B तक लाने पर रस्सी ऊर्ध्वाधर से 30° का कोण बनाती है। अत:

Δ OBC में,

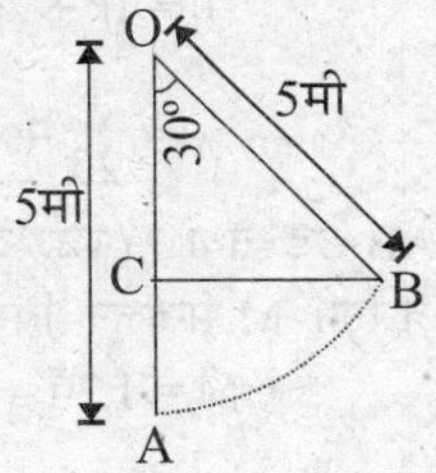

$$\cos 30^\circ = \frac{OC}{OB} = \frac{OC}{5}$$

$$\therefore \quad OC = 5\cos 30^\circ = 5 \times \sqrt{3}/2$$

$$AC = (OA - OC)$$

$$= 5 - \frac{5\sqrt{3}}{2} = 5 - \frac{5 \times 1.732}{2}$$

$$= 5 - 4.33 = 0.67$$

माना A बिन्दु पर स्थितिज ऊर्जा शून्य है। जब झूला B बिन्दु पर है, तब

गतिज ऊर्जा = $mg \times h$

अत: स्थितिज ऊर्जा में वृद्धि = 25 × 9.8 × 0.67

= 164.15 जूल

4. (B) मोम लेपित टुकड़े का भार = (40 + 5.76) ग्राम = 45.76 ग्राम

टुकड़े का जल में भार = 14.76 ग्राम

जल में टुकड़े के भार में कमी = (45.76 – 14.76)

= 31 ग्राम

मोम लेपित टुकड़े का आयतन = हटाए गए जल का आपतन

$= 31$ सेमी^{3}

मोम का आयतन $= \frac{\text{द्रव्यमान}}{\text{घनत्व}} = \frac{5.76}{0.96} = 6$ सेमी^{3}

चीनी का आयतन $= (31 - 6)$ सेमी^{3} $= 25$ सेमी^{3}

चीनी का घनत्व $= \frac{\text{द्रव्यमान}}{\text{आयतन}}$

$= \frac{40}{25} = 1.6$ ग्राम/सेमी^{3}

चीनी का आपेक्षिक घनत्व $= \frac{1.6 \text{ ग्राम/सेमी}^3}{1.0 \text{ ग्राम/सेमी}^3} = 1.6$

5. (C) $\because$ $T = w + F$

$\Rightarrow$ $T = m(g + a)$

$\Rightarrow$ $a = \frac{T}{m} - g \cdot a = \frac{800g}{400} - g$

$= 2g - g = g$

$a = g = 10$ मी/से^{2}

अत: रोकने के लिये अधिकतम मन्दन

$= -10$मी/से^{2}

न्यूटन के गति के तृतीय समीकरण से,

$v^2 = u^2 + 2as$

$\therefore$ $0 = 1^2 + 2(-10) \times s$

$s = \frac{1}{20}$ मी.

6. (B) चित्र में AB छड़ तथा O छड़ का मध्य बिन्दु है, जहां छड़ का भार कार्य करेगा। M सन्तुलन बिन्दु है।

OM = 1.20 – 1.00 = 0.20 मी.

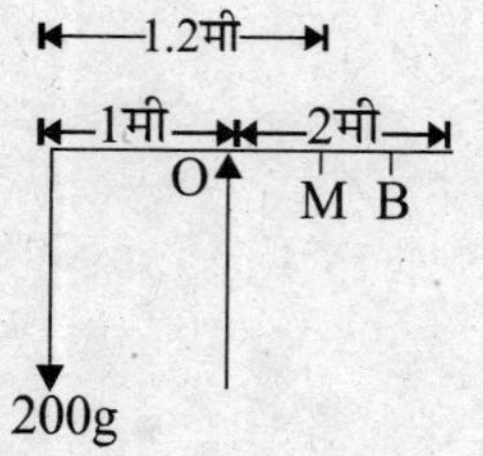

O के परित: आघूर्ण लेने पर,

$200 \times AO = W \times OM$

$200 \times 1 = W \times 0.2$

$W = \frac{200}{0.2} = 1000$ ग्राम

7. (B)

8. (D) जस्ते (मापनी) का रेखीय प्रसार गुणांक अधिक है, अत: जस्ते की 100 सेमी लम्बी छड़ में वृद्धि पीतल की 100 सेमी लम्बी छड़ में वृद्धि से अधिक होगी। इस प्रकार प्रेक्षित लम्बाई 100 सेमी से कम होगी।

जस्ते की 100 सेमी लम्बी छड़ का 10ºC ताप बढ़ाने पर लम्बाई में वृद्धि

$\Delta L_1 = \alpha_1 \times 100 \times \Delta t$

$= 0.029$ सेमी

पीतल की 100 सेमी लम्बी छड़ का 10ºC ताप बढ़ाने पर लम्बाई में वृद्धि

$\Delta L_2 = \alpha_2 \times 100 \times \Delta t$

$= 0.019$ सेमी

प्रेक्षित लम्बाई $= 100 - (\Delta L_1 - \Delta L_2)$

$= 99.99$ सेमी

9. (C) माना प्रत्येक द्रव्य का द्रव्यमान m और उसकी विशिष्ट ऊर्जाएं क्रमश: s_1, s_2, s_3 हैं। जब द्रव a तथा b को मिलाते हैं, तो

$ms_1(21 - 15) = ms_2(25 - 21)$

$\Rightarrow$ $6s_1 = 4s_2$

$\Rightarrow$ $\frac{s_1}{s_2} = \frac{2}{3}$ .....(i)

जब द्रव b तथा c को मिलाते हैं, तो

$ms_2(32 - 25) = ms_3(35 - 32)$

$\Rightarrow$ $7s_2 = 3s_3$

$\Rightarrow$ $\frac{s_2}{s_3} = \frac{3}{7}$ .....(ii)

समीकरण (i) व (ii) से,

$\frac{s_1}{s_2} \times \frac{s_2}{s_3} = \frac{2}{3} \times \frac{3}{7}$

$\frac{s_1}{s_3} = \frac{2}{7}$ ......(iii)

जब a तथा c को मिलाते हैं, तो माना मिश्रण का ताप t है।

तब $ms_1(t - 15) = ms_3(35 - t)$

$\frac{s_1}{s_3} = \frac{35 - t}{t - 15}$

$\Rightarrow$ $\frac{2}{7} = \frac{35 - t}{t - 15}$

$\Rightarrow$ $2(t - 15) = 7(35 - t)$

$\Rightarrow$ $2t - 30 = 245 - 7t$

$\therefore$ $t = \frac{275}{9} = 30.56$ºC

10. (D) 240 कम्पनों में लिया गया समय = 1 सेकण्ड

1 कम्पन में लिया गया समय = आवर्तकाल

$= \frac{1}{240}$ सेकण्ड

15 कम्पनों में लिया गया समय

$= 15T = 15 \times \frac{1}{240} = \frac{1}{16}$

ध्वनि द्वारा इस समय में तय की गई दूरी

= ध्वनि की चाल × समय

$$= 320 \times \frac{1}{16} = 20 \text{ मी}$$

11. (A) धारा सुग्राहिता,

$$K = 1/\theta$$

$$\therefore \quad \theta = 1/K$$

$$= \frac{2 \times 10^{-5}}{0.5 \times 10^{-6}} = 40$$

12. (A) $B = \frac{\mu_0 N i}{l}$ टेस्ला

दूसरी अवस्था में परिनालिका दो परिनालिकाओं के तुल्य है, जिनमें से प्रत्येक में $l/2$ लम्बाई में $n/2$ फेरें हैं।

अत: इस दशा में चुम्बकीय क्षेत्र

$$B' = B + B = 2B$$

$$\therefore \quad B' : B = 2B : B = 2 : 1$$

13. (C) अत: स्पष्ट है कि दर्पण व परावर्तित किरण के बींच 60° का कोण बनता है।

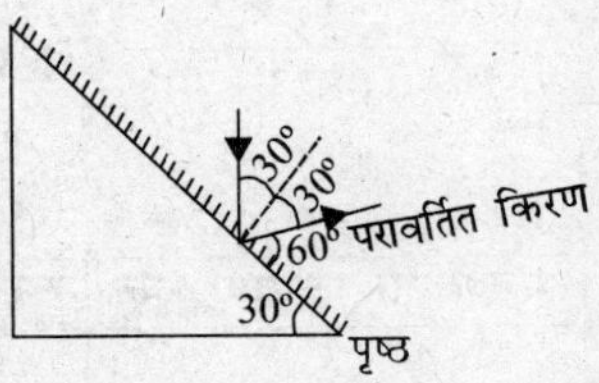

14. (D) 90 लीटर जल को 10ºC से 80ºC तक गर्म करने के लिए आवश्यक ऊष्मा

$$\Delta H = 90{,}000 \times 1 \times (80 - 10)$$

$$= 6.3 \times 10^6 \text{ कैलोरी}$$

$$= 6.3 \times 4.2 \times 10^6 \text{ जूल}$$

चूंकि हीटर की दक्षता 90% है, अत: यदि व्यय ऊर्जा W जूल हो, तो

$$\frac{W \times 90}{100} = 6.3 \times 10^6 \times 4.2$$

$$\Rightarrow \quad W = \frac{6.3 \times 10^6 \times 4.2}{0.9}$$

$$= 2.94 \times 10^7 \text{ जूल}$$

$$\because \text{ 1 किलोवाट घण्टा} = 3.6 \times 10^6 \text{ जूल}$$

$$\therefore \quad W = \frac{2.94 \times 10^7}{3.6 \times 10^6} \text{ किलो-वाट}$$

$$= 8.17 \text{ किलोवाट-घण्टा}$$

$$\therefore \quad \text{अभीष्ट लागत} = ₹\,(8.17 \times 0.90)$$

$$= ₹\,7.35$$

15. (D)

16. (B) $F = qvB \sin\theta$

$$= 1.6 \times 10^{-19} \times 2 \times 10^7 \times 0.2 \times \sin 90^\circ$$

$$= 64 \times 10^{-14} \text{ न्यूटन}$$

17. (A) $n_1 \sin t_1 = n_2 \sin t_2 = n_3 \sin t_3$

$$\Rightarrow \quad \sin t_3 = \frac{n_1}{n_3} \sin t_1$$

$$= \frac{1}{1.33} \sin 45^\circ = \frac{1}{1.33} \times \frac{1}{\sqrt{2}}$$

$$= 0.53$$

$$\Rightarrow \quad t_3 = \sin^{-1}(0.53)$$

18. (C) लेन्स के सूत्र $\frac{1}{f} = \frac{1}{v} - \frac{1}{u}$ से

($\because u = 15$ सेमी तथा $f = 10$ सेमी)

$$= \frac{1}{10} - \frac{1}{15}$$

$$v = 30 \text{ सेमी}$$

स्क्रीन को 30 सेमी पीछे हटाने पर,

$$v = (30 + 30) \text{ सेमी} = 60 \text{ सेमी}$$

$$u = -15 \text{ सेमी}$$

$$\therefore \quad \frac{1}{f'} = \frac{1}{60} + \frac{1}{15} = \frac{5}{60}$$

$$\Rightarrow \quad f' = \frac{60}{5} = 12 \text{ सेमी}$$

अब $\frac{1}{f_1} + \frac{1}{f_2} = \frac{1}{f'}$ से

$$\therefore \quad \frac{1}{10} + \frac{1}{f_2} = \frac{1}{12}$$

$$\Rightarrow \quad \frac{1}{f_2} = \frac{1}{12} - \frac{1}{10} = \frac{10 - 12}{120}$$

$$= -\frac{2}{120}$$

$$f_2 = -60 \text{ सेमी}$$

ऋण चिन्ह का अर्थ है कि लेन्स (अपसारी) अवतल है।

19. (D) व्यक्ति दूर दृष्टि दोष से पीड़ित है। इसके उपचार के लिए ऐसा लेन्स चाहिए जो आंख से 30 सेमी दूरी पर रखी वस्तु का प्रतिबिम्ब 60 सेमी दूर बना सके।

माना लेन्स की फोकस दूरी f है।

$$\frac{1}{f} = \frac{1}{u} - \frac{1}{v}$$

$$\therefore \quad \frac{1}{f} = \frac{1}{30} - \frac{1}{60}$$

$$= \frac{2 - 1}{60} = \frac{1}{60}$$

$f = 60$

अत: 60 सेमी फोकस दूरी का उत्तल लेंस चाहिए।

20. (D)

21. (A) माना 4Ω व 6Ω के समान्तर संयोजन का तुल्य प्रतिरोध R' है।

$$\therefore \quad \frac{1}{R'} = \frac{1}{4} + \frac{1}{6} = \frac{5}{12}$$

$$\therefore \quad R' = 2.4\,\Omega$$

परिपथ का कुल प्रतिरोध

$$R = (2.4 + 1 + 0.6) = 4\Omega$$

अत: 1Ω के प्रतिरोध में प्रवाहित धारा,

$$i = 12/4 = 3 \text{ ऐम्पियर}$$

22. (C) यदि पानी गर्म करने पर t सेकण्ड का समय लगे तो

$$\Delta H = Pt = 1.5 \times 10^3 \times t \text{ जूल}$$

$$\Delta H = \frac{1.5 \times 10^3 \times t}{4.2} \text{ कैलोरी}$$

$$\therefore \quad \Delta H = ms\,\Delta t$$

$$= 25 \times 10^3 \times 1 \times 30$$

$$\text{अत:} \quad \frac{1.5 \times 10^3 \times t}{4.2} = 25 \times 10^3 \times 30$$

$$\therefore \quad t = 2100 \text{ सेकण्ड}$$

$$= 35 \text{ मिनट}$$

23. (A)

$$I = \frac{q}{t}$$

$$= \frac{200 \times 10^{-6}}{1 \times 10^{-3}} = 0.2 \text{ ऐम्पियर}$$

24. (B)

25. (B) ऐल्कोहॉल श्रेणी का क्रियात्मक समूह – OH है।

26. (C) त्वरण, $a = \frac{5}{20} = \frac{1}{4}$ मी/से^{2}

$$v = \sqrt{2as} = \sqrt{\frac{2 \times 2}{4}} = 1 \text{ मी/से}$$

$$\text{गतिज ऊर्जा} = \frac{1}{2}mv^2$$

$$= \frac{1}{2} \times 20\,(1)^2 = 10 \text{ जूल}$$

27. (B) आवेश के प्रवाह की दर को धारा कहते हैं।

28. (A) पृथ्वी, वायुमण्डल को गुरुत्व द्वारा बांधे रखती है।

29. (B) कार्य करने की दर को शक्ति कहते हैं।

30. (B) हम जानते हैं,

$$\text{गतिज ऊर्जा, KE} = \frac{1}{2}mv^2 \Rightarrow m' = 2m$$

$$(KE) = \frac{1}{2} \times (2m)v^2$$

$$= 2 \times \frac{1}{2}mv^2$$

$$(KE)' = 2\,(KE)$$

31. (A) गैस समीकरण,

$$PV = RT \text{ से}$$

$$V = \frac{RT}{P}$$

$$\Rightarrow \quad \frac{M}{d} = \frac{RT}{P} \qquad \left[\because V = \frac{M}{d}\right]$$

$$\text{अत: घनत्व} \quad d = \frac{MP}{RT}$$

यहां $M = (14 + 3) = 17$,

$P = 2$ वायुमण्डल

$R = 0.0823$ लीटर × वायुमण्डल/अणुभार-K

$T = (30 + 273) = 303K$

$$\text{अत:} \quad d = \frac{17 \times 2}{0.0823 \times 303} = 1.37 \text{ ग्राम/लीटर}$$

32. (A) **33.** (C)

34. (C)

परमाणु	प्रतिशतता/परमाणु भार	सरल अनुपात
C	$\frac{40}{12} = 3.33$	$\frac{3.33}{3.33} = 1$
H	$\frac{6.67}{1} = 6.67$	$\frac{6.67}{3.33} = 2$
O	$\frac{53.33}{16} = 3.33$	$\frac{3.33}{3.33} = 1$

संरचना सूत्र = CH_2O

संरचना सूत्र भार = 12 + 2 + 16 = 30

अणुसूत्र भार = संरचना सूत्र भार × 2

= 30 × 2 = 60

इसलिए अणुसूत्र $(CH_2O) \times 2 = C_2H_4O_2$

35. (D) **36.** (B)

37. (C) ∵ 1 मोल Cu को बनाने के लिए आवश्यक हाइड्रोजन

= 2 ग्राम

∴ 0.4 मोल Cu को बनाने के लिए आवश्यक हाइड्रोजन

= 2 × 0.4 = 0.8 ग्राम H_2

38. (D) धातु का भार = 1.89 ग्राम

धातु के ऑक्साइड का भार = 2.37 ग्राम

$$\text{धातु का तुल्यांकी भार} = \frac{\text{धातु का भार}}{\text{धातु के ऑक्साइड का भार}} \times 8$$

$$= \frac{1.89 \times 8}{2.37} = 6.379$$

39. (A)

40. (D) केवल रासायनिक अभिक्रिया 2 घटित नहीं हो सकती है। क्योंकि विद्युत रासायनिक श्रेणी में कॉपर का स्थान Mg से नीचे है। अत: Cu, $MgSO_4$ के विलयन से Mg को विस्थापित नहीं कर सकता है।

41. (D) **42.** (A)

43. (B) जल की स्थायी कठोरता दूर करने के लिए प्रयोग किया जाने वाला यौगिक सोडियम जियोलाइड (Na_2Z) अधिक समय तक प्रयुक्त करने के बाद अप्रभावी हो जाता है। इस यौगिक का पुनरुत्पादन, इसमें 10% NaCl विलयन गुजारकर किया जाता है।

44. (C) महिला के द्वारा बने केक में $NaHCO_3$ नहीं मिला है, इसलिए वह कठोर तथा छोटे आकार का है। $NaHCO_3$ खाद्य पदार्थों को मुलायम कर देता है।

45. (B) न्यूक्लियर रिएक्टर नियंत्रित शृंखला अभिक्रिया के द्वारा नाभिकीय ऊर्जा उत्पन्न करता है।

46. (D)

47. (D) 1 ग्राम मोल या 146 ग्राम $Mg(HCO_3)_2$ = 100 ग्राम $CaCO_3$

$$\Rightarrow \frac{0.292}{146} = 0.0002$$

$= 2 \times 10^{-4}$ मोल $Mg(HCO_3)_2$

1 ग्राम मोल या 136 ग्राम $CaSO_4$ = 100 ग्राम $CaCO_3$

$CaCO_4$ के मोल $= \frac{0.0136}{136} = 0.0001$

$= 1 \times 10^{-4}$ मोल

कुल $= 3 \times 10^{-4}$ मोल

1000 मिली जल में कुल मोल

$= 3 \times 10^{-4}$ मोल

$= 3 \times 10^{-4}$ $CaCO_3$

10^6 ग्राम जल में है $= \frac{3 \times 10^{-4} \times 10^6}{1000}$

$= 0.3$ ग्राम $CaCO_3$

अत: दिये गये जल की कठोरता

$= 0.3$ ppm $= 0.3^o$

48. (A)

49. (A) श्वेत तप्त कोक पर वाष्प प्रवाहित करने पर जल गैस प्राप्त की जा सकती है।

50. (B) **51.** (D) **52.** (B) **53.** (D)

54. (A) किसी गैस के (1 मोल) का S.T.P. पर आयतन 22.4 लीटर होता है।

S.T.P. पर 22.4 लीटर गैस का भार उसके अणुभार के बराबर होता है।

22.4 लीटर $= 22.4 \times 10^3$ सेमी^{3}

$\because 22.4 \times 10^3$ सेमी^{3} का भार = अणुभार

224 सेमी^{3} का भार = 0.24 ग्राम,

$\therefore$ 1 सेमी^{3} का भार $= \frac{0.24}{224}$ ग्राम

$\therefore 22.4 \times 10^3$ सेमी^{3} का भार

$$= \frac{22.4 \times 10^3 \times 0.24}{224} = 24$$

अत: गैस का अणुभार 24 ग्राम होगा।

55. (B) वायु की सीमित मात्रा में 350ºC से 500ºC तक के ताप पर एथिलीन (C_2H_4) के अपूर्ण दहन से ऐसीटेल्डिहाइड (CH_3CHO) बनता है।

$$C_2H_4 + H_2O + PdCl_2 \xrightarrow{\text{हवा}} CH_3CHO + Pd + 2HCl$$

56. (B) मेथिल आयोडाइड को सोडियम धातु के साथ गर्म करने पर एथेन गैस प्राप्त होती है।

$$2CH_3I + 2Na \rightarrow \underset{\text{एथेन}}{C_2H_6} + 2NaI$$

57. (D) C_4H_6 में एक त्रिबन्ध या दो द्विबन्ध होते हैं

$$H-\overset{\displaystyle H}{\underset{\displaystyle H}{C}}-C\equiv C-\overset{\displaystyle H}{\underset{\displaystyle H}{C}}-H \text{ या } CH_2=CH=CH_2$$

58. (D) द्रव्यमान में कमी = 228 – 212 = 16 और चूंकि एक a कण के उत्सर्जन से भार में 4 की कमी हो जाती है। अत: $\frac{16}{4}$ = 4α कण उत्सर्जित हुए हैं। 4a कणों के उत्सर्जन से परमाणु क्रमांक संख्या 4 × 2 = 8 कम होनी चाहिए, जबकि द्रव्यमान संख्या 90 – 83 = 7 कम हुई है। अत: स्पष्ट है कि एक β कण उत्सर्जित हुआ है। एक β कण के उत्सर्जन से परमाणु क्रमांक संख्या एक बढ़ जाती है जबकि भार अपरिवर्तित रहता है।

59. (D) सोडियम लॉरिल सल्फेट ($C_{12}H_{25}OSO_3Na$) डिटर्जेण्ट है।

60. (B) NH_3 में HCl की छड़ ले जाने पर NH_4Cl का सफेद धुआं निकलता है।

$$NH_3 + HCl \rightarrow \underset{\text{सफेद धुआं}}{NH_4Cl}$$

61. (C) रंगकर्मी A व B द्वारा किया गया कार्य

$$= \frac{1}{50} + \frac{1}{25} = \frac{3}{50}$$

रंगकर्मी C द्वारा किया गया कार्य $= \frac{1}{10}$

$\therefore$ अकेले C द्वारा किया गया कार्य $= \frac{1}{10} - \frac{3}{50}$

$$\frac{2}{50} = \frac{1}{25}$$

$\therefore$ अकेले C काम को 25 दिन में करेगा।

62. (C) द्विघात समीकरण

$4x^2 + 6x - 18 = 0$

2 से भाग देने पर

$2x^2 + 3x - 9 = 0$

$2x^2 + (6-3)x - 9 = 0$

$2x^2+6x-3x-9=0$
$2x(x+3)-3(x+3)=0$
$(x+3)(2x-3)=0$
$x+3=0 \quad 2x-3=0$

$x=-3 \quad x=\frac{3}{2}$

∴ समीकरण के मूल $\frac{3}{2}$ – 3 होंगे।

63. (B) माना वस्तु की कीमत = ₹ 100
21% छूट पर वस्तु की कीमत = (₹ 100 – 21) = 79%

∴ कीमत में वृद्धि $=\frac{100\times100}{79}=126.58\%$

पुराना मूल्य लाने के लिए वृद्धि
$=(126.58-100)$
$=26.58\%$

64. (A) माना हाशिम का वेतन = ₹ x

∴ गफूर का वेतन = ₹ $\frac{4}{3}x$

∴ सतीश का वेतन = ₹ $\frac{5}{4}x$

$$\frac{\text{गफूर का वेतन}}{\text{सतीश का वेतन}}=\frac{₹\frac{4}{3}x}{₹\frac{5}{4}x}=\frac{16}{15}=16:15$$

65. (C) माना तीन संख्याएं x_1, x_2, x_3 हैं।
∴ प्रश्नानुसार

$$\frac{x_1+x_2+x_3}{3}=77$$
$$x_1+x_2+x_3=77\times3=231$$
∴ $x_1+x_2+x_3=231$ ...(i)

तथा $x_1=(x_2+x_3)\times\frac{3}{4}$

x_1 का मान समीकरण (i) में रखने पर

$$(x_2+x_3)\times\frac{3}{4}+x_2+x_3=231$$

$$(x_2+x_3)\left[\frac{3}{4}+1\right]=231$$

$$(x_2+x_3)\times\frac{7}{4}=231$$

$$x_2+x_3=\frac{231\times4}{7}$$

∴ $x_2+x_3=132$

∴ पहली संख्या $(x_1)=(x_2+x_3)\times\frac{3}{4}$

$$=132\times\frac{3}{4}=99$$

66. (D) आयत ABCD की DA वाली भुजा का झुकाव $=\frac{-3}{4}$
∴ DA के विपरीत AB वाली भुजा है।

∴ AB वाली भुजा का झुकाव $=\left(\frac{1}{\frac{-3}{4}}\right)=\frac{4}{3}$

67.(B)

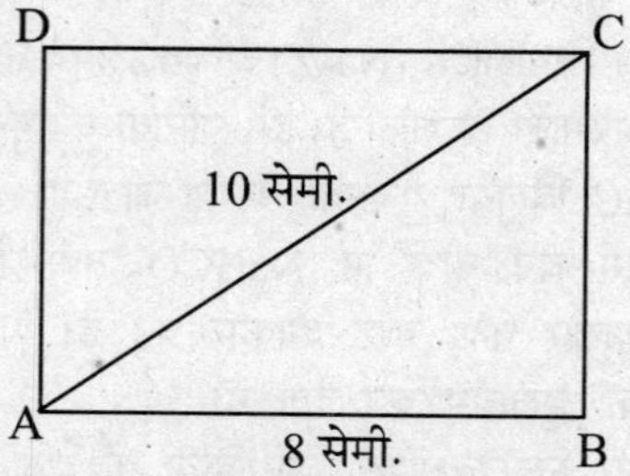

ABCD आयत का विकर्ण
AC = 10 सेमी
AB = 8 सेमी
∴ ΔABC में,
$AC^2=AB^2+BC^2$
$(10)^2=(8)^2+BC^2$
$BC^2=100-64$
$BC^2=36$
BC = 6 सेमी
∴ आयत का क्षेत्रफल = AB × BC = 8 × 6 = 48 वर्ग सेमी

68. (D) दोनों संख्याओं का गुणनफल = ल.स. × म.स.
55 × 99 = ल.स. × म.स.

$$\text{ल.स.}=\frac{55\times99}{11}=495$$

69. (B) माना दूध की मात्रा = x लीटर

मिश्रण के बाद कुल दूध की मात्रा $=x+\frac{x}{5}=\frac{6x}{5}$ लीटर
दूध का विक्रय मूल्य = ₹ 25
x लीटर दूध का विक्रय मूल्य = ₹ $25x$

∴ $\frac{6x}{5}$ लीटर दूध का विक्रय मूल्य $=\frac{6x}{5}\times29=₹\frac{174}{5}x$

∴ लाभ $=₹\frac{174}{5}x-25x=\frac{49}{5}x$

∴ लाभ % $=\frac{\frac{49}{5}x}{25x}\times100\%$

$$=\frac{49}{5\times25}\times100\%=39.2\%$$

70.(D)

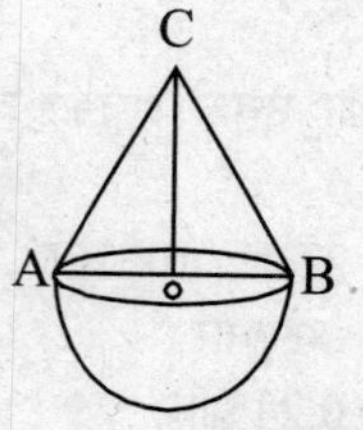

व्यास = 21 सेमी

∴ त्रिज्या $=\frac{21}{2}$ सेमी

और ऊंचाई = 25 सेमी.

∴ ठोस का आयतन = अर्धगोले का आयतन + शंकु का आयतन

$$= \frac{2}{3}\pi r^3 + \frac{1}{3}\pi r^2 h$$

$$= \frac{1}{3}\pi r^2 (2r+h)$$

$$= \frac{1}{3} \times \frac{22}{7} \times \frac{21}{2} \times \frac{21}{2}\left(2\times\frac{21}{2}+25\right)$$

$$= \frac{22\times 21}{4}\times(21+25)$$

$$= \frac{22\times 21\times 46}{4} = 11\times 21\times 23$$

= 5313 घन सेमी.

71. (B) वृत्त का व्यास = वर्ग की भुजा

वृत्त का क्षेत्रफल = 36π

$\pi r^2 = 36\pi$

$r = 6$ सेमी.

वृत्त का व्यास $(2r) = 2\times 6 = 12$ सेमी

∴ वर्ग का क्षेत्रफल = $(12)^2 = 12\times 12 = 144$ वर्ग सेमी

72. (C)

लाभ का अनुपात = $(2x+3x+5x) = 10x$

∴ अनिरूध का हिस्सा = $\frac{936000\times 2x}{10x}$ = ₹ 187200

बलवंत का हिस्सा = $\frac{936000\times 3x}{10x}$ = ₹ 280800

चारूदत्ता का हिस्सा = $\frac{936000\times 5x}{10x}$ = ₹ 468000

अत: चारूदत्ता को ₹ 468000 मिलेंगे।

73. (A) 36% की छूट पर

प्रतिशत वृद्धि = $\frac{36\times 100}{64}$

= 56.25%

74. (D) 10वीं कक्षा के तीनों डिवीजन के छात्रों के अंकों का औसत

$$= \frac{50\times 61+25\times 57+50\times 55}{50+25+50}$$

$$= \frac{3050+1425+250}{125} = \frac{7225}{125} = 57.8$$

75. (A) 25% छूट पर मूल्य = 100 – 25 = ₹ 75

41% लाभ पर मूल्य = (100 + 41) = ₹ 141

∴ 26% छूट पर मूल्य = $\frac{141\times(100-26)}{75}$

= $\frac{141\times 74}{75}$ = ₹ 139.12

∴ लाभ = (₹ 139.12 – 100) = ₹ 39.12

लाभ % = 39.12%

76. (A) A, 1 काम को 30 दिन में करता है जो पूरे काम का 30% है।

∴ शेष काम = 100 – 30 = 70%

70% काम (A + B) दोनों मिलकर करते है = 20 दिन में

∴ 1% काम करेंगे = $\frac{20\times 100}{70} = \frac{200}{7}$ दिन में

∴ B का अकेले किया गया काम

$$= \frac{7}{200} - \frac{1}{100} = \frac{5}{200} = \frac{1}{40}$$

∴ B द्वारा अकेले काम करने में लिया गया समय = 40 दिन

77. (D) $\angle CAB = 25^\circ$

∴ $\angle ABC = (90^\circ - 25^\circ)\times 2$

$= 65^\circ \times 2 = 130^\circ$

78. (B) माना त्रिभुज की भुजा = x सेमी

वृत्त की परिधि = त्रिभुज की परिधि

$2\pi r = 3\times x$

$2\times\frac{22}{7}\times 7 = 3x$

$x = \frac{44}{3}$ सेमी

79. (B) माना पिता की आयु = x

पुत्र की आयु = y वर्ष

प्रश्नानुसार

$x + y = 33$ ... (i)

2 वर्ष पहले पिता की आयु = $(x-2)$ वर्ष

पुत्र की आयु = $(y-2)$ वर्ष

∴ $(x-2)\times(y-2) = 28$

$xy - 2x - 2y + 4 = 28$

$xy - 2(x+y) = 4 = 28$

$xy - 2(x+y) = 28 - 4$

⇒ $xy - 2\times 33 = 24$

⇒ $xy - 66 = 24$

⇒ $xy = 24 + 66 = 90$

$xy = 90$

समीकरण (i) से,

$x(33-x) = 90$

⇒ $33x - x^2 = 90$

⇒ $33x - x^2 - 90 = 0$

⇒ $x^2 - 33x + 90 = 0$

⇒ $x^2 - 30x - 3x + 90 = 0$

⇒ $x(x-30) - 3(x-30) = 0$

⇒ $(x-30)(x-3) = 0$

$x = 30, 3$

∴ पिता की आयु = 30 वर्ष और पुत्र की आयु 3 वर्ष होगी।

80. (C) रामेश्वर 6 घंटे में जाता है = 45 किमी

∴ 1 घंटे में जाएगा = $\frac{45}{6}$ किमी

∴ शेष 3 घंटे की यात्रा = $\frac{45\times 3\times 2}{6}$ = 45 किमी/घंटा

81. (A) माना ब्याज की दर = x %

∴ प्रश्नानुसार

$$\frac{x\times 8\times 1}{100} = \frac{40}{100}$$

∴ $x = 5\%$

∴ चक्रवृद्धि ब्याज = $10000\left[\left(1+\frac{5}{100}\right)^3 - 1\right]$

$$= 10000\left[\left(\frac{21}{20}\right)^3 - 1\right]$$

$$= 10000\left[\frac{9261}{8000} - 1\right]$$

$$= \frac{10000 \times 1261}{8000} = ₹\,1576.25$$

82. (C) $x = \tan\frac{\pi}{3} + \text{cosec}\frac{\pi}{3}$

$= \tan 60^\circ + \text{cosec } 30^\circ = \sqrt{3} + 2$

83. (A) $4x - 7y = 3$ ... (i)

$2x - y = 9$ ... (ii) × 7

$$4x - 7y = 3$$
$$14x - 7y = 63$$
$$-\quad +\quad -$$
$$-10x = -60$$
$$x = 6$$
$$2x - y = 9$$
$$12 - y = 9$$
$$y = 12 - 9 = 3$$
$$\therefore\ x - y = 6 - 3 = 3$$

84. (D) समभुज त्रिभुज का क्षेत्रफल $= \frac{\sqrt{3}}{4} \times 6 \times 6 = 9\sqrt{3}$ वर्ग सेमी.

85. (C) $a^x c^{-2x} = b^{3x+1}$

$$\log a^x + \log c^{-2x} = \log b^{3x+1}$$

$\Rightarrow$ $x \log a + (-2x)\log c = (3x+1)\log b$

$\Rightarrow x \log a - 2x \log c - 3x \log b = \log b$

$\Rightarrow$ $x = \dfrac{\log b}{\log a - 3\log b - 2\log c}$

86. (B) दिया है, $A = \{x : x^2 + 6x - 7 = 0\}$

$= \{x : (x+7)(x-1) = 0\} = \{-7, 1\}$

तथा $B = \{x : x^2 + 9x + 14 = 0\}$

$= \{x : (x+7)(x+2) = 0\} = \{-7, -2\}$

$A - B = \{1\}$

87. (D) आरोही क्रम में लिखने पर

0.42, 0.45, 0.49, 0.50, 0.52, 0.53, 0.54, 0.55

पदों की संख्या, $n = 8$

$$\text{माध्यिका} = \frac{\text{चौथे पद का मान + पांचवें पद का मान}}{2}$$

$$= \frac{0.50 + 0.52}{2} = 0.51 \text{ सेकण्ड}$$

$$\text{समान्तर माध्य} = \frac{\text{पदों का योग}}{\text{पदों की संख्या}} = \frac{4.00}{8} = 0.50$$

$\therefore$ माध्यिका – समान्तर माध्य = 0.51 – 0.50 = 0.01 सेकण्ड

88. (B) तिर्यक ऊंचाई,

$$VM = \sqrt{h^2 + \left(\frac{\text{भुजा}}{2}\right)^2} = \sqrt{(12)^2 + (5)^2} = 13 \text{ सेमी.}$$

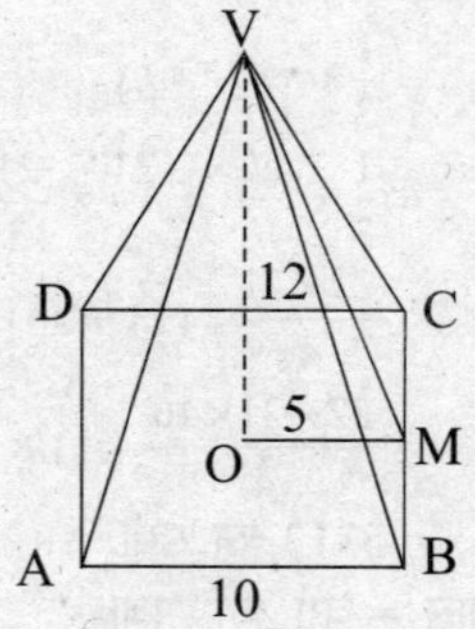

$\therefore$ तिर्यक पृष्ठ $= \frac{1}{2} \times$ आधार का परिमाप $\times$ तिर्यक ऊंचाई

$$= \frac{1}{2} \times (4 \times 10) \times 13 = 260 \text{ वर्ग सेमी.}$$

89. (A) ΔACD में, $\tan 45^\circ = \frac{7+h}{x}$

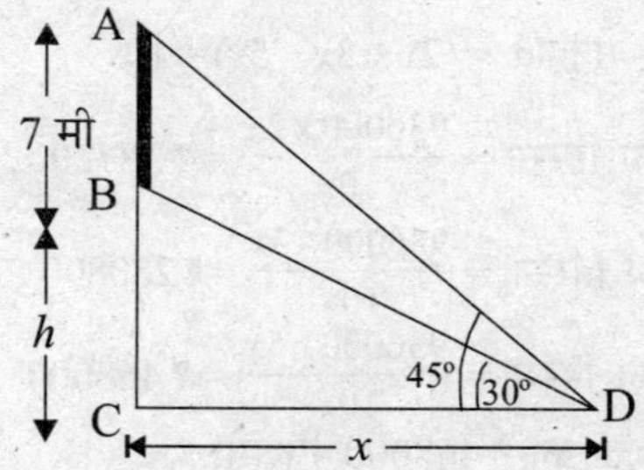

$\Rightarrow$ $x = 7 + h$ .....(i)

ΔBCD में, $\tan 30^\circ = \frac{h}{x} \Rightarrow \frac{x}{\sqrt{3}} = h$

$\Rightarrow$ $x = h\sqrt{3}$ ....(ii)

समी. (i) से, $h + 7 = h\sqrt{3}$

$\Rightarrow$ $(\sqrt{3} - 1)h = 7 \Rightarrow h = \frac{7}{\sqrt{3} - 1}$

$\Rightarrow$ $h = \frac{7(\sqrt{3}+1)}{(\sqrt{3}-1)(\sqrt{3}+1)} = \frac{7(\sqrt{3}+1)}{3-1}$

$= 3.5 \times 2.732 = 9.56$ मी.

90. (A)

वर्ग अन्तराल	X	f	fx	$\lvert x - m\rvert$	$f\lvert x - m\rvert$
0–10	5	2	10	17.6	35.2
10–20	15	8	120	7.6	60.8
20–30	25	10	250	2.4	24.0
30–40	35	4	140	12.4	49.6
40–50	45	1	45	22.4	22.4
योग		25	565		192

$$m = \frac{\Sigma fx}{\Sigma f} = \frac{565}{25} = 22.6$$

$$\therefore \text{ मध्य विचलन} = \frac{\Sigma f\,|x - m|}{\Sigma f} = \frac{192}{25} = 7.68$$

बिहार पॉलिटेक्निक संयुक्त प्रवेश परीक्षा,

प्रैक्टिस सेट- 8

खण्ड-I (A): भौतिक विज्ञान

1. धातु के रेखीय प्रसार गुणांक, क्षेत्रीय प्रसार गुणांक तथा आयतन प्रसार गुणांक का अनुपात है-

(A) 3 : 2 : 1 (B) 2 : 3 : 1

(C) 1 : 2 : 3 (D) 3 : 1 : 2

2. निकट-दृष्टि दोष के निवारण के लिए प्रयोग किया जाता है-

(A) अवतल लेंस (B) उत्तल लेंस

(C) अवतल तथा उत्तल दोनों (D) इनमें से कोई नहीं

3. 600 ग्राम जल को 300C से 800C तक गर्म करने के लिए आवश्यक जल की विशिष्ट ऊष्मा की गणना कीजिए-

(A) 3000 कैलोरी (B) 30000 कैलोरी

(C) 4000 कैलोरी (D) शून्य

4. एक 20 मी. लंबी छड़ है। इसके दोनों अंतों पर 8 किग्रा तथा 12 किग्रा भार लटक रहा है, यदि छड़ का भार 6 किग्रा हो, तो संतुलन बिंदु 12 किग्रा से कितनी दूरी पर होगा?

(A) 1.54 मी. (B) 1.6 मी.

(C) 8.46 मी. (D) 1.2 मी.

5. $\mu_0/4$ होता है-

(A) 10^{-7} न्यूटन/ऐम्पियर^2 (B) 10^{-7} न्यूटन/ऐम्पियर

(C) 10^{-7} न्यूटन/ऐम्पियर^2 (D) 10^{-7} न्यूटन/ऐम्पियर

6. संलग्न परिपथ में R_1 व R_2 में बहने वाली धाराओं का अनुपात होगा-

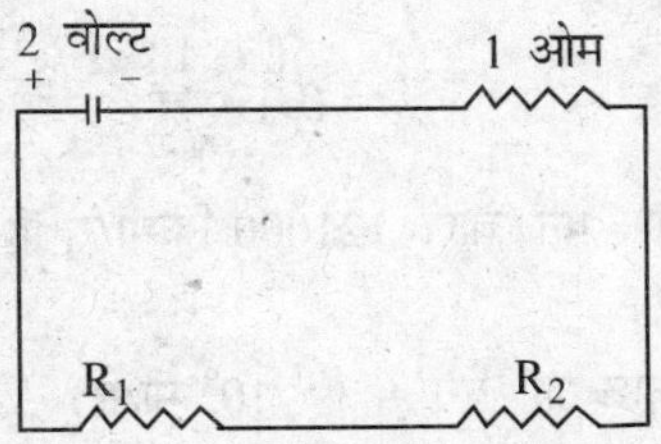

(A) 1 : 2 (B) 2 : 1

(C) 1 : 1 (D) 2 : 2

7. विद्युत ऊर्जा नापने का यंत्र है-

(A) स्विच (B) वाट-घंटा-मी.

(C) वोल्टमीटर (D) प्लग

8. 1 किलोग्राम भार तुल्य है-

(A) 4.8 किग्रा-मी./से^{2} (B) 9.8 न्यूटन

(C) 4.2 न्यूटन (D) 981 डाइन

9. एक इंजन की सामर्थ्य 30 किलोवाट है। इसके द्वारा 150 किग्रा का पिण्ड को 50 मी की ऊंचाई तक उठाने में लगने वाला समय है (g = 9.8 मी./से^{2}.)

(A) 2.45 सेकण्ड (B) 4.25 सेकण्ड

(C) 24.5 सेकण्ड (D) 0.245 सेकण्ड

10. दो समान वेक्टरों का परिणाम शून्य है, उनके बीच का कोण होगा-

(A) 90^0 (B) 180^0

(C) 45^0 (D) 0^0

11. सदिश राशि है-

(A) दूरी (B) चाल

(C) वेग (D) द्रव्यमान

12. यदि किसी सतह पर लगने वाले बल को दोगुना कर दिया जाए तो सतह के क्षेत्रफल को आधा कर दिया जाए, तो दाब, प्रारंभिक दाब के कितना गुना हो जाएगा?

(A) 4 गुना (B) 3 गुना

(C) 2 गुना (D) 8 गुना

13. संलग्न चित्र प्रदर्शित करता है-

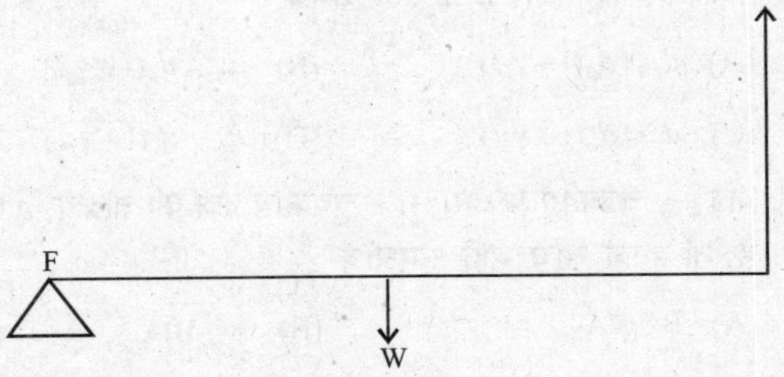

(A) प्रथम श्रेणी का उत्तोलक (B) द्वितीय श्रेणी का उत्तोलक

(C) तृतीय श्रेणी का उत्तोलक (D) कोई उत्तोलक नहीं

14. आदर्श गैस की आंतरिक ऊर्जा निर्भर करती है–

(A) केवल दाब पर (B) केवल आयतन पर

(C) केवल ताप पर (D) दाब तथा ताप दोनों पर

15. एक भारहीन गुब्बारे में 250 ग्राम जल भरा हुआ है। जल में इसका भार होगा–

(A) 200 ग्राम (B) 500 ग्राम

(C) शून्य (D) इनमें से कोई नहीं

16. d घनत्व वाले जल के पृष्ठ से h गहराई पर कुल दाब है–

(A) hdg से अधिक (B) hdg के तुल्य

(C) hdg से कम (D) शून्य

17. अनुप्रस्थ तरंगें उत्पन्न की जा सकती हैं–

(A) ठोस व गैस में (B) ठोस व द्रव में

(C) गैस व द्रव में (D) ठोस, द्रव व गैस में

18. किसी माध्य में चलने वाली दो यांत्रिक तरंगों की आवृत्तियों का अनुपात 3 : 4 है। इन तरंगों के (i) तरंगदैर्घ्य का अनुपात तथा (ii) आवर्तकाल का अनुपात होगा–

(A) 4 : 3 तथा 3 : 4 (B) 3 : 4 तथा 3 : 4

(C) 4 : 3 तथा 4 : 3 (D) 3 : 4 तथा 4 : 3

19. यदि किसी वस्तु का वायु व जल में भार क्रमशः w_1 तथा w_2 है, तो उसका आपेक्षित घनत्व होगा–

(A) $\frac{w_1 - w_2}{w_1}$ (B) $\frac{w_1}{w_2 - w_1}$

(C) $\frac{w_1}{w_1 - w_2}$ (D) 1

20. श्वेत प्रकाश के स्पेक्ट्रम के सात रंगों में जिसकी आवृत्ति अधिकतम होती है, वह रंग है–

(A) बैंगनी (B) लाल

(C) हरा (D) पीला

21. माना किसी वस्तु का 0^0C पर आयतन V_0 तथा घनत्व d_0 है तथा t^0C तक गर्म करने पर वस्तु का आयतन V_t तथा घनत्व d_1 हो जाता है, तो निम्न में से सही संबंध है–

(A) $d_t = d_0(1-\gamma_r t)$ (B) $d_0 = d_r(1-\gamma_r t)$

(C) $d_t = d_0(1+\gamma_r t)$ (D) $d_0 = d_t(1+\gamma_r t)$

22. यदि ϕ = चुंबकीय फ्लक्स, B = चुंबकीय क्षेत्र की तीव्रता, A क्षेत्रफल है, तो इनके बीच सही संबंध है–

(A) $B=\phi/A$ (B) $\phi = B/A$

(C) $A = B\phi$ (D) $B = \phi.A$

23. दूर-दृष्टि से पीड़ित एक मनुष्य ने निकट बिंदु की दूरी 0.40 मी. है। इस दोष के निवारण हेतु उपाय में लाए गए लेंस की प्रकृति तथा फोकस की दूरी होगी–

(A) अवतल तथा 6.67 सेमी (B) उत्तल तथा 6.67 सेमी

(C) उत्तल तथा 66.7 सेमी (D) अवतल तथा 66.7 सेमी

24. मानव नेत्र में रेटिना पर बनने वाला प्रतिबिम्ब–

(A) सीधा होता है, परंतु उल्टा दिखाई देता है

(B) उल्टा होता है, परंतु सीधा दिखाई देता है

(C) सीधा होता है, सीधा दिखाई देता है

(D) उल्टा होता है, उल्टा दिखाई देता है

25. एक वैद्युत -हीटर में 4 मिनट तक 3 ऐम्पियर की वैद्युत धारा प्रवाहित होने पर 540 किलो जूल ऊष्मा उत्पन्न होती है। हीटर के तार का प्रतिरोध होगा–

(A) 260 ओम (B) 250 ओम

(C) 205 ओम (D) 25 ओम

26. किस कारण बांध को नीचे से चौड़ा बनाया जाता हैं ?

(A) गहराई के साथ जल की मात्रा बढ़ती है

(B) गहराई के साथ जल की घनत्व बढ़ता है

(C) गहराई के साथ जल की दाब बढ़ता है

(D) गहराई के साथ जल का ताप बढ़ता है

27. धात्विक लोलक की घड़ी द्वारा 0^oC पर सही समय दिया जाता है। यह 25^oC पर एक दिन में 12.5 सेकण्ड से क्षय होता है, तो धात्विक लोलक का रेखीय प्रसार गुणांक होगा–

(A) $\frac{1}{86400}/^oC$ (B) $\frac{1}{43200}/^oC$

(C) $\frac{1}{14400}/^oC$ (D) $\frac{1}{28800}/^oC$

28. यदि प्रिज्म का प्रिज्म कोण $A = 60^o$ और न्यूनतम विचलन कोण $(d_m) = 30^o$ हो, तो प्रिज्म का अपवर्तनांक होगा–

(A) $\sqrt{2}$ (B) $\frac{1}{\sqrt{2}}$

(C) 1 (D) $\frac{1}{\sqrt{3}}$

29. हीरे में प्रकाश की चाल 121000 किमी/से है, तो अपवर्तनांक का मान होगा–

(वायु में प्रकाश का वेग = 3×10^8 मी/से)

(A) 1.26 (B) 1.9

(C) 2.48 (D) 2..1

30. निम्न में से किस सिद्धान्त पर ट्रांसफार्मर कार्य करता है?

(A) स्व-प्रेरण (B) अन्योन्य प्रेरणा

(C) भंवर (D) इनमें से कोई नहीं

खण्ड-I (B) : रसायन विज्ञान

31. दर्पण के रजतीकरण में निम्नलिखित में से किस कार्बोहाइड्रेट का प्रयोग किया जाता है?
(A) सुक्रोज (B) फ्रक्टोज
(C) ग्लूकोज (D) गैलेक्टोज

32. प्रोड्यूसर गैस में होता है-
(A) $CO + H_2$ (B) $CO + N_2$
(C) $CO_2 + H_2$ (D) $CO_2 + CH_4$

33. तीव्रतम गति वाली अभिक्रिया है-
(A) $CH_3COO + C_2H_5OH \rightarrow CH_3\ COOC_2H_5 + H_2O$
(B) $2H_2O_2 \rightarrow 2\ H_2O + O_2$
(C) $2N_2O_5 \rightarrow 4NO_2 + O_2$
(D) $NaCl + AgNO_3\ + AgCl + NaNO_3$

34. निम्नलिखित में अश्रु गैस कौन-सी है?
(A) $COCl_2$ (B) CCl_3NO_2
(C) SO_3Cl_2 (D) NO_2

35. $CH_3\text{-}\overset{\overset{\displaystyle O}{\|}}{C}\text{-}CH_3$ का IUPAC नाम है-
(A) एसीटोन (B) डाइमेथिल कीटोन
(C) प्रोपेनोन (D) 2-ऑक्सी प्रोपेन

36. सर्वाधिक क्षारीय कौन-सा है?
(A) Na_2O (B) MgO
(C) Al_2O_3 (D) SiO_2

37. क्रायोलाइट का सूत्र है-
(A) NaF (B) $Na_3[AlF_6]$
(C) AlF_6 (D) CaF_2

38. कौन-सा अवक्षेप पीले रंग का है?
(A) PbS (B) Bi_2S_3
(C) CdS (D) NiS

39. परमाणु का अंतर्राष्ट्रीय मानक है-
(A) कार्बन-12 (B) ऑक्सीजन -16
(C) हाइड्रोजन-1 (D) नाइट्रोजन-14

40. एल्काइन श्रेणी का प्रथम सदस्य है-
(A) CH_4 (B) CH_3
(C) C_2H_4 (D) C_2H_2

41. CO_2 के 6×10^{22} अणुओं का द्रव्यमान लगभग है-
(A) 1.4 ग्राम (B) 1.0 ग्राम
(C) 4.4 ग्राम (D) 3.0 ग्राम

42. किसी ऑर्बिटल में इलेक्ट्रॉनों की अधिकतम संख्या होगी-
(A) 4 (B) 2
(C) 8 (D) 10

43. इलेक्ट्रॉनों के लिए **e/m** का मान निर्भर करता है-
(A) कैथोड की प्रकृति पर
(B) एनोड की प्रकृति पर
(C) विसर्जन नली में ली गई गैस की प्रकृति पर
(D) उपर्युक्त में से किसी पर भी नहीं

44. निम्नलिखित किस यौगिक में आयनिक और सहसंयोजी दोनों प्रकार के बंध उपस्थित हैं?
(A) CH_4 (B) NaCl
(C) SO_2 (D) NaOH

45. β-कण हैं-
(A) प्रोटॉन (B) हीलियम परमाणु के नाभिक
(C) इलेक्ट्रॉन (D) न्यूट्रॉन

46. CO_2 तथा SO_2 गैसों की विसरण गतियों का अनुपात होगा-
(A) 11 : 4 (B) 11 : 2
(C) $\sqrt{11} : 4$ (D) $4 : \sqrt{11}$

47. निम्नलिखित में से किसको नाभिकीय संयंत्र में नियंत्रक के रूप में उपयोग करते हैं?
(A) कैडमियम (B) बोरोन
(C) (A) एवं (B) दोनों (D) ग्रेफाइट

48. सूर्य के प्रकाश में इथेन तथा क्लोरीन की क्रिया का अंतिम उत्पाद है-
(A) इथिल क्लोराइड (B) कार्बन टेट्राक्लोराइड
(C) हेक्साक्लोरो ईथेन (D) क्लोरोफार्म

49. जब लोहे का एक टुकड़ा कॉपर सल्फेट के विलयन में डाला जाता है, तो लोहा कॉपर सल्फेट के कॉपर (तांबा) को हटाकर आयरन सल्फेट बनाता है। इस प्रकार के अभिक्रिया कहलाती हैं-
(A) योगात्मक अभिक्रिया (B) संयोजन अभिक्रिया
(C) वियोजन अभिक्रिया (D) विस्थापन अभिक्रिया

50. आमोनीकल सिल्वर नाइट्रेट में एसिटिलीन प्रवाहित करने पर बनने वाले सफेद अवक्षेप का नाम तथा सूत्र हैं-
(A) सिल्वर क्लोराइड, AgCI
(B) अमोनियम क्लोराइड, NH_4 CI
(C) सिल्वर एसिटिलाइड, C_2Ag_2
(D) अमोनियम एसिटिलाइड, $C_2\,(NH4)_2$

51. रेडियोएक्टिव तत्व से उत्सर्जित होता है-
(A) α-कण (B) β-कण
(C) γ-किरणें (D) उपर्युक्त सभी

52. सर्वाधिक यौगिक बनाने वाली अक्रिय गैस है-
(A) Ne (B) Xe
(C) He (D) Ar

53. निम्नलिखित में किसका कैलोरी मान सर्वाधिक है?
(A) ब्यूटेन (B) ईथेन
(C) प्राकृतिक गैस (D) मीथेन

54. नाइट्रोजन गैस लिटमस के प्रति है–

(A) अम्लीय (B) क्षारीय
(C) उदासीन (D) कम क्षारीय

55. धावन सोडा के एक अणु में क्रिस्टलन जल के कितने अणु हैं?

(A) 5 (B) 3
(C) 10 (D) 1

56. एक ट्रांसफार्मर का प्रयोग 220 V से 11 V घटाने में किया जाता है। प्राथमिक कुण्डली में 5 A धारा तथा द्वितीयक कुण्डली में 90 A धारा बहती हैं। ट्रांसफॉर्मर की दक्षता है–

(A) 20 % (B) 40 %
(C) 70 % (D) 90 %

57. बल का आघूर्ण कहलाता है–

(A) बल आघूर्ण (B) आवेश
(C) किया गया कार्य (D) इनमें से कोई नहीं

58. किसी तरंग तरंगदैर्ध्य 40 मी है यदि आवर्तकाल 0.5 सेकण्ड हो, तो तरंग की चाल कितनी होगी?

(A) 85 मी/से. (B) 80 मी/से.
(C) 100 मी/से. (D) 95 मी/से.

59. एक गोला दो समान्तर दर्पणों के बीच में रखा गया है। उसके कितने प्रतिबिम्ब बनेंगे?

(A) 5 (B) 7
(C) 3 (D) असंख्य

60. वेग-समय ग्राफ का क्षेत्रफल बताता है–

(A) प्रारम्भिक वेग (B) त्वरण
(C) अन्तिम वेग (D) कोणीय त्वरण का

खण्ड-II: गणित

61. यदि किसी मूलधन पर ब्याज चक्रवृद्धि ब्याज पर दूसरे और तीसरे वर्ष प्राप्त होने वाली राशि क्रमानुसार ₹ 22472 और ₹ 23820.32 है, तो ब्याज दर कितनी है?

(A) 3 प्रतिशत (B) 6 प्रतिशत
(C) 12 प्रतिशत (D) 10 प्रतिशत

62. एक त्रिभुज के तीन कोणों के मापों का अनुपात 3 : 4 : 5 है। सबसे बड़े कोण का माप क्या हैं?

(A) 75° (B) 60°
(C) 45° (D) 30°

63. एक विक्रेता ₹ 7 में 21 के हिसाब से सेब खरीदता है और ₹ 2 के हिसाब से बेच देता है। इसका परिणाम होगा?

(A) 20 प्रतिशत हानि (B) 20 प्रतिशत लाभ
(C) 16.66 प्रतिशत लाभ (D) 16.6 प्रतिशत हानि

64. यदि $\dfrac{1}{\sqrt{(1+\cot^2 A)}} = x$, तो x का क्या मान है?

(A) sin A (B) cosec A
(C) cos A (D) sec A

65. महमूद काम का एक भाग 40 घंटे में पूरा कर सकता है, यदि उसे जानकी ने सहायता की जो कि 50% अधिक कार्यक्षम है, तो कितने समय में दोनों काम साथ मिलकर पूरा कर लेंगे?

(A) 2 घंटे (B) 6 घंटे
(C) 16 घंटे (D) 3 घंटे

66. एक 2 अंकों वाली संख्या के अंको का गुणनफल 24 है। यदि हम संख्या में 45 जोड़ दे, तो प्राप्त नई संख्या अंकों को आपस में बदलकर कर बनी है। वह संख्या क्या है?

(A) 83 (B) 64
(C) 46 (D) 38

67. 10 सेमी. की त्रिज्या और 8 सेमी. की ऊंचाई वाले एक ठोस समकोण वृत्ताकार शंकु को 11 सेमी. त्रिज्या और 9 सेमी. की ऊंचाई वाले एक बेलनाकार बर्तन के अंदर डाल दिया जाता है। बेलनाकार बर्तन को पूरी तरह से भरने के लिए में कितना पानी घन सेमी. आवश्यक होगा?

(A) 5168.96 घन सेमी.
(B) 2584.48 घन सेमी.
(C) 7753.44 घन सेमी.
(D) 1292.24 घन सेमी.

68. sinA/(1 + cosA) = x हो, तो x का क्या मान है?

(A) cosec A + cot A (B) sec A – cot A
(C) sec A + cot A (D) cosec A – cot A

69. 39 छात्रों की एक कक्षा में 36 लड़कियां है। इन लड़कियों का औसत वजन 38 किग्रा है और पूर्ण कक्षा का औसत वजन 40 किग्रा. है। कक्षा के 3 लड़कों का औसतन वजन क्या है?

(A) 42 (B) 64
(C) 20 (D) 62

70. एक वस्तु की अंकित कीमत ₹ 300 है। 2 वस्तु की खरीद पर 24% छूट मिलती है, 5 वस्तु की खरीद पर 38% छूट मिलती है। रचना 7 वस्तु खरीदती है, तो उसे कितनी प्रभावी छूट मिलेगी?

(A) 17.5 प्रतिशत (B) 20.4 प्रतिशत
(C) 34 प्रतिशत (D) 12.8 प्रतिशत

71. $24x^2 - 54x - 15$ के गुणनखंड क्या होंगे?

(A) $3(2x + 5)(4x - 1)$
(B) $3(2x - 5)(4x + 1)$
(C) $2(3x - 5)(4x + 1)$
(D) $4(2x - 5)(3x + 1)$

72. दो संख्याएं एक तीसरी संख्या की तुलना में 40% और 50% कम है। दूसरी संख्या को पहली संख्या के बराबर करने के लिए कितने प्रतिशत बढ़ाना होगा?

(A) 16.67 प्रतिशत (B) 20 प्रतिशत
(C) 10 प्रतिशत (D) 25 प्रतिशत

73. बिंदु $(5, a)$ और बिंदु $(4, 3)$ से गुजरने वाली रेखा $x - 6y = 8$ पर लंब है। 'a' का क्या मान है?

(A) -3 (B) -2
(C) 4 (D) 5

74. 18 और 32 के बीच की सभी अभाज्य संख्याओं का योग क्या है?

(A) 99 (B) 100
(C) 102 (D) 97

75. यदि एक वृत्त की त्रिज्या में 17% की वृद्धि की जाती है, तो उसका क्षेत्रफल कितने प्रतिशत बढ़ जाएगा?

(A) 34 प्रतिशत (B) 36.89 प्रतिशत
(C) 17 प्रतिशत (D) 18.445 प्रतिशत

76. एक बैंक अर्द्ध वार्षिक रूप से 20% चक्रवृद्धि ब्याज की पेशकश करता है। एक ग्राहक एक वर्ष में 1 जनवरी और 1 जुलाई को ₹ 2800 जमा करता है। वर्ष के अन्त में ब्याज के माध्यम से उसे कितनी राशि का लाभ होगा?

(A) ₹ 3584 (B) ₹ 896
(C) ₹ 1792 (D) ₹ 448

77. एक मालगाड़ी के द्वारा स्टेशन पार करने के 4 घण्टे बाद, उसका पीछा करते हुए एक और रेलगाड़ी ने 60 किमी./घंटा की गति से यात्रा करते हुए उसी स्टेशन को पार किया। यदि स्टेशन पार करने के 8 घण्टे के बाद रेलगाड़ी मालगाड़ी से आगे निकल जाती है, तो मालगाड़ी की गति क्या होगी?

(A) 40 किमी/घण्टा (B) 48 किमी/घण्टा
(C) 60 किमी/घण्टा (D) 32 किमी/घण्टा

78. एक वयस्क के टिकट का मूल्य ₹ 1000 है और एक बच्चे के टिकट का मूल्य ₹ 500 है। दो वयस्कों के साथ एक बच्चा निःशुल्क जा सकता है। यदि एक समूह में 17 वयस्क और 5 बच्चे हैं तो उस समूह को कितनी छूट मिलेगी ?

(A) 14.7 प्रतिशत (B) 32 प्रतिशत
(C) 12.82 प्रतिशत (D) 22 प्रतिशत

79. यदि $-3x - 11$, $x + p$ और $5x + 7$ समान्तर श्रेणी में है, तो p के मान का पता लगाएं–

(A) 9 (B) 2
(C) –9 (D) –2

80. बिन्दु P (–4, 1) बिन्दु $(x, 0)$ और $(0, y)$ के बीच के रेखाखण्ड को 3 : 2 में विभाजित करता है। x और y को ज्ञात करें–

(A) $x = -10; y = 5/3$ (B) $x = -10; y = -5/3$
(C) $x = 10; y = -5/3$ (D) $x = 10; y = -5/3$

81. ΔABC में, D और E क्रमशः भुजा AB और AC पर स्थित बिन्दु हैं। DE, BC के समानान्तर है। यदि AD, DB और DE की लम्बाई क्रमशः 9 सेमी. 6 सेमी. और 5.4 सेमी. है, तो BC की लम्बाई ज्ञात करें–

(A) 3.6 सेमी (B) 4.8 सेमी
(C) 11.2 सेमी (D) 9 सेमी

82. एक आर्मी की भर्ती प्रक्रिया में, चयनित और अचयनित का अनुपात 6 : 1 था। यदि 90 कम ने आवेदन किया होता और 30 कम चयनित होते, तो चयनित और अचयनित का अनुपात 8 : 1 होता। कितने उम्मीदवारों ने प्रक्रिया के लिए आवेदन किया था ?

(A) 3150 (B) 6300
(C) 4725 (D) 1575

83. एक त्रिभुज में उस कोण के विपरीत वाली भुजा की लम्बाई 12 सेमी. है, जिसके कोण का माप 30 डिग्री है। उस कोण के विपरीत वाली भुजा की लम्बाई क्या है, जिसके कोण का माप 60 डिग्री है?

(A) 9 सेमी. (B) $12\sqrt{3}$ सेमी.
(C) $(15\sqrt{3})/2$ सेमी. (D) $(9\sqrt{3})/2$ सेमी.

84. किसी बेलनाकार वस्तु का आयतन 13860 घन सेमी. है। यदि इसके आधार की परिधि 132 सेमी. है, बेलनाकार वस्तु के वक्र सतह का क्षेत्रफल ज्ञात करें–

(A) 2640 वर्ग सेमी. (B) 3960 वर्ग सेमी.
(C) 1320 वर्ग सेमी. (D) 660 वर्ग सेमी.

85. $\sec^2 A \operatorname{cosec}^2 A$ का मान बताएं–

(A) $\sec^2 A - \operatorname{cosec}^2 A$ (B) $\sqrt{[\sec^2 A + \operatorname{cosec}^2 A]}$
(C) $\sec^2 A + \operatorname{cosec}^2 A$ (D) $\sqrt{[\sec^2 A - \operatorname{cosec}^2 A]}$

86. एक फ्रिज का मूल्य ₹4500 है। यह ₹ 1100 के नकद भुगतान और ₹ 700 की 5 मासिक किश्तों में भुगतान द्वारा भी प्राप्त किया जा सकता है। ब्याज की दर ज्ञात कीजिए–

(A) 10 % (B) 11 %
(C) 15 % (D) 12 %

87. यदि $\log(x^3 - 1) - \log(x^2 + x + 1) = 0$ हो, तो x का मान होगा–

(A) 0 (B) 1
(C) 2 (D) 3

88. एक कक्षा के 45 छात्र विज्ञान अथवा गणित अथवा दोनों विषय पढ़ने के लिए चुनते हैं। 10 छात्र दोनों विषय चुनते हैं तथा 20 छात्र गणित चुनते हैं। विज्ञान चुनने वालों की संख्या है–

(A) 35 (B) 15
(C) 25 (D) इनमें से कोई नहीं

89. किसी कक्षा A में 49 छात्रों की उपस्थिति का समान्तर माध्य 40% है तथा 53 छात्रों की कक्षा B में इसका मान 35% है, तो कक्षा A तथा B का सम्मिलित माध्य होगा–

(A) 37.3% (B) 50.25%
(C) 51.13% (D) 37.4%

90. एक भवन के ऊपर लगे एक ऊर्ध्वाधर झण्डे के शीर्ष एवं तल क्रमशः 45° तथा 30° के कोण 45मी की क्षैतिज दूरी पर बनाते हैं। झण्डे की ऊंचाई है–

(A) $15\sqrt{3}(\sqrt{3} - 1)$ मी (B) $45\left(1 + \frac{1}{\sqrt{3}}\right)$ मी
(C) 45 मी (D) इनमें से कोई नहीं

उत्तर (हल/संकेत)

1. (C) $\alpha : \beta : \gamma = 1 : 2 : 3$

जहां α, β व γ

क्रमश: रेखीय प्रसार गुणांक, क्षेत्रीय प्रसार गुणांक व आयतन प्रसार गुणांक है।

2. (A) निकट-दृष्टि दोष के निवारण के लिए अवतल लेंस का प्रयोग किया जाता है।

3. (B) विशिष्ट ऊष्मा $Q = m \times s \times t$

$= 600 \times 1 \times (80 - 30)$

$= 600 \times 50 = 30000$ कैलोरी

4. (C)

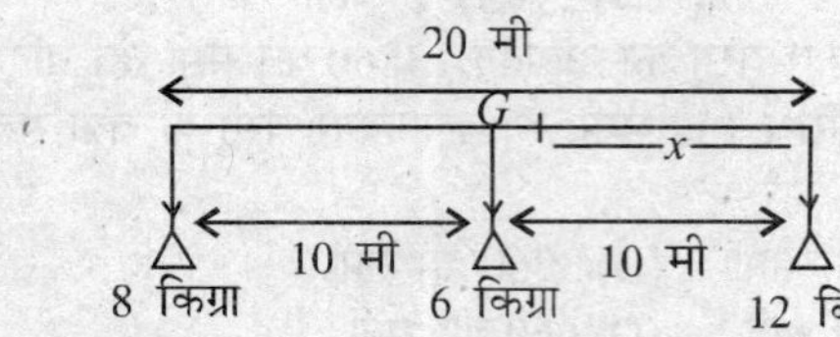

माना संतुलन बिंदु 12 किग्रा भार से x दूरी पर होगा। तब, संतुलन की अवस्था में,

$8 \times (20 - x) + 6\,(10 - x) = 12x$

$160 - 8x + 60 - 6x = 12x$

$26x = 220$

$x = \dfrac{220}{26}$

$x = 8.46$ मी.

5. (A) μ_0, निर्वात की चुंबकशीलता होती है, इसका मान 4×10^{-7} न्यूटन/ऐम्पियर^2 होता है।

अत: $\mu_0 = 4 \times 10^{-7}$ न्यूटन/ऐम्पियर^2

या $\dfrac{\mu_0}{4} = 10^{-7}$ न्यूटन/ऐम्पियर^2

6. (C)

7. (B) विद्युत ऊर्जा को वाट-घंटा मीटर या किलोवाट- घंटा-मीटर यंत्र द्वारा मापा जाता है।

8. (B) $w = mg$

$w = 1 \times 9.8 = 9.8$ न्यूटन

9. (A) इंजन की सामर्थ्य,

P = 30 किलोवाट

= 30 × 1000 वाट

सामर्थ्य $P = \dfrac{mgh}{t}$

$t = \dfrac{mgh}{p}$

$= \dfrac{150 \times 9.8 \times 50}{30 \times 1000} = 2.45$ सेकण्ड

10. (B) परिणाम, $R^2 = P^2 + Q^2 + 2PQ\cos\theta$

$0 = 2P^2 + 2P^2 + 2P^2 \cos\theta$

$[\because P = Q]$

$\Rightarrow \cos\theta = -1$

$\Rightarrow \cos\theta = \cos 180^0$

$\Rightarrow \theta = 180^0$

11. (C)

12. (A) दाब $= \dfrac{\text{दाब}}{\text{क्षेत्रफल}}$

प्रश्नानुसार, $P = \dfrac{2F}{\frac{A}{2}}$

$\Rightarrow P = 4\left(\dfrac{F}{A}\right)$

$\therefore P = 4P$

13. (B) द्वितीय वर्ग के उत्तोलक में भार W तथा आयाम P आलम्ब F के एक ही ओर होते हैं, अत: चित्र द्वितीय श्रेणी के उत्तोलक को प्रदर्शित करता है।

14. (C) आदर्श गैस की आंतरिक ऊर्जा केवल ताप पर निर्भर करती है।

15. (C)

16. (B) द्रव की गहराई पर दाब, $P = hdg$

17. (D) अनुप्रस्थ तरंगें ठोस, द्रव व गैस में उत्पन्न की जा सकती हैं।

18. (C) $\therefore \dfrac{n_2}{n_1} = \dfrac{\lambda_1}{\lambda_2}$

$\Rightarrow \dfrac{\lambda_1}{\lambda_2} = \dfrac{4}{3}$

तथा आर्वत्तकाल (T) $= \dfrac{1}{\text{आवृत्ति } (n)}$

$\dfrac{T_1}{T_2} = \dfrac{n_2}{n_1} = \dfrac{4}{3}$

19. (C) वस्तु का आपेक्षिक घनत्व

$= \dfrac{\text{पिण्ड का वायु में भार}}{\text{जल में पिण्ड के भार में कमी}}$

$= \dfrac{w_1}{w_1 - w_2}$

20. (A) **21.** (A) **22.** (A)

23. (C) $u = -25$ सेमी, $v = -0.40$ सेमी. $= -40$ सेमी.

फोकस दूरी के सूत्र $\frac{1}{f} = \frac{1}{v} - \frac{1}{u}$ से

$$\frac{1}{f} = \frac{1}{-40} - \frac{1}{-25}$$

$$\frac{1}{f} = \frac{-5+8}{200}$$

$$f = 66.7 \text{ सेमी}$$

दूर दृष्टि दोष के निवारण के लिए उत्तल लेंस का प्रयोग किया जाता है।

24. (B)

25. (B) ऊष्मा, $w = i^2Rt$

प्रतिरोध, $R = \frac{w}{i^2t}$

$$= \frac{540 \times 1000}{(3)^2 \times 4 \times 60}$$

$= 250$ ओम

26. (C) नदी पर निर्मित बांध को नीचे से चौड़ा बनाया जाता है, क्योंकि गहराई बढ़ने के साथ जल का दाब बढ़ता है। इस दाब को सहन करने हेतु बांध को नीचे से चौड़ा बनाया जाता है।

27. (A) एक दिन में क्षयित सेकण्ड़ों की संख्या

$$\Delta t = \frac{1}{2}\alpha\, \Delta\theta \times 86400$$

धात्विक लोलक का रेखीय प्रसार गुणांक,

$$\therefore \quad \alpha = \frac{2\,\Delta t}{\Delta\theta \times 86400}$$

$$\alpha = \frac{2 \times 12.5}{25 \times 86400}$$

$$\alpha = \frac{1}{86400} /^{\circ}\text{C}$$

28. (A) प्रिज्य का अपवर्तनांक,

$$\mu = \frac{\sin\left(\frac{A+\delta_m}{2}\right)}{\sin\frac{A}{2}}$$

$$= \frac{\sin\left(\frac{60^{\circ}+30^{\circ}}{2}\right)}{\sin\frac{60^{\circ}}{2}} = \frac{\sin 45^{\circ}}{\sin 30^{\circ}} = \frac{\frac{1}{\sqrt{2}}}{\frac{1}{2}} = \sqrt{2}$$

29. (C) हीरे में प्रकाश का वेग,

$$v = 121000 \text{ किमी/से}$$
$$= 121000 \times 10^3$$
$$= 121 \times 10^6 \text{ मी/से}$$

हम जानते हैं,

अपवर्तनांक, $\mu = \frac{c}{v}$

$$= \frac{3 \times 10^8}{121 \times 10^6} = 2.48$$

30. (B) ट्रांसफार्मर अन्योन्य प्रेरण के सिद्धान्त पर कार्य करता है।

31. (C) ग्लूकोज का प्रयोग रजतीकरण में किया जाता है, क्योंकि यह अमोनिकल सिल्वर नाइट्रेट को सिल्वर में अपचयित करता है।

32. (B) प्रोड्यूसर गैस $(CO + N_2)$ का मिश्रण होती है।

$$2C + O_2 + 3.73N_2 \rightarrow 2CO + 3.73N_2$$

33. (D) $NaCl + AgNO_3 \rightarrow AgCl + NaNO_3$

34. (B) $CCl_3.\,NO_2$ अश्रु गैस कहलाती है।

35. (C) $CH_3\text{-}\overset{\overset{\large O}{\|}}{C}\text{-}CH_3$ का I.U.P.A.C पद्धति में नाम प्रोपेनोन होगा।

36. (A) आवर्त सारणी में क्षार धातुएं सर्वाधिक क्षारीय होती है, इसलिए Na_2O सर्वाधिक क्षारीय होगा।

37. (B) क्रायोलाइट $Na_3\,[A1F_6]$

38. (C) **39.** (A)

40. (D) C_2H_2 – एल्काइन श्रेणी का सामान्य सूत्र

$$= C_nH_{2n-2}$$

41. (C) 6×10^{23} अणु $= 44$ ग्राम

6×10^{22} अणु $= 4.4$ ग्राम

42. (B) **43.** (D)

44. (D) $NaOH \rightarrow Na^{+}\ [:\ddot{\underset{\cdot\cdot}{O}}\text{-}H]$

45. (C) बीटा कण $= -1\,\beta^0$

इलेक्ट्रॉन $= -1\,e^0$

अर्थात् बीटा कण, इलेक्ट्रॉन ही है, इसका द्रव्यमान भी इलेक्ट्रॉन के बराबर होता है।

46. (D) ग्राह्य के विसरण नियम से,

$$\frac{r_1}{r_2} = \sqrt{\frac{M_2}{M_1}} = \sqrt{\frac{64}{44}}$$

$$= \sqrt{\frac{32}{22}} = \sqrt{\frac{16}{11}}$$

$$= 4 : \sqrt{11}$$

47. (A) कैडमियम (Cd) की छड़ों का प्रयोग नाभिकीय संयंत्र में नियंत्रक के रूप में किया जाता है।

48. (C) हेक्साक्लोरो ईथेन - C_2Cl_6

$$C_2H_6 \xrightarrow{Cl_2} C_2H_5Cl \xrightarrow{Cl_2} C_2H_4Cl_2 \xrightarrow{Cl_2}$$

$$C_2H_3Cl_3 \xrightarrow{Cl_2} C_2H_2Cl_4 \xrightarrow{Cl_2} C_2HCl_5 \xrightarrow{Cl_2} C_2Cl_6$$

49. (D) विस्थापन अभिक्रिया

$Fe + CuSO_4 \rightarrow FeSO_4 + Cu$

50. (C) $HC{\equiv}CH + \xrightarrow{AgNO_3 + NH_4OH}$

ऐसिटिलीन

$Ag\text{-}C{\equiv}CAg$

सिल्वर एसिटिलाइड

51. (D) रेडियो एक्टिव तत्व से α, β और γ कण उत्सर्जित होते हैं α कण के उत्सर्जन से तत्व के परमाणु क्रमांक में 2 की कमी तथा द्रव्यमान संख्या में 4 की कमी हो जाती है। β कण के उत्सर्जन से परमाणु क्रमांक में 1 की वृद्धि हो जाती है, जबकि γ एक किरण है, जिसके उत्सर्जन से तत्व के परमाणु क्रमांक तथा द्रव्यमान संख्या में कोई परिवर्तन नहीं होता है।

52. (B) सर्वाधिक यौगिक बनाने वाली अक्रिय गैस जिनान (Xe) है, जिसके कुछ यौगिक निम्नलिखित हैं–

$XeF_2, XeF_4, XeOF_4, XeO_2F_2, XeO_3, [XeO_6]^4$

53. (A) ब्यूटेन का कैलोरीमान सबसे अधिक 21109 होता है।

54. (C) नाइट्रोजन गैस लिट्मस के प्रति उदासीन होती है।

55. (C) धावन सोडा-सोडियम कार्बोनेट डिहाइड्रेट

$Na_2CO_3\ 10H_2O$

56. (D) क्षमता $= \dfrac{90 \times 11}{220 \times 5} = \dfrac{990}{1100} \times 100 = 90\%$

57. (C)

58. (B) तरंगदैर्ध्य $(\lambda) = 40$ मी

आवर्तकाल $(T) = 0.5$ सेकण्ड

$$v = \frac{n}{\lambda}$$

[जहां $n = \dfrac{1}{T} \Rightarrow \dfrac{1}{0.5} = n = 2$ प्रति सेकण्ड]

$v = (2 \times 40)$ मी/से. $= 80$ मी./से.

59. (D) $\because$ दर्पण समान्तर है, अत: $\theta = 0$

प्रतिबिम्बों की संख्या

$n = \dfrac{360^o}{\theta} = \dfrac{360^o}{0} =$ (अनन्त)

60. (D)

61. (B) एक वर्ष का ब्याज $= 23820.32 - 22472$
$= 1348.32$

$\therefore$ ब्याज की दर $= \dfrac{1348.32 \times 100}{22472} = 6\%$

62. (A) माना त्रिभुज के तीनों कोण $3x°, 4x°, 5x°$ है।

तो $3x° + 4x° + 5x° = 180°$

$12x° = 180°$

$x° = 15°$

$\therefore$ त्रिभुज के कोण $= 3 \times 15° = 45°$
$= 4 \times 15° = 60°$
$= 5 \times 15° = 75°$

$\therefore$ त्रिभुज के सबसे बड़े कोण की माप 75° होगी।

63. (C) विक्रेता ₹ 7 में सेब खरीदता है $= 21$

$\therefore$ ₹ 1 में सेब खरीदेगा $= 3$

इसी प्रकार ₹ 2 में सेब बेचता है $= 5$

$\therefore$ ₹ 1 में सेब बेचेगा $= \dfrac{5}{2}$

$\therefore$ लाभ $= 3 - \dfrac{5}{2} = \dfrac{1}{2}$

$\therefore$ लाभ प्रतिशत $= \dfrac{\frac{1}{2}}{\frac{3}{2}} \times 100 = \dfrac{1}{6} \times 100 = 16{\cdot}66\%$

64. (A) $\dfrac{1}{\sqrt{1 + \cot^2 A}} = \dfrac{1}{\sqrt{\text{cosec}^2 A}}$

$= \dfrac{1}{\text{cosec A}} = \sin A$

65. (C) महमूद का काम $= \dfrac{1}{40}$

$\therefore$ जानकी का काम $= 1 + \dfrac{1}{2} = \dfrac{3}{2}$

जानकी का काम $= \dfrac{3}{2}\left(\dfrac{1}{40}\right)$

$\therefore$ दोनों का काम $= \dfrac{1}{40} + \dfrac{3}{2} \times \dfrac{1}{40}$

$= \dfrac{1}{40} + \dfrac{3}{80} = \dfrac{1}{16}$

$\therefore$ दोनों मिलकर काम को 16 घंटे में पूरा कर लेंगे।

66. (D) माना इकाई का अंक $= x$

दहाई का अंक $= y$

$\therefore$ संख्या $= 10y + x$

प्रश्नानुसार

$x \times y = 24$ (i)

$10y + x + 45 = 10x + y$

$10y - y + x - 10x + 45 = 0$

$9y - 9x = -45$

$x = 5 + y$

x का मान समीकरण (i) में रखने पर

$$(5+y)\times y = 24$$
$$5y + y^2 = 24$$
$$y^2+5y-24 = 0$$
$$y^2+(8-3)y-24 = 0$$
$$y^2+8y-3y-24 = 0$$
$$y(y+8)-3(y+8) = 0$$
$$(y+8)(y-3) = 0$$

$\therefore$ दहाई का अंक = 3

इकाई का अंक = 5 + 3 = 8

$\therefore$ संख्या = 10 × 3 + 8 = 38

67. (B) बेलनाकार बर्तन का आयतन = $\pi r^2 h$

$= \pi \times (11)^2 \times 9 = 1089\,\pi$ घन सेमी.

शंकु का आयतन $= \frac{1}{3}\pi r^2 h$

$= \frac{1}{3}\times\pi\times(10^2)\times 8 = \frac{800}{3}\pi$

$\therefore$ बर्तन को पूरा भरने में लगी पानी की मात्रा

$= 1089\pi - \frac{800}{3}\pi$

$= \frac{2467}{3}\pi = \frac{2467\times 22}{3\times 7}$

= 2584.476 = 2584.48 घन सेमी.

68. (D) $x = \frac{\sin A}{1+\cos A} = \frac{\sin A}{1+\cos A}$

$= \frac{\sin A}{1+\cos A}\times\frac{1-\cos A}{1-\cos A}$

$= \frac{\sin A(1-\cos A)}{(1+\cos A)(1-\cos A)}$

$= \frac{\sin A(1-\cos A)}{1-\cos^2 A}$

$= \frac{\sin A(1-\cos A)}{\sin^2 A}$

$= \frac{1-\cos A}{\sin A} = \frac{1}{\sin A} - \frac{\cos A}{\sin A}$

$= \text{cosec}\,A - \cot A$

69. (B) 36 छात्रों का कुल वजन = 39 × 40 = 1560 किग्रा.

36 लड़कियों का कुल वजन = 36 × 38 = 1368 किग्रा.

कक्षा में 3 लड़कों का वजन = 1560 – 1368 = 192 किग्रा.

$\therefore$ 3 लड़कों का औसत वजन $= \frac{192}{3} = 64$ किग्रा.

70. (C) 1 वस्तु की कीमत = ₹ 300

2 वस्तु की कीमत = 300 × 2 = ₹ 600

2 वस्तु की छूट $= \frac{600\times 24}{100}$ = ₹ 144

$\therefore$ 5 वस्तुओं पर छूट $= \frac{1500\times 38}{100}$ = ₹ 570

कुल छूट = 144 + 570 = ₹ 714

7 वस्तु की कीमत = 300 × 7 = ₹ 2100

$\therefore$ प्रभावी छूट $= \frac{714\times 100}{2100} = 34\%$

71. (B) $24x^2 - 54x - 15$

$\Rightarrow 24x^2 - 60x + 6x - 15$

$\Rightarrow 12x(2x-5) + 3(2x-5)$

$\Rightarrow (2x-5)(12x+3)$

$\Rightarrow 3(4x+1)(2x-5)$

72. (B) माना तीसरी संख्या = x

$\therefore$ पहली संख्या $= x - x\times\frac{40}{100} = \frac{3x}{5}$

दूसरी संख्या $= x - x\times\frac{50}{100} = \frac{x}{2}$

$\therefore$ बढ़ी संख्या = ₹ $\left(\frac{3x}{5}-\frac{x}{2}\right) = \frac{x}{10}$

बढ़त प्रतिशत $= \frac{\frac{x}{10}}{\frac{x}{2}}\times 100\% = 20\%$

73. (A) बिन्दु $(5, a)$ और $(4, 3)$

$\therefore$ प्रवणता $= \frac{y_2-y_1}{x_2-x_1} = \frac{3-a}{4-5} = (a-3)$

$\therefore m_1 = (a-3)$

रेखा का समीकरण $x - 6y = 8$

$-6y = 8 - x$

$y = \frac{8}{-6} - \frac{x}{-6}$

$y = -\frac{8}{6} + \frac{x}{6}$

$\therefore m_2 = +\frac{1}{6}$

लम्ब होने के लिये, $m_1 \times m_2 = -1$

$(a-3)\times +\frac{1}{6} = -1$

$a - 3 = -6$

$a = -3$

74. (C) $\therefore$ संख्याओं का योग $= 19 + 23 + 29 + 31 = 102$

75. (B) माना वृत्त की त्रिज्या $= r$

$\therefore$ वृत्त का क्षेत्रफल $= \pi r^2$

17% की वृद्धि पर

वृत्त की नई त्रिज्या $= \frac{117}{100}r$

वृत्त का नया क्षेत्रफल $= \pi\left(\frac{117r}{100}\right)^2$

$= \pi \times \frac{13689}{10000}r^2 = \frac{13689}{10000}\pi r^2$

$\therefore$ क्षेत्रफल में वृद्धि $= \frac{13689}{10000}\pi r^2 - \pi r^2$

$= \frac{3689}{10000}\pi r^2$

$\therefore$ क्षेत्रफल में प्रतिशत वृद्धि $= \frac{3689}{10000} \times 100 = 36.89\%$

OR

$\therefore$ क्षेत्रफल में प्रतिशत वृद्धि $= \left(2r + \frac{r^2}{100}\right)\%$

$= 2 \times 17 + \frac{289}{100} = 36.89\%$

76. (C) बैंक का चक्रवृद्धि ब्याज

$= 2800\left(1+\frac{20}{100}\right)^2 + 2800\left(1+\frac{20}{100}\right)$

$= 2800 \times \left(\frac{6}{5}\right)^2 + 2800 \times \frac{6}{5}$

$= 2800 \times \frac{36}{25} + 2800 \times \frac{6}{5} = 4032 + 3360 = 7392$

कुल जमा राशि $= 2800 + 2800 = 5600$

$\therefore$ वर्ष के अन्त में ब्याज $= 7392 - 5600 =$ ₹ 1792

77. (A)

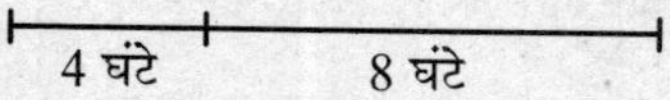

माना रेलगाड़ी की चाल $= x$ किमी/घंटा है।

मालगाड़ी द्वारा लिया गया समय $= 4 + 8 = 12$ घंटे

रेलगाड़ी द्वारा लिया गया समय $= 8$ घंटे

दोनों गाड़ियां समान दूरी तय करती हैं।

$x \times 12 = 60 \times 8$

$x = \frac{60 \times 8}{12} = 40$ किमी/घण्टा

अतः मालगाड़ी की गति $= 40$ किमी/घण्टा

78. (C) 17 वयस्कों के टिकटों का मूल्य $= 17 \times 1000 = 17000$

5 बच्चों के टिकटों का मूल्य $= 5 \times 500 = 2500$

कुल मूल्य = ₹ (17000 + 2500) = ₹ 19500

$\therefore$ % छूट $= \frac{2500}{19500} \times 100 = 12.82\%$

79. (D) यदि $a, b\ c$ समान्तर श्रेणी में हों, तो

$2b = a + c$

$= 2(x + p) = -3x - 11 + 5x + 7$

$= 2x + 2p = 2x - 4$

$\Rightarrow 2p = -4$

$\Rightarrow p = -2$

80. (A) रेखा का समीकरण $\frac{x}{x} + \frac{y}{y} = 1$ के निर्देशांक A $(x, 0)$ और B $(0, y)$ है।

यह रेखाखण्ड को 3 : 2 में विभाजित करता है।

$\therefore \frac{3 \times 0 + 2 \times x}{3+2}, \frac{3 \times y + 2 \times 0}{3+2}$

$\left(\frac{2x}{5}, \frac{3y}{5}\right)$

$\left(\frac{2x}{5}, \frac{3y}{5}\right)$ बिन्दु के निर्देशांक तथा बिन्दु P (–4, 1) रेखाखण्ड का 3 : 2 में विभाजित करता है।

$\therefore \frac{2x}{5} = -4 \qquad \frac{3y}{5} = 1$

$x = \frac{-4 \times 5}{2} \qquad y = \frac{5}{3}$

$= -10$

81. (D) $\frac{AD}{AB} = \frac{AE}{AC} = \frac{DE}{BC}$

$\therefore \frac{AD}{AB} = \frac{DE}{BC}$

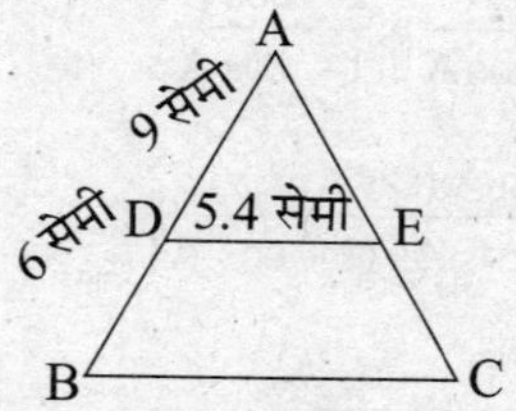

$\frac{9}{9+6} = \frac{5.4}{BC} \Rightarrow \frac{9}{15} = \frac{5.4}{BC}$

$\therefore$ BC की लम्बाई $= \frac{15 \times 5.4}{9} = 9$ सेमी

82. (D) चयनित और अचयनित का अनुपात

$= 6x : x$

कुल व्यक्तियों का अनुपात $= 6x + x = 7x$

प्रश्नानुसार,

$\frac{7x-90}{6x-30} = \frac{9}{8}$

$56x - 720 = 54x - 270$

$2x = 450$

$x = 225$

$\therefore$ कुल व्यक्तियों की संख्या $= 7x = 7 \times 225 = 1575$

83. (B) माना BC = x सेमी

$\therefore$ प्रश्नानुसार

$$\frac{\sin 30^\circ}{AC} = \frac{\sin 60^\circ}{BC}$$

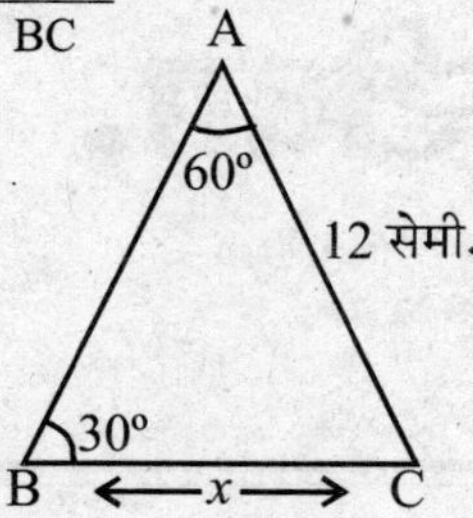

$$\frac{\frac{1}{2}}{12} = \frac{\frac{\sqrt{3}}{2}}{BC}$$

$\therefore$ BC = $12\sqrt{3}$ सेमी

84. (C) बेलनाकार वस्तु का आयतन = 13860

$\pi r^2 h = 13860$ ...(i)

बेलन की परिधि = वृत्त की परिधि

$2\pi r = 132$

$2 \times \frac{22}{7} \times r = 132$

$r = 21$ सेमी

समीकरण (i) से

बेलन का आयतन = 13860

$\pi r^2 h = 13860$

$\frac{22}{7} \times 21 \times 21 \times h = 13860$

$h = \frac{13860 \times 7}{22 \times 21 \times 21} = 10$ सेमी

$\therefore$ बेलनाकार वस्तु के सतह का क्षेत्रफल = $2\pi rh$

$= 2 \times \frac{22}{7} \times 21 \times 10 = 1320$ वर्ग सेमी

85. (C) $\sec^2 A \operatorname{cosec}^2 A$

$$\frac{1}{\cos^2 A} \times \frac{1}{\sin^2 A} = \frac{1}{\cos^2 A \sin^2 A}$$

$$= \frac{\cos^2 A + \sin^2 A}{\cos^2 A \sin^2 A} = \frac{\cos^2 A}{\cos^2 A \sin^2 A} + \frac{\sin^2 A}{\cos^2 A \sin^2 A}$$

$$= \frac{1}{\sin^2 A} + \frac{1}{\cos^2 A} = \operatorname{cosec}^2 A + \sec^2 A = \sec^2 A + \operatorname{cosec}^2 A$$

86. (D) फ्रिज का नकद मूल्य = ₹ 4500

तथा किश्त द्वारा मूल्य = 1100 + 700 × 5 = ₹ 4600

$\therefore$ कुल ब्याज = 4600 – 4500 = ₹ 100

₹ 1100 नकद देने पर 1 माह के लिए शेष धन

= 4500 – 1100 = ₹ 3400

पहली किश्त देने पर शेष धन = 3400 – 700 = ₹ 2700

दूसरी किश्त देने पर शेष धन = 2700 – 700 = ₹ 2000

तीसरी किश्त देने पर शेष धन = 2000 – 700 = ₹ 1300

चौथी किश्त देने पर शेष धन = 1300 – 700 = ₹ 600

$\therefore$ 1 माह के लिए कुल मूलधन = ₹ 10000

$\therefore$ मूलधन = ₹ 10000, ब्याज = ₹ 100 तथा

समय = 1 माह = $\frac{1}{12}$ वर्ष

$\therefore$ दर = $\frac{\text{ब्याज} \times 100}{\text{मूलधन} \times \text{समय}}$

$= \frac{100 \times 100 \times 12}{10000 \times 1} = 12\%$

87. (C) $\log(x^3 - 1) - \log(x^2 + x + 1) = 0$

$\Rightarrow \log \frac{x^3 - 1}{x^2 + x + 1} = \log 1 \Rightarrow x - 1 = 1$

$\Rightarrow x = 1 + 1 = 2$

88. (A) n (कुल छात्र) = $n(S \cup M) = 45$, $n(S \cap M) = 10$

$n(M) = 20$

$\therefore n(S \cup M) = n(S) + n(M) - n(S \cap M)$

$\Rightarrow 45 = n(S) + 20 - 10$

$\Rightarrow n(S) = 35$

89. (D) A और B का सम्मिलित माध्य = $\frac{49 \times 40 \times 53 \times 35}{49 + 53}$

$= \frac{1960 + 1855}{102}$

$= 37.40\%$

90. (A) माना BC भवन तथा झण्डा AB = h मी

ΔBDC में,

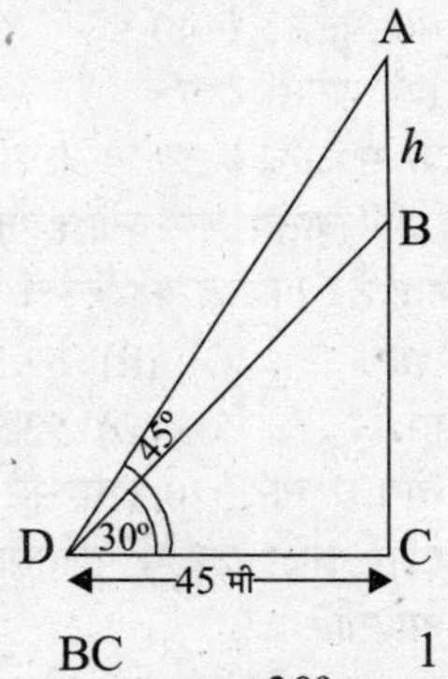

$\frac{BC}{45} = \tan 30^\circ = \frac{1}{\sqrt{3}}$

$\Rightarrow BC = 45 \times \frac{1}{\sqrt{3}} = 15\sqrt{3}$

अब, ΔADC में, $\frac{AC}{DC} = \tan 45^\circ$

$\Rightarrow \frac{h + 15\sqrt{3}}{45} = 1$

$\Rightarrow h = 45 - 15\sqrt{3}$

$\Rightarrow h = 15\sqrt{3}(\sqrt{3} - 1)$ मी

बिहार पॉलिटेक्निक संयुक्त प्रवेश परीक्षा,

प्रैक्टिस सेट- 9

खण्ड-I (A): भौतिक विज्ञान

1. एक उत्तल लेंस जो स्क्रीन पर वास्तविक प्रतिबिम्ब बनाता है उसका आवर्धन 1.8 है। जब स्क्रीन को लेंस की ओर 5 सेमी खिसकाया गया तथा प्रतिबिम्ब पुन: फोकस किया गया तो आवर्धन 2.0 हो जाता है, लेंस की फोकस दूरी होनी चाहिए-
(A) 28 सेमी (B) 15 सेमी
(C) 12.5 सेमी (D) 25 सेमी

2. एक घन में 220 वोल्ट, 40 वाट के 5 बल्ब लगे हैं। बल्ब 30 दिन तक 5 घंटे प्रतिदिन जलते हैं। यदि विद्युत ऊर्जा का मूल्य ₹ 2 प्रति यूनिट हो तो बल्बों का तुल्य प्रतिरोध, विद्युत की यूनिटों की संख्या तथा विद्युत ऊर्जा का मूल्य क्रमश: है-
(A) 242 ओम, 30 यूनिट, ₹ 60
(B) 260 ओम, 20 यूनिट, ₹ 30
(C) 304 ओम, 40 यूनिट, ₹ 40
(D) 175 ओम, 60 यूनिट, ₹ 75

3. एक व्यक्ति अधिक से अधिक 35 किग्रा भार उठा सकता है । उस पिण्ड का वायु में अधिकतम भार क्या होगा जिसे वह व्यक्ति जल के भीतर उठा सकता है? (पिण्ड का घनत्व = 3×10^3 किग्रा/मी^{3})-
(A) 75.5 किग्रा भार (B) 62.5 किग्रा भार
(C) 72 किग्रा भार (D) 52.5 किग्रा भार

4. किसी पिण्ड का वायु में भार 320 ग्राम भार तथा जल में 280 ग्राम भार है। 1.65 आ. घ. वाले द्रव में पूर्णतया डुबाने पर उसके भार में कितनी कमी आएगी?
(A) 66 ग्राम भार (B) 6.6 ग्राम भार
(C) 86 ग्राम भार (D) 33 ग्राम भार

5. कोई बच्चा किसी शक्तिशाली पटाखे के फटने के 4 सेकण्ड बाद किसी खड़ी चट्टान के कारण प्रतिध्वनि सुनता है। बच्चे से चट्टान की दूरी होगी-
(A) 688 मीटर (B) 788 मीटर
(C) 988 मीटर (D) 588 मीटर

6. दो स्वरित्र A तथा B वायु में कम्पन कर रहे हैं। A की आवृत्ति 116 हर्ट्ज एवं उसके द्वारा उत्पन्न तरंगों की तरंगदैर्ध्य 200 सेमी है। B की आवृत्ति 83 हर्ट्ज है। B द्वारा उत्पादित तरंगों की तरंगदैर्ध्य होगी-
(A) 379.5 सेमी (B) 279.5 सेमी
(C) 479.5 सेमी (D) 179.5 सेमी

7. यदि किसी तरंग की तरंगदैर्ध्य 10^{-4} माइक्रोमीटर तथा आवृत्ति 3×10^{18} हर्ट्ज है तो उस तरंग की चाल होगी-
(A) 3×10^8 मी/से (B) 1.5×10^8 मी/से
(C) 4.5×10^8 मी/से (D) 6×10^8 मी/से

8. कील का एक सिरा नुकीला तथा दूसरा सिरा चौड़ा बनाया जाता है इसका कारण है-
(A) गाड़ने वाले स्थान पर दाब अधिक लगे
(B) संतुलन बना रहे
(C) गुरुत्वीय केंद्र चौड़े सिरे के पास हो
(D) पकड़ने में सुविधा रहे

9. उत्तल लेंस द्वारा बना प्रतिबिंब किस प्रकार प्रभावित होगा यदि लेंस के ऊपर आधे भाग को काले कागज से लपेट दिया जाए?
(A) प्रतिबिम्ब का आकार आधा हो जायेगा
(B) प्रतिबिम्ब का ऊपरी आधा भाग गायब हो जायेगा
(C) प्रतिबिम्ब की चमक कम हो जायेगी
(D) कोई प्रभाव नहीं पड़ेगा

10. कठोर सघन कांच का अपवर्तनांक 1.65 है। और एल्कोहॉल का वायु के सापेक्ष अपवर्तनांक 1.35 है? कठोर सघन कांच का एल्कोहॉल के सापेक्ष अपवर्तनांक होगा-
(A) 1.22 (B) 1.75
(C) 2.0 (D) 1.5

11. यदि समतल दर्पण को 10° घुमा दिया जाए तो परावर्तित किरण घूमेगी-
(A) 20^0 (B) 15^0
(C) 10^0 (D) 30^0

12. एक कंपित वस्तु 1 सेकण्ड में 240 कंपन करती है। वायु में ध्वनि की चाल 320 मी/से है। कंपित वस्तु के द्वारा किए गए 15 कंपनों में वायु में ध्वनि कितनी दूर जाएगी?
(A) 320 मीट (B) 10 मीटर
(C) 40 मीटर (D) 20 मीटर

13. पृथ्वी पर एक सरल लोलक आवर्तकाल 2 सेकण्ड है। यदि इस सरल लोलक को चंद्रमा पर ले जाए तो आवर्तकाल का मान होगा (चंद्रमा पर गुरुत्वीय त्वरण पृथ्वी की अपेक्षा $\frac{1}{6}$ गुना है)-

(A) 3 सेकण्ड (B) 4.9 सेकण्ड
(C) 3.5 सेकण्ड (D) 8 सेकण्ड

14. दो पिण्ड जिनके द्रव्यमान m_1 = 50 किग्रा तथा m_2 = 150 किग्रा हैं। एक हल्की डोरी द्वारा बंधे हैं तथा एक घर्षण रहित क्षैतिज तल पर रखे हैं जब m_1 को बल F द्वारा खींचते हैं तो दोनों पिण्डों में 5 मी/से.^{2} का त्वण उत्पन्न हो जाता है तो F का मान है–

(A) 1000 न्यूटन (B) 500 न्यूटन
(C) 1200 न्यूटन (D) 800 न्यूटन

15. एक 250 वाट का हीटर पानी को 100°C तक गर्म करने के लिए 6 घंटे के लिए प्रयोग किया जाता है। पानी का प्रारंभिक ताप 0°C है। पानी का द्रव्यमान होना चाहिए–
(A) 4.2 किग्रा (B) 35.7 किग्रा
(C) 12.86 किग्रा (D) 0.357 किग्रा

16. किसी ठोस धातु में 16×10^{21} परमाणु हैं। यदि ठोस के 0.5% परमाणुओं में से प्रत्येक से 1 इलेक्ट्रॉन निकल जाए तो ठोस पर आएगा–
(A) 16.8 कूलॉम धनावेश
(B) 18.8 कूलॉम ऋणावेश
(C) 6.4 कूलॉम ऋणावेश
(D) 12.8 कूलॉम धनावेश

17. दो चालक श्रेणी क्रम में जोड़े जाते हैं तो इनका तुल्य प्रतिरोध 25 है परंतु समांतर क्रम में जोड़ने पर तुल्य प्रतिरोध 4 है। चालकों के प्रतिरोध होंगे–
(A) 17, 8 (B) 9, 16
(C) 15, 10 (D) 20, 5

18. 100 फेरों वाली कुण्डली में से गुजरने वाला फ्लक्स 0.1 सेकण्ड में 0.1 वेबर हो जाता है। प्रेरित विद्युत वाहक बल का मान है–
(A) 200 वोल्ट (B) 100 वोल्ट
(C) 150 वोल्ट (D) 300 वोल्ट

19. 100°C ताप वाली 40 ग्राम भाप संघनित होकर 75°C पर जल से परिणित हो जाती है। भाप की गुप्त ऊष्मा 540 कैलोरी/ग्राम है। इस प्रक्रिया में भाप द्वारा दी गई ऊष्मा होगी–
(A) 22600 कैलोरी (B) 42600 कैलोरी
(C) 28600 कैलोरी (D) 2260 कैलोरी

20. 100 मीटर की ऊंचाई से जल गिर रहा है, पृथ्वी पर गिरने पर इसकी प्रति किलोग्राम, ताप में कितनी वृद्धि होगी?
(g = 10 मी/से2, जल की विशिष्ट ऊष्मा = 4200 जूल/किग्रा°C)
(A) 0.0238°C (B) 2.238°C
(C) 1.238°C (D) 0.238°C

21. पारे का कांच के सापेक्ष आभासी प्रसार गुणांक 0.00015/°C इसका वास्तविक प्रसार गुणांक 0.00018/°C है। कांच का रेखीय प्रसार गुणांक होगा–
(A) 1×10^{-5}/°C (B) 2×10^{-5}/°C
(C) 1.5×10^{-5}/°C (D) उपरोक्त में से कोई नहीं

22. एक छोटी लोहे की गेंद क्षैतिज विद्युत चुंबकीय ध्रुवों के मध्य रखकर छोड़ दी जाती है। निम्नलिखित में से कौन-सा कथन सत्य होगा?
(A) यह नीचे गिर जाएगी
(B) यह किसी एक ध्रुव की ओर आकर्षित हो जाएगी
(C) यह केंद्र पर रहेगी
(D) यह दोनों ध्रुवों के मध्य दोलन करने लगेगी

23. यदि दो प्रोटॉनों, दो न्यूट्रॉनों तथा एक प्रोटॉन व न्यूट्रॉन के बीच नाभिकीय बल को F_{pp}, F_{nn} व F pn से प्रदर्शित करते हैं, तो–
(A) $F_{pp} = F_{Pn} = F_{nn}$ (B) $F_{pp} = F_{Pn} \neq F_{nn}$
(C) $F_{pp} = F_{nn} \neq F_{pn}$ (D) $F_{pp} \neq F_{pn} \neq F_{nn}$

24. किसी संयंत्र का शक्ति स्तर 1 वाट है। प्रति सेकण्ड विखण्डित होने वाले यूरेनियम नाभिकों की संख्या होगी–
(A) 3.125×10^{10} (B) 3.125×10^{9}
(C) 3.125×10^{7} (D) 3.125×10^{5}

25. एक रिएक्टर में U-235 नाभिक के विखंडन से 3.2×10^{-11} जूल ऊर्जा उत्पन्न होती है। प्रतिदिन 5 मेगावाट की दर से ऊर्जा उत्पन्न करने के लिए विखण्डनों की संख्या होगी–
(A) 1.35×10^{22} (B) 1.35×10^{20}
(C) 1.35×10^{19} (D) 1.35×10^{17}

26. विभिन्न स्त्रोतों द्वारा उत्पन्न दो तरंगें इस प्रकार दर्शाई जाती हैं $y_1 = A\sin 100(2\pi t)$ और $y_2 = A\sin 104(2\pi t)$ यदि दोनों तरंगें एकसाथ ध्वनित की जाती हैं, तब हम पाएंगे–
(A) 8 निस्पन्द/से (B) 4 निस्पन्द/से
(C) अनुनाद (D) विनाशी व्यतिकरण

27. एक स्टील की सुई को जल पर इसके कारण तैराया जा सकता है–
(A) ससंजन (B) आर्किमिडीज का सिद्धान्त
(C) आसंजन (D) पृष्ठ तनाव

28. एक दूरी पर स्थित दो उत्तल लेन्सों को एक-दूसरे के स्पर्श में लाया जाता है। संयोजन की फोकल शक्ति–
(A) बढ़ जाएगी (B) घट जाएगी
(C) वही रहेगी (D) इनमें से कोई नहीं

29. 20 वोल्ट के विभवान्तर से जुड़े एक 4 ओम प्रतिरोध में प्रति सेकण्ड उत्पन्न ऊष्मा क्या होगी?
(A) 80 जूल (B) 5 जूल
(C) 100 जूल (D) 125 जूल

30. तीन 2 ओम प्रतिरोधक एक त्रिभुज पर स्थापित किए गए हैं। किन्हीं दो शीर्षों की बीच प्रतिरोध क्या है?
(A) 3 ओम (B) $\frac{3}{4}$ ओम
(C) 4 ओम (D) $\frac{4}{3}$ ओम

खण्ड-I (B) : रसायन विज्ञान

31. क्रोमियम (परमाणु क्रमांक 24) का मूल अवस्था में सही इलेक्ट्रॉनिक विन्यास है-
(A) 2, 8, 13, 1
(B) 2, 8, 12, 2
(C) 2, 8, 8 6
(D) 2, 8, 8, 5, 1

32. लोहे का शुद्धतम रूप है-
(A) ढलवां लोहा
(B) कच्चा लोहा
(C) पीट
(D) पिटवां लोहा

33. CO_2 अणु के कुल इलेक्ट्रॉनों की संख्या -
(A) 11
(B) 22
(C) 33
(D) 44

34. $C_{12}H_{22}O_{11}$ में कार्बन की ऑक्सीकरण संख्या है-
(A) 2
(B) शून्य
(C) 12
(D) 4

35. धातुओं में चमक होती है-
(A) मुक्त इलेक्ट्रॉनों के कारण
(B) पूर्ण आंतरिक परावर्तन के कारण
(C) सुचालकता के कारण
(D) अधिक घनत्व के कारण

36. लॉरिल ऐल्कोहॉल का सूत्र है-
(A) $C_{12}H_{24}OH$
(B) $C_{12}H_{25}OH$
(C) $C_6H_{12}OH$
(D) $C_{12}H_{26}OH$

37. सबसे अधिक अधात्विक प्रकृति का तत्व है-
(A) Si
(B) S
(C) P
(D) Cl

38. दियासलाई उद्योग में उपयोग होता है-
(A) शोरा
(B) लेड
(C) सोडा
(D) चूना

39. एक प्रोटोन तथा एक इलेक्ट्रॉन को एक दूसरे के समीप लाने पर उनकी स्थितिज ऊर्जा-
(A) बढ़ जाएगी
(B) घट जाएगी
(C) अपरिवर्तित रहेगी
(D) इनमें से कोई नहीं

40. तत्व जिसका इलेक्ट्रॉनिक विन्यास $1s^2 2s^2 2p^6 3s^2 3p^5$ है, वह होगा-
(A) हैलोजन
(B) अक्रिय गैस
(C) क्षारीय धातु
(D) इनमें से कोई नहीं

41. डायनामाइट का आविष्कार किया था-
(A) बैकरल ने
(B) न्यूटन ने
(C) थॉमसन ने
(D) अल्फ्रेड नोबल ने

42. एक तनु नाइट्रिक अम्ल में 20% ऐसिड है, जो 10 ग्राम $CaCO_3$ को घोल देता है, तो एसिड की मात्रा है (Ca = 40, C = 12, O = 16, N = 14)-
(A) 31.5 ग्राम
(B) 63 ग्राम
(C) 50 ग्राम
(D) 12.6 ग्राम

43. यौगिक CH_3OH का आई.यू.पी.ए.सी. पद्धति का नाम है-
(A) मेथिल ऐल्कोहॉल
(B) मेथेन
(C) मेथेनॉल
(D) हाइड्रॉक्सी मेथेन

44. पी.वी.सी. का पूरा नाम -
(A) पॉली विनाइल क्लोराइड
(B) पॉली विनाइल कार्बोनेट
(C) पॉली विनाइल कार्बोनेट
(D) पॉली विनाइल क्लोराइट

45. तीन अर्द्धजीवन काल के पश्चात् किसी रेडियोएक्टिव तत्व की प्रारंभिक मात्रा का कितने प्रतिशत अंश शेष रहेगा?
(A) 50
(B) 75
(C) 12.5
(D) 6.25

46. ओजोन है ऑक्सीजन का-
(A) यौगिक
(B) अपररूप
(C) मिश्रण
(D) इनमें से कोई नहीं

47. ब्राउनी गति का क्या कारण है-
(A) द्रव्यावस्था में तापमान का उतार-चढ़ाव
(B) कोलॉइडी कणों पर आवेश का आकर्षण-प्रतिकर्षण
(C) परिक्षेपण माध्यम में कणों का टकराना
(D) उपरोक्त में कोई नहीं

48. 200 ग्राम $CaCO_3$ को तेज गर्म करने पर जो CaO की मात्रा प्राप्त होती है, उसकी अभिक्रिया हेतु जल के द्रव्यमान की आवश्यकता होगी-
(A) 200 ग्राम
(B) 112 ग्राम
(C) 36 ग्राम
(D) 72 ग्राम

49. हाइड्रोजन गैस की विसरण दर एक अन्य गैस X की विसरण दर की 4 गुनी है। X का अणुभार होगा-
(A) 4
(B) 8
(C) 16
(D) 32

50. कार्बोनेट आयन की तुल्यांकी भार है-
(A) 40
(B) 15
(C) 20
(D) 30

51. कार्बनिक यौगिकों में कार्बन की संयोजकता है-
(A) 1
(B) 2
(C) 3
(D) 4

52. 9 ग्राम जल तथा 11 ग्राम CO_2 में अणुओं की संख्या का अनुपात होगा-
(A) 44 : 9
(B) 9 : 44
(C) 2 : 1
(D) इनमें से कोई नहीं

53. एक धातु के 1.8 ग्राम से तनु H_2SO_4 की अभिक्रिया द्वारा 27^0C व 754 मिमी दाब पर 600 घन सेमी हाइड्रोजन गैस एकत्रित हुई। यदि $27^{\circ}C$ पर जल का वाष्पदाब 14 मिमी हो, तो धातु का तुल्यांकी भार होगा-
(A) 18.8
(B) 37.9
(C) 35.5
(D) 16.8

54. भूरे कोयले में कार्बन की मात्रा होती है-
(A) 38% (B) 25%
(C) 19% (D) 15%

55. ऊष्मीय मान के बढ़ते क्रम में कौन-सी व्यवस्था ठीक है-
(A) हाइड्रोजन < चारकोल < बायो गैस < लकड़ी
(B) लकड़ी < चारकोल < बायो गैस < हाइड्रोजन
(C) लकड़ी < बायो गैस < चारकोल < हाइड्रोजन
(D) लकड़ी < हाइड्रोजन < चारकोल < बायो गैस

56. लाल दवा जो कीटाणुनाशक के रूप में प्रयुक्त होती है, वह है
(A) कैल्शियम हाइपोक्लोरेट (B) पौटेशियम नाइट्रेड
(C) पोटैशियम परमैंगनेट (D) बोरेक्स

57. हाइड्रोजन बम किम सिद्धान्त पर आधारित होता है?
(A) नाभिकीय संलयन (B) नाभिकीय विखण्डन
(C) नाभिकीय विघटन (D) तापीय अपघटन

58. कैल्शियम कार्बाइड पर जल की अभिक्रिया से बनने वाली गैस है-
(A) एथिलीन (B) एसीटिलीन
(C) मेथेन (D) एथेन

59. कौन-सी अधातु तत्व कक्ष ताप पर द्रव होती है?
(A) Hg (B) Cl_2
(C) Br_2 (D) F_2

60. वे पदार्थ जो उत्प्रेरक की शक्ति को बढ़ा दें, कहलाते हैं-
(A) उत्प्रेरक विष (B) उत्प्रेरक वर्धक
(C) समांग उत्प्रेरक (D) प्रेरित उत्प्रेरक

खण्ड-II: गणित

61. 3 संख्याओं का औसत 112 है, उनमें से पहली संख्या अन्य 2 संख्याओं के योग का 3/13 गुना है। वह पहली संख्या..............है।
(A) 63 (B) 95
(C) 42 (D) 126

62. यदि एक व्यापारी सूची मूल्य पर 20% की छूट प्रदान करता है, तो उसे 10% का नुकसान होता है। अगर वह सूची मूल्य पर 5% की छूट पर माल बेचता है, तो उसे कितने % लाभ या कितने % हानि होगी?
(A) 6.875 प्रतिशत लाभ (B) 20 प्रतिशत लाभ
(C) 14 प्रतिशत लाभ (D) 30 प्रतिशत हानि

63. A एक काम का 80%, 20 दिन में करता है। फिर वह B को बुलाता है तथा वे दोनों मिलकर बचा हुआ काम 3 दिन में पूरा करते हैं। पूरा काम अकेले करने में B को कितना समय लगेगा?
(A) 75 दिन (B) 37.5 दिन
(C) 17.5 दिन (D) 35 दिन

64. 77 और 275 का महत्तम समापवर्तक क्या होगा ?
(A) 12 (B) 11
(C) 7 (D) 25

65. 648 किमी. की यात्रा करने के लिए, एक एक्सप्रेस ट्रेन राजधानी से 12 घण्टे अधिक लेती है। यदि एक्सप्रेस ट्रेन की गति दुगनी कर दी जाती है, तो वह राजधानी की तुलना में 6 घण्टे कम समय लेती है। राजधानी की गति क्या है?
(A) 36 किमी/घण्टा (B) 18 किमी/घण्टा
(C) 45 किमी/घण्टा (D) 27 किमी/घण्टा

66. एक व्यापारी के पास 16 क्विंटल गेहूं था। उसने कुछ हिस्सा 17% लाभ और बाकी का हिस्सा 27% लाभ पर बेच दिया, इस प्रकार उसे कुल 21% लाभ हुआ। उसने 27% लाभ पर कितना गेहूं बेचा?
(A) 960 किग्रा. (B) 640 किग्रा.
(C) 320 किग्रा. (D) 1280 किग्रा.

67. यदि गिरीश का वेतन हरिशंकर के वेतन से 4/9 गुना है और शिरीष का वेतन हरिशंकर के वेतन से 5/6 गुना है, तो गिरीश और शिरीष के वेतन का अनुपात क्या होगा ?
(A) 27 : 10 (B) 10 : 27
(C) 8 : 15 (D) 15 : 8

68. बिन्दु P और Q त्रिभुज ABC की भुजा क्रमश: AB और AC पर इस तरह से हैं कि रेखाखण्ड PQ भुजा BC के समानान्तर है। यदि त्रिभुज APQ और त्रिभुज ABC के क्षेत्रफल 16 : 25 के अनुपात में हैं, तो भुजा AP और PB का अनुपात ज्ञात करें-
(A) 4 : 5 (B) 1 : 4
(C) 5 : 1 (D) 4 : 1

69. निम्नलिखित बिन्दुओं में से कौन-सा बिन्दु रेखा $3x - 4y = -13$ पर स्थित है?
(A) (–5, –7) (B) (5, 7)
(C) (–5, 7) (D) (5, –7)

70. एक आदमी अपनी आय का 59% खर्च करता है और बाकी की बचत करता है। वह अपने खर्च का कितना प्रतिशत बचत करता है?
(A) 72.57 प्रतिशत (B) 83.19 प्रतिशत
(C) 89.09 प्रतिशत (D) 69.49 प्रतिशत

71. रेखाखण्ड AB, रेखाखण्ड CD के समानान्तर है। AD, BC को बिन्दु E पर काटती है। यदि AE, BC और ED की लम्बाई क्रमश: 12 सेमी.,12 सेमी और 18 सेमी हैं, तो EC की लम्बाई क्या है?
(A) 4.8 सेमी (B) 9.3 सेमी.
(C) 8.1 सेमी (D) 7.2 सेमी

72. एक त्रिभुज में उस कोण के विपरीत वाली भुजा की लम्बाई 15 सेमी है, जिसके कोण माप 60° है। उस कोण के विपरीत वाली भुजा की लम्बाई क्या है, जिसके कोण का माप 90° है ?
(A) 15 सेमी (B) $(15\sqrt{3})/2$ सेमी
(C) $10\sqrt{3}$ सेमी (D) 10 सेमी

73. किसी बेलनाकार वस्तु के वक्र सतह का क्षेत्रफल 660 वर्ग सेमी. है। यदि इसके आधार की परिधि 44 सेमी. है, तो उस वस्तु की आयतन ज्ञात करें–
(A) 4620 घन सेमी. (B) 2310 घन सेमी.
(C) 6930 घन सेमी. (D) 1155 घन सेमी.

74. एक वयस्क के टिकट का मूल्य ₹ 1200 है और एक बच्चे के टिकट का मूल्य ₹ 800 है। दो वयस्कों के साथ एक बच्चा निःशुल्क जा सकता है। यदि एक समूह में 25 वयस्क और 5 बच्चे हैं तो उस समूह को कितनी छूट मिलेगी?
(A) 17.24 प्रतिशत (B) 24 प्रतिशत
(C) 4.41 प्रतिशत (D) 11.76 प्रतिशत

75. राजन एक मशीन ₹ 52 लाख में घाटे में बेचता है। यदि उसने उसे ₹ 62 लाख में बेचा होता, तो उसका लाभ उसके पूर्व घाटे का 9 गुना होता। मशीन का क्रय मूल्य क्या होगा ?
(A) ₹ 61 लाख (B) ₹ 53 लाख
(C) ₹ 67.77 लाख (D) ₹ 45 लाख

76. वर्तमान में पति और पत्नी की उम्र का योग 60 है। चार साल पहले उनकी उम्र का अनुपात 7 : 6 था। पति की उम्र क्या है ?
(A) 28 वर्ष (B) 32 वर्ष
(C) 42 वर्ष (D) 38 वर्ष

77. एक समान्तर श्रेणी में, यदि 9 पांचवां पद है, – 26 बारहवां पद है, तो – 6 कौन-सा पद है?
(A) 11वां (B) 8वां
(C) 10वां (D) 7वां

78. $\frac{3}{4}$ के ढाल के साथ बिन्दु (–7, 2) से होकर गुजरने वाली रेखा का समीकरण ज्ञात करें–
(A) $4x - 3y = -22$ (B) $4x + 3y = -34$
(C) $4x + 3y = -22$ (D) $4x - 3y = -34$

79. Δ PQR में, S और T क्रमशः भुजा PQ और PR पर स्थित बिंदु हैं। ST, QR के समानांतर है। यदि S, PQ को 1 : 5 के अनुपात में विभाजित करती है और QR की लंबाई 15 सेमी है तो ST को ज्ञात करें–
(A) 2.4 सेमी. (B) 3.6 सेमी.
(C) 2.5 सेमी. (D) 5.6 सेमी.

80. यदि किसी मूलधन पर चक्रवृद्धि ब्याज पर दूसरे और तीसरे वर्ष प्राप्त होने वाली राशि क्रमानुसार ₹ 16854 और ₹ 17865.24 है, तो ब्याज दर क्या होगी?
(A) 3 प्रतिशत (B) 12 प्रतिशत
(C) 6 प्रतिशत (D) 10 प्रतिशत

81. मेघनाद एक काम 45 घण्टे में पूरा कर सकता है। यदि उसकी जयश्री ने सहायता की, जोकि 50% अधिक कार्यक्षम है, तो कितने समय में दोनों काम साथ मिलकर पूरा कर लेंगे?
(A) 9 घण्टे (B) 6 घण्टे
(C) 12 घण्टे (D) 18 घण्टे

82. एक कम्पनी का लगातार 11 साल का औसत राजस्व ₹ 77 लाख है। यदि पहले 6 साल का औसत ₹ 72 लाख है और अन्तिम 6 वर्षों का औसत ₹ 84 लाख है, तो छठे वर्ष का राजस्व ज्ञात कीजिए–
(A) ₹ 91 लाख (B) ₹ 87 लाख
(C) ₹ 85 लाख (D) ₹ 89 लाख

83. ΔABC में, माध्य AD 8 सेमी. है और CB 16 सेमी. है, कोण CAB का माप...........है।
(A) 90° (B) 30°
(C) 60° (D) 120°

84. यदि किसी बेलनाकार वस्तु के वक्र सतह का क्षेत्रफल 616 वर्ग सेमी और ऊंचाई 14 सेमी. है, तो उसकी त्रिज्या ज्ञात करें–
(A) 14 सेमी (B) 7 सेमी
(C) 21 सेमी (D) 3.5 सेमी

85. $2 \cos [(C + D)/2] \sin [(C - D]/2)]$ किसके बराबर है?
(A) $\sin C + \sin D$ (B) $\sin C - \sin D$
(C) $\cos C - \cos D$ (D) $\cos C + \cos D$

86. ईश्वर दयाल आवर्ती जमा खाते में प्रतिमाह ₹ 50 जमा करते हैं, जिस पर उन्हें 8% वार्षिक ब्याज मिलता है। यदि ब्याज न्यूनतम मासिक शेष पर दिया जाए, तो एक वर्ष के अन्त में उनके खाते में कितना धन जमा हो जाएगा?
(A) ₹ 626 (B) ₹ 666
(C) ₹ 636 (D) ₹ 650

87. A, 20 एवं 70 के बीच सभी पूर्णांकों का, दोनों को सम्मिलित करते हुए, एक समुच्चय है–
B = {$x : x \in A$, x एक पूर्ण वर्ग है}
C = {$x : x \in A$, x एक अभाज्य पूर्णांक है}
D = {$x : x \in A$, x का प्रथम अंक > दूसरा अंक}
समुच्चय $(B \cap C \cap D)$ होगा
(A) {25, 49} (B) ϕ
(C) {64} (D) इनमें से कोई नहीं

88. प्रथम दस प्राकृत संख्याओं की माध्यिका है–
(A) 6.5 (B) 6
(C) 5.5 (D) 5

89. एक प्रिज्माकार पात्र में कुछ ऊंचाई तक जल भरा है। इस प्रिज्म का आधार समबाहु त्रिभुज है जिसकी भुजा की माप 6 सेमी है। इसमें एक घन डाला जाता है जिसकी भुजा 3 सेमी है। अगर घन जल में पूरी तरह डूब जाता है, तो जल के स्तर में वृद्धि होगी–
(A) $\sqrt{2}$ सेमी (B) 3 सेमी
(C) $\sqrt{3}$ सेमी (D) $1/\sqrt{3}$ सेमी

90. दो बुर्जों के बीच की क्षैतिज दूरी 60 मी है। पहले बुर्ज का शिखर दूसरे बुर्ज के शिखर से 45° का अवनमन कोण बनाता है। यदि पहले बुर्ज की ऊंचाई 150 मी हो, तो दूसरे बुर्ज की ऊंचाई होगी–
(A) 160 मी (B) 80 मी
(C) 90 मी (D) 210 मी

उत्तर (हल/संकेत)

1. (D) फोकस दूरी के सूत्र $\frac{1}{v}-\frac{1}{u}=\frac{1}{f}$ से

$$1-\frac{v}{u}=\frac{v}{f}$$

परंतु, $$1-\frac{v}{f}=1.8 \quad ...(i)$$

तथा $$1-\frac{v-5}{f}=2 \quad ...(ii)$$

समीकरण (i) व (ii) को हल करने पर $f=25$ सेमी

2. (A) एक बल्ब का प्रतिरोध = $\frac{V^2}{P}$

$$=\frac{220\times 220}{40}=1210 \text{ ओम}$$

घन में बल्ब समान्तर क्रम में लगते हैं, अत: पांचों बल्बों का तुल्य प्रतिरोध

$$\frac{1}{R_T}=\frac{1}{R}+\frac{1}{R}+\frac{1}{R}+\frac{1}{R}+\frac{1}{R}=\frac{5}{R}$$

$$\Rightarrow R_T=\frac{R}{5}=\frac{1210}{5}=242 \text{ ओम}$$

व्यय यूनिटों की संख्या = $\frac{\text{वाट}\times\text{घंटे}}{1000}$

$$\frac{5\times 40\times 5\times 30}{1000}=30 \text{ यूनिट}$$

विद्युत ऊर्जा का मूल्य = ₹ (30 × 2) = ₹ 60

3. (D) माना उस पिण्ड का वायु में भार w किग्रा भार है। जल में डुबोने पर भार में कमी = (w-35) किग्रा भार

पिण्ड का आयतन घनत्व $=\frac{3\times10^3}{1\times10^3}=3$

अब पिण्ड का आयतन घनत्व

$$=\frac{\text{पिण्ड का वायु में भार}}{\text{जल में पिण्ड के भार में कमी}}$$

$$3=\frac{w}{w-35}$$

$$\Rightarrow w=52.5 \text{ किग्रा}$$

4. (A) पिण्ड को जल में डुबानें पर भार में कमी = (320 – 280) ग्राम

= 40 ग्राम भार

द्रव में डुबोने पर पिण्ड के भार में कमी

= द्रव का आयतन घनत्व × जल में पिण्ड के भार में कमी

= 1.65 × 40 = 66 ग्राम भार

5. (A) ध्वनि द्वारा चली गयी दूरी = (344 × 4) मी = 1376 मीटर

$\therefore$ बालक से चट्टान की दूरी $=\frac{1376}{2}=688$ मीटर

6. (B) स्वरित्र A के द्वारा उत्पन्न तरंगों का वेग

$$v=n_1\lambda_1=116\times 200$$

$$=23200 \text{ सेमी/से}$$

स्वरित्र B द्वारा उत्पन्न तरंग का वेग भी उतना ही होगा अत: स्वरित्र B उत्पादित तरंगों की तरंगदैर्घ्य

$$\lambda_2=\frac{v}{n_2}=\frac{23200}{83}$$

$$=279.5 \text{ सेमी}$$

7. (A) $v=n\lambda=3\times10^{18}\times10^{-10}$

[$\lambda=10^{-4}$ माइक्रोमीटर $=10^{-10}=$ मीटर]

$$=3\times10^8 \text{ मी/से}$$

8. (A) **9.** (C) **10.** (A)

11. (A) यदि दर्पण को θ कोण से घुमाया जाए तो परावर्तित किरण 2θ कोण से घूम जाती है।

12. (D) 240 कम्पनों में लिया गया समय = 1 सेकण्ड

1 कम्पन में लिया गया समय $=\frac{1}{240}$ सेकण्ड

15 कम्पनों में लिया गया समय $=15\times\frac{1}{240}=\frac{1}{16}$ सेकण्ड

ध्वनि द्वारा इस समय में तय की गई दूरी

= ध्वनि की चाल × समय

$$=320\times\frac{1}{16}=20 \text{ मीटर}$$

13. (B) चंद्रमा पर गुरुत्वीय त्वरण $=\frac{ge}{6}$

$$\therefore \frac{T_m}{T_e}=\sqrt{\frac{ge}{ge/6}}$$

$$\Rightarrow T_m=\sqrt{6}\times T=2\sqrt{6}=4.9 \text{ सेकण्ड}$$

14. (A) माना बल की दिशा में उत्पन्न त्वरण = a

नेट बल = द्रव्यमान × त्वरण $=(m_1+m_2)\,a$

= (150 + 50) × 50

= 1000 न्यूटन

15. (C) $H=Pt=250\times6\times60\times60$

$=5.4\times10^6$ जूल

$$=\frac{5.4\times10^6}{4.2\times10^3}=1.286\times10^3 \text{ किलो कैलोरी}$$

परंतु H = $ms\Delta t$

$\therefore \quad m = \frac{1.286 \times 10^3}{1 \times 100}$

= 12.86 किग्रा

16. (D) निकलने वाले इलेक्ट्रॉनों की संख्या

$= \frac{16 \times 10^{21} \times 0.5}{100}$

$= 8 \times 10^{19}$

अत: ठोस निकला ऋणावेश

= ठोस द्वारा प्राप्त धनावेश

$= 8 \times 10^{19} \times 1.6 \times 10^{-19}$

= 12.8 कूलॉम

17. (D) प्रश्नानुसार,

$R_1 + R_2 = 25$ ....(i)

$\Rightarrow \quad \frac{1}{R_1} + \frac{1}{R_2} = \frac{R_1 + R_2}{R_1 \times R_2}$ ....(ii)

समी (i) से $R_1 + R_2$ का मान समी (ii) में रखने पर

$\frac{R_1R_2}{25} = 4 \Rightarrow R_1R_2 = 100$

$(R_1 - R_2) = \sqrt{(R_1 + R_2)^2 - 4R_1R_2}$

$= \sqrt{(25)^2 - 4 \times 100} = \sqrt{225}$

= 15

अत: $R_1 - R_2 = 15$ ....(iii)

अत: समी *(i)* तथा समी *(iii)* को हल करने पर

$R_1 = 20\Omega, R_2 = 5\Omega$

18. (B)

19. (A) 40 ग्राम भाग के संघनित होकर 100°C ताप का जल बनने पर भाप द्वारा दी गई ऊष्मा = mL = 40 × 540 = 21600 कैलोरी पुन: 100^0C के 40 ग्राम जल का ताप 75^0C तक गिरने पर दी गई ऊष्मा

$= ms\Delta t = 40 \times 1 \times (100 - 75)$

= 1000 कैलोरी

कुल दी गयी ऊष्मा = 21600 + 1000= 22600 कैलोरी

20. (D) व्यय की गई आंतरिक ऊर्जा $= mgh$

$= m \times 10 \times 100 = 1000\,m$ जूल ...(i)

ऊष्मीय ऊर्जा $= ms\Delta T = m \times 4200 \times \Delta T$

$= 4200m\Delta T$ जूल

समीकरणों *(i)* तथा *(ii)* से,

$1000m = 4200\ m\Delta t$

$\Delta T = \frac{1000}{4200} = 0.238^\circ C$

21. (A) **22.** (D) **23.** (A) **24.** (A)

25. (A) 5 मेगावाट = 5×10^6 जूल/सेकण्ड

प्रतिदिन ऊर्जा की आवश्यकता = $5 \times 10^6 \times 24 \times 60 \times 60$

$= 4.32 \times 10^{11}$

चूंकि 3.2×10^{-11} जूल ऊर्जा पैदा करने के लिए आवश्यकता विखण्डनों की संख्या = 1

$\therefore$ 4.32×10^{11} जूल ऊर्जा पैदा करने के लिए आवश्यक

विखण्डनों की संख्या $= \frac{1 \times 4.32 \times 10^{11}}{3.2 \times 10^{-11}} = 1.35 \times 10^{22}$

26. (B) विस्पन्दों की संख्या $= n_2 - n_1$

$= (104 - 100) = 4$

27. (D) एक सुई पानी की सतह पर पृष्ठ तनाव के कारण तैरती है।

28. (A) संयोजन की क्षमता बढ़ जाएगी।

29. (C) धारा, $i = \frac{V}{R} = \frac{20}{4}$ एम्पियर

समय, $t = 1$ सेकण्ड

उत्पन्न ऊष्मा, H = Vit

$= 20 \times \frac{20}{4} \times 1 = \frac{400}{4} = 100$ जूल

30. (C) किन्हीं दो शीर्षों के बीच प्रतिरोध

= 2 ओम + 2 ओम = 4 ओम

31. (D) क्रोमियम का मूल अवस्था में इलेक्ट्रॉनिक विन्यास

= K L M N

2 8 8 5 1

$= 1s^2, 2s^2, 2p^6, 3s^2, 3p^6, 3d^5, 4s^1$

अर्द्ध पूर्ण कक्षक

ऐसा अर्द्ध- पूर्ण कक्षकों के अधिक स्थायित्व के कारण होता है।

32. (A) लोहे का शुद्धतम रूप ढलवां लोहा है, इसमें लोहे की मात्रा 95% से अधिक होती है।

33. (B) $\therefore$ CO_2 में इलेक्ट्रॉनों की कुल संख्या = 22

34. (B) माना $C_{12}H_{22}O_{11}$ में C की ऑक्सीकरण संख्या = x

$C_{12}H_{22}O_{11}$

$(12 \times x) + (1 \times 22) + 11 \times (-2) = 0$

$12x + 22 - 22 = 0$

$x = 0$

अत: $C_{12}H_{22}O_{11}$ में C की ऑक्सीकरण की संख्या शून्य है।

35. (B) धातुओं में चमक पूर्ण आंतरिक परावर्तन के कारण होती है।

36. (B) लॉरिल ऐल्कोहॉल एक संतृप्त ऐल्कोहॉल है तथा संतृप्त ऐल्कोहॉलों का सामान्य C_nH_{2n+1} OH होता है। अत: लॉरिल ऐल्कोहॉल का सूत्र $C_{12}H_{25}OH$ है।

37. (D) आवर्त सारणी के सिकी आवर्त में बायी से दायीं ओर चलने पर धात्विक लक्षण घटता है तथा अधात्विक लक्षण बढ़ता है। चूंकि

दिए गए तत्व आवर्त सरणी के समान आवर्त में निम्न क्रम में उपस्थित है-

Si, P, S, CI

अत: CI सर्वाधिक अधात्मिक प्रकृति का तत्व है।

38. (A)

39. (B) एक प्रोट्रॉन तथा एक इलेक्ट्रॉन पास लाने पर आवेश विपरीत हो जाएगा जिससे वे एक-दूसरे के पास आने की कोशिश करके, तो स्थितिज ऊर्जा घटेगी।

40. (A) इलेक्ट्रॉनिकल विन्यास = $1s^2, 2s^2, 2p^6, 3s^2, 3p^5$ चूंकि दिए गए तत्व के अंतिम कक्षक (संयोजकता कक्ष) में (5 + 2 = 7) इलेक्ट्रॉन उपस्थित हैं, अत: यह 17वें समूह का सदस्य है। इस समूह के सदस्यों की सामान्यत: हैलोजन कहा जाता है।

41. (D) डायनामाइट का आविष्कार स्वीडन वैज्ञानिक अल्फ्रेड नोबल ने किया था।

42. (A) $CaCO_3 + 2HNO_3 \rightarrow Ca(NO_3)_2 + H_2CO_3)$

100 ग्राम (2 × 63) ग्राम

100 ग्राम $CaCO_3$ उदासीन होता है

= (2 × 63) ग्राम HNO_3 द्वारा

$\therefore$ 10 ग्राम $CaCO_3$ उदासीन होता

$= \frac{2 \times 63 \times 10}{100}$ ग्राम HNO_3 द्वारा

=12. 6 ग्राम HNO_3 द्वारा

परंतु दिए गए नाइट्रिक अम्ल में केवल 20% अम्ल है।

अत: 10 ग्राम $CaCO_3$ को उदासीन करने के लिए प्रयुक्त

HNO_3 की मात्रा $= \frac{12.6 \times 100}{20} = 63$ ग्राम

43. (C) अत: CH_3OH_3 का आईयूपीएसी नाम 'मेथेनॉल, है।

44. (A) पी.वी.सी. का पूरा नाम पॉली विनाइल क्लोराइड है।

45. (C) शेष पदार्थ का अंश

$$\frac{N}{N_0} = \left(\frac{1}{2}\right)^3 = \frac{1}{8}$$

$\therefore$ शेष बचे पदार्थ का प्रतिशत अंश

$$= \frac{N}{N_0} \times 100 = \frac{1}{8} \times 100 = 12.5\%$$

46. (B) ओजोन ऑक्सीजन का अपररूप है।

47. (C) द्रव अथवा गैस में निलम्बित सूक्ष्म कणों की अनियमित गति जो कि उनके, परिक्षेपण माध्यम के कणों के साथ संघट्टय के कारण होता है, ब्राउनी गति कहलाती है।

48. (C) $CaCO_3 \xrightarrow{\Delta} CaO + CO_2$

100 ग्राम 52 ग्राम

100 ग्राम $CaCO_3$ को गर्म करने पर, CaO उत्पन्न होता है = 52 ग्राम

200 ग्राम $CaCO_3$ को गर्म करने पर CaO उत्पन्न होगा

$= \frac{52 \times 200}{100} = 104$ ग्राम

$CaO + H_2O \rightarrow Ca(OH)_2$

52 ग्राम 18 ग्राम

$\because$ 52 ग्राम CaO अभिक्रिया करता है।

= 18 ग्राम H_2O से

$\therefore$ 104 ग्राम CaO अभिक्रिया करेगा

$= \frac{18 \times 104}{52} = 36$ ग्राम H_2O से

49. (D) ग्राह्य के विसरण नियम से,

$$\frac{r_1}{r_2} = \sqrt{\frac{M_1}{M_2}} \Rightarrow 4 = \sqrt{\frac{M_1}{2}}$$

$\therefore M_1 = 16 \times 2 = 32$

50. (D) आयतन का तुल्यांकी भार

$= \frac{\text{आयतन का अणु भार}}{\text{आयन पर आवेश}}$

अत: कार्बोनेट आयन (CO_3^{2-}) का अणु भार

= 12 + 48 = 60

$\Rightarrow CO_3^{2-}$ का तुल्यांकी भार $= \frac{60}{2} = 30$

51. (D) कार्बन परमाणु का इलेक्ट्रॉनिक विन्यास :

$C_6 = \overset{K}{2}\ \overset{L}{6} = 1s^2, 2s^2, 2p^2$

उत्तेजित अवस्था में,

$C_6 = 1s^2, 2s^2, 2p_x^1, 2p_y^1, 2p_z^1$

अत: कार्बनिक यौगिकों में कार्बन की संयोजकता + 4 है।

52. (C) अणुओं की संख्या $= \frac{\text{ग्राम में भार}}{\text{अणु भार}} \times N_A = \frac{N_A}{2}$

समान प्रकार से,

11 ग्राम CO_2 में अणुओं की संख्या $= \frac{11}{44} \times N_A$

$= \frac{N_A}{4}$

$\Rightarrow \frac{\text{9 ग्राम } H_2O \text{ में अणुओं की संख्या}}{\text{11 ग्राम } CO_2 \text{ में अणुओं की संख्या}} = \frac{N_A \times 4}{2 \times N_A} = \frac{2}{1}$

53. (B) शुष्क हाइड्रोजन का दाब

= वायुमण्डलीय दाब - जलीय तनाव

= (754 - 14) मिमी = 740 मिमी

ताप दाब के नियम से,

$$\frac{p_1 V_1}{T_1} = \frac{p_0 V_0}{T_0}$$

$$\Rightarrow \frac{740 \times 600}{300} = \frac{760 \times V_0}{273}$$

$\Rightarrow \quad V_0 = \frac{740 \times 600 \times 273}{300 \times 760}$

$= 531.63$ सेमी^{3}

$\because$ STP पर, 531.63 सेमी^{3} हाइड्रोजन उत्पन्न होती है

= 1.8 ग्राम धातु द्वारा

$\therefore$ STP पर, 11200 सेमी^{3}, हाइड्रोजन उत्पन्न होगी

$= \frac{1.8 \times 11200}{531.63}$

अतः धातु का तुल्यांकी भार 37.9 है।

54. (B) लिग्नाइट का रंग भूरा-काला होने के कारण इसे भूरा कोयला भी कहा जाता है। इसमें कार्बन की मात्रा लगभग 25-28% तथा नमी की मात्रा लगभग 66% तक होती है।

55. (B) सही क्रम : लकड़ी < चारकोल < बायोगैस < हाइड्रोजन

56. (C) लाल दवा, पोटैशियम परमैंगनेट को कहते हैं, जिसका रासायनिक सूत्र $KMnO_4$ है।

57. (A) हाइड्रोजन बम नाभिकीय संलयन सिद्धान्त पर आधारित होता है, जिसमें दो हल्के नाभिक मिलकर भारी नाभिक का निर्माण करते हैं।

58. (B) $CaC_2 + 2H_2O \rightarrow C_2H_2 + Ca(OH)_2$

एसीटिलीन

59. (C) मरकरी तथा ब्रोमीन दोनों कक्ष तापमान पर द्रव होती हैं, किन्तु मरकरी एक धातु है, जबकि ब्रोमीन अधातु होती है।

60. (B) उत्प्रेरक शक्ति को बढ़ाने वाले पदार्थ उत्प्रेरक वर्द्धक तथा उत्प्रेरक शक्ति को घटाने वाले पदार्थ उत्प्रेरक विष कहलाते हैं।

61. (A) माना तीन संख्याएं x_1, x_2 व x_3 है।

$\therefore$ प्रश्नानुसार,

$\frac{x_1 + x_2 + x_3}{3} = 112$

$x_1 + x_2 + x_3 = 336$

तथा $x_1 = \frac{3}{13}(x_2 + x_3)$

$\frac{13x_1}{3} = x_2 + x_3 \Rightarrow x_1 + \frac{13x_1}{3} = 336$

$\frac{16x_1}{3} = 336 \Rightarrow x_1 = \frac{336 \times 3}{16} = 63$

62. (A) माना व्यापारी का सूची मूल्य = ₹ x

विक्रय मूल्य = ₹ 100

प्रश्नानुसार,

20% छूट पर, $\frac{80x}{100} = 90$

$x = 112.5$

5% छूट पर विक्रय मूल्य $= 112.5 \times \frac{95}{100} = 106.875$

$\therefore$ व्यापारी को लाभ (%) $= 106.875 - 100$

$= 6.875\%$

63. (B) A द्वारा 80% काम किया जाता है।

= 20 दिन में

$\therefore$ 1 काम किया जाता है $= \frac{20 \times 100}{80} = 25$ दिन

A एक काम को 25 दिन में करेगा

A व B द्वारा किया गया कार्य $= 1 - \frac{4}{5} = \frac{1}{5}$

बचा हुआ कार्य $= \frac{1}{5 \times 3} = \frac{1}{15}$

$\therefore$ B को कार्य करने में लगा समय $= \frac{1}{15} - \frac{1}{25} = \frac{5-3}{75} = \frac{2}{75}$

$\therefore$ B उस कार्य को अकेले करेगा = 37.5 दिन में

64. (B) $77 = 7 \times 11$

$275 = 5 \times 5 \times 11$

$\therefore$ म.स. = 11

65. (D) माना समय = x घण्टा

$\therefore$ प्रश्नानुसार

$2\left(\frac{648}{x+12}\right) = \frac{648}{x-6}$

$2x - 12 = x + 12$

$x = 24$ घण्टे

$\therefore$ राजधानी की गति $= \frac{\text{दूरी}}{\text{समय}} = \frac{648}{24}$

= 27 किमी/घण्टा

66. (B) व्यापारी के पास गेहूं की मात्रा = 16 क्विंटल

$\therefore$ प्रश्नानुसार,

$\frac{117x}{100} + \frac{127(16-x)}{100} = \frac{121 \times 16}{100}$

$117x + 127 \times 16 - 127x = 121 \times 16$

$10x = 96$

$x = 9.6$

$\therefore$ लाभ = 16 − 9.6 = 6.4 क्विंटल = 6.4 × 100 = 640 किग्रा.

67. (C) प्रश्नानुसार,

गिरीश और शिरीष के वेतन का अनुपात

$= \frac{\frac{4}{9}}{\frac{5}{6}} = \frac{24}{45} = \frac{8}{15} = 8 : 15$

68. (D) $\frac{\Delta APQ \text{ का क्षेत्र.}}{\Delta ABC \text{ का क्षेत्र.}} = \frac{AP^2}{AB^2}$

$\frac{16}{25} = \frac{AP^2}{AB^2}$

$\therefore \dfrac{AP}{AB} = \dfrac{4}{5}$

$\dfrac{AP}{AP + AB} = \dfrac{4}{5}$

$5\,AP = 4AP + 4PB$

$AP = 4PB$

$\dfrac{AP}{AB} = \dfrac{4}{1}$

$AP : PB = 4 : 1$

69. (B) रेखा का समीकरण $3x - 4y = -13$

$x = 5, y = 7$ रखने पर

$3 \times 5 - 4 \times 7 = -13$

$15 - 28 = -13 - 13 = -13$

$\therefore$ बिन्दु (5, 7) रेखा $3x - 4y = -13$ पर स्थित है।

70. (D) आदमी की बचत = (100 – 59) = 41%

प्रतिशत बचत $= \dfrac{41}{59} \times 100 = 69.49\%$

71. (D)

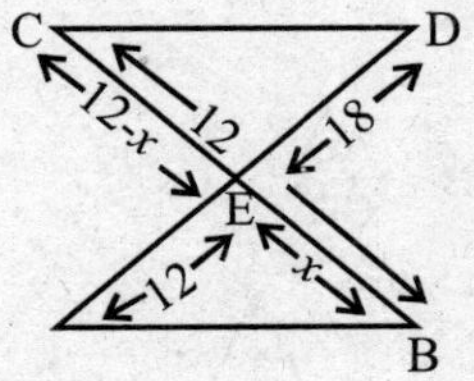

माना $BE = x$ सेमी

$EC = (12 - x)$ सेमी

$\therefore$ प्रश्नानुसार

$\dfrac{AE}{ED} = \dfrac{BE}{EC}$

$\dfrac{12}{18} = \dfrac{x}{12 - x}$

$144 - 12x = 18x$

$x = 4.8$

$\therefore$ भुजा EC की लम्बाई $= 12 - x = 12 - 4.8 = 7.2$ सेमी

72. (C) माना विपरीत भुजा की लम्बाई

$= x$ सेमी

$\therefore \dfrac{\sin 90^\circ}{x} = \dfrac{\sin 60^\circ}{AC}$

$\dfrac{1}{x} = \dfrac{\frac{\sqrt{3}}{2}}{15}$

$x = \sqrt{3}/30 \Rightarrow x = \dfrac{30}{\sqrt{3}} \Rightarrow \dfrac{30\sqrt{3}}{3}$

$\Rightarrow 10\sqrt{3}$ सेमी.

73. (B) बेलन का वक्रपृष्ठ $= 2\pi rh$

$660 = 2\pi rh$ ...(i)

बेलन का आधार वृत्ताकार होता है।

$\therefore$ बेलन की परिधि = वृत्त की परिधि

$44 = 2\pi r$

$44 = 2 \times \dfrac{22}{7} r$

$\therefore r = 7$ सेमी.

समीकरण (i) से,

$2\pi \times 7 \times h = 660$

$2 \times \dfrac{22}{7} \times 7 \times h = 660$

$h = \dfrac{660 \times 7}{2 \times 22 \times 7} = 15$ सेमी.

$\therefore$ बेलन का आयतन $= \pi r^2 h$

$= \dfrac{22}{7} \times (7)^2 \times 15 = \dfrac{22}{7} \times 7 \times 7 \times 15 = 2310$ घन सेमी

74. (D) 25 वयस्कों के टिकटों का मूल्य $= 25 \times 1200 = 30000$

5 बच्चों के टिकटों का मूल्य $= 5 \times 800 = 4000$

कुल टिकटों का मूल्य $= 30000 + 4000 = 34000$

$\therefore$ छूट $= \dfrac{4000 \times 100}{34000} = 11.76\%$

75. (B) माना मशीन का क्रय मूल्य = ₹ x

$\therefore$ विक्रय मूल्य = ₹ 52 लाख

$\therefore$ हानि = क्रय मूल्य – विक्रय मूल्य $= x - 52$

प्रश्नानुसार

$62 - x = 9(x - 52)$

$62 - x = 9x - 468$

$10x = 468 + 62$

$10x = 530$

$x =$ ₹ 53 लाख

76. (B) माना पति की उम्र = x वर्ष

पत्नी की उम्र = y वर्ष

प्रश्नानुसार

$x + y = 60$ ...(i)

4 वर्ष पहले पति की उम्र $= (x - 4)$ वर्ष

पत्नी की उम्र $= (y - 4)$ वर्ष

$\therefore \dfrac{x-4}{y-4} = \dfrac{7}{6}$

$6x - 24 = 7y - 28$

$6x - 7y = -4$ ...(ii)

समीकरण (i) व (ii) को हल करने पर

$x = 32, y = 28$

$\therefore$ पति की उम्र = 32 वर्ष

77. (B) समान्तर श्रेणी के लिए,

प्रश्नानुसार,

$T_5 = a + 4d = 9$ ...(i)

$T_{12} = a + 11d = -26$ ...(ii)

समीकरण (i) व (ii) को हल करने पर

$d = -5$ तथा $a = 29$

$\therefore \quad -6 = a + (n-1)d$

$-6 = 29 + (n-1) \times -5$

$\therefore n - 1 = \frac{+35}{5}$

$n - 1 = 7$

$n = 7 + 1 = 8$वां

∴ −6, 8वां पद होगा।

78. (D) ढाल $(m) = \frac{4}{3}$

बिन्दु (−7, 2) से जाने वाली रेखा का

समीकरण (x_1, y_1)

$(x - x_1) = m\,(y - y_1)$

$(x - x_1) = \tan\theta\,(y - y_1) \Rightarrow [x - (-7)] = \frac{3}{4}(y - 2)$

$(x + 7) = \frac{3}{4}(y - 2) \Rightarrow 4x + 28 = 3y - 6$

$4x - 3y = -6 - 28 \Rightarrow 4x - 3y = -34$

79. (C) ΔPST और ΔPQR समरूप है।

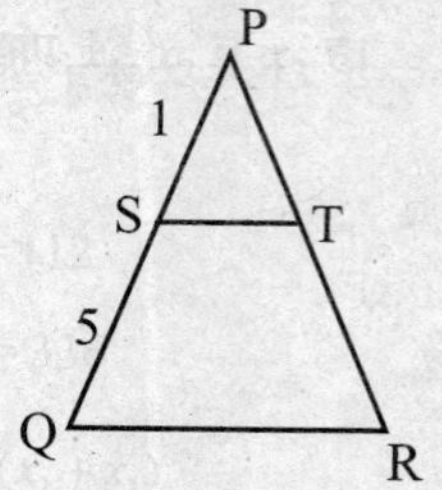

$\therefore \quad \frac{PS}{PQ} = \frac{ST}{QR}$

$\frac{1}{PS+SQ} = \frac{ST}{15}$

$\frac{1}{6} = \frac{ST}{15}$

$ST = \frac{15}{6} = 2.5$ सेमी.

80. (C) ब्याज $= (17865.24 - 16854) =$ ₹ 1011.24

∴ब्याज की दर $= \frac{1011.24 \times 100}{16854} = 6\%$

81. (D) प्रश्नानुसार जयश्री का कार्य $= 1 + \frac{1}{2} = \frac{3}{2} \times \frac{1}{45}$

मेघनाद द्वारा किया गया कार्य $= \frac{1}{45}$

जयश्री द्वारा किया गया कार्य $= \frac{3}{2}\left(\frac{1}{45}\right)$

दोनों के द्वारा किया गया कार्य $= \frac{1}{45} + \frac{3}{2}\left(\frac{1}{45}\right)$

$= \frac{1}{45} + \frac{3}{90} = \frac{5}{90} = \frac{1}{18}$

∴ दोनों मिलकर कार्य को 18 घण्टे में पूरा कर लेंगे।

82. (D) 11 वर्ष का राजस्व $= 11 \times 77$

= ₹ 847 लाख

पहले 6 वर्ष का राजस्व $= 6 \times 72$

= ₹ 432 लाख

अन्तिम 6 वर्ष का राजस्व $= 6 \times 84$

= ₹ 504 लाख

∴ छठे वर्ष का राजस्व $= 432 + 504 - 847$

$= 936 - 847$

= ₹ 89 लाख

83. (A) ΔABC में,

$\angle CAB = \frac{AD}{CD}$

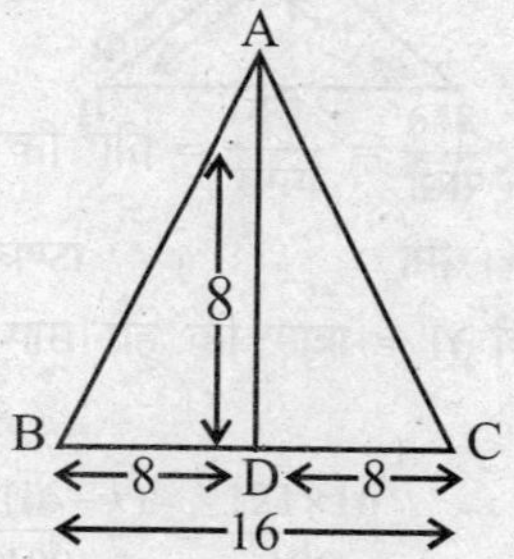

$= \frac{8}{8} = 1$

$\sin\theta = \sin 90^\circ$

$\theta = 90^\circ$

84. (B) बेलन का वक्रपृष्ठ का क्षेत्रफल = 616

$2\pi rh = 616$

$2 \times \frac{22}{7} \times r \times 14 = 616$

$r = \frac{616 \times 7}{2 \times 22 \times 14} = 7$ सेमी

85. (B) $2\cos\left[\frac{C+D}{2}\right]\sin\left[\frac{C-D}{2}\right] = \sin C - \sin D$

यह एक सर्वसमिका है।

86. (A) धन एक वर्ष अर्थात् 12 महीनों तक जमा किया जाता है।

∴ महीनों का योग $= \dfrac{\text{महीनों की संख्या} \times (\text{महीनों की संख्या} + 1)}{2}$

$$= \frac{12 \times (12+1)}{2} = \frac{12 \times 13}{2} = 78$$

आवर्ती जमा खाते का ब्याज

$$= \frac{\text{मासिक जमा धन} \times \text{दर} \times \text{महीनों का योग}}{100 \times 12}$$

$$= \frac{50 \times 8 \times 78}{100 \times 12} = ₹\ 26$$

अत: एक वर्ष के अन्त में कुल जमा धन $= 50 \times 12 + 26$

$= 600 + 26 = ₹\ 626$

87. (B) A = {20, 21, 22,........70}

B = {25, 36, 49, 64}

C = {23, 29, 31, 37, 41, 43, 47, 53, 59, 61, 67}

D = {20, 21, 30, 31, 32, 40, 41, 42, 43, 50, 51, 52, 53, 54, 60, 61, 62, 63, 64, 65, 70}

∴ B, C, D में कोई भी संख्या उभयनिष्ठ नहीं है।

अत: $\{B \cap C \cap D\} = \phi$

88. (C) प्रथम दस प्राकृत संख्याएं

1, 2, 3, 4, 5, 6, 7, 8, 9, 10

यहां पदों की संख्या $n = 10$ (सम)

∴ माध्यिका $= \dfrac{\frac{n}{2} \text{ वें पद का मान } \left(\frac{n}{2}+1\right) \text{ वें पद का मान}}{2}$

$$= \frac{\frac{10}{2} \text{ वें पद का मान } \left(\frac{10}{2}+1\right) \text{ वें पद का मान}}{2}$$

$$= \frac{5 \text{ वें पद का मान} + 6 \text{ वें पद का मान}}{2}$$

$$= \frac{5+6}{2} = \frac{11}{2} = 5.5$$

89. (C) प्रिज्म के आधार का क्षेत्रफल $= \dfrac{\sqrt{3}}{4}(6)^2 = 9\sqrt{3}$ वर्ग सेमी

घन द्वारा हटाए गए जल का आयतन

$=$ घन का आयतन $= (3)^3 = 27$ घन सेमी

∴ घन के डूबने पर जल के स्तर में वृद्धि

$$= \frac{\text{घन का आयतन}}{\text{पात्र के आधार का क्षेत्रफल}} = \frac{27}{9\sqrt{3}} = \sqrt{3} \text{ सेमी}$$

90. (C)

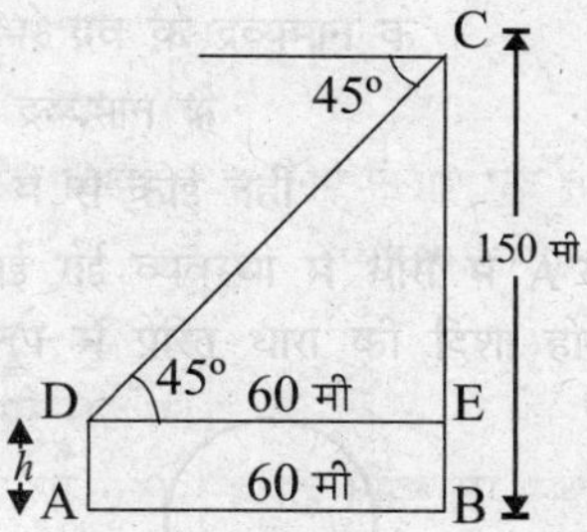

ΔCED में, $\dfrac{150-h}{60} = \tan 45^\circ = 1$

$\Rightarrow \quad 150 - h = 60 \Rightarrow h = 90$ मी

बिहार पॉलिटेक्निक संयुक्त प्रवेश परीक्षा,

प्रैक्टिस सेट-10

खण्ड-I (A): भौतिक विज्ञान

1. कितने इलेक्ट्रॉन की प्रवाह दर 1 ऐम्पियर धारा है-

(A) 6.25×10^9 (B) 6.25×10^{18}

(C) 6.25×10^5 (D) 6.25×10^6

2. डीजल इंजन की क्षमता कितनी होती है-

(A) 30% (B) 70%

(C) 50% (D) 40%

3. 40 सेमी गहराई की बाल्टी पानी से लबालब भरी है। बाल्टी की तली की आभासी गहराई होगी-

(A) 30 सेमी (B) 40 सेमी

(C) 60 सेमी (D) 70 सेमी

4. वह तापमान जिस पर ध्वनि का वेग, 0°C पर ध्वनि के वेग का डेढ़ गुना होता है-

(A) 136°C (B) 50°C

(C) 341.25°C (D) इनमें से कोई नहीं

5. जमीन पर एक व्यक्ति एक जेट विमान को अपने सिर के ठीक ऊपर देखता है। जब विमान ऊर्ध्वाधर के साथ 300 का कोण व्यक्ति की आंख पर बनाता है, तब ध्वनि सुनाई देती है। यदि ध्वनि का वेग v हो तो जेट विमान का वेग होगा-

(A) $v/2$ (B) $\sqrt{3}\,v/2$

(C) $v/\sqrt{3}$ (D) इनमें से कोई नहीं

6. इंजन की दक्षता ज्ञात करने का सूत्र है-

(A) $\frac{W}{J \times H}$ (B) $\frac{H}{J \times W}$

(C) $\frac{J \times W}{H}$ (D) $\frac{J \times H}{W}$

7. निम्न में से किन तरंगों की आवृत्ति सबसे कम है-

(A) क्षय तरंग (B) गामा तरंग

(C) रेडियो तरंग (D) ध्वनि तरंग

8. दो वस्तुओं के बीच ऊष्मा का प्रवाह निर्भर करता है-

(A) उनकी मात्रा पर (B) उनके आयतन पर

(C) उनके तापांतर पर (D) उनकी विशिष्ट ऊष्मा पर

9. यदि पीतल में 80% तांबा तथा 20% जस्ता भार से हो, तांबे का घनत्व 8.9 ग्राम/सेमी^{3} तथा जस्ते का घनत्व 7.1 ग्राम/सेमी^{3} हो, को पीतल का घनत्व होगा-

(A) 8.5 ग्राम/सेमी^{3} लगभग (B) 8.0 ग्राम/सेमी^{3} लगभग

(C) 7.9 ग्राम/सेमी^{3} लगभग (D) 8.9 ग्राम/सेमी^{3} लगभग

10. सरल लोलक में जब विस्थापन, आयाम के बराबर हो, तो गतिज ऊर्जा होती है-

(A) उच्चतम (B) शून्य

(C) अपरिवर्तित (D) इनमें से कोई नहीं

11. जल को 10°C से 0°C तक ठंडा किया जाता है। इसका आयतन-

(A) पहले कम होता है फिर बढ़ता है

(B) पहले बढ़ता है फिर कम होता है

(C) लगातार बढ़ता है

(D) लगातार कम होता है

12. एक उत्तल लेंस से 5 सेमी की दूरी पर स्थित एक वस्तु का प्रतिबिम्ब वस्तु की ओर उससे दोगुना बड़ा बनता है। यदि वस्तु का उसी लेंस से 15 सेमी की दूरी पर रखा जाए, तो प्रतिबिम्ब की लेंस दूरी होगी-

(A) 15 सेमी (B) 20 सेमी

(C) 12 सेमी (D) 30 सेमी

13. MgO में धातु की प्रतिशतता है-

(A) 30% (B) 40%

(C) 50% (D) 60%

14. एक इलेक्ट्रॉन किसी बल क्षेत्र से गुजर रहा है परंतु उस पर कोई बल नहीं लग रहा है। ऐसा संभव है यदि इलेक्ट्रॉन गुजर रहा हो-

(A) चुंबकीय क्षेत्र में (B) वैद्युत क्षेत्र में

(C) चुंबकीय व वैद्युत क्षेत्र में (D) उपरोक्त में से कोई नहीं

15. एक शीशे की गोली निशाने पर टकराती है तब इसका ताप 100°C बढ़ जाता है। यदि शीशे की विशिष्ट ऊष्मा 0.03 कैलोरी/ग्राम 0°C हो और गोली की 84% गतिज ऊर्जा ऊष्मा के रूप में ही रहती है, तो टकराव के समय गोली की गति सेमी/सेकण्ड में होगी-

(A) 1×10^4 (B) 10×10^4

(C) 1.732×10^4 (D) 3.2×10^4

16. एक l लंबाई की परिनालिका में फेरों की संख्या n है। एक अन्य परिनालिका जिसकी लंबाई $l/2$ है, में भी फेरों की संख्या n है परंतु यह फेरे दो परतों में लपेटे गए हैं। जब दोनों परिनालिकाओं में समान धारा बह रही हो, तो द्वितीय एवं प्रथम परिनालिकाओं में समान धारा बह रही हो, तो द्वितीय एवं प्रथम परिनालिका के केंद्र पर चुंबकीय क्षेत्रों की तीव्रता का अनुपात होगा–

(A) 2 : 1 (B) 1 : 1
(C) 1 : 3 (D) 3 : 2

17. दो तार A तथा B समान लंबाई के हैं तथा एक ही पदार्थ के बने हैं लेकिन तार A का व्यास तार B के व्यास का दोगुना है। इन तारों को समांतर क्रम में जोड़ा गया तथा विद्युत धारा गुजारी गई। A तथा B में उत्पन्न ऊष्मा का अनुपात है–

(A) 1 : 4 (B) 4 : 1
(C) 1 : 2 (D) 2 : 1

18. 5 किग्रा का पत्थर एक पहाड़ी की चोटी के ऊपर से गिरता है, जो 100 मी ऊंची है। पत्थर गिरने पर रेत में 2 मी धंस जाता है। धंसने में समय लगेगा ($g = 10$ मी/से2)–

(A) $\sqrt{5}$ सेकण्ड (B) $0.4 \times \sqrt{5}$ सेकण्ड
(C) $0.04 \times \sqrt{5}$ सेकण्ड (D) इनमें से कोई नहीं

19. 4×10^{-3} किग्रा/मी के 20 सेमी तार में 10 ऐम्पियर की धारा बह रही है। ऊपर की ओर तार को रोके रखने के लिए आवश्यक चुंबकीय क्षेत्र वेबर/मी^{2} में होगा ($g = 10$ मी/से^{2})

(A) 4.5×10^{-2} (B) 4×10^{-3}
(C) 5×10^{-3} (D) 6.5×10^{-3}

20. चुंबकीय द्विध्रुव, जिसका आघूर्ण M है, एक समान चुंबकीय क्षेत्र B से θ कोण बनाते हुए रखा है। द्विध्रुव पर लगने वाले बलयुग्म का आघूर्ण होगा–

(A) $\frac{M}{B \sin \theta}$ (B) $\frac{BM}{\sin \theta}$
(C) 2 MB $\sin\theta$ (D) MB $\sin\theta$

21. एक यथार्थ सेंटीग्रेड थर्मामीटर तथा एक दोषयुक्त फारेनहाइट थर्मामीटर किसी वस्तु का ताप क्रमशः 60°C तथा 141°F मापते हैं। फारेनहाइट थर्मामीटर के पाठ में गलती है–

(A) 1°F (B) 2°F
(C) 4°F (D) इनमें से कोई नहीं

22. यदि बल को चार गुना तथा तल के क्षेत्रफल को आधा कर दिया जाए, तो दाब प्रारंभिक दाब का कितने गुना हो जाएगा?

(A) $\frac{2}{4}$ गुना (B) $\frac{4}{2}$ गुना
(C) 8 गुना (D) $\frac{1}{8}$ गुना

23. फब्बारे की नॉजल से पानी 180 सेमी नीचे फर्श पर गिरता है। बूंदे समय के नियमित अंतराल पर गिरती हैं। प्रथम बूंद उस समय फर्श पर टकराती है जब चौथी बूंद फब्बारे से गिरनी प्रारंभ होती है। जब पहली बूंद फर्श पर टकराती है। तब फर्श से दूसरी बूंद की दूरी होती है–

(A) 100 सेमी (B) 120 सेमी
(C) 80 सेमी (D) 60 सेमी

24. यांत्रिक लाभ 1 से कम होता है–

(A) द्वितीय वर्ग के उत्तोलक में (B) प्रथम वर्ग के उत्तोलक में
(C) तृतीय वर्ग के उत्तोलक में (D) इनमें से कोई नहीं

25. दो वस्तुएं h_1 व h_2 ऊंचाइयों से एक साथ छोड़ी जाती हैं। उनके पृथ्वी पर पहुंचने के लिए गए समयों में अनुपात होगा–

(A) h_1/h_2 (B) $\sqrt{h_1/h_2}$
(C) h_2/h_1 (D) $\sqrt{h_2/h_1}$

26. किसी तैरती वस्तु का भार बराबर होता है–

(A) उत्प्लावक बल के
(B) पात्र में भरे द्रव के द्रव्यमान के
(C) वस्तु के द्रव्यमान के
(D) उपरोक्त में से कोई नहीं

27. चित्र में दिखाई गई व्यवस्था में धारा में A से B की ओर वृद्धि हो रही है। लूप में प्रेरित धारा की दिशा होगी–

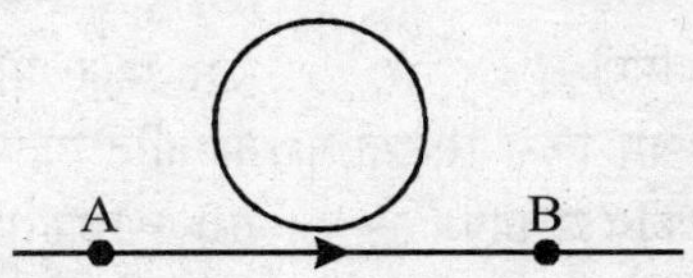

(A) दक्षिणावर्त
(B) वामावर्त
(C) शून्य
(D) दक्षिणवर्त व वामावर्त में क्रमशः परिवर्तित

28. प्रकाश के किस रंग की तरंग में न्यूनतम प्रकीर्णन होता है?

(A) बैंगनी (B) नीला
(C) पीला (D) लाल

29. एक 200 ओम प्रतिरोध के चालक के सिरों पर 400 वोल्ट का विद्युत वाहक बल रखा जाता है। एक सेकण्ड में इस चालक से प्रवाहित इलेक्ट्रॉनों की संख्या होगी–
($e = 1.6 \times 10^{-19}$ कूलॉम)

(A) 4.0×10^{19} (B) 3.0×10^{19}
(C) 2.0×10^{19} (D) 1.25×10^{19}

30. परमशून्य ताप पर अर्द्धचालक व्यवहार करता है–

(A) अचालक की भांति
(B) अति उत्तम चालक की भांति
(C) उत्तम चालक की भांति
(D) परिवर्ती प्रतिरोधक की भांति

खण्ड-I (B) : रसायन विज्ञान

31. कैल्सियम कार्बाइड पर जल की अभिक्रिया से बनने वाली गैस है-
(A) एथिलीन (B) एसीटिलीन
(C) मेथेन (D) ऐथेन

32. $CH_3\,CH_2CHO$ का I.U.P.A.C नाम है-
(A) प्रोपेनोल (B) प्रोपेनल
(C) पोपेनॉइक एसिड (D) प्रोपेन

33. निम्न में से कौन-सी औषधि पूर्तिरोधी के रूप में प्रयोग होती है?
(A) टिंक्चर आयोडीन (B) एस्प्रिन
(C) टेट्रासाइक्लिन (D) क्लोरोफॉर्म

34. एसीटिलीन में σ तथा π बंध की संख्या होगी-
(A) $1\sigma, 1\pi$ (B) $2\sigma, 2\pi$
(C) $3\sigma, 2\pi$ (D) $3\sigma, 3\pi$

35. एक परमाणुक गैसों के लिए C_p/C_v का मान होता है-
(A) 1.4 (B) 1.6
(C) 2 (D) 1

36. 700 मिमी दाब पर किसी गैस का आयतन 200 मिली है। किस दाब पर इसका आयतन 400 मिली हो जायेगा यदि ताप स्थिर हो?
(A) 350 मिमी (B) 175 मिमी
(C) 400 मिमी (D) 1400 मिमी

37. हाइड्रोजन बम किस सिद्धांत पर आधारित होता है-
(A) नाभिकीय संलयन (B) नाभिकीय विखण्डन
(C) नाभिकीय अपघटन (D) तापीय अपघटन

38. समान द्रव्यमान वाले दो तत्वों X तथा Y के परमाणु क्रमांक क्रमशः 20 और 22 हैं। यदि तत्व X के नाभिक में 22 न्यूट्रॉन हैं, तो तत्व Y में न्यूट्रॉनों की संख्या क्या होगी?
(A) 22 (B) 11
(C) 20 (D) 10

39. एक कार्बनिक यौगिक का प्रतिशत संघटन निम्न प्रकार है: $C = 92.4, H = 7.6\%$ उसका मूलानुपाती सूत्र होगा-
(A) C_2H_2 (B) CH
(C) C_3H_3 (D) CH_4

40. आइन्सटीन का द्रव्यमान ऊर्जा समीकरण है-
(A) $E = mc^2$ (B) $E = \frac{hc}{\lambda}$
(C) $E = \frac{1}{2}mv^2$ (D) $E = mgh$

41. निम्नलिखित में से कौन-सा तत्व संक्रमण तत्व नहीं है?
(A) Sc (B) Sn
(C) Hg (D) Pd

42. निम्नलिखित में से प्रतिस्थापन क्रिया का उदाहरण है-
(A) $CuSO_4 + Fe \rightarrow Cu + FeSO_4$
(B) $2H_2O \xrightarrow{\text{विद्युत}} 2H_2 + O_2$
(C) $3Mg + N_2 \rightarrow Mg_3N_2$
(D) $NH_4Cl \xrightarrow{\text{गर्म}} NH_3 + HCl$

43. निम्नलिखित ईंधनों में से किसका कैलोरी मान सर्वाधिक होगा?
(A) लकड़ी (B) एल.पी.जी.
(C) हाइड्रोजन गैस (D) कोयला

44. लाल दवा जो कीटाणुनाशक के रूप में प्रयुक्त होती है, वह है-
(A) कैल्शियम हाइपोक्लोरेट (B) पोटैशियम नाइट्रेट
(C) पोटैशियम परमैंगनेट (D) बोरेक्स

45. यूरिया $(NH_2\,CONH_2)$ में नाइट्रोजन की प्रतिशत मात्रा होगी-
(A) 40% (B) 46.67%
(C) 60% (D) 28%

46. कौन -सी विशेषता वैद्युत संयोजी यौगिकों में नहीं पायी जाती है-
(A) इनमें गलनांक तथा क्वथनांक अधिक होते हैं
(B) ये ध्रुवीय यौगिक होते हैं
(C) जल में विलय होते हैं
(D) विद्युत के कुचालक होते हैं।

47. Ra^{226} की अर्द्धआयु 1580 वर्ष है। 4740 वर्षों के पश्चात् यह अपनी प्रारंभिक मात्रा का रह जाएगा-
(A) $\frac{1}{2}$ (B) $\frac{1}{4}$
(C) $\frac{1}{8}$ (D) $\frac{1}{16}$

48. निम्नलिखित में से कौन उपधातु तत्व है-
(A) सोडियम (B) एल्यूमिनियम
(C) आर्सेनिक (D) सल्फर

49. कौन-सी गैस किप उपकरण द्वारा बनायी जाती है-
(A) NH_3 (अमोनिया)
(B) HCl (हाइड्रोजन क्लोराइड)
(C) SO_2 (सल्फर डाइऑक्साइड)
(D) H_2S (हाइड्रोजन सल्फाइड)

50. जल की कठोरता का मापन किसके पदों में किया जाता है-
(A) $CaSO_4$ (B) $CaCl_2$
(C) $MgCO_3$ (D) $CaCO_3$

51. कौन-सी अधातु तत्व कक्ष ताप पर द्रव होती है?
(A) Hg (B) Cl_2
(C) Br_2 (D) F_2

52. वे पदार्थ जो उत्प्रेरक की शक्ति बढ़ा दें, कहलाते हैं-
(A) उत्प्रेरक विष (B) उत्प्रेरक वर्धक
(C) समांग उत्प्रेरक (D) प्रेरित उत्प्रेरक

53. एल.पी.जी. का मुख्य घटक है-
(A) मेथेन (B) ऐथेन
(C) ब्यूटेन तथा आइसो ब्यूटेन (D) प्रोपेन

54. एक यौगिक का अणुभार 98 है। उस यौगिक का वाष्प घनत्व होगा-
(A) 98 (B) 49
(C) 196 (D) 294

55. क्लोरीन किस विधि से बनायी जाती है?
(A) डीकन विधि (B) हैबर विधि
(C) ऑस्टवाल्ड (D) मर्क विधि

56. क्षारीय विलयन का pH मान होता है–
(A) 7 से कम (B) 7 से अधिक
(C) 7 (D) 0

57. नौसादर का रासायनिक नाम है–
(A) अमोनियम क्लोराइड (B) अमोनियम फ्लोराइड
(C) अमोनियम ब्रोमाइड (D) अमोनियम आयोडाइड

58. $CaSO_4$ का तुल्यांकी भार है
(दिया है, परमाणु भार Ca = 40, S = 32, O = 16)
(A) 136 (B) 116
(C) 68 (D) 88

59. एक यौगिक का प्रतिशत संघटन नीचे दिया गया है
C = 52.17%; H = 13.06%; O = 34.77%
यदि यौगिक का अणुभार 46 है, तो उसका अणुसूत्र है।
दिया गया है, [C = 12, H = 1, O = 16]
(A) CH_3CHO (B) C_2H_5OH
(C) CH_3COOH (D) HCHO

60. रेडियोऐक्टिव विघटन में, नाभिक एक बार में उत्सर्जित करता है–
(A) केवल α या β-कण
(B) α तथा β-कण दोनों
(C) α या β-कण तथा γ-फोटॉन
(D) α किरण, β किरण तथा γ उत्सर्जन

61. दो संख्याएं 63 और 77 हैं जिनका महत्तम समापवर्तक 7 है। उनका लघुत्तम समापवर्तक ज्ञात कीजिए–
(A) 668 (B) 693
(C) 674 (D) 680

62. एक वाशिंग मशीन और इलेक्ट्रिक चिमनी की कुल कीमत ₹ 57,750 थी। इलेक्ट्रिक चिमनी को 34% लाभ के साथ और वाशिंग मशीन को 24% हानि के साथ बेच दिया गया। यदि दोनों वस्तु का बिक्री मूल्य समान था, तो सस्ती वस्तु का क्रय मूल्य क्या था?
(A) ₹ 26850 (B) ₹ 20900
(C) ₹ 28875 (D) ₹ 25850

63. इस द्विघात समीकरण के मूल को ज्ञात कीजिए–
$6x^2 - 11x - 35 = 0$
(A) 5/3, –7/2 (B) – 5/3, 7/2
(C) – 3/5, 2/7 (D) 3/5, – 2/7

64. दो छात्र एक परीक्षा में बैठें। उनमें से एक ने दूसरे की तुलना में 10 अंक अधिक हासिल किए और उसके अंक उन दोनों के अंक के योग का 75% थे। उन दोनों ने कितने अंक प्राप्त किए?
(A) 52 और 42 (B) 68 और 58
(C) 63 और 53 (D) 15 और 5

65. एक मेले की प्रवेश टिकट के मूल्य में 3 : 7 के अनुपात में वृद्धि करके, मेले में आने वाले लोगों की संख्या 16 : 13 के अनुपात में कम हो गई है। कुल संकलन में किस अनुपात में वृद्धि या कमी हुई है?
(A) 91 : 48 के अनुपात में कमी हुई है।
(B) 48 : 91 के अनुपात में वृद्धि हुई है।
(C) 39 : 112 के अनुपात में वृद्धि हुई है।
(D) 112 : 39 के अनुपात में कमी हुई है।

66. एक समांतर श्रेणी में, यदि 17 तीसरा पद है। – 25, 17 वां पद है, तो – 1 कौन-सा पद है?
(A) 10 (B) 11
(C) 9 (D) 12

67. बिन्दु (4, – 8) और (k, 0) के बीच की दूरी 10 है। k को ज्ञात कीजिए–
(A) $k = 6$ or – 2 (B) $k = 10$ or 2
(C) $k = 10$ or – 4 (D) $k = 6$ or – 4

68. प्रफुल्ल ने 30 दिन में एक काम का 1/2 भाग पूरा कर लिया है। सरबजीत बचा हुआ काम 10 दिन में पूरा करता है। दोनों मिलकर यह काम कितने दिन में पूरा कर सकते हैं?
(A) 30 दिन (B) 45 दिन
(C) 15 दिन (D) 60 दिन

69. एक वयस्क के टिकट का मूल्य ₹ 500 है और एक बच्चे के टिकट का मूल्य ₹ 200 है। दो वयस्कों के साथ 1 बच्चा निःशुल्क जा सकता है। यदि एक समूह में 20 वयस्क और 8 बच्चे हैं तो उस समूह को कितनी छूट मिलेगी?
(A) 53.43 प्रतिशत (B) 13.79 प्रतिशत
(C) 32.2 प्रतिशत (D) 35.06 प्रतिशत

70. ΔABC में, A कोण का द्विभाजक BC को बिन्दु E पर काटता है। AC की लम्बाई का पता लगाएं, यदि AB, BE और EC की लम्बाईयां क्रमशः 9 सेमी, 3.6 सेमी और 2.4 सेमी हैं–
(A) 5.4 सेमी (B) 8 सेमी
(C) 4.8 सेमी (D) 6 सेमी

71. प्रतिवर्ष 22% की सांकेतिक ब्याज दर के अनुसार अर्द्धवार्षिक रूप में देय ब्याज की प्रभावी वार्षिक दर क्या है?
(A) 44 प्रतिशत (B) 23.21 प्रतिशत
(C) 46.42 प्रतिशत (D) 22 प्रतिशत

72. एक त्रिभुज में उस कोण के विपरीत वाली भुजा की लम्बाई $8\sqrt{2}$ सेमी है। जिसके कोण का माप 45° है। उस कोण के विपरीत वाली भुजा की लम्बाई क्या है, जिसके कोण का माप 90° है?

(A) 16 सेमी (B) $4\sqrt{3}$ सेमी
(C) $8\sqrt{3}$ सेमी (D) $6\sqrt{3}$ सेमी

73. यदि किसी बेलनाकार वस्तु का आयतन 2156 घन सेमी और ऊंचाई 14 सेमी है, तो उसकी त्रिज्या ज्ञात कीजिए–

(A) 14 सेमी (B) 21 सेमी
(C) 3.5 सेमी (D) 7 सेमी

74. यदि एक व्यापारी सूची मूल्य पर 40% की छूट प्रदान करता है, तो उसे 10% का नुकसान होता है। अगर वह सूची मूल्य पर 20% की छूट पर माल बेचता है, तो उसे कितने % लाभ या कितने % हानि होगी?

(A) 4 प्रतिशत हानि (B) 14 प्रतिशत लाभ
(C) 5.5 प्रतिशत हानि (D) 20 प्रतिशत लाभ

75. दसवीं कक्षा के डिवीजन A में 60 छात्रों द्वारा प्राप्त किए गए अंकों का औसत 66 है, तथा डिवीजन B के 45 छात्रों के अंकों का औसत 62 है और डिवीजन C के 75 छात्रों के अंकों का औसत 60 है तो दसवीं कक्षा के तीनों डिवीजन के छात्रों के अंकों का औसत ज्ञात कीजिए–

(A) 61.8 (B) 62.6
(C) 61.1 (D) 63.9

76. यदि एक वृत्त की त्रिज्या में 31% की वृद्धि की जाती है, तो उसका क्षेत्रफल कितने प्रतिशत बढ़ जाएगा?

(A) 62 प्रतिशत (B) 31 प्रतिशत
(C) 35.805 प्रतिशत (D) 71.61 प्रतिशत

77. मम्मी 15 घण्टे में 75 केक बना सकती हैं। बहन और मम्मी साथ मिलकर 20 घण्टे में 120 के बना सकती हैं। बहन 30 घण्टे में कितने के बना सकती है?

(A) 45 (B) 30
(C) 60 (D) 10

78. 200 और 400 के बीच कितनी संख्याएं 7 से विभाज्य हैं?

(A) 28 (B) 29
(C) 30 (D) 31

79. बिन्दु $P(a, b)$ प्रथम मूल पर P_1 पर प्रतिबिम्बित होता है और फिर P_1 y-अक्ष पर (6, –5) पर प्रतिबिम्बित होता है। बिन्दु P के निर्देशांक ज्ञात कीजिए–

(A) (– 6, – 5) (B) (6, 5)
(C) (– 6, 5) (D) (6, – 5)

80. एक चावल व्यापारी ₹ 8,580 में 20 क्विंटल चावल खरीदता है। जबकि 22% चावल परिवहन में खराब/गुम हो जाता है। उसे 20% लाभ प्राप्त करने के लिए किस दर पर चावल बेचना चाहिए ?

(A) ₹ 278.8 प्रति क्विंटल
(B) ₹ 514.8 प्रति क्विंटल
(C) ₹ 660 प्रति क्विंटल
(D) ₹ 654.2 प्रति क्विंटल

81. x अक्ष से बिन्दु 3/2 पर मिलने वाली और y अक्ष से – 4/7 पर मिलने वाली रेखा के समीकरण को ज्ञात कीजिए–

(A) $8x - 21y = -12$ (B) $8x + 21y = 14$
(C) $8x - 21y = 12$ (D) $8x + 21y = -14$

82. एक वृत्त की परिधि एक समबाहु त्रिभुज के परिमाप के बराबर है। यदि उस वृत्त की त्रिज्या 14 सेमी है। तो समबाहु त्रिभुज की भुजा की लम्बाई क्या है?

(A) 88 सेमी (B) 88/3 सेमी
(C) $88\sqrt{3}$ सेमी (D) $8\sqrt{3}$ सेमी

83. यदि किसी समकोण वृत्ताकार शंकु के वक्र सतह का क्षेत्रफल 10010 वर्ग सेमी है और उसकी त्रिज्या 35 सेमी है, तो उसका आयतन ज्ञात कीजिए–

(A) 6930 घन सेमी (B) 107800 घन सेमी
(C) 3465 घन सेमी (D) 27720 घन सेमी

84. $\sin(A + B) - \sin(A - B)$ किसके बराबर है?

(A) $2 \sin A \cos B$ (B) $2 \cos A \cos B$
(C) $2 \cos A \sin B$ (D) $2 \sin A \sin B$

85. $2 - (\cos A + \sin A)^2$ किसके बराबर है?

(A) $(\text{cosec } A + \sin A)^2$
(B) $\cos A + \sin A$
(C) $\text{cosec} A - \sin A$
(D) $(\cos A - \sin A)^2$

86. यदि $\log_{20} xy = 1$; $\log_3 (x + y) = 2$ हो, तो $\log_{10} (x^2 y)$ है

(A) 2.1 (B) 1.9
(C) 2 (D) 2.2

87. यदि समष्टीय समुच्चय U = {1, 2, 3, 4, 5, 6, 7, 8, 9}, B = {6, 7, 8} तथा A ∪ C = {1, 2, 3, 4, 5, 6}, तो समुच्चय (A ∪ B ∪ C) होगा–

(A) {1, 2, 3, 4, 5} (B) {1, 2, 3, 4, 5, 6, 7, 8}
(C) {1, 2, 3} (D) {9}

88. 4, 9, 11, x और 14 का समान्तर माध्य 10 है, तो x का मान है–

(A) 8 (B) –12
(C) 0 (D) 12

89. 4 मी व्यास तथा 14 मी लम्बाई की एक लकड़ी का लट्ठा समान लम्बाई के षट्कोणीय लट्ठे में परिवर्तित किया जाता है। इससे बनने वाले षट्कोणीय लट्ठे का अधिकतम आयतन कितना होगा?

(A) 168 घन मी. (B) $84\sqrt{3}$ घन मी.
(C) 56π घन मी. (D) इनमें से कोई नहीं

90. यदि $n = 50$, $\Sigma x = 250$ तथा $\Sigma x^2 = 2500$ हो, तो मानक विचलन है–

(A) $\sqrt{5}$ (B) 5
(C) 25 (D) इनमें से कोई नहीं

उत्तर (हल/संकेत)

1. (D) $q = ne$

$\therefore \quad n = \frac{q}{e} = \frac{it}{e} = \frac{1 \times 1}{1.6 \times 10^{-19}} = 6.25 \times 10^{18}$

2. (A)

3. (A) अपवर्तनांक, $= \frac{\text{वास्तविक गहराई}}{\text{आभासी गहराई}}$

$1.33 = \frac{40}{x}$

$\Rightarrow x \cong 30$ सेमी

4. (D)

5. (C) माना विमान का वेग v_1 है तथा व्यक्ति को अपने सिर के ऊपर विमान को देखने के t समय बाद ध्वनि सुनाई देती है।

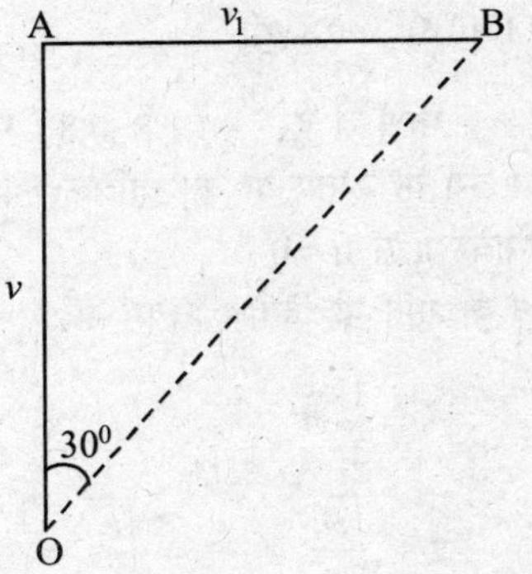

$\tan 30^0 = \frac{AB}{AO}$

$AB = \frac{AO}{\sqrt{3}}$

$\therefore \quad v_1 = v / \sqrt{3}$

6. (A) इंजन की दक्षता $n = \frac{W}{J \times H}$

7. (C) रेडियो तरंगों की आवृत्ति सबसे कम है।

8. (A) दो वस्तुओं के बीच ऊष्मा का प्रवाह उनकी मात्रा पर निर्भर करता है।

9. (A) पीतल का घनत्व $= \left[\frac{80 \times 8.9 + 20 \times 7.1}{80 + 20}\right]$ ग्राम /सेमी^{3}

$= \frac{712 + 142}{100} = \frac{854}{100} = 8.5$ ग्राम/सेमी^{3}

10. (B) सरल लोलक की गतिज ऊर्जा

$= \frac{1}{2} m\omega^2 (a^2 - y^2)$

जहां, विस्थापन (y) = आयाम (a)

$\therefore$ गतिज ऊर्जा $= \frac{1}{2} m\omega^2 (a^2 - a^2) = 0$

11. (A) जल को जब 10°C से 0°C तक ठंडा किया जाता है, तब 10°C से 4°C तक जल का आयतन पहले घटता है तथा 4°C से 0°C तक बढ़ता है।

12. (D) $m = \frac{I}{O} = \frac{v}{u}$

$\Rightarrow \quad \frac{2}{1} = \frac{v}{u} \Rightarrow v = 2u$

$= 2 \times 15$ सेमी $= 30$ सेमी

13. (D) धातु की प्रतिशतता

$= \frac{\text{यौगिक में धातु का अणुभार}}{\text{यौगिक का अणुभार}} \times 100$

$= \frac{24}{(24 + 16)} \times 100\% = 60\%$

14. (A)

15. (C) दिया है, $Q = 84\%$ गतिज ऊर्जा

$= \frac{84}{100} \times \frac{1}{2} \times mv^2$

$\because \quad Q = mC\Delta Q = m \times 0.03 \times 4200 \times 100$

$\therefore \quad m \times 0.03 \times 4200 \times 100 = \frac{84}{100} \times \frac{1}{2} mv^2$

$\Rightarrow \quad v = 173.2$ मी/से $= 1.732 \times 10^4$ सेमी/से

16. (A) प्रथम परिनालिका की प्रति लंबाई में फेरों की संख्या

$n_1 = \frac{n}{l}$

$\therefore \quad B_1 = \mu_0 n_1 I = \frac{\mu_0 n I}{l}$

द्वितीय परिनालिका की प्रति एकांक लंबाई में फेरों की संख्या,

$n_2 = \frac{n}{l/2}$

$\therefore \quad B_2 = \mu_0 n_2 I = \frac{\mu_0 n I}{l/2} = \frac{2\mu_0 n I}{l} = 2B_1$

$\Rightarrow \quad B_2 : B_1 = 2 : 1$

17. (B) प्रतिरोध $R_1 = \frac{pl_1}{A_1}$ तथा $R_2 = \frac{pl_2}{A_2}$

$\Rightarrow \quad \frac{R_1}{R_2} = \frac{l_1}{l_2} \times \frac{A_2}{A_1} = \frac{l_1}{l_2} \left(\frac{r_2}{r_1}\right)^2$

∵ $\frac{l_1}{l_2} = \frac{1}{1}$ तथा $\frac{r_1}{r_2} = \frac{2}{1}$

⇒ $\frac{R_1}{R_2} = (1 \times 2)^2 = 4$

ऊष्माओं का अनुपात,

$= \frac{V^2/R_1}{V^2/R_2} = \frac{R_2}{R_1} = \frac{4}{1} = 4:1$

18. (C) न्यूटन के गति के तृतीय नियम से,

$v^2 = u^2 - 2gh$

$= 0 + 2 \times 10 \times 100$

$=$ 2000 मी/से

रेत में 2 सेमी धंसने के पश्चात् $v = 0$

तथा $u = \sqrt{200}$ मी/से

पुनः समी. $v^2 = u^2 - 2as$ से

$0 = 2000 - 2 \times a \times 2$

∴ $a = 500$ मी/से^{2}

अब, न्यूटन के गति के द्वितीय नियम से,

$v = u + at$

$0 = 20\sqrt{5} - 500t$

∴ $t = \frac{20\sqrt{5}}{500} = 0.04\sqrt{5}$ सेकण्ड

19. (B) तार के संतुलन के लिए

$F = mg$

⇒ $BIL = mg$

$B = \frac{mg}{IL}$

$= \frac{4 \times 10^{-3} \times 20 \times 10^{-2} \times 10}{10 \times 20 \times 10^{-2}}$

$= 4 \times 10^{-3}$ वेबर/मी^{2}

20. (D) द्विध्रुव पर लगने वाला बल आघूर्ण

$(\tau) = MB \sin\theta$

21. (A) सूत्र $\frac{C}{5} = \frac{F - 32}{9}$

⇒ $\frac{60}{5} = \frac{F - 32}{9}$

या, $F = 140^0 F$

अतः फारेनहाइट पाठ्यांक $= 140^0 F$

फारेनहाइट थर्मामीटर के पाठ्यांक में त्रुटि

$= (141^0 F - 140^0 F) = 1^0 F$

22. (C) $P = \frac{F}{A}$

अब, F₹ $= 4F$

A₹ $= A/2$

$p = \frac{F^l}{A^l} = \frac{4F}{A/2}$

$p = 8P$

23. (A) प्रथम बूंद का फर्श पर टकराने में लगा समय

$t = \sqrt{\frac{2h}{g}}$

⇒ $t = \sqrt{\frac{2 \times 1.8}{10}} = 0.6$ सेकण्ड

चूंकि पानी की बूंदे समान अंतराल पर गिर रही हैं, अतः दोनों बूंदों के बीच समयान्तराल = 0.2 सेकण्ड इस समय में दूसरी बूंद की नॉजल से दूरी

$= \frac{1}{2} 10(0.4)^2 = 0.8$ मी

∴ फर्श से दूरी = (1.8−0.8) मी = 100 सेमी

24. (C) तृतीय वर्ग के ऊत्तोलक का यांत्रिक लाभ 1 से कम होता है।

25. (B) विरामावस्था में $u = 0$

न्यूटन के गति के द्वितीय नियम से,

∴ $h = \frac{1}{2} gt^2$

⇒ $t = \sqrt{\frac{2h}{g}} \Rightarrow \frac{t_1}{t_2} = \sqrt{\frac{h_1}{h_2}}$

26. (A) किसी द्रव में तैरती वस्तु का भार सदैव द्रव्य द्वारा लगाएं गए उत्प्लावक बल के बराबर होता है।

27. (A) जब धारा का परिमाण A से B की ओर बढ़ाया जाता है, तो उत्पन्न चुम्बकीय क्षेत्र का मान बढ़ जाता है अर्थात् लूप से सम्बन्धित चुम्बकीय फ्लक्स परिवर्तित होता है। अतः लूप में दक्षिणावर्त दिशा में प्रेरित धारा प्रवाहित होती है।

28. (D) लाल रंग का प्रकीर्णन सबसे कम होता है।

29. (D) $V = 400$ वोल्ट, $R = 200$ ओम

$e = 1.6 \times 10^{-19}$ कूलॉम

$l = \frac{V}{R} = \frac{400}{200} = 2$ ऐम्पियर

प्रति सेकण्ड प्रवाहित/आवेश,

$q = l \times t = 2 \times 1 = 2$ कूलॉम

अतः एक सेकण्ड में प्रवाहित इलेक्ट्रॉनों की संख्या,

$m = \frac{q}{e} = \frac{2}{1.6 \times 10^{-19}} = 1.25 \times 10^{19}$

30. (A) परमशून्य ताप पर अर्द्धचालक पूर्णतया कुचालक की भांति व्यवहार करता है।

31. (B) कैल्शियम कार्बाइड की जल से क्रिया करने पर एसीटिलीन प्राप्त होती है।

$CaC_2 + 2H_2O \rightarrow C_2H_2 + Ca(OH)_2$

ऐसीटिलीन

32. (B) दिए गए कार्बनिक यौगिक में एल्डिहाइड समूह है। अतः इसका रासायनिक प्रोपेनल है।

33. (A) टिंक्चर आयोडीन का प्रयोग पूर्तिरोधी (एंटीसेप्टिक) के तौर किया जाता है।

34. (C) एसिटिलीन (C_2H_2) में 3σ और 2π बंध होते हैं।

$$H\sigma C \overset{\pi}{\underset{\pi}{\overline{\overline{\sigma}}}} C\,\sigma\,H$$

35. (A) एक परमाणु गैसों के लिए $\frac{C_P}{C_V} = 1.4$

36. (A) बॉयल के नियमानुसार,

$P_1 V_1 = P_2 V_2$

$P_2 = \frac{P_1 V_1}{V_2}$

$P_2 = \frac{700 \times 200}{400}$

$P_2 = 350$ मिमी

37. (A) हाइड्रोजन बम नाभिकीय संलयन सिद्धांत पर आधारित होता है, जिसमें दो हल्के नाभिक मिलकर भारी नाभिक का निर्माण करते हैं।

38. (C) तत्व X के लिए

$\therefore$ A = 20 + 22

A = 42

तत्व Y के लिए,

42 = 22 + न्यूट्रॉनों की संख्या

$\therefore$ न्यूट्रॉनों की संख्या = 20

39. (B)

तत्व	% मात्रा	परमाणु भार	परमाणुओं की संख्या	सरल अनुपात
C	92.4	12	$\frac{92.4}{12} = 7.7$	$\frac{7.7}{7.6} = 1.01$
H	7.6	1	$\frac{7.6}{1} = 7.6$	$\frac{7.6}{7.6} = 1$

$\therefore$ मूलानुपाती सूत्र $= CH$

40. (A) आइन्सटीन का द्रव्यमान ऊर्जा समीकरण :

$$E = mc^2$$

41. (B) टिन (Sn), p ब्लॉक तत्व होता है, जबकि संक्रमण तत्व d ब्लॉक में रखे गए हैं।

42. (A) प्रतिस्थापन अभिक्रिया में किसी यौगिक के एक अणु के एक परमाणु अथवा मूलक का स्थान कोई दूसरा परमाणु अथवा मूलक ले लेता है। जैसे-

$$CuSO_4 + Fe \rightarrow Cu + FeSO_4$$

43. (C) हाइड्रोजन गैस का कैलोरी मान अन्य तीनों से अधिक होता है।

हाइड्रोजन गैस > एलपीजी > कोयला > लकड़ी

ईंधनों के कैलोरी मान का घटता हुआ क्रम

44. (C) लाल दवा पोटैशियम परमैंगनेट को कहते हैं, जिसका रासायनिक सूत्र $KMnO_4$ है।

45. (B) यूरिया का अणुभार-

$(NH_2)CONH_2 = (NH_2)_2CO$

$(2 \times 14 + 2 \times 2 + 12 + 16)$

$= 28 + 4 + 28 = 60$

N की मात्रा = 14 + 14 = 28

नाइट्रोजन की प्रतिशत मात्रा = $\frac{\text{नाइट्रोजन की मात्रा} \times 100}{\text{यौगिक का अणु भार}}$

$= \left(\frac{28 \times 100}{60}\right)\% = 46.67\%$

46. (D) वैद्युत संयोजी यौगिक विद्युत के कुचालक होते हैं।

47. (C) रेडियम की अर्द्ध आयु $t_{1/2} = 1580$ वर्ष

माना रेडियम (Ra^{266}) की प्रारंभिक मात्रा 1g है।

$$1g \xrightarrow{t_{1/2} = 1580 \text{ वर्ष}} \frac{1}{2}g \xrightarrow{1580} \frac{1}{4}g \xrightarrow{1580} \frac{1}{8}g$$

कुल समय = (1580 + 1580 + 1580) वर्ष = 4740 वर्ष

अतः रेडियम 4740 वर्ष पश्चात् अपनी प्रारंभिक मात्रा का $\frac{1}{8}$ रह जायेगा।

48. (C) आर्सेनिक उपधातु तत्व है।

49. (D) हाइड्रोजन सल्फाइड (H_2S), किप उपकरण द्वारा बनायी जाती है।

50. (D) जल की कठोरता कैल्सियम कार्बोनेट के पदों में ज्ञात की जाती है। जल की कठोरता की गणना के लिए $CaCO_3$ को मानक मानने का कारण, गणना में आसानी है, क्योंकि इसका अणुभार पूरा 100 है।

51. (C) मरकरी तथा ब्रोमीन दोनों कक्ष तापमान पर द्रव होती हैं, किंतु मरकरी एक धातु है। जबकि ब्रोमीन अधातु होती है।

52. (B) उत्प्रेरक शक्ति को बढ़ाने वाले पदार्थ उत्प्रेरक वर्धक तथा उत्प्रेरक शक्ति को नष्ट करने वाले पदार्थ उत्प्रेरक विष कहलाते हैं।

53. (C) एल.पी.जी. के घटक ब्यूटेन तथा आइसो ब्यूटेन होते हैं।

54. (B) अणुभार = × वाष्प घनत्व

98 = 2 × वाष्प घनत्व

वाष्प घनत्व $= \frac{98}{2} = 49$

55. (A) क्लोरीन डीकन विधि से बनायी जाती है।

56. (B) क्षारीय विलयन का pH मान 7 से अधिक होता है।

57. (A) नौसादर का रासायनिक नाम अमोनियम क्लोराइड है।

58. (C) $CaSO_4$ का अणुभार

= Ca का परमाणु भार + S का परमाणु भार + 4 × O का परमाणु भार

$= 40 + 32 + 4 \times 6 = 40 + 32 + 64 = 136$

$$\text{तुल्यांकी भार} = \frac{\text{अणुभार}}{\text{संयोजकता}}$$

Ca^{2+} की संयोजकता = + 2 तथा SO_4^{2-} की संयोजकता = 2

$$\text{अतः } CaSO_4 \text{ का तुल्यांकी भार} = \frac{136}{2} = 68$$

59. (B)

तत्व	प्रतिशतता (x)	परमाणु भार (y)	मोल (x, y)	सरल मोलर अनुपात
C	52.17	12	$\frac{52.17}{12} = 4.34$	$\frac{4.34}{2.17} = 2$
H	13.06	1	$\frac{13.06}{1} = 13.06$	$\frac{13.06}{2.17} = 6$
O	34.77	16	$\frac{34.77}{16} = 2.17$	$\frac{2.17}{2.17} = 1$

अतः यौगिक का मूलानुपाती सूत्र C_2H_6O है।

मूलानुपाती सूत्रभार $= 2 \times 12 + 1 \times 6 + 1 \times 16 = 46$

दिया है, यौगिक का अणुभार = 46

$$\text{अतः } n = \frac{\text{अणुभार}}{\text{मूलानुपाती सूत्रभार}} = \frac{46}{46} = 1$$

अतः यौगिक का अणुसूत्र $= (C_2H_6O)n = C_2H_6O$

अतः यौगिक C_2H_5OH है।

60. (A) रेडियोऐक्टिव विघटन में, नाभिक एक बार में या तो a-कण उत्सर्जित करता है या β-कण।

61. (B) म.स. × ल.स. = दोनों संख्याओं का गुणनफल

7 × ल.स. = 63 × 77

$$\text{ल.स.} = \frac{63 \times 77}{7} = 693$$

62. (B) माना क्रय मूल्य = ₹ x

∴ वांशिग मशीन का क्रय मूल्य = $57750 - x$

∵ दोनों वस्तुओं के बिक्री मूल्य समान है।

$$\therefore \quad \frac{134 \times x}{100} = \frac{57750 - x \times 76}{100}$$

$134x + 76x = 57750 \times 76$

$210x = 4389000$

$$x = \frac{4389000}{210} = ₹\,20900$$

$\therefore x = 0$

63. (B) $6x^2 - 11x - 35 = 0$

$ax^2 + bx + c = 0$

से तुलना करने पर

$a = 6, b = -11, c = -35$

x के मान के लिए

$$x = \frac{-b \pm \sqrt{b^2 - 4ac}}{2a}$$

$$x = \frac{-(-11) \pm \sqrt{(-11)^2 - 4 \times 6 \times -35}}{2 \times 6}$$

$$x = \frac{11 \pm \sqrt{961}}{12} = \frac{11 \pm 31}{12}$$

x के (+) तथा (–) मान लेने पर

$$x = \frac{11+31}{12}, \frac{11-31}{12}$$

$$x = \frac{42}{12} = \frac{7}{2},$$

$$x = \frac{-20}{12} = \frac{-5}{3}$$

64. (D) माना पहले छात्र ने अंक प्राप्त किए $= x + 10$

दूसरे छात्र ने अंक प्राप्त किए $= x$

∴ प्रश्नानुसार

$$(x + 10 + x) \times \frac{75}{100} = x + 10$$

$$2x + 10 \times \frac{75}{100} = x + 10 \Rightarrow x = 5 \Rightarrow x + 10 = 15$$

अतः छात्रों ने 15, 5 अंक प्राप्त किए।

65. (B) कुल संकलन में वृद्धि का अनुपात

$$= \frac{\frac{3}{7}}{\frac{13}{16}} = \frac{48}{91} = 48 : 91$$

66. (C) प्रश्नानुसार

$a + 2d = 17$ ...(i)

$a + 16d = -25$ ...(ii)

समीकरण (i) और (ii) को हल करने पर

$d = -3$ तथा $a = 23$

$\because -1 = a + (n-1)d$

$-1 = 23 + (n-1)(-3)$

$\Rightarrow 3(n-1) = 24$

$n = 8 + 1 = 9$

67. (B) बिन्दु $(4, -8)$ और $(k, 0)$ के बीच की दूरी = 10

$$\sqrt{(x_2 - x_1)^2 + (y_2 - y_1)^2} = 10$$

$$\sqrt{(k-4)^2 + (0+8)^2} = 10$$

$$(k-4)^2 + 64 = 100$$

$$(k-4)^2 = 100 - 64 = 36$$

$$(k-4)^2 = (6)^2$$

$$k - 4 = 6$$

$$k = 10 \text{ or} = 2$$

68. (C) दोनों मिलकर कार्य करेंगे $= \frac{1}{10} - \frac{1}{30}$

$$= \frac{2}{30} = \frac{1}{15}$$

$\therefore$ दोनों मिलकर काम को 15 दिन में समाप्त करेंगे।

69. (B) 20 वयस्कों के टिकट का मूल्य = 20×500 = ₹ 10000

8 बच्चों के टिकट का मूल्य = 8×200 = ₹ 1600

कुल टिकट का मूल्य = $10000 + 1600$ = ₹ 11600

$\because$ दो वयस्कों के साथ 1 बच्चा नि:शुल्क जाता है।

$\therefore$ इस समूह को छूट $= \frac{1600 \times 100}{11600} = 13.79\%$

70. (D) ΔABC में

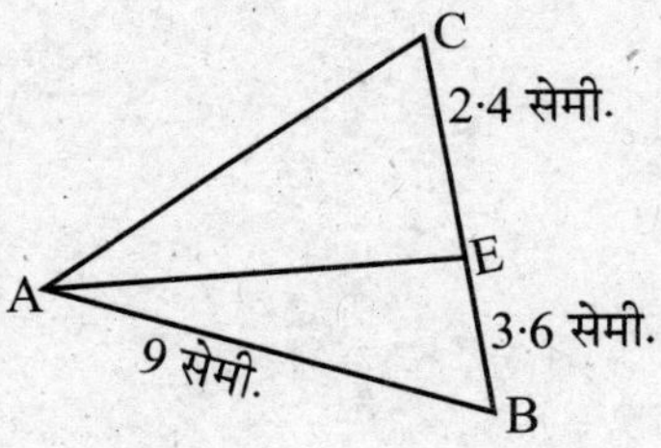

AB = 9 सेमी

BE = 3.6 सेमी

EC = 2.4 सेमी

$\therefore$ AC = BC = BE + CE = 3.6 + 2.4 = 6 सेमी

71. (A) साधारण ब्याज $= \frac{x \times 22 \times 1}{100 \times 2} = \frac{11x}{100}$

$\therefore$ चक्रवृद्धि ब्याज $= x\left[\left(1 + \frac{11}{100}\right)^2 - 1\right] = \frac{2321x}{10000}$

$\therefore$ प्रभावी दर (वार्षिक) $= \frac{2321x}{10000} \times \frac{100}{x} = 23.21\%$

72. (A) विपरीत भुजा की लम्बाई

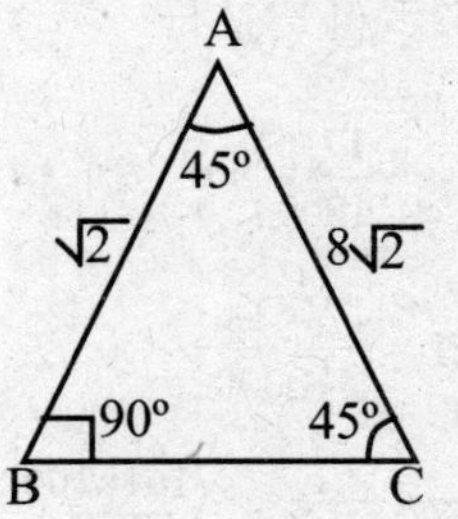

$$= \frac{8\sqrt{2}}{\sin 45°} = \frac{8\sqrt{2}}{\frac{1}{\sqrt{2}}} = 8\sqrt{2} \times \sqrt{2} = 16 \text{ सेमी}$$

73. (D) बेलन का आयतन = 2156

$\pi r^2 h = 2156$

$\pi r^2 \times 14 = 2156$

$\frac{22}{7} \times r^2 \times 14 = 2156$

$r^2 = 49 \Rightarrow r = 7$ सेमी

74. (B) माना सूची मूल्य $= x$

विक्रय मूल्य $= \frac{60x}{100} = \frac{6x}{10}$

हानि $= \frac{x \times 10}{100} = \frac{x}{10}$

क्रय मूल्य – विक्रय मूल्य = हानि

क्रय मूल्य = विक्रय मूल्य + हानि $= \frac{6}{10}x + \frac{x}{10} = \frac{7}{10}x$

विक्रय मूल्य $= \frac{100 - 20}{100}x = \frac{80}{100}x = \frac{8}{10}x$

लाभ = वि.मू. – क्रय मूल्य $= \frac{8}{10}x - \frac{7}{10}x = \frac{x}{10}$

लाभ % $= \frac{\frac{x}{10} \times 100\%}{\frac{7}{10}x} = \frac{100}{7}\% = 14.28\%$

$= 14\%$

75. (B) 10वीं कक्षा के तीनों डिवीजनों के छात्रों के अंकों का औसत

$$= \frac{66 + 62 + 60}{3} = \frac{188}{3} = 62.6$$

76. (D) माना वृत्त की त्रिज्या $= r$ इकाई

वृत्त का क्षेत्रफल $= \pi r^2$ वर्ग इकाई

31% वृद्धि होने पर,

वृत्त की त्रिज्या $= r \times \frac{131}{100}$

$\therefore$ वृत्त का क्षेत्रफल $= \pi\left(\frac{131r}{100}\right)^2$

$= \frac{17161}{10000}\pi r^2$ वर्ग इकाई

$\therefore$ क्षेत्रफल में वृद्धि $= \frac{17161\pi r^2}{10000} - \pi r^2 = \frac{7161}{10000}$

$\therefore$ क्षेत्रफल में प्रतिशत वृद्धि $= \frac{7161\times100}{10000} = 71.61\%$

Or

क्षेत्रफल में वृद्धि $= \left(2a + \frac{a^2}{100}\right)\%$

$= \left(2\times31 + \frac{31\times31}{100}\right) = 71.61\%$

77. (B) मम्मी द्वारा 1 घण्टे में बनाये गये केक $= \frac{75}{15} = 5$

मम्मी और बहन द्वारा 1 घण्टे में बनाये गये केक $= \frac{120}{20} = 6$

$\therefore$ बहन द्वारा 30 घण्टे में बनाये गये केक $= (6-5)\times30 = 1\times30$

$\therefore$ केक की संख्या = 30

78. (B) 200 और 400 के बीच संख्यायें

203 — 399 जो 7 से विभाज्य है।

$\therefore$ $T_n = a + (n-1)d$

$399 = 203 + (n-1)\times7$

$28 = n-1$

$n = 28+1 = 29$

79. (B) बिन्दु $P(a, b)$ प्रथम मूल पर प्रतिबिम्बत होता है। बिन्दु P_1, y-अक्ष पर प्रतिबिम्बित होता है। जिसके निर्देशांक (6, – 5) है।

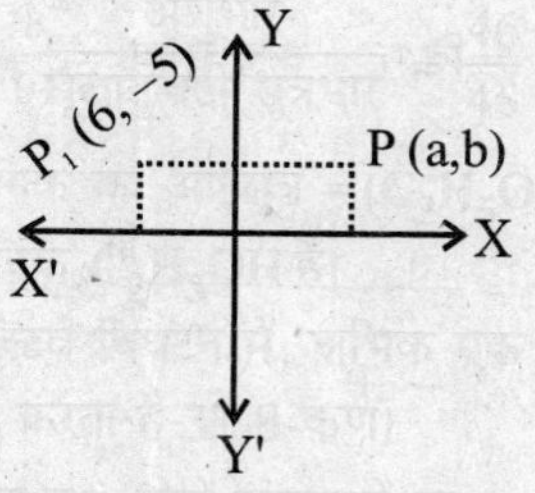

$\therefore$ बिन्दु P के निर्देशांक (6, 5) होंगे।

80. (C) व्यापारी 20 क्विंटल चावल खरीदता है = ₹ 8580

$\therefore$ 1 क्विंटल चावल खरीदेगा = ₹ 429

22% चावल खराब होने पर,

शेष बचा चावल $= \frac{8580\times78}{100} = 6692.4$

$\therefore$ शेष बचे चावल की मात्रा

$= \frac{20\times78}{100} =$ ₹ 15.6 क्विंटल

20% लाभ पर,

चावल की मात्रा $= \frac{8580\times120}{100} = 10296$

$\therefore$ दर $= \frac{10296}{15.6} =$ ₹ 660 प्रति क्विंटल

81. (C) x-अक्ष के निर्देशांक $A\left(\frac{3}{2}, 0\right)$

$\Rightarrow \quad x_1 = \frac{3}{2}$

$y_1 = 0$

y-अक्ष के निर्देशांक $B\left(0, -\frac{4}{7}\right)$

$\Rightarrow \quad x_2 = 0$

$y_2 = -\frac{4}{7}$

$\therefore$ दो बिन्दु से जाने वाली रेखा का समीकरण

$(y - y_1) = \frac{y_2 - y_1}{x_2 - x_1}(x - x_1)$

$y - 0 = \frac{-\frac{4}{7} - 0}{0 - \frac{3}{2}}\left(x - \frac{3}{2}\right)$

$y = \frac{\frac{4}{7}\left(x - \frac{3}{2}\right)}{\frac{3}{2}}$

$y = \frac{8}{21}\left(x - \frac{3}{2}\right)$

$21y = 8\left(x - \frac{3}{2}\right)$

$21y = 8x - 12$

$8x - 21y - 12 = 0$

$8x - 21y = 12$

यही अभीष्ट रेखा AB का समीकरण होगा।

82. (B) वृत्त की परिधि $= 2\pi r$

समबाहु त्रिभुज का परिमाप = 3 × भुजा

$\therefore$ प्रश्नानुसार,

वृत्त की परिधि = समबाहु त्रिभुज का परिमाप

$2\pi r = 3 \times$ भुजा

$2 \times \frac{22}{7} \times 14 = 3$ भुजा

$88 = 3 \times$ भुजा

$\therefore$ भुजा $= \frac{88}{3}$ सेमी

83. (B) शंकु का वक्रपृष्ठ = 10010

$\pi rl = 10010$

$\frac{22}{7} \times 35 \times l = 10010$

$l = 91$

$\because l^2 = h^2 + r^2$

$h^2 = l^2 - r^2$

$= (91)^2 - (35)^2$

$h^2 = 8281 - 1225$

$h^2 = 7056$

$h = 84$ सेमी

$\therefore$ शंकु का आयतन $= \frac{1}{3}\pi r^2 h$

$= \frac{1}{3} \times \frac{22}{7} \times 35 \times 35 \times 84$

$= 107800$ घन सेमी

84. (C) $\sin(A+B) - \sin(A-B)$

$= [\sin A \cos B + \cos A \sin B] - [\sin A \cos B - \cos A \sin B]$

$= \sin A \cos B + \cos A \sin B - \sin A \cos B + \cos A \sin B$

$= 2 \cos A \sin B$

85. (D) $2 - (\cos A + \sin A)^2$

$\Rightarrow 2 - (\cos^2 A + \sin^2 A + 2 \cos A \sin A)$

$\Rightarrow 2 - (1 + 2 \cos A \sin A)$

$\Rightarrow 2 - 1 - 2 \cos A \sin A$

$\Rightarrow 1 - 2 \cos A \sin A$

$\Rightarrow \cos^2 A + \sin^2 A - 2 \cos A \sin A$

$\Rightarrow (\cos A - \sin A)^2$

86. (C) $\log_{20} xy = 1$

या $xy = 20$ ....(i)

$\log_3(x+y) = 2$

$\log_3(x+y) = \log_3 3^2$

$x + y = 9$ ....(ii)

समी. (i) व (ii) को हल करने पर,

$x = 5, y = 4$

$\therefore \log_{10} x^2 y = \log_{10}(5^2 \times 4) = \log_{10}(10)^2 = 2\log_{10} 10 = 2$

87. (D) दिया है, दिया है, $U = \{1, 2, 3, 4, 5, 6, 7, 8, 9\}$

$A \cup C = \{1, 2, 3, 4, 5, 6\}$

तथा $B = \{6, 7, 8\}$

$(A \cup B \cup C) = \{1, 2, 3, 4, 5, 6, 7, 8\}$

$(A \cup B \cup C)' = U$ के वे अवयव जो $A \cup B \cup C$ में नहीं है।

$= \{9\}$

88. (D) 5 संख्याओं का समान्तर माध्य = 10

अत: $\frac{4+9+11+x+14}{5} = \Rightarrow x + 38 = 50$

$x = 50 - 38 \Rightarrow x = 12$

89. (B) षट्कोण की भुजा = लट्ठे की त्रिज्या $= \frac{4}{2} = 2$ मी

लट्ठे का आयतन = समषट्भुज का क्षेत्रफल × ऊंचाई

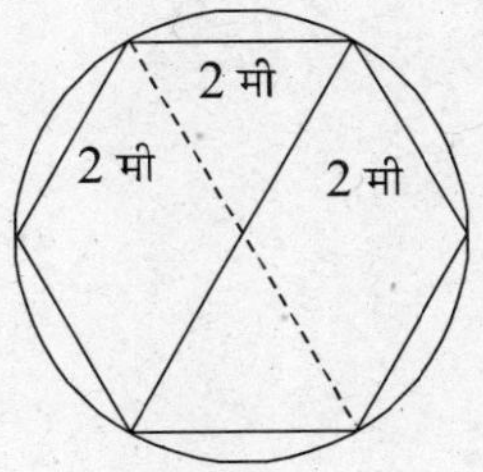

$= 6 \times \frac{\sqrt{3}}{4} \times (2)^2 \times 14 = 84\sqrt{3}$ घन मी

90. (D) दिया है, $n = 50$, $\Sigma x = 250$, $\Sigma x^2 = 2500$; माध्य

$\bar{x} = \frac{250}{50} = 5$

$\therefore$ मानक विचलन $= \sqrt{\frac{\Sigma(x-\bar{x})^2}{n}}$

$\Rightarrow \sigma = \sqrt{\frac{\Sigma(x-\bar{x})^2}{n}} = \sqrt{\frac{\Sigma(x^2 + \bar{x}^2 - 2\bar{x}x)}{n}}$

$= \sqrt{\frac{2500 + 25 - 2 \times 5 \times 250}{50}} = \sqrt{\frac{25}{50}} = \sqrt{\frac{1}{2}}$

$= \frac{1}{\sqrt{2}}$

स्वमूल्यांकन
टेस्ट पेपर

बिहार पॉलिटेक्निक संयुक्त प्रवेश परीक्षा,

स्वमूल्यांकन टेस्ट पेपर – 1

सामान्य निर्देश (General Instruction)

परीक्षार्थी का नाम/Candidates Name अनुक्रमांक/Roll No.

- दिया गया स्वमूल्यांकन टेस्ट, अभ्यर्थी को परीक्षा में अपनी तैयारी को जांचने के लिए है।
- टेस्ट में परीक्षा पद्धति के अनुरूप 100 प्रश्न दिए गए हैं। प्रत्येक प्रश्न 3 अंक का है तथा सभी प्रश्नों का उत्तर देना अनिवार्य है।
- प्रत्येक प्रश्न के नीचे उत्तर का पता लगाने के लिए चार विकल्प (A), (B), (C) तथा (D) दिए गए हैं। प्रत्येक प्रश्न के लिए अभ्यर्थी को केवल एक सही विकल्प का चयन करना है।
- अभ्यर्थी स्वमूल्यांकन टेस्ट को परीक्षा निर्धारित समय 120 मिनट (3 घंटे) में हल करने के पश्चात् उत्तर माला से अपने उत्तरों का मिलान कर सकता है।

नोट :–टेस्ट को हल करते समय अभ्यर्थी को यह ध्यान में रखना चाहिए कि परीक्षा में प्रत्येक गलत उत्तर के लिए 1 ऋणात्मक अंक का प्रावधान है।

विषयवार तालिका

कुल प्रश्न 90 कुल निर्धारित समय : 120 मिनट (3 घंटे) पूर्णांक : 270

खण्ड	विषय	कुल प्रश्न	प्रश्न संख्या
I (A)	भौतिक विज्ञान	30	1 से 30
I (B)	रसायन विज्ञान	30	31 से 60
II	गणित	30	61 से 90

खण्ड-I (A): भौतिक विज्ञान

1. धातु के बर्तन में रखा दूध निम्न में से किस परिस्थिति में सबसे जल्दी ठण्डा हो जाएगा?

(A) जब बर्तन के ढकने पर पर्याप्त बर्फ रखी जाए

(B) जब दूध का बर्तन बर्फ की सिल्ली पर रखा जाए

(C) जब बर्फ को बर्तन के चारों ओर रखा जाए

(D) उपरोक्त दोनों दशाओं में ठण्डे होने के लिए समान समय लगेगा

2. 4 किग्रा द्रव्यमान की एक वस्तु समान गति 10 मी/से से चल रही है। यह 6 किग्रा को दूसरी वस्तु से टकराती है तथा दोनों एक साथ एक ही दिशा में चलने लगती है। इन दोनों वस्तुओं की चाल होगी?

(A) 1.0 मी/से (B) 6.7 मी/से

(C) 4 मी/से (D) 75.0 मी/से

3. एक ट्रान्सफॉर्मर की प्राथमिक कुण्डली में 230 वोल्ट पर 10 एम्पियर प्रत्यावर्ती धारा प्रवाहित हो रही है। यदि ट्रान्सफॉर्मर के द्वितीयक में उत्पन्न वोल्टेज 2300 वोल्ट हो, तो द्वितीयक कुण्डली में अधिकतम धारा प्रवाहित हो सकती है–

(मान लीजिए कि निकाय में कोई ऊर्जा ह्रास नहीं हो रहा है)

(A) 1 एम्पियर (B) 0.1 एम्पियर

(C) 10.0 एम्पियर (D) 100.0 एम्पियर

4. 15 वोल्ट वि. वा. बल की बैट्री से जुड़े एक प्रतिरोध में 2 ऐम्पियर धारा प्रवाहित हो रही है। इस परिपथ को 5 सेकण्ड के बाद वियोजित कर देते हैं। उपरोक्त के सम्बन्ध में, निम्न में से कौन-सा कथन सही नहीं है?

(A) प्रतिरोध में से कुल 10 कूलॉम आवेश गुजरता है
(B) बैट्री द्वारा विसरित ऊर्जा 75 जूल है
(C) विसरित शक्ति 30 वॉट है
(D) प्रतिरोध का मान 7.5 ओम है

5. दो ठोस A एवं B पानी में तैर रहे हैं। A का आधा आयतन A तथा B का 3/4 आयतन पानी में डूबा है। A और B के घनत्वों का अनुपात होगा–

(A) 1 : 2 (B) 2 : 3
(C) 3 : 2 (D) 2 : 1

6. दो प्रतिरोध जब श्रेणी क्रम में संयोजित किए जाते हैं तो 50 मान का प्रतिरोध प्रदान करते हैं तथा जब उन्हें समान्तर क्रम में जोड़ते हैं तो 8 मान का प्रतिरोध प्रदान करते हैं। इन प्रतिरोधों का मान क्या होगा?

(A) 21, 29 (B) 10, 40
(C) 20, 30 (D) 15, 35

7. एक 2 किलोग्राम की वस्तु 10 मी की ऊंचाई से पृथ्वी पर गिरने के बाद 6 मी ऊंचाई तक वापस उछल जाती हैं। पृथ्वी पर गिरने के समय वस्तु कुछ ऊर्जा खो देती है जो ऊष्मा में परिवर्तित हो जाती है। इस क्रिया में कितनी ऊर्जा उत्पन्न होगी? (दिया गया है $g = 10$ मी-से^{2})

(A) 8 जूल (B) 80 जूल
(C) 120 जूल (D) 320 जूल

8. एक दूरदृष्टि दोष वाला व्यक्ति अपनी आंख से 50 सेमी से कम दूरी की वस्तु स्पष्ट रूप से नहीं देख पाता। यदि वह एक पुस्तक को आंख से 30 सेमी की दूरी पर पढ़ना चाहे तो लेन्स का प्रकार तथा फोकस दूरी होगी–

(A) 20 सेमी फोकस दूरी का उत्पन्न लेन्स
(B) 75 सेमी फोकस दूरी का उत्तल लेन्स
(C) 20 सेमी फोकस दूरी का अवतल लेन्स
(D) 75 सेमी फोकस दूरी का अवतल लेन्स

9. सामान्यत: प्रयोग होने वाली सुरक्षा फ्यूजतार बनी होती है–

(A) सीसा तथा निकिल मिश्रधातु से
(B) निकिल अथवा नाइक्रोम से
(C) तांबा, टिन तथा सीसे के मिश्रधातु से
(D) टिन तथा निकिल मिश्रधातु से

10. एक इलेक्ट्रोप्लेटिंग बाथ में से 5 एम्पियर धारा प्रयोग करने पर 36000 कूलॉम प्रवाहित करने में समय लगेगा–

(A) 2 घण्टे (B) 7.2 घण्टे
(C) 0.72 घण्टे (D) 0.2 घण्टे

11. एक पढ़ने वाले शीशे की तरह प्रयोग होने वाले अभिसारी लेन्स की फोकस दूरी 5 सेमी है। इसका प्रयोग आंख से 30 सेमी दूरी पर प्रतिबिम्ब प्राप्त करने हेतु किया जाता है तथा लेन्स आंख पर होता है, लेन्स की आवर्धन शक्ति है–

(A) 5 (B) 6
(C) 7 (D) उपरोक्त में से कोई नहीं

12. एक पत्थर 80 मी गहरे कुएं में गिराया जाता है। पानी से टकराने पर उत्पन्न ध्वनि 4.24 सेकण्ड बाद सुनी जाती है। ध्वनि का वेग है– ($g = 10$ मी/से^{2})

(A) 165 मी/से (B) 320 मी/से
(C) 330 मी/से (D) 333.33 मी/से

13. जब एक आवेशित कण एकसमान चुम्बकीय क्षेत्र की लम्बवत् दिशा में गति करता है तो चुम्बकीय क्षेत्र के कारण निम्न में से किस में परिवर्तन होता है?

(A) कण की गति (B) कण की ऊर्जा
(C) कण का पथ (D) कण का आवेश

14. 60° पर झुके रखे दो समतल दर्पणों के मध्य रखी एक वस्तु के कितने प्रतिबिम्ब बनेंगे?

(A) 5 (B) 4
(C) 3 (D) अनन्त

15. एक नियत द्रव्यमान की आदर्श गैस का एक वायुमण्डलीय दाब तथा 273K ताप पर आयतन 22.4 लीटर है। इस गैस को 546K ताप तक गर्म किया जाता है तथा दाब लगाकर इसका आयतन कम करके 4.48 लीटर कर दिया जाता है। वायुमण्डलीय मात्रक में लगाया गया दाब होगा–

(A) 20 (B) 10
(C) 5 (D) उपरोक्त में से कोई नहीं

16. 1 मी व्यास के लोहे के रिंग को 1.005 मी व्यास की पुली पर चढ़ाया जाना है। यदि रिंग का तापमान 30°C है तो रिंग के तापमान को कितना बढ़ाया जाए ताकि पुली की परिधि पर यह सरक जाए? (लोहे का रेखीय प्रसार गुणांक = 0.000012/°C)

(A) 446.66°C (B) 416.66°C
(C) 130°C (D) उपरोक्त में से कोई नहीं

17. जब एक साधारण वायुदाबमापी को झुकाया जाता है तो पारे की लम्बवत् ऊंचाई–

(A) गिरेगी (B) बढ़ेगी
(C) वही रहेगी (D) उपरोक्त में से कोई नहीं

18. दो पिण्डों का द्रव में पूर्णतया डूबे होने पर समान भार है। तब ऐसे में–

(A) उनके घनत्व समान होंगे
(B) उनके आयतन समान होंगे
(C) उनके द्रव्यमान समान होंगे
(D) उपरोक्त में से कोई नहीं

19. 1.28 ग्राम द्रव्यमान के एक धातु के तप्त ऑक्साइड पर से H_2 की धारा प्रवाहित करने पर 0.36 ग्राम पानी बनता है, धातु का तुल्यांकी भार है–

(A) 28.45 (B) 48
(C) 24 (D) उपरोक्त में से कोई नहीं

20. एक व्यक्ति के पास 5 प्रतिरोधी तार हैं जिसमें प्रत्येक का मान $\frac{1}{5}$ ओम है। सभी 5 प्रतिरोधी तारों को जोड़ने पर न्यूनतम प्रतिरोध

जो प्राप्त किया जा सकता है, होगा–

(A) $\frac{1}{5}$ ओम (B) $\frac{1}{25}$ ओम

(C) $\frac{1}{10}$ ओम (D) $\frac{1}{50}$ ओम

21. 43.5 ग्राम MnO_2 को HCl अम्ल के साथ गर्म करने पर, मानक दाब तथा ताप पर अन्तिमत: उत्पादित होने वाली Cl_2 गैस होगी– (लीटर में) Mn = 55, O = 16, Cl = 35.5, H = 1)

(A) 5.6 ली (B) 11.2 ली

(C) 22.4 ली (D) उपरोक्त में से कोई नहीं

22. 50ºC पर एक लोहे की छड़ की लम्बाई को 5.002 सेमी से घटाकर 5.00 सेमी करना है। यह घटी हुई लम्बाई किस ताप पर प्राप्त हो सकेगी? (लोहे का रेखीय प्रसार गुणांक = 0.000012/ºC)

(A) 0ºC (B) 16.7ºC

(C) 33.3ºC (D) उपरोक्त में से कोई नहीं

23. एक 5 ली. क्षमता के बर्तन में 1 वायुमण्डल दाब तथा 23°C ताप पर गैस भरी गई हैं। यदि गैस का अणुभार 32 है, तो बर्तन में गैस की मात्रा मोल में होगी–

(A) 0.223 (B) 0.205

(C) 4.48 (D) उपरोक्त में से कोई नहीं

24. तीन भिन्न द्रवों a, b, c के समान द्रव्यमान का तापमान 15ºC, 25ºC, 35ºC है। *a* तथा *b* को मिलाने पर मिश्रण 22ºC तापमान प्राप्त करता है तथा *b* तथा *c* को मिलाने पर मिश्रण 31ºC तापमान प्राप्त करता है। यदि *a* तथा *c* को मिलाया जाए तो मिश्रण का तापमान होगा– (बर्तन का जल तुल्यांक नगण्य मानिए)

(A) 33ºC (B) 30.56ºC

(C) 26.5ºC (D) उपरोक्त में से कोई नहीं

25. 150 किग्रा की एक तोप से गोला दागा जाता है। 1.0 किग्रा का गोला तोप से 60 मी/से के वेग से निकलता है तो तोप के पीछे हटने का वेग होगा–

(A) 9 मी/से (B) 0.4 मी/से

(C) 4 मी/से (D) उपरोक्त में से कोई नहीं

26. धारा की इकाई क्या है?

(A) ओम (B) वाट

(C) एम्पियर (D) जूल

27. एक किलोवाट घण्टा बराबर है–

(A) 760 किलोकैलोरी के (B) 860 किलोकैलोरी के

(C) 960 किलोकैलोरी के (D) 1060 किलोकैलोरी के

28. श्वेत प्रकाश का सात रंगों में विखंडित करने की प्रक्रिया को क्या कहते हैं?

(A) विवर्तन (B) व्यतिकरण

(C) विक्षेपण (D) इनमें से कोई नहीं

29. किसी कृष्णिका का ताप 100°C से बढ़कर 473°C हो जाए, तो उसकी ऊर्जा कितनी गुनी हो जाएगी?

(A) 2 गुना (B) 4 गुना

(C) 8 गुना (D) 81 गुना

30. एक अश्वशक्ति किसके बराबर होती है?

(A) 786 वाट (B) 746 वाट

(C) 750 वाट (D) 790 वाट

खण्ड-I (B) : रसायन विज्ञान

31. शुद्ध बॉक्साइट (ऐलुमिना) का विद्युत अपघटन करते समय कोक चूर्ण का उपयोग किया जाता है क्योंकि–

(A) यह अतिरिक्त आयनों को उदासीन कर देता है

(B) यह ऊष्मा का विसर्जन रोकता है

(C) यह एल्यूमीनियम का ऑक्सीकरण रोकता है

(D) यह उत्प्रेरक का कार्य करता है

32. 25ºC पर गैसों के एक मिश्रण का सम्पूर्ण दाब 360 मिमी है। यदि मिश्रण में अणुओं की कुल संख्या 60 हो तथा मिश्रण में उपस्थित ऑक्सीजन गैस के मोलों की संख्या 10 हो तो मिश्रण में उस ताप पर ऑक्सीजन का आंशिक दाब होगा–

(A) 180 मिमी (B) 360 मिमी

(C) 24 मिमी (D) 60 मिमी

33. एक गैस में प्रत्येक दो हाइड्रोजन परमाणुओं के साथ एक कार्बन परमाणु होता है। यदि गैस का घनत्व सामान्य ताप व दाब पर 1.25 ग्राम/ली हो, तो गैस का अणुसूत्र होगा–

(A) CH_2 (B) CH_4

(C) C_2H_4 (D) उपरोक्त में से कोई नहीं

34. दाल पकाते समय दाल गलाने के लिए निम्न में से उपयुक्त विधि है–

(A) केवल पानी उबलने के बाद दाल डालना

(B) पानी उबलने के बाद दाल और नमक एक साथ डालना

(C) दाल, पानी एवं नमक एक साथ मिलाकर पकाना

(D) केवल दाल एवं पानी मिलाकर पकाना

35. निम्न यौगिकों के जोड़े में से कौन-से जोड़े में एलिफैटिक और ऐरोमैटिक दोनों प्रकार के यौगिक हैं?

(A) बेंजीन, फिनॉल (B) आइसोब्यूटेन, मेथेन

(C) ऐथेन, मेथेन (D) आइसोब्यूटेन, क्लोरोबेंजीन

36. कार्बन मोनोऑक्साइड को हाइड्रोजन के साथ Ni की उपस्थिति में 300ºC तक गर्म करने पर प्राप्त गैस है–

(A) ऐथिलीन (B) ऐसिटिलीन

(C) ऐथेन (D) मेथेन

37. निम्नलिखित में से कौन-सी विधि रासायनिक समीकरणों को सन्तुलित करने के लिए प्रयोग नहीं की जाती है?
(A) आयनिक समीकरण विधि
(B) आंशिक समीकरण विधि
(C) युगपत् समीकरण विधि
(D) उपरोक्त में कोई नहीं

38. कार्बन तथा ऑक्सीजन दो यौगिक CO तथा CO_2 बनाते हैं। यदि कार्बन का परमाणु भार 12 तथा ऑक्सीजन का 16 है, तो यौगिक की संरचना प्रदर्शित करती है–
(A) व्युत्क्रम अनुपात का नियम
(B) स्थिर अनुपात का नियम
(C) गणित अनुपात का नियम
(D) उपरोक्त में से कोई नहीं

39. किसी धातु के क्लोराइड में 60 प्रतिशत क्लोरीन है, तो धातु का तुल्यांकी भार होगा–
(A) 23.67 (B) 47.34
(C) 40 (D) 53.25

40. हाइड्रोजन के विसरण की दर दूसरी गैस X के विसरण की दर से चार गुना है। X का अणुभार होगा–
(A) 4 (B) 8
(C) 16 (D) 32

41. $KMnO_4$ का क्षारीय माध्यम में तुल्यांकी भार होता है: (जबकि परमाणु भार दिया है Mn = 55, K = 39 व O = 16)
(A) 52.66 (B) 79
(C) 158 (D) 316

42. एक पेट्रोल नमूने में 30% *n*-हेप्टेन है। इस नमूने की ऑक्टेन संख्या है–
(A) 30 (B) 70
(C) 15 (D) 35

43. आयोडीन जातियों का आकार अनुसरण करता है–
(A) $I^+ < I < I^-$ (B) $I^+ < I^- < I$
(C) $I^- < I^+ < I$ (D) $I < I^- < I^+$

44. नाइट्रोजन के एक ऑक्साइड का अणुभार **30** है। इस यौगिक के एक अणु में इलेक्ट्रॉनों की कुल संख्या होगी–
(A) 27 (B) 15
(C) 14 (D) 46

45. लेक्लांशी सेल में इलेक्ट्रोलाइट उपयोग में लाया जाता है–
(A) H_2SO_4 (B) H_2O
(C) NH_4Cl (D) HCl

46. एक यौगिक में X तत्व के हर 2 परमाणुओं पर 3 परमाणु सल्फर के मौजूद हैं। अगर इस यौगिक के 10 ग्राम में 1.87 ग्राम सल्फर है तो X तत्व का परमाणु भार होगा–
(A) 27 (B) 69.7
(C) 93 (D) 209

47. निम्न में से कौन डाइऑक्साइड है?
(A) Na_2O_2 (B) BaO_2
(C) PbO_2 (D) H_2O_2

48. सहसंयोजी यौगिकों की तुलना में विद्युत संयोजी यौगिकों के सामान्यत: होते हैं–
(A) उच्च गलनांक तथा उच्च क्वथनांक
(B) निम्न गलनांक तथा निम्न क्वथनांक
(C) निम्न गलनांक तथा उच्च क्वथनांक
(D) उच्च गलनांक तथा निम्न क्वथनांक

49. $+ 1\mu C$ और $+ 5\mu C$ के दो आवेश एक दूसरे के पास रखे हैं। उनके ऊपर लगने वाले बलों का अनुपात होगा–
(A) 1 : 5 (B) 1 : 1
(C) 5 : 1 (D) 1 : 25

50. A, B एवं C तत्वों के परमाणु क्रमांक क्रमश: $Z - 1$, Z तथा $Z + 1$ हैं। B तत्व एक अक्रिय गैस है जिसका परमाणु क्रमांक 18 है। A व C से बनने वाले यौगिक में बन्ध होगा–
(A) सहसंयोजी (B) आयनिक
(C) धात्विक (D) हाइड्रोजन

51. किसी पदार्थ के जलीय घोल का विद्युत अपघटन करने पर एथेन प्राप्त होती है, वह पदार्थ है–
(A) एसीटिक अम्ल (B) ऐसिटामाइड
(C) पोटैशियम एसीटेट (D) पोटैशियम सक्सीनेट

52. 4.2 ग्राम मैग्नीशियम कार्बोनेट को गर्म करने पर प्राप्त कार्बन-डाइ-ऑक्साइड गैस का सा. ता. दा. पर आयतन होगा–
(A) 22.4 ली (B) 11.2 ली
(C) 1.12 ली (D) 2.24 ली

53. एक तत्व XCl_3, X_2O_5 और Ca_3X_2 सूत्र वाले यौगिक बनाता है, लेकिन XCl_5 नहीं बनाता है। निम्नलिखित में से कौन-सा तत्व X हो सकता है?
(A) B (B) Al
(C) N (D) P

54. एक गैस हाइड्रोजन गैस से $\frac{1}{5}$ गुना ज्यादा दर से विसर्जित होती है। गैस का अणुभार होगा–
(A) 50 (B) 25
(C) $25\sqrt{2}$ (D) $50\sqrt{2}$

55. हाइड्रोजन गैस से भरे एक पात्र में पिस्टन लगाया गया है। इसका आयतन 1 लीटर है तथा गैस $\frac{1}{4}$ वायुमण्डलीय दाब पर है। समान तापक्रम T पर पिस्टन को तब तक चलाया जाता है जब तक गैस का आयतन $\frac{1}{2}$ लीटर न हो जाए। इसका अन्तिम दाब होगा–

(A) $\frac{1}{8}$ वायुमण्डलीय (B) $\frac{1}{4}$ वायुमण्डलीय

(C) $\frac{1}{2}$ वायुमण्डलीय (D) 1 वायुमण्डलीय

56. निम्न में से कौन बहुलक नहीं है?

(A) डी.एन.ए. (B) स्टार्च

(C) पामीटेट (D) इन्सुलिन

57. जल की कठोरता का मापन किसके पदों में किया जाता है?

(A) $CaSO_4$ (B) $CaCl_2$

(C) $MgCO_3$ (D) $CaCO_3$

58. कौन-सी अधातु-तत्व कक्ष ताप पर द्रव होती है?

(A) Hg (B) Cl_2

(C) Br_2 (D) F_2

59. मेण्डलीफ की मूल सारणी में कितने वर्ग थे?

(A) 7 (B) 9

(C) 11 (D) 15

60. C_2H_2 की सजातीय श्रेणी का नाम हैं–

(A) एल्केन (B) एल्काइन

(C) एल्कीन (D) इनमें से कोई नहीं

खण्ड-II: गणित

61. 2 बजे से $2\frac{1}{4}$ बजे के मध्य किसी घड़ी की घण्टे तथा मिनट की सुईयों के मध्य 30º का कोण किस समय बनेगा?

(A) 2 बजकर $5\frac{5}{11}$ मिनट पर (B) 2 बजकर 5 मिनट पर

(C) 2 बजकर 15 मिनट पर (D) 2 बजकर 25 मिनट पर

62. 6 सेमी व्यास के वृत्त की परिधि से 8 सेमी दूरी से खींची गई स्पर्श रेखा की लम्बाई होगी, लगभग–

(A) 10.6 सेमी (B) 11.0 सेमी

(C) 7.4 सेमी (D) उपरोक्त में से कोई नहीं

63. 7 सेमी व्यास के पाइप में से 30 मी/मिनट के वेग से प्रवाहित होने वाले पानी का आयतन ली/से में होगा–

(A) 1.925 (B) 2.10

(C) 19.25 (D) उपरोक्त में से कोई नहीं

64. एक वृत्त जिसका केन्द्र O है की एक जीवा AB = 5 सेमी है तथा वृत्त का व्यास 10 सेमी है। AB द्वारा बने दीर्घ वृत्त खण्ड पर एक बिन्दु C द्वारा AB पर बनाए गए $\angle ACB$ का मान होगा–

(A) 60º (B) 45º

(C) 30º (D) उपरोक्त में से कोई नहीं

65. यदि एक ठोस गोले का पृष्ठ क्षेत्रफल 44% बढ़ाया जाए, तो आयतन में प्रतिशत बढ़ोत्तरी होगी–

(A) 66.6% (B) 72.8%

(C) 44% (D) उपरोक्त में से कोई नहीं

66. एक लम्ब पिरामिड खोखले वृत्ताकार बेलन में इस प्रकार रखा है कि उसके आधार के कोने, बेलनाकार वक्र सतह को क्षैतिज तल में स्पर्श करते हैं। यदि बेलन का व्यास 16 सेमी तथा ऊर्ध्वाधर ऊंचाई 6 सेमी हो, तो लम्ब षटभुजाकार पिरामिड का तिर्यक सतह क्षेत्रफल होगा–

(A) 480 सेमी^{2} (B) 240 सेमी^{2}

(C) 144 सेमी^{2} (D) उपरोक्त में से कोई नहीं

67. एक छात्र ने विभिन्न प्रश्न पत्रों में अंक प्राप्त किए जो कि नीचे दिए गए हैं: 74, 36, 42, 48, 37, 42, 36, 58, 74, 32 उसके प्राप्तांकों की माध्यिका है–

(A) 45 (B) 42

(C) 39.5 (D) उपरोक्त में से कोई नहीं

68. ₹ 8580 की धनराशि को 7 पुरुषों, 11 स्त्रियों एवं 5 लड़कों में इस प्रकार विभक्त किया जाता है, कि प्रत्येक स्त्री को एक लड़के से 3 गुना, एक पुरुष को एक स्त्री तथा एक लड़के (दोनों को मिलाकर) के समान ₹ मिलें। प्रत्येक स्त्री को प्राप्त होंगे–

(A) ₹ 390 (B) ₹ 520

(C) ₹ 130 (D) उपरोक्त में से कोई नहीं

69. रेखा $3x - 2y = 5$ तथा $x + 4y = 6$ के बीच का कोण होगा–

(A) एक अधिककोण (B) एक समकोण

(C) एक न्यूनकोण (D) उपरोक्त में से कोई नहीं

70. एक स्कूल में 15 अध्यापकों के भारों का माध्य 58 किग्रा अभिलिखित किया गया। बाद में यह पाया गया कि एक अध्यापक जिसका वास्तविक भार 87 किग्रा था, 78 किग्रा अभिलिखित कर दिया गया था। वास्तविक माध्य था–

(A) 49 किग्रा (B) 67 किग्रा

(C) 58.6 किग्रा (D) उपरोक्त में से कोई नहीं

71. एक व्यक्ति धारा के विरुद्ध 13 किमी अपनी नाव चलाता है, तो धारा के साथ 28 किमी अपनी नाव चलाता है। प्रत्येक बार वह 6 घण्टे का समय लेता है। जल की धारा की चाल है (किमी/घण्टा में)–

(A) $2\frac{11}{14}$ किमी/घण्टा (B) $4\frac{2}{3}$ किमी/घण्टा

(C) 1.25 किमी/घण्टा (D) उपरोक्त में से कोई नहीं

72. यदि ब्याज प्रतिवर्ष संयोजित होता हो, तो ₹ 800 का 5% वार्षिक ब्याज की दर से $2\frac{1}{2}$ वर्ष का चक्रवृद्धि ब्याज होगा–

(A) ₹ 347 (B) ₹ 322

(C) ₹ 104.50 (D) उपरोक्त में से कोई नहीं

73. A, B और C क्रमशः एक काम को 12, 15 तथा 20 दिन में

कर सकते हैं। तीनों साथ मिलकर वह काम पूरा करके ₹360 कमाते हैं। यदि प्रत्येक को उनके द्वारा किए गए कार्य के अनुपात में भुगतान होता है, तो 'C' की आमदनी होगी–

(A) ₹ 150 (B) ₹ 120
(C) ₹ 100 (D) ₹ 90

74. एक वृत्त की तीन जीवाएं AB, BC और AC लम्बाई में बराबर हैं। यदि वृत्त का केन्द्र 'O' है, तो ∠AOC का मान होगा–

(A) 120º (B) 60º
(C) 45º (D) 30º

75. **10** व्यक्तियों के समूह की मासिक आय का औसत ₹ 1500 है। एक सदस्य जिसकी मासिक आय ₹ 1350 है समूह से चला गया एवं एक नया सदस्य जिसकी मासिक आय ₹ 1200 है, समूह में सम्मिलित हो गया। नए समूह की मासिक आय है–

(A) ₹ 1350 (B) ₹ 2700
(C) ₹ 1650 (D) ₹ 1485

76. यदि हरि अपने घर से कार्यालय के लिए 4 किमी/घण्टा की चाल से साइकिल चलाता है, तो 15 मिनट देर से पहुंचता है। यदि यह अपनी चाल 1 किमी/घण्टा बढ़ा देता है, तो 30 मिनट पहले पहुंच जाता है। उसके घर व कार्यालय के बीच की दूरी है–

(A) 15 किमी (B) 20 किमी
(C) 10 किमी (D) 12 किमी

77. ***r*** सेमी अर्द्धव्यास वाले ठोस गोले को छीनकर एक घन बनाना है, इस प्रकार बने बड़े से बड़े घन की एक भुजा का माप होगा–

(A) $r/\sqrt{3}$ सेमी (B) $2r/\sqrt{3}$ सेमी
(C) $2r/\sqrt{2}$ सेमी (D) $r/\sqrt{2}$ सेमी

78. किसी त्रिभुज की 12 सेमी तथा 5 सेमी वाली दो भुजाओं के बीच का कोण समकोण है। यदि त्रिभुज को 12 सेमी भुजा के परित: घुमाया जाए तो इस प्रकार बने शंकु का वक्रपृष्ठ होगा–

(A) 156 सेमी^{2} (B) 78 सेमी^{2}
(C) 65 सेमी^{2} (D) 130 सेमी^{2}

79. एक सम पिरामिड का आधार 10 सेमी भुजा वाला वर्ग है तथा इसकी ऊंचाई 12 सेमी है, तो इसका तिर्यक पृष्ठ होगा–

(A) 520 सेमी^{2} (B) 260 सेमी^{2}
(C) $40\sqrt{61}$ सेमी (D) $80\sqrt{61}$ सेमी^{2}

80. मजदूरों का एक समूह एक कार्य को 10 दिन में करने का आश्वासन देता है परंतु उनमें से 5 अनुपस्थित हो जाते हैं। यदि शेष मजदूर कार्य को 15 दिन में पूरा कर देते हैं, तो मजदूरों की मूल संख्या थी–

(A) 20 (B) 15
(C) 30 (D) उपरोक्त में से कोई नहीं

81. मूल बिन्दु से सरल रेखा $x-\sqrt{3}y+4=0$ पर खींचे गए लम्ब द्वारा ***x***-अक्ष के साथ धनात्मक दिशा में बनाया गया कोण होगा–

(A) 30º (B) 60º
(C) 120º (D) 150º

82. यदि बिन्दु A(2, –2), B(8, 4), C (5, 7) तथा D(–1, 1) एक बहुभुज के शीर्ष हैं, तो वह बहुभुज होगा–

(A) वर्ग (B) समान्तर चतुर्भुज
(C) आयात (D) समचतुर्भुज

83. व्यंजक $2\sin^2A + \cos^4A$ बराबर होता है–

(A) sin 2A cos2A (B) 1
(C) $1 + \sin^4A$ (D) इनमें से कोई नहीं

84. एक ठोस बेलन, जिसकी ऊंचाई आधार की त्रिज्या से 2 गुनी है, को समान बाह्य सतह के क्षेत्रफल वाले खोखले गोले में परिवर्तित किया जाना है। गोले के बाह्य सतह की त्रिज्या का बेलन के आधार की त्रिज्या से अनुपात होगा–

(A) 2 : 1 (B) 1 : 2
(C) 3 : 1 (D) उपरोक्त में से कोई नहीं

85. 6 मी तथा 11 मी ऊंचाई के दो खम्भे एक क्षैतिज सतह पर खड़े हैं। यदि उनके पादों के बीच की दूरी 12 मी है, तो उनके शीर्षों के बीच की दूरी है–

(A) 17 मी (B) 12 मी
(C) 13 मी (D) इनमें से कोई नहीं

86. $(x^6 - y^6)$, $(x^3 + y^3)$, $(x^4 + y^4 + x^2y^2)$ का महत्तम समापवर्तक है–

(A) (x^2+y^2+xy) (B) $(x+y)$
(C) $(x+y)(x-y)$ (D) (x^2+y^2-xy)

87. एक 6 मी लम्बी सीढ़ी का एक सिरा ऊर्ध्वाधर दीवार पर 45º का कोण बनाता है, तथा दूसरा सिरा सड़क पर है। जब एक व्यक्ति सीढ़ी पर चढ़ता है, तो सीढ़ी फिसल जाती है, तथा फलस्वरूप उसका निचला सिरा सामने को ऊर्ध्वाधर दीवार के निचले तल पर विश्राम करता है, तथा ऊपर के सिरे पर कोण 45º से बढ़कर 60º हो जाता है। सड़क की चौड़ाई है–

(A) 1.732 मी (B) 3.464 मी
(C) 5.196 मी (D) उपरोक्त में से कोई नहीं

88. निम्नलिखित वितरण के लिए समान्तर माध्य है–

दैनिक आय (₹ में)	**0–2**	**2–5**	**5–10**	**10–20**	**20–40**
व्यक्तियों की संख्या	**5**	**8**	**15**	**40**	**12**

(A) 7.5 (B) 13.82
(C) 16.18 (D) 15

89. यदि $\log_{10} 2 = 0.3010$ तो $\log_{10} 8$ का मान है–

(A) 1.2040 (B) 0.9030
(C) $(0.3010)^3$ (D) इनमें से कोई नहीं

90. एक त्रिभुज ABC में, AD एक लम्ब बनाया गया है जो BC को D पर मिलता है। तब–

(A) $AB^2 + AD^2 = CD^2 + BD^2$
(B) $BC^2 + CD^2 = AB^2 + AC^2$
(C) $BD^2 + CD^2 = AB^2 + BC^2$
(D) $AB^2 + CD^2 = AC^2 + BD^2$

उत्तरमाला

1. (C)	**2.** (C)	**3.** (A)	**4.** (B)	**5.** (B)	**6.** (B)	**7.** (B)	**8.** (B)	**9.** (B)
10. (A)	**11.** (A)	**12.** (D)	**13.** (A)	**14.** (A)	**15.** (B)	**16.** (A)	**17.** (B)	**18.** (D)
19. (B)	**20.** (B)	**21.** (B)	**22.** (B)	**23.** (B)	**24.** (B)	**25.** (B)	**26.** (C)	**27.** (C)
28. (C)	**29.** (D)	**30.** (B)	**31.** (B)	**32.** (D)	**33.** (C)	**34.** (B)	**35.** (D)	**36.** (D)
37. (C)	**38.** (C)	**39.** (A)	**40.** (D)	**41.** (A)	**42.** (B)	**43.** (A)	**44.** (B)	**45.** (C)
46. (D)	**47.** (C)	**48.** (A)	**49.** (B)	**50.** (B)	**51.** (C)	**52.** (C)	**53.** (C)	**54.** (A)
55. (C)	**56.** (C)	**57.** (D)	**58.** (C)	**59.** (B)	**60.** (B)	**61.** (A)	**62.** (A)	**63.** (A)
64. (C)	**65.** (D)	**66.** (D)	**67.** (B)	**68.** (C)	**69.** (C)	**70.** (C)	**71.** (C)	**72.** (C)
73. (D)	**74.** (A)	**74.** (D)	**76.** (A)	**77.** (B)	**78.** (C)	**79.** (B)	**80.** (B)	**81.** (C)
82. (C)	**83.** (C)	**84.** (D)	**85.** (A)	**86.** (D)	**87.** (C)	**88.** (B)	**89.** (B)	**90.** (D)

बिहार पॉलिटेक्निक संयुक्त प्रवेश परीक्षा,

स्वमूल्यांकन टेस्ट पेपर – 2

सामान्य निर्देश (General Instruction)

परीक्षार्थी का नाम/Candidates Name — अनुक्रमांक/Roll No.

- दिया गया स्वमूल्यांकन टेस्ट, अभ्यर्थी को परीक्षा में अपनी तैयारी को जांचने के लिए है।
- टेस्ट में परीक्षा पद्धति के अनुरूप 100 प्रश्न दिए गए हैं। प्रत्येक प्रश्न 3 अंक का है तथा सभी प्रश्नों का उत्तर देना अनिवार्य है।
- प्रत्येक प्रश्न के नीचे उत्तर का पता लगाने के लिए चार विकल्प (A), (B), (C) तथा (D) दिए गए हैं। प्रत्येक प्रश्न के लिए अभ्यर्थी को केवल एक सही विकल्प का चयन करना है।
- अभ्यर्थी स्वमूल्यांकन टेस्ट को परीक्षा निर्धारित समय 120 मिनट (3 घंटे) में हल करने के पश्चात् उत्तर माला से अपने उत्तरों का मिलान कर सकता है।

नोट :–टेस्ट को हल करते समय अभ्यर्थी को यह ध्यान में रखना चाहिए कि परीक्षा में प्रत्येक गलत उत्तर के लिए 1 ऋणात्मक अंक का प्रावधान है।

विषयवार तालिका

कुल प्रश्न 90   कुल निर्धारित समय : 120 मिनट (3 घंटे)   पूर्णांक : 270

खण्ड	विषय	कुल प्रश्न	प्रश्न संख्या
I (A)	भौतिक विज्ञान	30	1 से 30
I (B)	रसायन विज्ञान	30	31 से 60
II	गणित	30	61 से 90

खण्ड-I (A): भौतिक विज्ञान

1. एक वस्तु पर 6.0 न्यूटन एवं 8.0 न्यूटन परिमाण के दो बल कार्यरत हैं। इन दोनों बलों का परिणामी कभी भी नहीं हो सकती है–

(A) 1.0 न्यूटन   (B) 2.0 न्यूटन

(C) 10.0 न्यूटन   (D) 14.0 न्यूटन

2. एक प्रकाश की किरण वायु से होकर एक द्रव्य में से गुजरती है, तो 15° से विचलित हो जाती है। यदि आपतन कोण का मान 60° है, उस द्रव्य का आपवर्तनांक होगा–

(A) $\sqrt{\frac{2}{3}}$ (B) $\sqrt{\frac{3}{2}}$

(C) $\frac{\sqrt{3}}{2}$ (D) $\frac{\sin 60}{\sin 15}$

3. घरेलू विद्युत वायरिंग में सभी युक्तियां 220 वोल्ट पर कार्य करती है। इसका तात्पर्य है कि वे–

(A) समान्तर क्रम में जुड़ी हैं

(B) श्रेणी क्रम में जुड़ी हैं

(C) सभी समान धारा की हैं

(D) सभी समान प्रतिरोध की हैं

4. बैटरी के टर्मिनल से जुड़ा वोल्टमीटर 6 वोल्ट का पाठ्यांक दर्शाता है। बैटरी से जब लैम्प जलाई जाती है तो वोल्टमीटर का पाठ्यांक

4 वोल्ट होता है। यदि लैम्प का प्रतिरोध 40 ओम हो, तो बैटरी का प्रतिरोध होगा–

(A) 10 ओम (B) 15 ओम
(C) 20 ओम (D) उपरोक्त में से कोई नहीं

5. एक गैस का दिया गया द्रव्यमान 400 सेमी^{3} स्थान घेरता है जब गैस पर दाब 1 वायुमण्डल तथा तापमान 7°C है। 77°C तथा 1.25 वायुमण्डल दाब पर गैस का आयतन होगा–

(A) 3520 सेमी^{3} (B) 5500 सेमी^{3}
(C) 400 सेमी^{3} (D) उपरोक्त में से कोई नहीं

6. 16 मिली हाइड्रोजन का विसरण 100 सेकण्ड में होता हैं। उसी le; ea SO_2 के विसरण का आयतन होगा–
(S = 32, O = 16, H = 1)

(A) 90.46 मिली (B) 0.25 मिली
(C) 2.828 मिली (D) उपरोक्त में से कोई नहीं

7. एक वर्नियर कैलीपर्स में वर्नियर स्केल के 50 खाने मुख्य स्केल जो कि $\frac{1}{2}$ मिमी मार्किंग की है, के 49 खानों के बराबर हैं। एक छोटी छड़ की लम्बाई नापने के समय मुख्य स्केल का पाठ्यांक 2.7 सेमी तथा वर्नियर स्केल का पाठ्यांक 14 खाने था तो उस छड़ की लम्बाई होगी–

(A) 2.714 सेमी (B) 2.728 सेमी
(C) 2.84 सेमी (D) उपरोक्त में से कोई नहीं

8. 20 ग्राम द्रव्यमान की बन्दूक की एक गोली 10 मी/से के वेग से चलायमान है। विश्रामावस्था में आने से पूर्व यह लक्ष्य में 10 सेमी धंस सकती है। यदि लक्ष्य की मोटाई केवल 6 सेमी हो तो लक्ष्य से बाहर निकलने पर गोली का वेग होगा लगभग–

(A) 1.72 मी/सेकण्ड (B) 5.47 मी/सेकण्ड
(C) 6.3 मी/सेकण्ड (D) उपरोक्त में से कोई नहीं

9. एक पोलवाल्ट का खिलाड़ी 490 सेमी ऊंचाई तक कूदना चाहता है। खिलाड़ी को उस ऊंचाई तक कूदने के लिंए उसकी दौड़ का वेग होगा–(g = 9.8 मी/से^{2})

(A) 2.21 मी/ से (B) 4.43 मी/ से
(C) 9.8 मी/ से (D) इनमें से कोई नही

10. वस्तु के समाप माप का वास्तविक प्रतिबिम्ब तब प्राप्त होता है, जब वस्तु को निम्नलिखित के सम्मुख उसके वक्रता केन्द्र पर रखा जाए–

(A) समतल दर्पण (B) उत्तल दर्पण
(C) अवतल दर्पण (D) ये सभी

11. वह तापमान जिस पर ध्वनि का वेग 0°C पर ध्वनि के वेग से दो गुना होता है, है–

(A) 819°C (B) 553.3°C
(C) 100°C (D) उपरोक्त में से कोई नहीं

12. निम्न में किन भौतिक राशियों के समान विमीय सूत्र नहीं हैं?

(A) बल एवं दाब (B) कार्य एवं ऊर्जा
(C) आवेग एवं संवेग (D) भार एवं बल

13. एक नैनोमीटर के तुल्य है–

(A) 10^9 मिमी (B) 10^{-6} सेमी
(C) 10^7 सेमी (D) 10^{-9} सेमी

14. पानी पर तैरती किसी वस्तु का आभासी भार है–

(A) वस्तु के वास्तविक भार के तुल्य
(B) शून्य
(C) वस्तु के भार तथा द्रव के भार के अन्तर के तुल्य
(D) वस्तु का भार एवं उस पर कार्यरत ऊपरी प्रणोद

15. किसी वर्नियर कैलीपर्स से किसी एक कलम का व्यास नापने पर मुख्य पैमाने का पाठ्यांक 1.25 सेमी तथा वर्नियर पैमाने का पाठ्यांक 10 खाने आता है। यदि वर्नियर पैमाने के 20 भाग मुख्य पैमाने के 19 खानों के बराबर हैं, तथा मुख्य पैमाने के एक खाने का मान 0.5 मिमी है, तो कलम का व्यास होगा–

(A) 1.275 सेमी (B) 1.50 सेमी
(C) 1.45 सेमी (D) 1.445 सेमी

16. एक व्यक्ति एक दीवार को धक्का देता है, पर विस्थापित करने में असफल रहता है। वह करता है–

(A) कोई भी कार्य नहीं
(B) ऋणात्मक कार्य
(C) धनात्मक पर अधिकतम कार्य नहीं
(D) अधिकतम कार्य

17. सोने के तार का विशिष्ट प्रतिरोध ρ है। जब इसकी लम्बाई दो गुनी बढ़ा दी जाती है, तो इसका विशिष्ट प्रतिरोध हो जाएगा–

(A) ρ (B) 2ρ
(C) $\frac{\rho}{2}$ (D) $\frac{\rho}{4}$

18. एक चुम्बकीय सुई को असमान चुम्बकीय क्षेत्र में रखा जाता है। तब चुम्बकीय सूई का कार्यरत रहता है–

(A) कुछ बल और कुछ बल आघूर्ण नहीं
(B) कुछ बल परंतु बल आघूर्ण
(C) कुछ बल आघूर्ण परंतु बल नहीं
(D) न तो बल और न बल आघूर्ण

19. 1 ग्राम और 4 ग्राम द्रव्यमान की दो वस्तुएं एक ही गतिज ऊर्जा से गति कर रही हैं। उनके रेखीय संवेगों के परिणामों का अनुपात

होगा–

(A) 4 : 1 (B) $\sqrt{2}:1$

(C) 1 : 2 (D) 1 : 16

20. सबसे अधिक अपवर्तनांक होता है–

(A) हरे प्रकाश का (B) पीले प्रकाश का

(C) लाल प्रकाश का (D) बैंगनी प्रकाश का

21. एक गेंद को 20 मी की ऊंचाई से गिराया जाता है। उसी ऊंचाई से 1 सेकण्ड बाद दूसरी गेंद को गिराया जाता है। 2 सेकण्ड बाद दोनों गेंदों के बीच की दूरी होगी–

(g = 9.8 मी/से^{2})

(A) 4.9 मी (B) 19.6 मी

(C) 24.5 मी (D) 9.8 मी

22. एक जनित्र–

(A) रासायनिक ऊर्जा को विद्युत ऊर्जा में बदलता है

(B) रासायनिक ऊर्जा को यांत्रिक ऊर्जा में बदलता है

(C) यांत्रिकी ऊर्जा को विद्युत ऊर्जा में बदलता है

(D) विद्युत ऊर्जा को यांत्रिकी ऊर्जा में बदलता है

23. लेन्ज का नियम किसके संरक्षण से सम्बन्धित है?

(A) आवेश (B) ऊर्जा

(C) द्रव्यमान (D) संवेग

24. दो सीधे लम्बे समान्तर तार एक-दूसरे से $2r$ की दूरी पर हैं। प्रत्येक तार में से धारा i एक ही दिशा में बह रही है। दोनों तारों के बीच एक बिन्दु पर जो प्रत्येक तार से r दूरी पर है चुम्बकीय क्षेत्र की तीव्रता होगी–

(A) $\frac{i}{r}$ (B) $2\frac{i}{r}$

(C) $\frac{4i}{r}$ (D) शून्य

25. एक संयुक्त सूक्ष्मदर्शी के अभिदृश्यक के द्वारा I_0 प्रतिबिम्ब बनता है, और नेत्रिका द्वारा I_e प्रतिबिम्ब बनता है, तो–

(A) I_0 काल्पनिक है और I_e वास्तविक

(B) I_0 वास्तविक है और I_e काल्पनिक

(C) I_0 और I_e दोनों वास्तविक हैं

(D) I_0 और I_e दोनों काल्पनिक हैं

26. संवेग में परिवर्तन की दर को क्या कहते हैं?

(A) त्वरण (B) बल

(C) शक्ति (D) ऊर्जा

27. वायु की नमी किससे मापी जाती है?

(A) हाइड्रोमीटर द्वारा (B) हाइग्रोमीटर द्वारा

(C) बैरोमीटर (D) इनमें से कोई नहीं

28. द्रव्यमान एक–

(A) अदिश राशि है (B) सदिश राशि है

(C) दिशा राशि है (D) परिमेय राशि है

29. छोटी वस्तुओं को देखने के लिए किस उपकरण का प्रयोग होता है?

(A) ओसिलास्कोप (B) टेलीस्कोप

(C) पेरिस्कोप (D) माइक्रोस्कोप

30. पृथ्वी की सतह से ऊपर जाने पर 'g' का मान–

(A) बढ़ेगा (B) घटेगा

(C) अपरिवर्तित रहेगा (D) पहले बढ़ेगा फिर घटेगा

खण्ड-I (B) : रसायन विज्ञान

31. साबुन है–

(A) Na तथा K लवणों का एक वसीय अम्ल

(B) सोडियम लॉरिल सल्फेट

(C) ग्लिसरॉल, एल्कोहॉल तथा NaOH से बना एक यौगिक

(D) Ca तथा Mg के लवण

32. 10 किग्रा भार के सोने तथा चांदी से एक सम्राट का एक ताज बना हुआ है। पानी में डुबोए जाने पर इसका भार 650 ग्राम कम हो जाता है। आभूषण में सोने का भार है–

(सोने का आपेक्षित घनत्व 10 तथा चांदी का आपेक्षित घनत्व 10 है।)

(A) $\frac{20}{3}$ किग्रा (B) 8.7 किग्रा

(C) 7 किग्रा (D) उपरोक्त में से कोई नहीं

33. बॉक्साइट को कार्बन के साथ मिलाया जाता है, 1800°C तक गर्म किया जाता है तथा उसमें से N_2 को प्रवाहित किया जाता है–

(A) बॉक्साइट के परिष्करण की सभी विधि में

(B) बॉक्साइट के परिष्करण की सर्पेक विधि में

(C) बॉक्साइट के परिष्करण की हॉल विधि में

(D) बॉक्साइट के परिष्करण की बेयर विधि में

34. 39.5 ग्राम $KMnO_4$ में अणुओं की संख्या होगी–

[K = 39, Mn = 55, O = 16]

(A) 1.5056×10^{23} (B) 15.056×10^{23}

(C) 6.0224×10^{23} (D) उपरोक्त में से कोई नहीं

35. एक तत्व के ऑक्साइड में 16% ऑक्सीजन है तथा इसके वाष्पीकृत क्लोराइड का वाष्प घनत्व 38.75 है। तत्व का परमाणु भार है–

(A) 77.5 (B) 84
(C) 38.75 (D) उपरोक्त में से कोई नहीं

36. एक आदर्श उत्प्रेरक अभिक्रिया की–
(A) पूर्णता की सीमा परिवर्तित करता है
(B) संतुलन प्राप्ति की गति बढ़ाता है
(C) संतुलन दशा की प्राप्ति के समय को परिवर्तित नहीं करता
(D) क्रियाशील करने वाली ऊर्जा को प्रभावित नहीं करता
उपरोक्त में से कौन-सा कथन सत्य है?
(A) B (B) C
(C) D (D) A

37. समस्थानिक के परमाणु द्रव्यमानों में अन्तर का कारण होता है–
(A) प्रोटॉन की संख्या में अंतर
(B) इलेक्ट्रॉनों की संख्या में अन्तर
(C) परमाणु संख्या में अन्तर
(D) नाभिक में विद्यमान न्यूट्रॉनों की भिन्न संख्या

38. C_2H_2 बनाने की प्रयोगशाला विधि में NH_3, H_2S, AsH_3, PH_3 जैसी अशुद्धियों को दूर करने के लिए इसे प्रवाहित करते हैं–
(A) कास्टिक सोडा विलयन में से
(B) H_2O में से
(C) $CuSO_4$ में अम्लीय विलयन में से
(D) उपरोक्त में से कोई नहीं

39. पानी में स्थायी कठोरता का कारण होता है–
(A) Ca तथा Mg के बाइकार्बोनेट
(B) NaCl
(C) Ca तथा Mg के क्लोराइड तथा सल्फेट
(D) किसी भी प्रकार के लवण अथवा अशुद्धियां

40. अभिक्रिया $Fe + CuSO_4 \rightarrow Cu + FeSO_4 +$ में Cu होता है–
(A) अपचयित (B) न उपचयित न अपचयित
(C) उपचयित (D) उपरोक्त में से कोई नहीं

41. आर्गन का परमाणु भार 40 है तथा इसकी परमाणु संख्या 18 है। इसमें होगें–
(A) 22 प्रोटॉन, 18 न्यूट्रॉन, 18 इलेक्ट्रॉन
(B) 18 प्रोटॉन, 22 न्यूट्रॉन, 18 इलेक्ट्रॉन
(C) 18 प्रोटॉन, 18 न्यूट्रॉन, 22 इलेक्ट्रॉन
(D) 22 प्रोटॉन, 22 न्यूट्रॉन, 18 इलेक्ट्रॉन

42. प्लास्टर ऑफ पेरिस होता है–
(A) $CaSO_4$ (B) $(CaSO_4)_2.2H_2O$
(C) $(CaSO_4)_2.H_2O$ (D) $CaSO_4.2H_2O$

43. एल्काइन का एक उदाहरण है–
(A) C_3H_8 (B) C_5H_{10}
(C) C_3H_6 (D) C_3H_4

44. तीन द्रवों के घनत्व 2 : 3 : 4 के अनुपात में हैं। तीनों द्रवों के समान भार मिलाने पर मिश्रण का आपेक्षिक घनत्व सबसे हल्के द्रव्य के घनत्व (d) के सन्दर्भ में है–
(A) $\frac{13}{4}d$ (B) $3d$
(C) $\frac{36}{13}d$ (D) उपरोक्त में से कोई नहीं

45. निम्नलिखित में से कौन-सा उप-सहसंयोजक यौगिक है?
$SO_2, CH_4CaCl_2, MgCl_2$
(A) SO_2 (B) CH_4
(C) $CaCl_2$ (D) $MgCl_2$

46. एक यौगिक का संगठन निम्नवत है–
C = 48.65%, H = 8.12%, O = 43.23%
यदि यौगिक का अणुभार 74 है तो यौगिक का अणु सूत्र होगा–
(A) CH_3CHO (B) CH_3COOH
(C) C_2H_5COOH (D) उपरोक्त में से कोई नहीं

47. एस्पिरिन, डाइजेपाम, क्लोरोफार्म, मरक्यूरोक्रोम में से शासक है–
(A) एस्पिरिन (B) मरक्यूरोक्रोम
(C) डाइजेपाम (D) क्लोरोफार्म

48. 10 ग्राम पानी तथा 5 ग्राम CO_2 में उपस्थित अणुओं का अनुपात है–
(A) 2 : 1 (B) 22 : 9
(C) 44 : 9 (D) उपरोक्त में से कोई नहीं

49. धातु के वैद्युत शोधन में ऋणोद बनाया जाता है–
(A) शुद्ध धातु से
(B) शुद्ध अथवा अशुद्ध दोनों धातु हो सकती हैं
(C) अशुद्ध धातु से
(D) उपरोक्त में से कोई नहीं

50. पांच लीटर बेन्जीन प्रदान करना है। प्रदान करने वाली बेन्जीन का भार होगा–
(A) ग्रीष्म मे ठण्ड से अधिक
(B) ठण्ड में ग्रीष्म से अधिक
(C) ग्रीष्म तथा ठण्ड में समान
(D) उपरोक्त में से कोई नहीं

51. शुद्ध बॉक्साइट में विद्युत अपघटन के लिए निम्न में से कौन-से पदार्थ मिलाए जाते हैं?
(A) फिटकरी तथा क्रायोलाइट
(B) कैल्सियम फ्लोराइड तथा क्रायोलाइट
(C) फेल्सपार तथा एेलुमिना
(D) फ्लुओरस्पार तथा सिलिकान

52. समीकरण $SO_2 + 2H_2S \rightarrow 3S + 2H_2O$ में जिस पदार्थ का ऑक्सीकरण हो रहा है, वह है–

(A) H_2S (B) SO_2

(C) सल्फर (D) H_2O

53. परमाणु क्रमांक 7 वाले तत्व से रासायनिक गुणों में अधिक समानता रखने वाले तत्व का परमाणु क्रमांक होगा–

(A) 19 (B) 15

(C) 13 (D) 17

54. एक वायुदाबमापी का पाठ्यांक 75 सेमी है। 1 सेमी^{3} वायु के प्रवेश कराने का पाठ्यांक 70 सेमी हो जाता है। पारे के ऊपर स्थान का आयतन है–

(A) $\frac{15}{14}$ सेमी^{3} (B) 15 सेमी^{3}

(C) 5 सेमी^{3} (D) उपरोक्त में से कोई नहीं

55. HNO_3 में नाइट्रोजन की ऑक्सीकरण संख्या है–

(A) −3 (B) +3

(C) +5 (D) 0

56. निम्नलिखित में से कौन-सी वस्तु द्रव्य नहीं है?

(A) विद्युत (B) वाष्प

(C) वायु (D) द्रव

57. निम्नलिखित में से धातु तत्व किसमें है?

(A) कार्बन (B) ब्रोमीन

(C) पारा (D) गंधक

58. टेलीफोन किस प्रकार के प्लास्टिक से बनता है?

(A) बेकेलाइट (B) पी.वी.सी.

(C) टेफ्लॉन (D) पॉलीथीन

59. संगमरमर में विद्यमान तत्व हैं–

(A) C, H तथा O (B) C तथा O

(C) Ca, C तथा O (D) Ca तथा H

60. चांदी का प्रतीक क्या है?

(A) Au (B) Ag

(C) C (D) Cu

खण्ड-II: गणित

61. यदि दो धनात्मक संख्याओं का योग 25 एवं उनका गुणनफल 144 हो, तो उन संख्याओं का अन्तर होगा–

(A) 3 (B) 5

(C) 7 (D) 11

62. 8 मी लम्बे, 6 मी चौड़े तथा 3 मी ऊंचे कमरे में रखी जा सकने वाली छड़ की अधिकतम लम्बाई होगी–

(A) 10.44 मी लगभग (B) 10 मी

(C) 12 मी (D) उपरोक्त में से कोई नहीं

63. एक व्यक्ति ₹ 6620, 10% चक्रवृद्धि ब्याज पर उधार लेता है। ऋण को तीन वर्ष में चुकाने के लिए समान वार्षिक किश्त जो उसे चुकानी होगी, है–

(A) ₹ 2662 (B) ₹ 2869

(C) ₹ 2943 (D) उपरोक्त में से कोई नहीं

64. 53 छात्रों की क्लास में, 26 फुटबाल खेलते हैं, 24 क्रिकेट खेलते हैं, 20 हॉकी खेलते हैं, 10 छात्र तीनों में से कोई खेल नहीं खेलते, 8 छात्र सभी खेल खेलते हैं, 4 केवल क्रिकेट तथा हॉकी खेलते हैं। 2 केवल फुटबाल तथा हॉकी खेलते हैं, 5 छात्र केवल क्रिकेट एवं फुटबाल खेलते हैं।

छात्र जो केवल हॉकी ही खेलते हैं–

(A) 6 (B) 10

(C) 2 (D) उपरोक्त में से कोई नहीं

65. एक बेलनाकार बर्तन की ऊंचाई उसके व्यास की दोगुनी है। यदि बर्तन की त्रिज्या 40 प्रतिशत घटा दी जाये तो उसका आयतन कितने प्रतिशत घट जायेगा ? (बर्तन की ऊंचाई तथा व्यास का अनुपात पूर्ववत रहता है)

(A) 21.6 % (B) 78.2%

(C) 36 % (D) उपरोक्त में से कोई नहीं

66. भवन के ऊपर लगे एक ऊर्ध्वाधर झण्डे के शीर्ष एवं तल क्रमशः 45° तथा 30° के कोण, 30 मी की क्षैतिज दूरी पर बनाते हैं। झण्डे की ऊंचाई है–

(A) $10\sqrt{3}\left(\sqrt{3}-1\right)$ मी (B) $30\left(1+\frac{1}{\sqrt{3}}\right)$ मी

(C) 30 मी (D) उपरोक्त में से कोई नहीं

67. रेखाएं $x - y + 5 = 0$ तथा $x + y - 1 = 0$—

(A) एक दूसरे पर लम्ब हैं

(B) 45° का कोण बनाती हैं

(C) समान्तर हैं

(D) उपरोक्त में से कोई नहीं

68. यदि $\log 3^{x-2y} = 27 \log 7^{3x+y} = \frac{1}{7}$, तो–

(A) $x = \frac{1}{7}, y = -\frac{10}{7}$ (B) $x = 1, y = -1$

(C) $x = \frac{1}{3}, y = -2$ (D) उपरोक्त में से कोई नहीं

69. 6 सेमी व्यास के एक वृत्त के अन्दर एक त्रिभुज ABC इसकी परिधि को A, B और C पर छूता है जिसमें AB = 4 सेमी तथा BC = 3 सेमी है। कोण ACB होगा–

(A) न्यूनकोण (B) समकोण

(C) अधिककोण (D) उपरोक्त में से कोई नहीं

70. ₹ 9,000 की धनराशि चक्रवृद्धि ब्याज पर 10 वर्ष में ₹ 25,000 हो जाती है। उसी ब्याज की दर पर आधे समय में ₹ 9,000 हो जाएंगे–

(A) ₹ 17,000 (B) ₹ 15,000

(C) ₹ 12,500 (D) उपरोक्त में से कोई नहीं

71. यदि $A = \{3, 4, 7, 8\}$; $B = \{1, 5, 6, 4, 3\}$ $C = \{4, 5, 9, 3\}$; तो $(A \cup B) \cup C$ है–

(A) $\{3, 4\}$ (B) $\{1, 3, 4, 5, 6, 7, 8, 9\}$

(C) $\{3, 4, 5\}$ (D) उपरोक्त में से कोई नहीं

72. आरोही क्रम में रखी संख्याओं 1, 3, 5, 7, 12, $(x + 1)$, $(x + 3)$, 16, 17, $(x + 7)$, 22 और 25 की माध्यिका 14 है, तब x का मान है–

(A) 12 (B) 13

(C) 14 (D) 15

73. यदि दो धनात्मक संख्याओं का योग 25 एवं उनका गुणनफल 144 हो, तो उन संख्याओं का अन्तर होगा :

(A) 1 (B) $\frac{1}{2}$

(C) -1 (D) 2

74. यदि α, β किसी समीकरण $(x - a)(x - b) = c$ के मूल हों, तो समीकरण $(x - \alpha)(x - \beta) + c = 0$ के मूल होंगे–

(A) a, c (B) b, c

(C) a, b (D) $a + c, b + c$

75. एक समचतुर्भुज जिसकी एक भुजा 25 सेमी एवं एक विकर्ण की लम्बाई 30 सेमी है, का क्षेत्रफल होगा–

(A) 150 वर्ग सेमी (B) 200 वर्ग सेमी

(C) 250 वर्ग सेमी (D) 600 वर्ग सेमी

76. 20 सेमी भुजा वाले घन से एक बड़े से बड़ा शंकु काट कर बनाया जाता है, जबकि शंकु का आधार घन के आधार पर ही है, तब शंकु का सम्पूर्ण पृष्ठ होगा–

(A) $100(\sqrt{5} + 1)$ वर्ग सेमी

(B) $100(\sqrt{5} - 1)$ वर्ग सेमी

(C) $100\sqrt{5}$ वर्ग सेमी

(D) $500(\sqrt{5} + 1)$ वर्ग सेमी

77. यदि A, B, C, D एक चक्रीय चतुर्भुज के कोण हों, तो $\cos A + \cos B + \cos C + \cos D$ का मान होगा–

(A) 0 (B) 1

(C) -1 (D) 4

78. O केन्द्र वाले वृत्त में एक जीवा PQ इस प्रकार है कि $\angle OPQ = 40^\circ$ है। यदि वृत्त के दीर्घ चाप में कोई बिन्दु R है, तब $\angle PRQ$ का मान होगा–

(A) 100° (B) 140°

(C) 50° (D) 120°

79. किसी स्थान की वार्षिक वर्षा 65 सेमी है, तब वार्षिक वर्षा का मान लीटर प्रति हेक्टेयर में होगा–

(A) 6.5×10^3 (B) 6.5×10^6

(C) 6.5×10^5 (D) 6.5×10^4

80. किसी घनाभ की तीन संलग्न फलकों के क्षेत्र क्रमशः p, q तथा r हैं, उसका आयतन होगा–

(A) $\sqrt{pqr}$ (B) pqr

(C) $p^2q^2r^2$ (D) $\sqrt{p^2 + q^2 + r^2}$

81. k का मान, जिस पर समीकरण $x^2 + 7(3 + 2k) - 2x(1 + 3k) = 0$ के मूल बराबर है, हो सकता है–

(A) $\{2, -10/9\}$ (B) $\{2, -9\}$

(C) $\{-3/2, -1/3\}$ (D) उपरोक्त में से कोई नहीं

82. एक त्रिभुज ABC में $\angle ACB > 90^\circ$ है। यदि AC को बढ़ाया जाए ताकि वह B से बनाये गये लम्ब पर बढ़ी हुई AC को D पर मिले, तो–

(A) $AB^2 = AC^2 + BC^2 + 2CD.BD$

(B) $AB^2 = BC^2 + CA^2 + 2CA.CB$

(C) $AB^2 = AC^2 + BC^2 + 2CB.CD$

(D) $AB^2 = BC^2 + CA^2 + 2CA.CD$

83. $\frac{\cos(90^\circ - \theta)\sin(270^\circ + \theta)\cot(180^\circ - \theta)}{\tan(90^\circ + \theta)\sec(90^\circ + \theta)}$ का मान है–

(A) $\sin\theta - \sin^3\theta$ (B) $\sin 2\theta$

(C) $\sin\theta\cos\theta$ (D) $\cos\theta - \cos^3\theta$

84. एक वृत्त जिसका केन्द्र O है, कि परिधि पर A, B, C बिन्दु इस प्रकार हैं कि AB तथा AC केन्द्र O पर 85° तथा 115° के कोण बनाते हैं। ∠ BAC है–

(A) 160° (B) 110°

(C) 80° (D) उपरोक्त में से कोई नहीं

85. 4 किमी/घण्टा की चाल से अपने घर से चलकर अमित अपने स्कूल में निर्धारित समय से 10 मिनट पहले पहुंच जाता है। यदि वह 3 किमी/घण्टा की चाल से चले, तो निर्धारित समय से 10 मिनट देर से पहुंचता है। उसके घर तथा स्कूल के बीच की दूरी है–

(A) 6 किमी (B) 4.5 किमी

(C) 4 किमी (D) 3 किमी

86. यदि समीकरण $x^2 - px + q = 0$ के मूल α, β हैं, तो $\left(\frac{\alpha}{\beta} + \frac{\beta}{\alpha}\right)$ का मान होगा–

(A) $\frac{p^2 + 2q^2}{q}$ (B) $\frac{p^2 - 2q^2}{q}$

(C) $\frac{p^2 - 2q^2}{p}$ (D) $\frac{p^2 - 2q}{q}$

87. कुछ मजदूरों की मजदूरी निम्नांकित है–

मजदूरी (₹ में)	मजदूरों की संख्या
20 – 30	5
30 – 40	18
40 – 50	15
50 – 60	12
60 – 70	3

उपरोक्त सारणी की माध्यिका होगी–

(A) 49 (B) 46.75

(C) 45.67 (D) 45

88. रेखाएं $y - \sqrt{3}x = 8$ तथा $\sqrt{3}y - x = 7$ के बीच कोण है–

(A) 90° (B) 60°

(C) 45° (D) 30°

89. बिन्दु (2, – 4), (3, 5) तथा (– 6, 6) से बने त्रिभुज का क्षेत्रफल है–

(A) $9\sqrt{2}$ वर्ग इकाई (B) $4\sqrt{41}$ वर्ग इकाई

(C) 41 वर्ग इकाई (D) 0

90. $\sqrt[xy]{\frac{a^x}{a^y}} \times \sqrt[yz]{\frac{a^y}{a^z}} \times \sqrt[yz]{\frac{a^z}{a^x}}$ का मान है–

(A) 1 (B) 0

(C) $\frac{2}{x+y+z}$ (D) $\frac{2}{x} + \frac{2}{y} + \frac{2}{z}$

उत्तरमाला

1. (A)	2. (B)	3. (A)	4. (C)	5. (C)	6. (C)	7. (C)	8. (C)	9. (C)
10. (C)	11. (B)	12. (A)	13. (C)	14. (C)	15. (A)	16. (A)	17. (A)	18. (A)
19. (A)	20. (D)	21. (C)	22. (C)	23. (B)	24. (D)	25. (B)	26. (A)	27. (B)
28. (A)	29. (D)	30. (A)	31. (A)	32. (C)	33. (B)	34. (A)	35. (D)	36. (A)
37. (D)	38. (C)	39. (C)	40. (A)	41. (B)	42. (C)	43. (D)	44. (C)	45. (A)
46. (C)	47. (C)	48. (C)	49. (A)	50. (B)	51. (B)	52. (A)	53. (B)	54. (B)
55. (C)	56. (A)	57. (C)	58. (A)	59. (C)	60. (B)	61. (C)	62. (A)	63. (A)
64. (A)	65. (D)	66. (A)	67. (A)	68. (A)	69. (A)	70. (B)	71. (C)	72. (A)
73. (C)	74. (C)	75. (D)	76. (A)	77. (A)	78. (C)	79. (B)	80. (A)	81. (A)
82. (D)	83. (D)	84. (C)	85. (C)	86. (D)	87. (C)	88. (D)	89. (C)	90. (A)